日本学研究

二十七

北京日本学研究中心 编

学苑出版社

本书由
日本国际交流基金
资助出版

《日本学研究》编辑委员会

顾　　问：笠原清志

编　　委：（按拼音序）

　　　　　葛东升　郭连友　潘　蕾

　　　　　秦　刚　施建军　徐一平

　　　　　周维宏　朱桂荣

执行主编：施建军

前　言

　　今年是中日两国恢复邦交正常化40周年，作为中日两国政府间的文化合作项目北京日本学研究中心也走过了32年的发展历程。在中日两国有识之士的大力支持和帮助下，我们一直致力于打造一个国内研究日本的重要学术机构。作为本中心的定期学术刊物出版《日本学研究》是我们朝着这个目标努力的重要举措。到目前为止，我们已经连续27年出版了27期《日本学研究》，从未间断。《日本学研究》已经在国内外日本研究学界产生了广泛的影响，成为国内外从事日本研究专家学者发表科研成果的重要学术园地。

　　本期《日本学研究》，共收到国内外有关日语语言教育、文学文化、社会经济等领域的投稿40篇。经过编辑委员会组织审稿，最终选用27篇予以刊登。其中北京日本学研究中心教师5篇，博士研究生9篇，这些都是本中心教师和学生的最新研究成果。刊登本中心以外学者的论文共13篇，其中包括1篇日本学者的论文。另外，为了鼓励本中心硕士研究生积极开展学术研究，本期《日本学研究》刊登了本中心的优秀硕士毕业论文6篇。这6篇硕士毕业论文在盲评和毕业答辩等多个环节中均获得了评委的优秀评价。

　　包括一般投稿和优秀硕士毕业论文在内，本期《日本学研究》共刊登论文33篇。其中，日语语言学研究论文9篇、日语教育研究论文4篇、日本文学研究论文5篇、日本文化研究论文9篇、日本社会研究论文4篇、日本经济研究论文1篇。这些论文都是经过相应研究领域专家的严格筛选而确定的，专家们在审稿过程中给出了中肯客观的评价意见，作者根据评审意见进行了修改，确保了本期《日本学研究》所刊发论文的质量。

　　《日本学研究》既是北京日本学研究中心教师和学生展示科研成果的平台，也是国内外日本研究学者发表科研成果的园地。经过多年的建设，我们拥有完备的学术刊物审稿、编辑制度，我们非常欢迎国内外学者积极投稿。我们将竭尽努力打造好这一学术平台，为我国的日本学研究做出应有的贡献。

　　《日本学研究》的出版发行，长期得到学苑出版社的大力支持，本期《日本学研究》在编辑出版过程中，出版社杨雷老师、张敏娜老师也付出了很多努力，在此向学苑出版社和二位老师表示感谢！

《日本学研究》第27期编委会
2017年10月27日

目 录

日语研究

日本語由来新語の借用状況に関する一考察 …………………… 谯　燕（3）

「してはいけない」形式による禁止表現 …………………… 李　楠（11）

对日语中「Vての」定语修饰结构的研究 …………………… 姜　柳（25）

汉日同形形容词比较分析
　　——以日语"タリ活用形容動詞"为中心 …………………… 许雪华（34）

批评话语分析中"话语（discourse）"概念的再考查
　　——以Fairclough、van Dijk、Wodak学说为中心 …………………… 秦石美（44）

日本語情意型形容詞接尾語の形成と発展について ………… 于艳丽　全昌焕（54）

日中結果複合動詞についての一考察 …………………… 陈慧萍（63）

日中同形語字形類似度の統計
　　—自然言語処理における漢字分割法の利用を中心に— …………… 叶栩邑（74）

一字漢語サ変動詞の特性をめぐって …………………… 袁建华（90）

日语教育研究

日本語シャドーイング時の音韻・意味処理に及ぼす音韻的短期記憶容量の影響
　　—関連文シャドーイングを用いた検討— ……… 韩　晓　陈会林　费晓东（105）

中国人日本語教師研修における批判的ふり返りの試み …………… 朱桂荣（119）

携帯メールにおける断り表現の研究
　　—中国人日本語学習者と日本語母語話者との比較— …………… 秦晓丽（131）

日本文学研究

『万葉集』巻三雑歌における「羈旅」 …………………… 刘菁菁（149）

日本天狗的得脱及其意义
　　——以绘卷《七天狗绘》"绘词"为中心 …………………… 霍　君（161）

有島武郎『宣言』論
　　—書かれた女から書く女へ— ……………………………… 张　辉（171）
中文"弱水三千"と日本語「弱水三千」の差異について
　　—理解不能から生じる独創性への一考察— ………………… 越野優子（183）

日本文化研究

"第三条道路"与"大正民主"风潮
　　——以长谷川如是闲的罗素访华评论为中心 ………………… 张　琳（195）
『続日本紀』の桓武紀構築に関する一考察 ……………………… 潘　蕾（206）
参加者から見る歌垣の多面的な性格
　　—歌垣の全体像を探究する試み— …………………………… 魏宇哲（218）
潮干祭における山車の機能と象徴的意味に関する民族誌的研究
　　—山車と神輿の比較検討から— ……………………………… 庞　娜（232）
解开裴世清出使之谜 ……………………………………………… 苗　状（246）
室町前・中期の茶の湯における「唐物」崇拝 …………………… 刘　翠（257）
武家茶道の美意識に関する考察
　　—「綺麗さび」を中心に— …………………………………… 叶晶晶（270）
戦前日本の女性雑誌にみる中国服
　　—流行の過程及び原因をめぐって— ………………………… 刘玲芳（281）

日本社会研究

如何用第二现代理论进行日本当代史研究 ……………………… 周维宏（297）
多元文化视阈下中国的日语需求预测研究理论及方法探析 …… 李飞菲（310）
日本の大学設置基準大綱化による学士課程カリキュラム
　　改革についての一考察 ………………………………………… 孙兴锋（322）

2017年度优秀硕士论文

「見える」「聞こえる」に関する一考察
　　—無標識可能の観点から— …………………………………… 五藤絵里加（347）
日本語教科書における女性文末詞の取り扱いに関する研究 …… 肖锦莲（365）
中世女性日記文学における「家」意識について ………………… 马如慧（392）
日本における『太上感応篇』の伝播と受容 ……………………… 徐仕佳（409）
第二の近代における日本家族の世代関係変化に関する社会学的研究
　　………………………………………………………………… 宋雨蔓（428）
デザイン・ドリブン・イノベーションのプロセスに関する考察 …… 王　聡（454）

目 录

『日本学研究』投稿規定 …………………………………………………………（476）

『日本学研究』執筆要領 …………………………………………………………（477）

《日本学研究》征稿启事 …………………………………………………………（479）

《日本学研究》撰稿规范 …………………………………………………………（480）

Contents ……………………………………………………………………………（482）

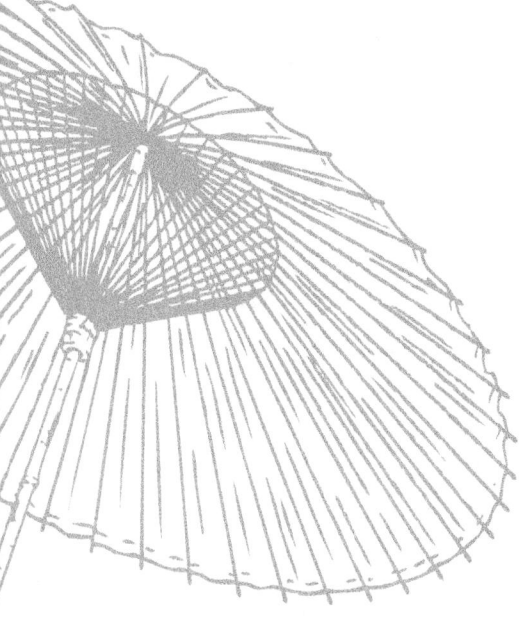

日语研究

日本語由来新語の借用状況に関する一考察

北京外国语大学　譙　燕

摘要：改革开放以后，许多日语词汇进入汉语，对汉语的词汇和语法产生了不小的影响。本文主要对日源新词的引入状况进行考察和分析。通过对报纸及网络上使用情况的的调查，明确了日源新词的引入时间和引入顺序，并探究了日源新词对汉语的影响。

キーワード：日本語　新語　借用形式　借用段階

はじめに

今日の世界では、科学技術の進歩に伴って、社会、経済、文化などのグローバル化が急速に進展し、国際交流も著しく発展している。こうした変化は外国の新しい事物や概念を表す言葉を借用する可能性を一層高めていると考えられる。

本論文では現代中国語における日本語由来の新語の借用形式や借用段階などを考察することによって、その借用状況を明らかにしようとする。考察する際に、インタネットや新聞[1]、辞書[2]などを利用する。研究対象は1980年前後及びそれ以降中国語に現れた日本語の借用語である。

1. 借用の背景

中国と日本は文化交流の歴史が長い。古代では、大量の中国語は日本語に借用されて、日本語の語彙体系に巨大な貢献をした。近代以降、日本語では科学、技術、文学、文化、社会など多方面にわたる語彙が造出されて、その内の一部分は中国語に伝えられて、中国語に大きな影響を与えている。歴史的に見れば、日本語を借用する時期は主に19世紀末期から20世紀初期の時期と、20世紀80年代から現在までの時期に分けられる。本論文では主に後者を中心に考察する。

1980年代初期、中国大陸では改革開放の政策が実施されて、先進国の科学技術、管理経験を勉強し、外国の文学、文化と接触する機会が増えている。それに従って、大量の外国の言葉も中国語に借用されてきたのである。特に日本語は漢字を利用した言葉が多く、借用に便利なため、中国語に与えた影響も顕著である。このような影響は語彙面だけでなく、文法や語構造などの面においても見られる。

2. 借用の方式

日本語から借用する際に、主に以下の6つの方式が見られる。

1)語形借用：
①漢字語形：研修　完敗　充電　病院　歩道　残念　超勤　封殺　花見　絵本　看板　回数券　民宿　など
②ローマ字語形：ACG OL　BL　など
2)音訳：卡哇伊　呷哺呷哺　扒金库　阿娜达　など
3)意訳：生鱼片　黄金周　白色情人节　便利店　主题游乐园　など
4)語形＋意訳：泡沫经济　章鱼烧　粗大垃圾　森女　招财猫　など
5)語形＋音訳：奥姆真理教　正太控
6)音訳＋意訳：一级棒

各方式のデータを統計すると、表1の通りになる。

表1　借用方式の内訳

借用方式	語形借用	音訳	意訳	語形＋意訳	語形＋音訳	音訳＋意訳	合計
語数	518	39	36	11	2	1	607
％	85.33	6.42	5.93	1.81	0.34	0.17	100

表1で示した通り、607語の内、語形借用のものが絶対多数を占め、85％以上にも達している。内に「盲導犬」「園遊会」などのようなものは、中国語の文法に合わせて"导盲犬"、"游园会"にされたものも見られる。語形借用のものに次いで、音訳のものと意訳のものも少なくないが、いずれも6％前後しかなく、語形借用のものと比べ物にならない。このことから、もともと漢字を使う日本語からの借用の便利さも窺われる。

3. 借用の段階

日本語を借用する場合、"民間使用／インタネットで使用→新聞や雑誌で使用→辞典収録"のような段階的な順序が観察される。ただ、1998年以前と以降とは事情が異なる。中国では、コンピューターの発達に伴って、インタネットも著しく発展している。主要なインタネットの会社はほとんど1998年以降創立されたものであると言える。中国の四大インタネット関係の会社の創立時期は次の通りである。

「搜狐」(1998年創立)　　　　　　　　　「新浪」(1998年創立)

「雅虎」(1999年創立)　　　　　　　　　「百度」(2000年創立)

そのため、1998年以前借用された語は、インタネットでの使用の確認が不可能であるが、それ以降のものだと、まず、インタネットに出現し、その後新聞や雑誌に用いられて、最後に辞書に収録されるという順序になるものが多いとみられる。以下では、"过劳死"[3]"御宅""爆买"の3語を例に見てみる。

まず"过劳死"を見てみよう。

(1) 日本人的"过劳死"与"家庭恐怖症"　　　　　　　　(《人民日报》1989.12.10)
(2) 随着社会竞争的日趋激烈,人们的精神负荷和劳动强度也越来越大。一种新的疾患——"过劳死"正严重威胁着人类的健康。　(《中国消费者报》2000.11.12)

"过劳死"は例(1)のように、1989年に見出しとして初めて新聞に出現しているが、ただこの1例のみで、1996年にも相変わらず1例しか見られず、またこの2例とも日本の事情に関する紹介である。2000年になると使用例が増えて、2011年ごろピークとなったことが表2で分かった。また例(2)のように日本だけでなく、中国の事情に関する報道も多くなってきている。表2は"过劳死"の新聞における使用例数である。

表2 "过劳死"の新聞における使用例数

年代	用例数	年代	用例数	年代	用例数	年代	用例数
1989	1	2003	6	2008	108	2013	452
1996	1	2004	39	2009	123	2014	240
2000	14	2005	78	2010	130	2015	221
2001	18	2006	148	2011	607	2016	274
2001	9	2007	144	2012	439		

"过劳死"は2002年の『現代漢語詞典』(増補版)、2009年の第5版ではまだ未収録であるが、2012年の第6版に初めて収録されている。このように、"过劳死"という語は「民間使用→新聞や雑誌で使用→辞典収録」という段階で借用されてきたと見られる。

"过劳死"と違って、"御宅"が借用された時期は、すでにインタネットが発達したため、インタネットでの使用が早いと見られる。例を挙げると、

(3) 当时的动漫画迷被称之为"御宅族"（估计这个的意思就是指他们一天到晚躲在屋子里关着门看漫画吧！） （《新浪网》2003.9.7）

(4) 戏中"电车男"房间里堆积如山的模型、玩具、海报等看上去好像不起眼,但是这些都是电影公司请了资深"御宅族"打造的。 （《信息时报》2006.8.31）

"御宅"は2003年からインタネットで使われて、2006年に初めて新聞に出現しているが、『現代漢語詞典』(第6版)ではまだ未収録である。"御宅"は「民間使用/インタネットで使用→新聞や雑誌で使用→(まだ辞典未収録)」という借用段階となっている。

近年、"御宅"をもとに"宅女、宅男、宅人、宅妈、宅经济"など多くの新語が造出されたが、その内の"宅男"と"宅女"は2007年に新聞に出ており、2012年に『現代漢語詞典』(第6版)に収録されている。これは鮮明な意味を持つ"宅女""宅男"、の多用がますます"御宅"の使用空間を占拠することにも関係していると思われる。例えば、

(5) 俊朗的外表,甜美的笑容,陆浩杰是举重队公认的第一帅哥,可他却把自己封为宅男。 （《现代快报》2012.8.3）

(6) 虽说春节是一个需要四处走走行大运的节日,可对于许多宅女来说,外面人太多,还是窝在家里比较好吧！ （《当代生活报》2010.2.10）

(7) "宅男宅女"的诞生,一个很重要的原因是家庭可配备的数码娱乐产品已经越来

越丰富。 (《佛山日报》2007.9.30)

表3は新聞における"御宅、宅男、宅女、宅男宅女"の使用例数であるが、この使用例数からも分かるように、"宅男、宅女"が愛用されることが明らかである。

表3 "御宅、宅男、宅女、宅男宅女"の新聞における使用例数

用例数 年代	2006	2007	2008	2009	2010	2011	2012	2013	2014	2015	2016	合計
御宅	8	16	55	36	32	39	29	8	11	15	22	271
宅男	0	16	154	600	770	799	736	962	740	441	255	5473
宅女	0	14	129	242	266	281	309	188	103	192	47	1771
宅男宅女	0	18	104	221	234	139	239	121	94	61	32	1263

"爆买"も最近、中国語で多用される日本語由来の言葉の一つである。この語は日本語でも新語で、「一度に大量に買うこと」を意味する。「爆買い」という言葉は中国人観光客が大量に商品を購買することに用いられて、2009年に『FNNスーパーニュース』(フジテレビ)9月9日放送の「スーパー特報／旋風拡大ニッポン"爆買い"現場中国人団体ツアーを追え」に登場している。この語は2015年のユーキャン新語・流行語大賞の年間大賞に選出されたほど日本で流行している。なお、この言葉は実は2009年以前から使用されたもので、2008年のYahoo!ブログにあったことが確認される。中国語においては、インタネット(百度)で調べてみると、2012年6月6日に"南部铁器电饭煲：国人爆买"という記事があった。ただ2012年にはこの1例しかなかったが、2013年になると、数十の使用例が出ていた。新聞では、2014年の《珠江晚报》に"爆买"が現れて以来、2015年と2016年に多くの使用例が現れてきた。"爆买"は割合新しい言葉なので、『現代漢語詞典』(第6版)ではまだ未収録であるが、その借用の段階を考えると、「民間使用／インタネットで使用→新聞や雑誌で使用→(まだ辞典未収録)」となっている。

表4 "爆买"の新聞における使用例数

年　代	2014	2015	2016
用例数	3	241	539

(8) 据日媒报道,日本公布了"2015U－CAN新语和流行语大奖",乐购仕株式会社"爆买"一词,从50个涉及日本国内政治、社会等各领域的热词中脱颖而出,成为2015年度日本最流行的词汇。　　　　　　　　　　(《乌蒙新报》2015.12.8)

(9) 形容中国游客在日本扫货盛况的"爆买"一词去年入围日本热词榜,甚至得到西方媒体关注。而今年春节假期,虽然赴日中国游客数量保持稳定,但"爆买"热潮似乎开始退去。　　　　　　　　　　　　　　　　(《沈阳晚报》2016.2.24)

"过劳死""御宅""爆买"などのように、日本語由来の新語の借用状況が実に様々である。《中国互联网络发展状况统计报告》(2017)では、2017年6月までに、中国大陸のインターネット利用者が7.51億人となっており、インターネットの普及率が54.3％で、2016年の年末よりも更に1.1％上がっているとされている。この統計報告から、現在インタネットは人々にとって欠かせない重要な交流の場となっていることがよくわかる。こういう状況の下で、日本語由来の新語が短期間で流行っていることも不思議ではない。

4. 中国語の新聞における初出年

前述のように、1998年以前の日本語由来の新語についてはインターネットでの確認が困難なため、以下ではそれらの新聞における初出年のみを統計してみる。
(1) 1975年〜1979年：4語
　　年功序列(1979)　通勤(1979)　研修(1979)　运营(1979)
(2) 1980年〜1984年：26語
　　黄金周(1980)　低迷(1982)　封杀(1982)　忘年会(1982)　民宿(1984)など
(3) 1985年〜1989年：51語
　　写真(1985)　看板(1985)　免许(1986)　卡拉OK(1988)　海外进出(1988)
　　过劳死(1989)　暴食(1989)など
(4) 1990年〜1994年：49語
　　败因(1991)　外食(1992)　二次会(1992)　人脉(1993)　料理(1993)
　　募金(1994)　空港(1994)　整合(1994)など
(5) 1995年〜1999年：72語
　　人气(1995)　热卖(1996)　完胜(1996)　瘦身(1998)　恶评(1999)　痴汉(1999)
　　症候群(1999)など
(6) 2000年〜2004年：171語
　　舌祸(2000)　苦手(2000)　完败(2000)　女优(2001)　好调(2001)　连霸(2001)
　　女湯(2002)　毒舌(2003)　熟年(2003)　外食(2003)　美肌(2004)　御宅(2004)
　　割引(2004)　夜勤(2004)など
(7) 2005年〜2009年：131語
　　熟女(2005)　达人(2005)　援交(2005)　好调(2006)　耽美(2006)　声优(2007)
　　干物女(2007)　艺能界(2007)　特典(2007)　绝赞(2007)　怨念(2007)　犯行(2007)　控(2008)　萌(2008)　婚活(2008)　草食男(2008)　腐女(2008)　败犬女(2009)　残念(2009)など
(8) 2010年〜2014年：103語
　　森女(2010)　鬼隐(2010)　钱湯(2010)　彼女(2011)　鬼畜(2011)　兄贵(2013)
　　爆買(2014)　地味(2014)　口弊(2014)など

以上のように、新聞から607語を収集したが、実際、ラジオ、テレビ及びインターネットで使用されているものがさらに多くあるばかりでなく、臨時的に借用され

て、またすぐ消えてしまうような一時的なもので新聞に現れたことのないものもあるが、収集と調査に困難なため、ここではただ新聞上の初出年を調べただけにとどまる。1975年から5年ごとにまとめたが、三分の二以上のものは2000年以降借用されたものであることが明らかである。この時期では、コンピュータの発展により、インタネットを通じて国外のニュースや文化的、社会的事情などをすぐ知ることが可能になるからである。また、特に若者たちが日本の漫画やアニメへの興味と好感から日本語を無抵抗に受け入れて、そのまま借用してきたのも原因の一つだと思われる。こうして日本語由来の新語は中国において次第に広がっていき、日常生活で多用される語も増加しつつあると見られる。

　現在、中国大陸で用いられる日本語由来の新語は、香港や台湾経由のものがある一方、日本語から直接伝わってきたものもある。以下ではいくつか例を挙げて新聞での使用開始時間を見てみる。
◇電車男
　　日本（2004）→香港（2005）/台湾（2005）→大陸（2006）
◇腐女（子）
　　日本（2005）→台湾（2007）→香港（2008）/大陸（2008）
◇爆買
　　日本（2009）→大陸（2014）/台湾（2015）/香港（2016）
「電車男」と「腐女（子）」は香港や台湾を経由して大陸に伝えられたが、「爆買」は大陸で先に使われて、そして台湾、香港の順になっている。こういう傾向から今後も香港や台湾を経由せず、直接日本語から借用される語が多くなるだろうと推測される。
◇軽熟女
　　日本（熟女1982）→台湾（熟女2000、軽熟女2005）
　　　　　　　　　→大陸（熟女2005、軽熟女2006）
"軽熟女"は日本語の「熟女」をもとに2005年に台湾資生堂により造出された言葉である。"年齢25歳から35歳ぐらい、独立的な経済能力を持つ台湾の都市女性"を指しているが、非常にプラス的評価のある言葉である。この語は2006年に中国大陸に伝えられて『中国語言生活状況報告（2006）』に新語として収録されて以来、広く使用されており、徐々に定着しているとみられる。中国語では"熟女"から、また"熟男、軽熟男、半熟女、半熟男"などの語も造出されて多用されている。

5. 日本語由来新語の中国語に与えた影響

5.1　語彙に与えた影響

　日本語由来の新語は中国語に語彙量の増加と表現力の豊富さをもたらしている。これは特に中国語の新語や流行語の内、日本語由来の語が多いことにより裏付けられている。例えば、中国語の"御宅"は日本語の「おたく」と比べて、「部屋にいて、自

分の好きなことをする」という意味がある一方、必ずしもゲームやアニメなどに関係しない例が多くあり、日本語にない形容詞や動詞の意味も現れて、原語の表現力を一層豊富にしたと言える。

　日本語の借用語が中国語に入った後、またほかの語と共起して"人気歌手、时尚达人、通勤装、美食控、隐离族"など新しい複合語を造出したことも少なくない。

5.2　文法に与えた影響

　日本語から「〜性、〜化、〜的、〜族、〜屋、〜中」などの借用によって、中国語の文法に新しい用法と造語方式をもたらしてきた。例えば、「〜中」は日本語では動作進行中を表すが、現代中国語にそのまま借用されてきて、中国語本来の"正在〜""正〜"の代わりに用いられて、"营业中、休息中、会议中、谈判中、度假中"などのように生産的であるため、中国語の文法に与えた影響が無視できないほど大きい。私たちの調査では、「〜中」は日本語では1980年代にすでに広く使われているが、2001年前後、大陸の中国語に伝えられてから多用されるようになったことが分かった。

6. 今後の課題

　改革開放後、日本の新しい物事や概念などが多く中国大陸に紹介されて、それらを表す語彙や表現も伝えられてきた。民間や新聞での多用によって、日本語由来の新語の使用範囲と影響力も次第に広がっており、定着するようになったものが多くみられる。

　その内、意味や喚情的評価の変わった語も少なくはない。意味の変わった語には「新幹線、御宅族、封殺、弁当、登校、好調」などがみられる。例えば、日本語の「新幹線」は高速鉄道の意味を指しているが、中国語では、"影视新干线""就业新干线""留学新干线"などのように比喩的に用いられて、「高速的、効率的」という意味を表しているとことに語義の増加が見られる。また、中国語の"便当"は日本語の「弁当」の持つ「①外出先で食事するため、器物に入れて携える食品。また、その器物。②転じて、外出先や会合などで取る食事。」という意味項目の①の意味しか見られず、語義の削減が明白である。

　喚情的評価の変わった語には"熟女、暴走族"などが見られる。例えば、「熟女」は日本語においても新しい言葉で、1982年に肉体・精神ともに大人の魅力を持つ女性を褒めるために、ある雑誌が「熟女ヌード」という言葉を作った。それ以来、「熟女」は流行語となって広く用いられたが、ただ、近年よく「危険、禁断、妖艶、欲情、淫乱、過激」などの言葉と共起して、プラス的評価より、中性的、時にややマイナス的な評価が多くなっているとみられる。それに対して、中国語に入った"熟女"はほめ言葉としての性格が非常に強く、普通、"多金、高贵、干练、娇媚、绝色、优雅、知性、清新"など非常に評価の良い言葉と共起して、プラス的なイメージが相当強い。こうして日中両言語では喚情的評価においても差が出てくると見られる。

　日本語由来の新語は日本語の意味、用法とほぼ同じものが多いが、変ったものも

多数あるため、今後はさらに詳しい分析が必要だと考える。

　※本論文は、中国国家社会科学基金プロジェクト「両岸三地現代漢語対日語借詞的吸収及創造性使用研究」（15BYY187）による研究成果の一部である。

注

［1］『読秀知識庫』は中国で発行された数十種の新聞を収録した新聞コーパスである。今回の調査では、『読秀知識庫』にあるすべての新聞を対象とする。中国語の新聞コーパスを利用するのは新聞に用いられる語に定着度の高い語が多く、人々に認められて多用されていると考えるからである。

［2］中国で最も権威のある『現代漢語詞典』を利用する。

［3］文中では、中国語の語例を" "、日本語の語例を「 」で示す。

参考文献

荒川清秀. 1998.「日本漢語の中国語への流入」.『日本語学』17 号
彭広陸. 2004.「中国語の新語辞典に見られる日本語語彙の受容」.『日本語研究』第 14 期
米川明彦. 1997.『若者ことば辞典』. 東京堂出版
米川明彦. 2003.『明治・大正・昭和の新語・流行語辞典』. 三省堂
羅奇祥. 2003.「改革開放後中国語に入った日本語からの新語」.『慶應義塾大学日吉紀要 言語・文化・コミュニケーション』30
郭伏良. 2002."从人民网日本版看当代汉语中的日语借词".《汉语学习》5
国家语言资源监测与研究中心. 2007.《中国语言生活状况报告（2006）》. 商务印书馆
侯敏、周荐. 2007.《2006 汉语新词汇》. 商务印书馆
侯敏、周荐. 2008.《2007 汉语新词汇》. 商务印书馆
谯燕、徐一平、施建军. 2011.《日源新词研究》. 学苑出版社
宋子然、杨小平. 2011.《汉语新词新语年编（2009－2010）》. 四川出版集团巴蜀书社
王铁昆. 1991."10 年来的汉语新词语研究".《语文建设》4 期
曾祥喜. 2000."说'人气'".《武汉水利电力大学学报》2000（5）
中国社会科学院语言研究所词典编辑室. 2002.《现代汉语词典》（增补版）. 商务印书馆
中国社会科学院语言研究所词典编辑室. 2009.《现代汉语词典》（第 5 版）. 商务印书馆
中国社会科学院语言研究所词典编辑室. 2012.《现代汉语词典》（第 6 版）. 商务印书馆
周刚、吴悦. 2003."二十年来新流行的日源外来词".《汉语学习》5
朱广祁. 2010.《港台用语和普通话新词手册》. 上海辞书出版社
邹嘉彦、游汝杰. 2010.《全球华语新词语词典》. 商务印书馆

「してはいけない」形式による禁止表現

(日本)东北大学国际文化研究科　李　楠

摘要：本文通过对100例日文例句的考察，对「してはいけない」形式的语用功能进行了详细分析，并区分了这一形式与「するな」形式的区别，表达不许可的使用条件与「するな」相同，说话者处于上级地位，这种情况可以与「するな」互相替换使用；当表达社会规则时，则在文中均有次数、场所、理由的说明出现，在这种使用条件下，说话者不处于上级地位，用「してはいけない」做情况说明，从而提示或劝导听话者停止或不开始某一行为，这是礼貌原则中的迂回策略导致的，这一语用功能在会话中所占比重较大，在不断的使用当中固定成惯用形式，关于语法化的程度，可以说该形式处于语法化进程的初期阶段。

キーワード：語用論　プライトネス理論　禁止　ムード　文法化

1. はじめに

「するな」日本語の禁止の最も一般的な表現である、しかし、現代日常会話ではこの形式を使うケースが少ない。(現代日本語書き言葉均衡コーパス(BCCWJ)[1]での使用は定型的な使用しかみつからなかった。)

高梨(2010:44)は、「～いい/いけない」を複合形式として、ある事態を条件接続形式など(～と、～ば、～たら、～ては、～ても、～ほうが)の後ろに評価形式をつけたものであるとしている。そして、「Pてはいけない」形式は、意味事態Pが実現することが許容されないという意味であると解釈している。これらはそれぞれの文法化の度合いに異なりはあるものの、この形式類は内部の構成要素の独立度が高いことから、全般的に低いとしている。しかし、「してはいけない」はこの類の形式でありながら、評価の形式としてではなく、禁止としている先行研究も多々ある(赤塚1998、森田・松本1989など)。そのため、この形式の使用実態や使用条件を明らかにする必要がある。

「してはいけない」形式による禁止表現は例えば、以下のような例が挙げられる。
　(1)「家からあまり遠く離れたところへ行ってはいけない」
　　　　　　　　　　　　(現代日本語書き言葉均衡コーパス、『アンの愛の家庭』)

このように「してはいけない」を禁止表現として使用する会話が多く見られるのは近年の言語現象である、この換用は「するな」という形式による話し手の不満やいらだちのような負の主観的態度が出やすいため、ポライトネスストラテジーとして、語用論的な推論から用いられ、そして徐々に慣用化してきているのだと思わ

れる。

2.「してはいけない」の基本的意味

「してはいけない」は一種の複合形式だと言える。基本的意味を見るには、「しては」+「いけない」で見ていくと分かりやすい。

まず、「しては」についての定義がある、「しては」は条件節である。「ては」の後件に期待に反する否定的な事態がきやすく、この条件文の伝達、解釈には推論が関与する(蓮沼1987)。例えば、次の(2)のような例がある。

(2)そんな暗いところで本を読んでは、目を悪くしますよ。　　　　(蓮沼1987:2)

また、「いけない」についての定義もある、「いけない」は、「許容されない」という評価の形式であり、反対には「いい」の形式がある(高梨2002)。「してはいけない」形式は、(2)が結果的に意味するところは(3)に極めて近いと高梨は言う。

(3)そんな暗いところで本を読んではいけない。　　　　　　　　(高梨2010:75)

高梨は、このような「PてはQ」という条件文は、「QだけでなくPも回避すべきもの、許容できないもの」といった性質を持っているとして、このうちの後件Qがもっとも抽象化されて「いけない、ならない」という形になったものが「してはいけない」としている。この許容できないという意味が「してはいけない」の基本的意味である。以下では、「してはいけない」の禁止としての意味について分析する。

3.「してはいけない」の禁止の意味と用法

宮崎ほか(2002)によれば、行為要求を持つ文は、次の三つの類がある。
(4)行為要求の機能をもつ文
　1)本来的に行為要求の機能をもっているもの
　2)本来は別の機能をもっていたが、行為要求の機能に移行し、その機能が定着したと考えられるもの
　3)状況に依存して行為要求の含意を派生するもの

(宮崎ほか2002:44)

「してはいけない」による禁止は、2)の類に属すると考えられる。つまり、「してはいけない」形式は、前節で分析したように、「条件節」+許容されないという評価の形式「いけない」の複合形式であり、この複合によって、行為要求つまり禁止という意味に移行し定着している。

3.1　先行研究
3.1.1　益岡(2007)の観点

「してはいけない」形式の基本的意味は、益岡のモダリティ体系において、価値判断のカテゴリーに属する。益岡(2007:221-223)は価値判断のモダリティの体型を次のように分類している。
　A 理想像

B 現実像
　　B1　適当類（ベキダなど）
　　B2　必要類（ナケレバナラナイなど）
　　B3　容認・非容認類（デモヨイなど）　　　　　　　　（益岡 2007:221）
　益岡は、このうちB3については事態の主体が一人称にも二人称にも偏らないのだが、副次的な意味が生じるのは二人称主体の場合であるとしている。例えば、以下のような例文は、二人称主体の場合における副次的な意味である。
　(5)あなたから伝えてもらっても良い。
　(6)そんなことを言ってはいけない。
　(5)のような容認表現は、聞き手に許可を与える文として機能する、副次的に許可の意味を表すということであるが、一方、(6)のような非容認の表現は禁止の意味を帯びる。これは、副次的な意味としての禁止の意味が認められるわけであると益岡は述べている。

3.1.2　仁田(2000)の観点
　仁田は、「してはいけない」と「するな」の違いについて、以下のように述べた。例えば、以下の例文(7)は、一見同じような禁止であるように見える。
　(7)a. ここに入ってはいけない。
　　　b. ここに入るな。　　　　　　　　　　　　　　　（仁田 2000:43）
　仁田は、(7a)(7b)はどちらも置換できる場合が多いように思われるが、これらの文における価値付与のあり方の側面からみて、「価値づけとは無関係な、個人的な希望」によって判断する場合は「てはいけない」は使えないとして、以下の例を挙げている。
　(8)(恋人に言う場合でも可能)僕を捨てないでくれ。
　このように、目上ではない人に対して、(8)は言えても、次の(9)のようには言えないのであると仁田は述べている。
　(9)(恋人に言う場合は不適)＊僕を捨ててはいけない。
　仁田(2000:44)は、これらの文における違いは、命令文や禁止表現では、話し手の「あるべき事態を唯一的に指定する」という点が深く関わっているが、「するな」形式のほうは、「あるべき事態を唯一的に指定する」のであるのに対して、「してはいけない」のほうは、「話し手の認識から離れた論理関係」を表すものであるという点であると述べている。つまり、「してはいけない」などの表現には、話し手のあるべき事態の選択の「唯一的の指定」の意味がなく、単に論理的の判断である。そのため、恋人には(9)のような言い方ができないのである。

3.2　本研究の立場
　以上の益岡(2007)のいう副次的な意味という概念と、仁田(2000)の「唯一の指定」という概念を踏まえて、本研究では、「してはいけない」の使用実態、使用条件を考えていく。

まず、当為判断が禁止を意味する場合、益岡（2007；258）は、以下の二つの条件を挙げている。
　(10) a. 事態の実現者が二人称
　　　 b. 事態の実現に対して話し手の否定的な価値判断を表す
　　　 c. 事態に対する話し手の否定的な価値判断が現在のものであることによって、相手にその動きの非実現を勧め、命ずる。　　　　（益岡2007；258）
　この三つの条件をもとに、本研究ではさらに以下の二つの場合に分けて分析し、「してはいけない」の用法と使用実態を明らかにする。
　(11) 話し手と聞き手の社会関係
　　　 1) 話し手が目上の場合
　　　 2) 話し手が目上でない場合
　この二つの場面に分けて分析することで、「してはいけない」形式の禁止の意味、また「するな」との違いが明らかになる。

3.3　考察
3.3.1　話し手が目上の場合
　話し手が目上の場合、「してはいけない」形式による禁止は以下のような例文がある。
　(12)（父が子に）「食べ物を粗末にしてはいけない。」
　(13)「お父さんの邪魔をしてはいけません。」そう言われてしぶしぶ子どもたちは、自分たちの噴水プールに戻った。
　　　　　　　　　　　（現代日本語書き言葉均衡コーパス、『スパイダー・ワールド』）
　(14)（先生が学生に）「まだ帰ってはいけません」
　(15) 戸のところまで来ると、犬は扉の下を嗅いだ。毛をさかだて、しっぽをぴんとのばして、鼻息も荒く、くんくんと嗅ぎまわり、低いうなり声をあげた。クンジは、無我夢中で立ち上がると、椅子の脚をつかんでふり上げ、「入って来ちゃいけない。入って来ちゃいけない。入ると殺すぞ」と、叫んだ。
　　　　　　　　　　　（現代日本語書き言葉均衡コーパス、モーパッサン短篇選）
　これらの例文の話し手は、(6)は父親、(7)は母親、(8)は先生である、また、(9)は話し手が人間で、犬を相手に話をするのである。これらの例文では、何の理由も文脈で述べずに、直接聞き手にしないよう要求するのである。このような用法は、「するな」形式に換えても問題なく言える。以下では、これらの形式を「するな」形式に換えた例文を示す。
　(12')（父が子に）「食べ物を粗末にするな。」
　(13')「お父さんの邪魔をするな。」
　(14')（先生が学生に）「まだ帰るな」
　(15')「入って来るな。入って来るな。入ると殺すぞ」
　このように、これらの例文は前後文脈になんの説明も提示せずに禁止を要求する

用法は、「するな」の形式と用法が一致するのである。
3.3.2 話し手が目上でない場合
　話し手が目上ではない場合には、以下の(16)のような「してはいけない」形式による禁止の例文がある。

(16)全員が1回ずつ走った後は，足に自信のある人が走るようにします。ただし，2回続けて走ってはいけません。足の速い人が片寄らないように，時々組替えをしましょう。また空き箱を2個拾って，1個を他方の上に乗せ，バランスをとって走るのも楽しいでしょう。

(現代日本語書き言葉均衡コーパス、『生きがいづくり健康づくりの明老ゲーム集』)

　このように、「2回続けて」という回数の制限などのような説明が文中に現れ、この制限を文中に提示することで、2回続けて走るべきではないという価値判断はもともとあった必然的なものだと聞き手に提示することで、動作の禁止をしている。以下の例文も同様に、説明が前後文脈に付け加えられている。

(17)それを見たとたんにポラックさんは真っ青になった。「そんなところに行ってはいけない！それは呪われた日だ！君たちの旅はここでやめるべきだろう。本がそんなところに君たちを連れて行くなんて…。絶対にこの旅には出ない方がいい」さっきまで怒っていた勢いなどどこへやったのか、ポラックさんはもろい人形のようにくずおれた。

(現代日本語書き言葉均衡コーパス、『永遠の旅のはじまり』)

　この例文において、「そんなところ」が提示されている。「そんなところ」は、語用論的に「行くべきないところ」という含意があり、ここでは、この含意を提示することで、行かないように呼びかけている。後文の「やめるべき」という言い方と、対応している。

(18)「昨日消毒したばかりだから、食べてはいけない」柴田さん、「ヤマギシの野菜、消毒してあるんか?」おばさん、「あたりまえだよ。消毒しないでトマト作れるわけないだろう」

(現代日本語書き言葉均衡コーパス、『加藤哲夫のブックニュース最前線』)

　この例文においても、「昨日消毒したばかりだから」という理由の提示がみられ、この理由付けから、消毒したものは当然すぐには食べられないという先行研究でいう必然的論理性を提示している。この提示から、禁止を持ちかけるのである。

(19)「王子、どうぞ落ち着いてください。このままここにいらしてはいけません。ここは殺人現場です。この場にとどまっていてはあなたが疑われますよ」

(現代日本語書き言葉均衡コーパス、『リアランの竜騎士と少年王』)

　(19)も同じように、「このままここ」が殺人現場で、疑われるのでここにいるべきではないことが提示されている。これらのように理由や条件が前後の文脈に提示される例文は、「してはいけない」形式を現代日本語書き言葉均衡コーパスから無作為に100例とったうちの86例という大多数を占めるものであった。そのほかの例文として、直接的に禁止を表すものが4例である。また、禁止以外の例文が10例で、

直接的に禁止を表す例として、話し手と聞き手の関係から見て、すべて話し手が明らかに上位にあるのである。具体的な結果は、以下の表において示す。

表1 「してはいけない」形式の使用実態

禁止			評価	そのた
前後文脈に説明がある禁止		直接的な禁止		
理由	条件			
74	12	4	7	3

3.4 分析

話し手が聞き手の目上である場合、限定詞や理由を表す語がなくても禁止を表せる一方、話し手が聞き手に対して目上でない場合、説明の語(場所、理由、回数など)が必要となる。つまり、話し手が目上でなければ、強い禁止には、話し手が望ましくないと思っているのではなく、最初から権威的に望ましくないものであったという規範を示し、それによって聞き手を禁止しなければならないのである。

では、本研究で考察したものと高梨(2007：35)の評価が禁止を意味する場合の条件を合わせて、「してはいけない」の使用条件を以下でまとめる。

(20)「してはいけない」の禁止としての使用条件
　　a. 事態の実現者が二人称
　　b. 対象となる事態が制御可能である
　　c. 対象となる事態が未実現である
　　d. ①話し手が聞き手より上位の場合
　　　　話し手の好みや望ましさから禁止する(「するな」形式の用法と重なる)。
　　　②話し手が聞き手より上位でない場合
　　　　文中に理由や場所、回数、時間などを提示することによって禁止する。

上記のことを一言でまとめると、「してはいけない」による禁止は、話し手が上位の場合、直接的に禁止を表すことができ、使用条件として、「するな」形式と同様である。それに対して、話し手が上位でない場合、あるべき事態の指定として、前後文脈に事態や行為が禁止される説明が提示され、それによって禁止という指示を語用論的推論から聞き手に働きかける。このことは、以下の表でまとめることができる。

表2 「するな」、「してはいけない」の使用条件

話し手の地位	形式	機能	推論
高い	するな、してはいけない	禁止(あるべき事態を唯一的にしていする)	なし
高くない	してはいけない	禁止(社会の規範から指定する)	あり

以上、語用論的観点から「してはいけない」による禁止表現の用法を見てきた。次節では、この形式の禁止への文法化の度合いについて考えてみたい。

4. 文法化の度合い

「してはいけない」を語彙ごとに見て、「動詞の連用形」＋条件形「ては」＋否定評価「いけない」からなっている複合形式であることが分かる。

「いけない」は、もともと、否定の評価の意味、つまり、「悪いの婉曲な言い方（国語辞典）」として用いられる、ここではまず、その「悪い」いう否定の評価の機能をする場合を見ていきたい。

「いけない」の基本的意味は、評価を伴う不可能、否定的な評価である。そのような意味は次のような例文がある。

(20) 駄目、このままでは、私はいけない娘になってしまう。所詮、この方を私は身分違い。決して結ばれることはできないのだもの。
　　　　　　（現代日本語書き言葉均衡コーパス、『本当は恐ろしいグリム童話』）

(21) 私はお母さんを困らせてはいけないんだといつも思っていた。
　　　　　　（現代日本語書き言葉均衡コーパス、『Yahoo！ブログ』）

(22) 「ねー私は、とてもいけないこと、ムリなわがままいったのかしらーまたいつぬけ出せるかわからないし、いろんなこと考えてたら、どうしてもたまらなくなって、みんな放り出して来ちゃったけどーもし、ケガが、うんとわるくなったりしたら…」
　　　　　　（現代日本語書き言葉均衡コーパス、『猫目石』）

以上の例文はいずれも、話し手は行為に対する評価が「悪い」ということを意味しているものである。

この否定の評価の「いけない」に、用言の連用形に「てはいけない」を付け、さらに、二人称の行為者あてに発話することが定型化し、「してはいけない」の形ができ、語用論的な禁止の機能になる。その例に以下のようなものがある。

(23) 最終的には意見の違う相手を説得して異論を収束し、みんなを納得させなければならない。感情的になって、自分に反対した人を怒ったり憎んだりしては絶対にいけない。
　　　　　　（現代日本語書き言葉均衡コーパス、『SAPIO』）

この複合した形式は、「いけない」の評価の意味が希薄化し、不許可、非許容の意味、そして、規則、決まり、社会ルールを表す禁止の意味として定着し、文法化の度合いが高くなっていることは以下でさらに例文をあげて示す。

(24) イギリスではタクシーが目の前で止まったからといって、すぐ後部のドアを開けて車内に入ってはいけない。「いけない」というのは少し大げさかもしれないが、少なくとも筆者が観察する限り、こちらの人はすぐには車内に乗り込まない。
　　　　　　（現代日本語書き言葉均衡コーパス、『イギリス英語散歩』）

(25) 全員が1回ずつ走った後は，足に自信のある人が走るようにします。ただし，2回続けて走ってはいけません。足の速い人が片寄らないように，時々

組替えをしましょう。また空き箱を2個拾って,1個を他方の上に乗せ,バランスをとって走るのも楽しいでしょう。
（現代日本語書き言葉均衡コーパス、『生きがいづくり健康づくりの明老ゲーム集』）
　（26）パートのおばさんが飛んできて、あわててとめたという。
　　　パートのおばさん、「昨日消毒したばかりだから、食べてはいけない」
　　　柴田さん、「ヤマギシの野菜、消毒してあるんか?」
　　　おばさん、「あたりまえだよ。消毒しないでトマト作れるわけないだろう」
　　　　（現代日本語書き言葉均衡コーパス、『加藤哲夫のブックニュース最前線』）
　これらの例は、いずれも否定の評価の意味が希薄して、行為の実現寸前またはすでに実現されている場合に、話し手はが「消毒したばかり」などの共通の知識から「食べるべきではない」ことを提示し、行為の実現を止めるように禁止をもちかけている。つまり、「してはいけない」という形式が一体化して、禁止の機能をするのである。

　以下ではさらに、この複合形式の統合的性質、つまり、一語としての一体化の度合いを、以下の花園(1999)で用いた用言認定テストに自分で作ったテストを加えて、文法化の度合いを考察する。この考察は、Lehmannの六つの文法化の度合いのパラメータのうちの統合的変異性（Syntagmatic variability）の基準[2]に当てはまるテストでもあり、ある形式が文法化するにつれて、語が自由に動けなくなることや、語の位置が文法化するまえの位置とことなる位置になることを言う。この基準は、複合形式の禁止表現の文法化の度合いをこうさつするのに非常に適しているので、本研究において考察する

　具体的には、以下のことを検証して、「してはいけない」形式がひとつの語としての一体性について考える。
　（27）本研究で考察するもの
　　　・条件形の複数出現
　　　・肯定形の取り替え
　　　・倒置・挿入・副詞との共起
　結果として、「してはいけない」形式は、一語化（文法化）の度合いが比較的高いことがわかった。

4.1　花園(1999)の条件形複合用言形式の認定

　花園(1999)は平叙文（叙述文、述べたて文）における述語のモダリティ形式の構成要素には多様なものがある。それらを先行研究よりピックアップして整理すると以下のようなものなどがあるとしている。
　（28）a. 名詞＋判定詞：様子だ、見込みだ、所存だ、つもりだ、タイプだ、性格だ
　　　　b. 名詞＋存在動詞：必要がある、可能性がある、おそれがある
　　　　c. テ形＋（評価的）用言：～して（も）［いい／かまわない］、～しては［ならない／いけない／だめだ］

d. 動詞の条件形＋(評価的)用言：～しなければならない、～しなければいけない、～すればいい、～したらいい、～するといい

(花園 1999：43)

　花園(1999)は、これらの形式をモダリティ形式として認めるためには、これらが主観的な形式であること、また、これらの形式が文法的な形式であることを示さなければならないので、「しなければならない」形式において、形式の一体化を測るテストをした。
　本研究では花園が用いたテストと筆者が提案するテストを用いて、(28c)における「してはいけない」形式を取り上げてその語としての特徴を考察して、その禁止としての機能における文法化の度合いを考察する。

4.2　条件形の複数出現

　「してはいけない」という形式を語彙ごとに見てみると、「動詞の連用形」＋条件形「ては」＋否定評価「いけない」からなっている複合形式であることがわかる。
　花園(1999：42)は、同一の条件形は原則として一文中に2度以上現れないとしている。例えば、(29)のような例文は言えない。
　(29)？明日雨が降ったら、学校が休みだったら、君の家に行くよ。

(花園 1993)

　「してはいけない」形式の「ては」の語彙性が欠けていることを証明するために、「一文中における同一の条件形の出現」というテストを以下のように示す。
　「～ては、～ては～」は日本語としておかしくなるはずだが、次の二つの例文のように、「～ては、　てはいけない」は問題なく使うことができる。
　(30)こんなに雨が降っては、外に出てはいけない。
　(31)金がなくては、結婚してはいけない。
　つまり、このテストにおいての考察から、「してはいけない」の「ては」は、条件形の語彙性を失っていると言える。

4.3　倒置の可能性

　影山(1993：10)では、語は統語的な分断はできないとしている。それを証明するため、次の強調構文をテストフレームとして、提案している。
　(32)首相が国際会議に出席した。
　　　＊首相が＿会議に出席したのは国際だ。

(影山 1993：10)

　影山は、(32)では「国際会議」がひとつの複合語である、そのため、この語の分解は不可能であるという。これに対して、花園(1999：44)は、条件形は強調構文の形を取り得ないが、そのかわり倒置の可能性について考えることができるとして、以下のような倒置のテストフレームを提案し、語の不可分断を証明している。
　(33)条件形の本来の用法は倒置が可能である

  a. 明日雨が降れば、運動会は中止だね。
  b. 運動会は中止だね、明日雨が降れば。

(花園 1999：44)

 そこで、本研究でも、次のように、花園のテストに習って、「してはいけない」形式における倒置の可能性を計るテストをする。
 (34)いけない、廊下を走っては。
 (35)いけないよ、笑っちゃ。
 「してはいけない」形式については、上記のように倒置することができる。特に「よ」をつけた場合は容認度が高い。

4.4　程度副詞の挿入

 花園(1999：44)によれば、条件用言が表面的な形式どおり、「条件形＋用言」という二語としての分離性を保っているのなら、以下のような挿入が可能なはずであるという。しかし、(36)の例では不可能である。
 (36)？学校へ行かなければ絶対にならない。

(花園 1999：44)

 このように「～しなければならない」は、形式が一体化していることを示すことができる、この観点にしたがって、「してはいけない」の一体化について以下でこの「絶対に」の挿入のテストをしてみる。
 (37)感情的になって、自分に反対した人を怒ったり憎んだりしては絶対にいけない。

(現代日本語書き言葉均衡コーパス、『SAPIO』)

 これによって、「してはいけない」がまだひとつの単位となっていない、ひとつの語にはまだなっていないことがわかる。
 しかし、頻度的には、現代日本語書き言葉均衡コーパスでは、「絶対に」を「てはいけない」の全体の前に置く例のほうが圧倒的に多いことが見られた。それらは、例えば以下のようなものが大多数である。その比率は、「絶対に」を全体の前に置く例が15例に対して、「絶対に」を挿入する例が1例というような比率であった。つまり、文法としては挿入できるが、傾向としては、実際の使用ではあまり挿入されない。具体的には、以下のように、「してはいけない」の全体に置くのが一般的である。
 (38)「そうか。戸閉まりはキチンとしておくんだよ。ドアは絶対に開けてはいけない。たとえチェーンがしてあっても、あれを切断するくらい、プロならわけはないから…」

(現代日本語書き言葉均衡コーパス、『城ケ島殺人旅情』)

 (39)「絶対に触れてはいけない。ぼくの命、一族すべての命がこの小麦にかかっている。」

(現代日本語書き言葉均衡コーパス、『死、ふたたび』)

4.5　形式の取り替え

　花園(1999:43)は認識的モダリティ形式として認定されている「にちがいない」「かもしれない」は、後半部を入れ替えて肯定の形(「＊にちがいある」「＊かもしれる」)にすることはできないのは、それぞれの形式が「にちがいない」、「かもしれない」の形で固定化しているためだと花園は述べている。
　では、このテストを「してはいけない」にしてみると以下の結果が得られる。
(40)廊下を走ってはいけない。
(41)？廊下を走ってはいける。
　このテストでは、「してはいけない」の後半部を肯定の形にすることができないことがわかる、つまり、「してはいけない」は、形式的には全体として固定化してきていると言える。

4.6　時制の取り替え

　次に、時制を過去形の時制における検索で、「してはいけない」の語の一体性を考えて見る。
(42)「あいつも3年間 がんばってきた男なんだ 侮ってはいけなかった」
　　　　　　　　　　　　　　　　　　　　　　　　(『スラムダンク』)
(43)「余り煙草を吸ってはいけなかった。(中略)夜遅くまで大声で話してはいけなかった。」
　　　　　　　　　　　　　　　　　　　　　　　　(『理想の女』)
　過去形には、変えることが可能である。次に、否定に置き換えのテストによって、「してはいけない」の語の一体性を考えて見る。
(44)「問題の本質に迫らなくてはいけなくないですか？」
(45)「人生を無駄にしてはいけなくないですか？」
(46)「いけなくないよ。勝手にどうぞ」
　これらはいずれも書き換えが可能であり、当為の意味を表す。

4.7　丁寧体の取り替え

　「してはいけない」が語としてひとつになっていて、一体化しているかについて分析するには、丁寧体のテストをしてみることから考察することができる。
(47)a.？廊下を走ってはいけないです。
　　　b.　廊下を走ってはいけません。
敬語体については「してはいけない」を「してはいけません」形式にすることはできるが、「してはいけないです」の形式にすると容認度が落ちる。しかし、これは、「形容詞＋です」の容認度からくるもので、一体化の問題ではないので、丁寧体においては、取り替え可能ということが言える。

4.8 連文における省略

影山(1993:10)において、「語の形態的緊密性」を検証するテストとして、次のような「等位構造における削除」の例を示している。このように、等位構造においては同じ要素が重ねて出現する場合、語は緊密性をもっているので不可分断するため、削除ができないのである。影山(1993)は次のような「(　し)はじめる」のテストで見てみることができるという。(48a)のような本動詞としての「はじめる」は削除可能だが、(48b)のように派生同士の一部となっている場合は削除することができないとしている。

(48) a. 誠は勉強を始め、知子は料理の準備をはじめた。
　　 a' 誠は勉強を、知子は料理の準備をはじめた。
　　 b. 誠は経済学の本を読みはじめ、知子は料理を作りはじめた。
　　 b' 誠は経済学の本を読み、知子は料理を作りはじめた。

(影山 1993:10)

これに対して、花園(1999)は複合的形式を構成する要素が語としての資格を失っているかどうかを試すテストフレームとしてこれを用いることも可能であるとして、以下のように、連文でのテストを「　しなければならない」に適用した。

(49) a. 明日雨が降れば学校が休みになる。もしくはストがあれば学校は休みになる。
　　 a' 明日雨が降ればもしくはストがあれば学校は休みになる。
　　 b. 仕事上でミスをした場合、自分で解決策を考えなければならない。もしくは直ちに上司に報告しなければならない。
　　 b'? 仕事上でミスをした場合、自分で解決策を考えなければもしくは直ちに上司に報告しなければならない。

このテストについては、花園(1999)は(49a)の場合は省略可能だが、(49b)では「しなければならない」の帰結部として「ならない」が語の一部となってしまったため不可能であるという。このことを証拠に、「しなければならない」において、「ならない」が語としての性質を失っていることが言えると花園(1999)は主張している。

では、本研究も、このテストフレームを用いて、「してはいけない」の連文における省略を考察した。その例は以下のように示す。

(50) a. 廊下を走ってはいけない。はしゃいではいけない。
　　 b. 廊下を走ったり、はしゃいだりしてはいけない。
　　 c. 廊下は走っても、はしゃいでもいけない。

このように「してはいけない」の帰結部「いけない」の省略が可能である。

4.9 まとめ

以上のテストを用いた分析に基づいて、「してはいけない」形式の語としての一体化を考察してみた。結果として、以下の表にまとめることができる。

このように、「してはいけない」形式は、話し手の当該行為に対する「いけない」という判断から、「してはいけない」という禁止への文法化は一定の度合いで定着していることがわかる。つまり、「してはいけない」形式による禁止の意味は、3で見てきたような文脈において、語用論的な推論から禁止の意味が導き出されていて、そして文法化の初期段階にあるということが言える。

表3 「してはいけない」形式の一体化

条件形の複数出現	○
倒置の不可	×
程度副詞の挿入の不可	×
形式の取り替え不可	○
時制の取り替えの不可	×
丁寧体の取り替えの不可	×
連文における省略の不可	×

5. おわりに

本研究では「してはいけない」形式の、基本的意味を見たうえで、当該形式を「するな」形式と比べ、そして禁止としての用法の使用条件と文法化の度合いを明らかにすることを試みた。結果として、両形式は、話し手が目上の場合は同じ用法であり、話し手が目上でない場合は、「してはいけない」形式が主に禁止を表す傾向が見られた。また、用法として、「してはいけない」形式の禁止は、話し手が目上ではない場合、文脈や背景に、禁止の理由、場所、時間、回数などを提示するのが一般であることが分かった。文法化の度合いについては、「してはいけない」形式は禁止への文法化の初期段階であると言える。

注

[1] 本研究で取り扱っている例文は、国立国語研究所の大学共同利用機関法人人間文化研究機構国立国語研究所と文部科学省科学研究費特定領域研究「日本語コーパス」プロジェクトが共同で開発した現代日本語書き言葉均衡コーパス（BCCWJ: Balanced Corpus of Contemporary Written Japanese）のうちの公開コーパス『少納言』から取り出したものである。詳しいURLは以下の通り：http://www.kotonoha.gr.jp/shonagon/

[2] ある形式の文法化の程度に関する基準には、Lehmann(1995)がある。Lehmannは文法化の程度を、記号の自立性の程度の基準と考え、それによって以下の六つのパラメータを上げている。Lehmannの六つの文法化の程度に関するパラメータ。

a. Integrity(完全度)

b. Paradigmaticity(範列度)

c. Paradigmatic variability(範列的可変度)

d. Structural scope/Condensation(構造スコープ度)

e. Bondedness(結合度)

f. Syntagmatic variability(統辞的可変度)

参考文献

赤塚紀子. 1998.「条件文とDesirabilityの仮説」. 赤塚紀子・坪本篤郎『モダリティと発話行為』. 研

究社. pp1-97
高梨信乃. 2002.「評価のモダリティ」. 宮崎和人・安達太郎・野田春美・高梨信乃(著)『新日本語文法選書4　モダリティ』. pp80-120. くろしお出版
高梨信乃. 2007.「評価のモダリティと実行のモダリティ」.『神戸大学留学生センター紀要』. No. 13. pp35-54
高梨信乃. 2010.『評価のモダリティ―現代日本語における記述的研究―』. くろしお出版
仁田義雄. 1991.『日本語のモダリティと人称』. ひつじ書房
仁田義雄. 2000.『モダリティ』. 森山卓郎・仁田義雄・工藤浩(著). 岩波書店
蓮沼昭子. 1987.「条件文における日常的推論：「テハ」と「バ」の選択要因をめぐって」.『國語學』. No. 150. pp1-14
花園悟. 1999.「条件形複合用言形式の認定」.『国語学』. No. 197. pp39-53
益岡隆志. 2007.『日本語モダリティの探求』. くろしお出版
森田良行・松木正恵. 1989.『日本語表現文型』. 株式会社アルク
Lehmann, Christian. 2002. *Thoughts on grammaticalization*. Second revisededition. Erfurt

对日语中「Vての」定语修饰结构的研究

北京外国语大学日本学研究中心　姜　柳

要旨:「Vての」連体修飾構造は日本語動詞の中止形「て」に「の」が後接してできたものである。本稿はその意味、文法特徴及び制約条件を考察した。先行研究がまとめた意味関係はまだ検討する余地が残っている。また、制約条件として、本稿の考察結果は下記の通りである。「Vての」連体修飾構造における動詞と被修飾名詞は格関係を持ってはいけない。「Vての」連体修飾構造が述語型表現に言い換えることができれば、「Vての」連体修飾構造は成り立ちやすい。「Vての」連体修飾構造における前件事象と後件事象は事態連鎖を持っている。前件事象と後件事象は全く関係がない場合、あるいは両者の状況連鎖が薄い場合は「ての」連体修飾構造が成立しにくい。

关键词:「Vての」定语结构　意义分类　连续性　成立条件

引　言

「て」形是动词的中顿形之一。概括地说,「て」形可以表示"先后关系"和"同时关系",后接动词。此外,「て」形还存在以下后接名词的用法。

例(1)(ピンボールランナーというゲームが始まる前に)嵐チームのレギュラーハンデ、20％オフカゴを<u>背負っての</u>挑戦になります。

(VS嵐　司会者　2014/9/25)

(2)被災地以外では、撮影した笑顔写真を<u>使っての</u>写真展や復興支援を行っている団体を集めた交流会を通して風化防止を呼びかけています。

(朝日新聞　サイト内記事　2014/10/14)

以上用法几乎很少被注意到,关于这种用法的研究更是少之又少。本文以动词中顿形「て」后接「の」修饰名词的用法,即「Vての」定语修饰结构(根据需要或简称为「ての」)为研究对象,从日本国立国语研究所开发的"现代日语均衡语料库中纳言"中以正则表达式的方法收集例句,对其分析总结。

虽然关于「ての」的研究为数不多,但也都已针对「ての」的意义分类、「ての」与动词「た」形的关系以及被修饰名词的特征等进行了研究。当然,前人的研究还存在不足。即:未能理清「付帯状況」这一类中混杂的东西是什么？各项意义分类之间存在什么联系？「ての」定语修饰结构能够成立的条件是什么？这正是笔者在本文中旨在解决的课题。

1.「ての」定语修饰结构的意义分类

关于意义分类,前人的研究大多和姫野(1983)一致,将「ての」分为「推移・継起」「原因・理由」「方法手段・状況」,其中,丹羽(2006)和彭(1998)采取了不同的分类方法。但无论哪一种分类,都存在某些例句可以兼属两类的情况,例如,彭(1998)中将「消費者の期待にこたえての緊急値下げセール」分析为表示"目的",但这句话也可以解释为"原因"。其实,这是正常且普遍存在的现象,不过尚未有人论及这一点,即各意义分类之间存在"连续性"。

本文根据「ての」定语修饰结构前项事件和后项事件之间的时间关系这一统一标准,将「ての」定语修饰结构分为"先后关系""同时关系"和"超时间关系"。继而,将"先后关系"细分为"継起""原因及理由""准备状况";将"同时关系"细分为"样态"和"方法・手段";将"超时间关系"细分为"条件"和"内容"。各个意思分类之间存在连续性。以下分别详细介绍。

1.1 先后关系

1.1.1 継起

所谓"継起"表示在前项事件发生之后,后项事件发生,即前后项事件相继发生。

例(3)最古兵殿の用事で馬屋へ行っての帰りです。報告は後にして医務室に行きます。

「昭和物語」

(4)なんとも不思議なご縁が出来たなあと思っている。さて、本書を読んでの感想にようやく入ります。

「口笛吹いて」

(5)「本当? どこですの?」「ハハハ…それは行ってのお楽しみです。MM21の中にあります」

「新横浜駅殺人旅行」

(6)会は11時半に終わるので、食事を済ませての出社になる。さ～、お昼は何を食べよう?と楽しみにしていた。　　　「Yahoo!ブログ」

此时,被修饰名词多为「楽しみ」或者「帰り」「帰国途中」「帰途」「帰り道」等和「帰り」意思相关的词以及与人类的感想、感情、想法相关的名词,如「考え」「結論」「感想」等。此外,也有一些句子不表示动作相继发生,只表示时间上的継起。这类似于彭(1998)中提出的「時間的結びつき」。

例(7)カンジョは勝利を素直に喜ぶことができなかったと振り返る。一夜明けての翌3日。

「Awayに生まれて」

(8)「準備できましたか?はじめますよ!」号令一下、最後の総稽古がはじまったのが、夜も更けての一時半、すでに初日の日付けである。「からたちの道」

这种情况下,可以推断句中省略了「～から」。「ての」可以替换为「～てからの」。姫野(1983)也指出过,将「～て」换成「～てから」之后,句中的先后关系更加明显,如「食事を済ませてからの出社」。有时还可替换为动词「た」形。如例句(9)可以替换为「馬屋へ行った帰り」,例句(10)可以替换为「話を伺った感想」。

例(9)最古兵殿の用事で馬屋へ行っての帰りです。

(10)話を伺っての感想。

但是,「ての」的特色是包含省略的成分,换成「た」之后所表达的意思会发生变化。如「話を伺っての感想」和「話を伺った感想」这两种表达,前者能体现出「話を伺ってからよく考えて、考えて、そして、その感想」这种反复地慎重的语感,而使用「た」则无此语感。

1.1.2 原因及理由

这类「ての」的前项事件是后项事件发生的原因或理由。如以下例子所示。

例(11)司馬さんが飛驒へ行こうと思い立ったのは「農家をみたいという気持ちに駆られのこと」だったという。　　　　　　　　「司馬遼太郎の風景」

(12)若者では二輪車や自動車に乗っているときが多く,高齢者では歩行中にはねられての死亡が多いという特徴があります。　　　「現代保健体育」

(13)しかし、この指導者が、中学校二年生程度を低い水準と考えての発言であれば大きな間違いでしょう。　　　　　　　　「中学生の自宅学習法」

(14)その時はどんな気持ちでしたか？泣きましたか？大学生の時。事故で。それも、車が焼けての焼死でした。目の前に彼がいないのに実感が伴わなくて。　　　　　　　　　　　　　　　　　　　「Yahoo！知恵袋」

「ての」表示"原因及理由"时,前项动词为思考动词、感情动词或动词的被动形式。若皆非二者,句子的整体构造则呈现「～てのことだ」这种"理由后置句"的构式。这种情况下,「ての」可以替换为「～から」「～ので」等表示理由的表达方式,同时,有些句子也可以替换为动词的「た」形,但是替换之后语感上略有差异。例句(15)中使用「ての」可以窥见出「交友関係に悩んで、悩んで、その結果、自殺した」这一烦恼的过程。而动词「た」形则无法表现这一过程。

例(15)交友関係に悩んでの自殺とみられる。

1.1.3 准备状况

所谓"准备状况"是指「ての」定语修饰结构的前项事件是后项事件发生的前提、背景或者契机,即为后项事件做准备。它是连接"先后关系"和"同时关系"的桥梁,最能体现出二者的连续性,下文会详细论述这一点。

例(16)骨つきのままのグリル、骨を外してのフライやソテーなど、味わい方もさまざまだ。　　　　　　　　　　　　　　「ダッチオーブン料理入門」

(17)NET副社長も務めた和才博美新社長資生堂取締役経営企画部長から、副社長ら14人を抜いての就任となった前田新造新社長西武鉄道抜本的な西武鉄道グループ再編を目指して社長に就任した。　　「FRIDAY」

(18)この顔ぶれの中ではルーキーでも、アメリカではムラディンたちを倒し

てのチャンピオンですから、精神的にもタフではないでしょうか。

「Yahoo!ブログ」

(19)店内に早速。はい、満席です。予約を入れての訪れです。パン、食べ放題です。次々、焼き上がりのパンが運ばれてきます。「Yahoo!ブログ」

(20)友達4人(自分も含めています)で飲み会をしたんです。前々から計画を立てての飲み会でしたがいざ清算の時が来たら…「Yahoo!知恵袋」

从例句中可以看出,几乎所有的例句都可以将「～ての」换成「～てからの」,这一点和"继起"是一样的。但是,例句(17)不仅仅是"先战胜14个人,然后就任副社长"之意。还有一层"在战胜14人的基础上,或者正因为战胜了14个人,才得以就任副社长"之意,即战胜14个人是能够就任副社长的前提条件。这也是"准备状况"区别于"继起"的地方。

1.2 同时关系
1.2.1 样态

"样态"表示后项事件在前项事件的状态下发生。能替换为「～状態で～する」。此时被修饰名词多为茂木・森(2006)提出的「述語性名詞」即"谓语性名词"。先行动词若为反身动词,那么「ての」一定表示"样态"。

例(21)雨天続きで久しぶりのスパイクを履いての練習ですね。天気は晴れいけそうです。寝すぎか少しだるいですね。 「Yahoo!ブログ」

(22)すぐに全軍一体となっての行進が始まった。 「デルフィニア戦記」

(23)日本に来て隠れての生活は、今までやってきました。これからもそういう隠れての生活は、生きたくありません。 「東京難民事件」

(24)お糸(鶴)のお腹に子供を宿しての旅は流石に辛く、ゆっくりであったが、出来れば目的地の生保内で生みたかった。 「雪原の夢」

这其中也有一些惯用句。这种惯用句的「て」形已经副词化了。仁田(1995)在论述「て」的时候便指出副词化了的「て」的存在。

例(25)結果は違った。「党の顔」として戦った衆院選の自民圧勝に功あっての、胸を張っての入閣である。 「読売新聞」

(26)「演劇教室」ですね。火曜、金曜の夜、ってことでかなり無理を押しての参加だったんですが、いろんな面でとてもプラスになりました。

「Yahoo!ブログ」

(27)清衡は黙った。「雪はどうなるか知れぬ。だが、闇を押しての行軍は想像がつく。むろん、明日は苦労せねばなるまいが、戦さとは無縁の苦労。

「炎立つ」

另外,此时很多句子中的「ての」也可以替换为动词的「た」形。但是,「履いた練習」仅表示修饰,但「履いての練習」带有"正在进行"的意思,现场感比较强。

1.2.2 方法・手段

前项事件是后项事件的方法及手段。先行动词多为「乗る」「駆る」「歩く」等和交

通手段相关的动词以及「用いる」「利用する」「使う」「使用する」「介する」等具有"使用"意义的动词。

例(28)その一方で、バイクに乗っての出張治療に駆け回った。

「鍼を打つ人竹村文近」

(29)自家用車を駆っての一人旅です。　　　　　　　　　　　「百塔紀行」

(30)先に引いた日本経済新聞の社説は、インターネットを介しての情報処理が「教育改革」そのものだという。　　　　　　　　　　「教育の論点」

(31)今航海のパソコン利用では、小学生とのメール交信のほか、GPSに連動したソフトを使っての位置確認、アマチュア無線を利用したソフト「MMSSTV」での画像送信も行う。　　　　　　　　　「YOMIURI PC」

1.3　超时间关系

超时间关系并非不具有时间性。只是不正面提及或者强调时间性，是一种从"时态"（tense）和"体"（aspect）中解放出来的表达方式。比起时间性更注重前后的逻辑性和关系性。其中包括"条件"和"内容"两项。

1.3.1　条件

表示条件的「ての」前项动词多为关系动词，被修饰名词为"非谓语性名词"。前项只是修饰后项名词。可以与动词「た」形或者动词原形互换。

例(32)次に、国民生活の改善、生活大国に関連しての意見（関連する/関連した）を幾つか述べたいと思います。　　　　　　　　「国会会議録」

(33)全体として見ますと、やはりことしの作柄等を反映しての（反映した/反映する）いわば先を見込んだ取引というふうに考えられますが…

「国会会議録」

(34)「旧日本」と「新日本」などという歯切れのいい二分法と、それにもとづく、過去に代えての（代えた/代える）未来の提示は、若い世代を中心に熱狂的な支持を生み、蘇峰を論壇の寵児としました。「近代日本思想案内」

(35)メーカーに寄っての（寄る）付け心地が違いますので、一度コンタクト屋に行ってお試しをしたらいかがですか？　　　　　「Yahoo! 知恵袋」

如上所述，这类表达脱离了时间关系。这一项也是极其容易词汇化的一项。例如本文未涉及的「〜について」「〜に基づいて」等后置词都属于这类表达。

1.3.2　内容

表示内容的「ての」只可以替换为「という」或者「というような」。此时「ての」定语修饰结构表示被修饰名词的具体内容，将其内容具体化。如下述例句所示。

例(36)昨日の午後、雪は降るものの、降っては解けて降っては解けての繰り返し。

「Yahoo! ブログ」

(37)ろしさを初回で経験できた事はある意味でよかったのかもしれません

　　　　　が。覚えては忘れての繰り返しになると解っていても無念でございます。　　　　　　　　　　　　　　　　　　　　　　　　　「Yahoo! ブログ」
(38)さくらが退院してから4日目になりました。まだまだ、起きては寝て、寝ては起きての生活。　　　　　　　　　　　　　　「Yahoo! ブログ」
(39)19015201での提案についてですが、Shiftを押してのファイル操作は、途中でトラブル(システムの無応答、リセットが必要な状況等)を起す。
　　　　　　　　　　　　　　　　　　　　　　　　　　　　　「Yahoo! 知恵袋」

2. 各意义类型之间的连续性

2.1 "先后关系"和"同时关系"的连续性

例句(40)如果理解为"在分成两桌的状态下喝酒聊天"便是"同时关系",倘若理解为"先分成两桌,然后开始喝酒聊天",便是"先后关系"。由此可见,看似互不相容的先后关系和同时关系,其间存在一定的连续性。

例(40)奥の席は満員でしたが、運よく席が空きました。2つのテーブルに別れての再度飲み会です。　　　　　　　　　　　　　「Yahoo! ブログ」

2.2 "继起"和"原因及理由"的连续性

例句(41)若理解为「このお客様との取引がなくなっても良いと判断したからこそ、そう行動した」便是原因。但倘若理解为「このお客様との取引がなくなっても良いと判断して、それから、そういう行動をした」便表示"继起"。

例(41)このお客様との取引がなくなっても良いと判断しての行動なのだろうか。それとも、メーカーの都合で仕様変更しても… 「Yahoo! ブログ」

可见,二者是紧密相连的。但我们通过「テカラ」测定标准或者「ソシテ」测定标准以及表示原因的「カラ」测定标准可以将其区分开来。以例句(41)为例。我们先以「テカラ」测定标准进行测试。

(41)a.このお客様との取引がなくなっても良いと判断してから、そう行動した/判断して、そして、そう行動したなのだろうか。それとも、メーカーの都合で仕様変更しても…

如例句所示,句子中即使插入「テカラ」句子仍然是成立的,句意也是正确的。这时可以初步判断例句(41)表示"先后关系"。在此基础上,再使用「カラ」测定标准。

(41)b.このお客様との取引がなくなっても良いと判断したから、そう行動したのだろうか。それとも、メーカーの都合で仕様変更しても…

如例句所示,加上表示原因的「カラ」之后,句意依旧通畅,由此可以判断例句(41)表示"原因及理由"。因果关系就是在先后关系的基础之上成立的。

再以例句(42)为例,同样做两次测试。

(42)車検が上がってから、帰った時に/上がって、そして、帰った時に、渋滞に巻き込まれた、その諸悪の根源、「入間アウトレット」に行ってきました。

車検が<u>上がった</u>から、帰った時に、渋滞に巻き込まれた、その諸悪の根源、「入間アウトレット」に行ってきました。　　　　　　　　　「Yahoo!ブログ」

不难发现，例句(42)中插入「テカラ」后句意不变，但是加上表示原因的「カラ」之后，句意有变，并且不通顺。由此可以判断例句(42)为表示"继起"的内容。

2.3 "准备状况"和"样态"的连续性

在例句(43)当中，前项的「小異を捨てる」是后项「大同団結」得以实现的前提条件。但换个角度来说，可以理解为「大同団結」是在「小異を捨てる」的状态中实现的。从这个意义上来讲，"准备状况"和"样态"是存在连续性的。关于这一点我们同样还是用「テカラ」测定标准来判断。例句(43)可以插入「テカラ」，因此整体上它还是包含了先后关系。而典型的表示"样态"的句子是无法和「テカラ」相兼容的。

例(43)日本問題の関係者たちもいよいよ小異を<u>捨てての大同団結</u>の時か、と思ったほどだった。　　　　　　　　　　　　　　　　　「U.S.A.報告」

3.「ての」的特征以及成立条件

首先，若「ての」定语修饰结构能够还原成谓语句表达，或者句子中能够补入省略成分，那么其容易成立。姫野(1983)中也指出过「ての」的特色正是它的简略性。笔者观察例句发现，「ての」定语修饰结构中，在「て」形后面一般都能够补入一些动词、助词等被省略掉了的成分。例如例句(44)可以补充为「狭い土地を生かして<u>できた(建てられた)</u>4階建て」，例句(45)可以补充为「朝起きて<u>から感じる肌の</u>しっとり感」，例句(46)可以补充为「哲学的な観点に立って<u>出した(提出した)</u>アドバイス」，补充完整后句子意思更加明确。

例(44)もちろん借金だらけです。二十五坪ほどの狭い土地を<u>生かしての四階建て</u>。それが完成すると、信じられないほど素敵な家になりました。
　　　　　　　　　　　　　　　　　　「宜保愛子の幸せを呼ぶ守護霊」

(45)一瞬肌にキツいような、乾燥肌を助長するかもしれない気になりましたが、<u>朝起きての肌のしっとり感</u>がよかったです。好みとしては、尿素化粧水の方が自然で好きです。　　　　　　　　　　「Yahoo!ブログ」

(46)領域がきわめて広範囲にわたったため、同氏の歴史的知識に止まらない哲学的な観点に<u>立ってのアドバイス</u>は、論旨をまとめる際に大いに役立った。　　　　　　　　　　　　　　　　　　　　　　「大分水嶺」

「ての」和动词「た」形在修饰名词时语感上存在差别也正是这个原因。例如「見ての通り」和「見た通り」，「見ての通り」中可以推断省略了一个动词，即「見て分かる通り」，二者所表达的意思略有差异。总结而言，被修饰名词的谓语性越高，越容易还原成谓语句表达方式的「ての」定语修饰结构便越容易成立。这一点是茂木(2006)等研究中间皆提及的观点。本文发现，若被修饰名词为非谓语性名词，则能够补入省略成分的「ての」定语修饰结构更容易成立。

第二，「ての」定语修饰结构中前项事件和后项事件之间存在适当的"想起度"。即

作为连贯的事态内容(script)容易联想的情况下,「ての」定语修饰结构容易成立。例如「片手で文庫本を読んでの事故」这句话很难被接受,但是「居眠りをしての事故」则很自然地成立。究其原因,是由于「居眠りして運転したら、事故に遭う」这件事情的"想起度"比「文庫本を読んで、事故に遭う」要高。但是,正如姬野(1983)中指出的那样,若前后项事件的联系过于紧密,事态过于普通,「ての」定语修饰结构也很难成立。这也和前述的省略现象有关,「ての」定语修饰结构成立需要有一定的"异常性",例如「ご飯を食べての生活」「ドアを開けての入室」这种表达方式就很不自然。

最后,先行动词和被修饰名词之间没有格关系的「ての」定语修饰结构容易成立。例如「食べた料理」很自然,但是「食べての料理」却很难成立。同样,「国際的な視野に立ってのアドバイス」很自然,但是「国際的な視野に立って出してのアドバイス」就很难成立。究其原因,是因为前后项之间存在「アドバイスを出す」这样的格关系。同理,「学校へ行っての帰り」很自然,但是「毎日行っての学校」就很难成立。这同样和前述的省略现象相关联。寺村(1975)提出了"结构内关系"和"结构外关系"的理论。即:「さんまを焼く男」这句话可以转换为「男がさんまを焼く」这样的谓语句表达方式,这样的句子中的修饰关系称为"结构内关系",反之,「さんまを焼く匂い」这句话无法还原成谓语句表达方式,这样的句子中的修饰关系称为"结构外关系"。若借用这一理论分析,则前后项属于"结构外关系"即不具有格关系的「ての」定语修饰结构更容易成立。

此外,与动词的其它定语修饰形式相比,「ての」定语修饰结构有其特有的特征。

第一,「ての」定语修饰结构在表示原因时,本身带有"反复""慎重"的语感。因此,和动词的其它形式相比,「ての」也最适合表示因果关系。能体现出从因至果的整个过程。

例(47)親はいつも子どもを思っての判断。必要性や約束事をお互いに語り合うことが大切ですね。　　　　　　　　　　　　　　「広報きりしま」

例句(47)里「思っての」意义更接近于「思った上での」的意思。使用「ての」能表现出"为了孩子考虑再三,最终做出了判断"这一慎重的过程,这是动词「た」形无法表达出来的意义。

第二,「ての」在表示"样态"的时候"现场感"很强,带有"正在进行中"的语感。因此,与动词的其它形式相比,「ての」最适合表达"样态"。这也是最容易词汇化即副词化的一种用法。即使将其转换为谓语句表达,句中的动词「て」形大多也是相当于副词的功能。

4. 结语

本文从新的视点研究了动词「て」形后接「の」修饰名词的表达方式。按照其前后项的时间关系将其分为"先后关系""同时关系"和"超时间关系",并论述了各意义之间的连续性。众多前人研究都对「ての」进行了分类,但是都会存在同一例句同兼两类的情况,笔者认为这和「て」形本身意义丰富也有关系,因此认清相互之间的连续性很重要。

此外,本文总结了与其它动词定语修饰形式相比,「ての」特有的特征以及「ての」

定语修饰结构成立的条件，即被修饰名词的谓语性越高，「ての」定语修饰结构越容易成立。若被修饰名词不是谓语性较强的名词，那么能够补入省略成分的「ての」定语修饰结构较容易成立；先行动词和被修饰名词之间若有格关系，则「ての」定语修饰结构无法成立；「ての」定语修饰结构的前项事件和后项事件作为 Script 若容易联想出来，则「ての」定语修饰结构越容易成立，反之，前项事件和后项事件的关系若过于紧密，则「ての」定语修饰结构无法成立；

「ての」是省略了某些成分的相对简洁的表达方式，因此在小说以及报纸等书面语中发挥了重要的作用。但其实「ての」并非仅用于书面语，观看日语的综艺节目会也会经常听到含有「ての」的表达方式。除「ての」之外，还有其他动词的连用形后接「の」修饰名词的表达方式，比如「罪を許される日を待ちながらの年月を送ることになる」「点取られたり取ったりのシーソーゲームの展開かと思いきや」。这样的表达也很多，将其作为今后的课题继续研究。

＊本文为北京外国语大学 2017 年度基本科研业务费项目"剖析日语中动词从句后接名词的用法"（项目批准号：2017JX007）的阶段性研究成果，由中央高校基本科研业务费专项资金资助

参考文献

遠藤裕子.1982.「接続助詞『て』の用法と意味」.『音声・言語の研究』.東京外国語大学音声学研究室.No.2

井口厚夫.1992.「『サラ金に追われての夜逃げ』の連体構造」.『ソフトウェア文書のための日本語処理の研究11―計算機用レキシコンのために(3)―』.情報処理振興事業協会技術センター

許恵晴.2001.「『連用節+ノ』用法についての一考察」.銘傳日本語教育.No.4

寺村秀夫.1975.「連体修飾のシンタクスと意味―その1～4」.『日本語・日本文化』.4―7号.大阪外国語大学留学生別科

チフトゥチ ウツムハン.2014.「『漢語形容詞』の用法について―連体修飾の『テイル』『タ』『ナ』『ノ』形式を中心に」.『名古屋言語研究』.pp57-67

董博.2010.「『あっての』から『～ての』の統語機能について」.『東アジア日本語教育・日本文化研究（第十三輯）』

成田徹男.1983.「動詞の『て』形の副詞的用法―様態動詞を中心に―」.『副用語の研究』.明治書院

仁田義雄.1995.「シテ形接続をめぐって」.『複文の研究（上）』.くろしお出版

丹羽哲也.2006.「『ての』の用法について.」.『複合辞研究の現在』.和泉書院

丹羽哲也.2012.「連体修飾節構造における相対補充と内容補充の関係」.『日本語文法』.No.12(2)

姫野昌子.1983.「動詞『て』形の連体修飾構造」.『日本語学校論集10』.東京外国語大学国語学部付属日本語学校

彭広陆.1998.「『ての』をめぐって」.『東方研究―記念百年校慶論文集』.藍天出版社

茂木俊伸・森篤嗣.2006.「テノ名詞句の意味と形式」.『世界の日本語教育』.No.6

吉田妙子.2012.『日本語動詞のアスペクト』.晃洋書房

吉永尚.2008.「付帯状況を表すテ形動詞について」.『園田語文』.園田学園女子大学.No.7

吉永尚.1997.「付帯状況を表すテ形動詞と意味分類」.『日本語教育』.No.95.pp73-84

汉日同形形容词比较分析
——以日语"タリ活用形容動詞"为中心

南京工业大学外国语言文学学院　许雪华

要旨：日本語では「タリ活用形容動詞」で、中国語では形容詞となる日中同形語は134語あるが、使用頻度が低いため、今までほとんど研究されていない。しかし、日中同形語の一部として、その存在を無視することはできない。本稿はこの134語の日中同形語を日中双方のコーパスで調査し、その使い方におけるズレを明らかにする。調査した結果、日中両言語において、(1)ほとんど連体修飾語、連用修飾語、述語として働くことができ、ともに形容詞であること。(2)ほとんど書き言葉であること、という二つの共通点が挙げられる。一方、相違点として(1)全体として、中国語における使用頻度が日本語より高いこと。(2)文中で働く第一機能が一致しない同形語があること、の二つが挙げられる。ズレの原因について、古代中国語から日本に伝わったタリ活用形容動詞が日本語において和語オノマトペの影響で文法機能に通時的変化が起こったことなどが考えられる。

关键词：タリ活用　汉日对比　语料库　历时变化

　　汉日同形词是汉日对比研究的一个重要领域,其中名词、动词最多,形容词次之。目前对于同形形容词的探讨多集中在"简单""重要"等日语为"ナリ活用"的词语上,"牢固""释然"等日语为"タリ活用"的同形词,则因词数不多,用法古典而不受关注,相关研究也不多见。但我们认为作为汉日同形词的一部分,且多数词语在汉语中使用频率并不低,这部分同形词也值得研究。本文以此类同形词为研究对象,对其在汉日语中的词性用法进行考察和对比,以期对汉日对比语言学研究有所裨益。

1.研究的对象和方法

1.1　研究对象的抽取

　　笔者利用中国和日本具有代表性的国语词典,即汉语的《现代汉语词典(第六版)》和日语的『新明解国语辞典(第七版)』进行对照,抽取研究对象。抽取时的规则如下：
　　(1)汉语词典标记为"形容词",日语词典标记为"タル・ト"；
　　(2)日语为二字音读词；
　　(3)汉日语词形相同,忽略简繁体区别。
　　根据上述准则,共抽取"蹒跚""从容""荒凉"等134个汉日同形词作为研究对象。

1.2 研究对象的特点

抽取出的汉语为形容词,日语为"タリ活用形容動詞"的汉日同形词,虽然属于形容词范畴,但其在语音上有一些特点,使其区别于一般形容词。

首先这些词语在汉语中多为联绵词,根据其音韵特点,可以分为以下几类:

同音重复(42词):漫漫、郎朗、赫赫、浩浩、亭亭……

叠韵(24词):蜿蜒、荒凉、蹒跚、窈窕、从容……

双声(10词):恍惚、玲珑、澎湃、颓唐、悠扬……

派生(43词):超然、茫然、泰然、哑然、悠然……

非双声叠韵(15词):广漠、寂寥、朦胧……

音韵上没有明显特点的词语仅有15词。这样的音韵特点,对应到日语也有类似的特征,如同音重复在日语中对应音节反复,派生词中的"然"(ぜん)则对应日语拨音。叠韵、双声对应的是拗长音、"り"音。朱京伟(2005:202-203)将日语拟声拟态词根据语音特点分为"畳語のもの""類音を重ねるもの""異音を重ねるもの""語中に「っ」「ん」が入り、「り」で終わるもの""語尾に「っ」「ん」「り」をつけるもの"等5类。这些特点与本文研究对象在日语中的语音特点不谋而合,由此可见本文涉及的汉日同形词,从音韵来看有别于一般的形容词,更偏向于拟声拟态词。在对比分析这类同形词时,必须考虑这样的特点。

此外,这134词中仅"漠然""团团""殷殷"3词在汉日语中词义差别较大,剩余131词词义基本相同,故本文主要探讨这类词语的用法特征,对于其词义差别不作具体分析。

1.3 研究方法

本文利用汉日语双方语料库检索调查上述134词,对其用法进行对比分析。汉语利用"国家语言文字工作委员会"开发的"国家语委现代汉语通用平衡语料库"的子集——"标注语料库(5000万字符)"进行检索,后人工分析检索出的例句。因部分词汇例句较多,本文以200例为上限,对于例句不满200例的,将所有例句纳入考察范围,若例句超出200例,则随机抽取200例作为考察对象。

日语则利用"現代日本語書き言葉均衡コーパス(1億500万词)"进行检索,因整体使用频率不高,且有检索工具NINJAL统计各类用法数量,故将所有例句都纳入考察范围。

根据语料库调查数据,分别统计这些同形词在汉语和日语中的用法特征,而后对比其在两国语言中的用法异同点,最后分析差异产生的原因。

2. 日语中的用法特征

本节探讨上述汉日同形词在日语语料库中呈现出的用法特点,主要从使用频率、句法功能等方面进行探讨。

2.1 使用频率

语料库调查结果显示,该 134 个汉日同形词在日语中整体使用频率较低,在语料库检索到的用例低于 5 例,甚至没有用例的词多达 40 个。其中"郁郁・浩渺・葳蕤・潸然・萧索・悚然・团团・婆娑・缤纷・怫然・翼翼・料峭"等 12 词未能检索到任何用例,基本可以认定为死语。"藹藹・翕然・潸潸・深沈・漠々……"等 28 词,在语料库中仅能检索到 1 至 4 例,且多为古典用法,也接近死语。

剩余 94 词中,用例在 5~10 之间的词有 29 词,用例在 11~50 之间的有 44 词,用例在 51~100 之间的有 12 词,而超过 100 例的仅有 9 词。"現代日本語書き言葉均衡コーパス"是含有 1 亿 500 万词的超大型语料库,然而多数词语的使用频度低于 50 例,可见使用频度之低。即使其中的"恍惚""愕然"在语料库中检索到 300 多例,但这与"簡単"(13000 多例)"重要"(22000 例)等"ナリ活用形容動詞"相比,仍相去甚远。

整体来看,这 134 个汉日同形词在日语中使用频率不高,其中近三分之一的词在现代日语中基本不再使用,这可能是其不受研究者关注的主要原因。

2.2 句法功能

《新明解》对这 134 词标注了"-タル・ト",意为可以连接"タル"修饰名词,连接"ト"修饰动词。语料库中这些词的用法则更为复杂,以"愕然"为例,其在日语中主要有以下用法:

1) さすがに七郎に、愕然たるものが走った。(山田風太郎『柳生十兵衛死す』1999)
2) 愕然とした食堂長や、数人の係長が間に入った。(森村誠一『鍵のかかる棺』2001)
3) 村長は愕然と息子を見つめた。(菊地秀行『D−昏い夜想曲』1992)
4) 忠邇は愕然として息を呑んだ。(森村誠一著『天下の落胤』2004)
5) 理瀬は愕然とした。(恩田陸『黄昏の百合の骨』2004)

上述例句中,1)和 3)是词典标注的用法,但除此之外,"愕然"还能以"愕然とした"的形式修饰名词,或以"愕然として"的形式修饰动词,以"愕然とする"及其活用形式作谓语,代替古典谓语形式"愕然たり"。由此可以看出,比起"タル・ト"来,这类词语在日语中更倾向于通过"～とする"及其活用形式实现句法功能,这与"和語オノマトペ(日语固有的拟声拟态词)"的特征相似。

这些汉日同形词在日语中可以作谓语、定语或状语,但并非每个词都具有这 3 种句法功能,以下对这些词在日语中的句法功能进行统计分析,谓语指以"～とする""たり"结尾的情况,定语指"～タル""～とする"及其活用形修饰名词的情况,状语指"～と""～として"修饰动词等的情况。

表 1　日语句法功能统计

句法功能	词数	词例（94 词）
谓语·定语·状语	33	愕然　恍惚　釈然　粛然　嫋嫋　超然　朦朧　悠揚……
定语·状语	34	屹然　顕然　昂然　燦爛　訥々　澎湃　勃然　漫々……
谓语·状语	3	安閑　悄然　従容
谓语·定语	3	汲々　索然　寂寞
状语	8	快々　豁然　莞爾　倉皇　霏々　便々　油然　歴歴
定语	5	惨憺　寂寥　窈窕　爛漫　繚乱
谓语	1	黙然
复合	7	諤々　軒昂　津々　駘蕩　頽唐　眈々　縹渺

如表 1 所示，日语句中具有谓语、定语和状语 3 种句法功能的同形词有 33 个，能够兼作定语和状语的有 34 个，表明在句中作定语和状语是多数词语具备的句法功能，这与形容词的属性吻合。此外，能够兼作状语和谓语、兼作定语和谓语的词分别有 3 词，而在句中只能作状语的有 8 词，只能作定语的有 5 词，只能作谓语的仅"黙然"1 词，这 20 词的使用频率都不高。剩下的"津津""駘蕩"等 7 词，如"興味津津""春風駘蕩"所示，仅在四字熟语中出现，性质接近语素。

即使同时具有谓语、定语和状语等功能，各项功能的用例数量并不均等，多数词偏向于某一种功能。我们将用例最多的功能作为主要句法功能，统计结果如下：

表 2　日语主要语法功能统计

主要功能	词数	词例（94 词）
状语	46	自若　泰然　憤然　歴々　朗々……
定语	27	広漠　荒涼　寂寞　憮然　凛然……
谓语	14	汲々　恍惚　釈然　超然　牢固……
复合	7	諤諤　津津　頽唐　駘蕩　縹渺……

由表 2 可知，这类同形词中有近一半词的主要句法功能是状语，从用例来看，"～と"与"～として"形式用例数相差不大。以定语为主要句法功能的词语有 27 个，但整体来看这些词的使用频度不高，且如"絢爛たる紅葉""馥郁たる香り"所示，用法搭配固定，应该是古典用法的残留，多数除以"～タル"形式修饰名词用法外，基本无其他用法，可能会逐渐淡出现代日语的舞台。主要功能为谓语的有 14 词，语料库中用例相对较多，且除了谓语功能外，基本也都具备定语、状语功能。

综合表 1 和表 2 可知，这类汉日同形词在现代日语中具有定语、状语和谓语功能，符合形容词特点，但主要功能是作状语。

2.3　其他用法

这类汉日同形词中也有极少部分词具有名词性功能。如"絢爛をきわめた""繚乱

をよそに""荒涼を増す""寂寥を損なう""安閑をその最初とする"所示,"安閑""絢爛"等还可以连接格助词「-ヲ」,作宾语,此外"寂寥"1词还有主语用法。

6)座敷ごとに狩野永徳の絢爛をきわめた絵がある。(津本陽『下天は夢か』1989)

7)舞台を去っていく後ろ姿にまで寂寥がまといつき余韻の長い舞踊です。(勝連繁雄『琉球舞踊の世界』2001)

此外,"広漠・絢爛・滂沱・繚乱・滔滔・颯爽・蜿蜒・諄々・寂然・超然・爛漫"等11词,可以与助词「-ノ」结合修饰名词。

8)一気に爛漫の春が境内に訪れる。(ブルーガイド出版部『人の横浜・鎌倉』2004)

9)新婦である美佳さんは、すでに滂沱の涙を流している。(『群像』2003年11月号)

从其意义来看"滂沱の涙"与"滂沱たる涙"一致,"滂沱"都表现了"涙"的状态,此处的用法可以说是"たる"用法的衍生。但从形态来看,则与名词一致,可以推测是日语"漢語"的体言性质派生出的用法。

此外,"牢固・顕然・軒昂・愕然・朦朧"等5词有部分用例,形态上与"ナリ活用形容動詞"有相似之处。

10)漢学の中国観には牢固なものがあった。(長谷部茂『外国語・地域研究の系譜』2003)

11)村西は軒昂だった。(井田真木子『フォーカスな人たち』2001)

用例10)连接"-な"修饰名词作定语,用例11)句末助动词"-だ"实现谓语功能,都是"ナリ活用形容動詞"的形态特征,但这5个词的用例以"タリ活用"为主,所以也可能是偏误。

2.4 日语用法总结

上述汉日同形词在日语语料库中的用法特征如下:

(1)多数词语使用频度低,整体来看,连接"タル"修饰名词的用例较少,连接"ト"修饰动词的状语用法,用例相对较多;

(2)在句中具有定语、状语、谓语等句法功能,但主要功能是作状语,且连接"とする"及其活用形作定语、状语,或者谓语的用法,比连接"タル""ト"的用法更加普遍,具有"和語オノマトペ"的特征;

(3)有部分词汇仅在复合词出现,不能单独使用,应看作双音节语素;

(4)在形态上,与名词,"ナリ活用形容動詞""和語オノマトペ"都有交集。

3. 汉语中的用法特征

本节探讨这些汉日同形词在汉语语料库中呈现出的用法特征,仍从使用频率,句法功能等方面进行探讨。

3.1 使用频度

汉语语料库的调查结果显示,上述134个汉日同形词使用频度整体比日语高,但仍有部分词汇使用频率偏低,其中"蔼蔼、惨憯、潺湲、骀荡、谔谔、怫然、煌煌、慄然、嫋嫋、潸潸、索漠、恬然、怃然、萧然、翕然、蕞尔"等16词在语料库中用例极少,基本接近死语。

剩余118词中,用例在5～10之间的词有19词,用例在11～50之间的有62词,用例在51～100之间的有17词,超过100例的仅有20词,即主要集中在11～50例这个频度上。"国家语委标注语料库"是一个含有5000万字的大型语料库,但仍不及1亿500万词的"現代日本語書き言葉均衡コーパス",可是检索到的用例却比日语要多,可见汉语中的使用频度远高于日语。

这些词语在汉语中,与普通形容词(如"简单"有3000多例)相比,使用频度不算高,但整体来看仍具有一定的使用率,其在现代汉语中的普及程度比在现代日语中要高。

3.2 句法功能

《现汉》将这些汉日同形词标注为形容词。以"牢固"为例,其在语料库中的用法如下:
12) 两国人民之间长期存在着情意和牢固的友谊。(《经济日报》1988年4月16日)
13) 它为女真社会振兴奠定了牢固基础。(滕绍箴《满族发展史初稿》1990年)
14) 躯干部的脊椎骨都牢固地连接在一起,不能活动。(叶佩珉等《动物学》1992年)
15) 在思想上要牢固树立这个原则。(《中国电视新闻学》1991年)
16) 但是这种婚姻并不牢固。(高健生等《家庭学概论》1986)

从上述例句可知,这类同形词在句中主要有定语、状语和谓语3种句法功能,形态上可直接作定语和状语,也可分别连接"的"或"地"作定语或状语。因此从句法功能来看,这与普通形容词"简单""重要"等没有太大区别,符合形容词的词性定位。

然而,这些词在汉语中并非都兼具定语、状语和谓语三种句法功能,我们将词语的具体句法功能统计如下:

表3 汉语句法功能统计

句法功能	词数	词例(118词)
定语·状语·谓语	41	超然 从容 愕然 恍惚 朗朗 颓唐 嫣然 悠扬……
定语·谓语	34	灿烂 愤然 浩然 荒凉 茫茫 飒爽 萧条 炎炎……
状语·谓语	10	昂然 愤然 寂然 默然 飘然 释然 肃然 莞尔……
定语·状语	3	讷讷 团团 谆谆
状语	8	勃然 豁然 浑然 汲汲 悚然 快快 屹然 油然
谓语	1	杳然
定语	4	皑皑 广漠 萧索 洋洋
复合	17	勃勃 楚楚 眈眈 浩浩 津津 缭乱 陆离 络绎 便便 索然 凊然 亭亭 郁郁 奄奄 扬扬 翼翼 卓然

由表3可知,汉语中具有谓语、定语、状语3种句法功能的有41词,可以兼作谓语和定语的有34词,可以兼作谓语和状语的有10词。句法功能单一的词较少,其中仅能作状语的词有8词,仅能作定语的有4词,仅能作谓语的只有"杳然"1词。值得注意的是,汉语有17词仅能构成四字成语,不能单独作句子成分。如"络绎、亭亭"等,一般都只能在"络绎不绝""亭亭玉立"等成语中出现,不能单独使用,应该算作双音节语素。

总体来看,这118词基本都具备谓语和定语功能,这与日语多数词能具有状语和定语功能略有不同。此外,汉语仅有复合用法的词语有17词,也比日语多。

当然,这些词的各项句法功能的用例数量并不均等,多数词偏向于某一种功能。我们将用例最多的功能作为主要句法功能,统计结果如下:

表4 汉语主要句法功能统计

主要功能	词数	词例(118词)
定语	32	广漠 寂寥 漫漫 朦胧 绚烂 悠扬……
状语	32	昂然 豁然 悄然 悚然 显然 悠然……
谓语	25	苍苍 恍惚 凛冽 滂沱 萧条 哑然……
谓语·定语	12	灿烂 苍茫 赫赫 荒凉 牢固 飒爽……
复合	17	勃勃 楚楚 眈眈 浩浩 津津 缭乱……

汉语中,主要功能为定语或状语的分别有32词,主要功能为谓语的有25词,还有12词使用频度高,定语和谓语的用例数量相差不大,都可看作主要功能,其中"牢固、茫然"2词,还有大量作状语的用例。从形态上来看,这类词虽然也有连接"的"或"地"字作定语、状语的用例,但更多的是直接修饰名词或动词,这应该是受古代汉语的影响。

17)浓雾夹带着霏霏细雨,把国际机场笼罩得严严密密的。(刘肇贵《这个谜》1979)

18)如今仍在下着霏霏的细雨,天空里墨黑的云层仍未消散。(嵇鸿《尸变》1981)

综合表3和表4可知,汉语中这类词用法有所分化,一部分用法受限,仅在成语中出现,更多的词语则是在古代汉语的基础上,结合现代汉语特点,发展出了连接"的""地"修饰名词、动词等一些新用法。

3.3 其他用法

汉语中部分同形词具有名词性用法,如"馥郁、寂寥、荒凉、仓皇、贫寒、安闲、灿烂"等7词从语料库中检索出了在句中作宾语的用例。

19)大家兴致勃勃,笑声朗朗,忘记了四周的荒凉。(奚青《天涯孤旅》1984)

20)那些芳香的记忆遮蔽了曾经有过的贫寒和愚钝。(《长江文艺》2000年4月号)

但是,这7词作宾语时,前面多有修饰语,基本无法直接作宾语,且118词中仅有

7词有名词性用法,可见这类词在汉语中是纯粹的形容词,而不是兼具名词性质的"名形词"。

再者,这118词中有17词仅能形成四字成语,但实际上大多数词都有构成四字成语的复合功能,如"凛然""浑然""豁然"等词虽然有单独成词的用法,但其合成的四字成语"大义凛然""浑然不觉""豁然开朗"使用频率更高,可见古代汉语用法的印记依然很深。

3.4 用法总结

这类汉日同形词在汉语语料库中的用法主要具有以下特征:
(1)使用频度与一般形容词相比略低,但整体比日语要高;
(2)多数词语具有形成四字成语的复合功能,其中"翼翼、亭亭"等17词仅能形成复合词,基本没有独立用法;
(3)多数词语与固定词语搭配,意义恒定,如"滂沱"仅能修饰"大雨","囧囧"仅能修饰与"眼神"相关的词语。
(4)仅有极少数词具有名词性用法;
(5)书面语较多,古代汉语印记明显。

4. 汉日对比

本节对比此类汉日同形形容词在汉语和日语中的用法异同点并分析原因。

4.1 用法差异

汉语为形容词,日语为"タリ活用形容動詞"的134个汉日同形词在汉语和日语中的用法大体一致,但也有相异之处,对比发现其有如下相似之处:

(1)在两国语言中,多数词语具有谓语、定语和状语的功能,忽视形态上的区别,可以说多数同形词在两国语言中都是形容词,词性用法一致;
(2)汉日语中都是书面语居多,口语中不常使用;
(3)多数词语在汉日语中词义无甚差别,使用时所搭配的词语较为接近。如"窈窕淑女""莞尔一笑"等,对应的日语是"窈窕たる淑女""莞爾として笑った"。有部分词汇形成的四字成语在汉日语中也是同形词,如"虎视眈眈、泰然自若、一目了然"等;
(4)汉日语中名词性用法都不多。

而这类同形词在汉日语中的用法亦存在如下差异:
(1)汉语中的使用频率高于日语。日语是1亿500万词的语料库,汉语是5000万字的语料库,但是日语的用例却少于汉语用例,可见日语中的使用频率大大低于汉语;
(2)有部分同形词在汉日语中的主要句法功能存在差异。如"朗朗"一词,在汉语中如"朗朗的读书声""郎朗晴空"所示,主要作定语,然而在日语中,如"朗々と名乗った""朗々と響いた"所示,主要作状语;
(3)汉语和日语中的历时变化趋势不同。汉语有些词语渐变成语素,不再具有独立性,有些词语则在古代汉语的基础上,发展出新用法,而日语则发展出了与"とする"

及其活用形结合实现相关句法功能这一新的形态特征。

4.2 原因分析

如上所述,这类汉日同形词在汉语和日语中都是形容词,但在实际用法上仍存有差异,以下主要从历时角度考察差异产生的原因。

首先来看使用频度的差异。这134词在日语语料库中,用例超过50例的仅有21词,占总数的15.67%,而在汉语中有37词,占总数27.61%,且"牢固""显然"等词使用频度较高,基本与普通形容词无异。因此我们与其探讨汉日语中使用频度的差异,不如考察在日语中频度低的原因。

首先,这些汉日同形词在古代汉语中已经存在,是由汉语传至日语的词语。铃木泰(1982:91)认为,这类词语随着汉文训读法传至日本,以"和漢混淆文"的出现为契机在日语中大量出现。然而,"漢語タリ活用形容動詞"因为重复、叠韵等音韵上的特点,与"和語オノマトペ"有相似之处,有些渐渐被"和語オノマトペ"同化甚至取代。如将"徒然"作为"つれづれ"的汉字表记,由此"とぜん"一词的用法越来越少。

同时,部分"タリ活用語"还需通过汉字来识别意思,但是这些汉字有些不在日本《常用汉字表》内,其意义难以理解,如"巍然""皚皚""嫣然"中的"巍""皚""嫣"等。且某些词语的用法特殊,如"莞爾と笑った"所示,仅能跟特定的词语搭配,很多只能在四字成语中出现,使用范围极小,最终成为死语。此外,日语中"タリ活用語"本身就有古文韵味,使其与一般的现代日语文章不合拍,这也是其使用频度降低的原因之一。

与此相对,汉语中,这类词有两种不同的发展轨迹。一部分词语渐渐只在四字成语中出现,但是汉语书面语对成语接受度高,即使用法受限,但词本身的使用频度并不低,如"得意扬扬""潸然泪下"等。另一部分词语逐渐由表达状态的联绵词渐渐向普通形容词转变,其功能也更加全面,如"牢固""荒凉"等词使用频率高,一般不会特意将其与普通形容词区别开,故整体都保持了较稳定的使用频度,仅有少数词语,如"潺湲、翕然、蓦尔"等词虽然在古代汉语中使用频率很高,但在现代汉语中,用法受限,太过文绉绉,逐渐被淘汰。

再来看功能差异。如4.1所述,这些同形词在汉语中主要作谓语和定语,日语中则主要作状语,主要功能存在一定偏差。这仍然得从历时角度进行考察。铃木泰(1982:96-98)调查了《平家物语》与现代日本报纸中"タリ活用形容動詞"的用法,发现《平家物语》中主要作定语和谓语,而在现代日语中则主要作状语。他认为差异产生的原因与"和語オノマトペ"与"漢語オノマトペ"的融合有关。同时,铃木修次(1978:157)也认为「漢語による擬態語は、漢字をあててそれを視覚的に判断するならば、それぞれそれなりの意味も連想できるが、聴覚的にはやまとことばにおける音声のみの擬音語と同じで、それ自体としては意味を持たない音声の連綴である。したがって漢語の擬態語は、その音声のみを利用する擬音語としても用いられるようになる」。也就是说,这些"タリ活用形容動詞"传入日本后,受日语固有词汇"和語"性质的影响,用法发生变化,主要句法功能由定语、谓语转为了以状语为主,同时形态上也发生了变化,即比起与"タル""ト"结合,与"とする"及其活用形结合的用法更为常见。

我们再来看汉语中这些同形词的用法。"古代汉语语料库"检索结果显示,古代汉语中这些词全部都可以作谓语,部分词语可作定语,少数词可作状语,这与铃木泰(1982)对《平家物语》的调查结果基本一致。其后,有部分词语在现代汉语中发展出了通过"地"修饰动词作状语的用法,但从表1可知,多数词语还是继承了古代汉语的谓语、定语用法,甚至某些词语的状语用法也是继承元末白话文小说。可以说这类同形词在汉语虽然也发展出了一些新用法,但同时也较好地继承了古代汉语的用法,也由此与日语在句法功能上产生了差别。

21) 喊说与他,叫他牢固扯住箱子,不可放手。(《醒世姻缘传》明清)
22) 至鼓动衙开,巍然坐堂上。(《聊斋志异》清)

5. 小结

　　综上所述,汉语为形容词,日语为"たり活用形容動詞"的134个汉日同形词,在日语中使用频率偏低,三分之一的词语已经接近死语。反之,汉语中,这类词虽然也有少部分词语使用频度较低,但整体来看使用频度比日语要高,至少在现代书面语中还具有一定的普及度。从句法功能来看,这类同形词在汉日语中也存在一定差异,汉语中主要作定语和谓语,而在日语中主要作状语。这些差异产生的原因都与词语用法的历时变化有关。这类同形词皆是从汉语传至日语,其后在日语中因受"和語オノマトペ"的影响,其主要句法功能由古代的谓语、定语变成了如今的状语,而汉语虽然亦有新的用法产生,但多数词则是较完整地继承了古代汉语的用法,由此与日语产生差异。

参考文献

崔圣坤. 2003.「日本語オノマトペの形態的特徴」.『別府大学国語国文学』. 第12期(总第45期). pp1-16. 別府大学国語国文学会主办
铃木修次. 1978.『漢語と日本人』. みすず書房
铃木泰. 1982.「タリ活用形容動詞の通時的変化傾向とその要因」.『武蔵大学人文学会雑誌』. 1982年第4期(总第13期). pp89-121. 武蔵大学人文学会主办
邱根成. 2003.「论『タリ』文语形容动词」.『日语学习与研究』. 2003年第1期(总第112期). pp15-19. 对外经济贸易大学主办
邱根成. 2009.「古代漢語から見る日本語における漢語の研究」.『汉日理论语言学研究』. 沈力/赵华敏主编. pp295-305
朱京伟. 2005.《日语词汇学教程》. 外语教学与研究出版社

语料库

古代汉语语料库检索:http://www.cncorpus.org/acindex.aspx
"国家语委现代汉语通用平衡语料库－标注语料库"(CD-ROM)
NINJAL-LWP for BCCWJ(NLB):http://nlb.ninjal.ac.jp/search/
現代日本語書き言葉均衡コーパス:http://www.kotonoha.gr.jp/shonagon/

批评话语分析中"话语(discourse)"概念的再考察
——以 Fairclough、van Dijk、Wodak 学说为中心

北京外国语大学日本学研究中心　浙江财经大学　秦石美

要旨：言語の背後に隠されている社会的不平等や差別などに注目する批判的談話分析は1990年代から盛んに研究が進められている。その研究方法は多くの領域に用いられている。「discourse」への理解も研究領域や研究者によって異なっている。本研究では、批判的談話分析の先行者Fairclough、van Dijk、Wodakによる「discourse」への定義や理解を明らかにする。その結果、Faircloughは「discourse」を社会的実践とテキストの媒介物とし、van Dijkは「discourse」をコミュニケーションの産物とし、Wodakは「discourse」の物質性に注目しているということがわかった。「discourse」の概念への把握の違いで、三人の研究方法も大きく異なっている。

关键词：话语　批评话语分析　社会实践

1."话语(discourse)"概念的多义性

批评话语分析(Critical Discourse Analysis, CDA)源于批评语言学(Critical Linguistic, CL),是话语分析(Discourse Analysis, DA)的一个分支,强调从语言学角度出发,对语言中存在的各种结构关系进行分析,揭示其中的权力支配关系。其代表人物有 Fairclough、van Dijk、Wodak 等。批评话语分析是一个发展迅猛,应用广泛的学科,涉及到不同的学科领域,因此,对不同学科的不同学者而言常常有不同的概念和意义。

"话语分析"(Discourse Analysis)这一术语最先由话语分析学派的先驱者之一 Z. Harris(1952)首先提出来的,指一个静态的语言分析,其中"discourse"指的是比句子更长的语言单位(超句),是一个相对单纯的语言学概念。随着 20 世纪六七十年代结构语法、生成语法和功能语法的成熟,再加上福柯等社会学理论的加入,话语理论逐渐超越工具性的范畴,拓展到心理学、社会学、政治学、传播学等领域,成为一个跨学科的研究领域。

根据 Guy Cook 的观点,可以按照不同的研究目的、研究方法和理论依据等将话语分析分为英美学派、福柯(Michel Foucault)学派、批评话语学派。英美学派主要活跃在应用语言学和语言教学领域,理论基础和根据主要是广义的功能语言学,主要研究对象是语言结构和语言使用。福柯学派更多研究的是话语秩序和意识形态等有关社会学的问题。而批评话语学派是通过分析语言来解决社会问题,既直接受到系统功能语言学的影响,也受到福柯等社会理论的启发。黄国文、徐珺(2006)将研究目标、研

究方法、理论来源、研究重点各有侧重的三个学派放在一个"语言—社会"的连续体上进行理解,其图解如下所示。

由图可知,英美学派所涉及的面主要还是语言和语言使用,而福柯学派主要关注更为宏大的社会问题。批评话语学派则介于两者之间,其研究目的是接近于福柯学派,是试图解释社会问题,但是其研究方法更接近于英美学派,注重对语言形式和语言使用的分析。因此,批评话语学派中因

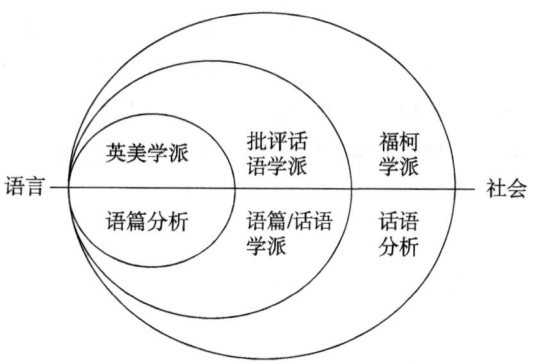

图1 三大学派的关系(黄国文、徐珺 2006:4)

其侧重点不同,在研究"语言—社会"的关系的大前提下,既有更侧重于语言方面的研究,同时也有更侧重于社会实践方面的研究。这就意味着批评话语学派对其研究对象"话语"的定义和解释也是介于两者之间。由此可见批评话语分析的研究对象"话语"这一概念具体指什么,还没有一个公认的单一的解释。国内外对批评话语分析的研究方法的介绍有很多,但对其研究对象的界定十分模糊,很多号称"批评话语分析"的文章仅仅是对文本进行了分析,还是属于纯语言分析,缺乏更为广阔的社会语境的分析。各学派对"话语"的概念和范围的定义有所不同,表现在研究方法上也是各有千秋,这就削弱了批评话语分析的适用性和实用价值,因此有必要对"话语"这一概念进行梳理和考察。在日本,"discourse"一词的翻译也是五花八门,也是因为各学派对"discourse"这个词的理解不一。社会语言学中的"discourse"多被翻译成"談話",而涉及福柯的权力论时又被翻译成"言説",在批评话语分析中多被翻译为"談話"或者"ディスコース"。中西满贵典(2008:29-39)总结归纳了 Fairclough 和 van Dijk 对"话语"这一概念的不同理解,指出 Fairclough 的偏社会学性,van Dijk 偏语言学性的研究特征。对批评话语分析中另一重要人物——Wodak 关于话语概念的理解并未涉及。

本文就批评话语分析的领军人物 Fairclough、van Dijk、Wodak 对"话语"概念的理解进行分析,借此理清批评话语学派的代表人物在定义"话语"时有什么共通之处,在哪些方面又有所不同,这些不同之处反映在构建他们自身研究体系时有什么体现,并借此探讨其研究方法的联系与区别,以及批评话语分析领域的发展态势。

2. Fairclough——"社会实践"的"话语"

Fairclough 是批评话语分析的领军人物,自 20 世纪 80 年代初开始致力于批评话语分析的研究。他一方面受 Halliday 系统功能语言学的影响,另一方面,吸收了福柯的知识与权力思想、葛兰西的霸权思想等社会学理论。他将这些理论整合起来综合运用到研究中,试图构建一个语言研究和社会研究相结合的体系。因此,其研究特点是兼容并蓄,在关注语言使用的同时,也带上了"权力论"的烙印。主要的研究话题涉及全球化、新自由主义、新资本主义以及中欧问题等。

Fairclough 早期将话语视为一种语言的实际使用后来逐渐发展出了其特有的话

语观,即将话语看成是社会实践的一种形式,并且和其他社会实践形式(生产活动、生产手段、社会关系、社会身份、文化价值等)之间存在着辩证关系。他指出,批评话语分析就是分析话语和其他社会实践形式之间辩证关系。批评话语分析最关注的问题是,话语如何体现现代社会生活中所发生的剧烈变化,在实践网络中话语的作用以及和其他社会实践形式的相互转化。

语言使用(Language use)

索绪尔将语言分为 Langue(语言)和 Parole(言语),认为 Langue 是处在一个语言社会中的所有成员所共有的音声、词汇、语法等语言规则的整体,也叫符号体系,即语言知识或语言规律。人类语言具有某种共同的结构,语言研究应该关注这种普遍性,并且这种普遍性是单一的、稳定的、静态的。而 Fairclough 则认为不存在这样一种静态的语言。语言归根到底是国家经济、政治、文化的产物,换言之,语言是某个特定时期、固定的社会条件的产物。因此,语言是活的、变化的、动态的。索绪尔还认为 Parole 即语言的实际使用,是语言的变异体,是现实生活中人们所说所写的形形色色的实例,由个人选择决定的,是个人的产物,不受社会的影响。

Fairclough 则反对索绪尔的这种观点,他明确指出,语言使用由社会决定,是社会实践的产物。人的语言使用会根据人的社会身份、使用目的、社会立场等不同而发生变化。Fairclough 指出,他研究的话语是指由社会所决定的语言使用(1989:22)。总而言之,索绪尔所认为的语言是观念和事实的表象和标签,而 Fairclough 则认为语言是社会生活本身,建构着观念和事实。因此,对 Fairclough 而言,"话语"是现实生活中的语言使用,而不是根据语言现象抽象出来的语言规则。

社会实践(social practice)

研究语言与社会关系的学者很多,而 Fairclough 则大胆地将话语视为社会实践本身的一种形态。首先,语言是社会的构成要素之一,而不是社会之外的东西。语言现象是社会现象的一部分,部分社会现象其实就是语言现象。其次,语言不仅是社会过程(social process)和社会实践的反映或表现,更是其过程和实践的一部分。这里,他将"文本"和"话语"加以区分,认为"文本"是一种产物,而不是过程。而话语是社会相互作用的全过程,文本不过是其中的一个部分而已。在话语过程中,既有文本的生产过程(productive process),也有文本的解读过程(interpretative process)。简言之,文本分析不过是话语分析的一部分而已。最后,语言和其他社会过程相互影响。人们生产和消费(解释)文本时所依赖的是人的认知,但是这种认知受社会影响,具有社会性。因此,将话语作为社会实践考察时,要在社会文化实践(sociocultural practice),即语境中进行。Fairclough 将这三方面用图显示出来,即下面的三维分析模型。

该模型奠定了 Fairclough 批评话语分析的基础,即认为话语分析离不开具体的社会文化语境。具体来说,Fairclough(1995:57)是这样界定文本、话语实践、社会文化实践三者的区别的:

文本是书面或者口头的,口头的可以是只有声音的(广播),或者是声音和图像都有的(电视)。话语实践是指文本的生产和消费(解释)过程。社会文化实践指的是有交际事件的社会文化活动。

从上述表达我们可以看出,话语实践(discourse practice)指的就是话语本身。Fairclough 将话语看成是社会实践的一种,属于社会文化实践的范畴。话语实践处于文本(text)和社会文化实践(sociocultural

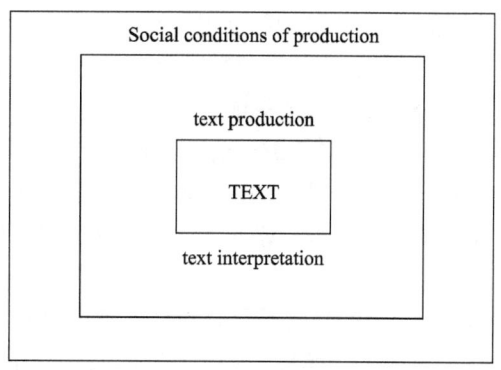

图 2　Fairclough 的三维分析模型
(Fairclough,1995:59)

practice)的中间位置,起到沟通两者的作用。我们可以这么理解:单个文本只有通过话语的解释活动才能参与社会文化实践,而社会文化实践也只有通过话语的生产活动才能产生具体的文本。我们也可以将单个文本看成是个人观点,社会文化实践看成是意识形态。个人观点如何上升为意识形态的?也是通过话语的实践活动。同样地,意识形态也正是通过话语的生产活动影响和决定个人观点的。由此可知,话语是实际生活中的语言活动,是一种社会实践活动,是过程和行为。同时,他进一步指出,话语既是保守的又是创造性的,其中话语秩序表示话语的相对稳定性,互文性表示话语的创造性。

综上所述,Fairclough 所说的话语,是语言使用和社会实践活动的结合体。既指那些实实在在存在的语言使用现象,同时又是对那些现象的高度概括。话语与其他社会实践处于一种辩证、相互内在化的关系。他的批评话语分析是特定的文本和话语秩序之间的"往复"(oscillating)(Fairclough,2003:3),即既对文本进行分析,又对由语言引发的社会的持续建构化进行分析。

不过,Fairclough 的话语观也存在一些值得商榷之处,其中最为人诟病的是,"Fairclough 认为话语具有建构性,这就意味着分析者对话语的分析也会受到分析者的知识结构、身份、地位、世界观的影响,从而使分析的结果不够客观"(纪卫宁,辛斌,2009:24)。关于这一点,笔者认为 Fairclough 已经给出了明确回答,即社会科学研究中,不存在对文本内部的东西进行纯粹描写的"客观分析"(2003:18)。换言之,只要是有着主观意识的"人"在做分析研究,就不存在完全绝对的"客观研究"。笔者认为 Fairclough 的问题在于,文本消费(解释)过程中很少涉及文本阅读者的社会心理层面的论述,即缺乏从社会认知角度对话语进行理解。并且,Fairclough 多选择一两个典型语篇进行定性分析,对社会问题缺乏一个纵向的、长期的、历时的观察和研究,从而使研究结果缺乏一定的广泛性。

3. van Dijk ——交际行为的产物

van Dijk 是当今话语分析领域最突出的代表之一,他主张从社会认知角度进行批评话语分析。他也在 20 世纪 80 年代以来,就从批评的视角关注话语研究,主要研究

种族歧视、新闻报道、意识形态、知识和语境等话题。通过分析社会中的各种现象,关注话语与权力、文化、知识等社会因素之间的结构性关系,其研究成果对文本研究和话语研究产生了重要影响。

van Dijk 在 *Ideology: a multidisciplinary approach*(1998:193)一书中,明确表示自己对话语概念的理解和福柯的社会哲学意义上的概念是不同的。他认为话语是是人们进行交际活动时所说所写的语言或文本,是交际行为的产物(product)和结果(result)。这一论断和深受福柯影响的 Fairclough 的观点截然不同,后者明显认为文本(text)是产物而话语是社会实践的过程。

进入21世纪,van Dijk(2001:96)对话语下了比较明确的定义:话语是指广义上的交际事件(活动),其中包括会话交互行为、书面文本,以及相关的身体姿势、脸部动作、印刷的排版、图像、其他的"符号论"或者多媒体层面的因素。由此可见,van Dijk 所理解的话语是比较具体的,是指社会成员在具体的语境中所进行的语言交际活动。

此外,van Dijk 主张对话语中特别能够反映权力关系的部分进行研究,强调批评话语分析需要坚实的语言学基础。其中包括"声音的强弱和声调、语序、词汇的风格(style)、一贯性、狭义意义论上的语气、话题选择、发话行为、图式构成、修辞性比喻、相互行为的大部分表现形式",这些在本质上都是易受发话人控制的部分。也就是说van Dijk 所关注的话语的"语言现象"部分,主要关注语篇特点、语法特征等等与语言学相关的特征。

van Dijk 在把话语看成是交际事件和言语成品的同时,也注重话语的社会性和符号性。van Dijk(2008)在《话语与权力》一书中,对"话语"的概念作了进一步的阐释:话语不仅是一种自主的言语表达的客体,也是一种情境互动,一种社会实践,一种在社会、文化、历史或政治情境中的交流方式。而这种作为社会互动形式的"话语",也是社会认知的表达和再生产。这样 van Dijk 将社会认知的视角引入到了话语研究中,强调从认知的角度对话语和社会的关系展开跨学科研究。

van Dijk 认为语言和社会之间并非直接联系的,而是通过人脑的认知发生联系。具体来说,社会对话语的影响取决于语言使用者如何界定交际情境,并通过影响个人的认知方式来影响个人的话语生成(van Dijk 2009:7)。因此他强调从认知的角度来解释话语所表现出来的社会性,并提出了话语—认知—社会的三角分析模型,为话语分析提供了重要的分析工具。他否认语境的客观性,认为语境是大脑的主观产物,强调从社会认知的视角对语境展开跨学科研究。他关注能够反映一个群体的基本目的、利害、价值的基本社会认知。van Dijk 指出,批评话语分析是从社会弱势群体利益出发,研究其中"话语"的作用。他认为,一个群体对另一群体的操纵,不仅限于对行为的控制,更有效更隐蔽的方式是劝说和改变他人的想法。也就是说,在日常话语中采取说服、伪装、控制等影响他人的认知,从而达到操纵他人的目的。在社会上拥有话语权的一方,通常是在财产、收入、地位上更有力的群体。他们的话语通过媒体等进入到人们的日常生活,从而形成不平等的社会秩序,而这种不平等被人们视为理所应当(野吕2001:37)。而批评话语分析正是要揭示这些"不平等"和权力的滥用。因此,他通过分析一定的集团及其成员在语篇的生成和解释时所启用的社会认知模型,以此来观察权

力行使的方法。van Dijk 尤其关注社会精英阶层的话语活动,观察他们的"话语"对扩大社会不平等所起的作用(1993)。从他的研究对象和方法上,我们也可以看出,van Dijk 关注的"话语"是具有社会性的实实在在的交际产物。

4. Wodak——历史语境中的"话语"

Ruth Wodak 是奥地利的语言学家,在话语分析和批评话语分析领域有着独到的见解。她在沿用 van Dijk 的社会认知模型进行研究的同时,认为 van Dijk 的研究方法在感情、社会、历史方面的考虑有所欠缺,因此发展了她特有的话语历史研究法(discourse-historical approach)。考虑到语言和社会关系的复杂性和多样性,她认为有必要进行跨学科研究,也就是说从认知的角度考察文本生成和解释的过程中,要深入考察历史、社会、文化等的语境,要将话语置于历史语境中考察其意义。她在语料选择和方法论方面有着独特的发展。她主要的研究对象是政治话语、歧视性话语,如反犹太主义、排外主义等。

Wodak 在"The discourse-historical approach"(2001)一文中用了一节专门阐述对"话语"概念的理解。其中最主要的有以下几点:

(1)…discourses as linguistic social practices can be seen as constituting non-discursive and discursive social practices and, at the same time, as being constituted by them. (Wodak,2001:66)

由此可见,Wodak 认为话语是一种语言的社会实践,和其他社会实践是辩证关系。这个观点和 Fairclough 是相似的。

(2)"Discourse" can thus be understood as a complex bundle of simultaneous and sequential interrelated linguistic acts, which manifest themselves within and across the social fields of action as thematically interrelated semiotic, oral or written tokens, very often as "texts", that belong to specific semiotic types, that is genres (see Girnth, 1996).

从上述表达我们可以认为,Wodak 将"话语"理解为相互关联的"语言行为"(linguistic acts)的集合体。这种语言行为是由主题相关联的特定的符号类型组成,可以是口头语也可以是书面语,大部分以"文本"的形式出现在一种社会行为的内部,也可能跨越几个社会领域。可以说,Wodak 对话语的理解,在本文讨论的三位学者之间最接近于"文本"的解释,是以具体的语言形式出现的。

上述对"话语"的解释,Wodak 用图形象地展示出来,如图所示:

图中展示了话语、话语的话题(topic)、体裁(genre)、文本之间的关系。由图可知,话语多数以文本的形式出现,但不仅仅是文本。一个文本中会有多个话题,话题之间也有相互重合交叉。A 话

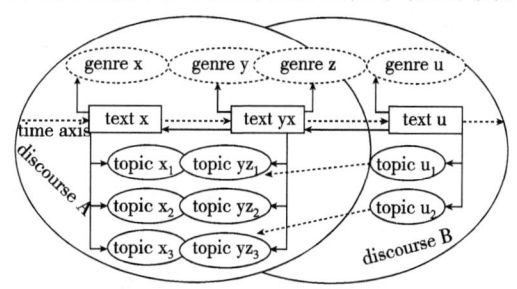

图 3　话语、话题、体裁、文本的关系
(Wodak,2001:69)

语和 B 话语之间有时会涉及相同的话题,一个大的话题之中还包含着若干小话题,小话题又和别的话题形成新的话题,从而进入一个新的领域,产生新的文本。每个文本都有其特定的目的,因此会有特定的体裁。体裁是指和某种特定活动相关的固定的语言使用方式,这种固定方式和一定的社会习惯和规则相关。同一个文本,可能有多个体裁,遵循不同的社会规则,满足不同的社会目的。由此可见,话语是一个开放的、混合的系统,话语和话语之间存在着互文关系。这种互文关系决定了,研究一个"话语",不可避免会涉及其他话语,以及其背后更为广泛的社会文化历史的语境。这就是 Wodak 的话语的历史研究法。将话语置于历史中,和其他历史资料进行比较,可以避免解释的随意性和直观性,以达到公平公正的目的。

5. 评述

本文就"话语"概念的多义性出发,对批评话语分析的领军人物 Fairclough、van Dijk、Wodak 对"话语"概念的理解进行了较为详细的考察,发现其共同之处主要有以下3点:

(1)认为话语是社会实践的一种,具有社会性,话语背后隐藏着权力关系和意识形态等,可以通过话语来研究社会问题。

(2)将话语与文本区分开来,认为话语是社会生活中的语言活动,是一种社会实践活动,而文本只是其中一个表达形式。文本和社会文化不是直接联系的,是通过一定的"中介"相联系。

(3)认为对话语进行分析离不开社会历史文化等具体语境。

但是,由于这三位学者在批评话语分析领域有着独自研究方法和理论依据,对"话语"概念的理解也不尽相同。主要表现在以下几点:

(1)关于社会实践

尽管三人都认为话语是一种社会实践,但是其认识的角度不尽相同。van Dijk 和 Wodak 在将话语最重要的表达形式,即语言形式视为最重要的分析手段,对社会实践的相关描述不是很突出。对他们而言,社会实践就是指话语的社会性,即话语和社会密不可分,要研究话语必须要研究其社会语境。van Dijk 认为,批评话语分析关注权力和权力滥用的具体化和再生产中话语的作用。但是话语不是直接起作用的,而是通过"认知"这一中介(interface)进行作用的。具体来说,态度、意识形态等社会表象,通过心理模型的媒介出现在话语中,这样的话语,对社会态度和意识形态的形成也有反作用,具有社会功效和机能。比如,种族歧视主义和性别歧视主义,不仅仅来源于社会不平等和操纵等抽象体系,更是通过群体成员的信条、行为、话语,渗入到社会生活的方方面面。由此可见,van Dijk 强调的话语多指一种具体的语言活动,例如,社会精英的话语,媒体话语等。这里作为社会实践的话语是指在一定的社会的、政治的语境下进行的语言活动。

Fairclough 的"社会实践"的理论更多地来源于社会理论。Fairclough 将话语看成社会实践本身,并将社会实践这一概念始终贯穿于话语研究中。他认为,抽象的社会构造和具体的社会活动之间存在着一种中介体——社会实践。社会实践是和社会

生活特定领域相关的不同类型的社会要素的节点(articulation),也就是说,通过社会实践,话语与非话语的其他社会要素(人、物质世界、社会关系、行为等)被结合起来,形成社会生活的网络(network)。批评话语分析主要就是研究在这样一个网络中,话语与其他社会实践形式之间的辩证关系。话语既然是一种实践活动,必定有其建构社会的功能,因此批评话语分析就要关注话语如何反映社会现实,更重要的是观察话语实践如何建构社会现实,也就是社会实践的各要素之间是如何相互辩证和内在化的。

(2)关于"中介"

虽然他们都认为文本和社会文化之间,存在一种文本生成和解释的"中介",避免语言形式和社会文化的意义直接相关联,但是这种"中介物"是什么,其见解并不相同。Fairclough 从话语,特别是话语的"互文性"的角度观察话语,从互文性看各个话语类型之间的转化,以及和社会文化变化的关系。而 van Dijk 和 Wodak 将"社会认知"作为其中介,观察社会(意识形态、权力等)再生产。其中,Wodak 更注重历史的研究,强调历史社会的背景对话语研究的重要性。

(3)关于理论依据

如前所述,Fairclough 秉承了系统功能语法的理论精髓,其三维分析法有 Halliday 的语言三大功能的影子,但是他在分析框架中融入了大量的社会学理论,发展了其辩证的、建构的话语观。van Dijk 将认知科学引入话语分析,强调从认知的角度来解释话语所表现出来的社会性。Wodak 则在认知的基础上,提出语篇-历史法,再加上人类文化学的研究方法来认识话语,解释话语。

总的来说,Fairclough 对话语的理解,更偏向社会学的解释,Wodak 最偏向语言学的解释,而 van Dijk 则处于两者之间。为了直观地理解这三位学者对"话语"的定义,借用前文黄国文、徐珺(2006)所提到到三大学派的关系图,笔者试将这三位学者置于图中(其中 W: Wodak,V: van Dijk、F: Fairclough):

Fairclough 认为话语是连接文本和社会文化实践的中介,是一种社会实践,也是一种社会活动,其话语概念带着福

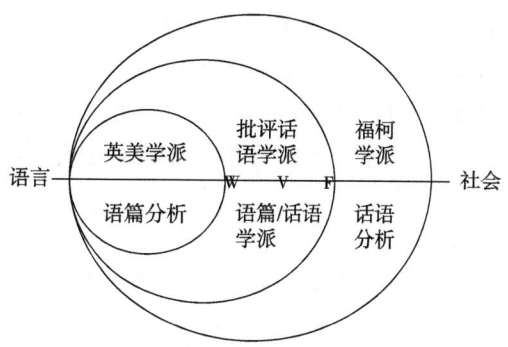

图 4 Fairclough、van Dijk、Wodak 对"话语"的理解

柯思想的烙印。而 van Dijk 则把话语看成是交际的产物,同时带有社会性。Wodak 对话语的理解,最接近于英美学派,即强调话语的物质性,注重文本的历时分析。他们对话语概念理解的不同,发展出了不同的研究范式,即,Fairclough 的社会文化方法、van Dijk 的认知语境分析法、Wodak 的话语历史方法。

6. 总结

综上所述可见,话语是现实生活中的语言活动,既是一种行为,也是行为的结果,无处不在。这种语言活动的范围比较广泛,不仅有书面的、口头的语言表达,也有有着

类似表达功能的活动,如身体语言、手势语等,甚至思维活动也可被视为"话语",因为思考也是需要借助语言来的。也就是说,话语是与语言相关的一种言说方式,一种行为方式,也是一种思维方式,是社会活动不可或缺的一部分。对话语的分析,不能仅仅停留在语言层面,更要将关注社会文化语境层面。同时,要分析社会问题,离不开对话语的分析。要通过话语来解释社会问题,必须从话语的各个角度去理解,既要分析文本之间的互文关系,也要分析文本生成和解释过程中人们的心理认知,更离不开具体的社会文化历史的语境,只有这样,才能全面准确地理解问题、解决问题。批评话语分析更是如此,以社会问题为出发点,以文本分析为主要手段,运用跨学科的多种研究方法来分析语篇,试图解释和解决某些社会问题。

但是,正如纪卫宁(2008:79)所指出的:"国外批评话语分析的卓越研究成果大都局限于对第一世界的后现代、后工业社会的研究。我国的后现代社会与发达国家的后现代社会有一定的相似点,但也存在着巨大的差异。外国的CDA研究成果是否同样适合于中国社会……"包括批评话语分析在内的话语研究一直以来都是以西方为主,是一种西方学术话语,并且披着"普世"的外衣基本完成了全球化进程。在这样的学术背景下,我们应该坚持和秉承怎样的话语观,使当前东西失衡的学术话语走向多元化?这是我们每个人都应该思考的问题。

从上述对"话语"概念的考察,我们可以看出,批评话语分析对"话语"概念的理解非常宽泛,其研究方法也是百花齐放、兼容并蓄,但同时,其研究方法和理论体系也没有达到尽善尽美的境界,还留有很大的发展空间。这也意味着我们可以从自身对"话语"的理解出发,建构自己的话语观和话语研究理论体系。施旭(2010)作了一个很好的尝试,他从中华文化特色出发,试图开辟一条话语研究中国化的路径。也就是说,我们可以从自身特定的价值观、概念、方法、社会文化历史语境出发,打破西方独霸的学术局面,构建中国特色的话语研究范式,实现学术的多元化。

参考文献

中西満貴典. 2008.「ディスコース概念の再考— van Dijk 及び Fairclough の言説概念の検討—」.『岐阜市立女子短期大学研究紀要』. 第 57 輯. pp29-39

野呂香代子・山下仁. 2001.『「正しさ」への問い』. 三元社

Chouliaraki, L. & N. Fairclough. 1999. *Discourse in Late Modernity: Rethinking Critical Discourse Analysis*. Edinburgh: Edinburgh University Press

Fairclough, I. & N. Fairclough. 2012. *Political Discourse Analysis: A Method for Advanced Students*. Oxon: Routledge

Fairclough. N. 1989. *Language and power*. UK: Longman. p22

Fairclough. N. 1995. *Critical Discourse Analysis -The Critical Study of Language*. London & New York: Longman. p59

Fairclough. N. 2003. *Analysing Discourse: Textual Analysis for Social Research*. London, UK: Routledge. p3

Ruth Wodak. 2001. The discourse-historical approach. Ruth Wodak & Michael Meyer. Methods of Critical Discourse Analysis. London: SAGA. pp66-69 van Dijk, T. A. 1998. Ideology: A *Multidisciplinary Approach*. London: SAGE Publications Ltd. p193

van Dijk. 2001. Multidisciplinary CDA: a plea for diversity. Ruth Wodak & Michael Meyer. *Methods of Critical Discourse Analysis*. London: SAGA. p96

van Dijk, T. A. 2008. *Discourse and Power*. New York: Palgrave Macmillan

陈春燕. 2010. "van Dijk 新著《话语与语境》介绍".《外语教学与研究》. 第1期.

黄国文、徐珺. 2006. "语篇分析与话语分析".《外语与外语教学》. 第10期. p4

纪卫宁. 2008. "话语分析——批判学派的多维视角评析".《外国语文》. 第6期. p24

毛浩然、高丽珍、徐赳赳. 2015. "van Dijk 话语理论体系的建构与完善".《中国外语》. 第12卷第5期. pp31-40

施旭. 2010. "文化话语研究——探索中国的理论、方法与问题". 北京大学出版社

日本語情意型形容詞接尾語の形成と発展について

沈阳航空航天大学　于艳丽　全昌焕

摘要：古代日语形容词从活用形态上,可以分为ク型活用与シク型活用两类。一般认为,前者多用于描述事物的客观属性,后者多用于表达主观情意。而在シク型活用形容词的造词过程中,合成词的大量出现是不可忽视的一个现象,其中情意表现型形容词接尾词的创造与使用尤为重要。本文从形容词语构成的历史变迁角度,对上代、中古中世、近代各时期出现的シク型活用形容词的语构成进行考察,研究日语情意表现型形容词接尾词的形成与发展历程。在上代语中シク活用形容词主要运用语干本身的情意语义,而基本不借助接尾词造词。而进入中古之后,由于情意语义丰富多样性的表达需要以及形容词客观看待感情意识的增强,促使情意表现型形容词接尾词的产生与发展。而在近代语发展过程中,情意表现型接尾词的发展基本难以摆脱已有框架,且呈现语义范围的缩小,负面评价等使用倾向固化现象。

キーワード：情意　形容詞　接尾語　シク活用　語構成

1. はじめに

　　古代日本語の形容詞は、形態的特徴によって「ク活用」と「シク活用」の二つのグループに分けられる。両者は、活用形式だけでなく、語構成と意味の上でも大きく異なっている。「ク活用」の形容詞には、客観的な属性を表すものが多いのに対して、「シク活用」の形容詞には、主観的な情意を表すものが多いと指摘される。

　　シク活用形容詞の語構成から見ると、上代語の形容詞は、語基の意味を重視し、単純形容詞の割合が大きい。室町時代は、古代語を継承し、近代語を生成する過渡期である。形容詞語構成の特徴として現れるのは、「複合」と「派生」によって、合成形容詞が大量に産み出された。近代においても、合成形容詞が発達している。シク活用形容詞における「派生」の中で、特に注目されるのは「がまし」「らし」「くるし」「たらし」のような情意型形容詞接尾語である。その形成と発展の経緯について考察してみたい。

　　調査した資料における形容詞の語彙概数は次のようであった。
　　〇ク活用形容詞
　　『万葉集索引』(2003)　　　　　　　　　　　　　　123 語
　　『時代別国語大辞典上代編』(1967)　　　　　　　　156 語
　　『邦訳日葡辞書索引』(1989)　　　　　　　　　　　275 語
　　〇シク活用形容詞

『万葉集索引』(2003)	86 語
『時代別国語大辞典上代編』(1967)	142 語
『邦訳日葡辞書索引』(1989)	222 語
『時代別国語大辞典室町時代編』(1985～2000)	484 語
『大辞林』(第二版)(2006)	396 語
『日本国語大辞典』(第二版)(2001)	897 語

　歴史的変化の観点から、日本語形容詞語構成の発達変遷の全容を考察するには、奈良・平安・鎌倉・室町・江戸・明治以降の六期に区分するのが望ましいが、資料も限られることから、古代語と近代語の過渡期と言われる室町時代を境目に、シク活用形容詞の歴史的変化を考察することにした。つまり、上代(主として奈良時代)、室町時代、近代(江戸・明治・大正以降)の三つの時期を取り出して考察を行うこととし、中古・中世については適宜必要に応じて考察対象とすることとした。

2. 上代語における形容詞接尾語

　『時代別国語大辞典上代編』(1967)に収録されているシク活用形容詞は142語であり、ク活用形容詞は156語である。シク活用形容詞の中で、接尾語を用いる語は「なみだぐまし」と「みだりかはし」の二語のみあった。
　「なみだぐまし」の「ぐまし」は通常辞書に「接尾語」と記述されているが、用いられるのはこの一語のみである。動詞「なみだぐむ」からの派生語とも考えられる。「みだりがはし」の「がはし」は接尾語「がはし」が添加したもので、中古には「らうがはし」なども見られる。両者はいずれも動詞との関連があるようで、造語力が乏しく、接尾語としての使用は定着していないとも言える。上代語ク活用形容詞が早くも「なし」(29語)、「けし」(13語)による派生形容詞が多く現れるのに対して、上代語シク活用形容詞は、接尾語による派生形容詞の数は極めて少なく、接辞との結合はかなり遅れているように見える。

3. 中古中世語における情意型形容詞接尾語

　収集した中古中世語シク活用形容詞492語の中で、接尾語による派生形容詞は118語あり、「がまし」(54語)と「らし」(39語)が圧倒的に多く用いられた。

3.1　接尾語「がまし」について

　(1)接尾語「がまし」の辞書記述
　『時代別国語大辞典室町時代編』(1985～2000)の「がまし」〔接尾〕の項目には次のような意味記述が見られる。
　①いかにもそれらしい様子が、言動に反映されているさまである。
　②形式的にはそれらしく整えられているさまである。
　③どのような観点からしても、そうである虞れが感じられる
　　現代語の「いかにも…のようすだ」「…らしい」という意味に当たる接尾語で

ある。
(2)接尾語「がまし」の出現時期

『日本国語大辞典』(2001)に立項された「をこがまし、かごとがましい、はぢがまし、ひとがまし、しれがまし、はれがまし、へだてがましい、わざとがまし」の8語は最も古い挙例を示し、用例からみると、最も成立の古い資料は『落窪物語』で、接尾語「がまし」は十世紀頃に使用が始まったと考えられる。

* 落窪〔10C後〕一「形うちふくれて、いと<u>をこがまし</u>と、少将つくづくとかいばみ臥したり」

同じ頃に成立した『大和物語』には「ことがまし」の使用が見える。「ことがまし」は「口やかましい」の意で、「がまし」は形容詞「かまし」(囂)であるが、意味が形式化して、程度のはなはだしさを表す接尾語となったとも考えられる。

(3)接尾語「がまし」の使用傾向

接尾語「がまし」は平安時代に現れ、鎌倉時代と室町時代においても優れた生産力を発揮する。平安時代のより古い用例から見ると、主体が他者からの視線を意識する意味が強いと思われる。「をこがまし」は「ばかのようにみえる、愚劣だ」の意で、自分自身のことについて、他人から「ばかばかしい」「なまいきだ」と思われそうだと意識する場合と、他人の行為、状態などについて批評する場合とがある。「恥がまし」も同じく他人からどう思われそうであるかというところに焦点がある。

調査した範囲では、接尾語「がまし」による派生語の語幹に名詞が多用されており、鎌倉時代以降は「幼がまし」「すずろがまし」のような形容詞語幹や形容動詞語幹に付くものも現れた。また、中古には「はれがまし」「ひとがまし」のように、肯定的な意味を表す語もあり、否定的な評価の意味に偏っているものではなかった。室町時代末までは、否定的評価に偏るという傾向はまだ見られない。

3.2 接尾語「らし」について

(1)接尾語「らし」の辞書記述

『時代別国語大辞典室町時代編』(1985～2000)の接尾語「らし」の項目には次のような意味記述が見られる。

口語として用いられる。体言・形容動詞語幹などに付き、シク活用の形容詞を作る。終止形「らし」とも。問題とする事物や事態に付けて、いかにもそれにふさわしい性質・形態をそなえているさまである意を表す。近世に入って、助動詞「らし」の用法を吸収し助動詞化する。

現代語の「いかにも…のようすである、…にふさわしい」「という気持ちを起こさせる、…と感じられる」などに相当する。

(2)接尾語「らし」の出現時期

接尾語「らし」の用例は基本的には室町時代に入ってから見られ、唯一鎌倉時代に遡れるのは「愛らし」である。「…と感じられる」という感情的意味は、「いかにも……のようすである」という状態的意味よりも早くに派生したと考えられる。

＊わらはが養ひ姫は、御みめのうつくしくおはして、御目は細々として、あいらし
　くおはするぞや」（米沢本沙石集　一・一〇）
　（3）接尾語「らし」の使用傾向
　　室町時代において、接尾語「らし」は優れた造語力を持っている。平安時代に現れ
た「おとなし（大人）」「まことし（実）」などに類する場合の、「し」に代わって用いられ
るようになった口語的接尾語として考えてもよいであろう。なお、名詞や形容動詞
語幹などの語基は直接「し」を付き、シク活用形容詞になるのは困難であり、畳語形
を介してシク活用する場合も、「おおしい」「めめしい」「げにげにし」のように、基本
的に二音節以下のものに限られている。「をとこらし」「をなごらし」「げにもらし」
など長音節の語基が多く存在することから見ると、接尾語「らし」によって、畳語形
の音節数の制約から解放されるとも考えられる。接尾語「し」と畳語形によってシ
ク活用形容詞を形成する場合、前者は語基にある程度情意的意味を要求され、後者
には音節数という形態的制限がある。接尾語「らし」は、両者の厳密な要求を緩め、
また補う働きがあると考えてもよいであろう。

3.3　その他の接尾語について

　室町時代において、接尾語はシク活用形容詞の造語に大きな役割を果たした。
「がまし」「らし」のような生産力を持っていないが、「がはし」「かまし」「めかし」「ら
かし」「かはし」「くまし」「くらうし」「くるし」「くろし」などの接尾語による造語も見
られた。
　（1）接尾語「めかし」
　　接尾語「めかし」は『日本国語大辞典』（2001）には次のように記述されている。
　　めかし・い〔接尾〕（接尾語「めく」から）
　　名詞・形容詞語幹などに付いて形容詞をつくり、そのような状態を呈している意
を表す。…らしい。…のようである。
　　調査した中では、次のような派生語が挙げられる。
　　いまめかし【今】　いろめかし【色】　なまめかし【生】　ふるめかし【古】　さやう
めかし【然様】　あるめかし【有】　さるめかし【然】
　　接尾語「めかし」は接尾語「めく」から変化したもので、その派生語は「動詞未然形
（被覆形）＋し」相当と考えられる。動詞型接尾語「めく」は多様な語基に接続できる
が、「ことさらめく」「わざとめく」のような副詞の場合は、形容詞化しにくいようで
ある。また、「あるめかし」「さるめかし」のように、接尾語「めかし」は直接動詞に付
くことができる。平安時代には、動詞から形容詞の派生が多く見られ、当時は接尾
語「めかし」が多用されたのであろう。
　（2）接尾語「らかし」
　　接尾語「らかしい」は『日本国語大辞典』（2001）には次のように記述されている。
　　名詞に付いて、いかにも…の様子である、…の風であるの意にいう。らしい。「性
（しょう）らかしい」「情（じょう）らかしい」など。

調査した語彙の中で、接尾語「らかし」の派生語は三語あった。
じちらかし【実】　しやうらかしい【性】　ばけらかしい【化】
　その最も古い挙例は室町時代のものである。その由来は不明であるが、「じちらし(実)」「しやうねらし(性根)」「ばけらし(化)」のような接尾語「らし」の派生語もほぼ同じ時期に存在しており、「らかし」の「ら」は情態言を形成する接尾語「ら」であると考えてよいであろう。
　(3)接尾語「くろし」
　接尾語「くろしい」の『日本国語大辞典』(2001)の意味記述を次に記す。
　名詞に付いて、そのような様子である、そのものらしいの意を表す。
　＊浄瑠璃・最明寺殿百人上﨟〔1699〕女勢揃へ「息女お百の姫〈略〉よめりざかりの
　　花づくし袖の重ねににほはせておとなくろしきかけゑぼし」
　接尾語「くろし」の由来について確かな記述は見当たらなかった。語例から見ると、「くるし(苦)」と関係があるかと思われる。「くろし」のほかに、「くらはし」、「くらうし」の形もあったようである。
　〔接尾語「くろし」の派生語〕　あつくろしい【暑】　むさくろしい
　〔接尾語「くらはし/くらうし」の派生語〕　あせぐらうし【汗】　あつくらはし【暑】
　あつくあうし【暑】　へたくらうし【下手】むさくらうし　こぢくらうし
　(4)その他の接尾語
　〔接尾語「かはし」の派生語〕　あつかはし【暑】　せせかはし
　〔接尾語「がはし」の派生語〕　みだれがはし【乱】　はぢがはし【恥】
　〔接尾語「かまし」の派生語〕　あつかまし【厚】　あらかまし【荒】　せせかまし
　〔接尾語「くまし」の派生語〕　あらくまし【荒】
　「がわしい」は『日本国語大辞典』(2001)に次のように記述されている。
　体言、動詞連用形などに付いて、そのような傾向がある、…の嫌いがある、の意をあらわす。批難、嫌悪の気持を含む。がましい。
　接尾語「かはし」「かまし」「くまし」は辞書に立項がないが、語幹の部分から見ると、三者はほぼ同じ意味を表すようである。接尾語「がはし」と同じく、主としてよくない評価を伴うようである。
　以上の考察からみると、上代以降、接尾語によるシク活用派生形容詞は著しく発展していた。中古中世語において、シク活用形容詞は「情意的意味要素を持つ語幹＋し」のほかに、「がまし」「らし」などの主観的な情意型形容詞接尾語による造語形式も定着した。動詞派生と関係ある「めかし」「かはし」や複合語と関係ある「くろし」「くるし」などの接尾語と違って、「がまし」と「らし」は確実にそれなりの意味特徴と使用傾向が見られ、日本語形容詞の情意性をより豊かに表現した。

4. 近代語における情意型形容詞接尾語

　収集した中古中世語シク活用形容詞521語の中で、接尾語による派生形容詞は212語あり、「がまし」(57語)、「らし」(89語)と「たらし」(26語)が多く用いられた。

4.1　既存の接尾語の発展について

(1)接尾語「がましい」の発展

　平安時代において、接尾語「がまし」による形容詞の語幹から見ると、傾向・類似・性質・感情・言動など多様な意味範囲を含む。しかし、近代において、「恥がましい」のような感情や「猿がましい」のような類似を表すものが見えなくなった。そして、「親がましい」のような性質を表すものも少なくなった。これに対して、「理屈」「悋気」「苦情」「難題」のような判断や評価を表す名詞や、言語や動作を表すサ変動詞類の漢語名詞が多用されるようになった。

　接尾語「がましい」は従来、名詞と動詞連用形に接続するのが一般的であり、江戸時代までに形容動詞語幹に接続するのは「あわれがまし」と「すずろがまし」の二語だけあった。しかし、江戸時代・明治時代において、「形容動詞語幹＋がましい」が多用されるようになった。特に、明治時代において、不満などの意を表す「不躾」「不足」「不服」「不平」などの語が多く見られた。形容動詞語幹だけでなく、名詞や動詞連用形の場合でも否定的意味を表すものが多い。これは、近代において、接尾語「がましい」の意味範囲の縮小とサ変漢語名詞の大量出現に関係あるように思われる。

(2)接尾語「らしい」の発展

　接尾語「らしい」は室町時代に現れ、江戸時代に入っても優れた造語力を発揮した。人を表す名詞や、「権柄」「自慢」「人柄」「容体」など人の性質に関する名詞が多く用いられる。また、語数は少ないが、接尾語「らし」は「僭上」「料簡」のようなサ変動詞類の名詞に付くことがある。江戸時代以降、「名詞＋しい」はあまり用いられなくなるようである。

　接尾語「らしい」は従来動詞に付く場合は極めて少ない。江戸時代以降も同様である。江戸時代に入って、「形容動詞語幹＋らしい」は多用されるようになった。そして、「子細らしい」以外に、すべて否定的な評価に傾く。「栄耀」「粋」「名聞」のような語も、接尾語「らしい」と接続する場合、形容動詞の否定的意味で用いられている。また、「形容詞語幹＋らしい」も多用されるようになった。「副詞＋らしい」も多用されるようになった。これは助動詞「らしい」の影響ではないかと考えられる。

(3)その他の接尾語について

　接尾語「くろしい」は室町時代に現れ、主に江戸時代に用いられた。「あいくろしい（愛）、あつくろしい（暑）、おもくろしい（重）、かたくろしい（堅）、せまくろしい（狭）」など、対応の「―くるしい」も存在している点から見ると、語源的には同じであると考えられる。接尾語「くるしい」は、平安時代から現れ、明治時代にも用いられたが、大正時代以降に入って新出語はあまり見られない。近代において、既存の接尾語「がましい」「らしい」「くろしい」「くるしい」は引き続き造語力を発揮しているが、時代につれて変化し、消滅しつつある。

4.2 新出の接尾語「たらしい」について
　(1)接尾語「たらしい」の辞書記述
　接尾語「たらしい」は『日本国語大辞典』(2001)に次のように意味が記述されている。
　たらし・い〔接尾〕(形容詞型活用。「態(てい)らしい」の変化したものか)名詞や形容詞・形容動詞の語幹に付いて、形容詞化し、いかにもそのような感じがする、その性質が強い、の意を表す。感じのよくない場合にいう。「貧乏たらしい」「嫌味(いやみ)たらしい」「憎たらしい」「好かんたらしい」など。
　(2)接尾語「たらしい」の使用傾向
　接尾語「たらしい」は江戸時代から用例が見え始める。『日本国語大辞典』(2001)に収録されている語例の中で、挙例が最も古いのは「長たらしい」である。江戸時代の語例から見ても、形容詞語幹に接続する場合が多い。「たらしい」は「態(てい)らしい」から変化したものと見られ、対応する「らしい」型が多く見られること、「ったらしい」のような促音の形が多いことなどから、接尾語「たらしい」は「らしい」の俗語的な言い方として発達したのではないかと思われる。ただ、「らしい」と比べて、「たらしい」は名詞に付くのが極めて少なく、主に形容詞と形容動詞語幹に付いている。この点は、「らしい」が近代に入って、形容詞と形容動詞に付く語が多くなるという変化に一致している。大正時代以降、接尾語「がましい」「らしい」の衰弱に伴い、形容詞語幹に多用されるようになった。「たらしい」は近代語における唯一の生産性を持つ新出接尾語である。

5. 終わりに

　情意型形容詞接尾語はシク活用形容詞の語構成に非常に重要な位置を占めている。上代語において、シク活用形容詞の発展が遅れ、接尾語による派生はほとんど見られなかった。平安時代から室町時代まで「がまし」「らし」をはじめ、情意型形容詞接尾語による造語は発達していた。その形成と発展の原因には、まず情意的意味要素を持つことや音節などの語幹に対する制約から解放され、より多様な語彙がたやすく便宜的に形容詞の語幹になれるという形容詞造語の需要が挙げられる。そして、客観的な属性を表す「ク活用」と主観的な感情を表す「シク活用」の間に、客観的に情意を表現するという新たな意識が形容詞表現に要求されたためであると考えられる。近代語において、既存の接尾語「がまし」の意味範囲は縮小されるが、依然として造語力を持っている。「らし」は助動詞の影響もあって多用され、さらにその俗語的な言い方とも見られる新出語「たらし」によって造語が豊かなように見える。ただ、新しい造語要素が乏しく、また意味表現が形式化され、全体的にマイナス評価に多用されるなどの使用傾向も見られる。
　本文では、シク活用形容詞の接尾語について考察し、その概観をある程度呈することができたが、「がまし」「らし」「たらし」「くろし」などの接尾語の意味特徴とその

語幹の性質について、さらに詳しく考察する必要あると思い、今後の課題としたい。

参考文献

川端善明. 1997.『活用の研究Ⅱ』. 清文堂
釘貫亨. 1996.『古代日本語の形態変化』. 和泉書院
黄其正. 2004.『現代日本語の接尾語研究』. 渓水社
『時代別国語大辞典上代編』. 1967. 三省堂
『時代別国語大辞典室町時代編』. 1985(第1巻)～2001(第5巻). 三省堂
阪倉篤義. 1966.『語構成の研究』. 角川書店
『日本国語大辞典』(第2版). 2001. 小学館
松村明. 2006.『大辞林』(第2版). 三省堂
『万葉集索引』. 2003. 古典索引刊行会. 塙書房
村田菜穂子. 2005.『形容詞・形容動詞の語彙論的研究』. 和泉書院
森田武. 1989.『邦訳日葡辞書索引』. 岩波書店
柳田征司. 1985.『室町時代の国語』. 東京堂

表1　情意型形容詞接尾語による派生語の歴史的変化

上代語シク活用形容詞	142	中古・中世語シク活用形容詞	492	近代語シク活用形容詞	521
接尾語による派生語	2	接尾語による派生語	118	接尾語による派生語	212
動詞連用形＋ガハシ	1	ガハシ	2		
名詞＋グマシ	1				
		カマシ	3		
		ガマシ	54	ガマシ	57
		メカシ	7	メカシ	6
		ラシ	39	ラシ	89
		ラカシ	3	ラカシ	1
		カハシ	2		
		クマシ	1		
		クラウシ/クラハシ	3		
		クルシ	2	クルシ	18
		クロシ	2	クロシ	10
				コマシ	1
				クラシ	1
				コシ	3
				タラシ	26
		★接尾語「ガマシ」	54	★接尾語「ガマシ」	57

续表

		名詞+ガマシ	40	名詞+ガマシ	27
		形容詞語幹+ガマシ	1	形容詞語幹+ガマシ	1
		動詞連用形+ガマシ	9	動詞連用形+ガマシ	12
		語基+ガマシ	1	語基+ガマシ	2
		形容動詞語幹+ガマシ	2	形容動詞語幹+ガマシ	14
		副詞+ガマシ	1	副詞+ガマシ	0
				語基の重複+ガマシ	1
		★接尾語「ラシ」	39	★接尾語「ラシ」	89
		名詞+ラシ	24	名詞+ラシ	35
		語基+ラシ	3	語基+ラシ	0
		形容動詞語幹+ラシ	5	形容動詞語幹+ラシ	26
		形容詞語幹+ラシ	4	形容詞語幹+ラシ	16
		副詞+ラシ	2	副詞+ラシ	6
		動詞連用形+ラシ	1	動詞連用形+ラシ	2
		★接尾語「クロシ」	2	★接尾語「クロシ」	10
		名詞+クロシ	0	名詞+クロシ	3
		形容詞語幹+クロシ	2	形容詞語幹+クロシ	3
		動詞連用形+クロシ	0	動詞連用形+クロシ	2
		語基+クロシ	0	語基+クロシ	1
		★接尾語「クルシ」	2	★接尾語「クルシ」	18
		名詞+クルシ	1	名詞+クルシ	7
		形容詞語幹+クルシ	1	形容詞語幹+クルシ	6
		動詞連用形+クルシ	0	動詞連用形+クルシ	4
				★接尾語「タラシ」	26
				名詞+タラシ	2
				形容動詞語幹+タラシ	15
				形容詞語幹+タラシ	7
				動詞連用形+タラシ	1
				動詞その他の形+タラシ	1

(筆者自作)

日中結果複合動詞についての一考察

(日本)东北大学国际文化研究科　陈慧萍

摘要: 在日语和汉语的动词中都存在着大量[V+V]形式的结果复合动词。这类复合动词一般由两部分组成,其中前半部分表示原因,后半部分表示结果。在对两者进行比较的过程中,我们发现日语的结果复合动词与汉语的结果复合动词存在着大量不对应的情况,即一些汉语中成立的结果复合动词,在日语中则需要单纯动词或者短语来表达相同的意思。针对上述现象,本文认为这些不对应的情况主要是由日汉结果复合动词的语义条件的差异引起的。英语中虽然没有结果复合动词,但是存在结果构文。由于英语的结果构文和日汉结果复合动词的语义构造相同,因此本文旨在通过考察英语结果构文成立所需的条件,来分析日汉复合动词的差异。结果发现,汉语中不存在"直接因果关系"和"时间的连续性"这样的制约条件,而日语的结果复合动词除了要满足"他动性调和原则"和"主语一致原则"之外,还需要满足上述两个原则。

キーワード: 中国語　日本語　結果複合動詞　意味制約

1. はじめに

　　言語は複数の事象を一文にまとめて表現することがあり、原因となるできごとと結果のできごとが同時に表されることも珍しくない。ここでは、原因となる事象と結果事象がそれぞれいずれも動詞で表され、さらにそれらの動詞が複合語となった場合、それを結果複合動詞と呼ぶ。つまり、複合動詞において、原因となるできごとを前項動詞(以下 V1 で表す)が、結果状態を後項動詞(以下 V2 で表す)が示すことになる。

　　日本語にも中国語にも結果複合動詞が存在するが、中国語の結果複合動詞には日本語に対応する複合動詞がある場合とない場合がある。対応がないというのは、中国語では結果複合動詞を伴う文(2a,c)が、日本語では(2b)のように2つの節に分かれたり、あるいは(2d)のように単一の動詞で表されたりするということである。

(1) a. 她　　哭湿　　　　了　　袖子。
　　　 彼女　泣く－濡れる 完了　袖
　　b. 彼女は袖を泣き濡らした。　　　　　　　　　　　　　　　(作例)
(2) a. 新买的　　　　鞋子　不小心　在　下雨天　穿湿　　　　　了。 (作例)
　　　 新しく買った　靴　　不注意 に　雨の日　履く－濡れる　完了
　　b. 雨の日にうっかり新しく買った靴を履いて、濡らしてしまった。
　　c. 这　　种　　杀虫剂,能　　　杀死　　　　很多　　种类　的　害虫。

　　　　　この　　種　殺虫剤　できる　殺す－死ぬ　沢山の　　種類　DE　害虫
　　　　d.この殺虫剤は様々な種類の害虫を殺すことができる。

(申・望月 2009:419)

(1)では中国語"哭湿"(泣く－濡らす)と日本語の「泣き濡らす」という結果複合動詞が対応するのに対して、(2a)の"穿湿"(履く－濡れる)を日本語に直訳した「＊履き濡らす」という結果複合動詞が容認されず、重文にして「履いて、濡らしてしまった」とせざるを得ない。また、(2c)の"杀死"(殺す－死ぬ)では、"死"が無ければ害虫が駆除されたかどうか分からないが、(2d)の「殺す」を「殺して死なせる」とすると、冗長にすぎて容認されない。

　英語には結果複合動詞はないが、結果構文が存在する。また、英語の結果構文は日中の結果複合動詞と同じ意味構造を持つので、日中の結果複合動詞と対応させることができる。

(3)He shoot the tiger dead.

(3)では主動詞 shoot が表す行為は原因となって、対象物 tiger に作用し、その結果、形容詞句 dead で表された状態に至るという因果関係が表現されている。本研究はおもに、意味論の観点から、英語の結果構文を考慮に入れつつ、日中結果複合動詞が対応しない例について、その原因を考察する。

2.中国語と他言語との比較

　本節では、先行研究に基づきつつ、中国語の結果複合動詞を、日本語の複合動詞および英語の結果構文と比較し、中国語の特徴を確認する。2.1節では、申・望月(2009)の研究を、2.2節ではGoldberg(1991)とRappaport Hovav & Levin(2001)を取り上げる。

2.1　日中の結果複合動詞と英語の結果構文

　申・望月(2009)は中国語の結果複合動詞を日本語の結果複合動詞、英語の結果構文と比較しながら、中国語の結果複合動詞の特徴を明らかにしている。

　二人によれば、日中結果複合動詞と英語の結果構文の具体的な対応関係は以下の5種類が見られる。

　第一の型では、中国語の結果複合動詞に対して、日本語の結果複合動詞も英語の結果構文も対応する。(4)では、中国語の"踩扁"(踏む－平らになる)に、日本語の「踏み潰す」と英語のstep X flatが対応している。これらの結果複合動詞および結果構文は、(5)のような因果関係を表す典型的な語彙概念構造をもつ。

(4)a.他　　　一脚　　　把　　掉　　　　在　　地上　　的
　　　彼　　一踏み　　BA　落ちる　～に　土の上　DE
　　　馒头　　　　　　踩扁　　　　　了。
　　　蒸しパン　　　踏む－平らになる　完了
　b.彼は足で地面に落ちていた蒸しパンを平らに踏みつぶした。

c. He stepped the steamed bun flat with one stomp of his foot.

(5) [x ACTON y] CAUSE [BECOME [y BE AT− z]]
　　 ↓　　 ↓　　 ↓　　使役　　起動　　 ↓　　　　　　　↓
　　原因　行為　対象　　　　　　　　　対象　　　　結果状態
　　他　　踩　　馒头　　　　　　　　　馒头　　　　扁
　　彼　　踏む　蒸しパン　　　　　　　蒸しパン　　つぶれる
　　He　　step　the streamed bun　　 the streamed bun　flat

（申・望月 2009:410-411）

　第二の型は、中国語の結果複合動詞が英語には対応する結果構文があるが、日本語では二文に分けてしか表せない型である。
　(6) a. 一　　阵　　凉风　　把　　他　　吹醒　　　　　　了。
　　　　　一　　類別詞　涼風　　BA　　彼　　吹く－眼覚める　完了
　　　b. 涼しい風が吹いて、彼を目覚めさせた。
　　　c. A cool wind blew him awake. 　　　　　　　　（申・望月 2009:412）

(6)の各文において、「彼が目覚める」という結果を引き起こした原因は「涼しい風が吹く」というできごとである。この場合、中国語は"吹醒"（吹く－目覚める）という複合動詞で表すことが可能であるが、日本語では「＊吹き起こす」、「＊吹き覚ます」、「＊吹き起きる」、「＊吹き覚める」といった複合動詞で表せず、二文でしか表現できない。その理由は、申・望月（2009）が指摘しているように、日本語には外項を持つ動詞同士か、外項を持たない動詞同士の間での複合しかできないという「他動性調和の原則」[1]（影山 1993:117）という制限があるからである。それに従えば、「＊吹き起こす」、「＊吹き覚ます」はいずれも非対格動詞「吹く」と他動詞「起こす/覚ます」の複合であり、「他動性調和原則」に違反してしまう。「＊吹き起きる」、「＊吹き覚める」という非対格動詞の組み合わせは「他動詞調和の法則」は満たすが、由本（1996）や松本（1998）の「主語一致の原則」[2]に違反している。「吹く」の項は「風」であり、「起きる」「覚める」の主語項は「彼」である。この二つの動詞が唯一持つ項が異なっているために、主語も一致せず、非文となってしまう。

　第三の型では、文の主語と結果述語の主語が一致する。中国語にも日本語にも、主語とV2が叙述関係をもつ「主語叙述型結果述語」がある。例えば、"吃膩"（食べ飽きる）の「～飽きる」は直接目的語が存在するにも関わらず、主語の結果状態を表している。これ対し、英語の結果構文には「直接目的語制約」があり、結果述語は目的語としか叙述関係を持つことができない。
　(7) a. 他　　吃腻　　　　　了　　好　　东西。
　　　　　彼　　食べる－飽きる　完了　良い　もの
　　　b. 彼は美味しいものを食べ飽きた。
　　　c. He is tired from eating too much good food.

（申・望月 2009:415）

「飽きる」以外に、中国語のV2が"累""惯"である場合、日本語のV2は「～疲れる」、

「～慣れる」となる複合動詞が対応する。この理由としては、申・望月（2009）が述べているように、日中いずれの言語においても、複合動詞のV1が表す原因事象に結果事象を引き起こす意図性がないものの、V2が表す結果事象は人間が現実世界で頻繁に遭遇する自然現象としての生理的・心理的状態変化であるので、V1＋V2を「先行事象―結果事象」として合成可能となるのである。

続いて、第四の型では、中国語では結果複合動詞で表せる複合事象が、日本語も英語も重文で表されている。

(8) a. 洗　　　　衣服　　　前　　先　　把　　袖子　　挽　　起来，
　　　 洗濯する　　衣服　　　前　　先ず　BA　　袖　　　巻き　上げる
　　　 不然　　　　　　　把　　　袖子　　都　　　洗湿　　　　了。
　　　 さもなければ　　　BA　　袖　　　全部　洗う―濡れる　　完了
b. 洗濯する前に袖を巻き上げて、そうでないと袖が濡れてしまうから。
c. Roll up your sleeves before washing, or else you will wet them.

（申・望月 2009:418）

(8a)では、V1"洗"（洗う）の意味には"袖子湿"（袖が濡れる）という偶発的結果が含まれていないにもかかわらず、中国語では、複合動詞として成立する。影山(2007)によれば、英語の結果構文も中国語の結果複合動詞もWashio(1997)の「弱い結果構文」、影山(1996)の「派生的結果述語」を許容するが、(8)の現象から、中国語の結果複合動詞は、日本語の結果複合動詞や英語の結果構文と比べ、かなり広い範囲の因果関係を表すことが分かる。この点について申・望月(2009:442)は中国語の複合動詞をこう特徴付けている。第一に、中国語の複合動詞は、時間順原則にさえ違反していなければ、広い範囲の派生的結果述語を柔軟に許す。第二に、中国語の複合動詞は構文のレベルの形式ではなく、使役化や脱使役化といった操作を語レベルで行うため、様々なV1V2の組み合わせが可能となる。

最後の五番目の型では、中国語の結果動詞に日英語では一つの動詞のみが対応する。

(9) a. 这　　种　杀虫剂，能　　　杀死　　　很多　　种类　的　害虫。（＝2c)
　　　 この　種　殺虫剤　できる　殺す―死ぬ　沢山の　種類　DE　害虫
b. この殺虫剤は様々な種類の害虫を殺すことができる。（＝2d)
c. This new insecticide can kill many different kinds of insects.

（申・望月 2009:419）

中国語では、"杀"（殺す）のような動詞は結果を含まない動作動詞であり、「殺す」やkillのような達成動詞ではない。したがって、動作対象の状態変化を保証する「完結性」を内包するために、結果複合動詞という形式を取らなければならない。

この五種類の対応関係のうち、日中の結果複合動詞が対応しているのは第一と第三のタイプであり、対応していないのは第二、第四、第五のタイプである。後者について、申・望月(2009)は次のように述べている。まず、日本語の結果複合動詞には「他動性調和法則」、「主語一致の原則」があるが、中国語の結果複合動詞にはない。

次に、中国語の結果複合動詞は、日英語に比べると、V2で表される状態が、V1の事象から意図せず生じてしまうような非常に偶発的な結果でよく、かなり広い範囲の因果関係を表すことができる。さらに、日本語、英語において、1つの達成動詞が表現できるのに対し、中国の"杀"（殺す）のような単音節活動動詞は結果性を保証していないため、結果述語が必要となる。

しかしながら、日本語の「＊履き濡らす」において、「履く」も「濡らす」も他動詞であり、「他動性調和の法則」に反していない。また、「履きつぶす」のように、「履く」をV1とする結果複合動詞は不可能ではないにもかかわらず、「＊履き濡らす」は複合動詞として成り立たない。さらに、日本語には「＊粉々にたたく」のような派生的結果構文は存在しないが、影山（2004）と石村（2011）は、「撃ち殺す」「たたき壊す」のように、結果複合動詞が派生的結果構文に相当することがあると述べている。ではなぜ"穿湿"（履く－濡れる）という派生的結果複合動詞に、「＊履き濡らす」が対応できないであろか。その原因について、第3節で詳しく考察する。

2.2　英語の結果構文における意味制約

英語の結果構文において、結果述語がどのような表現と共起できるかということに、これまで多くの研究者（Goldberg 1991, Rappaport Hovav & Levin2001, Lee 2009, Rothstein 2004など）が注目している。ここでは、Goldberg(1991)が挙げた結果構文に課せられた五つの条件を取り上げる。第一の条件は、状態変化は動詞によって直接引き起こされたものでなくてはならず、行為と状態の間に時間的間隔があってはならないというものである。

(10) The action denoted by the verb must be interpreted as directly causing the change of state; no intermediary time intervals are possible.

(Goldberg 1991:80)

この制約は以下のような図1と図2で表される。

The change of state must occur simultaneously with the endpoint of the action denoted by the verb.

This constraint rules out cases in which there is any time delay between the action denoted by the verb and the subsequent change of state;
Disallowed;

(Goldberg 1991:81)

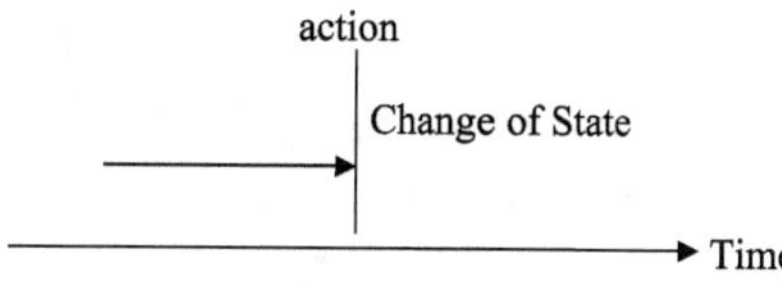

図1

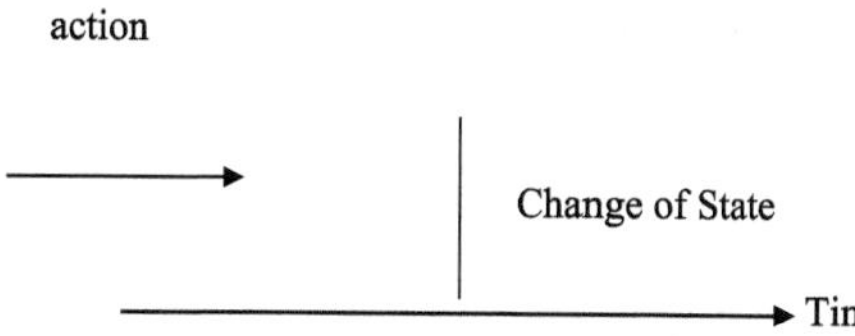

図2

図1と図2が示すように、動詞が表す行為の終点と同時に、状態変化が起こらなければならない。つまり、行為と状態変化の間には時間差があると、結果構文として成立しないのである。たとえば(11)では、Goldberg(1991)によると、必ず気持ち悪

くなるという状態変化するまでずっと食べ続けたと解釈される。つまり、最後の結果状態に至る原因は食べ続けるという動作にあり、食べ物がその起因ではないと考えられる。

(11) He ate himself sick.　　　　　　　　　　　　　　　(Goldberg 1991：82)

同じことが(12)にも当てはまる。(12a)のSamは自分の自由を妨げているあらゆる足かせを断ち切り、そのことによってすぐに自由を得たという意味である。Samが自分を切りつけたあと、捕らえた人たちが彼を自由にしたという解釈にはならない。(12b)のSueが死んだのはSamに撃たれた直後であり、SamがSueを撃ち、その後はSueが病院に運ばれて、死んでしまったという意味では用いない。

(12) a. Sam cut himself free.
　　　b. Sam shot Sue dead.　　　　　　　　　　　　　(Goldberg 1991：82)

Goldberg(1991)の意味制約に対し、Rappaport Hovav & Levin(2001)は主動詞が状態変化を直接的に引き起こすという点には賛成するが、英語の結果構文、とりわけ疑似目的語を取る結果構文には行為と状態変化の間に時間差がある例も見られることを指摘している。

(13) The subevents need not be temporally dependent.
　　　　　　　　　　　　　　　　　　　　(Rappaport Hovav & Levin：783)

(14) Sam sang enthusiastically during the class play. He woke up hoarse the next day and said, 'Well, I guess I've sung myself hoarse.
　　　　　　　　　　　　　　　　　　　　(Rappaport Hovav & Levin：775)

(13)のsubeventsは結果述語を指している。(14)ではmyself hoarseがそれにあたる。目的語のmyselfはsingが選択する項ではなく、結果述語hoarseの主語として機能している。このように、動詞の本来の目的語ではないが、結果述語の主語として機能する目的語を「疑似目的語」[3]という。(14)では、歌を歌ったあと、すぐ声がかすれた状態になったわけではなく、ある程度の時間が経過したあとでも、I sung myself hoarseが問題なく成立している。

この例に対してGoldberg(2004)は、singは直接的に働く実物がなく、動作が直接的にあるいは直ちに結果を引き起こさないように見えるが、実はそうではないと反論する。(14)では、歌を歌うと同時に、声が少しずつかすれていき、歌い終わったときに、声の調子がもう悪くなったかもしれない。ところが、実際の状況を考えると、人がそれぞれ、かすれるということに気が付く時間が異なっている。しかし、(16)のように、一週間後になって、歌いすぎたことが原因で声がかすれたとは考えにくい。

(15) Sam notice his throat becoming hoarse only after a time delay. It is still inferable that the injury to his throat had been initiated by the time the singing ended.
　　　　　　　　　　　　　　　　　　　　　　　　　(Goldberg 2004：546)

(16) ＊Sam sang enthusiastically during the class play. One week later, his throat

became to be bed and he said "Well, I guess I've sung myself hoarse."

したがって、英語の結果構文において、主動詞は直接的に動作を引き起こさなければならず、かつ動詞と結果の間には時間的な継続性も存在する。すなわち、英語の結果構文には「直接的な因果関係」と「時間的な継続性」の両方が必要である。

3. 日中結果複合動詞に関する意味制約

中国語の結果複合動詞には、英語の結果構文 he ate himself sick に対応する"吃病"(食べる－患う)という表現がある。しかし、この二つの表現では意味がやや異なる。中国語では、英語のように"病"(病気になる)という結果を引き起こす原因は、ずっと食べ続けたことという解釈をすることもできるが、それ以外に、何かよくない食べ物を食べて、それが原因で気持ち悪くなったという解釈も可能である。

(17) a. 一次　　　发现　　　了　外婆　　家柜子里的，
　　　　一度　　見つかる　完了　お婆さん　家　箪笥　中　の
　　　　一　大　瓶　咸　　橄榄　　很快　半瓶
　　　　一　大きい　量詞　塩辛い　オリーブ，とても　早い　半分　量詞
　　　　进　了　我的　肚子，惊　的　外婆　　直　担忧
　　　　入る　完了　私　の　お腹　驚く　DE　お婆さん　ずっと　心配
　　　　我　吃病　　　了。
　　　　私　食べる－患う　完了
　　　「あるとき、私がおばあちゃんの家で大きな塩辛いオリーブの缶詰めを一本見つけた。間もなく半分を食べてしまい、驚いたお婆ちゃんが、私が食べて病気になるのを心配してくれた。」
　　　(http://www.wenxuecity.com/blog/201604/70743/808002.html)

b. 他　大年三十　好不容易　吃　　　回　鸡肉，
　　彼　大晦日　　ようやく　食べる　一回　鶏肉
　　结果　吃病　　　　了，上吐下泻……
　　結局　食べる－患う　完了　下痢
　「彼は大晦日になってやっと鶏肉を食べて病気になり、下痢を起こした。」
　(http://www.backchina.com/forum.php?mod=viewthread&tid=1200045&extra=page%3D1&mobile=2)

(17a)では、おばあさんが「私」が病気になることを心配している理由は、塩辛いオリーブをたくさん食べ過ぎたからである。ここでは食べ過ぎてもまだ症状は出ていない。つまり、英語の結果構文とは異なり、「時間的な継続性」は不要で、食べ過ぎた後、時間をおいてなお、気分が悪くなることがありうるということである。(17b)において、病気になったのは食べた"鸡肉"(鶏肉)が悪かったからで、気分が悪くなるまで鶏肉を食べ続けたからではない。

これらの例はGoldberg(1991)、Rappaport Hovav & Levin(2001)が主張する「行為と状態の間に直接的な因果関係がなければならない」という条件を満たさない。

(18) There is no intervening event between the causing subevent and the resultsubevent; that is, causation is direct.

(Rappaport Hovav & Levin 2001：783)

結果複合動詞は基本的に原因事象と結果事象という二つの下位事象から構成される複合事象構造を表す。つまり、V1とV2それぞれを原因イベントと結果イベントと見なすことができる。よって、(18)から、原因イベントと結果イベントの間にはもう一つのイベントを挿入することはできないはずである。しかしながら、(17b)(17c)の中国語の結果複合動詞"吃病"(食べる－病気になる)では「よくない食べ物が体に影響を与え、調子を悪くする」という意味解釈を取る場合は、V1の"吃"(食べる)とV2の"病"(病気になる)の間にはもう一つのイベント「よくない食べ物が体に作用する」が挿入されることになる。そのため、中国語では、英語の結果構文に働いている「直接的な因果関係」制約を満たす必要がないと考えられる。これを図3と図4で示す。

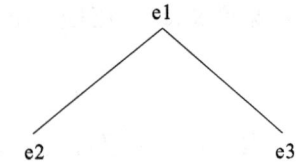

図3 直接因的な因果関係：動作自体の力で結果を引き起こす

上記の図では、e1は、結果複合動詞で表される複合イベントを、e2、e3はそれぞれV1とV2が担う原因イベントと結果イベントを指す。図3のように、e2とe3が隣接しているとき、「直接的な因果関係」があるという。これに対し、図4のように、e2とe3の間にe4という新しいイベントが挿入されると、e2はe3と間接的な因果関係をもつことになる。

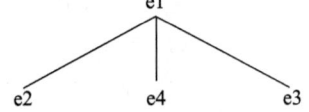

図4 間接的な関係

日本語には「＊食べ患う」という結果複合動詞は成立しないが、存在している結果複合動詞において、V1とV2の間に、新しいイベントを挿入することは可能であろうか。日中結果複合動詞を考察するために、日本語と中国語、それぞれ、「食べる」、"吃"をV1とする複合動詞を調べた。例(20)は「食べる」か"吃"をV1にした上で成立する日中結果複合動詞である。(21)は中国語だけ成立する例である。

(19) 食べ飽きる　　　吃膩
　　 食べ疲れる　　　吃累
(20) 吃　　　穷/病/贵/瘦
　　 食べる貧しい/病気の/高い/痩せた

(19)の「飽きる」「疲れる」は心理的・生理的変化を表す動詞であり、主語とV2が叙述関係をもつことができるので、申・望月(2009)がいう中国語と日本語が対応する第三の対応型に属する。つまり、「食べる」ことの自然な結果、あるいは「食べる」ことの目的が「飽きる」「疲れる」という状態ではないが、人間が現実世界で頻繁に遭遇する自然現象としての生理的・心理的状態変化であるので、「食べる」＋「飽きる/疲れる」が「先行事象―結果事象」として合成可能となるのである。したがって、「飽きる」「疲れる」の直接的な原因は「食べる」ということでしかありえない。

(21) a. 私はケーキを食べ飽きた。
　　 b. 我　　吃膩　　　　了　　　　　蛋糕。
　　　　 私　　食べ飽きる　完了　　　　ケーキ
(22) a. 四川料理を食べ疲れた。
　　 b. 我　　吃　　　四川菜　　　吃累　　　　了
　　　　 私　　食べる　四川料理　　食べ疲れる　完了

(21-22)では、絶えずたくさん食べることによって、「飽きた」「疲れた」という結果状態が生じている。

その一方で、対応する日本語のない(23)"吃穷"(食べる－貧しい)という複合動詞を例にとると、食べれば、食べ物がなくなるという結果は生じるかもしれないが、食べるというイベントだけで、貧しくなることはない。しかし、食べものを商品として考えれば、日本料理のような値段の高い食べものの代金を払うために、お金を使い過ぎて、貧しくなったという結果状態を引き起こされというのは十分考えられることである。ここでは、"吃"(食べる)は"穷"(貧しい)という結果の間接的な原因である。

(23)昨天　去　　　吃　　　日料　　　　把我　吃　　　　穷　　　　了。
　　昨日　行く　　食べる　日本料理　　BA　私　食べる　貧しい　完了
　「昨日、日本料理を食べに行ったことが私を貧乏にした。」

"吃穷"(食べる－貧しい)以外にも、(24)のすべての中国語の"吃"(食べる)に関する結果複合動詞において、V1とV2は、直接因果関係を持たない。

(24) a. 他　　的　　　脸　　吃黑　　　　　　了,　身体　吃瘦　　　　　　了,
　　　　 彼　　の　　　顔　　食べる－黒い　　完了　体　　食べる－痩せる　完了
　　　　 可　　　　　　　仍　　執"迷"　　　　　不　悟、初衷　　不　　　改。
　　　　 しかし　　　　　やはり　執着する　　　否定　悟る　初心　　否定　変る
　「(漢方薬を服用することで、)彼は顔が真っ黒になったり、体が痩せたりしたが、それでも漢方薬に執着して、あきらめない。」(CCL)
　　　b. 中国人　吃貴　　　　　　了美国　　　　山核桃。
　　　　 中国人　食べる－高い　　完了アメリカ　ヒッコリー
　「中国人がアメリカのヒッコリーをたくさん食べて、ヒッコリーの値段が高くなった。」
　　　　(http://blog.sina.com.cn/s/blog_5d6ef2f40100r4dh.html)

(24a)において、食べることだけでは、"黒"(顔が黒くなる)、"瘦"(痩せる)という結果状態に至らないが、ここで文脈からわかるように、彼は様々な薬(漢方薬)を試し、漢方薬が体に悪い影響を及ぼしたために、顔が黒くなったり、痩せたりする結果となった。同様に"吃貴"(食べる－値段が高い)では、食べるという動作だけで、"貴"(値段が高い)という結果に至るとは考えにくい。さらに、(24)のいずれの結果複合動詞においても、V1とV2の間には時間的な継続性がない。"瘦"(痩せる)、"貴"(値段が高くなる)などの結果状態に至るまで、ある程度の時間が必要だからである。

(24b)では、中国人がアメリカのヒッコリーをたくさん買ったために、ヒッコリーの値段がだんだん高くなったことを表現しているが、ヒッコリーを食べた後、すぐに高くなるわけではない。

このように、(19)と(20)を比較すると、V1とV2の間の繋がりの度合いが異なる。「食べる」という動作で頻繁に起きる結果状態を引き起こす場合は日本語も中国語も結果複合動詞という形で表せるが、引き起こしにくい場合となると、日本語では複合動詞として成立しにくくなる。第2節で、日本語では、一部の派生的結果構文に相当する状況を表現するには結果複合動詞が可能であると述べたが、その場合でも、これらの複合動詞は「直接的な因果関係」という制約に違反してはならない。

また、中国語の"穿湿"（履く－濡らす）の例を以上の制約に当てはめてみると、"穿"「履く」と"湿"「濡らす」の間には「雨に降られた」などのイベントe4を挿入することができるから、V1とV2の間の因果関係は間接的である。（例文(2)を(25)として再掲する）

(25)a. 新买的　　　鞋子　不小心　在　下雨天　穿湿　　　　了。（作例）
　　　　新しく買った　靴　不注意に　雨の日　履く－濡れる　完了
　　b. 雨の日にうっかり新しく買った靴を履いて、濡らしてしまった。

(25)から分かるように、靴が濡れたのは、雨に降られたのである。しかし"穿湿"ということにより、単に「靴が雨で濡れた」というのではなく、「雨の中を靴を履いて歩いたために、靴が濡れた」という背景となる原因まで表すことができる。これに対して日本語では、V1とV2の間には緊密な関係がなければならず、「*履き濡らす」のような複合動詞は「間接的な因果関係」の制約に違反するため、容認されない。

4. まとめ

以上、英語の結果構文の意味制約を参考にしながら、日中結果複合動詞の対応関係を考察した。そして、中国語と対応できない日本語の結果複合動詞が多く存在することから、中国語は日本語より広い因果関係を表すことができることが明らかになった。それは、中国語には「直接的な因果関係」や「時間的な継続性」を必要としないのに対し、日本語には英語と同様に、「直接的な因果関係」と「時間的な継続性」を満たさなければならないということである。したがって、「*履き濡らす」などのような間接的な因果関係を表す結果複合動詞は、「他動性調和原則」「主語一致の原則」に違反していなくても、結果複合動詞としては成立しないのである。

注釈

[1] 日本語の語彙的複合動詞は、原則として、外項をもつか否かの基準により、外項を持つ動詞同士（他動詞・非能格動詞）か、外項を持たない動詞同士（非対格動詞同士）の間での複合しかおこらない。（申・望月 2009:412 参照）

[2] 二つの動詞の複合においては、二つの動詞の意味構造の中で最も卓立性の高い参与者（通例、主語として実現する意味的項）同士が同一物を指さなければならない。（松本 1998:72）

[3]Rappaport Hovav & Levin(2001)は、このほかに(i)のような例も挙げている。run、yellは目的語が取れない非能格自動詞である。Drinkは他動詞であるが、＊drank the pubは非文である。よって、the pubはdrankの疑似目的語と解釈される。

(i)a. The joggers ran the pavement thin.
　　b. We yelled ourselves hoarse.
　　c. They drank the pub dry.

(Rappaport Hovav & Levin 2001：794)

参考文献

石村広. 2011.『中国語結果構文の研究―動詞連続構造の観点から―』. 白帝社
小野尚之. 2009.「結果構文のタイポロジー序説」小野尚之(編)『結果構文のタイポロジー』. pp1-42. ひつじ書房
影山太郎. 1993.『文法と語形成』. ひつじ書房
影山太郎. 1996.『動詞意味論―言語と認知の接点』. くろしお出版
影山太郎. 2004.「英語結果構文と日本語結果複合動詞におけるforce dynamics」. 関西学院大学『人文論究』. No. 54(1). pp26-40
申亜敏・望月圭子. 2009.「中国語の結果複合動詞：日本語の結果複合動詞・英語の結果構文との比較から。」小野尚之(編)『結果構文のタイポロジー』. pp407-450. ひつじ書房
松本曜. 1998.「日本語の語彙的複合動詞における動詞の組み合わせ」.『言語研究』. No. 114. pp37-83
由本陽子. 1996.「語形成と語彙概念構造―日本語の「動詞＋動詞」の複合語形成について―」.『言語と文化の諸相 ―奥田博之教授退官記念論文集―』. pp105-118. 英宝社
由本陽子. 2005.『複合動詞・派生動詞の意味と統語』. ひつじ書房
Goldberg, Adele E. 1991. A Semantic Account of Resultatives. *Linguistic Analysis* 21(1-2). pp66-96
Goldberg, Adele E. and Jackendoff, Ray. 2004. The English *Resultativeas a Family of Constructions*. *Language* 80(3)：pp532-568
Lee, Ik-Hwan. 2009. Resultatives as Causal Relations between Events. *Proceedings of the 23rd Pacific Asia Conference on Language, Information and Computation*. City University of Hong Kong. pp29-39
Rappaport Hovav, Malka and Levin, Beth. 2001. An Event Structure Account of English Resultatives. *Language* 77(4). pp766-797
Rothstein, Susan. 2004. *Structuring Events*. Blackwell Publishing Ltd
Washio, Ryuichi. 1997. Resultatives, Compositionality and Language Variation. *Journal of East Asian Linguistics* 6. pp1-49

使用语料

CCL语料库检索系统(网络版)(http://ccl.pku.edu.cn:8080/ccl_corpus/)

日中同形語字形類似度の統計
―自然言語処理における漢字分割法の利用を中心に―

北京外国语大学　天津外国语大学　叶栩邑

摘要：近30年来关于中日同形词对照的研究为数众多，其中不乏有许多在中日字形方面进行比较的质性研究，但对于中日整体字形对照比较的量性研究却极少，同时现有的调查在统计类似度时所使用的判定基准也存在诸多问题。本文利用自然语言处理中的汉字分割法，按照汉字本身构造分割成字根进行中日间对比，整理出中日同形词汉字结构对应的各个类型，并且以1000词为例按照对应字根在整体汉字中所占的比例分析统计了中日同形词的类似度情况。

キーワード：日中同形語　類似度　部件　構造分析　分割法

1. はじめに

　日中国交正常化以来、日中同形語に関する研究が盛んになってきている。字面で示されたように「日中同形語」は形態上の相似性を条件に、語彙をグループで括っているが、実際すでに「同形語」と判定されている語彙の形態を調査した結果、同形・類似形・さらに異形の場合も存在している。しかし、日中同形語の形態上において一体どのような対応状態でどれくらいの類似度を持つかについて、先行の量的調査が少なく、類似度を判定する基準においても幾つかの問題点が存在している。近年来中国語を母語とする日本語学習者を対象に、書字的の相違状況と認知処理との関連性を課題とする研究も多くなってきているが、そのためにも類似度判定基準の見直しと、もっと客観的な類似度の統計法が必要とされる。

2. 日中同形語表記の類似度に間する先行研究

2.1　茅本(1995)日中漢字の形態の差

　茅本(1995)は中国語を母語とする日本語学習者を対象し、日中漢字の形態の差異が単語処理に与える影響を解明するために、日中間字形の差異を以下の五段階に分けている。
　茅本は類似度という視点より異形度に着目し、日中漢字の形態の差を「異形度0～4」に分類している。
　　(1) 異形度0：全く同じ(例、日本語：横　中国語：横)
　　(2) 異形度1：点や線が1画だけ違う(例、日本語：歩　中国語：步)

(3)異形度2：構成部分の小さい方が違う（例、日本語：話　中国語：话）
(4)異形度3：構成部分の大きい方か両方が違う、または欠落している（例、日本語：動　中国語：动）
(5)異形度4：全く異なる字体になる（例、日本語：異なる　中国語：昇）

　日中間字形の差異を判定する場合、茅本(1995)は「構成部分の小さい方」と「構成部分の大きい方」という表現を使い、判定基準の単位としているが、主観性が強く、現に単体字がともかく「門」「器」のような対等な構造を持つ字形もあれば、「題」「産」のようなどれが大きい方が判定しづらいパターンも存在している。

2.2　松下(2009)の日中同形語書字的類似度調査

　松下の調査は、国立国語研究所(2006)『現代雑誌200万字言語調査語彙表』公開版(ver.1.0)の自立語使用頻度上位5000語をもとに、日中同形漢語1411語を選出し、日中間の書字的類似性をデータ化したものである。「同形漢語」の定義としては、漢字の表記が同じであることを明記し、旧漢字（康熙字典体＝繁体字）の対応も許容範囲に入れている。「同形漢語」の判定・集計においては、以下の二つの方法を利用している。

(1)《現代汉语频率词典》に頻度が掲載されている語のみを数える
(2)上記(1)に加えて、《現代汉语频率词典》にない語については日本語教育を専攻する中国語母語の大学院生2名による主観的判定を加える　　　　　（松下2009：15）

　または、字体異同の認定基準としては、次のように定めている。

　　a.2点　同形
　　　　筆画がほぼ同じとみなせるもの一部画数や微妙な筆画が異なるものも含む
　　　　例：(日本語―中国語)差―差、印―印、以―以
　　b.1点　類似形
　　　　二つ以上の構成要素、構成要素の一部が同じ位置で一致
　　　　例：動―动
　　　　一つの構成要素、筆画の半分以上が同じ位置で一致
　　　　例：冊―册
　　c.0点　異形
　　　　上記以外、日本語漢字の一部構成要素が中国語で一字となっている場合は位置が異なると考えて異形と見なす
　　　　例：離―离、類―类、複―复　　　　　　　　　　　　　　（松下2009：36）

　ここのa類の同形は茅本(1995)分類の異形度0と異形度1に対応できると考えられるが、茅本(1995)の場合では点や線が1画だけ違うというはっきりとした制限があるのに対し、松下(2009)の場合では一部画数や微妙な筆画が異なるものと包括し、明確に制限を加えていない。

　実例を調べた場合、「ほぼ同形」の場合であっても、一画だけの差とかで簡単にまとめられるものではなく、何パターンも存在していると判明されている。

段階一：筆画数に変化なし、字形あるいは筆画自体の変形。
パターン①：筆画数が同じで、筆画そのものに変形なし、字形だけが少し違いが生じる。
例えば（日本語ー中国語）：与ー与、画ー画、天ー天、汚ー污
パターン②：筆画数が同じであるが、筆画自体に変形が生じる。
例えば（日本語ー中国語）：酸ー酸、船ー船、骨ー骨、妙ー妙、令ー令
段階二：筆画数にも微差が出る。
例えば：変ー变、抜ー拔、侮ー侮、収ー收、祀ー祀、決ー决、器ー器、対ー对、残ー残、減ー减、滞ー滞、敢ー敢、恵ー惠（二画の差）

また、b類の類似形場合は、茅本分類の異形度2と異形度3に対応できると考えられる。両者いずれも漢字の構成要素あるいは構成部分から着手して分析を行っているが、筆画の多少や構成部分が占める割合の大きさなど視覚的に捉えている傾向が見られる。しかし、これを基準に字形の比較に点数をつけて見たら、幾つかの問題点が現れてくる。

(1) 構成要素の確定

松下の認定基準では、構成要素の保留位置を基準に点数をつけているが、どこまでの分割で構成要素と見なされるのは、明確に説明していない。

例えば、「線」の場合では、「糸」と「泉」という一次分割で二つの構成要素と見なされるか、それとも、二次分割の「幺」「小」「白」「水」ひいてはもっと細分するかが明記されていない。

その細分の仕方によって、判定に大い影響する場合もある。例えば：（日本語ー中国語）鑑ー鉴、一次分割では、左半分と右半分どちらも中国語と一致せず、右半分をさらに二次三次分割すると、「亠」の部分だけが中国語と一致している。また、保留する部分の位置から見れば、一致する部分は全て右上にあるが、日本語は左右構造で中国語の場合では上下構造となり、まったく異なる構造となっている。しかし、このような情況の判定について、上記の二種類の判定基準では明確な制限と追加説明がなく、非常に曖昧な情況となっている。

(2) 単体字への配慮

漢字は左右・上下などの構造のほかに、分割できない単体字のパターンも存在している。松下の判定基準では、一つの構成要素しかないパターンを追記して、保留する部分の位置という判定基準の代わりに、筆画が保留する割合と位置を基準としている。一方、茅本では、構成部分の大きい方と小さい方という表現で漢字の字形を分割して、その部分的な変動情況によって、判定を行っているが、単体字の場合には適応できないことが事実である。

(3) 基準設定の不明確性と主観性

松下の判定基準には「保留する部分の位置」を中心に判断を行っているが、実際その表現の枠を超える複雑なパターンが多数存在している。まず、保留する部分に関しては、その「部分」の細分割の区切りが明確に定められていないため、「協ー协」などのように「办」が「力」の保留に見られるかどうかが判定しづらいのである。また、

位置の判定においては、「孫一孙」のように右下にある一部が右半分になる場合、同じ位置に判定できるかどうかは上記の基準だけでは読み取れない。

または、「一つの構成要素、筆画の半分以上が同じ位置で一致」と述べているが、日中言語どれを基準に割合を計算するかは明記していない。例えば、「車一车」のように保留する筆画は中国語の字形では半分以上に占めているが、日本語の場合では半分以下となってしまた。

最後に、異形に対して松下の判定基準では、一部の字形が重ねっているにも関わらず、日本語の一部構成要素が中国語の一字になる「離一离、類一类、複一复」のようなパターンを位置が異なる理由で異形と判定している。日中漢字の使用習慣の違いで、日本人から別字に見られる漢字であるが、(母語話者に確認済み)、長い漢字使用の歴史を持つ中国人にとっては、繁体字への馴染みにより、そこまでの大差が感じられないこともあるのが確かである。

2.3　自然言語処理における漢字の構造分析と分割法

漢字はその構造から単体字と合体字という二種類に大きく分けられる。「筆画をそのまま組み合わせてできた字を単体字という。単体字は字形かが一つのまとまりになっており、構造的にそれ以上分解することかができない単体構造の漢字である。(中略)合成字の構成単位を部件(あるいは部品)という。部件は漢字を形作る最も基本的な構成要素であり、漢字の字形は、「筆画」「部件」「整字」の三つのレベルに分けることができる。30あまりの筆画を組合せて600〜700の「部件」をつくり、その 600〜700の部件を組合せて数万の漢字ができる。」(朱・浦野 2006：173)

部件の組み合わせによって、異なる漢字構造となっている。Unicodeで標準規格[1]の分類法で参照してまとめた結果、以下の四種類に大きく分けられる。

表1　漢字の構造パターン

構造方法	構造図形		字例
単体字構造		単体	上、大、山
左右構造	⊞	左→右	利、形、政
	⊞	左→中央→右	脚、樹、微
上下構造	⊟	上→下	室、集、音
	⊟	上→中央→下	蒸、翼、奚
包む構造	⊡	四方→囲む	国、回、団
	⊡	上→囲む	風、同、開
	⊡	下→囲む	画、凶、函
	⊡	左→囲む	区、匹、巨
	⊡	左上→囲む	原、庶、痛
	⊡	左下→囲む	進、処、建
	⊡	右上→囲む	気、式、司
重ねる構造	⊡	重ね	幽、坐、瑩

その他には「森」「晶」などの品字型構造や「皿」「燚」などの田字型構造の細分もあるが、それぞれ上記の上下構造・左右構造に分類できると考えられる。

朱・浦野(2006)では漢字の字形を自然言語処理の方向で、その特徴に合わせて分割し、何段階に分けて部件を切り分けている。以下は漢字の部件を分割した例である。

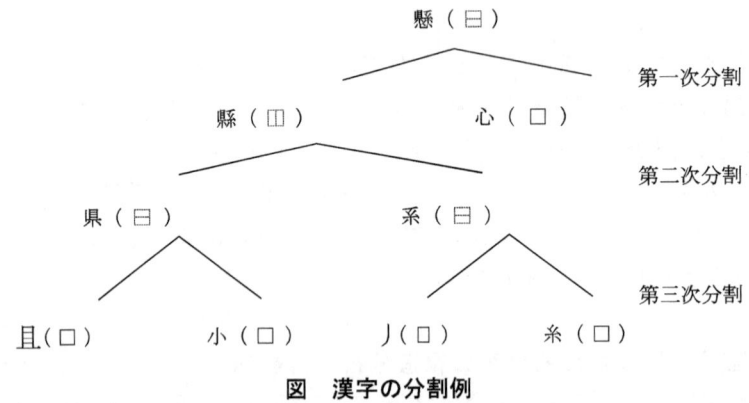

図　漢字の分割例

このような分割によって、漢字を複数の「部件」の集合体として捉え、これら「部品」の合成により1文字の漢字を表現して記述することとなっている。

3.類似度判定基準の見直しと統計結果

3.1　調査対象と利用するツール

王(2001)の研究では日本語の『現代国語辞典』(77000語)を対象に、二字以上の漢語31797語を抽出し、そこから日中同形語を選出して同形同義語(10480語)、同形類義語(1911語)、同形異義語(635語)三種類に分け、意味分別に整理している。字体の判定について、下記のルールを基準としている。

　　イ．偏旁などの略は無視して、同一字と見なす。
　　　例：説(日)―说(中)　維(日)―维(中)…
　　ロ．日中両国語の字体がかなり異なっても、もし、中国語の繁体字にあれば、同一字と見なす。
　　　例：華(日)―华(中)　種(日)―种(中)…

要するに、本調査では、字体について、日中両国間、漢字の簡略方法の違いによる微妙な差を無視するが、印刷上便宜のため、中国語も日本語の字体に従うことにした。

(王 2001：25)

本研究はこの大規模な語彙リストをベースし、代表性がある二字漢語に絞り、excelを利用してランダムに1000語(異なり語数)を抽出して、日中同形同義語表記の基本状況と類似度について調査を行っている。

漢字構造の判定には、字形分析の公開コーパスを利用することにしている。

日本語の場合はCHISE IDSの検索ツールを利用して、字形の構造分割情況を把握している。CHISEとはCharacter Information Service Environmentの略で、京都大学の守岡知彦氏が提示するCHISEのIDSデータを利用した漢字検索サービスで、文字を文字が持つ様々な要素(字形・音・意味・従来の文字コードの情報)の集合体として捉える事に最大の特徴がある。

中国では『漢典』[2]の検索ツールを利用することにしている。そこには、漢字の発音、字形(部首・構造・異体字・筆順・語源と字形変遷)、意味、各種の文字コードなどの情況を詳しく載せている。『康熙字典』『説文解字』などの辞書と典籍も内蔵しているため、通時的に漢字の情報も把握できる。

3.2 日中漢字構造の対応状況

日中間漢字の字形の類似度あるいは差異情況を記述するときには、方向性があると考えられる。字形を照合してからの保留部分が日中言語のどれを基準に割合を計算し、変貌の説明がどのように説明するかを決めるには、起点言語と対照言語の設定が必要とされる。以下は、日本語から中国語という方向で、日中同形語1000語を対照に、構造違いのパターンを整理した結果である。

表2　日中漢字構造の対応パターン

日本語字形構造	対応する中国語字形構造
単体	単体、全包囲
左右	左右、上下、上中下、単体、上から囲む、左上から囲む、左上から囲む、左中右
左中右	左中右、左右、単体
上下	上下(品字型)、左右、単体、左上から囲む(品字型－品字型)
上中下	上中下、上下、左右
全包囲	全包囲
上から囲む	上から囲む、単体
下から囲む	下から囲む
左から囲む	左から囲む
左上から囲む	左上から囲む、単体
左下から囲む	左下から囲む、左中右
右上から囲む	右上から囲む、単体
重ね型	重ね型

(1) 単体型
単体－単体
a. ほぼ一致
不－不、自－自、寸－寸、内－内、爪－爪、未－未、父－父、衣－衣、大－大など
b. 字形に変貌あり

長－长、東－东、車－车、馬－马、頁－页、貝－贝など
単体－全包囲（特殊例）
円－圆（円－圓　異体字関係）
(2)左右型
左右－左右
a.筆画数が同じで、字形がほぼ一致、あるいは少し変形あり
刪－删、船－船、汚－污、砂－砂、解－解、僭－僭、殖－殖、別－别、冷－冷、隘－隘、喩－喻など
b.字形に少し変形あり、しかも筆画数に少し差がある
増－增、海－海、対－对、決－决、抜－拔、揺－摇、換－换、滑－滑、残－残、祀－祀、滞－滞、渉－涉、敢－敢など
c.片方の変化
偏旁だけの変化
飽－饱、調－调、頂－顶、轆－辘、騎－骑、紛－纷、勅－敕など
偏旁ではないほうの変化
懺－忏、凍－冻、隊－队、動－动、帰－归、環－环、爛－烂、確－确、陰－阴など
e.左右同時に変化
転－转、鋼－钢、轤－轳、縷－缕、縄－绳、経－经、線－线、鶏－鸡、輪－轮など
日中偏旁の取り方も変わる
従（偏旁：イ）－从（偏旁：人）など
左右－上下
a.片方脱落、片方保留
採－采、類－类、雑－杂、離－离、殻－壳、畝－亩、務－务（保留部分が少し変形あり）など
b.全体的に異なる、あるいは一致する部件が半分以下
鑑－鉴、獲－获、傑－杰、総－总、備－备など
左右－上中下
獣－兽など
左右－単体
a.一部脱落
隷－隶、幹－干など
b.全体的に異なる
個－个、後－后、頭－头など
左右－上から囲む
網－网など
左右－左上から囲む
願－愿など
左右－左上から囲む

跡－迹（異体字関係）など
左右－左中右
仮－假（異体字関係）など
(3)左中右型
左中右－左中右
a. ほぼ一致
傲－傲、潮－潮、脚－脚、例－例、嫩－嫩、凝－凝、微－微、斑－斑など
b. 一部の部件が変化する
徹－彻、樹－树、獄－狱など
左中右－左右
衝－冲など
左中右－単体
a. 一部脱落
術－术など
b. 全体的に異なる
衛－卫など
(4)上下型
上下－上下
a. 筆画数が同じで、字形がほぼ一致、あるいは少し変形あり
悲－悲、背－背、常－常、冬－冬、堕－堕、繁－繁、忽－忽、基－基、最－最など
b. 字形に少し変形あり、しかも筆画数に少し差がある
恵－惠、変－变、差－差、着－着、宮－宫、悪－恶、骨－骨、器－器、着－着など
c. 片方の変化
偏旁だけの変化
貴－贵、貫－贯、駑－驽、員－员、賀－贺など
d. 偏旁ではないほうの変化
罷－罢、筆－笔、幣－币、賓－宾、篤－笃、窮－穷、審－审、懲－惩、懇－恳、蘇－苏、襲－袭、態－态、導－导など
その他（日中偏旁の取り方が変わる）
見（偏旁：見）－见（偏旁：见）
挙（偏旁：手）－举（偏旁：丶）、
軍（偏旁：車）－军（偏旁：冖）
栄（偏旁：木）－荣（偏旁：艹）
棄（偏旁：木）－弃（偏旁：廾）
e. 一部脱落
築－筑など
f. 上下同時に変化する
厳－严、霊－灵、節－节、範－范、麴－甸、華－华など

上下一品字型
衆一众など
上下一左右
a.片方脱落、片方保留
製一制、麗一丽、勲一勋、準一准(少し変形あり)など
b.全体的に異なる
響一响、葉一叶、驚一惊など
上下一単体
a.一部脱落、一部保留
電一电、昇一升、業一业、児一儿、習一习など
b.全体的に異なる
発一发、豊一丰、農一农、書一书、無一无、楽一乐、義一义など
上下一左上から囲む
質一质など
品字型一品字型
品一品など
(5)上中下型
上中下一上中下
鼻一鼻、黄一黄、意一意、翼一翼、章一章、蔑一蔑、真一真、営一营(一部変形)など
上中下一上下
愛一爱など
上中下一左右
鬱一郁など
(6)全包囲型
全包囲一全包囲
固一固、回一回、国一国、囚一囚、因一因など
(7)上から囲む型
上から囲む一上から囲む
a.ほぼ一致
同一同、周一周、威一威など
b.外側の変化
間一间、闊一阔、問一问、閑一闲、閉一闭など
c.内側の変化
風一风など
上から囲む一単体
開一开など
(8)下から囲む型
下から囲む一下から囲む

凶ー凶、画ー画など
(9) 左から囲む型
左から囲むー左から囲む
区ー区、医ー医など
(10) 左上から囲む型
左上から囲むー左上から囲む
a. ほぼ一致
病ー病、存ー存、反ー反、廉ー廉、屡ー屡、虐ー虐、圧ー圧(少し変形あり)など
b. 偏旁ではないほうの変形
廃ー废、瘞ー痊、歴ー历、廟ー庙、厭ー厌、応ー应、層ー层など
左上から囲むー単体
産ー生、広ー广など
(11) 左下から囲む型
左下から囲むー左下から囲む
a. ほぼ一致
遍ー遍、超ー超、近ー近、逆ー逆、速ー速、退ー退、巡ー巡、延ー延、趣ー趣など
b. 偏旁ではないほうの変形
処ー处、達ー达、過ー过、進ー进、邁ー迈、遷ー迁、違ー违、選ー选、遺ー遗など
左下から囲むー左中右
遊ー游など
(12) 右上から囲む型
右上から囲むー右上から囲む
a. ほぼ一致
裁ー裁、戒ー戒、匍ー匍、武ー武、句ー句、司ー司、式ー式など
b. 偏旁ではないほうの変形
載ー载など
右上から囲むー単体
気ー气など
(13) 重ね型
重ね型ー重ね型
果ー果、幽ー幽、爽ー爽など

3.3 類似度判定基準の見直し

基準設定の主軸あるいは方向性：
一、自然言語処理の部件分割法の利用
先行研究の調査では、漢字字形の変化を判定する際、「構成要素」あるいは「構成部分」という表現を使っているが、それが何を指しているかについて明確に定めていない。筆画と部件いずれも漢字構成の要素と部分になれるが、実際、筆画を単位に

類似度を計算するには少し無理がある。

日中間漢字類似度の対照は、単なる筆画自体の対照だけではなく、筆画と位置が連動的に考慮する必要がある。それは、同じ筆画の構成で、位置関係の違いで字形が全く異なる例もたくさん存在しているためである。一番簡単な例として「末一本」のような一画の位置の変動で、異なる字形になる例もあれば、「任一作」のように、組み合わせの変化で全く別字となる例もある。筆画だけでは類違いで容易にその差異を判別できるが、位置の場合ではどこまでの差が異質的なものとして見なしていいかはそう簡単に見分けつくことができない。

または、茅本(1995)では、漢字を「構成部分の大きい方」「構成部分の小さい方」という視覚的な分け方を取っているが、実際、単体あるいは「羹」みたいな構成部分の大きさが判定しにくい漢字がたくさん存在している。漢字の構造から入手し、もっと客観的に日中漢字の差異を描出することが求められている。

二、精度と効率性の折衷

統計の方法としては、分割後、日中一致する部件が字体全体に占める割合で類似度を計算する。日中字形を対照比較する際に、個々の筆画、筆画の書き方の微妙な差異と位置の微妙な変動などの要素を全て考慮すると、切りがなく、効率性も欠けているため、作業をやりやすく進めるために、精度と効率の折衷案を取り、部件を単位に考察を行なっている。類似度の計算は最終的に、自然連続の常数を得ることではなく、あくまでも類似性の度合いを描写するある程度の客観性を持つ参照データである。

類似度の判定基準：

（1）同形

実際、その「同形」の全体状況を描出するために、以下の三段階に分ける必要が出てくる。

第一段階：ほぼ一致

分一分、悲一悲、背一背、常一常、超一超、近一近など

第二段階：少し変形あり

汚一汚、喩一喩、別一別、冷一冷、解一解、僭一僭など

第三段階：筆画数にも差が出る（全体の字形構造がほぼ一緒、わずかの筆画数の差）

海一海、対一対、決一決、抜一抜、揺一揺、換一換、滑一滑、残一残、祀一祀、滞一滞、恵一惠、変一変、悪一悪など

筆画数に差があるかを境に、段階一と段階二を1点で計算し、段階三を「不完全な同形」であるため、「同形一」と記して0.9点とする。

（2）異形

日中間一致する部件がなく、ほとんど異なる場合、0点と記入する。

（3）類似形

一致する部件が字形全体に占める割合で類似度を計算する。

ただし、単体構造の場合、部件を単位に分割することができないため、一つ特殊なパターンとして取り扱う必要がある。ここで、完全一致の場合は同形とし、一致する筆画数が全体に1/2以上占める場合は類似形で、1/2以下の場合は異形とすることにしている。しかし「車―车、馬―马、鳥―鸟、両―两、長―长、東―东、門―门」など、一致する筆画数が1/2となっているが、字形全体の枠がまだ非常に似ていて、「異形＋」と見なして0.1に記入することにしている。

3.4 字形類似度の実態調査結果

字形の各パターンの分布から見ると、第一字と第二字両方とも同形の場合がもっとも多く、516例で全体の半数を超えている。一方、両方とも異形の場合が極めて低く、わずか2例しかない。残りは「同形＋類似形」あるいは「類似形＋同形」のパターンで、何れにしても、「同形語」の名にそぐう形態上の類似度を持っていることが調査結果で明らかになっている。長い歴史の中で、日中両国それぞれの漢字改革が行なったものの、繁簡体の変化なく全く字形が同じく保っている語が数多く存在していることも事実である。本調査の場合、すべて「同形同義語」のS類を対象に行なっているため、形態上の一致性だけではなく、意味上も高度に接近していることから、二言語併用者の言語使用にある程度の干渉が発生すると推測できる。具体的な対応状況は下記の表三でまとめている。

表3　第一字と第二字の類型対応

		第二字						
		同形		類似形		異形		計
		語例	語数	語例	語数	語例	語数	
第一字	同形	暗号	516	方針	172	安楽	31	719
	類似形	産品	178	風習	56	橋頭	8	242
	異形	聴力	29	発電	8	驚異	2	39
	計		723		236		41	1000

同形と異形の類似度の計算はわりと簡単にまとめられるが、類似形の場合となるとやや複雑な状態となっている。上記のルールを基準に計算した結果、類似形の場合は主に以下のパターンとなっている。

a. 1/2(0.5)

片方変化：罷―罢、陳―陈、処―处、飽―饱（右半分「包―包」の字形差異を無視）など

半分脱落：採―采、産―产、電―电、広―广、離―离、昇―升、態―态、録―录、麗―丽など

1/2(1/2*1/2+1/2*1/2)

半分の半分同時に変化：鋼―钢など

1/2＋(0.6)

片方単体の「異形＋」：篤－笃、連－连、軌－轨、問－问、軍－军、載－载、駁－驳、輩－辈など

1/2－(0.4)

片方「同形－」：獣－兽、準－准、務－务など

b. 1/4(0.25)

範－范、幹－干、習－习、贊－赞(上半分異なる、下半分 1/2＊1/2)、顧－顾(左半分異なる、右半分 1/2＊1/2)など

1/4＋(0.5)

驗－验(左 0.1＋、右 1/2＊1/2)、輪－轮(左 0.1＋、右 1/2＊1/2) 綱－纲(左 0.1＋、右 1/2＊1/2)など

3/4(0.75)

蒼－苍、錯－错、奮－奋、剛－刚、緊－紧、強－强、顫－颤(右 1/2＊1/2)、貴－贵(下 1/2＊1/2)、敗－败(左 1/2＊1/2)など

3/4＋(0.85)

二次分割後の部件を「異形＋」に見なす場合：満－满、塹－堑、暫－暂、帳－帐など

3/4－(0.65)

錢－钱(左 1/2＊1/2、右 1/2－)

c. 三分割

1/3(0.33)

徹－彻、仮－假、術－术など

2/3(0.67)

樹－树、獄－狱など

2/3－(0.57)

営－营、愛－爱など(一部の部件「同形－」)

d. その他

5/6(0.83)

片方三分割：穏－稳、漁－渔、鮮－鲜など

5/8(0.63)

懲－惩(上 1/2＊1/2＊1/2、下 1/2)

7/12(0.58)

疇－畴(左 1/2、右下 1/2＊1/3＊1/2)

二次・三次分割における単体構造「貝－贝」：

3/8＋(0.48)

績－绩(左 0.1、右上 1/2＊1/2、右下 1/2＊1/2＊1/2)

7/8(0.88)

憤－愤、慣－惯、攪－搅、損－损、遺－遗、韻－韵、偵－侦、債－债など

前節で述べたように、ここでの類似度の計算は自然連続な常数ではないが、分割

表4 類似度統計結果の基本状況

		第一字	第二字	両字平均値
度数	有効数	1000	1000	1000
	欠損値	0	0	0
平均値		0.8530	0.8512	0.8521
中央値		1.0000	1.0000	0.9500
最頻値		1.00	1.00	1.00
標準偏差		0.26036	0.26222	0.18289
最小値		0.00	0.00	0.00
最大値		1.00	1.00	1.00

　表四で示されたように、第一字と第二字は所在の位置と関係なく、いずれも0.85前後の平均値を持ち、完全に同形となる「1点」までわずか0.15ぐらいの差で、かなり高い類似度と持っていると言えよう。その標準偏差の値から見ても、わりとばらつきが少なく、数的には割と類似度が高いほうへ偏集中している。両字平均値の場合になると、その傾向がさらにはっきりとなるのも統計で明らかになっている。

　以下は統計分析のソフトSPSSを利用し、第一字と第二字の各類似度の度数を3Dグラフで視覚化した結果である。

　図2で示されたように、第一字にしても第二字にしても、日中間の字形が同形となるケースが圧倒的に多く、揺るぎがない位置に立っている。「日中同形語」が「同形」で呼ばれる所為はここにあるとデータからも判明できる。それに次いで2番目に多いのはちょうど半分となる0.5のパターンで、残りの各パターンが点々となっていて、数から見れば同形と1点と類似形の0.5点と全然比敵する規模になっていない。その理由としては、一次分割後片方の変化あるいは脱落が発生していると考えら、そこから漢字簡略の特徴も垣間見ることができる。

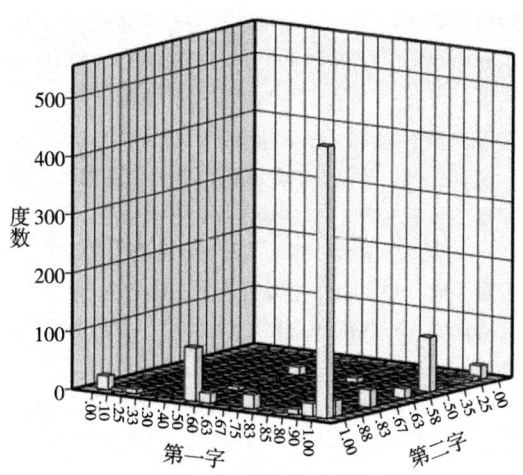

図2　類似度の度数分布図

4. 終わりに

　先行調査では類似度を統計する際に、漢字構造の出発点から判定基準を設けているが、その基準となる「構成」は具体的に何を指しているか、どこまで細分しているかが明確に定めず、「構成部分の小さい方」や「構成要素の一部」という主観的・視覚的な判断に止めている。本文はその主観的な構成判定を避けるために、自然言語処理における漢字分割法を利用し構成単位を部件に絞り、Unicodeで標準規格の分割情報を参照に改めて日中同形語字形の類似度を統計している。それぞれ簡略や変化を得て、現時点日中間漢字の構造が複雑な対応パターンとなっている。その中に、単体字や異体字など複雑な対応関係も存在している。一方、二字同形語の類型度を統計した結果、1000語のうち二文字ともに同形となる語が半分を超えている、両方異形の場合は2例しかなく、字体全体の類似度にいても0.85の平均値もあり、やはり高い類似性を持っている。しかし、ここでの類似度の計算は自然連続な常数ではない、あくまでも一致する部件が全体に占める割合を表す接近値である。特に単体字の場合、いかに科学的に類似度を統計するかはさらなるの検討が必要とされる。

注

CHISE IDS漢字検索のデータベースを参照。http://www.chise.org/ids-find
『漢典』の検索ツールhttp://www.zdic.net

参考文献

荒川清秀. 1978.「日中両国語における漢字」.『文学論叢』. No. 60. pp294-316
王蜀豫. 2001.『日中語彙の対照的研究：同形語を中心に』. 四川文芸出版社
何宝年. 2012.『中日同形語の研究』. 東南大学出版社
茅本百合子. 1995.「日本語漢字の読みに及ぼす母語の音韻情報の影響—中国語母語話者の場合—」. 平成6年度広島大学大学院教育学研究科修士論文
茅本百合子. 1996.「日本語漢字と中国語漢字の形態的・音韻的差異が中国語母語話者による日本語漢字の読みに及ぼす影響」.『広島大学教育学部紀要』. No. 2. 45. pp345-352
齋藤洋典. 1997.「心的辞書」.『岩波講座 言語の科学3 単語と辞書』. pp93-153. 岩波書店
斎藤倫明・石井正彦. 2011.『これからの語彙論』. 株式会社ひつじ書房
蔡鳳香. 2009.「中国人上級日本語学習者の日本語漢字単語の処理過程—文の先行呈示事態における検討—」.『広島大学大学院教育学研究科紀要 第二部』. No. 58. pp205-212
蔡鳳香・松見法男. 2009.「中国語を母語とする上級日本語学習者における日本語漢字単語の処理過程—同根語と非同根語を用いた言語間プライミング法による検討—」.『日本語教育』. No. 141. pp13-24
朱権・浦野義頼. 2016.「漢字の構造方式を利用した中国語表示方式の提案」.『第5回情報科学技術フォーラム論文集』. pp173-176
田島優. 1998.『近代漢字表記語の研究』. 和泉書院
松下達彦. 2009.「マクロに見た常用漢字語の日中対照—頻度・形態・意味の一致とずれの分布

―」.豪州日本研究大会・日本語教育国際研究大会配布資料
松島弘枝・費暁東.2011.「中日漢字の異形度が中国語を母語とする日本語学習者の漢字単語の読み上げ課題に及ぼす影響」.『広島大学大学院教育学研究科紀要』.No.60.pp229-235

一字漢語サ変動詞の特性をめぐって

北京外国语大学日本学研究中心　袁建华

摘要：本文从《广辞苑》第6版中抽出了300个一字汉语サ变动词，并以此为研究对象，调查了其在现代日语国语辞典及发音辞典中的现状。通过考察分析，我们发现一字汉语サ变动词与二字以上（含二字）汉语サ变动词虽同属复合汉语サ变动词，但由于二者语素间的复合程度差异较大，导致其在形态及语法各方面均呈现出不同性质，具体表现在音韵、语音、词形及向其他词类转化等各个方面。基于此，语素间结合比较紧密的一字汉语サ变动词，本文拟称为"融合型汉语サ变动词"；语素间结合相对松散的二字以上（含二字）汉语サ变动词，本文拟称为"分析性汉语サ变动词"。通过本文的考察，我们再次确认了复合汉语サ变动词在形态上的差异反映了在其语法上的不同。

キーワード：一字漢語サ変動詞　アクセント　音韻的特徴　語形のゆれ　転成

1. はじめに

　現代日本語におけるサ変動詞は、「する」というたった一つの単純サ変動詞と「ーする」で終わる数多くの複合サ変動詞からなっている。複合サ変動詞はまた、前語基の語種により和語サ変動詞・漢語サ変動詞・洋語サ変動詞に分けられる[1]。漢語サ変動詞は更に、字音語基の字数という形態的な特徴により、下記のように下位分類できる。用例は、いずれも北條（1973）から抽出されたものである。

　（1）愛する　案ずる　閲する　応ずる　察する　命ずる　訳する　……
　（2）悪化する　乾燥する　研究する　採用する　卓越する　発達する　……
　　　悪循環する　合理化する　集大成する　深呼吸する　正比例する　……
　　　悪戦苦闘する　意気消沈する　因数分解する　記名投票する　……
　　　微速度撮影する　年中行事化する　一酸化炭素中毒死する　……

　本稿は、漢語サ変動詞を「字音語基ーする/ずる」に分析する[2]。一字漢語サ変動詞と二字以上（二字を含む）の漢語サ変動詞（以下、量質とも優勢に立つ二字漢語サ変動詞で代表させる）は、「漢字の字数という形式的な基準によっているけれども、結果的には文法機能や意味表示機能の相違に即した分類になっている」と松井（1987：187）が述べている。同じような指摘は、松下（1978：202—203）にも見られる。本稿は、辞書調査を出発点とし、一字漢語サ変動詞の特性を明らかにするものである。以下、第2節では、準備作業として本稿の考察対象を抽出しておく。第3節においては、一字漢語サ変動詞をめぐる従来の研究及びその問題点を検討する。第4節では、前節の分析に基づき、アクセント・音韻的特徴・語形のゆれ・品詞転成と

いった4つの側面から一字漢語サ変動詞を考察する。最後の第5節は、本稿のまとめをし、今後の課題を提示する。

2. 考察対象：一字漢語サ変動詞

一字漢語サ変動詞も二字漢語サ変動詞も、発生的にはいずれも漢語が日本語の中に取り込まれて日本語化した結果、「―する」を後接させて形成したものである。一字漢語サ変動詞の字音語基は「―する」との結合が緊密であるため、「―ずる」となる場合もある。連濁発生規則の詳細は第3節を参照されたい。この節では、一字漢語サ変動詞の日本語の動詞体系における位置づけを確認した後、使用データを整理しておく。

2.1　一字漢語サ変動詞の位置づけ

現代「日本語の動詞はその活用類型から、Ⅰ五段活用（強変化）、Ⅱ一段活用（弱変化）、Ⅲ変格活用（不規則）の3類に分けられる」（玉村1984）。一段活用は更に上一段活用と下一段活用に分けられ、不規則の変格活用はまたカ行変格活用とサ行変格活用に分けている。カ変における「くる」と同様に、サ変に所属する単語はもともと「する」しかない。しかし、第1節で述べたように、この「する」は語種を問わず、さまざまな語基と複合して複合サ変動詞を形成することができる。本稿の考察対象の一字漢語サ変動詞は、単純字音語基と「―する」が複合して形成されたサ変動詞である。一字漢語サ変動詞の動詞体系における位置づけについて、第3節で三宅（2010）を検討するときにまた言及する。

2.2　使用データ

本稿の使用データは、『広辞苑』第6版（中型国語辞書、見出し項目数24万）から一字漢語サ変動詞を全例抽出したものである。逆引き検索を以て「―する」と「―ずる」で終わる一字漢語サ変動詞をそれぞれ231語、69語を抽出した。詳細は表1の通りである。

表1　一字漢語サ変動詞のリスト

計300語	―する(231語)	―ずる(69語)
あ行	愛/圧/医/委/慰/逸/印/淫/鬱/益/謁/閲/臆	按/案/映/詠/怨/演/応
か行	介/会/解/害/概/画/化/科/架/嫁/課/賀/渇/合/刊/冠/姦/管/関/緘/記/帰/期/擬/議/喫/休/給/窮/狂/供/饗/局/御/寓/遇/具/屈/刑/敬/慶/激/檄/決/検/験/抗/航/号/刻/剋（克）/哭/鼓/伍/婚	感/観/興/行/禁/吟/訓/薫/燻/献/現/減/困/高（昂）/甍/講/混
さ行	際/策/座（坐）/察/参/産/算/竄/讒/弑/歯/資/侍/持/辞/失/寂/謝/修/執/住/祝/熟/消/称/証/頌/誦/賞/食/嘱（属）/処/書/署/序/叙/除/恕/推/制/征/省/製/贅/接/節/絶/宣/撰/奏/相/草/蔵/即/則/属/賊/存/損	参/散/殉/準（准）/生/招（召）/請/乗/信/進/煎/詮/損/存

续表

計300語	一する(231語)	一ずる(69語)
た行	体/対/帯/題/托（託）/諾/堕/達/脱/着（著）/沖（冲）/註（注）/誅/弔/朝/徴/呈/訂/挺/適/敵/徹/撤/得/督/毒/賭/度/鈍	嘆(歎)/断/弾/談/長/陳/通/点/転/投/同/動
な行	熟	難/任/念
は行	拝/配/排/廃/倍/博/駁/縛/派/発/罰/反/叛/飯/比/批/秘/必/筆/評/貧/瀕/諷/伏/服/復/付（附）/賦/撫/扮/聘/偏/貶/便/卜/保/補/没	判/封/変/弁（辨）/弁（辯）/便/奉/封/崩/報/焙
ま行	摩/抹/魅/瞑/滅/面/目/沐/黙/模（摸）	慢/命/銘/免
や行	拥/約/訳/有/輸/要/擁/浴	
ら行	拉/濫/利/律/略/了/領/諒/類/令/隷/列/労/弄/聾/録	論
わ行	和	

　一字漢語サ変動詞の実態を確認するために、北條(1973)「サ変になり得る名詞（漢語）」（基本的に『岩波国語辞典』第2版から抽出し『角川国語辞典』改訂版で補充したリスト）より、一字漢語サ変動詞を269語抽出した。しかし、「一字漢語は採用者の判断によって採用した」ためか、その中には「寇（あだ）・閲（けみ）」といった2つの和語と「安/駆/視/写/守/襲/出/潤/照/醸/濁/著/覇」といった13個のサ変動詞にならない漢字母（『岩波国語辞典』第2版の用語、単純字音語基の意）が混ざっている。その上、「案ずる」「際する」「即する」「損する」「存（そん）する」「存（ぞん）ずる」「対する」といった使用頻度の比較的高い一字漢語サ変動詞が取りこぼされている。そもそも、一字漢語サ変動詞は「一する/一ずる」全体で辞書に登録されているので、「採用者の判断」は蛇足ではあるまいか。従って、『岩波国語辞典』第2版（小型国語辞書、見出し項目数6万以上）の一字漢語サ変動詞の語数は260～300であると推測できよう。松井(1987)によると、『新潮現代国語辞典』（小型国語辞書、見出し項目数7.7万前後）における一字漢語サ変動詞は299である。『広辞苑』第6版の見出し項目数は、『岩波国語辞典』第2版の約4倍、『新潮現代国語辞典』の3倍以上にもかかわらず、一字漢語サ変動詞の収録語数はそれほど違わない。以上から見てわかるように、二字漢語サ変動詞と異なって、現代日本語における一字漢語サ変動詞は既に生産性がなくなり、数量がほぼ一定している。一字漢語サ変動詞は伝来時期が非常に早いこともあり、本稿の一字漢語サ変動詞のリストには、ほぼ使用されないか極めて固い文体にしか用いられないものもある。これについて、4.2節で詳述する。

3. 従来の研究及びその問題点

　一字漢語サ変動詞に関する先行研究は二字漢語サ変動詞に比べ、それほど多くはない。そして、その活用のゆれに集中している。加藤(1972：121)「室町時代の動詞」では、「『御覧ざるる』『服さする』のように、四段化が見られる一方、『和しさする』『愛しらる』のように上一段の例も見られる」という指摘がある。従って、一字漢語サ変

動詞の活用のゆれは、少なくとも室町時代に遡ることができる。活用のゆれに関する概括的な研究に古くは湯澤(1943)や松井(1987)が挙げられる。最近コーパス(corpus)を駆使して大量の資料を調査した研究に田野村(2001、2009)、松田(2011、2012、2013)がある。田野村(2001)は新聞資料を以てサ変動詞全般のゆれについて分析したものである。本稿でいう一字漢語サ変動詞は田野村(2001)のB類(サ変とサ五のあいだでゆれているモノ)、C類(サ変とサ上一のあいだでゆれているもの)とD類(サ変とサ下一のあいだでゆれている)に相当する。田野村(2001)は特にB類について「(ⅰ)『X』が促音・撥音・長音を含む場合はサ変のままであり、(ⅱ)それ以外の場合はサ五に変化している」という一般化を得ている。田野村(2009)は国会会議録・Webコーパスを用いて特にB類の更なる精密化した下位区分が得られた。松田(2011、2012、2013)は法令に見られるサ変動詞の五段化・上一段化現象を分析したものである。両氏の研究はいずれも言語事実を描写する記述研究である。違う言語資料を使用しつつも、このような活用のゆれは、無意識の選択に委ねられる「下の変化」であるという同じような指摘をしている。

　上記の考察と性質が若干異なる、理論的な分析を行ったものに三宅(2010)が見られる。三宅はアクセントと活用の側面において、"一字漢語スル"型動詞(田野村2001のB類)と一般的な"～スル"型動詞(漢字二字以上の漢語・和語・外来語に「する」が後接する型を取った動詞、最も典型的な「二字漢語」の場合で代表させる)と異なるという指摘が非常に啓発的である。三宅(2010：116、118)は「"一字漢語スル"型動詞」をめぐって、「"一字漢語スル"型動詞は、"『一字漢語 s―』"という語幹を持つ一つの動詞として、レキシコンに登録されるものとする。ただし、異形態として、基本形"～する"、仮定形"～すれば"、否定形"～しない"を持つことがある。」という一般化が提示されている。つまり、「―する」は幾つかの異形態を持つ以外にサ行五段動詞と同じ活用パターンを有すると指摘している。しかし、「―する」と「―ずる」は「全く異質のものである」ため、「―ずる」を考察の対象から取り除いたと述べている。この論調に従えば、「―ずる」の動詞体系における位置づけやサ変動詞全体の内包が分からなくなるだろう。三宅(2010)については以下のような3点が指摘できよう。第一に、発生的に「―する」も「―ずる」も、単純字音語基と「―する」が複合してできた複合サ変動詞である。「―ずる」は「漢語で-m・-n・-ngのような鼻音的な声が後にひびくために、『す』が濁って『ず』となる」(藤堂1969：255)だけである。また、「単純字音語基―する」と「単純字音語基―ずる」とは、アクセント型においても共通しており、二字漢語サ変動詞と対照的である。第二に、松井(1987：193)の指摘した通り、「一字漢語サ変動詞の活用のゆれは、語によって、また活用形により、さらには地域差・年齢差も介入してきて」いるため、三宅の一般化のような単純なものではないのである。田野村(2001)で明らかにしたように、三宅の一般化の異形態の基本形「～する」、仮定形「～すれば」、否定形「～しない」以外に、「～せず」vs「～さず」、「～せぬ」vs「～さぬ」、「～せよ・しろ」vs「～せ」、「～せられ」vs「～され」、「～せさせ」vs「～させ」といった活用形のゆれの対を挙げている。第三に、三宅(2010)は

影山(1993)の語彙的複合動詞と統語的複合動詞の分類を援用しているが、その分類に問題がないというわけではない。影山(1993：255)では、「愛好する」を統語構造に由来する統語的複合動詞とし、「VN[3]＋する」に分析しているようである。しかし、「愛好」はコーパス調査を通して、単独で単語として使いにくい拘束形式であることがわかった。斎藤(2016)の複合字音語基用言類の下位分類を見てわかるように、すべての二字漢語サ変動詞が影山(1993)の「VNする」となるわけではない。二字漢語サ変動詞における複合字音語基の中に、「圧倒、浮動、卓越、率先、共同……」のように主語や目的語になれないか、なりにくいものがある。「名詞を特徴づける主語・目的語になる資格をもたないものは、名詞でありえない」(村木 2012：188)。これらは単独で自立できないか、自立しても名詞用法がないので、動名詞であるはずはない。また、「損する」や「得する」を例外と見做さなければ、一字漢語サ変動詞を構成する単純字音語基も斎藤(2016)を参考に、それが自立形式か否かなどの基準により下位分類できる。換言すれば、一字漢語サ変動詞と二字漢語サ変動詞とは語構成的に同じ構造をしており、その字音語基の下位分類の量的な特徴が違うだけである。一字漢語サ変動詞における単純字音語基のほとんどが自立形式ではないのに対して、二字漢語サ変動詞における複合字音語基のほとんどは自立形式であり且つ複雑事象名詞になれる、即ち影山(1993)のいう動名詞(VN)である。

　以上、先行研究を記述研究と理論分析に分けて検討してきた。次節では、抽出データに基づき、一字漢語サ変動詞の特性を説明していく。

4. 一字漢語サ変動詞の特性

　本節では、音韻的特徴・アクセント・語形のゆれ・品詞転成という4つの側面から一字漢語サ変動詞の特性を見ていく。

4.1　音韻的特徴

　一字漢語サ変動詞における単純字音語基は、特殊音節で終わるか否かによって二分できる。まずは、促音便の発生である。単純字音語基の最終音節は「つ」で終わる場合は、例外なくいずれも促音便が起こる。それに対して、二字漢語サ変動詞は、「一別/遺脱/応接/観察/断絶」といったように促音便が発生しない。つぎは、連濁現象の発生である。それの必要条件は、単純字音語基の最終音節が撥音・引き音節であることである。しかし、これは連濁現象発生の十分条件でないことに注意されたい。連濁発生の原則は、既に第3節で述べたが、それは室町時代まで極めて固い原則であったが、現代日本語においていくらか崩れてきている。残念ながら、崩れる要因はいまだに把握されていないままであり、今後の課題とする。それ故に、一字漢語サ変動詞における単純字音語基が撥音・引き音節で終わる全体の中の約44％しか連濁が発生しない。連濁現象も、「感嘆/議論/感銘/呼応/感動」といったように、二字漢語サ変動詞は連濁しない。一字漢語サ変動詞における単純字音語基の音韻的特徴は図1の示す通りである。括弧内の数字は語数を示す。

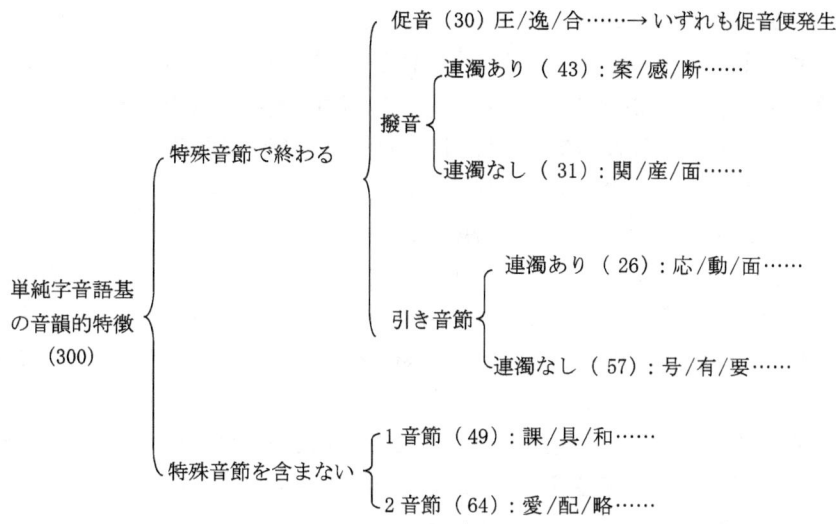

図1　一字漢語サ変動詞における単純字音語基の音韻的特徴

　一字漢語サ変動詞における単純字音語基の音韻的特徴は、それの語形・活用のゆれの発生や種類と大きく相関している。その活用のゆれについては先行研究を、その語形のゆれについては4.3節を、それぞれに参照されたい。

4.2　アクセント

　アクセントとは、単語に指定された高低や強弱の型を指す。ここで、注意したいのは、アクセントが単語レベルの用語であることである。典型的には、一つの単語にアクセント核が一つしかない。邱根成（1993）の考察を通して、一字漢語サ変動詞における単純字音語基の多くは「按/慰/委/演……」のように現代日本語において単語の資格を失っていることがわかった。三宅（2010：109）は"一字漢語スル"型動詞のアクセントは「前接要素（筆者注：単純字音語基）のアクセントに関係なく、全て"する"の"す"の部分（換言すると、"る"の直前の部分）に核が置かれる……本動詞としての"する"とも異なっている」と述べている。前述したように、一字漢語サ変動詞におけるほとんどの単純字音語基は拘束形式であるため、アクセントは問題にならない。

　筆者は『NHK日本語発音アクセント新辞典』（以下『NHKアクセント』と略す）と『新明解日本語アクセント辞典』第2版（以下『新明解アクセント』と略す）[4]を以て使用データのアクセントを一つ一つ確認してきた。その結果、三宅（2010）「全て"する"の"す"の部分に（アクセント）核が置かれている」という論述は主観的すぎるきらいがある。『NHKアクセント』によると、300語の内の207語が登録されている（アクセント辞典に登録されるとは、話しことばとして使用される可能性が高いということを示し、2.2節で述べたように、一字漢語サ変動詞の一部分は現代日本語の中であまり使わない）。「―する」で終わる一字漢語サ変動詞において、「失する、律する、列する」の3語のアクセントは〔−2,0〕の2種類があり、「圧する、逸する、渇

する」などの23語のアクセントは〔0〕であり、残された語のアクセントは三宅(2010)の指摘した通り〔－2〕である。「－ずる」で終わり且つ単純字音語基の最終音節は撥音である場合、「按ずる、案ずる、損ずる、免ずる」の4語のアクセントは〔－2、0〕であるが、残されたもののアクセントはいずれも〔0〕である。『新明解アクセント』によると、300語の内の229語が登録されている。その第一アクセントはほぼ前者と共通しており、「得する、感ずる、観ずる、通ずる」(アクセントは〔0〕のみ)の4語を除き、残されたものの第二アクセントはいずれも〔－2〕である。これは「現在若い人人は、全て中高型(筆者注:「－2」型)に発音する傾向が強い」からだろうと推測している。以上から見てわかるように、一字漢語サ変動詞のアクセントは、決して三宅の指摘したようにすべてが〔－2〕ではないのである。

それに対して、二字漢語サ変動詞のアクセントは、三宅(2010)の指摘した通り、複合字音語基の同形単語のアクセントに変更を及ぼさない。以下では、『新明解アクセント』より用例を補充するだけにとどめる。アクセント符号は三宅(2010)と同じく、「'」はアクセント核の位置を示し、無印は平板型を示す。

(3) ジャマ　　　→　ジャマスル　　　　(邪魔する)
　　セワ'　　　→　セワ'スル　　　　　(世話する)
　　アンナ'イ　→　アンナ'イスル　　　(案内する)
　　チョー'ホー→　チョー'ホースル　　(重宝する)

上述されたアクセントの相違を見てわかるように、一字漢語サ変動詞は複合の度合が強いのに対し、二字漢語サ変動詞の複合の度合が弱いことがわかった。『新明解アクセント』では、両者のアクセントの相違に基づき、結合動詞と接合動詞とに区別している。

4.3　語形のゆれ

従来の研究は、ほとんど一字漢語サ変動詞の活用のゆれ(サ変→五段、サ変→一段)を中心に考察したものである。田野村(2001)の指摘したように、この課題に関わる要因は複雑多様であるため、各種類の言語事実の記述の細緻化やある程度のルールの抽出は可能であるが、その規則性を完全に究明することは非常に難しい。先行研究は、実際の使用における文体別(新聞・法令・国会議事録・Web資料)の一字漢語サ変動詞の活用のゆれをある程度明らかにしたが、語彙の使い方の鑑である辞書においては、一字漢語サ変動詞の語形のゆれはどうであろう。ここでは、第2節で『広辞苑』第6版から抽出した300語の一字漢語サ変動詞をもとに、『新明解国語辞典』第5版(266語)、『スーパー大辞林』(298語)と比較対照しながら、各辞書における語形のゆれの状況を把握していく。3つの国語辞書における一字漢語サ変動詞の語形のゆれは、以下表2、表3、表4にまとめておく。括弧内の数字は語数を示す。

表2　『広辞苑』第6版における一字漢語サ変動詞の語形のゆれ

サ変・ザ変 (222)	—する(210)	圧/医/委/慰/逸/印/淫/鬱/益/謁/閲/臆/会/解/害/慨/画/化/科/架/嫁/課/賀/渇/合/刊/冠/姦/管/関/緘/喫/休/給/窮/狂/供/饗/局/寓/遇/具/屈/刑/敬/慶/檄/決/検/験/抗/航/号/刻/剋(克)/哭/鼓/伍/婚/際/策/座(坐)/察/参/産/算/竄/讒/歯/資/侍/持/失/寂/謝/修/執/住/消/称/証/頌/誦/賞/食/処/書/署/序/叙/除/恕/推/制/征/省/製/贄/接/節/絶/宣/撰/奏/相/草/蔵/即/則/賊/存/損/体/対/帯/題/托(託)/諾/堕/達/脱/着(著)/沖/註(注)/誅/弔/朝/徴/呈/訂/挺/適/敵/徹/撤/得/督/毒/賭/度/鈍/熱/拝/配/排/廃/倍/博/駁/縛/派/発/罰/反/叛/飯/比/批/秘/必/筆/表/評/貧/瀕/諷/伏/服/復/付(附)/賦/撫/扮/聘/偏/貶/便/卜/保/補/没/摩/抹/魅/瞑/滅/面/目/沐/黙/模(摸)/拖/約/訳/有/輸/要/擁/浴/拉/濫/利/律/略/了/領/諒/類/令/隷/列/労/弄/聾/録/和
	—ずる(12)	行/訓/薫/燻/現/蠹/招(召)/進/詮/存/陳/弁(辯)
サ変/サ五(21)		愛/介/記/帰/期/擬/議/御/激/弑/辞/祝/熟/属/博/服/復/付(附)/訳/略
ザ変/サ一(57)		按/案/映/詠/怨/演/応/感/観/興/禁/吟/献/減/困/高(昂)/講/混/参/散/殉/準(准)/生/請/乗/信/煎/損/嘆(歎)/断/弾/談/長/通/点/転/投/同/動/難/任/念/判/封(ふう)/変/弁(辨)/便/奉/封(ほう)/崩/報/焙/慢/命/銘/免/論
サ五(0)		
ザ一(0)		

表3　『新明解国語辞典』第5版における一字漢語サ変動詞の語形のゆれ

サ変・ザ変 (109)	—する(103)	愛/圧/委/慰/淫/謁/閲/慨/画/嫁/渇/合/緘/記/帰/擬/饗/寓/遇/具/屈/刑/敬/慶/験/抗/航/哭/座(坐)/察/参/産/竄/讒/辞/失/寂/修/住/誦/賞/書/署/序/叙/除/恕/推/征/製/贄/接/絶/撰/草/蔵/賊/損/帯/題/諾/堕/達/脱/着(著)/沖/朝/徹/督/賭/度/鈍/熱/倍/縛/派/発/比/貧/瀕/諷/伏/賦/撫/偏/便/保/補/没/摩/魅/瞑/滅/模(摸)/拉/利/類/令/労/聾/和
	—ずる(6)	按/訓/薫/現/蠹/崩
サ変/サ五(98)		医/逸/印/鬱/益/臆/介/会/解/害/化/科/架/課/賀/冠/関/期/議/喫/給/狂/供/御/激/檄/決/検/号/刻/鼓/伍/策/弑/資/侍/持/謝/祝/称/証/賞/食/嘱/処/制/節/宣/奏/蔵/即/属/体/対/託/注/誅/徴/呈/訂/挺/適/敵/撤/毒/拝/配/排/廃/博/駁/罰/反/秘/表/評/服/復/付/扮/聘/卜/面/目/黙/拖/約/訳/有/輸/要/擁/浴/律/領/列/弄/録
ザ変/サ一(59)		案/映/詠/怨/演/応/感/観/興/禁/吟/献/減/困/高/講/混/参/散/殉/準/生/請/乗/信/進/損/存/嘆/断/弾/談/長/陳/通/点/転/投/同/動/難/任/念/判/封(ふう)/変/弁/辯/便/奉/封(ほう)/崩/報/焙/慢/命/銘/免/論
サ五(3)		休/熟/略
ザ一(1)		煎

表4　『スーパー大辞林』における一字漢語サ変動詞の語形のゆれ

サ変・ザ変(139)	ーする(132)	医/委/慰/印/淫/鬱/益/刊/姦/管/関/緘/給/狂/局/寓/遇/具/屈/刑/敬/慶/験/抗/航/刻/剋（克）/婚/際/参/産/算/竄/譏/弑/侍/持/失/消/頌/誦/賞/食/書/署/序/除/推/征/省/製/贅/接/節/絶/宣/撰/奏/相/草/蔵/則/賊/存/損/体/帯/題/諾/脱/着（著）/沖/註(注)/誅/弔/朝/徴/訂/挺/敵/徹/撤/得/督/毒/度/鈍/熱/倍/駁/縛/派/発/罰/反/叛/飯/比/必/貧/瀕/諷/伏/賦/撫/扮/聘/偏/貶/便/卜/保/補/没/摩/抹/魅/滅/面/沐/有/輸/擁/拉/濫/利/律/了/領/諒/類/令/隷/列/労/弄/聾/録
	ーずる(7)	行/訓/薫/燻/糞/詮/慢
サ変/サ五(97)		愛/圧/逸/謁/臆/介/会/解/害/害/慨/画/化/科/架/嫁/課/賀/渇/合/冠/記/帰/期/擬/議/喫/休/窮/供/饗/寓/遇/具/屈/刑/敬/慶/激/決/抗/号/哭/鼓/伍/策/座(坐)/察/産/歯/資/辞/寂/謝/修/執/注/祝/熟/称/証/属（しょく）/処/叙/恕/制/即/属（ぞく）/対/託(托)/堕/達/呈/適/賭/拝/配/排/廃/博/秘/表/評/服/復/付(附)/瞑/目/黙/模/扼/約/訳/要/浴/略/和
ザ変/サ一(62)		按/案/映/詠/怨/演/応/感/観/興/禁/吟/献/現/減/困/高/講/混/参/散/殉/準(准)/生/招/請/乗/信/進/煎/損/存/嘆(歎)/断/弾/談/長/陳/通/点/転/投/同/動/難/任/念/判/封(ふう)/変/弁(辨)/弁/辯/便/奉/封(ほう)/崩/報/焙/命/銘/免/論
サ五(1)		筆
ザ一(0)		

　以上から見てわかるように、国語辞書の場合にしても、編集方針や目的によって一字漢語サ変動詞の語形のゆれの状況がそれぞれに違う。口語重視の『新明解国語辞典』第5版と『スーパー大辞林』は、「サ変/サ五」型のゆれにせよ、「サ変/サ一」型のゆれにせよ、いずれも『広辞苑』第6版より比率が高い。「サ変/サ五」型のゆれの場合、特に差が大きい。前の2つの辞書において、完全に「サ五」や「サ一」になりきった単語も出てきた。しかし、それに対して、二字漢語サ変動詞は、単純サ変動詞「する」と同じ活用をしており、こういった活用・語形のゆれが見られない。以下、3つの辞書における一字漢語サ変動詞の「サ変/サ五」と「サ変/サ一」ゆれの比率を図2で示しておく。

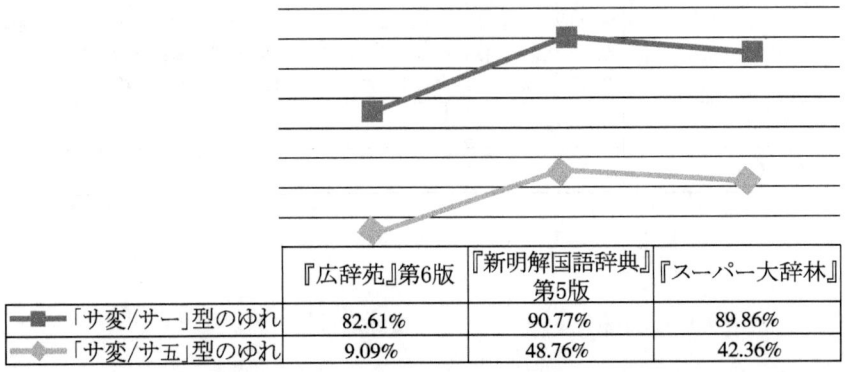

	『広辞苑』第6版	『新明解国語辞典』第5版	『スーパー大辞林』
「サ変/サ一」型のゆれ	82.61%	90.77%	89.86%
「サ変/サ五」型のゆれ	9.09%	48.76%	42.36%

図2　辞書における一字漢語サ変動詞の語形のゆれの比率

上記の図2から見てわかるように、一字漢語サ変動詞の語形の一段化が特に著しい。この点については、田野村(2001)の活用のゆれの調査と結果が一致している。保守的と見られる『広辞苑』第6版にしても、8割以上の一字漢語サ変動詞の語形が一段化の傾向を見せている。それに対し、語形の五段化は辞書により差が顕著である。『広辞苑』第6版の語形の五段化へのゆれは1割未満であるが、他の2つの辞書はいずれも4割以上に達している。上記された分析を通して、一字漢語サ変動詞の語形のゆれにおいても、一段化は五段化よりも進んでいると言えよう。田野村(2009:99-100)は「ある言語現象を複数の資料に基づいてそれぞれに異なる角度から観察・分析し、それらの結果を総合的な見地からの考察の材料とすることは価値あること」と指摘している。本稿は、辞書調査を通して考察したものであり、田野村(2001、2009)と松田(2011、2012、2013)のコーパス調査による考察と相補っている。

4.4　他品詞への転成

　転成(conversion)とは、明示的な接尾辞をつけずに品詞を変える操作である。和語動詞の中には、「固まる→固まり」「思い切る→思い切って」「とる→(に)とって」のような動詞から名詞・副詞・後置詞[5]へといった品詞の転成が見られる。同じ言語現象は一字漢語サ変動詞の中にもあるが、二字漢語サ変動詞には見られないのである。具体的な用例は(4)の示す通りである。「総じて」や「別して」といった副詞は、それらに対応する一字漢語サ変動詞がないので、除外される。

　(4) a. 一字漢語サ変動詞→名詞
　　　　感じ　禁じ(手)　察し　(ご)存じ　(お)通じ　封じ　……
　　　b. 一字漢語サ変動詞→副詞(副詞的表現)
　　　　案ずるに　決して　詮ずるに(詮ずる所)　断じて　転じて　要するに
　　　　……
　　　c. 一字漢語サ変動詞→後置詞
　　　　(を)介して　(に)関して　(に)際して　(に)即して　(に)則して　(に)対して　……

4.5　第4節のまとめ

　前述された通り、本稿は二字漢語サ変動詞と比較対照しながら、一字漢語サ変動詞の音韻的特徴・アクセント・語形のゆれ・他品詞への転成といった側面を考察してきた。一字漢語サ変動詞が二字漢語サ変動詞より前語基と後語基の複合が緊密であることがわかった。その証拠として、更に2点を補充できる。第一は、大部分の二字漢語サ変動詞は複合字音語基と「－する」との間に格助辞「を」や取り立て助辞を挿入できるのに対して、一字漢語サ変動詞はできないのである。二字漢語サ変動詞の場合、前語基と後語基の間に助辞を挿入できるか否かの条件については、語構成の観点より稿を改めて考察する。第二は、辞書登録の際、一字漢語サ変動詞は「単純字音語基－する/ずる」全体で登録されているのに対し、ほぼすべての二字

漢語サ変動詞は複合字音語基のみを見出しとして立てている。しかし、一字漢語サ変動詞の中では、「損する」、「得する」と「楽する」の3語は、むしろ二字漢語サ変動詞と同じ文法的振る舞いをしている。たった3語しかないので、本稿は先行研究に従って、これら3語を例外と見做す。以下「現代日本語書き言葉均衡コーパス」(BCCWJ)から抽出した用例を参照されたい。

（5）「はずれた」人たちが、はずれていることで得することはない。得をしていれば、変化を求めるはずがないではないか。（1999『アメリカエッセイ傑作選』）
（6）つまり、人事権者がよく知っている人というだけで、得をしたり損をしたりするのです。　　　　　　　　　　（1994『堀田力の「おごるな上司！」』）

　上述された分析に基づき、一字漢語サ変動詞は二字漢語サ変動詞より語基と語基の複合の度合が強いことを再確認した。本稿は、一字漢語サ変動詞を融合型漢語動詞と、二字漢語サ変動詞を分析型漢語動詞と、それぞれに仮称したい。

5. おわりに

　以上、本稿は辞書調査を出発点とし、一字漢語サ変動詞の特性をめぐって検討してきた。「特性」といっても、あくまでも二字漢語サ変動詞と比較対照しての言い方である。本稿のまとめはここで繰り返さないが、4節を参照されたい。

　日本語の漢語サ変動詞は、借用語の漢語が本来語の和語に同化されて「―する」を後接させることにより動詞化したものである。同じ漢字文化圏に属している韓国語やベトナム語にも中国語由来の語彙が数多く存在するが、それぞれの受容・変容の状況はどうだろう。例えば、韓国語の中では、漢字語に「하다(hada)」をつけて動詞化し、日本語の漢語サ変動詞と形態的にかなり類似している語彙がある。三宅(2010)は裵晋影(2007)の一般化を他の視点より考え直した結果、「韓国語の一字漢語動詞は、二字以上の漢語に"hada"が後接した場合と、音韻的・形態的に、日本語に見られるような違いはない……韓国語には、『一字漢語動名詞』が存在する」というふうに推測している。しかし、志部(1987)は、一字漢字語動詞は数が少なく漢字語とha―を分離できない場合が多いのに対し、二字漢字語動詞は非常に生産的で分離できるのが普通であると指摘している。韓国語の一字漢字語動詞の単純字音語基が独立して動名詞となれるならば、漢字語とha―を分離できるはずである。三宅(2010)はどうやら裵晋影(2007)の一般化を誤解しているようである。漢語動詞についての本格的な日韓対照研究が期待される。更に視野を広めれば、世界範囲における借用語はどのようなメカニズムを以てどのようなプロセスを経て本来語に同化していくかも興味深い。これらはいずれも今後の課題としたい。

注

［1］本稿における「漢語」という用語は、日本語語彙の語種別の一つとして使用される。中国大陸で古来より用いられてきた漢民族の言語を「中国語」と称してそれと区別する。和語という固有語に対して、漢語・洋語は借用語である。洋語は主に欧米系諸語からの借用語を指し、外

来語ともいう。狭義の外来語は洋語と同じ外延・内包を持っているが(cf.『言海』では、大槻文彦が日本語の語彙を出自により和語・漢語・外来語に分けている)、広義の外来語は借用語に相当する。本稿は概念的に曖昧な「外来語」という用語を使わない。

[2]数多くの先行研究は、漢語サ変動詞を「名詞(動名詞)＋する」や「語幹－する」に分析している。前者は単語と形態素との混同であるのに対し、後者は語形形成レベルの単位と語形成レベルの単位との混同である。無論、「見－る」のような語幹と語基が同じ形をしている活用語もあるが、両者は常に同じ形をしているわけではない。漢語サ変動詞の場合は、語幹が「字音語基 s－」である。

[3]動名詞(verbal noun)の略、影山(1993)の提唱する品詞の一つである。名詞・動詞両方の性質を併せ持つ、「－する」を後接させてサ変になり得る名詞のことである。

[4]一字漢語サ変動詞のアクセントについては、『NHK日本語撥音アクセント新辞典』と『新明解日本語アクセント辞典』第2版とずれているところがある。前者の目的は「放送で用いるのにふさわしいことばの発音・アクセント」——①情報伝達の面で伝わりやすい発音・アクセントであること、②特定の地域を連想させない発音・アクセントであること、③特定の年代を連想させない発音・アクセントであること、④ある程度あらたまった場面での使用を想定した発音・アクセント——を示すことである。それに対し、後者は積極的に若い人々の発音・アクセントを取り入れているようである。

[5]後置詞とは、「単独では文の部分になれず、名詞の格の形(およびその他の品詞に属する単語の名詞相当の形式)とくみあわさって、その名詞(および名詞相当)の他の単語に対する関係をあらわす」(村木2012：100)品詞分類の一つを指す。

参考文献

影山太郎.1993.『文法と語形成』.ひつじ書房
加藤彰彦.1972.「動詞の変遷」『品詞別日本文法講座3　動詞』明治書院
邱　根成.1993.「サ変動詞における漢語語幹——一字漢語を中心に」.『専修国文』.No.53.専修大学国語国文学会
斎藤倫明.2016.『語構成の文法的側面についての研究』.ひつじ書房
志部昭平.1987.「朝鮮語における漢字語の位置」.『日本語学』.No.6.明治書院
田野村忠温.2001.「サ変動詞の活用のゆれについて—電子資料に基づく分析—」.『日本語科学』.No.9.国立国語研究所
田野村忠温.2009.「サ変動詞の活用のゆれについて・統一大規模な電子資料の利用による分析の精密化—」.『日本語科学』.No.25.国立国語研究所
玉村文郎.1984.『語彙の研究と教育(上)』.大蔵省印刷局
藤堂明保.1969.『漢語と日本語』.秀英出版
北條正子.1973.「サ変になり得る名詞(漢語)」.『品詞別日本文法講座10　品詞論の周辺』明治書院
松井利彦.1987.「漢語サ変動詞」.『国文法講座6　時代と文法—現代語』.明治書院
松下大三郎.1978.『改選標準日本文法』.勉誠社
松田謙次郎.2011.「法令の言語変異を探る」.Theoretical and Applied Linguistics at KobeShoin. 14.神戸松蔭女子学院大学
松田謙次郎.2012.「法令に見られるサ変動詞の五段化・上一段化について：2001年から2011年

のデータ分析」. *Theoretical and Applied Linguistics at Kobe Shoin*. 15. 神戸松蔭女子学院大学

松田謙次郎. 2013.「現行法令におけるサ変動詞五段化・上一段化現象の言語内的要因」. *Theoretical and Applied Linguistics at Kobe Shoin*. 16. 神戸松蔭女子学院大学

三宅知宏. 2010.「"一字漢語スル"型動詞をめぐって」.『漢語の言語学』. くろしお出版

村木新次郎. 2012.『日本語の品詞体系とその周辺』. ひつじ書房

湯沢幸吉郎. 1943.「江戸言葉と東京語」.『現代語法の諸相』. 岩波書店

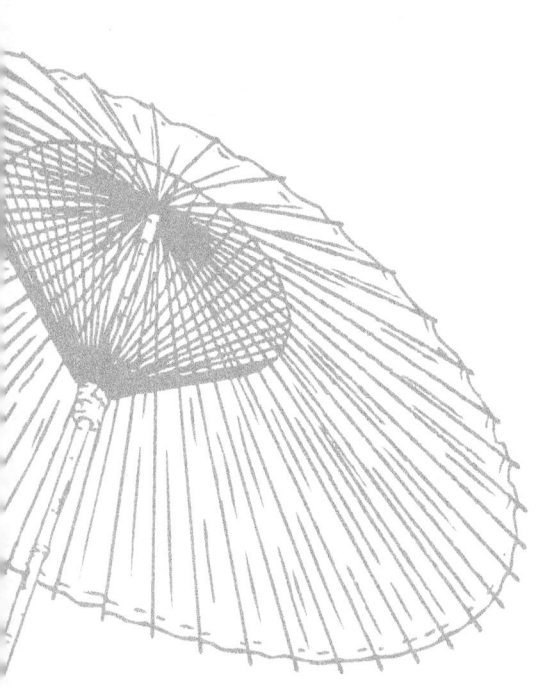

日语教育研究

日本語シャドーイング時の音韻・意味処理に及ぼす音韻的短期記憶容量の影響
―関連文シャドーイングを用いた検討―

东南大学　韩　晓
西安电子科技大学　陈会林
北京外国语大学　费晓东

摘要：影子跟读训练作为日语学习的一项重要的学习方法和训练手段，近年来在国内外的日语教学中有着广泛的应用。目前来看，围绕影子跟读训练的研究，还主要以效果研究为主，其研究结果很难回答影子跟读所带来的种种训练效果的原因所在。为了弄清楚影子跟读训练的认知机制，本文在韩晓(2015)的基础上，以日语学习者的认知能力中的短时语音记忆广度为要因，运用实验方法，调查了短时语音记忆广度对于影子跟读训练过程中的意思处理和语音处理的影响。并在此基础上，跟韩晓(2015)中关于工作记忆广度影响的研究结论相比较，得出了以下结论：(1)与工作记忆不同，短时语音记忆主要对语音处理起作用，对意思处理影响不明显；(2)短时语音记忆广度的大小，决定了学习者在影子跟读训练中语音处理的处理方式和处理深度。结合本文的研究结论，针对跟读成绩的评定方法和语音材料选取方法两个方面，提出了在教学中导入影子跟读训练时的建议和注意事项。

キーワード：シャドーイング　音韻処理　意味処理　音韻的短期記憶　容量

1. はじめに

　日本語学習の過程で，日本語の知識をある程度備えていても，リスニングやリピーティングのような，時間的制約の厳しい応用場面においては，その知識を上手く活用できないという学習者が少なからずいることが，日本語教育の現場からしばしば報告されている(e.g., 岩下2012)。迫田(2010)は，学習者が持っている言語知識，すなわち「わかる」知識を，運用できる知識，すなわち「できる」知識にするためには，「わかる」知識を繰り返して使う練習を行い，知識活用の自動化の程度を高めることが重要であると述べている。言語知識を繰り返して使う学習法の1つとしてシャドーイング(shadowing)が挙げられる。

　シャドーイングとは，聞こえてくる発話をほぼ同時に，そのまま口頭再生する言語行為であり，学習者のプロソディ感覚の養成，リスニングスキルやスピーキング力の向上に有効であると指摘されている(e.g., 瀧澤1998；迫田・松見2005；岩下2008)。近年，日本語教育分野では，シャドーイングの効果が注目され，それに関す

る研究が増えてきた。ただし,その多くは,一定期間のシャドーイング訓練による訓練効果,もしくは音読やリピーティングなどの従来の学習法との比較を中心的に扱うものであり,第二言語(second language;以下,L2)の学習においてシャドーイングがなぜ有効なのかを答えるためのシャドーイングのメカニズムに関する研究は,まだ少ない。

　日本語のクラスにシャドーイングを導入する際,教師側の経験則にもとづいて導入する場合が多く,一貫したシャドーイングの導入方法が見当たらない。その一因は,シャドーイングの仕組みが解明されていないことにあると考えられる。シャドーイングのメカニズムの解明は,シャドーイングの有効性を明らかにするだけでなく,より効果的,効率的なシャドーイングの指導にもつながる。そこで,本研究では,シャドーイングの遂行における学習者の記憶容量の影響を調べる実験を行い,シャドーイングのメカニズムの一端を明らかにする。そして,その結果を踏まえ,教育現場におけるシャドーイングの導入方法について提言する。

2. 先行研究

　シャドーイングでは,学習者が連続して入力された音声情報を認識した上,そのまま保持しながら,口頭再生することが求められる。この一連の過程において,学習者の認知能力として,作動記憶(working memory;以下,WM)と音韻的短期記憶(phonological short-term memory;以下,PSTM)が関与し,WM及びPSTMの容量の大小によって,シャドーイングの遂行成績が左右される可能性が高いと考えられる。

　WMとは言語情報・非言語情報の処理と一時的貯蔵の並行作業を支える動的な記憶システムである。Baddeley(2000)が提唱したモデルによると,WMは「音韻ループ(phonological loop)」,「視空間スケッチパッド(visuospatial sketchpad)」,「エピソードバッファ(episodic buffer)」という3つのサブシステム,そしてこれらのサブシステムを統括する「中央実行系(central executive)」から成っている(図1を参照)。これらのうち,音韻ループは言語音声として操作することが可能な情報を一時的に保持しつつ,長期記憶から必要な情報を検索し,処理するシステムであり,言語処理と最も深くかかわっていると言われる。PSTMは,WMモデルのサブシステムである音韻ループの働きを指すものとされる(湯澤 2010)。L2の学習において,WM,PSTMはいずれも重要な役割を果たすことが,多くの研究により指摘されている(e.g., Baddeley, Gathercole & Papagno, 1998; de Jong, Seveke & van Veen, 2000)。

　近年では,数が少ないものの,WMやPSTMの容量の大きさといった学習者の個人差要因の影響に着目した研究が見られるようになった。

　倉田(2007)は,上級日本語学習者を対象に,WM容量,PSTM容量の観点からシャドーイングとリピーティングを比較する研究を行った。その結果,シャドーイングの口頭再生の流暢性にWM容量ならびにPSTM容量がかかわること,シャドー

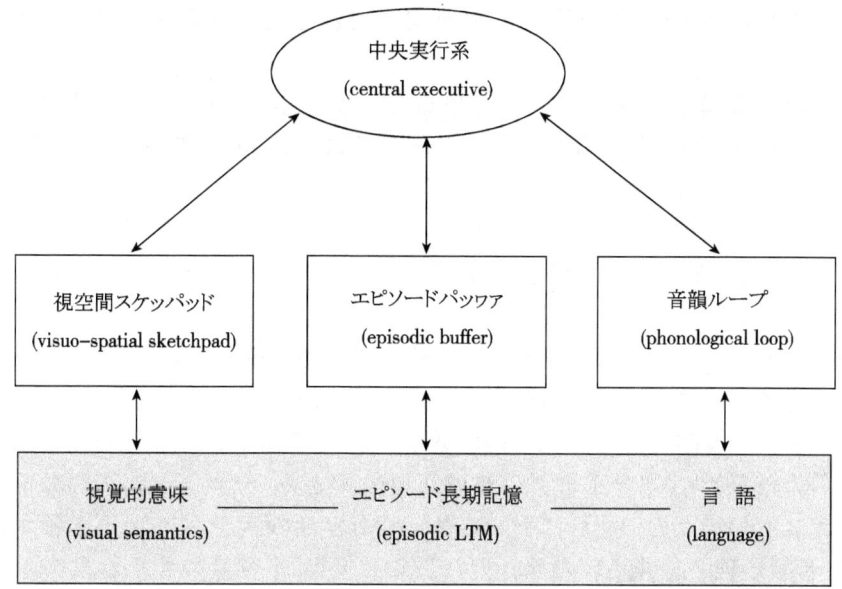

図1 Baddeley(2000)による作動記憶モデル(著者による日本語翻訳)

イング原文の意味理解にWM容量がかかわることが明らかになった。

　倉田(2009)は,中・上級日本語学習者を対象に,シャドーイングの遂行成績に及ぼすWM容量,PSTM容量の影響について検討した。その結果,シャドーイング原文における意味理解に,学習者のWM容量ならびにPSTM容量がかかわることが明らかになった。

　倉田・松見(2010)は,上級日本語学習者を対象に,シャドーイング原文の有意味性,文脈性,及び学習者のWM容量のそれぞれが,シャドーイングの遂行成績に及ぼす影響を検討した。その結果,上級の日本語学習者が日本語文をシャドーイングするとき,文の音韻処理だけでなく,意味処理も行われていることが明らかになった。ただし,WM容量が大きい学習者はシャドーイング文における音韻処理と意味処理がほぼ同時に行われるのに対して,WM容量が小さい学習者は音韻処理と意味処理が継時的である可能性が高いことが示唆された。

　この一連の研究から,シャドーイング遂行時,日本語文における音韻処理と意味処理に学習者のWM容量,PSTM容量がかかわることが示唆された。ただし,Anderson(1980)の聴解過程の3段階モデルにもとづくと,聴解は,音声情報の要素が一時的に保持される知覚処理(perceptual processing),単語が意味に変換されて統語解析が行われ,意味のある心的表象が形成される言語分析(parsing),そして,心的表象が聞き手の既有知識と関連付けられる統合利用(utilization)という3つの処理段階を有する。このような処理段階の違いは,インプットにおいては聴解とほぼ同じプロセスを有する(倉田・松見 2010)と思われるシャドーイングにおいても,同様に見られるのであろうか。また,この処理段階,もしくは処理レベルの違いに,学習者のWM容量及びPSTM容量が影響を及ぼすのであろうか。これらの問題点

を調べるため,韓(2015)は,連続して聴覚呈示される関連文を用いた実験的検討を行った。

韓(2015)では,前出文と後出文の意味的または音韻的関連性が操作され,4パターンの組み合わせの関連文が使用された。それぞれ,repeated文(前出文と同じ文;以下,RP文),word overlap文(前出文と単語の重なりの割合が7割以上であるが,文の意味が異なる文;以下,WO文),paraphrase文(前出文と単語の重なりの割合が3割以下であるが,文の意味が同じ文;以下,PP文),unrelated文(前出文と単語の重なりと意味の重なりがない文;以下,UR文)の4種類であった。表1に材料文の例を示す。このような文のペアがシャドーイング課題に用いられる場合,前出文のシャドーイングで形成された音韻表象と意味表象が,後出のRP文,WO文,PP文,UR文のそれぞれの音韻処理と意味処理の過程において利用されると考えられる。実験的検討の結果,シャドーイングの口頭正再生率と,ターゲット文における意味内容再認テストの得点のいずれにおいても,WM容量の大きさによる影響が確認されたが,音韻処理と意味処理のそれぞれにおけるWM容量のかかわり方が異なることが示された。つまり,WMは,音韻処理に比べて,意味処理のほうにより積極的にかかわる処理システムであることが示唆された。そのため,WM容量の大きい学習者は,シャドーイング時,単語の意味理解のみならず,統語的知識にもとづいた文の意味理解も行うが,WM容量の小さい学習者は,処理資源が少ないため,単語の意味理解のみ行われる可能性が高い,という結論が見出された。

表1 シャドーイング課題における材料文の例

RP文のペア	a:今の社会ではコンピューターは生活になくてはならないものでしょう。 b:今の社会ではコンピューターは生活になくてはならないものでしょう。
WO文のペア	a:部長が明日の会議に出られるかどうか誰も知らないようです。 b:明日会議があるかどうか部長のほかに誰も知らないようです。
PP文のペア	a:テレビで放送されているニュースだと言葉が速くて、たいへんわかりにくいです。 b:ニュースの番組では話がとても速いので、私にはなかなかわかりません。
UR文のペア	a:隣の部屋の機械は古くて壊れやすいですから気をつけてください。 b:公園の角を左に曲がってまっすぐ行くと小さな本屋が見えました。

a:前出文,b:ターゲット文

韓(2015)ではWM容量のみ取り上げられたが,倉田(2007,2009)が指摘したPSTMとシャドーイングの関係については,検討がなされていない。本研究では韓(2015)の研究方法を倣い,PSTM容量を学習者要因として扱い,シャドーイング時の音韻処理と意味処理におけるPSTM容量の影響を検討する。さらに,本研究の結果を韓(2015)の結果と比較することにより,シャドーイングにおけるWMとPSTMの関係についても吟味する。

3.本研究の目的と仮説

シャドーイングでは耳から入力される音声情報を口頭再生する必要があるため,

シャドーイング文における音韻処理が必ず行われることが想定される。Anderson (1980)の理解過程の3段階モデルにもとづくならば，シャドーイングにおける文の意味理解には，単語の意味アクセス，すなわち単語レベルの意味理解と，文の統語的処理，すなわち文レベルの意味理解の2つのレベルがあると考えられる。PSTMは，言語情報の一時的処理・保持にかかわる記憶システムとして，その容量が大きければ，複数の情報を同時に処理することが可能であると考えられる。では，PSTM容量の大きさは，シャドーイング時の意味理解のレベルにどのような影響を及ぼすだろうか。また，シャドーイングでは，口頭再生が求められ，そのための音韻処理の度合いによって，口頭再生の正確性が保たれる。L2のレベルや習熟度がほぼ同じである学習者でも，口頭再生の正確性・流暢性に違いが生じることについて，上述した意味処理レベルと同様の考えにもとづいた解釈は可能だろうか。つまり，PSTM容量の大きさによって，シャドーイング時の音韻処理の単位の大きさが異なって，口頭再生の正確性に違いが生じるのではないだろうか。これらの点を確かめるため，本研究では，先行研究を踏まえ，シャドーイング時の音韻処理・意味処理のレベル・単位に着目し，PSTM容量の大小によるシャドーイング時の遂行成績の差について，その原因を再考する。

　本研究の結果を韓(2015)の結果と比較するため，シャドーイング時の材料文は韓(2015)で用いられたRP文，WO文，PP文，UR文の4パターンのペアをそのまま借用する。また，同様の理由にもとづき，シャドーイングの遂行成績に関する評価法も，韓(2015)と同様に，口頭再生と意味理解の両面から評定する。

　先行研究の結果を踏まえ，本研究の実験仮説を以下のように立てる。

【仮説1】PSTM容量の大きい学習者は文に対する意味理解が行われているため(倉田2009)，シャドーイングの際，単語の意味処理のみならず，統語的処理にもとづいた文レベルの意味処理を行う可能性が高いので，ターゲット文のシャドーイングにおいて，前出文のシャドーイングで形成された文の意味表象を十分に利用することができる。よって，前出文と意味が同じであるRP文，PP文のほうが，WO文，UR文よりも意味内容再認テストの得点が高いであろう(仮説1-a)。他方，PSTM容量の小さい学習者は処理資源が比較的少ないため，シャドーイングの際，入力された音声情報に対して，単語レベルでの知覚はできるものの，文の意味理解ができないことから(倉田2009)，ターゲット文のシャドーイングにおいて，前出文のシャドーイングで形成された文の意味表象を十分に利用することができない。よって，RP文，WO文，PP文，UR文の間に，意味内容再認テストの得点の差がないであろう(仮説1-b)。

【仮説2】PSTM容量の大きい学習者は，シャドーイングの際，文の意味を理解しつつ口頭再生しているため(倉田2009)，ターゲット文のシャドーイングにおいて，前出文のシャドーイングで形成された音韻表象と意味表象を共に利用することができる。よって，前出文との音韻情報，もしくは意味情報の重なりがあるWO文とPP文の間に，口頭正再生率の差がないであろう(仮説2-a)。また，前出文と同一

文であるRP文では，前出文のシャドーイングで形成された音韻表象と意味表象を共に利用することができるため，4種類の文のうち，口頭正再生率がもっとも高いのに対して，UR文は前出文との音韻情報，意味情報の重なりがないため，4種類の文のうち，口頭正再生率がもっとも低いであろう。(仮説2－b)。他方，PSTM容量の小さい学習者は，シャドーイングの際，入力された音声情報に対して，単語レベルでの知覚はできるものの，文の意味理解ができないことから(倉田2009)，ターゲット文のシャドーイングにおいて，前出文のシャドーイングで形成された音韻表象，もしくは単語の概念表象を中心に利用し，口頭再生すると考えられる。よって，単語の重なりの多寡に応じて，UR文，PP文，WO文，RP文の順に口頭正再生率が高くなるであろう(仮説2－c)。

本研究の目的は，この2つの仮説を検証し，シャドーイングの遂行における学習者のPSTM容量の影響を詳しく検討することである。また，シャドーイングを日本語教育の教室場面に導入する際，学習者の特徴に応じた指導法を考案する必要があるが，そのときに理論的な説明にも，本研究の考察が活かせるであろう。

4. 方法

4.1 実験参加者

中国語を母語とする中級日本語学習者64名であった。実験時，全員が中国の大学の日本語学科に在籍する大学2，3年生であり，日本語能力試験N1を取得している者はいなかった。日本語学習歴は2年から2.5年で，日本での滞在経験はなかった。

4.2 実験計画

2×4の2要因計画を用いた。第1の要因はPSTM容量で，大群，小群の2水準であり，第2の要因はターゲット文の種類で，RP文，WO文，PP文，UR文の4水準であった。第1の要因は参加者間要因であり，第2の要因は参加者内要因であった。

4.3 材料
4.3.1 シャドーイング課題

シャドーイング課題で使用される前出文が40文，そして，そのペアであるターゲット文として，RP文，WO文，PP文，UR文が，各10文ずつ，計40文用意された。使用される材料文はすべて18の形態素数からなっていることが確認された。材料文の語彙の難易度は『日本語能力試験出題基準(改訂版)』(国際交流基金2002)2級未満に設定し，2級未満の文法問題で用いられた文をもとに作成された。PP文に関しては，日本語母語話者3名に前出文との同義の度合を6段階評定してもらい，平均評定値5以上の文が実験に用いられた。材料文はすべて日本語標準語母語話者(女性)によって発音され，録音された。意味内容再認テストの問題文として，形態

素数が8～13の日本語文40文が用意された。問題文における語彙の難易度は『日本語能力試験出題基準(改訂版)』(国際交流基金2002)2級未満に設定された。

4.3.2 非単語反復課題

非単語反復課題(non-word repeated task;以下,NWRT)は,実験参加者のPSTM容量を測定するために行われた。福田・佐藤(2011)によるNWRTが用いられた。本テストでは,4～7拍の非単語が20語ずつ作成され,合計80語が用意された。使用された非単語は『日本語能力試験出題基準(改訂版)』(国際交流基金2002)3級以下の語彙から3～5拍の語が抽出され,3文字目を語頭に移動して作成された。6,7拍語は3拍もしくは4拍の非単語の組み合わせで作成された。実験参加者は非単語が聴覚呈示された後に,口頭で再生するように求められた。NWRTの満点は80点であった。

4.4 装置

実験プログラムは,SuperLab Pro(Cedrus社製 Version 4.0)を用いて作成された。実験では,パーソナルコンピュータ(ONKYO-DR505A),ICレコーダー(SONY-ICD-UX533F)およびその他の周辺機器が用いられた。

4.5 手続き

実験は,シャドーイング課題,NWRTの順に個別に行われた。

シャドーイング課題では,韓(2015)と同様に,前出文を8文,それに続いて,ターゲット文としてRP文,WO文,PP文,UR文をそれぞれ2文,計8文選定し,ランダムに呈示された。これらを1試行とし,全部で5試行が行われた。実験参加者は,ヘッドホンから日本語文が聞こえてきたら,意味理解をしながら,すぐにそのまま口頭再生するように教示された。口頭再生の内容は実験参加者の許可を得た上,ICレコーダー(SONY-ICD-UX533F)で録音された。

1試行終了毎に,ターゲット文の意味内容再認テストが行われた。参加者は,視覚呈示される日本語文が,先のシャドーイング課題で聴覚呈示されたターゲット文と同義かどうかを正誤判断するように求められた。

参加者のターゲット文における発話は,実験者によって文字化された。日本語母語話者1名により,実験者が発話を正確に文字化したことが確認された。文字化された発話は形態素数に区切られ,1文に占める正確に口頭再生された形態素数の割合が算出された上,文の種類毎に正確に口頭再生された形態素数の割合の平均値が算出された。この割合の平均値をシャドーイングの口頭正再生率とする。

意味内容再認テストについては,正しく判断した問題に1点を与え,判断を間違えた問題ならびに無回答の場合は0点とした。ターゲット文の種類毎に得点の合計が算出された。各種類の文の意味内容再認テストの満点はそれぞれ10点であった。

シャドーイング課題の後に,NWRTが実施され,すべてのテストが終了した後,実

験参加者の日本語学習歴などを尋ねるアンケート調査が行われた。

5. 結果

NWRTの平均得点(M)は60.9点であり，標準偏差(SD)は5.8であった。NWRT得点が67点以上の実験参加者19名をPSTM容量大群とし，55点以下の21名をPSTM容量小群としてグループ分けを行った。シャドーイング課題における口頭再生の平均正再生率が40％以下の実験参加者9名を，シャドーイング課題の遂行が成り立たず，意味内容再認テストの結果の信頼性が低いと判断し，分析対象から除外した。PSTM容量大群とPSTM容量小群の間で，NWRTの得点についてt検定を行った結果，大群が小群よりも得点が有意に高いことがわかった($t(38)=20.02$, $p<.001$, $r=.963$)。各条件における意味内容再認テストの平均得点，平均口頭正再生率およびそれらの標準偏差をそれぞれ図2と図3に示す。

5.1　意味内容再認テストについて

2(PSTM容量：大群，小群)×4(ターゲット文の種類：RP文，WO文，PP文，UR文)の2要因分散分析を行った結果，PSTM容量の主効果が有意であり($F(1,38)=71.71$, $p<.001$, $\eta^2=.357$)，文の種類にかかわらずPSTM容量大群のほうが小群よりも意味内容再認テストの得点が高かった。また，ターゲット文の種類の主効果が有意であった($F(3,114)=16.30$, $p<.001$, $\eta^2=.017$)。PSTM容量の大小にかかわらず，WO文，PP文，UR文の間に，意味内容再認テストの得点における差がなかったが，いずれもRP文よりも得点が低かった。PSTM容量×文の種類の交互作用は有意ではなかった($F(3,114)=2.10$, $p=.105$, $\eta^2=.018$)。

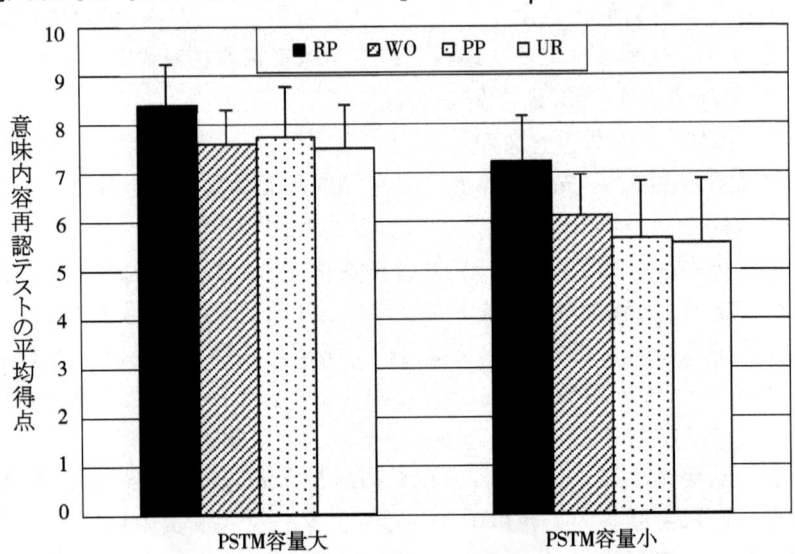

図2　音韻的短期記憶容量を学習者要因とした場合の
意味内容再認テストの平均得点および標準偏差

5.2 口頭正再生率について

2(PSTM容量：大群，小群)×4(ターゲット文の種類：RP文，WO文，PP文，UR文)の2要因分散分析を行った結果，PSTM容量の主効果が有意であり($F(1,38)=13.57$, $p<.001$, $\eta^2=.191$)，文の種類にかかわらずPSTM容量大群のほうが小群よりも口頭正再生率が高かった。また，ターゲット文の種類の主効果が有意であった($F(3,114)=22.97$, $p<.001$, $\eta^2=.034$)。PSTM容量の大小にかかわらず，WO文，PP文，UR文の間に，口頭正再生率における差がなかったが，いずれもRP文よりも口頭正再生率が低かった。PSTM容量×ターゲット文の種類の交互作用が有意であったため($F(3,114)=2.91$, $p=.038$, $\eta^2=.013$)，単純主効果の検定およびRyan法による多重比較を行った。その結果，PSTM容量大群において，(a)RP文のほうがUR文よりも口頭正再生率が高いこと($t(114)=5.14$, $p<.001$, $r=.433$)，(b)RP文のほうがPP文よりも口頭正再生率が高いこと($t(114)=3.89$, $p<.001$, $r=.338$)，(c)WO文のほうがUR文よりも口頭正再生率が高いこと($t(114)=3.38$, $p=.001$, $r=.298$)，(d)WO文のほうがPP文よりも口頭正再生率が高いこと($t(114)=2.12$, $p=.036$, $r=.202$)，の4点が示された。PSTM容量小群において，(a)RP文のほうがPP文よりも口頭正再生率が高いこと($t(114)=6.06$, $p<.001$, $r=.493$)，(b)RP文のほうがWO文よりも口頭正再生率が高いこと($t(114)=5.40$, $p<.001$, $r=.451$)，(c)RP文のほうがUR文よりも口頭正再生率が高いこと($t(114)=5.29$, $p<.001$, $r=.441$)，の3点が示された。

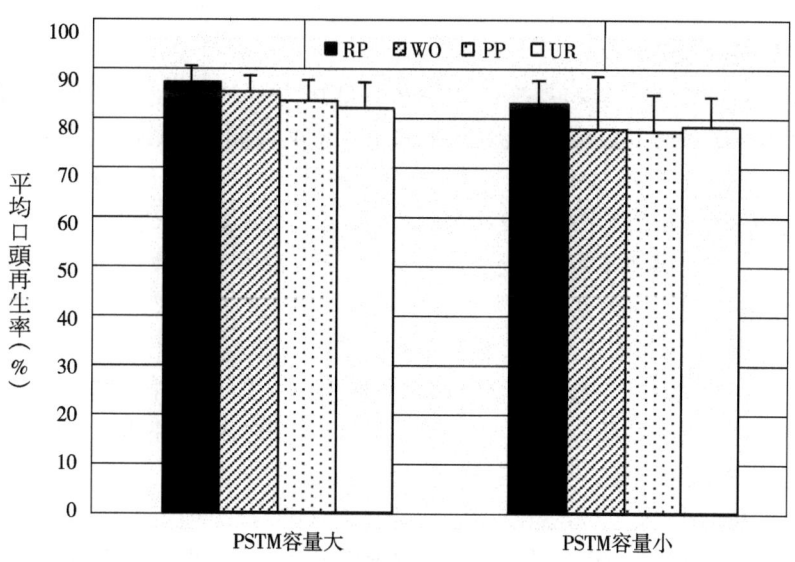

図3 実験1の音韻的短期記憶容量を学習者要因とした場合の平均口頭正再生率および標準偏差

6.考察

6.1　意味内容再認テストの得点について

　ターゲット文における意味内容再認テストにおいて,文の種類にかかわらず,PSTM容量の大きい学習者のほうが容量の小さい学習者よりも,テストの得点が高かった。仮説1－aは支持されず,仮説1－bは部分的に支持されたと言える。文の種類の主効果が見られなかったことから,前出文の繰り返しとなるRP文を除けば,前出文とのかかわり方と関係なく,ターゲット文のシャドーイング遂行中に,文の意味処理が同じ程度で行われること,すなわち,PSTM容量の大小がシャドーイング時の文の意味処理に直接かかわらない可能性が示唆された。それにもかかわらず,PSTM容量の大きい学習者のほうが容量の小さい学習者よりも,意味内容再認テストの得点が高かった。その原因は,PSTM容量の大きい学習者と容量の小さい学習者の,ターゲット文に対する音韻処理の違いにあると考えられる。つまり,PSTM容量の大きい学習者は,個々の単語の音韻処理のみならず,単語間のつながり(連語関係等)や文の統語的要素(文型等)といった情報に対する音韻処理も同時に行うが,PSTM容量の小さい学習者は,基本的に単語のみの音韻処理を行う。そのため,意味処理に配分される処理資源が同じであっても,PSTM容量の小さい学習者よりも容量の大きい学習者のほうが,文に対する意味表象の形成が比較的簡単になると考えられる。

6.2　口頭正再生率について

　ターゲット文におけるシャドーイングの口頭再生においては,PSTM容量が大きい学習者は,RP文とWO文,そして,PP文とUR文の間に,口頭正再生率における差はなかったが,PP文,UR文よりもRP文,WO文のほうが正再生率が高くて,仮説2－aと仮説2－bはいずれも支持されなかった。PP文,UR文よりもRP文,WO文のほうが口頭正再生率が高かったことから,PSTM容量の大きい学習者がターゲット文をシャドーイングする場合,前出文のシャドーイングで形成された音韻表象が利用され,音韻情報の重なりの割合が高い文の口頭再生が促進されるが,前出文の意味表象の利用ができないことが示唆された。つまり,意味内容再認テストの結果から示唆された「PSTM容量がシャドーイング時の文の意味処理に直接かかわらない」という結論と同様の見解が得られた。

　PSTM容量の小さい学習者は,WO文,PP文,UR文の間に,口頭正再生率における差はないが,WO文,PP文,UR文よりもRP文のほうが正再生率が高くて,仮説2－cが部分的に支持されたと言える。前出文と音韻情報の重なりがあるWO文,前出文と意味が同じであるPP文,前出文と音韻的にも意味的にも異なるUR文の間に,口頭正再生率における差がないことから,PSTM容量の小さい学習者は,ターゲット文のシャドーイングにおいて,音韻処理も意味処理も不十分であり,前出文

で形成された音韻表象も意味表象も利用できないことが示唆された。また，前出文と同一文であるRP文のほうが，WO文よりも口頭正再生率が高かった原因は，PSTM容量の小さい学習者の音韻処理の特徴にあると考えられる。PSTM容量の小さい学習者は処理資源が少ないため，一度に処理できる音韻情報量が少ない。つまり，PSTM容量の大きい学習者は句やチャンクの単位で音韻処理を行うとするならば，容量の小さい学習者は節や語の単位で音韻処理を行う可能性が高い。そうすると，PSTM容量の小さい学習者はターゲット文における音韻処理を行う際，単語の順番や隣接の単語から比較的に影響を受けやすく，PSTM容量の大きい学習者に比べて，処理が不安定であると考察できる。この点は，WO文の口頭正再生率の標準偏差の数値が他の種類の文より大きいことからも窺える。

7. 総合考察

　日本語シャドーイングにおけるWM，PSTMの役割について，倉田（2007, 2009），倉田・松見（2010）等でも検討が行われてきた。しかし，これらの研究ではいずれも，WMとPSTMを同一の視点で捉える傾向があり，WMとPSTMの機能的違いがシャドーイングの遂行にどのように反映されるかについて，明白に論じられていない。次では，本研究の結果を踏まえ，韓（2015）の結果と比較しながら，シャドーイングにおけるWMとPSTMの役割について総合的に考察する。

　シャドーイングでは，入力される言語情報について，WMは音韻処理と意味処理の両方にかかわる（韓 2015）のに対し，PSTMはWMの部分的な機能しか果たさず，音韻処理にかかわるが，意味処理との直接なかかわりがないことが，本研究の結果から示唆された。シャドーイング時，WMは個々の単語の意味へのアクセスのみならず，一文における統語的解析や意味的表象の構築にも強く関与する。そして，WM容量の大きさによる影響は，単語レベルの意味理解に比べ，文レベルの意味理解において，顕著に表れることが窺われる。一方，L2の新規語彙の習得との関連が深いとされるPSTMは（e.g., Hu 2003），シャドーイング時の音韻処理に大きくかかわり，その容量が大きい学習者は，言語情報をチャンクのような大きな単位で処理することができるが，容量が小さい学習者は，単語単位の音韻処理を中心に行う。そのため，同一の材料におけるシャドーイングでは，意味理解の度合いにかかわらず，PSTM容量の大きい学習者のほうが，容量の小さい学習者よりも，比較的流暢な口頭再生を保つことができる（倉田 2009）。

　韓（2015）と本研究の結果をまとめると，日本語シャドーイング時の材料文に対する音韻処理と意味処理はいずれも，Anderson（1980）の理解過程の3段階モデルのように，段階的・階層的に捉える必要があると考えられる。つまり，図4に示したように，各段階の処理は，表層的処理と深層的処理に分かれるという考え方である。一語一語の音韻処理や意味アクセスなどが表層的処理であり，句単位での音韻処理や意味処理，そして一文の意味表象の構築などが深層的処理となる。表層的処理から深層的処理に行けば行くほど，望ましいシャドーイングの遂行ができるが，その

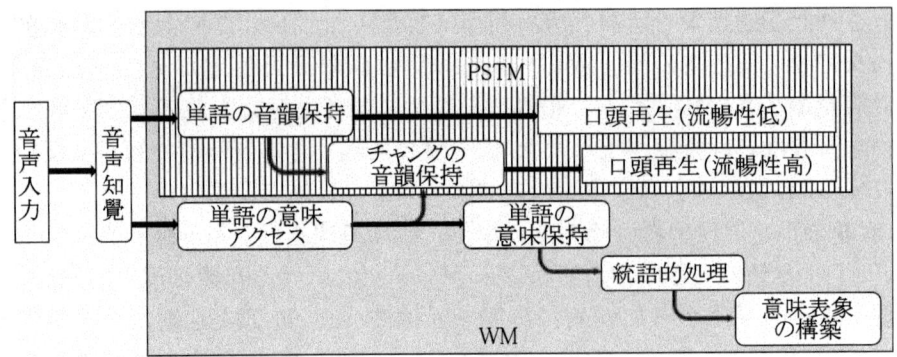

図4　シャドーイングの階層処理モデル

分だけ多くの処理資源が必要となる。WMとPSTMの容量の大きさによって，シャドーイングの口頭再生の正確性や意味理解度といった遂行成績に違いが表れるのは，処理の深さが異なるからである。

　具体的には，音韻処理において，学習者が入力された音声を認識した後，音韻情報をチャンクの単位で保持することができれば，より流暢な口頭再生ができるが，チャンクの単位で音韻情報を保持できるかどうかは，WMおよびPSTMの容量の大小によって異なる。WM・PSTM容量の小さい学習者は，ほとんどの場合，容量が少ないため，チャンクの単位で音韻情報を保持することが難しく，個々の単語の音韻情報のみ保持しながら口頭再生する。そのため，チャンク単位で音韻保持ができるWM・PSTM容量の大きい学習者に比べて，音韻処理の効率が悪く，流暢な口頭再生が難しくなる。他方，意味処理において，WM容量の大きい学習者は，意味アクセスによって認識された単語の意味が保持されながら，統語的処理が行われ，最終的に文の意味表象の構築ができる。それに対して，WM容量の小さい学習者は，処理資源の制約がきびしいため，単語の意味アクセスや意味保持といった表層的処理はできるものの，それより多くの処理資源が必要となる統語的処理や意味表象の構築といった深層的処理は難しいであろう。

　以上のことにもとづき，次のような教育的示唆が導出できる。シャドーイングは，聴覚呈示される日本語文を意味理解しながら復唱することにより，日本語学習者のもっている日本語知識の音韻とその意味の連結を強化させ，音韻処理と意味処理の自動性を高め，最終的に学習者の日本語運用能力の向上につながる。そのため，意味理解がきちんと行われることは，シャドーイングの訓練効果につながる点では，大きな意義をもつ。しかし，教育現場において，シャドーイングの遂行を評価する際，学習者の口頭再生の正確性や流暢性という一側面にのみ焦点を当て，もう一方の意味理解に対する考慮が欠ける傾向がある（e.g., 玉井 2005；角田 2007）。本研究の結果を踏まえるならば，シャドーイングの口頭再生の正確性は主にPSTM容量の大小により支えられているのに対し，意味理解は主にWM容量の大きさに左右される。一人ひとりの学習者に限定にして言えば，口頭再生が正確に遂行でき

ても，それに意味理解がうまく並行して行われているとは限らない。したがって，教育現場において，学習者のシャドーイングの遂行を評価するとき，口頭再生のみならず，意味理解にも評価の視点を置くべきであろう。

　また，L2の教育現場でシャドーイングを導入する際，学習者の日本語レベルとシャドーイングに用いる材料の難易度を考慮し，実施されているケースが多い（e.g., 李 2010）が，学習者の認知能力の差異についてあまり考慮されていない。本研究の実験結果から，WMやPSTM容量の大きい学習者と容量の小さい学習者とでは，意味処理及び音韻処理の深さが異なることが示された。それにより，訓練効果が異なることも推察され，WMやPSTM容量の小さい学習者にとって，処理負担の高い材料を使っては，望ましい訓練効果が得られない。したがって，訓練の初期において，ポーズありの材料や発話速度の比較的遅い材料から導入し，徐々に材料のスピードを上げていくという導入手順が適切であろう。速いスピードの材料に慣れれば大丈夫であろうという教師の考えは，WM・PSTM容量の小さい学習者のやる気を挫く可能性があるだけでなく，口頭再生と意味理解の両立が難しいため，口頭再生にのみ注意を向け，意味処理が軽視される恐れさえある。

　＊本论文由中央高校基本科研业务费专项资金资助。

参考文献

福田倫子・佐藤礼子. 2011.「聴解力を評価する―習熟度に即した聴解力測定方法の導入―」『第二言語としての日本語の習得研究』14, pp20-37

韓　暁. 2015.「日本語シャドーイング時の音韻・意味処理に及ぼす作動記憶容量の影響―関連文シャドーイングにおけるターゲット文の意味理解に焦点を当てて―」『広島大学大学院教育学研究科紀要第二部（文化教育開発関連領域）』64, pp167-175

岩下真澄. 2008.「日本語学習者におけるシャドーイング訓練の有効性―1ヶ月間の縦断的調査による検討―」『広島大学大学院教育学研究科紀要　第二部（文化教育開発関連領域）』57, pp219-228

岩下真澄. 2012.「教示の違いがシャドーイングの遂行成績に及ぼす影響―中国語を母語とする上級日本語学習者を対象として―」『活水論文集　現代日本文化学科編』55, pp23-46

門田修平. 2007.『シャドーイングと音読の科学』. コスモピア

国際交流基金. 2002.『日本語能力試験出題基準　改訂版』. 凡人社

倉田久美子. 2007.「日本語シャドーイングのメカニズムに関する基礎的研究―口頭再生開始時点，記憶容量，文構造の視点から―」『広島大学大学院教育学研究科紀要　第二部（文化教育開発関連領域）』56, pp259-265

倉田久美子. 2009.「文章シャドーイングの遂行成績に及ぼす記憶容量の影響」『広島大学大学院教育学研究科紀要　第二部（文化教育開発関連領域）』58, pp185-193

倉田久美子・松見法男. 2010.「日本語シャドーイングの認知メカニズムに関する基礎研究―文の音韻・意味処理に及ぼす学習者の記憶容量，文の種類，文脈性の影響―」『日本語教育』147, pp37-51

李　翠芳. 2010.「『i+1』の教材を使ったシャドーイングの効果的導入―台湾の大学における高学

年クラスを対象に―」『第二言語としての日本語の習得研究』13, pp57-70

迫田久美子. 2010.「日本語学習者に対するシャドーイング実践研究―第二言語習得研究に基づく運用力の養成を目指して―」『第二言語としての日本語の習得研究』13, pp5-21

迫田久美子・松見法男. 2005.「日本語指導におけるシャドーイングの基礎研究(2)―音読との比較調査からわかること―」『2005年度日本語教育学会秋季大会予稿集』, pp241-242

瀧澤正己. 1998.「通訳訓練法の英語学習への応用(1)―シャドーイング―」『北陸大学紀要』22, pp217-232

玉井 健. 2005.『リスニング指導法としてのシャドーイングの効果に関する研究』. 風間書房

湯澤美紀. 2010.『幼児の音韻的短期記憶に関する研究』. 風間書房

de Jong. P. F. Seveke, M. & van Veen. M. . 2000. Phonological sensitivity and acquisition of new words in children. *Journal of Experimental Child Psychology. 76*, pp275-301. Hu. C. F. 2003

Phonological memory. phonologicalawareness, and foreign language word learning. *Language Learning. 53*. pp429-462

Anderson. J. R. 1980. *Cognitive psychology and its implications*. San Francisco: W. H. Freeman

Baddeley. A. D. 2000. The episodic buffer: A new component of working memory? *Trends in Cognitive Sciences. 4*. pp417-423

Baddeley. A. D. Gathercole. S. E. , &.Papagno. C. 1998. The phonological loop as a language learning device. *Psychological Review. 105*. pp158-173

中国人日本語教師研修における批判的ふり返りの試み

北京外国语大学　朱桂荣

摘要：伴随社会发展以及全球一体化程度的加深,我国外语人才培养目标发生了变化,由最初的"工具型人才"转为"复合型人才",进而21世纪后转向"创新型人才"的培养。同时,1999年高等教育招生规模扩大后,我国日语学科数量和日语学习者人数急剧增多。在这样的社会背景下,日语教师专业水平的提升开始受到关注。在关注教师发展的过程中,如何开展以教师为主体的研修活动,促进教师更新教学观念,提升教学能力,成为教师发展工作中的新课题。本文介绍了一种以教师为主体的集体协作反思,并将其应用于教师研修活动中。本文以在实际研修中收集到的一手资料为数据,通过质性分析的手法,分析了教师在集体协作反思中的所思所想,并基于研究结果,为今后日语教师研修工作的开展提出了相关建议。

キーワード：批判的ふり返り　日本語教師　教師研修　教師の専門性

1. はじめに

　　近年、中国における日本語教育の目標が「道具型人材」から「複合型人材」へと、さらに「創造型人材」育成へと転換し、いわば、知識伝達から能力育成へと移り変わった。それに伴い、新たな教育実践を担う日本語教師の育成が急務となっている。このような背景のもとで、中国国内では、日本語教師を対象とする研修が盛んに行われ、教師の成長に役立つ研修のあり方への検討が注目されるようになった。

　　本研究では、国際交流基金北京日本文化センターと北京外国語大学北京日本学研究センターが共同で行った「大学教師日本語教育学研修」を取り上げ、中国人日本語教師が参加する批判的ふり返りの様子を報告し、批判的ふり返りを教師研究に取り入れる可能性を論じる。

2. 日本語教師研修のあり方に関する問題提起

　　日本語教師として言語と教育の幅広い領域における専門的な知識の獲得が確かに必要不可欠である。とりわけ、言語学習と言語教育の目標と理念が大きく変わってきている今日においては、教師が従来の知識や考え方に束縛されていては前へ進むことができない。しかしながら、日本語教師の成長を考えるとき、新しい知識の獲得だけでは十分であろうかという疑問も生じる。

　　なぜなら、日本語教師が学び手として研修に臨むとき、一定の日本語学習経験と教授経験を持ち、自分なりの学習観と教育観も既に持っている。それらの価値観の

持ち方により、新しい知識や技術と新しい体験を吸収し、学びの場が開かれる場合だけでなく、それらを拒否し、学びの場が閉ざされる場合もある。この意味で、研修を通して新たな知識や技能を獲得すると同時に、なぜその新たな知識や技能を学ぶのか、それを何のために、どのように応用するのかについて問いかけ、自分の実践現場を見つめたうえで実践していく能力の獲得も重要であろう。

これを踏まえ、効果的な研修を実現するためには、学び手としての教師が自分自身の教育実践に目を向け、それを対象化することが必要不可欠と言える。なぜなら、教師が自分自身の教育実践における課題や状況をよく理解することは、新しい学習を展開する際の目的性をより明確にし、新しく学んだことをよく吟味し適切に評価することにつながるからである。そして、それを経て初めて、新しく学んだことを自分自身の教育実践に応用する可能性があると考えられるからである。

以上の理由で、本研修では、「新しい教材開発及び新しい外国語教育理念に関する情報獲得、技能別教え方の学習、教案作成と授業実施、発表に基づく実践検討」に加えて、教師の教育実践、言い換えれば、教師の教授経験と意識に焦点を当てる「批判的ふり返り」を試みた。

3. 日本語教師研修に批判的ふり返りを取り入れる理論的根拠

3.1 先行研究から学んだ「効果的な研修のポイント」

1930年代のアメリカの教育者ジョン・デューイ（J. Dewey）の思想の中では、学習における経験の価値が強調されていた。とりわけ、経験の連続性が重視され、学習者の経験を通しての教育と、経験を積むための教育という学びのプロセスを提唱されている。また、経験を自分の中に取り入れて反芻することも重要視されていた。

デューイによれば、ふり返りとは、一種の逆方向の意識的な探索行為である。学びの主体となった人が置かれた状況に対する疑問や困惑がきっかけとなり、過去の経験をさかのぼり、絶えず問いかけと吟味を繰り返す中で、問題への理解が深まり、問題解決の糸口にたどり着くという認識活動である。そして、教育活動は、ふり返りの性格を持っていると主張されている。

その後、アメリカの哲学者ショーン（D. A. Schon 1983）は、デューイの思想の影響を受け、専門家の成長において過去の経験へのふり返りだけでなく、行動の中のふり返りの重要性も強調している。

さらに、20世紀80年代から、構成主義に基づく認識論と学習観が広がるようになった。構成主義的な考え方では学習のプロセスには「学びの主体と環境との相互作用」と「学びの主体と自分自身との相互作用」の2種類があり、その場合、対話がとても重要な教授手段である（郭2006）と論じられている。

一方、中国では20世紀90年代より、ふり返り（中国語でいうと「反思」）に関する研究が始まり、とりわけ21世紀の教育改革が推進されている中で中国人教師の省察な教学実践への要求が一層高くなっている（李2011）。このような背景の下で、

中国人日本語教師のふり返る能力を高め、教育実践の改善につながるふり返りを広げることがますます重要な課題となってきていると言えよう。

3.2 批判的ふり返りについて

　北米の成人教育者のクラントン(1992)は、大人の学びは意識変容の学習であり、意識変容の学習の中心的なプロセスは「批判的ふり返り」であると主張している。そして、批判的ふり返りの「批判的」は、「徹底的」という意味であり、「否定的」という意味ではないと強調している。クラントンによれば、批判的ふり返りとは、徹底的に自己の実践を問うことで自己の無意識、半意識的であった前提(価値観)を明らかにし、吟味し、妥当であるかを評価することである。それらのことを通して、大人の意識が変容し成長していくわけである。

　批判的ふり返りは、大人の学びの手法として、アメリカの成人教育分野だけでなく、日本の成人教育分野においても重要視されている。池田(2006:126)は、日本の成人教育の実践に基づき、批判的ふり返りを一人で行うことが可能であるが、他者とともに行うことも効果的であると指摘している。そして、他者とともに行う批判的ふり返りについて、実践の主体となった人が実践を記録化し語ることを、聴き手が「寄り添いながら」聴くことが大事であると強調している。さらに、「優れた聴き手がいることで、実践を行ったものがその実践の意味や自らの行動の前提を捉え直していくことも可能となってくるという意味で聴き手の責任はとても大きい」と述べている。

　一方、池田・朱(2009)は、成人教育分野で重要視された批判的ふり返りの手法を日本の日本語教師の成長に応用し、1名の日本語教師を対象とする3回にわたる共同の批判的ふり返りの実践例を報告した。それによると、当初自分の海外での教師経験を否定し、過去の経験から学びの場が閉ざされていたと推察された対象教師が、仲間と批判的ふり返りを繰り返す中で過去の経験を一つ一つ結びつけ、受け入れ、自分の中に位置づけ、徐々に意識が変容していく様子がうかがえたと述べられた。この実践例から、日本語教師研修においても批判的ふり返りを取り入れることの重要性が示唆された。

　池田・朱(2009)に報告された実践例は「日本で行われた」「1名の日本人教師を対象に」「複数回のふり返りを行った」という特徴を持っている。それに対して、本研修に取り組む実践は「中国で行われた」「複数の中国人教師を対象に」「都合上1回だけのふり返りを実施した」という特徴を持っている。日ごろ忙しく時間的余裕があまり無い中国人日本語教師は批判的ふり返りに興味を持つのか、実践を語り合ってふり返ることについてどのように認識しているのか、ふり返りを通してどんなことに気付くのか、批判的ふり返りは果たして中国人日本語教師の成長に意味があるのかなどについては、まだ十分に把握されていない。今後、効果的な日本語教師研修を実施するために、今回の取り組みから多くの情報が得られると考えられる。このような狙いで、本研究では、日本語教師研修に批判的ふり返りを取り入れる可能性

に焦点を当て、実践結果を報告する。

4.批判的ふり返りの実施概要

4.1 「大学教師日本語教育学研修(2011年)」プログラム

「大学教師日本語教育学研修」は2009年より開催され、当初、北京日本文化センターの関係者だけが実施に関わっていたが、2010年より北京日本学研究センター日本語教育コースの教員も実施に関わるようになった。以下、2011年の研修概要を述べる。

「大学教師日本語教育学研修(2011年)」の目標は、①日本語教育を教授法と日本語の両面から深くとらえること、②現場で活躍する日本語教師と問題点や課題解決法を共に考えながら学ぶこと、の2点が掲げられた。研修期間は、2011年3月31日から6月16日まで(週1回、全12回)であった。研修内容は、日本語教育学の理論的な学習および実践検討という二つの部分からなっている(表1)。

表1 研修プログラム

回数	授業日	16:30〜18:30
1	3月31日	基礎段階の教育実践と研究―新しい教材の開発と利用―
2	4月7日	教師の成長を考える―批判的ふり返りを通して
3	4月14日	読むことを教える
4	4月21日	文法を教える
5	4月28日	聞くことを教える
6	5月5日	書くことを教える
7	5月12日	模擬授業(教案作成)の説明と準備
8	5月19日	JF日本語教育スタンダード紹介
		模擬授業(教案作成)の準備
9	5月26日	実践研修の発表と分析
10	6月2日	実践研修の発表と分析
11	6月9日	実践研修の発表と分析
12	6月16日	振り返りとまとめ

表1のように、本研修の第2回目では、「教師の成長を考える―批判的ふり返りを通して」をテーマにして研修活動を行った。

「大学教師日本語教育学研修(2011年)」に参加した教師は10名である。全員中国人女性で、いずれも大学で日本語を教えているが、うち2名は私立大学に勤務している。教師歴は最短は5年、最長は33年である。

4.2 批判的ふり返りの参加者

批判的ふり返りの参加者は計20名である。うち、上記した研修参加者の10名の中国人教師のほか、筆者が所属する北京日本学研究センター日本語教育専攻の大学院生9名と訪問学者として当センターへ研修に来ている地方大学の日本語教師1名である。

4.3 参加者のグループ分け及び役割分担

20人の参加者を5つのグループに分けた。異質の要素を重視し、教師と大学院生という構成でグループ分けをした。教師が「語り手」として自分の教授経験について語り、学生が「聴き手」として関わった。各グループには複数の教師がいるので、教師が「語り手」と「聴き手」の二つの役割を体験した。

4.4 批判的ふり返りの活動デザイン

表2のように、120分間という限られた時間の中で、筆者は講義と体験という二つの部に分けて批判的ふり返りについて紹介した。

表2 批判的振り返りの実践内容

50分	講義（教師の成長と批判的振り返りの基本的考え方につい
10分	「相手を受け入れる、相手に受け入れられる聴き方」の練習
50分	グループによる批判的振り返り
10分	全体の共有

グループによる批判的ふり返りのフォーミングアップとして、「相手を受け入れる聴き方、相手に受け入れられる聴き方」の練習タイムを設けた。その理由は二つある。一つは、教師と大学院生が初対面なので、この活動を通してよい人間関係を作りやすくなると考えたからである。もう一つは、日常生活のやりとりの中で相手の話を最後まで聞かずに自己主張してしまうことがよくあるので、批判的ふり返りが順調に展開できるように、まず参加者に「聴き方」に留意してもらう必要があると考えるからである。そのために、「聴くこと」に焦点を当ててミニ体験を取り入れた。

一方、50分の批判的ふり返りの中で、各教師が受け持つ時間は25分である。筆者は語り手に対し、「ご自身の教育経験の中で悩んでいることや印象に残っていることなどについて語ってもらうので、事前に準備してください」と依頼しておいた。そして、聴き手に対して、①リラックスできる雰囲気を作る、②否定的、抑圧的聴き方をしない、③語り手を尊重し受け入れる、④語り手の文脈に寄り添う、⑤語り手に問いかけ、批判的ふり返りを促す、⑥目線、姿勢、話し方、態度、表情などに気をつけるなどのルールを説明した。

活動終了後に、研修参加者全員にアンケート用紙を配布し、1週間以内で活動参

加した所感をメールで送っていただくよう依頼した。

5.研究概要

5.1 研究課題
　本研究では、中国における日本語教師研修に批判的ふり返りを取り入れる可能性を追究するために、上記した活動終了後に行ったアンケート項目に示す内容を研究課題とする。
　研究課題1：中国人日本語教師が批判的ふり返りに参加することを通してどんなことに気付いたか。
　研究課題2：中国人日本語教師は批判的ふり返りへの参加意欲があるのか。

5.2 分析データと分析方法
　本研究は、「大学教師日本語教育学研修（2011年）」に参加した教師を研究対象とするので、それら10名の日本語教師のアンケートへの回答を分析対象とする。聴き手としての大学院生らによるアンケートへの回答に対する分析は別の機会に譲る。
　本研究では、グランウンデッドセオリーの概念化・カテゴリー化の手法を用いて、質的研究方法を採用する。具体的には、まず、研修参加者の中国人日本語教師10名のアンケート項目への回答をMicrosoft Office Excelに入力し、分析データとした。それから、分析データを一文一文繰り返して読み、回答者が言わんとする意味を重視する観点から、その意味に従って、一文または複数のセンテンスから、文字に内包したキーワードを抽出し、それを概念とした。それら概念の抽出は、簡単に一発で決めるのではなく、データを繰り返して読むことを通して、意味を理解したうえで、絶えず比較法を用いてキーワードを抽出し概念を決めたわけである。
　一つの概念について、同じ人が複数回語った場合、1件と見なした。複数の人が語った場合、複数件と見なした。抽出した概念について、関連性を重視する観点から、さらにグループ分けをし、抽象度の高いカテゴリーにまとめた。カテゴリーまとめの作業も、概念抽出の作業と同じ、何度も吟味する必要がある。また、抽出した概念だけを見て、生のデータから離れてカテゴリー化をするのは禁物である。
　抽出した概念やカテゴリーについて、他者と相談したり、あるいは分析者が自己内会話をしたりして、それらの概念やカテゴリーが本当に妥当であるかを問いかけ、必要なら修正をすることも必要不可欠である。各研究課題を追究するために上記の抽出作業を行った。なお、分析結果を述べる際、生のデータも示す。教師をTとする。

6.分析結果アンケート調査の結果と考察
　本研究では研究課題に沿って分析結果を順次報告する。

6.1 中国人教師が批判的ふり返りに参加することを通して気付いたこと(研究課題1)

アンケートの第1問「批判的ふり返りに参加することを通して、どんなことに気付いたのか。」という質問に対する回答をまとめた。中国人教師が批判的ふり返りに参加することを通して、主に「批判的ふり返りの効果」と「批判的ふり返りの必要性」「聴き手の重要性」という面において気付きを得た。

表3　中国人日本語教師の気付き

カテゴリー	概念	件数	合計
批判的ふり返りの効果	問題解決のヒントの獲得	3	12
	ストレスの解消	2	
	考えの整理	2	
	問題の発見	2	
	教育観の再確認	1	
	自分自身への客観視	1	
	他者との交流の実現	1	
批判的ふり返りの必要性	物事の多面性	1	4
	変化する環境	1	
	丁寧な勧め方	1	
	実施の必要性	1	
聴き手の重要性	傾聴の大切さ	2	2

　まず、批判的ふり返りの効果として、「問題解決のヒントの獲得」、「ストレスの解消」、「考えの整理」、「問題の発見」、「教育観の再確認」、「自分自身への客観視」、「他者との交流の実現」などの点が挙げられる。

　「問題解決のヒントの獲得」について、次のような語りがあった。「今教えている一年生の中に、一人のゼロスタートではない学生が1人います。授業に出てもつまらないだろうと思って、たまには出なくてもいいと彼女に伝えました。本人は頑張って出席しますけれど、彼女に適する案はあまり考えていませんでした。今回のふり返りを通していいヒントをもらいました。つまり、日本語ができるという彼女の強みを生かして、授業中アシスタントのような役目を担当させてもいいのではないでしょうか。本人にとっても有意義だし、授業に参加するのは時間の無駄ではないからです。」(T3)。この事例に示したように、S3先生はゼロスタートのクラスの中でみんなと違う、既に日本語ができるある学生にどう対処したらいいか分からなかったが、批判的ふり返りを通して、学生にアシスタントにしてもらうというアイディアが得られたという。

　ほかには、「ここで、日本語の教育上、自分でいま悩んでいることについて少し話

させていただきましたし、チーム・メンバーの悩み事もちょっと聴かせていただきました。そして、その解決方法も一緒に模索したりしたのです」(T7)、「ふり返り活動で皆さんに打ち明けたら、たくさんのご意見をいただきました。聴解ストラテジーの教え方を勉強することと、教科書以外の素材を補充することが大事だということがわかりました。」(T10)などの語りが見られた。

以上に示したように、日本語の授業実践について様々な悩みを抱えている教師たちが自分の実践を語ったり、相手の実践を聞いたりしていく中で事前に多くの情報交換が得られ、問題解決に役立つ情報を得たり、新たなアイデアが生まれたりすることが示唆された。

一方、「ストレスの解消」について、「話し手が聴いてもらうことによって、ストレスの解消の効果があります」(T1)「自分の悩みを明かすことがストレス解消のいい方法だということに気づきました」(T8)などを語った教師もいる。実際、激しく変わる教育環境の中で、学生の学習動機が多様化したり、学生レベルの差異が拡大したりすることがよく見られる。そのような環境の中で日本語授業の活性化を目指すことが一定の困難さを伴う。教師たちは思いどおりに行かない授業についてストレスを感じることも少なくない。そのようなストレスが長期的にたまると、教師の仕事への意欲にも影響されると予想される。ふり返り活動の中で教師たちが悩みなどを語り合い、悩んでいることが自分ひとりだけではないと分かった時点で心理的に支えられるだろう。そして、教師仲間を見つけることにより問題解決に向き合うやる気や勇気がうまれてくるであろう。

ほかには、「短い時間でしたが、自分の今までの教授方法と教育活動を顧みるいいチャンスでした」(T6)という「考えの整理」を認めた教師や、「仕事で抱えた問題点に気づきました。聴解の授業における教師の役割に関するものです」(T10)という「問題の発見」を認めた教師がいた。「今まで授業の中にいた自分を見つめるようになり、良くできた所とまだ足りない所などに気づいたのです」(T9)という「自分自身への客観視」を語った教師がいる。そして、「学習者は共通点もあるし、個性もあります。教育者は、学習者の共通点を生かして学習者の興味をそそったほうがいいと思います。また、学習者の個性を考えながら工夫して、それぞれ指導しなければなりません。」(T2)という「教育観の再確認」を語った教師もいる。日常的に忙しい日本語教師が授業に追われたりしてなかなかじっくりと自分の実践をめぐる様々な考えを述べる機会がない。このようなふり返りの中で、教師が自分の考えを整理し、実践中の問題を発見し、自分自身を客観視し、自分の教育観を再確認することが可能となった。

さらに、「一緒に研修を受けたあまり余り知らない先生方や院生たちといい交流ができてうれしかったのです。」(T7)という「他者との交流の実現」を喜んだ教師もいる。

批判的ふり返りの必要性について、S4教師は「教材や教学手段、教授法などは、時代の進歩や科学技術の進歩、また学生の成長背景などに応じて絶えず調整する必要

があるので、教師にふり返りという意識を持たせなければならないからです。そして、中国の大学では数年前から教育改革が進められてきまして、教師は今までの教育方針や教授法などについて絶えず反省している社会背景があるので、ふり返りを教師研修に取り入れることは望ましいことではないかと考えているからです。」(S4)と語った。そして、S5教師は「必要があると思います。日本語教師のほとんどはたぶん学生という立場からすぐに先生の立場になる人が圧倒的に多いので、大部分の人は特別な教師研修や養成の課程を受けていない状態です。特にある程度経験を持つ教師にとって意義が大きいことだと思います。」と語った。

　この二つの語りはまさに中国の日本語教師の置かれた状況を如実に語っている。言い換えれば、日本語教師になるまでは多くの人が教師養成のためのプログラムを受けたことがない。日本語を専攻しているのでその中の優秀者は自然と日本語教師になれたのである。しかし、教師自身が日本語ができるからと言っても、日本語を教えることについては必ずしも専門的な知識や能力を持っているわけではない。その多くは日本語教師になってから、実践の中で自分の教育能力を向上させたわけである。そして、その中には理論に根付いた指導ではなく経験によるものが少なくないと指摘せざるを得ない。このような日本語教師養成の先天的不足を抱えている中で、前進しなければならない教育改革が教師の教育理念と教育能力に対して新たな要求を出している。教師の成長を継続的に支える場の必要性から教師たちが上述したことを語ったのだろうと思われる。

　さらに、「よい聴き手になるのは難しいと思います。誰でもできる仕事ではないので、たくさんの要素が必要だと思います。教師養成を担う立場から考えると、聴き手は教育現場で重要な役割を果たすと思われます。」(T5)と聴き手の重要性を指摘した教師もいる。確かにこの教師が指摘したように、ふり返りにおいてじっくり聴いて、語りの手の教師が考えを深めるように導く聴き手の存在が必要である。この意味で、多くの教師がふり返りに参加することを通して丁寧な傾聴の仕方や問いかける方法などを会得することの大切さが示唆された。

6.2　中国人教師の批判的ふり返りに参加する意欲(研究課題2)

　アンケートの第2問「機会があったら、また批判的ふり返りに参加したいですか。なぜですか。」という質問に対する回答をまとめました。その結果、全員がまた参加したいと表明した。その理由として、以下のものが挙げられる。

　中国人日本語教師がまた「また参加したい」と思う一番の理由は「批判的ふり返りの有用性」によるもので、具体的には「問題解決につながる」「不足に気づける」「新しい考えが生まれる」「ふり返りの意識が強化できる」「教師の惰性を抑えられる」などの内容が含まれる。

表4　中国人日本語教師の「まだ参加したい」理由

カテゴリー	概念	件数	合計
批判的ふり返りの有用性	問題解決につながる	3	9
	不足に気づける	3	
	新しい考え方が生まれる	1	
	ふり返りの意識が強化できる	1	
	教師の惰性を抑えられる	1	
実践に残された課題	一回では足りない	2	2
実践から生み出された意欲	傾聴の方法が分かった	1	1
ふり返り精神との出会い	真摯な態度に感動した	1	1

「こういうチャンスがあったら、また参加したいものです。個人の成長には必要だと思うからです。一人で悩むより、みんなで一緒に話し合うことが問題の解決につながるのではないかと思います。」(T1)、「その刺激を受けてから、新しい教え方を考え出すことができます。自分自身の教え方の不足に気付き、改善できると思います」(T2)、「半年か、一年ぐらいに一回参加したいです。終始一貫の授業のやり方に慣れると、惰性も出てくるおそれがあるので、それを抑えるために、教師間の交流や意見交換が必要だと思います」(T3)、「参加したいのです。多数の実例の分析を繰り返し聞くことによって、批判的ふり返りという意識を強化したり、自覚行動に転化したりすることができると考えていますから」(T4)、「参加したいです。参加するたびに自分自身の問題点を見付けて解決することができると思いますから」(T6)、「機会があったら、また参加したいと思います。前回のふり返りの活動で抱えていた問題に気づき、皆さんからたくさんのご意見をいただけたからです。一人の人間の知識には限界があるので、たくさんの方々に教えていただくことが大事だと思います」(T10)など、批判的ふり返りの有用性を理由に、また参加する意欲を持っている。

前節の内容と重なり合った部分もあるのだが、つまり教師が気づきに関する記述の中でふり返りの有用性や必要性に自ら気づいたのである。一方、「また参加する」という気持ちの背後には理由としてまた「ふり返りの有効性」も挙げられた。このようなことから、教師たちが体験を通して批判的ふり返りには様々な有用性を実感したからこそ、また参加したいという願望が生まれたのであると言えよう。

このほか、注目べきなのは、「初めてふり返りに出会ったので、それについてもっと詳しく知りたいです。また、この前の体験で語った話はまとまっていなかったし、整理もできていなかったので、一体どこに問題があったのかまだ分からなくて、これから反省を交えながらもっと深く考える必要があると思います」(T5)など、「一回では足りない」という前回の批判的ふり返りの活動が「残された課題」から、再度参加する必要性を感じている教師もいる。

そして、「機会があったら、また参加したいです。傾聴の大切さに気づいただけでなく、傾聴方法も少しわかるようになったからです。」(T8)と、「傾聴方法が分かった」ということで、それを実践に応用したいという「実践から生み出された意欲」からまた参加したいと思う教師もいる。このほか、「参加したいです。特にふり返りに関する論文を読ませていただいた後、ふり返りとはそこまで真摯に実践するものかと敬服しました。このような精神で自分の教育実践をふり返るべきだとつくづく思いました。」(T7)と先行する実践例から感じた「真摯な態度」に感動し、「ふり返り精神との出会い」から自ら責任感が生まれた教師もいる。
　以上に示したように、今回のふり返り活動は教師たちが抱えているすべての問題を解決できるような完璧なものではない。しかし、それにもかかわらず、教師たちはふり返りの意義を認めたことが分かる。このほか、ふり返りから得た達成感と、ふり返りにおける真摯な態度が教師にもたらす感動は、教師の参加意欲に働いたことが示唆された。
　もちろん、教師たちが参加する希望を表すと同時に、「あまりにも頻繁にふり返りを行うのもよくないと思います。ですから半年か一年間ぐらいの区切りを作ってやってみたいです」(T3)という意見を出した。

7. まとめ

　本研究は、中国の日本語教師研修における批判的ふり返りの試みを報告し、教師たちの気づきを記録し、そして、ふり返りへの参加希望を追究したものである。分析した結果、教師たちは実体験を通して、ふり返りの有効性を多く実感したことが分かった。そして、機会があればまた参加したいという願望を持っていることが分かった。これは、これからの教師研修において積極的にふり返りを実施する必要性と可能性を示唆したものであると思われる。
　ふり返りによる教師研修の成果をどう挙げるかというと、一人ひとりの参加教師が自ら「信頼しあう関係の中で、相手を尊敬し、真摯な態度で語り合う、聴きあう、問いかけあう」ことが、学びを深めていく上で必要不可欠な方法ではないかと思われる。そのための環境づくりは、研修の実施側が努力すべきことであろう。今後、研修に参加する教師たちに対して、組織運営についての意見を広く深く聞き取って参加者全員で一緒に批判的ふり返りを作っていくことが期待されている。
　現在、教師が主体的に参加する研修のあり方が模索されている。例えば、ワークショップが主な形態である教師研修も一部の教育機関によって実施されるようになった。ワークショップでは成果物があるので、研修の実施効果がある程度わかりやすいかもしれない。しかし、ワークショップと比べ、批判的ふり返りは教師同士が実践を語り合う中で省察を深めるプロセスなので、教師の気づきや考えの変化などを伺うことを通してしか分からない。一方、教師研修の場は大人の学びの場である以上、教師が自己決定性を持っている。研修の場で何を学び取ったのか、何に気づいたのかについて、「仲間と学びを分かち合う」のがより自然な形であろう。ま

た、教師が自己成長のプロセスを記録するのも重要である。いかにして教師の学びを明らかにし促進するのかは今後の実践上と研究上の課題である。

＊本文系北京外国语大学 2016 年基本科研业务费院系自主项目《"教学实践的集体协作反思"在高校日语教师研修中的成效与课题》的阶段性研究成果之一。

参考文献

Cranton, P. 1992. *Working with Adult Leaners*. Toronto：Wall & Emerson.（P. クラントン/入江直子・豊田千代子・三輪健二共訳. 1999.『おとなの学びを拓く―自己決定と意識変容を求めて』. 鳳書房）

New York：Basic Books.（D. ショーン著、柳沢昌一・三輪建二監訳. 2007.『省察的実践とは何か――プロフェッショナルの行為と思考』. 鳳書房）

池田和嘉子. 2006.「共同のふり返りについて考えること―授業づくり研究会の取り組みから―」.『お茶の水女子大学　生涯学習実践研究』第 4 号：pp125-127

朱桂栄・池田広子. 2007.「批判的ふり返りにおける聴き手の役割―日本語教師の意識変容の学習を目指して―」.『お茶の水女子大学　生涯学習実践研究』第 5 号：pp124-137

池田広子・朱桂栄. 2009.「批判的ふり返りによる意識変容の学習の可能性―日本語教師の場合―」.『お茶の水女子大学　生涯学習実践研究』第 7 号：pp12-22

郭德侠. 2006."导师的自我反思与研究生培养质量的提高".《学位与研究生教育》

李静. 2011."教师反思能力培养有效途径与评价机制构建".《佳木斯大学社会科学学报》第 29 卷第 5 期

Dewey, J. 1916. *Democracy and Education*. New York：Macmillan

Schön, D. 1983. *The Reflective Practitioner：How Professionals Think in Action*. New York：Basic Books

携帯メールにおける断り表現の研究
―中国人日本語学習者と日本語母語話者との比較―

泰山学院外国语学院　秦晓丽

摘要: 本文以考察拒绝表现在手机邮件中的使用方法为目的,分别对中国日语学习者和日语母语者进行了考察分析。其考察结果为:1)在手机邮件中,拒绝表现的中心结构以"理由＋不可"的形式居多。但关于这一形式,日语母语者的使用频率要高于中国日语学习者,特别是拒绝的对方为长辈的情况下更为显著。2)关于拒绝内容"不可"部分的表达方式,日语母语者多采用「無理だ」「できない」等直截了当的拒绝方式,而中国日语学习者则使用「けど」「みたい」等较为含糊不清的、具有口语特征的拒绝方式。因此,可以认为中国日语学习者就运用在手机邮件中的拒绝表达方式是否该区分使用书面语,或该使用口语的意识比较淡薄。3)就拒绝表现的中心结构的外部成分来看,其前后多以"道歉"的形式居多。可见,前后两侧有"道歉"包裹着"拒绝"的"三明治型结构"的表达方式是手机邮件中拒绝表现的最大特征。

キーワード: 携帯メール　断りの中心構造　付加成分　外部成分　サンドイッチ型

1. はじめに

　相手の「依頼」や「誘い」に対して断る場合には,相手との人間関係を良好に保つために適切な表現を使い,上手に断らなければならない。そのために,話し言葉では談話構造に加え,音調や表情などにより複雑に調整しながら配慮を伝えることができる。しかし,文字を媒体とする携帯メールなどでは音調や表情を使うことができず,また,相手を見ながら調整することができないため,相手への配慮を適切に伝えられないというリスクが生じる。これは,日本語母語話者(以下J)にとっても難しい行動の1つであろうが,中国語を母語とする日本語学習者(以下C)の場合はさらに難しい。

　そこで,本稿では,J(日本人の大学生)とC(学部留学生)が携帯メールで使う断り表現に注目し,「断り」の中心構造とその付加成分,およびその周辺に使われる表現が話し言葉と比較してどう変わるのかについて分析していく。このような研究は,日本語学習者が友達や先生にメールを用いて断らなければならない時に,どのようにすれば失礼な印象を与えることなく,その意図を達成するかを指導するのに役立つと考える。

2. 先行研究

まず,断り表現の「構造」と「相手」との関係について見ていく。

(カノクッワン1995;29-33)は,電話での会話を分析対象として,断りの構造を「理由のみ」「理由＋不可」「不可＋理由」「不可のみ」の4つに分けて分析し,日本語の断りの構造について,次のように述べている。

日本語の基本的な「断りの構造」は,理由だけ述べて断りを省略する(「理由のみ」)か,理由を先に言ってから断る(「理由＋不可」),とう構造ではないかと思われる。

そして,相手との関係の視点から断りの構造について,以下のように指摘している。

「目上」または「同等」に対して「理由のみ」または「理由＋不可」の構造が,「目下」に対して「不可＋理由」または「不可のみ」の構造が取られるという傾向は見られた。これは「断り」に際し,特に相手の気持ちへの配慮が必要な場合,日本語ではまず理由を述べるのが大切であることを示している。

つまり,相手が「目上」と「同等」の場合,理由を述べることが断りの構造において必須であることがうかがえる。

また,(カノクッワン1997;98-99)では,日本人(J)15人と日本語学習者(NJ)11人を対象に,実際の会話にみられる断りの中心構造「理由」「不可」にどのような付加成分がつくかに注目して,中心構造のモデルを以下のように提示している。

あはー,ちょっと	用事がある	ので(略)	うーん,	やっぱり	難しい	かな.
〈c1〉 〈a2〉	(理由の内容)	〈a1〉	〈c2〉	〈b2〉	(付加の内容)	〈b1〉

「断り」の中心構造モデル

以上,断りの中心構造における〈a1〉—〈c2〉についての形式をまとめると以下のようになる。(eg.)として挙げた例も(カノクッワン1997;98-99)によるものである。

a.「理由」の付加成分
　〈a1〉「理由」の命題に後接する形式：(eg. ので、んだね,んですけど)
　〈a2〉「理由」の命題に前接する形式：(eg. ちょっと＋理由)
b.「不可」の付加成分
　〈b1〉「不可」の命題に後接する形式：(eg. 行けないな,難しいかな)
　〈b2〉「不可」の命題に前接する形式：(eg. やっぱり難しいかな)
c.「否定的マーカー」
　〈c1〉「理由」の内容を特に修飾していないが、「理由」に先行し,断る者の否定的
　　　態度を表す形式：(eg. あ,うーん,あはー)
　〈c2〉「不可」の内容を特に修飾していないが、「不可」に先行し,断る者の否定的
　　　態度を表す形式：(eg. あ,うーん)

そして,〈a1〉—〈c2〉の各形式の使用結果について,(カノクッワン1997;110)は,以下のような図表にまとめている。

JとNJの「断り」の表現形式の使用率（％）

⟨c1⟩	⟨a2⟩			⟨a1⟩	⟨c2⟩	⟨b2⟩		⟨b1⟩
J	52.0	43.5	由	100.0	53.3	66.7	可	93.3
NJ	69.5	4.3		69.5	44.4	0		11.1

　上の表からわかるように，日本人(J)は，「理由」に後接する形式⟨a1⟩と「不可」に後接する形式⟨b1⟩の使用率が最も高いのが特徴である。それぞれの具体例としては「カラ型，ノデ型，ノダ＋終助詞型」と「な(あ)，かな，のだ＋が」(カノクッワン1997：101-104,表2と表4)が挙げられている。

　一方，日本語学習者(NJ)は，否定的マーカー⟨c1⟩と⟨c2⟩の使用率について，日本人(J)との差が小さいのに対して，「理由」に後接する形式⟨a1⟩と「理由」に前接する形式⟨a2⟩の使用率についての差が大きく，特に「不可」に後接する形式⟨b1⟩と「不可」に前接する形式⟨b2⟩の使用率について，日本人(J)に比べて，差が最も顕著であるのが特徴である。

　つまり，カノクッワン(1997)の研究から，日本語学習者(NJ)は，「否定的マーカー」を表す「えーと，あのー」，「理由」後に表す「から，ので」などの表現が上手に使えるのに対して，「理由」に前接する「ちょっと～」，「不可」に後接する「な(あ)，かな，わ」のような表現，特に「不可」に前接する「やっぱり，ちょっと」などの表現について，その習得が困難であることが考えられる。

　以上のように，カノクッワン(1997)では，日本人(J)と日本語学習者(NJ)の会話という話し言葉を対象として，「断り」の中心構造である「理由」と「不可」の前後につく付加成分を分析していた。話し言葉を中心とした研究には，カノクッワン(1995;1997)の他に，生駒・志村(1993)，山口(1997)などにも見られる。しかし，書き言葉による「断り」の研究が少なく，書き言葉を用いた電子メールや携帯メールなどの手段が人とのコミュニケーション上でさらに重要な役割を果たせるようになってきている現在，書き言葉における断り表現にも注目すべきであろう。

　本稿では，携帯メールにおける断り表現を分析対象として，カノクッワン(1997)で取り上げられた話し言葉と比較し，その相違点を明らかにしていきたいと考える。

3. 研究方法

3.1 被験者と調査方法

　本稿では，日本人大学生(J)34人(男性16名，女性18名)と在日中国人留学生(C)「N1(日本語能力1級)」16人，「N2(日本語能力2級)」9人，「N3(日本語能力3級)」5人，計30人(男性16名，女性14名)[1]をそれぞれ被験者として調査を行った。被験者に依頼した内容は，「①同等(友人)」「②目上(先生)」のそれぞれからの依頼を携帯メールで断るというものである。被験者に「それぞれの依頼内容をメールで断って

ください。できるだけ普段のやり方に近い表現を使ってください。また絵文字の使用もかまいません」と指示し，筆者のメールアドレスに送ってもらった。依頼場面の具体的な内容は以下の通りである。

　①仲のいい友人から今日中に大学祭のポスター30枚を学内に貼るのを手伝って
　　くれとメールで依頼されました。でも，あなたはアルバイトで今日は時間があ
　　りません。
　②クラブでお世話になっている先生から今日中に講演会のポスター30枚を学内
　　に貼るのを手伝ってくれとメールで依頼されました。でも，あなたはアルバイ
　　トで今日は時間がありません。

相手を「友人」と「先生」に設定したのは「上下関係」によって，断りの中心構造およびその周辺に使われる表現がどう変わるのかを見るためである。

カノクッワン(1995)は，「依頼」と「誘い」の両方に対する断りを対象に分析したが，本稿では「依頼」に対する断りを対象に分析していく。

3.2　分析方法

書き言葉としての携帯メールに使われている断り表現の特徴を明らかにするために，収集したデータから，まず断りの中心構造について分析する。分類は，カノクッワン(1995)の分類を採用し，「理由＋不可」「理由のみ」「不可のみ」「不可＋理由」とする。次に，断りの中心構造の付加成分について，カノクッワン(1997)を参考にして分析する。

さらに，カノクッワン(1997)では，述べられていない断りの中心構造の外側にあるものを「外部成分」としてみていく。外部成分のうち，中心構造に前接する成分を「外部1」，後接する成分を「外部2」とする。

「外部1」とは，断りの中心構造に先立つ，「謝罪(申し訳ございません)」や「挨拶＋謝罪(こんにちは，申し訳ないのですが～)」などの成分を指す。「外部2」とは，断りの中心構造に後続して現れる，「謝罪(すみません)」や「謝罪＋挨拶(お役に立てなくて，すみません，失礼します。)」などを指す。

分類の形式を図示すると以下のようになる。なお，分析対象に使われていた絵文字については，本稿では扱わない。

| 外部1 | ⟨c1⟩⟨a2⟩　(理由)⟨a1⟩⟨c2⟩⟨b2⟩(不可[2])⟨b1⟩ | 外部2 |

断りの中心構造

4. 研究結果と考察

4.1　断りの中心構造

話し言葉を中心とした先行研究では，「目上」または「同等」に対する断りの中で，「理由」を述べる部分は必要不可欠となっていた。果たして，書き言葉を中心とした本稿では，どのような結果が得られるのだろうか。

J34名とC30名から収集したデータで,断りの構造について分析した結果を,それぞれ次の表1と表2に示す。表には,それぞれの断りの構造の使用人数とパセンテージの形で示している。

表1 Jの断りの構造の使用と相手との関係　　（N=34）　　単位:人

断りの構造	相手が目上			相手が同等			総合計
	男	女	合計	男	女	合計	
①理由＋不可	14(88%)	15(83%)	29(85%)	9(56%)	13(72%)	22(65%)	51(75%)
②理由のみ	1(6%)	3(17%)	4(12%)	4(25%)	5(28%)	9(26%)	13(19%)
③不可のみ	1(6%)	0	1(3%)	2(13%)	0	2(6%)	3(4%)
④不可＋理由	0	0	0	1(6%)	0	1(3%)	1(2%)
合計	16(100%)	18(100%)	34(100%)	16(100%)	18(100%)	34(100%)	68(100%)

表2 Cの断りの構造の使用と相手との関係　　（N=30）　　単位:人

断りの構造	相手が目上			相手が同等			総合計
	男	女	合計	男	女	合計	
①理由＋不可	9(56%)	9(64%)	18(60%)	10(63%)	8(57%)	18(60%)	36(60%)
②理由のみ	6(38%)	4(29%)	10(34%)	4(25%)	5(36%)	9(31%)	19(32%)
③不可のみ	0	1(7%)	1(3%)	1(6%)	1(7%)	2(6%)	3(5%)
④不可＋理由	1(6%)	0	1(3%)	1(6%)	0	1(3%)	2(3%)
合計	16(100%)	14(100%)	30(100%)	16(100%)	14(100%)	30(100%)	60(100%)

表1,2の結果から見られた特徴を次にまとめる。

まず,Jから見ていくと,相手が「目上」の場合に使われる断りの構造の中で,①「理由＋不可」という構造は他に比べて,圧倒的に多く,全体の85%を占めているのがわかる。②「理由のみ」の構造は2番に多いが,12%しかなかった。③「不可のみ」の構造はわずか3%であり,④「不可＋理由」という構造の使用は現れなかった。一方,Cは相手が「目上」の場合,①「理由＋不可」の構造は60%の使用が1番で,2番に多いのは②「理由のみ」の34%であった。③「不可のみ」と④「不可＋理由」の構造はともに3%の低い使用率となっている。つまり①「理由＋不可」では,CよりJは20%以上多く使用し,②「理由のみ」では,JよりCは20%以上多く使用しているのが特徴である。

しかし,全体の結果から,JとCはともに,最も多いのが①「理由＋不可」であり,「理由＋不可」という構造は断りの典型的な構造であることがうかがえる。また,この構造は話し言葉としてのカノクッワンの研究でも見られる特徴であるのがわかる。つまり,話し言葉だけではなく書き言葉の場合でも断り相手が目上の場合「理由＋不可」という構造を用いるのが必要となり,また一種の礼儀であることも考えられる。

さらに、この構造は相手の音声・顔の表情などに触れることができない携帯メールでの断りにおいて、重要であることも考えられる。なぜなら携帯メールは書き言葉コミュニケーションの中で最も使用度が高いため、はっきり断らないと相手に誤解されたり、人間関係がギクシャクしたりしてしまうおそれがあるからである。
　さて、ここで念頭におきたいのは、Cの①「理由＋不可」におけるデータの中で、以下のような文も含まれていることである。

　C22：申し訳ありません、<u>今日はアルバイトがありますので（理由）、ちょうっと…（不可省略）</u>[3]。

　この文から、「不可」の内容を省略して、相手にその断りの意を察してもらうというC22の意図が見られる。①「理由＋不可」に分類した根拠としては、語用論の観点から言えば、「ちょうっと」後の「…」という記号には「無理だ、できない」のような断りのニュアンスがすでに含意されていることが容易に読み取れるからであろう。このような文の使用は、「目上」（1人）と「同等」（2人）を含めて、合わせて3人であったが、話し言葉での断りに見られる特徴であるため、書き言葉としての携帯メールでは不適切な表現となってしまう。これはJに見られない特徴である。ちなみに、Jの代表的な例文を挙げてみると次のようになる。

　J9：恐縮ですが、<u>今日はアルバイトがあり（理由）、お手伝い出来る時間がございません（不可）</u>。また別の機会にお手伝い出来ることがあれば、お申しつけ下さい。申し訳ございませんでした。

　そして、相手が「同等」の場合、Jは①「理由＋不可」の構造の使用率が65％で、他の構造より高いものの、「目上」とは20％の使用差があることがわかる。しかし、②「理由のみ」の26％、③「不可のみ」の6％、④「不可＋理由」の3％、という3つの構造の使用率から見ると、「目上」より高いことがわかる。つまり、「同等」より「目上」のほうへの断りは必ず「理由」と「不可」を述べる必要性があるという特徴が見受けられる。が、「同等」に対しては必ずそうではないと考えられる。それに対して、Cは相手が「同等」の場合、表2で見た通りに、①「理由＋不可」の構造は「目上」と同じ使用率60％となっており、②「理由のみ」の構造でも、「目上」と同じく30％を超えているのがわかる。また、③「不可のみ」と④「不可＋理由」の使用率も「目上」とあまり変わりがなかった。つまり、上下関係の違いによって、Jは使い分けをしているのに対して、Cはその違いが見られなかった。その理由として、Cは上下関係の違いによって、断り表現をどう使い分けるべきかに対する意識が薄いということが考えられる。

　また、CにはJの②「理由のみ」の文末表現と比較して見ると、次のような問題点が見受けられる。

　J24：すいません、<u>今日バイト　です</u>。
　C18：ごめん、<u>今日はバイトある</u>　から。

　例文からわかるように、Jのデータでは、「目上」でほとんど「です、だ」などの断定的な言い方をしているのに対して、Cは「から、ので」のような言いさし文で終わる

のが目立つ。Cの「から」と「ので」の使用については，本来の用法「理由の内容」を表しているほか，語用論の観点から見れば，言いさしの形は，相手との関係を保つための配慮表現としての機能も果たしているように思える。しかし，相手の表情や声を聞けない携帯メールでは，相手に明瞭な言い方をするのが義務であろう。言いさしのような表現は適切さに欠けているように考えられる。

以上のように，Jの断りの使用構造に比べてみると，Cは以下のような問題点が見受けられる。

第一，携帯メールに使われる表現はなるべく書き言葉を使用することを知らないこと。第二，断り相手が目上の場合，あいまいな表現を避けることを知らず，あいまいな言い方でうやむやに返事をしてしまうと，相手をいらだたせてしまったり，困らせてしまったりすることに対する配慮が足りないこと。

また，①「理由＋不可」と②「理由のみ」の全体の使用結果から，先行研究の「『目上』または『同等』に対して『理由のみ』または『理由＋不可』の構造」が取られるという指摘と同じような傾向が得られた。つまり，「相手との関係」と関係なく「理由」が必須であることが検証されたと同時に，「断り」の際し，特に相手の気持ちへの配慮が必要な場合，日本語では理由を述べるのが大切であることもみられたと言えよう。

さて，ここで表1と表2におけるJとCはそれぞれ「目上」と「同等」に使われている断りの構造の使用差があるかどうかについてt検定を行ってみることにする。

表3　JとCの「目上」と「同等」に対する断りの構造の使用についてのt検定

		等分散性のためのlevene検定		2つの母平均の差の検定					
		F値	sig	t値	df	有意確率（両側）	平均値の差	差の標準誤差	差の95%信頼区間	
									下限	上限
目上	等分散が仮定さている	10.317	0.002	−2.147	62	0.036	−0.324	0.151	−0.625	−0.022
	等分散が仮定さていない			−2.088	47.6	0.042	−0.324	0.155	−0.635	−0.01
同等	等分散が仮定さている	0.086	0.77	−0.329	62	0.743	−0.063	0.191	−0.444	0.318
	等分散が仮定さていない			−0.328	60.4	0.744	−0.063	0.191	−0.445	0.32

以上の通り，t検定を行ったところJとCは「目上」に対しては，有意差が見られた（t＝−2.088, sig＝0.042＜0.05）。一方，「同等」に対しては有意差には至らなかったことがわかる（t＝−0.328, sig＝0.744＞0.05）。

つまり，この結果からJは「目上」か「同等」かによって，断りの使用構造を使い分けているのに対して，Cはできていないことが改めて確認された。

続いて，男女差について簡潔に述べることにする。

表1,2で見た通りに，Jの場合，「目上」では10％以上の差があったのは②「理由の

み」だけであったのがわかる。「同等」では①「理由＋不可」の差が最も高く16％で，③「不可のみ」の差が13％であった。一方，Cの場合，「目上」では4つの構造においてともに10％足らずの差となっている。「同等」でも，ただ②「理由のみ」の差が10％を超えたくらいであった。つまりJとCからは，男女差が大きく見られなかったことがわかる。

4.2 断りの中心構造につく付加成分

本節では，断りの中心構造である「理由」と「不可」につく付加成分〈a1〉－〈c2〉の使用について考察する。

カノクッワン(1997)では，〈a1〉－〈c2〉について，それぞれ「理由」の前後に接する形式〈a2〉では「ちょっと＋理由」，〈a1〉では「カラ型」「ノデ型」，「不可」の前後接する形式〈b1〉では「かな」「のだ＋が」，〈b2〉では「ちょっと＋不可」「やっぱり＋不可」，否定的マーカーである〈c1〉では「うーん，いやー」，〈c2〉では「うー（ん），えー，まー」などの表現が見られた中，特に〈b1〉〈b2〉〈c1〉〈c2〉における表現は典型的な話し言葉であることがわかる。

これらの表現について，先行研究でも提示されているように，日本語学習者(NJ)は，〈b1〉における「かな」，〈a2〉における「ちょっと＋理由」，〈b2〉における「ちょっと＋不可」「やっぱり＋不可」などに学習の困難点があることがわかった。書き言葉を対象としている本稿では，その付加成分にどのような表現が現れ，JとCはどのような相違点があるのか。また，Cにとってはどの部分が学習の困難点となるのかについて見ていく。

付加成分〈a1〉－〈c2〉についての結果は，表4，表5に示しているが，被験者全員が使用しているわけではなく，「∅」という記号は非使用人数の比率を表している。以下の各表にも同様である。

表4　Jの断りにおける付加成分の使用　　（N＝34）　　単位：人

断りの形式	c1	a2	理由	a1	c2	b2	不可	b1
相手が目上				ので型：16(48%) ため型：4(12%) なん型：3(8%) て形型：3(8%) ∅：8(24%)		ちょっと：2(6%) ∅：32(94%)		
相手が同等	うあー：1(3%) ∅：33(97%)			から型：15(44%) て形型：2(6%) ので型：2(6%) ∅：15(44%)				やわ：4(12%) やねん：3(8%) わ：2(6%) や：1(3%) ねん：1(3%) やぁ：1(3%) さあ：1(3%) ∅：21(62%)

表5　Cの断りにおける付加成分の使用　　　（N=30）　単位：人

断りの形式	c1	a2		a1	c2	b2		b1
相手が目上			理由	ので型：15(50%) から型：3(10%) て形型：3(10%) ため型：3(10%) ∅：6(20%)		ちょっと：2(7%) ∅：28(93%)	不可	…が：2(7%) と思います：2(7%) みたい：1(3%) ので1(3%) よ：1(3%) ∅：23(77%)
相手が同等		ちょっと：1(3%) ∅：29(97%)		から型：12(40%) ので型：8(27%) て形型：2(7%) けど型：1(3%) ∅：7(23%)		ちょっと：4(13%) ∅：26(87%)		けど：3(10%) わ：2(7%) かも：1(3%) ので：1(3%) なんて：1(3%) と思う：1(3%) ∅：21(71%)

表4,5における〈a1〉-〈c2〉から見られた特徴を以下にまとめる。

（1）「不可」に前接する形式〈b2〉について，Jは「目上」で「ちょっと」が6%の使用であったが，「同等」には見られなかった。一方，Cは「目上」と「同等」に「ちょっと」はそれぞれ7%と13%の使用率が見られ，Jより多用しているのがわかる。また，先行研究の日本語学習者（NJ）の〈b2〉0%よりも高いのもわかる。つまり，先行研究の日本語学習者（NJ）は，話し言葉として〈b2〉の表現を使うべきところに使えていないのに対して，本稿のCは書き言葉として，使うべきではないところに使ってしまっているという問題点が見られる。

引き続き，「不可」に後接する形式〈b1〉について，Jは「目上」の場合，「↘」を見ればわかるように，付加成分が一切現れず，つまりほとんどのJは「不可」の内容を断定的な形式で「無理だ」「できません」「行けません」のように，ストレートに断っているのが特徴である。それに対して，「同等」の場合はさまざまな表現が見られ，その中で特に「やわ，やねん，やぁ，や」などのように，「や」の多用が目立つ[4]。また，終助詞「わ」と「ね（ん）」などの使用率は高くないが，軽い詠嘆，感動や決定，主張の気持ちをこめて，話しの内容をやわらげたりまた刺激のない，やわらかな感じを表す，という効果をもたらしているように考える。また，断る相手が「同等」であるため，これからも相手との人間関係を大事にし，相手を傷つけたくないという配慮もうかがわれる。

一方，Cの場合は，表5で見た通りに，〈b1〉において「目上」と「同等」では，ともに話し言葉に見られる特徴「みたい，かも（かもしれない），と思う」などのさまざまな表現が見られる。そのバリエーションが日本人より多く，話し言葉の場合は相手に配慮を払っているように捉えられる。しかし，書き言葉の場合は相手と向き合うことのできない状況で不自然な表現となり，特に「目上」に曖昧な返事をすると相手に失礼な印象を与えたりして[5]，対人関係を損なうおそれがあると考えられる。また，「目上」と「同等」に使用して表現の中で，終助詞の使用が極めて少なく，「て」「なんて」なども，典型的な会話での表現となり，さらに，文末に「けど，…が，ので」などの

言いさし表現の使用も目立っている。これらの表現はトータルで見ると「目上」と「同等」でそれぞれ30％に近い誤用率がみられた。

以上の分析から，Jは話し言葉と書き言葉における断り方の区別をしているのに対して，Cは区別ができていないという問題点がうかがわれる。しかし，Cは本当に区別できていないのか，それとも言いさし表現などの使用はCにとって一種の礼儀であり，相手の気持ちを配慮した上での表現であるかどうかは，検証が必要だと考えられる。

ここで，JとCの例文を比較してみると，次のようになる。

J32：(略)，今日は用事があるので，お手伝い出来ません。

C3：(略)，今日はバイトがあるので，ちょっと行けないんだけど…，(略)

また，「b1」と「b2」におけるCの問題点は，以下の表6に示しているCの日本語レベル別による使用率からレベルにもかかわらず，ともに存在するのがわかる。しかし，N3(日本語能力3級)の5人はレベルが低いというものの，「b1」において，「目上」にN1(日本語能力1級)とN2(日本語能力2級)のような不自然な表現が一切なかった。

表6　Cの日本語レベル別の使用率　　単位：人

レベル別	上下関係	c1	a2	理由	a1	c2	b2	不可	b1
N1 16人	目上				ので：9(30%)，ため：3(10%)，て：2(6%)，から：1(3%)		ちょっと：1(3%)		ので：1(3%)，と思う1(3%)
	同等				から：6(20%)，ので：4(13%)，て：2(6)，けど：1(3%)		ちょっと：2(6%)		けど：1(3%)，わ：2(6%)，ので：1(3%)
N2 9人	目上				ので：3(10%)，から：1(3%)，て：1(3%)		ちょっと：1(3%)		…が：2(6%)，みたい：1(3%)，と思う：1(3%)，よ：1(3%)
	同等		ちょっと：1(3%)		から：3(10%)，ので：2(6%)		ちょっと：1(3%)		かも：1(3%)，けど：2(6%)，なんて：1(3%)
N3 5人	目上				ので：3(10%)，から：1(3%)		ちょっと：1(3%)		
	同等				から：3(10%)，ので：2(6%)		ちょっと：1(3%)		と思う：1(3%)

(2)理由に前接する形式〈a2〉について，Jの場合は「目上」と「同等」で何の表現も現れず，Cは「同等」で「ちょっと」3％の使用が見られた。「ちょっと」の使用は，数としては不十分であるが，あとの文と合わせて見ると，会話的な特徴を持ち，「相手に配慮し『理由』の内容を和らげる効果がある」(カノクッワン1997：104)ように考えられる。なぜなら，(カノクッワン1997：103)が取上げられた例文と同じような特徴が見

られたからである。それぞれの実際の例文を以下に挙げる。
　★<u>ちょっと</u>もう予定が入っちゃってるんですけどー。(カノクッワン 1997:103)
　☆<u>ちょっと</u>バイトが入ってるんで,無理なんて。(本稿)
　しかし,Jはこのような表現が1つもなく,Cのこのような使い方は携帯メールでは,適切な表現とは考えにくいのである。
　続いて,理由に後接する形式〈a1〉について見てみると,Jは「目上」と「同等」にそれぞれ「ので型」(48%),「から型」(44%)が最も多く使われているのがわかる。そして,Cも「目上」に「ので型」(50%),「同等」に「から型」(40%)がそれぞれ多く見られた。つまり,JとCは「目上」に「ので型」,「同等」に「から型」の使い分けや使用頻度などに関しては,ほぼ同じであることがわかった。そのほか「目上」には,JとCはともに「て形型」「ため型」の使用,「同等」にはともに「て形型」「ので型」の使用も見られたが,Jは「目上」に「なんで型」の使用8%があるのに対して,Cはそのような表現がなく,「から型」の使用10%であった。そして,「同等」における「ので型」の使用について,CはJの6%より27%と高くなっているのが特徴であり,また,Jに現れていない「けど型」の使用が3%も見られた。
　こういった結果から,つまりCは待遇表現の知識と使い方について,あまり正確に身につけていないことが考えられる。待遇表現は円滑なコミュニケーションを推進するため,重要な役割を果たしている。なぜなら,待遇表現の知識と運用能力が,現実の生活場面での人間関係を構築・維持していくために不可欠な要素であり,また複雑な形式,社会的・心理的な人間関係に基づいて対立する他の表現を含めて使い分けなければならないからである。ついては,待遇表現の知識と運用能力を,国内外の日本語学習者にどう有効的に指導していくのかは,日本語教育への示唆となるのだろう。
　(3)否定的マーカー〈c1〉〈c2〉について,Jは〈c1〉のみ「同等」にフィラー[6]「うあー」3%の使用が見られた。一方,表5の通りに,Cの使用はなかった。つまり,カノクッワン(1997)が取上げられている「あのー,ええと」などの表現は,話し手と聞き手が互いの音声を聞こえるという状況なら自然な表現となる。しかし,書き言葉を中心としての携帯メールでは,相手の顔が見えず,声をも聞けない状況では予告しにくい表現となるため,それを避けようとしているのではないかと推測される。さらに,たとえ今メールを送ったとしても,相手はすぐそのメールを見られるわけではなく,1時間後,あるいは2時間後になる可能性があるため,フィラーなどの表現が用いられると不自然な感じをし,不適切な表現であると考えられる。
　以上の分析から,書き言葉としての携帯メールや電子メールを用いて相手を断る場合,言葉に注意して,やさしく落ち着いた態度で,礼儀正しくきっぱりとした態度で断ることがいかに大切であることがうかがえる。これは特に,日本語学習者にわかりやすく説明する必要もあると考える。

4.3 断りの中心構造の外部成分

本節において，カノクッワン（1997）では，述べられていない断りの中心構造における外部成分の「外部1」と「外部2」について見ていく。ここでも使用した人のみの結果を次の表7と表8にまとめている。その前に，実際の内容を理解しやすいため，代表例をいくつか挙げることにする。

J14：（相手が目上）
〈外部1〉　先生すみません，
（謝罪）
〈中心構造〉今日は私アルバイトがある　ので，　お手伝いにいけないです。
　　　　　　　　（　理由　　　　a1　　　　不可）
〈外部2〉　申し訳ありません。
（謝罪）

C28：（相手が目上）
〈外部1〉　申し訳ございません，
（謝罪）
〈中心構造〉今日はアルバイトが入りまし　て，時間がございません。
　　　　　　　　（理由　　　　　a1　　　　不可）
〈外部2〉　もし必要であれば，代わりの者を探させていただきますが。
（関係修復）

表7　Jの「外部1」と「外部2」の使用　　（N＝34）　単位：人

形　式	外部1	外部2
相手が目上	謝罪；25(73%) 挨拶＋謝罪；2(6%) 謝罪＋前置；1(3%) 挨拶＋用件の告示；1(3%) 用件の告示＋前置；1(3%) 用件の告示；1(3%) 前置；1(3%) ∅；2(6%)	謝罪；12(35%) 関係修復；6(18%) 謝罪＋挨拶；3(9%) 関係修復＋謝罪；1(3%) 謝罪＋関係修復＋挨拶；1(3%) ∅；11(32%)
相手が同等	謝罪；23(67%) 前置；2(6%) 謝罪＋前置；2(6%) 用件の告示＋謝罪；1(3%) 遺憾の意の表出；1(3%) 聞き返し；1(3%) 返事；1(3%) ∅；3(9%)	謝罪；12(35%) 関係修復；4(12%) 謝罪＋関係修復；2(6%) 関係修復＋謝罪；2(6%) ∅；14(41%)

表8　Cの「外部1」と「外部2」の使用　　（N＝30）　単位:人

形　式	外部1	外部2
相手が目上	謝罪；19(64%) 挨拶；2(7%) 挨拶＋謝罪；1(3%) 謝罪＋前置；1(3%) 挨拶＋用件の告示；1(3%) 挨拶＋用件の告示＋謝罪；1(3%) ∅；5(17%)	謝罪；11(37%) 関係修復；5(17%) 代案提示；2(7%) 謝罪＋挨拶；1(3%) 謝罪＋関係修復；1(3%) ∅；10(33%)
相手が同等	謝罪；20(67%) 遺憾の意の表出；2(6%) ∅；8(27%)	謝罪；10(33%) 関係修復；3(10%) 代案提示；2(7%) ∅；15(50%)

　表7,8における「外部1」と「外部2」について,以下の特徴が見られる。
　まず,「外部1」について,Jの場合は「目上」と「同等」に,他の表現より「謝罪」という表現がそれぞれ73%,67%と多用されているのがわかる。そして,表8で見た通りに,Cの場合も「目上」と「同等」で60%以上の使用となり,つまりJと同じ傾向が見られた。これにより,携帯メールにおいては「理由」を述べる前に,まず「謝罪」を述べる傾向が高いことがうかがわれる。これは話し言葉を対象としたカノクッワン（1995；1997）の研究では見られない特徴であり,つまり「謝罪」を先に言ってから「理由」と「不可」を述べるのが書き言葉における断り方の傾向であるのではないかと考えられる。
　また,「外部1」から,Jは「目上」と「同等」にバリエーションに富んだ表現を使用しているのがわかる。一方,Cは「目上」にはさまざまな表現を使っているが,「同等」には,表現の少なさが目につく。これはある意味で「同等」より「目上」への配慮が多く払われているのではないかと考えられると同時に,「目上」の依頼に対して,「その意に添えない」という気持ちを相手に理解してもらいたいという意図も読み取れる。
　さらに,表7,8の「目上」に用いられている表現の中で,Jの難しいと思われる「謝罪＋前置」や「挨拶＋用件の告示＋謝罪」などの表現については,Cの場合も見られ,その使い方がある程度できていると言えよう。そして,表7の「外部1」における「同等」に使用されている表現の中で,JはCに見られない「聞き返し（え？ 今日行けばいいの？）」のような表現が用いられている。しかし,このような表現は,相手と直接会話ができる場合では自然であるかもしれないが,携帯メールの場合は,相手と対面でのやり取りができず,音声にも直接触れないため,不自然になってしまい,Cのインプットとしては不適切な表現になろう。
　次に,「外部2」について見てみると,Jの場合は,「上下関係」に関係なく,ともに「目上」と「同等」に「謝罪」35%の使用率が見られた。2番目に多いのは「関係修復」それぞれ18%と12%となっているのがわかる。これについて,Cの場合も「謝罪」という表現が多く使用され,それぞれ「目上」で37%,「同等」で33%の使用率が見られた。「関係修復」がそれぞれ17%,10%と2番目に多い。つまり「外部2」における表

現の使い方について，JとCは大体同じような傾向が見られ，それほどの大差なかったことがわかった。また，「目上」に対する表現の中で，Jと同じくCも5つのバリエーションが用いられている。一方，「同等」の場合は，Jの「謝罪＋関係修復」「関係修復＋謝罪」といった表現に比べて，Cの表現の単純さが見られる。しかし，CはJに現れていない「代案提示（ほかの学生に呼びましょうか？）」のような表現が「目上」と「同等」でともに見られた。「代案提示」について，伊藤(2003)は「相手との関係を維持したい旨の積極的な働きかけ」と定義している。積極的な「代案提示」は相手の利益になるように，という行為であるので，聞き手のポジティブ・フェイスに配慮していると言える。これらの表現の使用から見れば，「外部1」と「外部2」について，Cはある程度上手に運用できていることがわかる。

　そして，収集したデータの内容から「目上」に「申し訳ありません」，「同等」に「ごめん」のような「丁寧体」と「普通体」の使い分けにより，待遇表現に関する認識を持っていることがJだけではなく，Cも同様な傾向が観察された。

　以上のように，「外部1」における表現の中で，JとCは同じく，「目上」と「同等」に「謝罪」という型が最も多く使用していることと，「外部2」においても，「外部1」と同じように「謝罪」を置く型が多いという傾向から，書き言葉を中心としての携帯メールにおける断り表現の特徴は，謝罪＋「断り」の中心構造＋謝罪という「サンドイッチ型」であると考えられる。

　本来，「謝罪」は相手に何かマイナス的な行動（誤り）を起こしたことに対するお詫びであり，相手を傷つけたことに対する言葉の補償である。そのために「断り」における「謝罪」も，相手の意図に添えなく，相手にマイナス的な行動を起こしたことに対する補償として分析されてきた。しかし，「外部1」における「謝罪」以外に「理由」を言いながら再度「謝罪」を行うことによって，相手に誤って謝るのではなく，相手の面子を立ててあげようとする意図が解釈できよう。

　また，これほどの「謝罪」表現を多用しているのは，相手の気持ちへの配慮を示していると同時に，相手が自分に向けるであろう憎悪や嫌悪感などの否定的感情を少しでも挽回し，人間関係の維持をはかること（山岡他 2011：170）が「謝罪」の目的でもあると捉えることができよう。

5．まとめと今後の課題

　本稿では，携帯メールに使われる断り表現を中心に，断りの中心構造とその付加成分，および外部成分について考察してきた。その結果を以下のようになる。

　1）断りの中心構造である「理由＋不可」の使用が多かったものの，Jは「同等」より「目上」への場合で，その使用率が20％高くなっているのに対して，Cにはその違いが見られなかった。また，「理由のみ」について，Jは「目上」より「同等」への使用率が10％以上高くなっている。これに比べて，Cからはほとんど差異が見られなかった。このような結果により，つまりJは相手が「目上」か「同等」かによって，使い分けをし

ている一方，Cはほとんどしていないのがわかった。

　2)断りの中心構造の付加成分について，話し言葉を対象とした先行研究では，〈a1〉-〈c2〉について，すべての形式にさまざまな表現が現われているのに対して，書き言葉を対象とした本稿では，「理由」に後接する形式〈a1〉と「不可」に後接する形式〈b1〉においては，ある程度見られたが，ほかの形式においては，先行研究のような特徴がほとんど見られなかった。これは話し言葉と書き言葉との最もの相違点であろう。また，〈b1〉の表現に関して，Jの断言的な断り方と異なり，Cは書き言葉として使うべきではない表現「みたい」「と思う」「かも（かもしれない）」などの話し言葉での断りに見られる特徴があった。つまり，Jは話し言葉と書き言葉での断り方の区別をしているのに対して，Cは区別ができず，さまざまな問題点が浮上した。このような問題点について，今後どのように指導すべきかは日本語教育に示唆されるであろう。

　3)断りの中心構造の外部成分について，「外部1」と「外部2」においては，ほかの表現に比べて，ともに「謝罪」を置く型が最も多く出現していることがわかった。また，Cも同様な結果が得られた。

　このように，携帯メールにおける断り表現は，両側から「謝罪」で「断り」をはさむ「サンドイッチ型」であると考えられる。図示すると以下のようになる。

すみません，外部1	∅ 〈c1〉	∅ 〈a2〉	用事がある（理由の内容）	ので 〈a1〉	∅ 〈c2〉	∅ 〈b2〉	難しいです。（不可の内容）	∅ 〈b1〉	申し訳ありません。外部2

携帯メールにおける断り表現

　今回は，紙幅の関係で携帯メールに使用されていた絵文字，及びJはなぜ「目上」に断定的な断り方をしているのかについて論述することができなかった。また，今回の調査により，日本国内でよく日本語で携帯メールをするCは話し言葉と書き言葉における断り表現の使い方を区別することに困難であることがわかったが，中国国内のCの場合はどうであろうか，などについての考察は今後の課題としたい。

注

[1] 滞在歴については，C 30人の中，最短4カ月，最長10年であった。

[2] カノクッワン(1997)が提示している「断り」の中心構造では「付加」とされていたが，間違いと推測されるため，筆者は「不可」と表記し分析する。

[3] 「ちょうっと」は「ちょっと」の間違いと考えられる。

[4] 『日本国語大辞典』によると，「や」は「（「じゃ」の変化した語。活用は未然形「やろ」連用形「やっ」終止形「や」の形がみられる）。指定の意を表す。…だ。…じゃ。上方語。江戸末期頃からみられる。」という。また，大阪府の方言として，例「今日は日曜日や」(p412)が挙げられている。

[5] 本稿の調査内容に関するフィードバックをした際に，Jの被験者から「目上の人に対して，曖昧な断り方，あるいは話を引っ張るのが失礼だ」という意見があった。

[6] フィラーについて，森山(2005,188)は，「私たちはよどみなく伝達内容を話しているわけでは

ない。話そうとして、ことばを探したり、会話の順をとるために声出しをしたりしている。また、一時的に文を述べることを中断してしまうこともある。そうしたときに、『あのう』とか『えーと』というようなことばを発する。これを『言いよどみ』（フィラー filler）と呼んでいる。」と述べている。

参考文献

生駒知子・志村明彦. 1993.「英語から日本語へのプラグマティック・トランスファー；『断り』という発話行為について」『日本語教育』79号. pp41-52

伊藤恵美子. 2003.「マレー語母語話者のポライトネスの諸相―勧誘・依頼行為に対する返答を中心に滞日期間の観点から」. 名古屋大学博士論文

大曽美恵子. 2005.「待遇表現の体系」新版『日本語教育事典』日本語教育学会編. 大修館書店

カノックワン・ラオハブラナキット. 1995.「日本語における『断り』日本語教科書と実際の会話との比較―」『日本語教育』87号. pp25-39

カノックワン・ラオハブラナキット. 1997.「日本語学習者に見られる『断り』の表現―日本語母語話者と比べて―」『世界の日本語教育』7号. pp97-112

日本語大辞典刊行会. 1976.『日本語国語大辞典』. 第十九巻. 小学館

彭飛. 2004.『日本語の「配慮表現」に関する研究―中国語との比較研究における諸問題』. 和泉書院

森山卓朗. 2005.「アノ・エート・マアーフィラー」新版『日本語教育事典』. 日本語教育学会編. 大修館書店

山口和代. 1997.「コミュニケーション・スタイルと社会文化的要因―中国人および台湾人留学生を対象として―」『日本語教育』93号. pp38-48

山岡政紀・牧原功・小野正樹. 2011.『コミュニケーションと配慮表現―日本語語用論門』. 明治書院

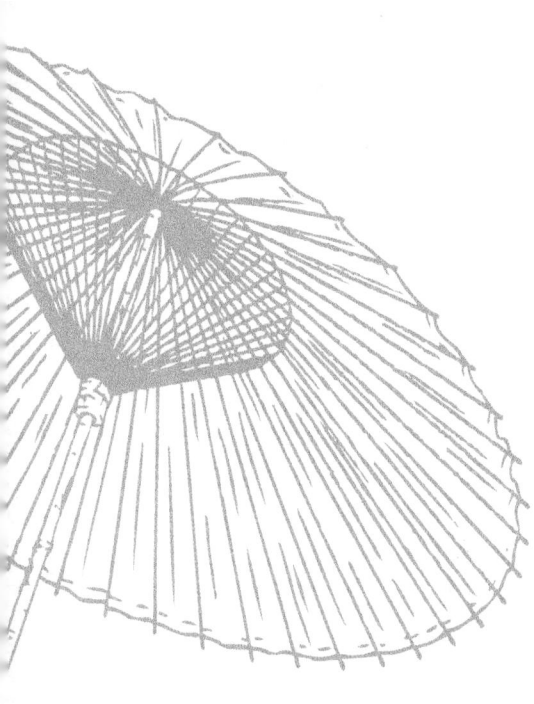

日本文学研究

『万葉集』巻三雑歌における「羇旅」

(日本)名古屋大学　劉菁菁

摘要：在中国汉诗中经常用作形容背井离家、客留他乡的"羇旅"一词，在《万叶集》中被编者作为歌群的标题所使用。被收录在卷三杂歌部的"柿本人麻吕羇旅歌八首"和"高市黑人羇旅歌八首"的两个歌群，呈现了当时的下级官僚离开都城的旅途状况。笔者以这两个歌群为中心，通过考察卷一至卷三旅歌的收录状况、标题的使用状况，以及通过与中国文献中"羇旅"意象的对比，来试图探讨"羇旅"一词在《万叶集》卷三杂歌部的受容，进而明确卷三羇旅歌的选歌基准。

キーワード：羇旅　万葉集　題詞　編纂意識

1. はじめに

　「羇旅」という語は、『万葉集』において題詞として用いられ、巻三、巻七、巻十二と巻十七に見られる。特に巻三雑歌の部分に収録された柿本人麻呂羇旅歌八首、高市黒人羇旅歌八首と羇旅歌一首並短歌は、「羇旅」という題詞が最初に用いられた例だと考えられる。巻三「雑歌」の編纂上の特徴について、市瀬雅之氏は、「時間軸や配列によって内容を表現しようとする志向と、類歌を併記する志向が存在している。複数の関心に基づいて編まれているところに編纂上の特徴が認められる。」と指摘した[1]。「時間軸や配列によって内容を表現しようとする志向」は巻一と巻二から踏襲した編纂意識であるのに対して、「類歌を併記する志向」は巻三から形成された新しい編纂意識であり、同じ主題を有する歌を一つの歌群にまとめ上げる傾向である。その傾向は、大宰帥大伴卿讃酒歌十三首、柿本人麻呂羇旅歌八首と高市黒人羇旅歌八首の同じキ主題の歌群を形成している。従って、「羇旅」という語が歌群の主題を命名する言葉として、編纂者によって[2]用いられ始めたのである。

　また、巻三雑歌の収録基準について、高松寿夫氏は「巻一雑歌が天皇を中心とする宮廷を正面から扱うのに対し、巻三はその周縁的世界に位置する作品が配置される」と指摘した[3]。付け加えて言えば、「その周縁的世界」は「君と臣」の図式を重視する編纂者が、天皇の身分を意識して構築した官僚の世界だと考えられる。つまり、巻一は天皇を中心とする歌の選別基準が存在しているのに対し、巻三は柿本人麻呂、大伴旅人等の官僚の歌に焦点を絞ったと言えよう。旅歌の収録にも同じように、天皇を中心とする行幸と従駕の歌が多く収録されている巻一と巻二とは異なり、巻三では官僚の旅の様相を示す柿本人麻呂羇旅歌八首と高市黒人羇旅歌八首の歌群が収録され、行幸の歌と従駕の歌を区別する羇旅歌が形成された。本論文で

は、柿本人麻呂羇旅歌八首と高市黒人羇旅歌八首の二つの歌群を取り上げ、この両歌群が「羇旅」と命名された必然性を探ることによって、編纂者による羇旅歌の編纂意識を究明することを目的とする。まず、この二つの歌群を挙げておく。

柿本人麻呂羇旅歌八首
　三津の崎　波を恐み　隠り江の　舟公宣奴島尓(三・二四九)
　玉藻刈る　敏馬を過ぎて　夏草の　野島の崎に　舟近づきぬ(三・二五〇)
　一本に云はく、処女を過ぎて　夏草の　野島が崎に　廬りす我は
　淡路の　野島の崎の　浜風に　妹が結びし　紐も吹き返す(三・二五一)
　荒たへの　藤江の浦に　すずき釣る　海人とか見らむ　旅行く我を(三・二五二)
　一本に云はく、白たへの　藤江の浦に　いざりする
　稲日野も　行き過ぎかてに　思へれば　心恋しき　加古の島見ゆ(三・二五三)
　灯火の　明石大門に　入らむ日や　漕ぎ別れなむ　家のあたり見ず(三・二五四)
　天離る　鄙の長道ゆ　恋ひ来れば　明石の門より　大和島見ゆ(三・二五五)
　一本に云はく、家のあたり見ゆ
　飼飯の海の　庭良くあらし　刈薦の　乱れて出づ見ゆ　海人の釣舟(三・二五六)
　一本に云はく、武庫の海　舟庭ならし　いざりする　海人の釣舟　波の上ゆ見ゆ

高市黒人羇旅歌八首
　旅にして　もの恋しきに　山下の　赤のそほ舟　沖に漕ぐ見ゆ(三・二七〇)
　桜田へ　鶴鳴き渡る　年魚市潟　潮干にけらし　鶴鳴き渡る(三・二七一)
　四極山　うち越え見れば　笠逢の　島漕ぎ隠る　棚なし小舟(三・二七二)
　磯の崎　漕ぎたみ行けば　近江の海　八十の湊に　鶴さはに鳴く(三・二七三)
　我が舟は　比良の湊に　漕ぎ泊てむ　沖辺な離り　さ夜ふけにけり(三・二七四)
　いづくにか　我が宿りせむ　高島の　勝野の原に　この日暮れなば(三・二七五)
　妹も我も　一つなれかも　三河なる　二見の道ゆ　別れかねつる(三・二七六)
　一本に云はく、三河の　二見の道ゆ　別れなば　我が背も我も　ひとりかも行かむ
　早来ても　見てましものを　山背の　高の槻群　散りにけるかも(三・二七七)[4]

2. 従駕と羇旅

『和漢大辞典』によれば、従駕は「天子の行幸に従ふ」と解釈されているのに対し

て、羈旅は「旅行、寄寓して客分となること」となっている。従って、従駕と羈旅はいずれも移動する行為であるが、天皇の参加の有無によって区別され、従駕は天皇の行動を中心とした旅を意味している。『万葉集』においても同じように、巻一と巻二では天皇を中心とする選歌基準が存在しているため、行幸の歌と従駕の歌が多く収録されているが、「羈旅」という題詞は一度も用いられていない。『万葉集』における従駕は「羈旅」の範疇外であると考えるのが普通であろう。それでは、「羈旅」の範疇はどのようなものであろうか。即ち、柿本人麻呂羈旅歌八首と高市黒人羈旅歌八首が「羈旅」と命名される独自性はどこにあるのかという問題である。

　まず、題詞の形から考えれば、柿本人麻呂羈旅歌八首と高市黒人羈旅歌八首の題詞は、いずれも「作者＋歌群の主題」という形である。その形は、巻一と巻二に多く存在している作歌の時間、場所、作者、作歌事情を備えた形式とは異なっている。その二種類の題詞を明確に区別するために、巻三雑歌の題詞の形式を分析する。作歌の場所、作者、作歌事情、作者名、歌の主題の有無によって、以下のように層別した。

　A 場所＋作歌事情＋作者名
　B 場所(或いは作歌事情)＋作者名
　C 作者名＋歌の主題
　D 作者名のみ
　E 歌の主題のみ

　Aは歌を詠む場所、作歌事情と作者名が全て明記される題詞であり、主に行幸や従駕の歌に集中している。例えば、「柿本人麻呂従₌近江国₌上来時、至₌宇治河辺₌作歌一首」である。Bは詠む場所或いは作歌事情のいずれか一つと作者名が明記される題詞で、作歌事情として奉和、贈答、応詔等が含まれている。例えば、「長屋王駐馬₌寧楽山₌作歌二首」は場所＋作者名であるのに対して、「或娘子等以₌裹乾鰒₌贈₌通観僧₌戯請₌咒願₌之時、通観作歌一首」は作歌事情＋作者名である。Bの形式が巻三の雑歌に最も多く用いられている。Cは詠む場所と作歌事情は不明であるが、作者名と編纂者が命名した主題が記されている形である。この形は五首以上の歌群に用いられることが多い。例えば、大宰帥大伴卿讃レ酒歌十三首、柿本人麻呂羈旅歌八首と高市黒人羈旅歌八首はこの形に属している。Dは作者名のみ明記される題詞で、例えば、長忌村奥麿歌一首が挙げられる。Eは作者、作歌事情と場所が全て不明で、主題のみの歌である。例えば、仙柘枝歌三首と羈旅歌一首并短歌が挙げられる。以上により、ABDは題詞の作歌背景を記録する作業であるのに対して、CとEの形は編纂者の整合力と歌群を命名する能力が必要となる。つまり、この二つの類型の題詞のグループは、市瀬雅之氏が指摘した「時間軸や配列によって内容を表現しようとする志向」と「類歌を併記する志向」の編纂意識に対応している。

　A 場所＋作歌事情＋作者名　⎫
　B 場所(或いは作歌事情)＋作者名　⎬ 作歌背景を記録する編纂意識
　D 作者名のみ　⎭ （第一グループ）

C 作者名＋歌の主題 ｝類歌を一つの主題にまとめ上げる編纂意識
　　E 歌の主題のみ　　　（第二グループ）

ここで、作歌事情が明確である旅歌のうち、羈旅と分類される題詞の類型は存在しない。なぜなら、「羈旅」という語は歌の主題であり、CとEの形が属している第二グループのみに現れる。逆に、従駕は天皇に従って都以外のところに行く旅であるが、殆どの場合、作歌事情が殆ど明記されているため、「羈旅」という題目に分類されることがない。このグループ分けによって、二種類の編纂意識を明確に区別することができる。

　なお、従駕と羈旅を区別させたのは作歌事情の有無のみならず、旅の性質とも考えられる。巻一、巻二と巻三に収録された旅歌の全体的な様相を見れば、従駕は天皇を中心とする旅であるのに対して、羈旅は官僚の旅を指していることが分かる。柿本人麻呂羈旅歌八首と高市黒人羈旅歌八首は作歌背景と作歌事情が不明であるが、二人の身分の共通性を踏まえて考えれば、下級官僚の旅の様子を記している歌群と見なすのが良いだろう。この点について、関谷由一氏は、『漢書』における「羈旅之臣」の語を借用し[5]、柿本人麻呂羈旅歌八首の動態的に景物を捉える特徴について、「「羈旅（之臣）」の意識を主題とすることで、主君のいる地から遠ざかってゆく〈移動〉の過程自体が歌の形を取ることが可能となり、また意味を持った」[6]と述べている。「主君のいる地」とは、都であり、関谷氏は、官僚が都から離れて任地へ移動する旅と「羈旅」の意味との関連性を指摘した。しかし、柿本人麻呂の八首から見れば、往路の歌（二四九－二五四）と復路の歌（二五五、二五六）が両方とも存在しているため、「羈旅」する過程は「主君のいる地から遠ざかってゆく〈移動〉の過程」の片道だけではなく、都と任地の間の移動、及び任地での滞在も含んだ過程だと思われる。例えば、巻五に収録された吉田連宜から大伴旅人への書簡では、「至若羈旅辺城」という内容が見られ、相手の旅人が任地の大宰府に滞在することを指している。また、巻十七に収録された大伴卿傔従達歌群の題詞「天平二年庚午冬十一月、大宰帥大伴卿、被レ任二大納言一兼レ帥如レ旧上レ京之時、傔従等、別取二海路一入レ京、於レ是悲二傷羈旅一、各陳二所心一作歌十首」（下線引用者）では、旅人が大納言に任命されることに伴い、傔従たちの任地から都に上る旅も「羈旅」と見なされている。勿論、巻三から巻十七に至るまでの編纂意識の不統一も看過できない問題であるが、題詞「羈旅」には官僚の旅との関連性が緊密であることは否定できないことであろう。加えて、高松寿夫氏の「巻三が天皇を中心とする宮廷の周縁的世界に位置する作品が配置される」という指摘に従えば、題詞「羈旅」が巻三に用いられ始めたことは偶然ではなく、必然性があると考えられるだろう。巻一と巻二において主要であった旅の様相、つまり天皇を中心とする行幸、従駕の旅と区別させるために、宮廷の周縁的世界にいる官僚達の旅を表す「羈旅」が、編纂者によって用いられた可能性が考えられるのである。

　しかし、従駕と羈旅を区別して扱う編纂意識は、八代集の時代まで一貫しておらず、古今集の巻九羈旅歌には、菅原道眞と素性法師の朱雀帝宮滝行幸の際の従駕歌

が収録されている。この編纂意識の変化が生じた理由は、中国漢詩集の影響で類歌を一つの主題にまとめ上げる編纂意識の発展と、長くなった題詞と左注が、徐々に作歌背景を記録する役割を担うようになったためと考えられる。この問題については、また別稿において論じる。

3. 都から離れる官僚の旅

　柿本人麻呂羈旅歌八首と高市黒人羈旅歌八首の共通点の一つとして、地名が多く読み込まれるという特徴が挙げられる。例えば、柿本人麻呂羈旅歌八首では、三津の崎(二四九)、敏馬(二五〇)、野島(二五〇、二五一)、淡路(二五一)、藤江の浦(二五二)、稲日野(二五三)、可古之島(二五三)、明石大門(二五四、二五五)、飼飯の海(二五六)が読み込まれており、高市黒人羈旅歌八首でも、桜田(二七一)、年魚市潟(二七一)、四極山(二七二)、笠逢の島(二七二)、近江の海(二七三)、比良の湊(二七四)、高島の勝野(二七五)、三河なる二見の道(二七六)、山城の多賀(二七七)が読み込まれている。旅歌に詠まれた地名について、折口信夫氏の「生命の道標」[7]や伊藤博氏の「羈旅信仰」[8]などの見解が挙げられ、民俗学の視座で古来の信仰という方面から歌人が地名を詠む意識を解釈している。しかし、これらはいずれも歌人の作歌意識から出発し、旅歌の発生論に着目したものであって、旅歌と羈旅歌が同一視されている傾向がある。「旅」と「羈旅」の区別について、梶裕史氏は「畿外への旅を「羈旅」と考えていた」という編纂者の選別基準を提示した[9]。この指摘は有力なものとされているが、高市黒人羈旅歌八首の最後の二七七番の歌は、山城の多賀に黄葉を見る旅を詠んでおり、羈旅歌の中に畿内の旅が含まれている。梶氏は、このような例外の入選理由について触れていないため、羈旅歌が畿外に行く旅の歌であるという基準の妥当性については、まだ検討の余地が残されていると言える。しかし、「羈旅」と命名された歌が遠距離の旅を指す傾向性があるという点に関しては、梶氏が指摘した通りだと思われる。中国漢籍における「羈旅」の用例から見れば、「羈旅」という詩語は旅の遠距離性を表す表現と共に用いられることが見られる。

　　　夫送帰懐慕徒之恋兮、<u>遠行</u>有<u>羈旅</u>之憤。(潘安仁・秋興賦)[10] (下線引用者)

潘安仁の『秋興賦』において、「送帰」は他の人の旅体験を見る立場であるのに対して、対句としての「羈旅」は自らの旅体験を指す詩語であり、「遠行」と関連して用いられている。「羈旅の憤り」から見れば、「遠行」と関連している「羈旅」は、地理的な遠距離性を指すのみならず、詩人の感情的な要素も含めていると言えよう。

　　(イ)<u>荊蛮</u>非=吾郷=、何為久滞淫。(中略)<u>羈旅</u>無=終極=、憂思壮難レ任。(王仲宣・七哀詩)[11]
　　(ロ)廓<u>羈旅</u>兮滞レ野都。願=御レ北風兮忽帰徂=。(石崇・思帰嘆)[12]
　　(ハ)此郷非=吾地=、此郭非=吾郷=。<u>羈旅</u>無定心、翩翩如懸旌。(張景陽・雑詩)[13]
　　　　　　　　　　　　　　　　　　　　　　　　　　　　(下線引用者)

以上の三例は、『文選』と『芸文類聚』から取り上げた用例である。イは王仲宣が都の

長安の乱を避けるために、荊州に赴いた際に作られた詩であり、「荊蛮」が「荊州」と「野蛮」を結合した詩語である。作者が故郷から離れ、辺鄙なところに赴いて滞在する避難の旅を「羈旅」と称している。ロは作詩背景についての定論はないが、作者が荊州刺史に任じられる際の作品であるという説が見られる[14]。その説に従えば、ここで用いられた「野都」はイの「荊蛮」と同じ用い方であり、当時西晋の都ー洛陽から離れている荊州のことを指し、「羈旅」が荊州に赴任して滞在する旅を指していることになる。『晋書』の記録によれば、石崇が荊州刺史に任じられた際、「南蛮校尉」の官職も兼ており、辺境を守る武官職も務めている[15]。従って、「野都」と「南蛮」は同じく荊州のことを指し、都を中心とする政治支配の末端であることが分かる。人麻呂の二五五番の歌での「天離かる夷の長道」の「ひな」も類似している概念であり、政治支配から遠く離れるところであり、つまり「野都」が指すものと一致しているだろう。ハは従軍するために他郷の地に行き、思郷の念で心が動揺して不安定となった心情を述べたものであり、「羈旅」が戦場に赴くことを指している例である。以上の用例のように、「羈旅」という詩語は、避難するために他郷にさすらう旅、辺境のところに任官する旅、戦場に赴く旅を指す時に用いられている。さらに、「久滞淫」「滞レ野都」の表現が見られるため、「羈旅」という詩語は中国漢籍において、家や都から離れて辺鄙な場所に滞在する旅を指す。この意味は、「羈」という字との関連性が強いと考えられる。『大漢和辞典』によれば、「羈」の原義は馬を縛る馬具であり、動詞化した後に、「とりしまる。ひきしめる。」の意味となった。束縛されて自由になれないことを表すため、「羈旅」は止むを得ず家或いは都から離れ、他郷に滞在する旅を指し、ネガティブな感情の要素を持つ詩語だと言える。滞在するところに束縛されて家或いは都に戻れないという感情的な要素は、詩人が「蛮」「野」「鄙」等の語を用いて滞在先を描く要因とも考えられるだろう。

なお、柿本人麻呂羈旅歌八首と高市黒人羈旅歌八首においては、「羈」が持つ滞在する意味が薄れてしまい、「羈旅」の意味は「都から離れる」という移動する過程へ重心が移ったと言えよう。柿本人麻呂羈旅歌八首は明石海峡を通過して西へ行く旅であるのに対して、高市黒人羈旅歌八首は東の方向へ行く旅の集合である。また、柿本人麻呂羈旅歌八首の目的地について、『万葉集全注』では、同じく巻三の雑歌に収録された「柿本人麻呂下筑紫国」の二首との関連性を提示し、この八首が筑紫まで往復する旅の際に作られたものであるという主張が見られる[16]。『全注』の論に従えば、柿本人麻呂羈旅歌八首と高市黒人羈旅歌八首はそれぞれ西海道、東海道・東山道へ行く旅の歌であり、都から派遣され、古代国家が支配する最遠の地、辺境の地へ行く官僚の旅の様相を反映しているため、「羈旅」と命名されたのではないだろうか。

加えて、『懐風藻』に収録された藤原宇合の詩作「奉西海節度史」には、東山道と西海道を「辺境」と見なす意識が窺える。

　　　　往歳東山役。今年西海行。行人一生裏。幾度倦辺兵。[17]最後の句では、「辺兵」

は辺境を守る士兵の意味として理解でき、辺境を守る職務を担う宇合の辛さが語られている。この詩において、「東山」と「西海」は地理上の対極として用いられ、官職の変更に従い、官僚が長い距離を移動する必要があることが窺われよう。また、東と西の対極的な概念は、『続日本紀』巻三大宝三年(七〇三)正月甲子二の派遣官僚についての記事においても見られる。

> 甲子。遣正六位下藤原朝臣房前于東海道。従六位上多治比真人三宅麻呂于東山道。従七位上高向朝臣大足于北陸道。従七位下波多真人余射于山陰道。正八位上穂積朝臣老于山陽道。従七位上小野朝臣馬養于南海道。正七位上大伴宿弥大沼田于西海道。道別録事一人。巡省政績。申理冤枉。[18]

七道に派遣された官僚は、地理的位置によって、都を中心として東から西へと順次に述べられている。上田正昭氏の論によれば、大宝律令にすでに「三国関」の言い方が存在し、「三国関」がいわゆる鈴鹿関・不破関・愛発関のことであり、当時の中央政権が東方面の軍事的防衛を重視する傾向が窺える[19]。村瀬憲夫氏は編纂者が「黒人歌に、人麻呂八首歌群と同等の重みを与えることにあった」と指摘し、編纂史の視座から、高市黒人羇旅歌八首が形成される原因について論じ、羇旅歌八首の両歌群が羇旅歌の規範を示す役割を担っている可能性を提示した[20]。加えて、二人に共通している官僚の身分と両歌群が編纂される背景を踏まえて見れば、編纂者が都から東へ派遣される官僚の旅歌に、西へ派遣される官僚の旅歌と同等の重みを与えるという編纂意識の存在が想定できる。従って、その両歌群は羇旅歌の規範を示す役割を担っているのみならず、都から離れて全国各地に派遣された官僚の旅の様相を反映する役割も果たしているだろう。

なお、編纂者がこの両歌群の編纂を通じて呈示した羇旅歌の規範とはどのようなものかという点について、同じく巻三の雑歌に収録された山部赤人歌六首が「羇旅」と命名する条件を満たしているにも関わらず、「羇旅」にならなかった理由を探ることによって、解釈できるかもしれない。

4.山部赤人歌六首との関連性

山部宿弥赤人歌六首
　縄の浦ゆ　そがひに見ゆる　沖つ島　漕ぎ廻る舟は　釣りしすらしも(三・三五七)
　武庫の浦を　漕ぎ廻る小舟　栗島を　そがひに見つつ　ともしき小舟(三・三五八)
　阿部の島　鵜の住む磯に　寄する波　間なくこのころ　大和し思ほゆ(三・三五九)
　潮干なば　玉藻刈りつめ　家の妹が　浜づと乞はば　何を示さむ(三・三六〇)
　秋風の　寒き朝気を　佐農の岡　越ゆらむ君に　衣貸さましを(三・三六一)
　みさご居る　磯廻に生ふる　なのりそ　名は告らしてよ　親は知るとも(三・三六二)
　或本の歌に曰く、みさご居る　荒磯に生ふる　なのりそ　よし名は告らせ　親

は知るとも（三・三六三）

　先行研究において、山部赤人歌六首は「羈旅」とは命名されなかったが、旅歌の歌群に属し、柿本人麻呂羈旅歌八首と高市黒人羈旅歌八首の両歌群と同系統であるという見方が存在している[21]。この見方を支えている根拠は、概ね三つにまとめられる。第一に、赤人歌六首は柿本人麻呂羈旅歌八首と高市黒人羈旅歌八首の両歌群と同様に、旅に関する歌群であり、地名が多く読み込まれているという特徴が見られる。第二に、歌の技法から見れば、赤人歌六首は黒人歌と類似し、叙景的な傾向が強い。第三に、『万葉集』において、赤人は従駕、応詔の歌が残されているため、人麻呂と同様に、宮廷との関わりが強い下級官僚の一人だと考えられる。一方、赤人は「雑歌の歌人」[22]と称され、旅の歌も多く残されている。この二つの特徴が人麻呂や黒人と状況的な類似性を持つため、赤人歌六首も「羈旅」の歌群であると見なされやすい。以下の部分では、この三点を巡って、山部赤人歌六首が「羈旅」にならなかった理由を探求し、編纂者による題詞「羈旅」の選別基準を考察したい。

　まず、歌が読み込まれた地名から見れば、この六首では、縄の浦（三五七）、沖つ島（三五七）、武庫の浦（三五八）、栗島（三五八）、阿部の島（三五九）、佐農の岡（三六一）の地名が読み込まれている。大系の頭注を参照すると、縄の浦は兵庫県相生市の辺りであり、沖つ島と同じく畿外に属している。また、武庫の浦は兵庫県の武庫川河口を指しており、畿内地域ということになるが、栗島、阿部の島と佐農の岡の場所が未詳であるため、旅の方向と距離を判断することは難しい。つまり、人麻呂羈旅歌八首の西へ行く旅や黒人羈旅歌八首の東へ行く旅とは異なり、赤人歌六首は旅をする方向を統一しておらず、題詞「羈旅」が要求している「都から離れる」という移動の過程にならなかったと考えられる。

　また、歌の叙景性について、三五七番の「沖の島を漕ぎ廻る舟」、三五八の「武庫の浦を漕ぎ廻る小舟」と「としき小舟」の句から見れば、黒人の二七二番「棚無し小舟」の叙景する技法を継承したと思われる。加えて、『和歌大辞典』「叙景歌」の項目においても、「高市黒人あたりを前蹤として、山部赤人らの作にその初期の典型例が見出せる。」[23]と書かれており、黒人から赤人への叙景歌の継承関係が認められている。しかし、赤人の歌においては、人麻呂羈旅歌八首や黒人羈旅歌八首の動態的な視点が欠けており、旅先の景物に対する描き方も静態的になったと言えよう。

　　縄の浦ゆ　そがひに見ゆる　沖つ島　漕ぎ廻る舟は　釣りしすらしも（三・三五七）
　　武庫の浦を　漕ぎ廻る小舟　栗島を　そがひに見つつ　ともしき小舟（三・三五八）

以上の二首から見れば、黒人歌の山を越える行動によって段々視野に入ってきた「棚無し小舟」とは異なり、赤人歌の「沖つ島漕ぎ廻る舟」と「武庫の浦を漕ぎ廻る小舟」は観察する対象として、目の前の景物と共に一幅の絵のように描かれている。また、人麻呂の「舟近づきぬ」（二五〇）「漕ぎ別れなむ」（二五四）と黒人の「うち越え見

れば」(三・二七二)「漕ぎたみ行けば」(三・二七三)のような詠み手の視点の移動、及び人麻呂の「旅行く我を」(二五二)と黒人の「旅にして」(二七〇)のような旅する主体が詠み手自身であると明確に示した句も、赤人歌には見当たらない。従って、赤人歌六首は、題詞「羇旅」が要求されている「移動する過程」を満たしていない。なお、この六首において、移動する過程を描く歌も見られる。

　　秋風の　寒き朝気を　佐農の岡　越ゆらむ君に　衣貸さましを(三・三六一)

三六一番の歌について、奈良公俊氏は「衣を貸す」という表現を考察することによって、「男の赤人が女の立場に立ち、女に成り代わって詠んだ歌という訳合いである」[24]と主張した。つまり、三六一番の歌では、移動する主体は詠み手ではなく、贈る相手になり、その立場の変化が、この歌を旅の歌から送別歌へと転化させている。

さらに、歌の内容から見れば、前の三首は旅中の景色と心情を詠んだものであるのに対して、三六一番が含まれる後の三首は「家の妹」「衣を貸す」「名乗る」等の表現が用いられ、相聞的な要素が急増し、旅という要素が薄れている。勿論、相聞歌の要素は、柿本人麻呂羇旅歌八首と高市黒人羇旅歌八首においても存在している。

　　淡路の　野島の崎の　浜風に　妹が結びし　紐も吹き返す(三・二五一)
　　妹も我も　一つなれかも　三河なる　二見の道ゆ　別れかねつる(三・二七六)

人麻呂の二五一番の歌と黒人の二七六番の歌では、「妹」の登場がある。人麻呂の二五一番の歌は「妹が結んでくれた下紐」を詠んでいるが、周知の通り、恋人同士が別れる時に、互いに下紐を結び、再会するまで解かないと誓う古代の習俗がある。また、黒人の二七六番歌の最後の句「わかれかねつる」は『万葉集』において他の用例が見当たらないが、「わすれかねつる」の表現は相聞歌によく用いられ、「恋しくて忘れられない」ことを表し、二七六番の「恋しくて別れられない」と同様に恋の深さを語る表現に属している。従って、二五一番と二七六番の歌は、「妹」の登場、及び妹と止むを得ず別れる心情を詠んでいることから、相聞の類に属していると言えるが、「旅」の要素も備えているため羇旅歌に分類されたと考えられる。しかし、山部赤人歌六首の場合では、相聞歌の要素を持つ歌が三首存在しており、これは歌群の半数を占めている。

　　潮干なば　玉藻刈りつめ　家の妹が　浜づと乞はば　何を示さむ(三・三六〇)
　　秋風の　寒き朝気を　佐農の岡　越ゆらむ君に　衣貸さましを(三・三六一)
　　みさご居る　磯廻に生ふる　なのりそ　名は告らしてよ　親は知るとも(三・三六二)
　　或本の歌に曰く、みさご居る　荒磯に生ふる　なのりそ　よし名は告らせ　親は知るとも(三・三六三)

三六〇番の歌は男が妹の家へ行く際に詠んだ歌であるのに対して、三六二番(三六

三番)は男が旅中で当地の女性に詠み掛けた歌である。なお、この三首の「妹の家へ行く男→旅に出た男を心配する女→旅の途中で当地の女性に読み掛けた男」の劇的な立場の変化について、奈良氏は「歌群の中に他の歌とは次元を異にする歌を意識的に組み入れ、同時に並び立たせた、多元的な詠出方法の実践である」と論じている[25]。従って、赤人歌六首は人麻呂羇旅歌八首や黒人羇旅歌八首のような旅愁を語って自らの旅体験を詠むのとは異なり、寧ろ旅に関する歌の諸相が示されており、旅歌の多様性を呈示する編纂意識が存在している。また、人麻呂羇旅歌八首と黒人羇旅歌八首が官僚の様相を表しているのに対して、赤人の三六〇番の妹の家へ行く旅と三六一番の他人が妹の家から離れる旅は、恋愛と婚姻の旅に属し、官僚の旅とは異なり、日常性を持っているといえよう。

　以上により、人麻呂羇旅歌八首と黒人羇旅歌八首との比較を通じて、赤人歌六首は「旅」の範疇に属しているが、移動過程を描写の欠如と相聞的な要素の増加によって、「羇旅」にはならなかったと考えられる。そのため、羇旅歌の基準は、官僚の旅の歌のみならず、都から離れる過程を詠み出す歌であるという基準も存在すると言えるだろう。加えて、赤人は人麻呂、黒人と同様に下級官僚の一人であって旅に関する歌が多く残されているが、万葉集編纂の時期から見れば、人麻呂と黒人は万葉第二期の歌人であるのに対して、赤人は第三期の歌人である。従って、羇旅歌の古歌の規範性を示すために、人麻呂と黒人のみが「羇旅」と命名されたことも、赤人歌六首が「羇旅」にはならなかった理由の一つと考えられるだろう。なお、赤人歌六首相聞的な要素が増加する特徴は、第二期から第三期に渡る旅歌の変化、及び巻十二「羇旅発思」という題詞の出現とは関わっていると思われる。この問題については、別稿に譲りたい。

5. おわりに

　柿本人麻呂羇旅歌八首、高市黒人羇旅歌八首の両歌群は、巻三に存在している複数の編纂意識の共同作用によって形成されたものだと言える。本稿は作歌事情の有無、旅の性質、中国漢詩における「羇旅」との比較、及び山部赤人歌六首との相違点から、複眼的にその両歌群を考察し、巻三雑歌における題詞「羇旅」の選別基準を探った。考察結果は以下のようになる。

　「羇旅」という題詞が巻三において用いられたことには必然性があり、巻三の編纂者の意図と関わっていると言える。その意図として、共通する主題が有する歌を一つの題詞にまとめ上げる意識、及び天皇を中心とする旅との区別にあると幾つかの根拠を示した。編纂者は、都から離れる官僚の旅の様相を呈示するために、中国漢籍における「羇旅」の「家或いは都から離れるところに滞在する」という意味を変容させたことが想定される。そのため、羇旅歌の選別基準は、官僚の旅の歌であると同時に、都から離れる過程を詠み出す歌である必要があると思われる。従って、同じく巻三に収録された赤人歌六首は旅歌の多様性、叙景性を示したが、移動する過程の描写の欠如と相聞的な要素の増加によって「羇旅」にはならなかった。

注

[1]市瀬雅之「『万葉集』巻三「雑歌」部の構想」『梅花日文論叢』(23)2015年.pp1-11.

[2]扇田忠雄氏は、柿本人麻呂羈旅歌八首の構成について、連作ではないことを判断して「連作に近い効果を持った作品」であると指摘した(扇田忠雄「万葉の連作」『万葉』(60)1966年.pp43-55)。西宮一民氏の『万葉集全注』(『万葉集全注巻第三』東京:有斐閣、1990年)では、八首全体が一度以上の旅の歌で構成されていると論じ、前の六首が西下の歌であるのに対して、後の二首が東上の歌であると主張している。従って、柿本人麻呂羈旅歌八首は連作ではなく、編纂者の意図によって形成されたものという説は徐々に定着になった。高市黒人羈旅歌八首について、従来の研究では、この八首は集合体か構造体かという論争が見られる。村瀬憲夫の論では、編纂者が人麻呂の八首の形を規範として黒人羈旅歌八首を編纂したという説は有力である(「黒人歌の採録と編纂」尾崎暢殃等(編)『高市黒人―注釈と研究―』東京:新典社,1996年)。

[3]高松寿夫「山部赤人の作品と『万葉集』巻三・巻六の性格」『文学』(16(3))、2015年.pp64-79.

[4]本稿における和歌の引用はすべて西本願寺本万葉集を底本とした『日本古典文学全集―万葉集』(小島憲之等校注、小学館、1971年)によるものである。

[5]中国漢籍における「羈旅之臣」は避難などの原因で他の国に流離って官職を与えられた人を指す。最初の用例は『漢書』に記された陳完の話である。陳完が避難するために斉国に身を寄せ、斉桓公に官位を与えられた時に、陳完が「私は今羈旅の臣であるため、幸に負担を免れられるのは、すべて君の恵みである。敢えて高位に得られるのか。」(完曰、羈旅之臣、幸得レ免二負擔一、君之恵也。不三敢當二高位一。)と答えた。従って、関谷氏が言った「羈旅之臣」の指す意味とは異なっている。

[6]関谷由一「柿本人麻呂「羈旅歌八首」の位置―〈羈旅〉主題化の始発―」『国語国文研究』(144)2013年.pp14-31.

[7]折口信夫「文学様式の発生」『折口信夫全集4』東京:中央公論社,1955年.pp136-146.

[8]伊藤博「近江荒宮歌の文学史的意義」『万葉集の歌人と作品 上』東京:塙書房,1976年.pp205-239.

[9]梶裕史「万葉羈旅歌論」『三田国文』(9)1988年.pp1-15.

[10]昭明太子蕭統輯『新釈漢文大系82―文選 文章篇上』原田種成訳注,東京:明治書院,1994年.p82.

[11]昭明太子蕭統輯『新釈漢文大系15―文選 詩篇下』内田泉之助他訳注,東京:明治書院,1964年.p229.

[12]歐陽詢撰『芸文類聚』汪紹楹校注,上海:中華書局,1965年.p508.

[13]昭明太子蕭統輯『新釈漢文大系15―文選 詩篇下』内田泉之助他訳注,東京:明治書院,1964年.p416.

[14]李乃龍『文選文研究』桂林:広西師範大学出版社,2013年.p56.

[15]房玄齢等纂『晋書 第四冊』上海:中華書局,1982年.p1006.

[16]西宮一民『万葉集全注巻第三』京都:有斐閣,1990年.p53.

[17]小島憲之校『日本古典文学大系69―懐風藻 文華秀麗集 本朝文粋』東京:岩波書店,1964年.p156.

[18]直木孝次郎他訳注『東洋文庫524―続日本紀1』東京:平凡社,1988年.p56.

[19]上田正昭「万葉時代の中央と地方」『万葉集講座2思想と背景』東京:有精堂,1973年.pp34-50.

[20]村瀬憲夫「黒人歌の採録と編纂」尾崎暢殃等(編)『高市黒人―注釈と研究―』東京:新典社,1996年.pp430-436.

[21]例えば、吉川貫一氏は「「山部宿弥赤人歌六首」(三・三五七―三六二)は羇旅という語はなく人麻呂、黒人の前の群作に比して、主題の統括性は乏しいが、内容はやはり羇旅詠の群作である。人麻呂から黒人へ、黒人から赤人へ結実する自然を凝視する客観描写の新しい歌が醸成される機運、叙景歌の胎動の機運が、こうした羇旅詠の集録となって現われたものと考える。」と述べている(「万葉集羇旅歌考―行幸・従駕の歌と巻七「羇旅作」を中心にして―」『文林』(2)、1967年.84-107.)。また、奈良公俊氏は「赤人の歌群は、題詞に「羇旅」の二字がなく、また歌数も八首ではなく六首と二首が少なが、形式・資料ともに人麻呂、黒人の歌群に近似している点を取りあえず認めてよいとすれば、これをその系列下に属する歌群と位置づけることもできよう」と論じている(奈良公俊「赤人の方法―万葉集巻三雑歌六首の構成について―」上代文学(79)1997年.pp95-109.)。

[22]高松寿夫前掲論文。

[23]犬養廉等編『和歌大辞典』東京:明治書院,1986年.p509.

[24]奈良公俊「赤人の方法―万葉集巻三雑歌六首の構成について―」上代文学(79)1997年.pp95-109.

[25]奈良公俊前掲論文。

参考文献

市瀬雅之.2015.「『万葉集』巻三「雑歌」部の構想」『梅花日文論叢』(23).pp1-11

伊藤博.1976.「近江荒都歌の文学史的意義」『万葉集の歌人と作品　上』.塙書房,pp205-239

犬養廉等編.1986.『和歌大辞典』.明治書院

上田正昭.1973.「万葉時代の中央と地方」『万葉集講座2思想と背景』.有精堂.pp34-50

扇田忠雄.1966.「万葉の連作」『万葉』(60).pp43-55

折口信夫.1955.「文学様式の発生」『折口信夫全集4』.中央公論社.pp136-146

欧陽詢撰.1965.『芸文類聚』汪紹楹校注.中華書局

梶裕史.1988.「万葉羇旅歌論」『三田国文』(9).pp1-15

小島憲之校.1964.『日本古典文学大系69―懐風藻文華秀麗集本朝文粋』.岩波書店

昭明太子蕭統輯.1964.『新釈漢文大系15―文選詩篇下』内田泉之助他訳注.明治書院

昭明太子蕭統輯.1994.『新釈漢文大系82―文選文章篇上』原田種成訳注.明治書院

関谷由一.2013.「柿本人麻呂「羇旅歌八首」の位置―〈羇旅〉主題化の始発―」『国語国文研究』(144);pp14-31

高松寿夫.2015.「山部赤人の作品と『万葉集』巻三・巻六の性格」『文学』(16(3)).pp64-79

直木孝次郎他訳注.1988.『東洋文庫524―続日本紀1』.平凡社

奈良公俊.1997.「赤人の方法―万葉集巻三雑歌六首の構成について―」上代文学(79).pp95-109

西宮一民.1990.『万葉集全注巻第三』.有斐閣

李乃龍.2013.『文選文研究』.広西師範大学出版社

房玄齢等纂.1982.『晋書　第四冊』.中華書局

村瀬憲夫.1996.「黒人歌の採録と編纂」尾崎暢殃等(編)『高市黒人―注釈と研究―』.新典社.pp430-436

吉川貫一.1967「万葉集羇旅歌考―行幸・従駕の歌と巻七「羇旅作」を中心にして―」『文林』(2).pp84-107

日本天狗的得脱及其意义
——以绘卷《七天狗绘》"绘词"为中心

北京外国语大学　霍　君

要旨:「天狗得脱」は中世に入ってから、天狗物語が現した新たな特徴の一つである。が、天狗の研究史では、この特徴が見逃されているようである。本論では、天狗得脱を描いている絵卷『七天狗絵』を取り上げ、その詞書に注目し、「天狗得脱」と作品における意味を検討する。天狗が驕慢我執をもつ僧侶の転生であったり、また僧侶をたとえられたりすることになるのは当時仏法界の現状への批判である。そして、作品における「天狗得脱」の意味は驕慢我執の除去し、僧侶が真の道心を起すことによって、はじめて諸宗和合を実現することができると指摘する。あわせて、「天狗得脱」に現れている僧侶の「道心」への重視が中世における僧侶の仏教信仰の一つの特質であることを論証した。

关键词: 天狗　天狗得脱　七天狗绘　魔佛一如　诸宗和合

1. 前言

天狗故事中所说的"天狗得脱"是指"天狗脱离'天狗道',或往生极乐或成佛"[1],但天狗原本是"反佛法"的象征。在日本院政期的天狗故事中,几乎看不到有关"天狗得脱"的描述[2]。涉及相关作品主要有绘卷《七天狗绘》《发心集》卷二中"僧人真净暂变天狗"故事,以及《比良山古人灵讬》。可以说,"得脱"是进入日本中世之后,当时人们赋予天狗的新特征之一。这三部作品中,比较全面细致进行描述的是绘卷《七天狗绘》。因此,本文主要以《七天狗绘》为研究对象。

对于该绘卷,近年来分别从绘画、思想史以及佛教史等方面进行了解读,其中对"天狗得脱"进行分析的主要是原田正俊[3],他论述的重点在于作品体现出的"本觉思想",而对"天狗得脱"的分析放在了得脱的方法上,即认为得脱是根据各宗的教理而实现的[4]。

《七天狗绘》为何选择依靠"各宗的教理"而实现天狗得脱,这一方法体现出绘卷创作怎样的目的。基于这些疑问,本文在考察《七天狗绘》对天狗认识的基础上,明确作品中"天狗得脱"的特征,探讨其在作品中的意义,进而揭示日本中世时期僧侣佛教信仰方面的特征。

2.《七天狗绘》及其内容概要

目前的研究认为《七天狗绘》创作于13世纪末(镰仓末期)。作者虽不详,但可以

推断是一位不仅精通诸寺各宗历史及其教理内容,而且还了解当时流行的一向宗、禅宗动向之人[5]。作品原本已散佚,目前已知最早手抄本(仅存绘卷的绘词与画中词)现存于日本神奈川县立金泽文库,属于镰仓末期之物。此外,在日本东京国立博物馆等处还收藏有室町时代的临摹本[6]。关于绘卷的题目,学界过去称之为《天狗草纸》,而目前的研究认为当时被称为《七天狗绘》的可能性很高[7],因此,本论文采用《七天狗绘》这一提法。另外,《七天狗绘》的内容,总体可分为四部分。

第一部分相当于作品序文,首先讲述了佛法由印度经中国传入日本,日本国内呈现出佛法繁荣、有智高僧辈出的局面。接着笔锋一转,作品描述了进入末法之后,僧侣变得骄慢我执,成为了天魔外道同党的信仰现状。之后作者说明了创作此绘卷的目的是明示诸寺各宗的偏执,并明示了作画时间。最后,作者由"七慢"引出"七类天狗",并说明了"七天狗"与兴福寺、东大寺、延历寺、圆城寺、东寺这五寺的僧人以及山伏[8]与遁世僧的对应关系。所谓"七慢"是世俗之人所具有"慢心"的七种体现。

第二部分具体叙述诸寺各宗的僧人如何变为天狗,首先分别讲述了兴福寺、东大寺、延历寺、圆城寺、东寺之创建乃受天皇之敕命,列举了辈出之高僧,明示了各寺守护国家之功绩及与朝廷的关系。其后,作者回转笔锋,批判各寺僧侣以本寺本宗为傲,变得骄慢我执,最终成为了天狗。作者在批判了以上五座寺院之后,将视线投向山伏与遁世僧,首先介绍了二者各自的发展史,之后批判了当时的山伏与遁世僧同样心怀骄慢我执,最终变为了天狗。

在第三部分,作者讲述了天狗妨碍佛法之蜂起。一开始作品将场景设定在众天狗集会的爱宕山。在集会上众天狗决定妨碍佛法,兴隆魔界。紧接着,作品讲述了"西山遁世僧与天狗"[9]""延历寺小僧心神化为天狗被圆城寺僧人割鼻"与"天狗伪来迎诳骗念佛僧"三个天狗故事。由于故事中的天狗基本上没有获取很大的成功,众天狗为此又进行了第二次集会。在集会上,处于末座的天狗,首先提议让世间之人修"净土门"与"禅门"之法,以其乱众生之修行,但此提议遭到其它天狗反驳。它们认为如果净土门与禅门也具有"至诚心",也是"真修行"的话,同样也会使众生得道往生。这一末座天狗听闻后,又献出了如空中散花、显现紫云以及展示小神通等计谋。这样便得到众天狗的一致同意。于是,世间变得又不平静。

第四部分承接第三部分,讲天狗的得脱成佛。妨碍佛法大获成功的天狗满心欢喜,大摆宴席,其中一酒醉的天狗来到(京都)四条大桥附近的贺茂川的河滩边,发现架子上悬着肉片,正欲吞食却被挂肉的钩子吊住,结果被一"贱民"所杀。看到此惨状的天狗领悟到了"无常",并按照各宗的教理经过修行,实现了得脱。这部分中,陈述各宗教理的一段内容被称为"诸宗异解"。在天狗精进修行时,有些天狗对得脱还是存有疑惑,所以,在"诸宗异解"后是天狗讨论"魔界"以及"堕入魔界后能否得脱"的"天狗问答"。作品最后在"魔佛一如"的认识下,以重新解释"骄慢"与"我执"以及重新定义"天狗"结束[10]。另外,被认为是"跋文"的部分[11]附在了"天狗问答"的末尾处。

3.《七天狗绘》中对天狗的认识

从以上概述中可知,作者在序文中讲到了当时的僧人变为了天狗这一现象。至于

当时的僧人变为天狗的原因,作者叙述如下:

> ①抑上古をもて末代をはかるに、(僧侶)学若牛毛猶麟角に成れば、正法を受け習ひて、邪見に引き入るる事多かるべし。其故者諸寺諸山の草創は聖代明時、御願いづれも勝劣無ければ、その流を汲む人は互ひに我執の深さもまた理なり。②顕密二宗の学者南北二京の禅侶、徴用の大業を事として論義決択に向ひて一代を習学す。これ猶出世の本懐には背けり。③況又その桑門の隠侶、殊に我執矯慢の思深く、僻案の因永く、無上菩提に非ず。④明智の呵する所不可不恥哉。かくのごとく偏執の類を見るに偏に天魔外道の伴侶とならむものをや[12]。

> (盖以上古思末代,(僧侣)学若牛毛尤成麟角,受习正法而入邪见者甚众。诸寺诸山之草创为圣贤之代开明之时,圣愿均无胜劣,故后学之人彼此我执亦深。显密二宗的学者、南北二京的僧侣,以征用大业为事,而论义决择,习一代教法。此犹背出世之本怀。况又有佛门遁世僧,我执骄慢之念殊深,邪思日久,非无上菩提。为明智所苛责,不可不以为耻。如此观之,偏执之类岂不为天魔外道之同党?[13])

引文①中包含了两个方面的内容。首先,作者以古观今,发现在末法时期很多有智高僧被引入了邪见,究其原因在于各寺的僧人彼此之间"我执"很深。其次,说明"我执"产生的原因,如划线部分所示,即各寺均是圣明的天皇发愿下建立的,并且诸位天皇所发弘愿也都没有优劣之分。因此,至末法之时,各寺院都以本寺为傲,僧人之间便产生了"我执"。对于产生"我执"的这种认识,作品在阐述正统宗派的僧人变为天狗的原因时,均是首先列出各寺的辉煌历史后,批判僧人由此优越感而产生骄慢我执,以至变为了天狗。比如,作者在叙述兴福寺的现状时,首先讲述了该寺作为藤原氏的"氏寺"而繁荣,寺中高僧还主持国家重要的法会"维摩大会",由此,"兴福寺众徒执心益深骄慢益盛,皆成为天狗[14]"。作品描述的对本寺本宗的"我执",反映的是当时寺社成为"权门"后,各寺之间为维护权威、扩张势力而产生对立的问题。所谓"权门"是日本中世时期统治国家的势力,其中不仅有公家与武家,还包括寺院和神社[15]。在"权门体制"下,各寺院都通过强调自身的优越性,以此接近权门贵族,从而得到支持,取得更多的庄园土地以及下属寺院等,由此各寺之间争斗不断[16]。

在这种情形之下,寺院僧人"以征用大业为事","征用"此处指"出仕国家事务中的法会"。僧人主持国家级别的佛法法会,这自然也是为了获得更多的利益和名声。显密二宗的僧人热衷于出仕国家的法会,为此而"论义抉择"[17],这是与佛陀出世的本愿相悖。另外,佛门的遁世僧则是我执骄慢之思很深,这种错误的想法也日久,这样证不得无上菩提。面对此种状况,作者不禁发出感叹,并批判道"偏执之类岂不成了天魔外道之随行者(引文④)"。

引文中的描述说明了正统宗派的僧人与山伏、遁世僧,均因骄慢我执的原因成为了天魔外道的同党。面对如此局面,作者决定绘七类天狗以示诸寺各宗的偏执。为此,作者再次强调僧人堕入魔界的原因,以引出七类天狗。

⑤魔界の果報は憍慢をもて正因とし、諂曲をもて助業とす。慢に七種あり、いはゆる卑慢・慢・過慢・慢過慢・我慢・邪慢・増上慢これなり。これによりて日本国の天狗多しと云へども、七類を出でず、これ即ち興福・東大・延暦・園城・東寺・山臥・遁世の僧徒なり。⑥これ皆我執に住し憍慢を抱き名聞を先とす、利養を事とす。かるが故に、つねに魔界に堕す。

（魔界的果报以骄慢为正因，以谄曲为助业。慢有七种，即卑慢・慢・过慢・慢过慢・我慢・邪慢・增上慢。由此，虽说日本的天狗众多，然不出七类，即兴福・东大・延历・园城・东寺的僧徒以及山伏、遁世僧。此皆住于我执，怀有骄慢，以名声为先，以利益为事。因此，常堕入魔界。）

引文⑤首先强调堕入魔界的主要原因是"骄慢"，作为助力的是"谄曲"。所谓"谄曲"，"谄（音'涛'）"为"可疑"[18]之意；"曲"为"不直"。如在《大萨遮尼干子所说经》中有"邪见之罪亦令众生堕于地狱畜生饿鬼。<u>若生人中得二种果报。一者常生邪见家。二者心常谄曲。</u>[19]"，意思是说"邪见"会让人堕入三恶道，若生于"人间"的话则有两种结果，一是"生邪见家"，二则是心怀"谄曲"。可见"谄曲"与邪见有相通之处。

其次，作者由"骄慢"的"慢"引出了"七慢"，对应了"七类天狗"。引文⑥作为总结，说明了怀有我执与骄慢、奔波于名声利益的僧人终会堕入魔界。

从以上的内容可以看出，在"末法"这一大背景下，有智高僧虽受习佛法，但却因"骄慢我执"堕入了魔界，成为了天狗。作品将在世的心怀骄慢我执的僧人比喻天狗，是对僧人无真正求道之心的批判。此外，"骄慢我执"的天狗的出现是与当时佛教界的状况密不可分的，比如，作品涉及到的寺院的"权门化"问题。

骄慢我执之僧被视为天狗并不是《七天狗绘》所独有，而是日本中世时期对天狗一个比较普遍的认识，比如在延庆本《平家物语》卷三"法皇灌顶"中对天狗也有同样的描写。然而，在《平家物语》中天狗是无求道之心、不得往生僧人的转生[20]，而在《七天狗绘》中的天狗并不完全是指不得往生僧人的转生，现实世界中的僧人也被作者比喻为天狗，这正是对当时现状，即僧人无求道之心的严厉批判。

4.《七天狗绘》中"天狗得脱"的特征

作品中，天狗是看到同类被杀后，才发现"三界无安犹如火宅，魔宫也是三界之舍；常有生老病死忧患，天狗也是四苦之身[21]"始悟无常，于是各自讲述了自己所属宗派之教理。与七类天狗相对应，分别陈述了净土、天台（延历寺、圆城寺[22]）、华严（东大寺）、法相（兴福寺）、三论、禅与真言（东寺）七个宗派在末法时期如何求得解脱的内容。

在陈述完各宗教理之后，有一段"天狗长老"的陈述，其内容值得关注。

天狗の長老云、(1)いづれもいづれも貴けれども、<u>各々になお本意を執して我執未だ除こらず聞きたり。(2)所詮いづれの教</u>にでも急ぎ精進に修行して早く吾身の無常を観じ生死の本源に達し給へと云ければ、

（天狗长老说道："各宗的教理都很尊贵，但是听起来各位仍执于本意，未消除我执。<u>那任一教理便好</u>，快些精进修行，早日悟吾身之无常达生死之本源。"）

天狗长老的话中有两层意思。首先(1)是天狗长老对众天狗的责难,是说各位所说的都很尊贵,但是听起来却还是没有消除我执。在陈述各宗教理的内容中,比如真言宗主张"密教为诸宗最高之教[23]";禅宗也说自己的教派为"超越诸宗之法、踏毗卢顶上直指之宗[24]"。从这两个例子来看,各宗还是有夸耀本宗教理的倾向。

其次(2)的内容是天狗长老的建议,即,任一宗派的教理便好,快些精进修行实现得脱。(1)中的"いづれもいづれも"及"各々"应该是与(2)的"いづれの教にでも"相呼应的。前文中醒悟后的天狗各自陈述各宗的教理,以期求解脱,但是"各自陈述各宗的教理"本身就是一种执着于"我宗"的行为[25],所以天狗长老才责难道"各位还未消除我执"。与"各々"相呼应的"いづれの教にでも"则是表明要求各宗之间要平等,暗含着消除我执的意思。

由上述分析可知,原田正俊所说的通过各宗教理实现得脱的方法是有一个前提存在的,在作者看来应是在各宗平等的条件下实现得脱,而且期望能够实现各宗平等和合是作者创作该作品的目的。另外,此处的天狗长老在天狗中是什么样的一种存在,它的出现反映出了作品怎样的问题,也是今后值得考虑的问题。

在天狗精进修行时,有些天狗对得脱还存有疑惑,所以在"诸宗异解"后是讨论"魔界"以及"堕入魔界后能否得脱"的"天狗问答"。此后,天狗发菩提心实现了得脱。以下的内容是对天狗得脱后的描述。

  (3)或は天狗の身を捨てて十方の浄土に往生し、(4)或は無縁の慈悲を起して長劫の修行に趣むき、或更転方便即成毘盧遮那と云て、此魔界の身を転じて毘盧の色身を成し、或は天狗の身を不改して、則法界を開く、(5)魔界種々なりと云へども、十界を不出、十界具足方名円仏なれば、魔界則仏界の一徳に非や。
  (有的舍天狗之身往生十方净土;有的起无缘慈悲入长劫修行;有的说要更转方便即成毗卢遮那,便转此魔界之身成毗卢色身;有的不改天狗之身,即开法界。虽说魔界种种,但不出十界,十界具足方名圆佛,魔界岂非佛界一德?)

引文(4)中的"色身"是指有色有形之身,与法身相对;"法界"原为佛教中"十八界"之一,此处的"法界"应如川田雄太郎指出的,是与佛教中的"真理""真如"相同[26]。(3)中的天狗往生到了净土,而(4)中有天狗发无缘慈悲后长劫修行,有转魔界之身成为毗卢遮那色身,还有天狗不改其身。这一叙述说明了(4)的天狗仍身处魔界之中。针对此种情况,引文(5)便叙述到了,十界具足才能成为圆佛,所以魔界即是佛界的一德。最终,天狗的得脱收敛于"魔佛一如"的认识之下,虽身处魔界也可实现得脱。

在"魔佛一如"的认识下,作品对骄慢与我执进行了新的诠释。

  魔界の能因の業は驕慢我執の心なり。然るに慢はこれ慢清浄菩薩と顕はれて十七尊の随一なり。我は無我の中の大我常一主宰の義なれば、法界に於て自在を得たり。常楽我浄の中には我波羅蜜はなり。
  (堕入魔界的业因是骄慢我执之心。然"慢"者显现为慢清净菩萨,为十七尊之一。"我"为无我之中大我,常一主宰之义,于法界中得自在;长乐我净之中我波罗蜜是也。)

引文当中作者赋予了"骄慢"与"我执"新的含义。"慢"转为了"慢清净菩萨";"我"也含有了"大我"与"我波罗蜜"的意思。所谓"慢清净"即"十七种清静"的一种,而"大我"则为远离我执达到真如永远自在的境界之意,"我波罗蜜"是"长乐我净"中的四德之一,意为达到自在无碍之境地。

同样,作者也对天狗做了重新的定义。

抑天狗と云は天は<u>光明の義・自在の義、是則仏界を表す</u>。狗と云は<u>癡闇の義・不自在の義、これ生界を示す</u>。是に知ぬ。<u>生仏不二</u>の故に天狗と云ひけるにや。又<u>天と云は天曼荼羅、是金剛界也</u>。狗と云は<u>地曼荼羅、すなはち胎蔵界なり</u>。故に両部不二の故にも天狗とは号しけり。此 即事而真の法門 を悟りて諸の天狗皆成仏得脱しけるとなん。

(蓋天狗者,天为光明之义、自在之义,以表佛界;狗为痴暗之义、不自在之义,以示生界。由此可知。生佛不二故名曰天狗。又,天名天曼荼罗,为金刚界也;狗名地曼荼罗,即胎藏界。故两部不二,故号天狗。悟此即事而真之法门,诸天狗皆成佛得脱。)

首先,天狗中的"天"是光明、自在之意,表示佛界;"狗"是黑暗、不自在之意,代表生界。因众生与佛陀不二的缘故,才称为天狗。其次,"天"又是天曼陀罗,为金刚界;"狗"又为地曼陀罗,即为胎藏界。又因两部不二之故,所以称为天狗。因此,天狗悟"即事而真"之法门皆得脱成佛。所谓"即事而真"为现象本身即为真理之意。作品通过对"天"与"狗"的重新诠释,从"反佛法"的天狗身上看到了佛性的存在,这也正如《比良山古人灵讬》的作者庆政在规劝天狗时所说的,即"魔界之心皆有佛性。常恒而不变易。[27]"。

综合以上的分析,可以看出在"魔佛一如"的认识下,作品通过对我执、骄慢重新解释,以及对天狗重新理解,从"反佛法"的天狗身上看到了佛性,从而使得天狗能够实现得脱。可以说这是在承认天狗魔性的前提下实现得脱的。

5.《七天狗绘》中天狗得脱的意义

作者在"跋文"中表明了创作的主旨,借此我们可以了解到作品中天狗得脱的意义。"跋文"原文如下:

(a)蓋斯画図之趣其謂<u>無私</u>。(b)［b₁］所謂諸寺之草創、是明王勅願、大権蹤跡也。八宗之旁流、則如來真説、菩薩直語也。［b₂］故寺而無可捨、宗而莫可偏。［b₃］然間、守其矩範、鎮一朝艾安之懃。匪懈既厥妙理、三世常恒之旨柄焉。［b₄］依之、貴賤遍帰、緇素宜崇。

(c)然而時暨末法、人赴邪見、故所住僧侶、能学衆徒、互争偏執之鋒、頻築堅嫉之楯、宛背意。(d)以彼思此、霊寺之衰微、法門陵廃、不可不出者也。

(e)高野大師遺誡曰:<u>上下無諍論、長幼有次第。如乳水之無別、護持仏法、如鴻鴈之有序、利益群生</u>。若能護巳、即名仏子、若違斯義、即魔党。魔党即非吾弟子、吾弟子則非魔弟子云々。深可思之耳。

跋文共分五部分。首先，引文(a)交代了作品的主旨，即为"无私"。其次，引文(b)阐述了末法之前佛教界的繁盛，此处也可以理解为作者理想的佛教界状况。一开始的[b_1]陈述了诸寺的创建是诸位明君的愿望，也是日本本国神祇所在之处，继承八宗之学的僧侣接受的是如来与菩萨亲口所说的佛法。此处，作者陈述这样的事实，想强调的是诸寺各宗之间是没有优劣之分。由此，[b_2]则表明了诸寺各宗皆不可舍弃不可偏废。在诸寺各宗不舍不偏的状态下才出现僧人守护国家安危，精通佛法真理，即[b_3]中所描述的结果。如此才会出现[b_4]所描绘的佛法繁荣的局面，即"贵贱皈依，僧俗崇敬"。

作者叙述完理想的状态之后，转而将视线转到现实当中。如作品在开头所描述的一样，引文(c)的描写反映了进入末法后僧人产生邪见，起"偏执"与"坚嫉"。这里的"偏执"和"坚嫉"的本质应该和作品开头所说的"我执骄慢"是一致的，都是对僧人求道心缺失的批判。"以彼思此"，作者由(c)中僧人起"偏执"与"坚嫉"，从而导致了(d)"寺院衰微、法门荒废"。从这里可以看出，对于当时佛法的衰微，作者是从僧人求道心的缺失来寻找原因。

最后，引文(e)的内容引自空海"承和遗训"[28]。"承和遗训"一方面是说明任命僧杲邻、实慧与智泉为寺院的三纲的理由，另一方面在训诫僧人要维护僧团的和合。空海从梵语"僧伽"一词译为"一味和合"出发，阐发了引文(e)中的内容，强调了破坏和合即为魔党。"跋文"引用"承和遗训"的目的就在于阐明作者希望僧人可以消除骄慢与我执，诸寺各宗之间能够保持和合。

从跋文的内容可以看出，作者所说的"灵寺之衰微、法门陵废"，是由于僧人骄慢偏执而导致的，为了挽救佛法衰微的局面，作者期望诸寺各宗之间能够实现和合。而要实现和合，则必须消除骄慢与我执。

由此看来，作品中"无私"的内涵应该是指通过消除骄慢与我执来实现诸寺各宗之间和合，其中天狗得脱的意义就在于对僧人的求道心提出了要求，通过发起真正的信仰心来实现佛法的重新振兴。

6. 对僧人求道心的重视

《七天狗绘》延历寺卷中，关于天台宗中兴之祖慈惠转生为天狗，作者作了如下描述：

(A)御廟の先徳慈恵は、仏法擁護のために魔界の棟梁とし、地主二の宮権現は天狗をもて使者とし給ふ。かるがゆへに一切天狗みな我山の徒衆、御廟の伴薫なるものをや[28]。

(贵寺的先德慈惠，为守护佛法而成为魔界栋梁，地主神二宫权现以天狗为使者。如此，一切天狗岂非为我山的僧徒、贵寺的同党？)

地主神"二宫权现"是指药师如来的本地化身。延历寺的僧人慈惠为了守护本寺而成为了魔界的栋梁，两位地主神也以天狗为使者。这样一切天狗成为比叡山的僧徒、延历寺的同党。慈惠是首创并拥有"僧兵"的人物，并且为了本寺的利益不惜与其它寺院、宗派大起干戈，比如围绕着余庆法师就任法性寺住持的问题，巷间就流传着余庆之死是由慈惠一手策划之传言[29]。引文(A)中的慈惠"为守护佛法成为魔界栋梁"中

"守护佛法"的实质是为了维护该寺的利益,与《七天狗绘》的作者对当时现状的批判是一致的,是在强调僧人求道心的缺失。

根据引文(A)的描述,慈惠转生成天狗,然而在《今昔物语集》(以下称《今昔》)当中,慈惠则是降服天狗的人物。卷二十第二篇故事"中国天狗智罗永寿渡海来本朝"中,中国天狗渡海来挑战日本高僧,依次遇到了余庆律师、饭室寺的深禅权僧正和慈惠大僧正,接连被这三位高僧制服。该故事通过日本高僧降服中国天狗来强调日本佛法的优越性[30]。此外,值得注意的是,强调日本佛法优越性是通过展现日本高僧的高超法力而实现的。中国天狗被慈惠大僧正制服后,有如下一段坦白。

(B)震旦ヨリ罷渡タル天狗也。渡給ハム人見奉ラムトテ此ニ候ヒツルニ、初メ渡給ヒツル余慶律師ト申人ハ、火界ノ呪ヲ満テ通給ヒツレバ、輿ノ上大ニ燃ユル火ニテ見エツレバ、其ヲバ何ガハセムト為ル。己レ焼ケヌベカリツレバ、逃テ罷去ニキ。次ニ渡リ給ヒツル飯室ノ僧正ハ不動ノ真言ヲ読テ御シツレバ、制多迦童子ノ鉄ノ杖ヲ持テ、副テ渡リ給ハムニハ、誰カ可出会キゾ。然バ深ク罷リ隠レニキ。今度渡リ給フ座主ノ御房ハ、前々ノ如ク、猛ク早キ真言モ不満給ズ、只止観ト云フ文ヲ心ニ案ジテ、登リ給ヒツレバ、猛ク怖シキ事モ無ク、深クモ不隠ズシテ、傍ニ罷寄テ候ツル程ニ、此ク被搦レ奉テ、 悲キ目ヲ見給ツル也[31]。 『今昔』卷二十第二話

(我是来自震旦的天狗。为了见路过此地的人而在这里等候。首先经过的是余庆律师,他一字不漏地诵着火界咒通过,看到轿顶上燃着烈火,我又能把他如何。因为可能会烧了自己的身子,故只得逃去。接着过来的是饭室寺的僧正,他口诵不动真言,制多迦童子手持铁杖相随。谁又敢与他相会?因此我就深深隐藏起来。这次经过的是方丈圣僧,并不像第一位余庆律师一字不漏地诵着又凶又快的真言,只是心中默念着摩诃止观的经文而来,所以我没有非常害怕,也没有躲得很深,当我要靠近的时候就被你们抓住了。我真是倒霉啊。)

引文(B)中降服天狗的方法是余庆律师使用火界咒,饭室寺僧正口诵不动真言,慈惠大僧正心中默念摩诃止观经文,可以说这是从学习掌握高深法力这个方面来彰显高僧佛法的。

又如,《今昔》同卷第五篇故事"仁和寺成典僧正见天狗化尼"中,成典僧正被描述为"(他是)拜广泽的宽朝大僧正为师,受习真言密法,多年来从不懈怠修行密法,后来升任僧正的人[29]"。此例当中也是通过学习掌握真言密法来称赞成典僧正。

与掌握高超的法力相比,引文(A)背后更注重僧人内在的求道心。从对以上两段引文的比较可以看出,进入中世之后对于僧人的求道之心更为关注,反映出了中世时期佛教信仰的一个特征。

除《七天狗绘》体现出重视僧人的求道心外,与它同时代的《沙石集》也反映了对求道心的重视,其中有讲春日大明神尊重僧人求道心的故事。

有一南都的学问僧,刻苦钻研佛法,其博学的名声也传扬在外。一次,他在春日神社闭关祈祷,春日大明神显现在他梦中,回答了僧人不解的问题,但是大明神却没有显

出真容。于是，僧人就在梦中申辩说自己学习佛学已有多年，如今参拜明神，拜听了教诲，如果再能看到真容，那更是无上心喜。然而春日大明神却说："的确，正是因为有很难得的修行佛学的功夫，所以才作这样的佛学问答。但是因为你没有求道心的缘故，才不想与你相见[30]"。学问僧梦醒之后自觉十分愧疚。

故事当中，春日明神因为学问僧有勤学之功而应答，但是因为僧人没有求道心的缘故不愿与他真容相对。此处也说明了在学问与求道心两者之中，侧重的是求道之心。

7. 结语

"得脱"是日本中世时期相关作品中体现出来的天狗的新特征之一。此特征的出现与当时佛教界的状况有着密切的关系。心怀"骄慢我执"的僧人就被形容为是"天狗"，这是对僧人无求道之心的批判。在《七天狗绘》中，作者希望能够消除僧人的骄慢与我执，以此实现诸寺各宗之间的和合，而天狗得脱的意义就在于使僧人发真正的求道之心，实现佛法的复兴。此外，天狗得脱体现了日本中世时期佛教信仰当中重视僧人求道心的特质。

本文主要讨论了《七天狗绘》"绘词"当中有关天狗得脱的内容，今后将继续探讨绘画当中对天狗形象与天狗得脱的刻画，以及《发心集》中天狗得脱所具有的意义。

注

[1]《发心集》当中的僧人因执念堕入天狗道，后由其母供养，使他极乐往生。对往生的描述为「唯今ぞ、既に不浄身を改めて、極楽へまゐり侍る」(使用文本　新潮日本古典集成『方丈記　発心集』. 新潮社. 1988. p117)。《比良山古人灵托》中，作者庆政在最后劝说天狗脱离天狗道，所说内容为「出離の道に御意を挿まるるべきなり。魔界の心にも皆、仏性有り。常恒にして変易無し。」(使用文本　新日本古典文学大系『宝物集　閑居友　比良山古人霊託』. 岩波書店. 1996. p475)。

[2]例如在《今昔物语集》卷二十第三篇故事"天狗现佛身坐数端"中，幻化为佛身的天狗坐在树端奇光四射，引来很多人礼拜，但是被光大臣识破后，从树上跌落了下来，失去威力的天狗被小童杀死。这里的天狗便是一种不能得脱的形象。

[3]原田正俊. 1998.「『天狗草紙』に見る鎌倉時代後期の仏法」.『日本中世の禅宗と社会』吉川弘文館. pp105-150；1996.「『天狗草紙』を読む」.『歴史を読みなおす2　古代から中世へ』. 朝日新聞社. pp18-29

[4]原田正俊论述原文为「『天狗草紙』ではおのおのの天狗が各宗の教義にならい、仏法を修め得脱することとされる。浄土・天台・華厳・法相・禅さらに諸宗最頂の教えである真言密教によって得脱できると説かれるのである。」参考原田正俊. 1996.「『天狗草紙』を読む」. p28

[5]参考阿部泰郎. 2003.「『七天狗絵』とその時代」.『文学』. 4-6. pp60-84
　　高橋秀栄. 2003.「『七天狗絵』の詞書発見」.『文学』. 4-6. pp85-112

[6]七卷具体收藏情况为：兴福寺卷(模本)、东大寺卷(模本)、延历寺卷、东寺卷藏于日本东京国立博物馆，圆城寺卷为宫本长兴个人收藏，三井寺卷(A)为中村庸一郎个人收藏，另外一卷三井寺卷(B)藏于日本东京根津美术馆。收录于『天狗草紙・是害房絵』[(新修日本絵巻物全集　27). 梅津次郎編集担当. 角川書店. 1978]、『土蜘蛛草紙・天狗草紙・大江山絵詞』[(続日本絵巻大成　19). 小松茂美[ほか]執筆. 中央公論社. 1984]

[7]参考高橋秀栄论文,同注5
[8]山伏:为日本修验道行者之称
[9]原文有缺,故只举故事中人物
[10]"天狗问答"后至作品结尾部分称为"传口释"
[11]关于"天狗问答"后所附内容,有研究认为它属于"序"的部分,如高桥荣秀的见解,同注5;另外有研究将其划为"跋文",如阿部泰郎,同注5。本论文采用阿部泰郎之说。
[12]使用文本『天狗草紙・是害房絵』。『新修日本絵巻物全集』第27册. 角川書店. p80。另,为阅读理解方便,本论文的引文中,假名均以平假名表示,浊音符号由笔者所加,部分假名改为常用日本汉字。以下同
[13]原文翻译均由笔者所译。以下同
[14]原文为「是によりて興福寺の衆徒執心いよいよ深く驕慢も殊に甚しく皆天狗になる」
[15]参考 黒田俊雄. 1994.「権門勢家・権門体制」.『黒田俊雄著作集 第一巻』. 法蔵館. pp47-54
[16]参考 黒田俊雄. 1995.「中世寺社勢力論」.『黒田俊雄著作集 第三巻』. 法蔵館. pp187-242
[17]写本与"绘卷"的原文均为「論義決釈」。根据笔者调查,应为"论义决择"。论义:又名议论、法问、问答等,其目的在于使对方明白佛理。决择:指决断简择。即以无漏圣智决断诸疑,分别简择四谛之相等。另,本文中出现的佛教用语均参考 丁福保. 1991.《佛学大辞典》. 上海书店,中村元. 1985.『佛教語大辞典』. 東京書籍株式会社 以下同
[18]参考 王力. 1998.《古代汉语词典》. 商务印书馆
[19]http://21dzk.l.u-tokyo.ac.jp/SAT2012/T0272_.09.0328c16;0328c18.cit(检索日期:2016年4月23日)
[20]其無道心ノ智者ノ死レバ、必ズ天魔ト申鬼ニナリ候也。…、八宗ノ智者ニテ天魔トナルガ故ニ、是ヲバ天狗ト申也。使用文本 北原保雄・小川栄一. 1999.『延慶本平家物語 本文篇 上』. 勉誠社. pp223-224
[21]原文:「三界無安猶如火宅なれば、魔宮もなを三界の舎。常有生老病死憂患なれば、天狗も是四苦の身なり。」同注15 p92
[22]括号内表示与作品中所列寺院对应关系。
[23]原文为「密教ハ諸宗最頂ノ教ニシテ」。
[24]原文为「諸宗超過ノ法ナレハ、毘盧ノ頂上ヲフム直指ノ宗」。
[25]山口真琴在分析此处时也认为,此处各自诉说各宗的行为是一种我执骄慢的表现。参考山口真琴. 2015.「諸宗論テクストと『七天狗絵』の生成をめぐって」.『国語と国文学』. 92-5. pp101-113
[26]川田熊太郎. 1962.「縁起と法界」.『駒澤大學文學部研究紀』. 21. pp21-41
[27]原文为「魔界の心にも皆。仏性有り。常恒にして変易無し」。同注2
[28]又名「高雄の山寺に三綱を択び任ずるの書」。参考『弘法大師空海全集 第六巻』解説. 1986. 筑摩書房. pp454-455
[29]使用文本『新修日本絵巻物全集』第27册. 角川書店. p84
[30]参考 原田正俊. 1998.「『天狗草紙』に見る鎌倉時代後期の仏法」. p115
[31]参考 新編日本古典文学全集『今昔物語集 3』解説. 2006. 小学館. p27
[32]使用文本 新日本古典文学大系『今昔物語集 4』. 1994. 岩波書店. p225
[33]原文「広沢ノ寛朝大僧正ヲ師トシテ、真言ノ蜜法受ケ学テ、年来行法怠ル事無クシテ、僧正マデ成上タル人也。」同注31,p231
[34]原文「実に修学の功有り難く覚ゆればこそ、かく問答もすれ。ただし道心の無き故に、面は向かへたうもなきなり。」 新編日本古典文学全集『沙石集』. 2003. 小学館. pp42-43

有島武郎『宣言』論
―書かれた女から書く女へ―

（日本）北海道大学　张　辉

摘要：在有島武郎初期作品《宣言》中，两个男主人公以女主人公为媒介建立起关系，通过竞争从对方那里获得对其男性气质的认可，并赢得同性社会关系中的优势地位。这也是男性为主体的情欲三角关系的固有模式。然而《宣言》的内容并不止于此，更是实现了对这种三角模式的改写。作品中，女性关系的出现，促成了前一个三角关系的瓦解。处于客体地位的女主人公通过女性为主体的三角关系的建立，颠覆了其客体地位。另外，从写作方法来看，整个作品由两个男主人公的之间的33封书信和女主人公的一篇手记构成。这33封书信构成了一个密闭的空间，充斥着关于女主人公秘密的交换，以及自我欲望的表达。女主人公的客体地位被表现的淋漓尽致。最后女主人公通过手记的方式表达自我。在这个过程中，女主人公实现了由被书写到自我书写的转变。《宣言》中所隐藏的女性为主体的三角关系正是长篇小说《一个女人》中女性关系的雏形。

キーワード：有島武郎　宣言　女性　ホモソーシャル

はじめに

　　有島武郎の書簡体小説『宣言』の主題について、数多くの論文では「恋愛と友情の葛藤」として捉えている。たとえば、安川定男は『宣言』が近代的個人主義の自覚を前提とした小説であると考え、そこで提起された運命的な恋愛と友情との葛藤の問題は、夏目漱石が提起したより明確である（安川 1978：200）と指摘している。しかし、石田仁志は、「この小説がその表層では『恋愛と友情との葛藤』を描いているように見せて、その実はそこには『葛藤』すべき『恋愛』も『友情』も実在」していない（石田 2007：136）と鋭く指摘している。さらに、「構築されていたのは、二人の男性による恋愛物語の形成と解体という実験的な言語劇だったと私は考える。しかもその解体は、A・Bの二人に焦点を当てて考えるなら、一種の自己解体的で閉鎖的なものでしかないが、Y子という『女』の変貌（覚醒、自覚）がそれを最終的には遂行していることを考えると、男性ジェンダー中心の〈恋愛〉を相対化せんとする方向性がそこに胚胎しているとも言えなくはないだろう」（石田 2007：136）と述べている。確かに、この小説をただ「恋愛と友情との葛藤」を描く物語として読むのは不十分である。この点に留意しつつ、AとBの関係の解体過程におけるY子の役割を再検討する。

　　『宣言』は主にAとBの書簡から構成されているが、書簡の内容はほとんどY子に

関するものである。三人のやり取りから、A・Bと恋愛していたときのY子のみならず、幼少時から二十歳までのY子の変化を読み取ることができる。また、書簡の配列順序から見ると、Y子の心はAからBに移ったが、先にY子に興味を示したのはAではなくBであったという設定を看過することができない。そのため、Y子の変心について改めて検討する必要がある。本稿では、AとBの関係をホモソーシャルな関係と捉え、Y子の主体性を見出し、この作品の主題を、Y子という女性による男性たちのホモソーシャルな関係の攪乱として読み直す。なお、作品の前半部分において、名前がなく、ただAの妹として登場したN子が、後半部分において、いわば四角関係の恋愛の一員となっている。ゆえに、N子を分析対象に入れ、四人の関係を読み直すことも本稿のもう一つの目的である。

1. Y子をめぐる性的欲望

　AとBは学友で、人生や科学などについて様々な話ができる親密な二人の男性である。常に欲望的なAと対照的で、Aの書簡から読み取れたBのイメージは徹底した禁欲的なものである。また、「女の集る所で香ふあの一種の匂――僕は臭気と云ひたい――をひどく嫌ふ僕は、何によりも先づ側の窓をがらつと開け放した事を覚えてゐる」（BよりAへ、1914年2月9日）のようなBの記述から分かるように、女性嫌悪、孤独といった要素はBという人物に集中されている。女性の前に自分の感情を表すことができない一方で、男同士の義理には篤い。しかし、対照的に描かれた二人ともY子に興味を示している。「薔薇の騎士」（BよりAへ、1912年10月18日）の役割を果たしていたBは、Aより先にY子と出会い、心の中にY子への興味があるものの、作品の後半まで、他人に見せない。書簡は発信の時間に従って配置されているにもかかわらず、三人の関係は発信時間に従って変化していったわけではない。二人の関係の内実を明らかにするには、三人の物語を改めて整理しなければならない。

　Bが最初にY子と出会ったのはある秋のことだった。その場面について、Bは次のように告白している。「生徒の席は部屋の隅になつて居たから、光に飽和した僕の眼にはそこは真暗に見えた。（中略）その時僕の第一に感じたのは、大きな二つの眼が僕のすぐ前で仰向き加減に僕をまんじりと見やつて居る事だつた。外の生徒の眼も僕を見て居た筈だのに、その大きな眼だけが逸早く僕の視覚を刺戟した」（BよりAへ、1914年2月9日）。また、「陰影の中にある青味を帯びた白眼ほど不調和な気味の悪いものはない」（BよりAへ、1914年2月9日）というようなY子の目であるが、Bは「僕は暖くはないが、一種の深い柔か味を覚えた」（BよりAへ、1914年2月9日）と回想している。以上の告白から、Bはその時からY子に興味を示したことが読み取れる。しかし、三年後、教会の入り口で、Aの紹介により、Aの片思いの対象がY子であったと知ったBは、以上のことをAに伝えなかった。

　さらに、Bの自白には、少女への欲望を吐露している。「少女の立つて居る時の膝から踵に至る足の線を辿つて見ろ。何んと云ふ素直な非点の打てない美しい線の

配合だらう」(BよりAへ、1914年2月9日)。という箇所があるように、Bは言葉を尽くして少女を賛美している。十四歳のY子はまさにその中の一人なのである。「少女のする千百の可憐な虚偽も、恐ろしい程男の心をそゝりながら、遂行にまで近づく事を許さぬ不思議な蠱惑も、地上の楽園を飾るべき唯一の花環だ」(BよりAへ、1914年2月9日)などの欲望的な表現があるように、その時点に、BのY子への感情は興味から欲望に転化したのである。

窮困な境地に陥ったAが家族のため、一時にY子と分離した時、Y子のことをBに依頼し、BをY子の家に転居させた。転居して間もなく、Bの立場は再び変化したのである。以上からわかるように、Y子への興味は変わりなく彼の心の中に潜んでいながらも男同士の義理のため、何度も立場を変えるのである。このような態度の変化は二人の共犯関係のほかに、共犯かつライバルというホモソーシャル関係の両義性とも関わっている。このことは次の節で検討する。

前述したように、AはBと異なり、常に欲望的で、女性への欲望は幼い頃から始まっている。Aと関係がある女性はY子以外に、隣の若い細君・少女のお艶さんもいる。大久保健治は、AとY子の恋愛について、Aの「過去の喪失感を補うべく、全てを犠牲にするような燃焼」と捉え、「Aにとって、Y子との恋愛は、過去の恋愛の不安を劇的に解消するものでなくてはならなかった」(大久保1997：71)と指摘している。確かに、前二回の恋愛の失敗のため、Y子を占有する欲望はより強烈になったと見ることもできる。しかし、喪失感を補うことはY子との恋愛に関係するものの、根本的な原因ではない。「幼い時代に、女性に対して既にかなり強い執着を持つてゐた」(AよりBへ、1912年10月6日)というAの告白から、「隣の若い細君」とお艶さんへの強烈な感情は女性に対する強い執着の例にすぎない。

Aは、若い細君が可愛がってくれた時、「その女の人の目の前で、遊び仲間を軽蔑したやうに高慢ちきに振舞つたものだつた」。(AよりBへ、1912年10月6日)このように、Aは自分のジェンダーアイデンティティを確認し、遊び仲間への軽蔑が自分の男性としての魅力を証明する手段であることを意識しているのである。子供時代の仲間たちの間に存在する関係はまさに、大人のセクシュアリティの萌芽であり、また後で述べるホモソーシャルな関係の問題に繋がっている。同じような表現はお艶さんの部分まで続いている。十二歳のAは自分を証明するため、少女たちをいじめる男の子と喧嘩する手段を選択した。結果、負傷して倒れたが、相手を卑怯者と呼び続けていた。

Aの書簡から読み取られたY子のイメージとしては、若い細君・「お人形さんのやう」なお艶さんと同じで、具体的な形象ではなく、「細々とした体つき」「非常に美しい、抱きかゝへて噛みしめたい程魅力を持つた髪の毛」など、男性の欲望を中心とした描写である。

さらに、「野心、空想、肉欲、企図」(AよりBへ、1912年10月6日)のAの心境や、「彼女の髪一筋は、彼女が僕のものである事を僕に信じさせる」、「彼女が既に恋を知つてゐるとするか。好し、それなら僕はそれ以上の恋を知らして見せる。ほんとの恋

がどんなものだかを味はしてやる。僕は彼女に対してさういふ運命を持つと直感するのだ」(AよりBへ、1912年10月6日)などからわかるように、Y子への愛は、非常に強烈で、占有・征服を表す言葉が溢れている。Aが自分の欲望と自分の理解している男女関係をY子に押しつけようとしていることは明らかである。

以上のことから窺えるように、Aは恋愛を考えている時、女性相手の気持ちより、むしろ男らしさを重視している。前半のAの片思いは、本質的には、Aの「卑怯」など女らしい特徴を超克する物語と言うべきである。

このように、男同士の義理に篤いBはY子への欲望がありながらも、利益や状況の変化により、彼女に対する態度も変わってくる。AはただY子を所有の対象、つまり、ものとして扱い、勝手に自分の欲望や思い込みを彼女に投影するのみである。作品の前半において、Y子は意思や主体性を与えられず、Aの書簡に封じられ、Aの欲望を投影される身体しか存在しない。二人のナルシシティックな言葉はまさに女性軽蔑の思想の表れではないか。

2. 男同士の絆の形成

AとBの関係について、岩沢飛加は綿密な分析を通し、「それほど親密ではない」「極めて表面的な言語が、最も虚構的な危険性を帯びていると考えられる」(岩沢2003；35)と結論づけている。しかし、表面的な関係にとどまるにもかかわらず、お互いに必要となることは、逆に二人の関係の緊密性が証明される。書簡の内容からもAとBの間には、Y子によって繋がり、いわゆる友情はただY子の秘密を基盤として構築された男同士のホモソーシャルな関係にすぎない。

小説において、二人の物語はAのキリスト教信仰から始まっている。毎年、同じように、面白くない生活を送っているAは突然「この世の中が生命に充ちた、目的に上向する、有機的なものゝやうに感じられ出し」、「基督教に第一に引きつけられ出したんだ」(AよりBへ、1912年9月15日)さらに、今まで宗教に興味を持たない理由について、父親に言及し、「父には何か相当の思慮があつたやうだけれど、その外の奴等はまあだらけた無自覚な生活をしてゐる」と述べている。ここからわかるように、他の家族と異なり、Aは父の意志から脱出し、一人の男として成長する志向が萌えてくる。突然の思想の転換がもたらしたのは寂しさである。「僕は今まで相当な勇気を持つた(中略)精力の強い男として自分を見てゐるんだが」(AよりBへ、1912年9月15日)、自我の再構築に陥り、「鋭い、澄んだ」目の持ち主であるBに一層接近している。「淋しすぎるよ。こんな時に君がゐてくれたらばと、頻りに思はないではゐられない」「何んだかこの頃は自分ながら僕は少し妙だよ。筋肉が緩んだやうにだるくつて、ふと気が附くと、とてつもない事ばかり考へてゐる。君が東京にゐない故もあるだらう」(AよりBへ、1912年9月15日)などがあるように、Aはしばしばbの重要性を語っている。貧乏なBは生活を維持するため、経済的な援助を受けている。一方、BもAとの男同士の義理を立てている。

「君が突然影を隠したんで、僕は恋愛事件をうまく運ぶ為めに思はざる困難を感

じて、無経験なりにもそれを一人で切抜けて行かなければならなかつた」（AよりBへ、1914年1月5日）というBへ宛てた書簡から、Aの恋愛におけるBの役割は明らかになる。BからAへ宛てた書簡においても、常に肯定的な言葉が出てくる。たとえば、自信のないAに対し、「君を措いて、誰れが恋愛の寵児であり得よう。君には健康な体質がある。真摯な質性がある。attractiveな容貌がある。汚れない初々しさがある。君の前には事業がある。而して後ろには恒産がある」（1912年9月20日）と励ましている。また、Y子と連絡できないことに苦しんでいるAに対し、Bは「薔薇の騎士」（BよりAへ、1912年10月18日）と自称し、積極的に二人の恋愛を後押しした。

　石田の指摘の通り、小説の前半部分を「男性ジェンダー的な恋愛物語の成立」に読み、「Bの書簡と行動は自らが参与し得ない男性ジェンダー的な強者の「恋」の共犯者（協力者）となることで、Aから求められた〈他者〉としての役割を十全に全うしたことになる」（石田2007:134）。AとY子の恋におけるBの役割を求めるならば、Bは確かに恋の「共犯者」の役割を果たしている。しかし、既に述べたように、BもY子に欲望を持ち、三人の面会の後、一人で小笠原島に行ったBは二度Y子に手紙を出していたが、Aには内緒にしていた。Bは、協力者としての共犯者のみならず、打算的な共犯者なのである。

　Y子が支配不可能な傾向を示しているとAは受け取っている。すなわち、AはBへ宛てた書簡において、「Y子には僕にもまだ打明けない秘密があるに違ひない」「兎にも角にも僕はもつとどんどん彼女の心の奥底まで這入りこんで行かなくつちやならない」（AよりBへ1914年1月12日）と書いて、Bに援助を再び求めているのである。BはAの頼みにより、Y子の家に転居するのである。その後、Aは書簡において、自分の劣等性とBの優位性をしばしば挙げている。例えば、「僕が碌な事もし出来かさない中に、君は凱旋の将軍のやうな都入りをした。けれども、六箇の論文といふ大功積よりも、君の黄金の心臓が、もう一度僕に帰つて来た事を僕は較べるものなく愉快に思ふ」（AよりBへ、1914年1月5日）

　石田は物語の後半になると、AとBとの間にあった強者/弱者の関係は逆転している（石田2007:135）と指摘しているが、ΛとBの恋愛物語は単なる強者と弱者の物語ではない。作品の前半はAの男性としての優位性、後半はBの男性としての優位性を説いていたが、この作品における発信者AとBの言説を安易に事実として捉えることはできない。つまり、二人の書簡の内容だけからでは、AとBのどちらが優れているかを判断することはできないのである。「恋愛の寵児」「健康な体質」「真摯な質性」「Attractiveな容貌」（BよりAへ、1912年9月20日）など、BのAへの肯定と、「凱旋の将軍」「黄金の心臓」（AよりBへ、1914年1月5日）などAのBへの肯定は、お互いに相手の優位性を強調し、お互いの男性としての魅力を肯定し合う行為に過ぎないと言わざるを得ない。このような「男が男を男として認める」欲望は、ホモソーシャルな欲望の一つの表れなのではないか。

　このように、AとBは書簡において、Y子の身体における謎をめぐって、Y子の「秘

密」を交換・共有している。Y子という女性を媒介し、かつ排除して、男として相手の男らしさを肯定し、共犯関係を構築したのである。

ところで、共犯関係のみなら、三人の関係を推進する力になるまい。Bはその「恐ろしい力」を「神的なのか悪魔的なのか自分は知らない」と解釈している。先行研究では、その力を三人それぞれの性格に求める傾向がある。例えば、石丸晶子はAを自己完結な生活者と捉え、BとY子の接近は二人の身における生活社会から疎開された異邦人的本質である（石丸 1981：62）と述べている。前節で言及したように、AとBの関係には、共犯かつライバルという両義的な特徴がある。ホモソーシャルな関係の両義性はまさに三者の恋愛物語の原動力となるだろう。

有島武郎の『石にひしがれた雑草』においては、主人公は自分のM子への執着を男性の競争心に還元させ、以下のように説明している。「私はM子その人に執着したといふよりも、M子が他人に占領されるのを思つたゞけでも我慢してゐられない、その不思議な競争心ともいふべきものに執着してゐたやうだ。（中略）而して女を勝利品と心得て互に夢中になつていがみ合ふ。そのいがみ合ふ程度が強まれば強まる程、女はじつとしたまゝで、男達の心の中にずんずん魅力と価値とを増して行くのだ。」（有島 1980：473-474）[1]つまり、女を排除し、欲望の主体としての男性らは、競争関係を構築している一方、その女への執着が一層強化されている。『石にひしがれた雑草』と同様、『宣言』における三角関係はまさにその図式に基づいたものである。

Bの自らとY子の関係を回顧する書簡からは、Y子への一層強化された執着が見られる。すでに論述したように、BはY子に最初の興味から、少女への欲望に転化している。さらに、「今は、Y子さんも、少女と云はうか、童女と云はうか、僕のやうな女の傍観者に取つて、一番心を牽く時期を乗り越えてしまつた」（BよりAへ、1914年2月9日）とY子を評価しながらも、「僕は久遠の童女を賛美する。然しその実現の不可能を知る場合、直ぐ視角をかへて女を見る実現主義者でもあり得る」（BよりAへ、1914年2月9日）と立場を表明した。その一方、不安を感じたAもY子への欲望も一層強くしている。父が倒産したAは立派な家長になるため仕事に励み、Y子と結婚しないまま、実家に戻った。このことについて、Y子の手記からわかるように、その時点でY子は二人の関係がそこで終わる可能性を予感したものである。しかし、「若しY子が僕から取去られたなら、僕はつぶやかないではゐられないだらう」「僕はY子の心、肉、髪の一筋、黒子の一つでも自分のものにしなければ満足しない。」（AよりBへ、1914年2月11日）などの箇条から、Y子とBの関係を懐疑したAは逆に以前よりさらなる感情を燃やした。

また、AとY子の恋愛の参与者として、牧師の役割も無視することはできない。A・B・Y子の三人は全て信者で、牧師の意見を最も重視している。二人の恋愛関係の確立も教会で行ったものである。AとY子の恋愛初期において、Y子との恋愛がAの想像通りに行っていなかったとき、牧師は二人の関係について、「色々の事を云つた」が、また、「兎に角この問題の解決は牧師に委せて貰ひたいといふ事、牧師は

なほよく Y 子の心中を確めるといふ事、二人の事情については何所までも同情者となる」(AよりBへ、1914年1月5日)と発言し、二人の恋愛を促し成就させたのである。一方で、Y 子との面会の顛末についても、Aは牧師に報告したのである。

また、「牧師も勧める、君もあれだけ勧める。で、僕は今日から Y 子さんの家に寄寓する事になつた。」(BよりAへ・1914年1月10日)というBの書簡があるように、牧師はBが Y 子の家への転居にも関わっている。さらに、Bと Y 子の恋の噂が牧師の耳に入るとき、「今日牧師が来て、突然僕に転居を慫慂した。僕が教会を脱した事が原因なのか、他に理由があるのか僕は知らない。牧師は単に propriety の為にと云ふ（中略）然し、初め、こゝに僕を寄寓させたのは君と牧師である」(BからAへ、1914年2月3日)というBの書簡や、「牧師の無理解な独断は僕を驚かせる。無論簡単な手紙は彼れから受取つたが、その中にはたゞ、君と Y 子とが同じ病気であるのに、同居するのは相方の健康のために危険だから、といふ事だけが書いてあつた。（中略）恐らくは、牧師は僕にあらはには打明けられない理由を持つてゐるのだらう」(1914年2月5日)というAの書簡があるように、牧師は Y 子とBの噂を聞き、知ったことを全部 Aに吐かすことではなく、Aに書簡を書いたり、直接 Y 子の家に行って、Y 子とBを勧めたりして積極的に努力し、三人の関係を維持している。

作品において、Y 子の父親という人物設定はない。恋愛ばかりでなく結婚の相談さえ牧師が一手に引き受けている。その時の Y 子は自己意志を見せず、Aの自分への手紙の内容を牧師に報告した。牧師は Y 子の父の役割を果たし、Y 子を自分の手からAに渡したのである。つまり、前半のAとBの書簡から見た Y 子は父権制の下に自分の意志のない人物である。

3. 排除された他者の反撃―ホモソーシャルな関係の攪乱

Y 子主人公論[2]は最初に山田昭夫により提出され、今に至って多くの論考がある。しかし、Y 子が三人の関係の中でどれだけ主体性を持っているかは改めて検討する必要がある。作品における Y 子像を、大久保は、AとBが「自らの恋愛に関して言説を有効に使用することで恋愛を実現可能なものとしようとする」ときに、「顕現する」「他者」(大久保1997;85)として捉えている。確かに、Y 子は二人の男性の行動の媒介者であり、友情を確認するための交換対象にすぎないことが、AとBの書簡から判明するのである。しかし、小説の最後に置かれている Y 子の手記は短いが、AとBの書簡の中心である Y 子の謎を解く鍵となっている。さらに、手記を出すという時点において既に、Y 子が反撃の姿勢を示しており、書かれた運命を打ち切り、自分のことを自分で書くようになった。

幼少時から、「自分を可哀さうな子だと思ふ癖を抜く事が出来ない」(Y 子の手記) Y 子は、十五六になると、男に対し恐怖心を抱くようになる。しかし、Aとの付き合いを通し、Y 子の心の中に、初めて性への欲望も目醒め、一人ではどうしても満すことの出来ない淋しさと悲しさに苦しんでいるのである。そのうえ、「貴方の妻になつて、私の是れからの運命を、男の方に任せると云ふのは、考へても見られない程恐

ろしう御座いましたから」(Y子の手記)というAへの告白から、Y子が自分の運命を男に任せるという受動的な立場への排斥が窺える。実家に戻るAを上野駅まで送ったY子は泣きながら、「もうおしまひ」(Y子の手記)と心の中で言ったのである。また、Aと別れたY子は自分の実母と養母の生活を改めて考え、自分はこの二人の女性のように生活と確信し、女性として再出発する決心をした。物語の流れから見れば、これは前半(AとY子の恋)と後半(BとY子の恋)の分かれ目となっている。

　後半のBとY子の恋と前半の恋における男女の支配関係は完全に逆転している。男性恐怖症のY子がN子とBの結婚を主導的に進めることから、Y子の飛躍的な変化が見られる。BがY子の家に転居した当日に、Y子はN子とBの結婚について協力し始める。はじめのころ、Y子の行為はN子の心を知り、N子を満足させるためのものであるが、後半においてY子はBにN子との結婚を何度も迫ったと言うべきである。作品後半におけるBの書簡はほとんどY子の意志によって書かれたものである。Bは完全にY子に支配されるように造形されている。

　AとBはY子に欲情しながら、彼女を排除することによって、ホモソーシャルな関係を維持しているのである。しかし、一人の女性に性的欲望を向けることは、AとBのホモソーシャルな関係を維持するための不可欠な要素として機能している。ただ、この要素があるからこそ、二人は対立・競争関係に入るにと考えられる。『宣言』においては、Y子はAとの婚姻に回収されないどころか、二人の男性を支配するようになってきたのである。作品の後半において、今まで隠されるBの本音がY子の支配により露わになり、二人は自分でもコントロールできない対立関係へ向かっていく。このように、AとBのホモソーシャルな関係はY子の意識的行動により攪乱されたことが明らかである。

4. 声が出せない女性

　『宣言』においては、Y子のみならず、Aの妹であるN子も男性たちに排除された女性である。Aの妹が初めてN子の名前で登場するのは、Y子がBをN子と結婚させようと画策し始めたときである。それをきっかけとして、(妹は)「唯もう君を崇拝してゐる」(AよりBへ、1914年2月8日)などがあるように、Aは頻繁にN子の好感をBへ伝えてくる。BとY子の変化を敏感に感じたAはBの「求婚」の書簡(BよりAへ、1914年2月6日)と「求婚撤回」の書簡(BよりAへ、1914年2月7日)をもらったのである。N子の意見を聞くのではなく、「君がN子の事をいつてよこしてくれた時には、僕自身が求婚を受けた処女のやうに心を躍らした」「N子は僕には眼に入れても痛くない程可愛いゝ奴だ」(AよりBへ、1914年2月8日)などのように、自分の気持ちのみをBへ伝えている。

　また、Aは「神ですらあいつの心の秘密を発くのはむづかしい」(AよりBへ、1914年2月8日)という言い訳で、あえて「愛情の眼鏡」(AよりBへ、1914年2月8日)で、N子の心を推測している。書簡から見れば、Aの推測以外に、N子がどれほどBを愛

するかについて直接の描写がない。「あいつは君に遇はない時分から、君の事を聞かされて、君を思つてゐた。君に遇つてからは、いつかも書いたやうに、唯もう君を崇拝してゐる。単純ではあるが、単純だけに透き通つたあいつの心は、その兄を熱愛してゐる以上、兄の心交する友を熱愛せずにはゐられないんだ」（AよりBへ、1914年2月8日）。この部分を読んで分かるように、AはN子の熱愛に対する自分の影響力を強調しているにすぎない。

さらに、AはN子の立場に立って、「君に対する愛慕の強さをのけて考へると、君はN子などより遙かに勝れた女を妻とすべき力と尊さとを持つてゐるのに気がついたからだ。僕は今でも堅くさう信じてゐる。君が仮にあいつに結婚を申し込んでも、あいつは屹度断るにちがひない」（AよりBへ、1914年2月8日）と書いている。ここでのAは、本気で妹の婚姻について考慮しているのではなく、N子を媒介し、Bの男としての優位性を指摘していると見るべきである。この点において、Aにとっては、N子の役割はY子と同じで、媒介者であることは言うまでもない。

このようなN子を代弁するような自らの発言について、「何んの為にこんな事を書いたんだらう。さうだ。僕は君にあいつの心根を知つて貰つて、あいつに一片の同情を寄せてもらひたかつたんだ」（AよりBへ、1914年2月8日）というように、N子の自らBへの直接的な評価が見られず、Aの書簡にはほとんどが彼のナルシシズムに満ちた言辞である。また、Bも全然N子のことを気にせず、何度も自分の意に反して、N子に求婚することを宣言している。ここでのN子の役割も媒介者にほかならない。

ところが、N子は、Y子と同様に排除された他者としての存在であるものの、Y子のように手記を出すこともできず、声が出せない他者なのである。

5. 二人の女性の間

「Y子は又、君が噂したN子（Aの妹）の事も書いてゐる（中略）N子さんとB様とが御結婚なさるやうにして上げてはいけないのだらうかとも書いてある」（AよりBへ、1914年1月12日）などのAの書簡の内容から、N子はAとY子の意志により巻き込ませた。その結果、新たな三角関係が形成された。一方、物語前半のA―Y子―Bの三角関係が撹乱された。これは物語の後半部分の骨子であると言わなければならない。

N子への求婚・求婚撤回という何回の繰り返しの中、Bのみならず、Y子の愛もより強烈なものになった。例えば、Y子は手記の中で、「B様もN子さまとの御結婚を御決心なさいました。でも私がその跡でひどい熱にかゝります」「B様と私は苦しむ程互いに執着して参ります。いゝえ、私は苦しむ程執着して参ります。」などのように、心境を訴えている。さらに、Bが白状の手紙を出す直接な理由として、以下の箇条がある。「又もやB様にN子さまと御結婚なさるやうに強ひてお勧め致しました。B様は今度はこの以前上の御決心で、貴方にお手紙をお書きになりました」（Y子の手記）Y子―B―N子の三角関係の影響で、A―Y子―Bの三角関係が崩

壊まで決定的な一歩を進んだと言える。

　今までの検討してきた内容ではＹ子の一方的な行動が目立ち、Ｎ子の主体性が薄弱なように見える。しかし、Ｙ子と同じで、Ｎ子にも「神ですら」「発くのはむづかし」い（ＡよりＢへ、1914年２月８日）秘密がある。また、Ｎ子との縁談を申し込んだ男は、Ａの書簡によると、「剽軽な、親切な、一寸日本人には珍しいタイプの男」で、「Ｎ子に不相当な配偶ではない」（ＡよりＢへ、1914年２月11日）。しかし、Ｎ子は彼に対して「何等かの成心を持つてる訳ではないが」（ＡよりＢへ、1914年２月11日）、結婚という問題についてはさまざまな考えを持っているのである。また、ＢとＹ子の恋を敏感に感じたＡが涙を流しながら、返信を書いているとき、Ｎ子もひそかにＡのそばで泣いている。これらから、後半に登場するＮ子は、ＡとＢの関係に排除された他者でありながらも、Ａには完全に支配されない存在であることが読み取れる。

　確かに、Ｎ子は書簡や手記を出していない。そのため、Ｎ子の情報について、Ｙ子はＡとＢの書簡からしか獲得できないのである。Ｎ子とＹ子が面会するまで、この三角関係の中で、Ｎ子の主体性は読み取れない。しかし、ＡとＢの書簡しか相手の情報を取得しない二人の女性は、男性の関係を超え、直接に面会したことは小説の最後から分かる。Ａは最後の書簡に、二人の女性の面会を次のように書いている。「序に云ふがＹ子はＮ子に遇つた。この二人の女性の悲しい会見は、委しく報ずる必要はあるまい。Ｎ子は兎も角もＹ子を許すと云つた」（ＡよりＢへ、1914年２月20日）。その内容は書かれていないが、Ｎ子のＹ子への理解を示したものである。声が出せない女性のＮ子は、最後まで自分の意見を出していないながらも、今まで戦ってきたＹ子の行動への理解からＮ子の女性としての立場が窺える。三角関係の一員としてＮ子の行動は、Ｙ子の独立に積極的な役割を果たしていることは言うまでもない。『宣言』において、女性関係についての記述は少ないが、その後に完成する長編小説『或る女』においてより複雑な形に展開されている。

結　び

　ＡとＢだけの書簡のやりとりにより二人の男性の閉鎖的空間を作りあげ、女性をめぐる秘密（男同士の欲望）がそこに封じこめられている。書簡という形式で、男性たちは欲望の対象としてのＹ子という女性をめぐる秘密を共有・交換することによりホモソーシャルな関係を構築している。結局、この関係はＹ子の独立により撹乱された。ほとんど男同士の書簡から構成されているこの小説において、女性としてのＹ子が手記を出す行為はまさに、主体性を取り戻したことを意味すると言わなければならない。有島武郎は、一人の語り手に限定せず、男性と女性にそれぞれ発言させる空間を与え、最後に女性の手記を利用し、男性の幻想した世界を再構築したのである。最後に、ＡとＢを媒介して連絡しているＹ子とＮ子が示した相互理解と、直接面会の行動は、ＡとＢの男性物語を打破している。この小説は以上のような積極的な面を持っているものの、ただその点のみに留まるものではない。

Ｙ子の唐突な変心はまさに『宣言』の核心部分であると言える。Ａ―Ｙ子―Ｂの三角関係において、欲望の主体としての男性らは、競争関係を構築している一方、Ｙ子への執着が一層強化されている。それと同様に、Ｙ子のＢへの感情もＹ子―Ｂ―Ｎ子の三角関係を通じてより深いものへと変化していく。つまり、この小説において、愛というものがなく、あるのはホモソーシャル関係とその増殖にすぎない。「人生の事業は重く且つ遠い。（中略）宣言は尽きた。剣を乗るべき時が来た」（ＢよりＡへ、1914年2月21日）という結末が示唆したように、これは単なる物語の完結ではなく、新しい物語の起点である。『或る女』が完成するまで発表された『宣言』の意義はまさにそこにあるのではないか。自らの母と妹を競争対象とし、男を持て遊ぶ葉子は結局自我破滅な道に歩んでいく。その理由として、女性が男性を中心とした文化を複製し、女性中心の文化を築いたとしても、それは、「女性の独立」ではなく、「女性の降伏」である[3]とする有島武郎の思想が背景にある。『或る女』における女性連帯の問題について、今後考察を加える予定である。

注

[1]『石にひしがれた雑草』は、最初に『有島武郎著作集　第六集』（1981年、叢文閣刊）に収録された。引用は、『有島武郎全集　第三巻』（1980年、筑摩書房刊）に準拠する。

[2]「Ｙ子主人公論」について、山田昭夫は「『宣言』の内部構造」において、Ａ・Ｂの文面の大半を占有しているのはＹ子であり、この場合の三角関係に決着をつける決定権を握っているのはＹ子だから、彼女こそ主役中の主役である（山田　1979：220）と指摘している。

[3]有島武郎は「惜みなく愛は奪ふ」において、以下のように述べている。「女性が今の文化社会に与からうとする要求を私は無下に斥けようとする者ではない。それは然しその成就が完全な女性の独立とはなり得ないといふことを私は申出したい。若し女性が今の文化の制度を肯定して、全然それに順応することが出来たとしても、それは女性が男性の嗜好に降伏して自分達自らを男性化し得たといふ結果になるに過ぎない、それは女性の独立ではなく、女性の降伏だ」（有島 1981：212）。

なお、評論「惜みなく愛は奪ふ」は、最初に『有島武郎著作集　第十一集』（1920年、叢文閣刊）に所収。引用は、『有島武郎全集　第八巻』（1981年、筑摩書房刊）に準拠する。

付記

　『宣言』のテクストの引用は、『有島武郎全集　第二巻』（1980年、筑摩書房）に準拠し、引用の際、適宜旧漢字を新漢字に改めた。

　なお、本稿は2013年12月14日、二松学舎大学で開催された「有島武郎研究会第五四回大会」における口頭発表（有島武郎『宣言』における女性造形―Ｙ子からＮ子へ―）をもとに加筆したものである。

参考文献

有島武郎. 1980a.『宣言』.『有島武郎全集　第二巻』. 筑摩書房
有島武郎. 1980b.『石にひしがれた雑草』.『有島武郎全集　第三巻』. 筑摩書房. pp473-474
有島武郎. 1981c.『惜しみなく愛を奪ふ』.『有島武郎全集　第八巻』. 筑摩書房. p212

大久保健治. 1997.「有島武郎『宣言』論―顕現する他者―」.『日本文芸研究』. No. 49(11). 関西学院大学編. p85

石田仁志. 2007.「『宣言』論―恋愛物語の形成と解体―」.『国文学』. No. 72(6). 至文堂. pp132-137

石丸晶子 1981.「『宣言』論―『奇妙な日常』と『奇怪な姿』への出発―」.『作品論　有島武郎』. 安川定男 上杉省和編. 双文社. p62

岩沢飛加. 2003.「有島武郎『宣言』―書簡体小説を読む―」.『学芸国語国文学』. No. 35. 東京学芸大学. p35

安川定男. 1978.『有島武郎論』(増補版). 明治書院. p200

山田昭夫. 1979.「『宣言』の内部構造」.『有島武郎・姿勢と軌跡』. 右文書院. p220

中文"弱水三千"と日本語「弱水三千」の差異について
―理解不能から生じる独創性への一考察―

福州大学外国语学院　越野優子

摘要：本研究源于笔者在中国的大学教授日本古典文学时的实际经验，就汉语"弱水三千"与其对应的日语翻译之间的差异进行论述。"弱水三千"源起佛经中的一则故事和《红楼梦》的台词"弱水三千、只取一瓢饮"，最近又作为电视剧《兰陵王》的台词而被引用。在中国，有一定文学素养的人才能理解这句话；在研究上，比起翻译，更多是研究此句的出处。虽然日本人知晓并阅读《红楼梦》，但日本目前没有关于"弱水三千"的研究论文。通过此研究，能向日本人呈现他们不太了解的中国大学教育现状，并让中国教师了解日本教师的授课方式，意在加强双方的信息共享。通过本研究，揭示了能理解感知"弱水三千"含义的中国人和能大致理解但不能准确把握感觉的日本人之间的差异。本论文揭示的差异是有益的、独创性的产物。本稿于2015年10月25日在北京日本学研究中心口头发表，笔者基于演习发表及答疑拓展而执笔，内容是2015年12月刊发、2016年4月刊发的两次文稿的概括和进一步展开的研究。

キーワード：弱水三千　差異　翻訳　大学教育　独創性　日本古典文学

1. はじめに

　　私たち日本人は高校などの漢文の時間に『春望』を暗記し、漢文を通して中国文学及びその文化に触れる。しかし考えるべきは、私たちが読んだ『春望』と中国語の"春望"を、白文(原文)が併記されていることで安心し同一視し、つい『春望』を分かった気になっていたのではないかということである。その分かったこととは何なのか、私たちは正確に理解してきたのか、また分からなかったこともその理由も、私たちは一体それを深く掘り下げ追求したことが今まであっただろうか。筆者は縁あって中国の大学に勤務することになり、そのことで日々中国語の世界に身を置くことで、このような疑問を持つに至った。

　　この疑問を基として筆者は2015年10月25日、北京日本学研究中心30周年記念のシンポジウム併設の学会で口頭発表して大方の指示を仰ぎ、またこれを論文化することが二度に及んだ[1]。ただそれら2篇はあくまで日本において、ということは日本人研究者を想定したものであった。つまりこの2篇は漢文の中の「弱水三千」を論じたものであった。しかしこの言葉は後述するがまだ日本語として周知された言葉ではなくあくまで中国語である。故に最終的にこの言葉は中国で検証されるべきである。

本稿はこうした考えから、既に日本で日本人研究者を想定して刊行した2編の拙稿を原点に置き、中国の大学における日本古典教育の現場から得た"弱水三千"という言葉の分析を、この言葉の本場中国において対象を中国人研究者に想定し、この言葉を日本人の視点から中国に発信し、この言葉を如何に位置付けるかを問うものである。

2．"诗"と「漢詩」の間の差異への認識

　周知の如く、日本文学プロパーにおける漢詩や漢文学という言葉は当然のことながら訓読を行って読んだものをそう称するが、(李宇玲 2015：190)"他们究竟是完全通过汉文"训读方法"来学习汉籍，还是对汉语发音有一定程度上的了解呢?"[2]と述べるような疑問を、日本人もまた持たなかったわけではない。例えば(齋藤 2007：2)[3]は「高橋睦郎『漢詩百首』(中公新書　2007)を手にとって意外だったのは、漢詩が読み下しのみで挙げられていたことである。漢詩でなく漢文なら、原文を挙げずに読み下しですませることはよくあるし、詩であっても、随筆の中に引用して興を添えるくらいなら、読み下しで十分であるかもしれない。けれども『漢詩百首』と題した本だ。五言なり七言なりの原詩がどこを探してもないのは、ちょっと不思議な気がした」と述べる。その理由が「著者の関心は日本語として読まれた漢詩にある」とは分かっていても、訓読のみが挙げられたものへの違和感を表明せずにはいられずにいる。

　筆者は付け加えてそもそも「漢詩」と書いてあるところにも着目したい。「漢詩」とは日本側からの視座から生まれたもので、これは中国から見れば単に"诗"である。「(漢)詩」と"诗"は別物である以上、訓読だけもあり得たのであろう。ただそれは原詩とは当然ながら全く別物であるという点は留意しておかなければならない。(齋藤 2007：6)が「漢字の羅列をそのまま示し、読み下しを小声で添えることが訓読の自由を支え、漢詩文の可能性を拡げることになるのではないか。東アジアの多言語世界に投げ込まれたエクリチュールとしての漢詩文は、複数の文脈に後から所属させられることで、予期しない複数の音声で読まれることで、多義性という概念すら揺らぐずれを生む」と述べるように、詩は詩ではない。このことは日本人としてあまりにも訓読に慣れ親しみそれを意識したことがないままきただけに、今更原点(詩)との相違をもし、優劣の観点からのみ批判的にとらえるのならば、それはどんなものもオリジナルには勝てないということになるかもしれない。しかしこの齋藤の述べるごとく、別の観点を導入してそこから豊かな副産物が生まれるならば、こうした試みを肯定的に捉えることができると考えられる。

　前拙稿(越野 2016a：61-62)でも言及したが、西北大学の高兵兵及び慶応大学の合山林太郎を中心とした「和習の会」はそれを意識したものであろう[4]。「和習」からは「和臭」という同音異義語が想起させられ、中国人教員や留学生ならではの気づきに接する機会の場であることが推察できる。こうした中国人教員や留学生が戻る中国本土に次節では目線を移すこととする。

3. 中国での日本古典文学教育の現状と提言―日本人教員のあり方

　前拙稿及び前々拙稿[5]では日本人研究者及び日本の学界向けに、良く知られていない中国の大学の現状を、日本語科の歴史を述べつつ記してきたが、この節では逆に、中国の大学の日本語科や日本古典文学教育を日本人教員の一人として如何に位置付けているかをまず述べ、若干の提言をさせていただき、併せて本題の"弱水三千"について論じる承前としたいと考える。

　中国との日本との係わりは周知のように古く、(坪井 1988；205-206)のように、梵語仏典を漢語に翻訳するところから始まり1251年南宋の『鶴林玉露』第16巻に日本の僧安覚の言葉が記されているとされる。このように文化は常に中国から日本への順序だったのが通例であった。ただ近年清朝政府が当時の日本との大戦後日本に興味を持ちここから今度は中国から留学生が日本に渡るようになった（1900年初頭）。以後関係が逆転して今日に至った。

　(張龍妹 2000；194)に述べるように、2000年代はまだ中国文学科の教員が日本に留学し帰国してその論を日本語で書いていた為に、日本語を理解しない大半の中国文学科の研究者にはほぼ素通りされていたようである。同じ2000年の(謝立群 2000；28-29)には研究方法からみた中国における日本古典文学について、比較対照研究が大多数を占める旨が記されており、その際の中国の作品としては『紅楼夢』『三国志』『三国演義』『水滸伝』『遊仙窟』『捜神記』が挙がっている。このうち『紅楼夢』については、後に"弱水三千"自体の考察でも触れることにする。しかし紆余曲折を経てそれから13年後の(張龍妹 2013；419-426)には2013年の中国の研究の状況が伝えられており、ここでは『今昔物語集』の翻訳者として体験した、文化的差異から生まれる難しさについて具体例を挙げて述べてられており、複数の翻訳書が刊行され10数年で大きく変化したことがうかがえる。

　1949年の中華人民共和国樹立以降既に日本語科は設立されていたとはいっても、やはり1972年の日中国交正常化が日本語の教育や研究交流の最も重要な分岐点であった。それでも2000年すなわち21世紀初頭はまだ、(張龍妹 2000；194)にあるように、最も著名な日本古典文学の作品である『源氏物語』研究の主流は中国語科の教師であり、『源氏物語』は世界文学の一つという扱いであった状況だったのが、最近は、(王浄華 2011；75-89)・(金中 2009；97-101)・(楊金萍 2003；86-93)等の論文が出てきたように、中国文学ではなく日本文学専攻の中国人留学生が日本に留学し、学位取得後帰国して教鞭をとる形が増え続けている（筆者の勤務校の日本語科も既に4名の日本での博士号取得者がいる）。彼ら彼女らの強みは、日中二か国語で授業が可能なことで、これは特に日本の古典文学のような古代日本語や古代中国語を含む授業が中国人教員の手で行える状況になったことを意味する。二か国語を熟知した教員で行われることで、学生には理解しやすくなったという利点が生まれたのである。

　中国人教員については利点であるが半面、日本人教員にとっては研鑽を怠ると、

日本語母語話者という利点のみになりかねず、これから厳しい状況となると考えられる。(楊金萍 2003:92)注1に「これら五ケ大学の日本古典授業の先生はいずれも日本人の先生である。いずれも日本の高校の先生である。中国人の日本語の先生には日本古典、或は日本古典文学を専攻し、教えることができる先生はいないためである」と記しており[6]、これらは日本で退職後の日本人教員を所謂"专家"として招聘する形のことと推測できるが、激しく変わりつつある中国の日本語科の現況では大学間で相違も生じてきたようだ。なぜなら筆者の勤務校には周作人及び中日比較文学を論じる中国人教員(博士)が在籍し、また博士号取得の為に留学中の中国人教員も在籍するからである(古典诗専攻)。

つまり中国側の視点で見たとき、今後日本人教員は単なる母語話者のみの利点の保持者になるのならば価値は激減するであろう。本節のタイトルに「提言」と入れたが、これは我々日本人教員に向けてのものとなる。まずは急速な状況の変化に対応し教員としての自覚を高めたい。大学人として最低限の中国語を理解することは必須となっていくと考える(挨拶レベルではなく論文が読解できるレベル)。二か国語の形が特に古典文学のような専門用語及び固有名詞の多発する課程では理想的でありそれを日本人教員として行えることが必要と考えるからである。

このような姿勢こそが、第2節に取り上げた"诗"と「漢詩」の間の差異"を感得する道につながる。この差異の問題について中国人教員は既に始めていることは注4でも記した。中国側からの差異への研究があれば日本側からのそれがあってもいいはずである。

筆者は、日本古典文学を授業で取り扱うとき、徐々に二か国語の状態(講義は日本語を話す直接法を選び、PPT等の資料は中文を多く取り入れる)に形を変えつつ、講義と研究を連動させつつあるが、"弱水三千"への考察はその過程で生まれた。前拙稿では課程「日本文学B」受講の学部生28名のアンケートを紹介しつつ"弱水三千"の感受のしかたを考察した。次節以降は更にこれを深化させ、院生との対話を通して考察を行い(院生との双方向的な講義のありようも並行して記すことにする)、"弱水三千"の本質に迫りたい。

4.「弱水三千」について－日本と日本人における

まずは日本でのこの言葉の位置付けを考えたいので以下「弱水三千」と記すこととする。

「弱水三千」という言葉は、日本語としては四字熟語として知られているわけでもないので人口に膾炙してはいない。しかし多くの中国人が知る言葉ではある。百度によれば"弱水三千只取一瓢,源起佛经中的一则故事,警醒人们"在一生中可能会遇到很多美好的东西,但只要用心好好把握住其中的一样就足够了"。《红楼梦》中贾宝玉借用此典表示对林黛玉的喜爱"で、この言葉は正式には"弱水三千只取一瓢(饮)"という語句である[7]。既に前拙稿で自分の解釈は記したから繰り返さない。人は多くのものに人生上で出会う。選び自分のものとしたいものは数多くある。しか

しこの身は一つで時間は有限だ。したがってその中からたった一つを選んで生きていく。そのような意味でだいたい訳すことができる。中国では古くからあった言葉であるが『紅楼夢』の恋愛の言葉として一躍有名になった(また『紅楼夢』を題材にとったドラマなども上映されてきた)。恋愛の言葉としては、人は多くの人に出会っても自分の相手として選ぶのはただ一人という言葉に訳せばほぼ問題ないであろう。

　ところが『紅楼夢』で著名になった言葉だとしたら、第3節でも触れたが『紅楼夢』は日本でも『源氏物語』の関係で著名な作品なので、中国の経典語句としてではなく『紅楼夢』内のそれとしてこの語句についての考察が相応の数あると考えても不自然でないと思われるが、日本の日本文学の"中国知网"にあたる国文学研究資料館電子図書館の国文学論文目録データベース(http://base1.nijl.ac.jp/~rombun/)で紅楼夢を内容に持つものは20件しかない(2017年4月現在)。その内容は題名から推測できるが、『源氏物語』との比較が9件、荷風など日本の近代作家との関係から考察したものが5件、江戸の馬琴との比較が1件諸本研究1件八犬伝1件語学教科書1件その他2件となる。比較文学的な視座がやはり多いが、そもそも『紅楼夢』事態の研究が相対的に少ないので(参考に記すと『源氏物語』が論文件数21112件、『水滸伝』181件を数えた)、その中の台詞にまで考察が及んでいないというのが真実のようである。語句としての「弱水三千」は同じ論文目録データベースで全項目0件、「弱水」0件、「三千」は多くヒットしたが一般的数詞なので内容は無関係なものばかりで、強いて関係のあるものすら、(山本唯一.1984.「『奥の細道』と『白氏文集』「標泊三千里の思ひ」などをめぐって」.『文芸論叢』.p7.)くらいである。「弱水」については、非常に遠く離れているたとえとして「蓬莱弱水」という言葉が見つけられ、このように『竹取物語』の婿取り婚挿話の一つである蓬莱の玉の枝以来、「蓬莱」に関しては日本の古典分野では度々言及されてきた言葉であるが、「蓬莱弱水」となると、やはり先の論文目録データベースでは0件となる[8]。

　このような「弱水三千」の日本での存在の薄さの理由については院生との対話から日常的に「使わないから」ということを感覚として得た[9]。強いてこれに類似する言葉としては「取捨選択」のようなものが挙がろうか。こちらが日本では著名であり、「弱水三千」を敢えて使用する状況になっていないということが考えられて来よう。ところで「取捨選択」は見てすぐに意味が分かる利点があるが、「弱水三千」はどうだろうか。この言葉のうち、問題は「三千」ではなく「弱水」である。「三千」はかつての『母をたずねて三千里』(1976年のアニメ)のような著名作もあったし「白髪三千丈」(②漢詩文に多い誇張した表現のたとえ。大辞林第三版)「三千世界」(①仏「三千大千世界」の略。②広い世間。「―に頼る者もいない」大辞林第三版)などの言葉は日本語としても知られているが、「弱水」「弱水三千」が日本語になっていない。つまりこの言葉の日本語漢字の意味から容易な想像をさせないことが原因でわかりにくく(この問題については次の節で中国においても実は解釈が多様であることを論じたい)、その上研究者がまだ『紅楼夢』研究を多く進めていないこともあり、

「弱水三千」は元来の出典は『紅楼夢が来自ではないが、『紅楼夢』と日本作品の比較検討ではなく『紅楼夢』それ自身の研究が多く進まない限り(他との比較ではなく『紅楼夢』そのものを扱ったものは、先の検索では(山路龍天.1995.「『紅楼夢』素人攷(一)—ホモ・ペネロペーウスとオペラ・ウリクセア」.同志社外国文学研究.69. p44) 1件のみが辛うじて挙げられる)、その内部の台詞としてですら検討考察に進まないのが日本での現況のようである。

5. "弱水三千"—中国と中国人における—

それでは今度はこの言葉の本場中国における"弱水三千"を考えていきたい。中国人がどうこの言葉をとらえるかについては、(越野優子 2016a:57-58)に詳述した通り、学生(四年生28人、院生2人)に、学部生には第1学期の日本文学の授業の終わりに、院生には"高級閲読与写作(1)"という授業の終わりにアンケート"弱水三千只取一瓢"について。この言葉を日本語訳するとき、難しく感じる個所と理由をなるべく詳しく書いてください」と筆者が作成し感触を得た。概略すると、彼らは様々な言葉で、中国語独特のリズムや美を感覚以外で感受することの難しさを説明し、これはそのまま中国語として感受して初めてその意を理解できるのであり、日本語化をほとんど無理だと考えていることがうかがい知れた[10]。つまり極めて中国的な語句と言えるが、その内容をこの度は掘り下げ考察していくことにしよう。

中国知網で検索すると、主題631件、关键词:弱水三千545件という膨大な数で、全文7320件という膨大な数となる。"弱水三千只取一瓢"にすると主題138件、关键词:0件、全文2016件となる(2017年4月現在)。この言葉が如何に中国では人口に膾炙しているかはこの件数からも知ることができるが、ただし全文と主題の多さは別の理由もあることに留意しなければならない。というのはこの"弱水三千"は中国では人口に膾炙しているだけに、先にあげた日本語の単に「取捨選択」の意で使用する場合もあるからだ(「2008最佳投资人之金中和弱水三千,只取一瓢」といった論文の題目のようなものがこれにあたろう)。それらをここから除去すれば数は激減する。このようなことを考慮した上で本稿に相応しい論考をもとに解釈を進めていきたい。(林桂紅 2012:195)はまず英文で表したこの言葉を元に、解釈を試みるものである。

"弱"=weak waterと英訳したものをまず取り上げ、この意味が正しいかどうかを問いつつ林の論は展開している。このweak(弱い)water(水)という直訳はなかなか伝わりにくい。「weak as waterとは。意味や和訳。〈飲み物などが〉非常に薄い;〈肉体的・精神的に〉弱い(ランダムハウス英和大辞典)」のような意味なら勢いの弱い水と考えることもできるかもしれない[11]。院生の(王新新 2016:1)では「古代の時、浅くて荒れている川を渡す時、舟ではなくて筏が使われていた。古人は川の水が弱くて、舟を乗せることができないから、このような川を「弱水」と呼んでいた。また、古典文学作品の中で、よく「弱水」を使って、遥かで、険しい川のことを指している。特に、蘇軾の「蓬莱不可到,弱水三万里」(非常長くて、荒れている川を隔

ているから、蓬莱に到着するのは不可能だ）という言葉が非常に有名である」（原文ママ）[12]と説明している。（林桂紅 2012：195）は浮力が弱く、芦花が沈む水を挙げて"为天底下比重最轻的水"と書いているが、林の記す「浮力」とは、水かさが少ないから水面に近くすぐに花びらも沈んでしまい、物が浮き上がらずに沈んでしまうところから、浮力が弱いと記したと訳してかまわないと考える。しかし浮力が弱い水とは何だろうか？（陈增杰 2009：30）はこの浮力の弱い水を普通の水ではなく、魔力、仙人の力の宿る水ともみなし、毛すら浮かばぬ不思議な水、ただ仙人の乗る車のみが浮くことのできる水と、『神仙伝』あたりの関連から読み解く[13]。

一方で（杨宏 2014：摘要）は"弱"がドラマの字幕で"溺"だったことを誤字と指摘しているが[14]確かに说文解字に"弱，溺之简略也"（注[7]）があるとされる。となると溺れるような多い水、とその頃は考えられていた可能性もあり、すると溺れるような水かさの水＝三千で表される大量の水とも言えなくもない。溺れるような大量の水の中でも、瓢箪に入れて飲むのは一掬いのこの水という"弱水三千"の訳もできよう。

ただしここでこの言葉が中国語、すなわち、"ruo-shui-san-qian"であることを考えなければならない。中国語が漢字を使用する言語故に、われわれ日本人は漢字の表意文字的性格にともすれば意識を牽引されがちであるが、中国語としての音の問題を忘れがちである。院生の刘志学は、"ruo-shui"と耳にしたときすぐに「弱水」を思い浮かべ、"溺水（ni-shui）"は音が違うから全く浮かべないと述べ、王新新も同様で日本人にとっては意味がとりにくい"弱水"に違和感は全く覚えないと述べた。黄莺は更に「弱水は普段あまり使わないようです。弱水と聞いたら落水（luo-shui）と聞き間違った人がいると思います」との興味深い意見を出した[15]。黄莺のように音の方面から、水が浅ければ水難事故を想像させる落水と言わないわけで、そうなると水に落ちて事故になるほどの溺れるような多い水、その中でも掬って飲むのは一掬いのみ、となれば意味も通じてくる。となると通常の日本人の耳では聞き分けられない"ruo-shui""luo-shui"は中国語では別物である以上、音の点からも溺水（ni-shui）→弱水（ruo-shui）は考えにくい。"落水"との混同例はあるかもしれないが"落水"に堕落という良くない意の隠喩があるとされることからも（"落水狗"）、この言葉からの成語の転用は考えにくい。

"弱水"とは真に難しい言葉で、これに肯定的な意味を付与するためには"天下之弱者"（陈增杰 2009：30）のそれではなく、仙郷の神聖なる車も沈まず浮き進むことができる不思議な水と考えるのが妥当のようだ。そうした聖なる水の捉え方も、中日で異なる感覚である。例えば日本の相撲の際のお清めの水を「力水」といい、相撲力士という拳闘的強者の為のものだから日本人には妥当に見えるが、同じ聖なる水でも"弱水"は「弱い」という言葉の意味を字から感じ取る故に逆の意味に日本人には感じられる[16]。しかし昏々と沸き雄大な流れ（三千）となっている、例えば"昆仑的弱水"のような雄大で日本人には想像し難い世界で生まれたこの言葉は、『遊仙窟』から『西遊記』そして『紅楼夢』のような日常を超えた物語世界と良くなじんでい

ったのであろう。"遇到很多美好的东西"(第4節前述)のように、最も良いものを選ぶとなると、"弱水＝美好的东西"となるわけで、私たち日本人が漢字の表面的意に囚われると到達しえない意があることが分かる。

6. 終わりに―多義性という概念すら揺らぐ"差異"の享受と悦楽へ

　第1節で(齋藤　2007:6)から引用した「多義性という概念すら揺らぐずれ」の是非について筆者は問うた。もともとこの齋藤の懐疑は「漢詩が読み下しのみで挙げられていたこと」へのこだわりから生まれていたのであるが、今回取り扱った"弱水三千"は詩ではないけれども、これがそのまま置かれていても私たち日本人は意を取りにくい(取り誤る)。しかし一方第4節冒頭付近で挙げたような筆者の試訳のようなもののみが挙げられていても興ざめである。"ruo-shui"を"luo-shui"も脳裏に一瞬映しつつ読むような多義的な読みの検討は当然中国語を母国語とする中国人研究者側から生まれようが、中国に居を置く日本人(外国人)からも生まれても良いのではないだろうか。(齋藤　2007:6)には「ずれ」とありつつ齋藤も否定的ではないが、筆者もこれを更に「差異」と言い換えたいし、また差異を否定せず豊かな副産物(時には主産物にも転じる)とみなすのが筆者の博士論文以降一貫した姿勢であり続けている[17]。

　日本には重厚な訓読の歴史がある故に日本独自の世界が構築され尽くしてなかなか揺らぎにくく中国語の原来の世界に視線を向けにくいし、一方中国側も「そのまま中国語を読めてしまうので訓読の必要がない」故に訓読の世界に深い興味を持ちにくいだろうことは容易に想像されうることだ[18]。しかし故に平行線を歩むのではなく、その境界に存在することのできる筆者の現在の立場を生かし、本稿で取り上げた"弱水三千"から更に多くの言葉と文章の差異を今後も引き続き考察対象としていきたい。

付記

　本稿は、2015年10月25日北京日本学研究中心30周年記念国際シンポジウム「アジアにおける日本研究の可能性」(於北京外国語大学北京日本学研究中心)の古典分科会での、著者の口頭発表「日本古典文学の授業の現況と課題」に対する、室内の張龍妹先生方等の御提言が契機になった。発表の機会をお与えくださったこととご提言に深謝申し上げる。また本稿作成に際し、日本人である著者は外国語である中国語をまだ習得の途上であり、多くの方の助けを得た。特に中国人の学生という立場から授業等を通じて討論に参加し補助してくれた本学大学院生五人に謝意を表する。また要旨の中国語訳は福州大学日本語学部何美玲先生にお願いした。記して謝意を表する。

注

[1]参考文献(越野優子 2015:53-62)
[2]参考文献(李宇玲 2015:190)
[3]参考文献(齋藤希史 2007:6)

［4］合山林太郎［日本漢文学プロジェクト：日本漢詩文における古典形成の研究ならびに研究環境のグローバル化に対応した日本漢文学の通史の検討］(http://nihonkanbungaku.blogspot.jp)より。それによれば「現在、「和習研究会―高兵兵先生を囲んで―」という勉強会を有志で開催しております。日本人が作った漢詩には「和習」がある（日本人特有の習癖、あるいは、日本人がよく犯す文法・句法・語法上の誤り）ということがよく言われますが、その「和習」の内実を具体的に考えようというのが、この勉強会の目的です。会では、近世・近代を中心に日本人の作った漢詩を、西北大学教授の高兵兵先生、また、大阪大学の中国人の大学院生の方々に読んでもらい、どのように評価できるのか、もし通じない箇所があるとすれば、どのような点なのかについて、議論を行っています」と説明されている。2016年1月から2月に研究会が開催されたとされている。稿者は参加していないが、資料を大阪大学院生で同僚である黄莺老師より入手し研究会の概況を知ることができた。記して謝意を表する。

［5］注1の2篇の拙稿。

［6］参考文献（楊金萍 2003：92）

［7］http://baike.baidu.com/link?url＝F_Cl－xZ6wrMDZblndOFawOASBxDWnaKljqJ－5hyZn2LnQ5vivfmhQnLdREKUYpS－aotpHBM1nWXOg3dxh2Rq

［8］参考文献（越野優子 2016a：55-56）に詳述した。一部重なる部分がある。

［9］この対話の場とは「高級日語閲読与写作」(2)という名で課程番号009098011の閲読と小論文作成の大学院の授業で、こちらが指定した課題図書（日本文学、語学等）を読みPPT発表し、また毎週決められたテーマについて800字以上で三段構成を意識した論文を作成してもらい、毎週テーマを決めて自由に院生と討論する授業のことである。二学期のこの授業では、2年目に日本に半年留学する機会があることを意識して、日本のゼミを想定した自由な討論の時間を作ることを心掛け、合わせて会話と聴力の総復習も行った。本稿は院生諸氏から多くを得ているが、このようにして論文が作成されていくというその過程を実際に感得してもらうことが結果として彼女たちの為にも良いと判断し、参加を促した次第である。併せて、双方向参加型のゼミの現在進行形の姿を形として残しておきたい筆者の考えもあった。

［10］参考文献（越野優子 2016a：57-58）

［11］http://dictionary.goo.ne.jp/ej/779033/meaning/m0u/より。"weak as water"。

［12］参考文献（王新新 2016：1）

［13］参考文献（陈増杰 2009：29-30）

［14］"【摘要】＜正＞电视连续剧《香水佳人》第3集中，林庆祥劝好友陆长远早些找个女的结婚，陆回答说："小弟我是'溺水三千，其实，只取一瓢饮'。"字幕逐字显示。"溺水"指淹在水里，"溺水三千"真是让人摸不着头脑。其实，此处"溺"字当为"弱"字之误。"

［15］注4前述の黄莺からは微信にて意見を得た。なお、弱と溺の音の問題は（陈増杰 2009：29）でも言及がある。

［16］日本ではキリンビバレッジ株式会社が1994年に販売開始した「力水」という炭酸飲料がある。DHA入り炭酸飲料で受験生に人気なので、この水は力をつける水であり、相撲の力水はお清めの為のものはあるが、力士という強者へのものという点で、共通感覚のものと言える。

［17］参考文献（越野優子 2016b：27）で源氏物語の写本の異文に対し、「独自本文」という言葉を使用しており、また同書で第6章と第7章で取り扱った外国語訳（韓国語訳）にも同様の姿勢で、翻訳作品を独立した「韓国語版源氏物語」という視座で扱ってきた。その他、（越野優子 2013：39-54）にて中国語版村上春樹作『東京奇譚集』のもつ独自性について言及した。

[18] 2015年10月25日北京日本学研究中心30周年記念国際シンポジウム「アジアにおける日本研究の可能性」(於北京外国語大学日本学研究中心)の古典分科会での張龍妹老師们等出席者の稿者への発言より。主となった御発言を筆者の言葉によって集約させていただいた。

参考文献

王新新. 2016.「弱水三千」(「高級日语阅读与写作」(2)課題レポート). p1

王浄華. 2011.「中国の大学における日本文学教育の課題への提言—文学教育研究の必要性を中心に—」『白山中国語』. No. 17. pp75-89

金文京. 1988.「中国における日本古典文学の翻訳と研究」. 和漢比較文学会(編).『和漢比較文学の諸問題』. pp175-204. 汲古書店

金中. 2009.「中国における日本語文語授業の工夫—現代短歌と抒情化の導入」『日本語教育年報(東京外国語大学)』. No. 13. pp97-101

越野優子. 2013.「人物呼称の表記の考察—村上春樹とその翻訳作品を中心に」『待兼山論叢』(文学篇). No. 47. pp39-54

越野優子. 2015.「日本古典文学の授業の現況と課題」『研究と資料』. No. 74. pp1-10

越野優子. 2016a.「中国における日本古典文学への一考察—"弱水三千"から展開する日中語の差異を中心に」『詞林』. No. 59. pp53-62

越野優子. 2016b.『国冬本源氏物語論』. 武蔵野書院

齋藤希史. 2007.「訓読の自由」『東方』. No. 319. pp2-6

謝立群. 2000.「中国における日本古典文学研究の現況」『詞林』. No. 28. pp27-30

坪井佐奈枝. 1988.「中国における日本古典文学の翻訳と研究」. 和漢比較文学会(編).『和漢比較文学の諸問題』. pp205-235. 汲古書店

張龍妹. 2013.「中国における日本古典文学の翻訳と研究—『今昔物語集』を中心に—」『説話から世界をどう解き明かすのか 説話文学会設立50周年記念シンポジウム[日本・韓国]の記録』. 説話文学会(編). pp416-426. 笠間書院

張龍妹. 2000.「中国における『源氏物語』研究」『源氏研究』. No. 5. pp189-195. 翰林書房

山路龍天. 1995.「『紅楼夢』素人攷(一)—ホモ・ペネロペーウスとオペラ・ウリクセア」『同志社外国文学研究』. No. 69. p44

山本唯一. 1984.「『奥の細道』と『白氏文集』「標泊三千里の思ひ」などをめぐって」『文芸論叢』. p7

楊金萍. 2003.「中国における日本語古典研究の現状と将来」『国文学解釈と教材の研究』. No. 68 (7). pp86-93

陈增杰. 2009.「"弱水三千"探源」『咬文嚼字』. No. 03. pp29-30

林桂红. 2012.「"弱水三千"如何翻译?」『外语研究』. No. 06. p295

李宇玲. 2015.「平安朝省试诗与唐代省试诗」『日本文化理解与日本学研究Ⅱ』. 北京日本学研究(編). pp181-193. 学苑出版社

杨宏. 2014.「是"弱水三千"还是"溺水三千"?」『咬文嚼字』. 2004-02.(保密状態のため頁数不明、摘要のみ閲覧可)

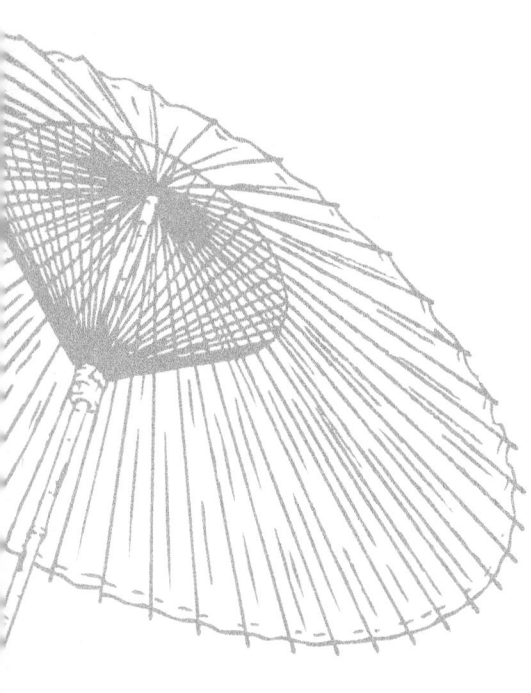

日语文化研究

"第三条道路"与"大正民主"风潮
——以长谷川如是闲的罗素访华评论为中心

(日本)立命馆大学 张 琳

要旨：第一次世界大戦が幕を閉じて間もなく1920年の10月に、「研究系」知識人の招聘でイギリスの哲学者B・ラッセルが内外の危機に面した中国大陸に訪れた。すでにロシア革命とパリ講和会議の衝撃に揺れ動いていた民国の思想界にとって、ラッセルの訪問はまさしくもう一つの大きな「事件」であった。なお1921年7月、ラッセルが帰国する際、改造社の招聘で日本を訪問するようになり、当時大正期の日本思想界においても象徴的「事件」の一つと言えよう。時間をやや前に遡れば、1920年5月にラッセルはイギリス労働党訪問団のメンバーとして十月革命後のロシアを訪問し、レーニン、トロツキー及びゴーリキーに面会していた。当時日本のマスメディアと知識人は、このラッセルの露・中・日訪問に熱いまなざしを向け、多岐にわたる議論を繰り広げた。中では、当該期日本論壇の雄とも称されるジャーナリストの長谷川如是閑は、『ラッセルの社会思想と支那』という一文を『読売新聞』に寄せ、民国の立場に立ちながらも、時代的特徴および彼個人の風貌を強く帯びた観点を披露していた。6年後、この論説は上海商務印書館刊行の『東方雑誌』に翻訳されていた。振り返ってみれば長谷川の理論には、様々な問題を孕まざるを得ないことは明白だが、その言説の背後にはいかなる原動力と問題意識が隠されていたのかについては、検討の余白は残されている。本研究は、ラッセルの露・中・日訪問を手がかりに、当該期交錯しあう視線と言論に注目し、ラッセルの訪問という「投石」が引き起こした「波紋」に追跡していきたい。

关键词：知识迁移 罗素访华 第三条道路 长谷川如是闲 大正德谟克拉西

问题提起

第一次世界大战落下帷幕不久后的1920年10月到1921年7月,英国哲学家伯特兰·罗素(1872—1970)应梁启超、张东荪等人的邀请实现了其访华讲学之行。告别政坛的梁启超于1919年以巴黎和会中国代表团会外顾问和记者的身份游历欧洲诸国,其间发生了巨大的思想转变,回国后撰述《欧游心影路》一书,开始反对五四运动以来高举的"赛先生"大旗,提出反思科学万能的倡议。此后他开始致力于加深中西思想的交流,邀请来华的第一位哲人是当时享誉美国的教育家、哲学家杜威(1859—1952)[1],第二位西方思想大家就是罗素,其后梁又在讲学社名义下邀请了德国哲学家杜里舒(1867—1941)以及文学巨擘泰戈尔(1861—1941)来华访问讲学。罗素访华前

后在国内外都激起了巨大的讨论声浪,罗素讲学期间留下了著名的五大讲演——《哲学问题》《心之分析》《物之分析》《数理逻辑》《社会结构学》,临别又馈赠肺腑之言——《中国到自由之路》。回到英国后的罗素热情不减,于 1922 年出版了《中国问题》一书,重申并演绎了他对于中国社会一些重大问题的立场。依据这些演讲和著作,当时中国国内的知识分子和有志青年们就罗素其人其学展开了褒贬不一却热烈广泛的讨论,引起了一股震动学界的"罗素热"。目前学界公认罗素访华对近代史的影响,是其在"五四"时期的中国思想界引发了一场社会主义论战,张东荪、梁启超等借罗素之口宣扬其资本主义改良路线,声称现阶段中国不适宜搞社会主义革命,最终还是要依靠士绅阶层、"绅商阶级"来振兴实业、发展资本主义后,发动资产阶级革命救中国。陈独秀、李大钊、蔡和森等马克思主义者亦针锋相对,撰文抨击批驳改良路线,称中国无产阶级已经存在且受压迫程度更甚,在此水深火热之时除了联合起来发动无产阶级革命以外别无他法,此次意识形态的交锋一直持续到 1922 年,然而对于罗素 1921 年离开中国时的谆谆劝导——中国不能全盘西化、亦不可走复辟老路;需培养爱国敌忾之心;发展教育、培养公共精神和民意领袖;优先解决政治问题、宜走俄国布尔什维克派之道路;伦理和经济并重等建议(袁刚/孙家祥/任丙强编 2004:300-305)——此时却因为种种国内外的复杂原因基本上不再被提起了。

1921 年罗素启程回国之时应改造社招待访问日本,亦广受日本国内各大报纸杂志的关注,其自传中对日本媒体狂热的"追星"做出了描述(伯特兰·罗素著 2003:195-198),并且也引述到杂志《改造》的社长山本实彦(1885-1952)的来信(伯特兰·罗素 2003:205-206),《改造》创刊于 1919 年,与后文言及的《我等》[2]创刊于同年,当时更是以贺川丰彦等早期社会主义者的文章成为一本知识分子必读的综合杂志。罗素在日期间,由于身体原因只于庆应大学做了一场名为《文明之再建》的演讲,据山本实彦回忆,当日聚集了 3000 余名听众(山本实彦 1968:55-62)[3]。其间罗素提及当世三大伟人,坦言其中第一人就是以相对论理论震惊物理学界的爱因斯坦。山本实彦听此演讲后不久即求教于时任京都帝大教授的西田几多郎,促成了 1922 年的爱因斯坦访日之行(山本实彦 1968:55-62)[4]。此处插曲虽与本文正题略有出入,但历史上的细微契机不断营造意识和思想的环流,随之而来的思潮则会相应的影响社会和时代,思之令人感叹的同时也督促我们应时刻具备跨境的视野和对同时代史的关心。

回顾中国国内对于罗素访华事件的研究史即可知道,罗素作为影响近代中国的一位思想大家,乃至"分析哲学在中国的播种者"(胡军 2002:1-2),其地位超然,因此研究其人其学的论文著作多不胜数,但多是与中国问题相关联[5],对于当时日本国内文坛学界对罗素访华访日的言论,则触及甚少。盖因一方面乃是罗素自身当时对日本颇有意见,第一次世界大战前后就开始批判西方近代化的罗素对当时重蹈西方列强对外侵略老路的日本无甚好感,再者罗素访日前病卧北京时就拒绝了日本媒体的访问,以至于使日媒误会罗素已死并大肆报道。罗素访日时身体状况不佳,日本国内对其灌注了极大热情,对其"极尽谄媚"却并没能对其生活细节进行合适的安排,途中日本媒体不断强行要求采访,使其不快。据其自传可知,罗素对中国人感佩致敬和高度评价的同时,对日本人以及日本记者却极尽皮肉讽刺之能事,让人简直不敢相信其语竟出

自如此大哲之口。研究日本学界对罗素访华动向较少的另一方面原因也与历史认识问题相关,较多研究者认为日本近代以来对于中国的态度乃是一以贯之的蔑视和排挤,不具研讨价值,以至于《罗素自传》的译者都难以保持价值中立的态度[6],令人深感遗憾。而另一方面,日本的近代思想史学界也对罗素访华访日所带来的影响研究不多,甚至将其评价为"大正民主运动"期间一次浮于皮毛的西洋哲学崇拜的结果而已。究其原因亦与当时罗素停留日本只有两周,其间惜字如金不接受媒体采访,同时又暗示批判日本走国家主义道路相关,再者罗素倡导的分析哲学在近代日本除了一少部分专门研究者外,并未在青年学生群体内或社会上引起大的反响,罗素基于行会社会主义的温和改良社会改革方案,对于当时社会矛盾激烈的日本来说也明显不如较为激进的马克思主义、国家社会主义等革命方案来的有魅力。

一、苏俄访问与"第三条道路"

回顾此时罗素自身的政治立场需要回溯到第一次世界大战前后罗素的政治学著述以及他访问苏俄以后发表的《布尔什维克的实践和理论》(*The Practice and Theory of Bolshevism*,1920)一书。第一次世界大战战后罗素自称是一个行会社会主义(Guild Socialism)[7]信奉者,虽然在其最早的政治哲学著作《社会改造原理》(*The Principles of Social Reconstruction*,1916)中,他还曾基于反对国家权力的立场而拥戴过工团主义(Syndicalism),但到了1918年前后,罗素就在其著作《自由之路》(*Proposed Roads To Freedom*,1918)中开始宣扬不完全反对国家权力的行会社会主义,并同时将其与(国家)社会主义、无政府主义和工团主义进行对比,认为无论是在分散国家权力还是在维持社会秩序方面,行会社会主义都达到了较好的平衡,能够治疗现代工业体系带来的个体异化,以自治的形式再次给个体及地方共同体带来活力。"我们拥护的是行会社会主义的某种形式,或许较官方行会社会主义者所主张的那种更倾向于无政府主义一些。"1919年9月,在《为什么我是一个行会人》(*Why I am a Guildsman*,1919)[8]中他再次总结并强调:"国家社会主义虽然能治疗贫穷并保障经济公平,但是它将很快变得僵化而充满阴谋、比现行体制更加敌视个人创造力、比资本主义媒体更热衷于舆论操纵。无政府主义虽然避免了上述邪恶,但它无力阻挡社会恶行,并会迎来一个军事暴政的结局。相较……而言,我认为行会社会主义能够避免更多国家社会主义的弊病,它不但能够结束贫穷和经济不公,而且更重要的是能够给人类自由和创造的天性带来更好的发展。"(Richard A. Rempel and Beryl Haslam 2000:81)[9]

1920年4月间,俄国内战的主要战事基本结束,苏维埃政权胜局已定。此时的罗素也受到俄国革命胜利的鼓舞,开始倾向于一种行会社会主义和国际社会主义(International Socialism)折衷的政治立场。1920年5月他在《英国评论》上的《社会主义与自由主义理念》(*Socialism and Liberal Ideals*,1920)(Richard A. Rempel and Beryl Haslam 2000:143)[10]一文中号召行会社会主义者密切关注学习俄国革命成果(Richard A. Rempel and Beryl Haslam 2000:148),鲜明地宣称自己的国际社会主义立场,称"能给世界带来其所需的自由理念、经济公正、国际合作的,只有社会主义"(Richard

A. Rempel and Beryl Haslam 2000:155)。他在文中历数资本主义制度之恶,高度评价俄国十月革命的胜利"自法国大革命以来无与伦比",且"布尔什维克们为世界所带来的贡献比雅各宾派在法国国内实行的改革更加伟大,因为布尔什维克的改革更加广泛,理论更加彻底"(Richard A. Rempel and Beryl Haslam 2000:148)。尽管由于当时新生的苏维埃政权武力镇压国内反对意见、撤销议会并于1918年单独与德媾和等行为导致了罗素对布尔什维克们有着种种怀疑,但他还是预见到了苏维埃作为一个真实存在的国家政权而带来的巨大历史意义。"这场战争期间浮现出来的所有新事实中,最重要的是出现了一个强大的国家,它在实践中采用了社会主义制度。在那之前,社会主义停留在理论层面上,……布尔什维克——无论我们对其优缺点持何态度——已经证明,社会主义制度可以在一个充满活力的成功国家中加以实施。"但就算在罗素最靠近共产主义的这一时刻,他仍不认为英国会发生暴力革命,英国的社会经济条件是特殊的,尤其是有着光荣革命以来的温和改良传统,他引用马克思的"在英格兰,社会主义将以和平形式到来"这一预言,希冀英国的改造走一条由英国工党领导的、温和渐进的改良之路。而且他认为苏维埃政权现阶段的无产阶级专政和暴力流血也是过渡性的,如果共产主义革命消灭了阶级,那么无产阶级专政就会覆盖全民从而成为民主的另外一种形式,最终国家也会消失,实现人类普遍的民主和自由解放(Richard A. Rempel and Beryl Haslam 2000:148-149)。由此可见,罗素此时政治立场的底色仍然是在保障社会秩序和社会正义的前提下实现个体权利和自由的左翼社会民主主义式的。

　　1920年4月底,罗素和英国工党访俄代表团一道从英国出发途径斯德哥尔摩,于5月11日进入了俄国境内并于次日抵达彼得格勒。代表团在彼得格勒逗留了"威尔士亲王般荣耀的"5天后进入莫斯科,在那里罗素见到了托洛茨基和列宁,并且得到了与列宁当面交谈的机会。随后,由于代表团要求接触俄国人民的实际生活,苏维埃政府允许在其归途的伏尔加河沿岸自由下船接触当地老百姓。代表团一行于6月16日离境归国(Bertrand Russell 1921:25)。然而满怀希望踏上政治朝圣之旅的罗素却没有得到任何可以普遍适用于欧洲或英国进行改革的可操作性经验,在1920年11月出版的《布尔什维主义的实践与理论》一书中,他对布尔什维克党的现行实践和理论均作出了严厉批判,认为其背离了人民大众,走上了另外一条帝国式的精英独裁政治道路。但值得注意的是,罗素反对和批判的并非共产主义理念本身,而是在于布尔什维克的实践方法,也就是暴力革命的形式及其善后问题,在序言中他就表明了其基本立场:"我相信世界需要共产主义,也相信俄罗斯的英勇已在人心中点燃未来实现共产主义所必需的希望之火。这是一次伟大的尝试,对于最终的成功不可或缺。为此它应受到所有进步人士的感激与赞赏。但莫斯科……的方法却是拓荒式的、鲁莽而危险的,过于英雄气概却没有考虑到随之而来的反动的危险,……我不相信用这种方法能建立起稳固良好的共产主义。当前的形势可能会导致三种结果。一是布尔什维主义最终被资本主义击溃。二是布尔什维克取得胜利,彻底抛弃理想后建立起一种拿破仑式的帝国政权。三是爆发一场旷日持久的世界大战,文明陨灭,一切文明形式(包括共产主义)皆被遗忘。"(Bertrand Russell 1921:7)他又在文中多次提到产业自治(Self-government in industry)——也就是前述行会社会主义的重要经济原则之一——的益处，认为这才是英国实现共产主义社会的最好途径(Bertrand Russell 1921:183)。

二、布尔什维主义批判引起的波澜

罗素的这种"立场转变"不但在西方进步知识分子中间引起了轩然大波，在关注罗素的日本和民国知识分子之间也如巨石投湖，引起了一场极为热烈的讨论。几乎与英美杂志[11]同步，中日两国媒体也在竞相翻译罗素的俄国见闻。现在笔者手中有这样几个翻译版本：1920年9月日本大藏省理财局在其《调查月报》上刊登了最早的翻译版本——"露西亚访记(露西亜を訪ふの記)"，随后引领日本大正民主风潮的左翼杂志《我等》在其1920年10月号刊登了由大山郁夫翻译的版本"访问劳农俄国(労農ロシアを訪うて)"，《财政经济时报》则连载了由田边忠男翻译的"苏维埃露西亚、1920年(ソビエト露西亜、1920年)"。罗素的文章在中国国内也同样受到媒体瞩目，1920年10月《新青年》的第8号第2卷和《东方杂志》17号20卷分别登载了由雁冰(作家茅盾的另一笔名)翻译的《游俄之感想》和胡愈之翻译的《罗素的新俄观》。同步出现的诸多翻译版本充分说明了两国知识分子对此次访俄之行的关心，随之而来的评论和意见则出现了各种分歧。譬如，时任日本《东洋经济新报》主笔的石桥湛山在1920年10月9日的《小评论》上发表了《论罗素的俄国观》(「ラッセルの露国観」)，表示充分赞同罗素对布尔什维克政府的批判观点，认为罗素的批判并非是对共产主义激进分子的单纯道德攻击，而是站在实地考察的基础上进行的客观评价。石桥站在优先经济发展的立场上同意罗素的意见，他认为，现阶段的布尔什维克党对内进行的武装高压政治是出于压制内乱的本意，只要依靠和平与贸易逐渐回复俄国国力、缓和阶级矛盾的话，内战自会终止。他在评论中又借罗素之口暗示并强调，现阶段最好的政策绝非由协约国对俄国进行武力干涉或外部制裁，否则俄国可能会重蹈第二拿破仑帝国之覆辙，并成为另一场世界大战的导火索。在文章最后，石桥意味深长地说："吾辈切盼我国民可斟酌(罗素)氏之结论。"明显意在批判日本政府派出7万大军进行西伯利亚干涉一事。石桥极为谨慎的表明了自身的立场，也没有再继续批判政府，符合其中间偏右路线的一贯作风。而与此相对，原早期社会主义和无政府主义者组织——"卖文社(売文社)"[12]的社长堺利彦就激进多了。他发表在1920年11至12号的《社会主义》[13]杂志上的《高雅学者罗素(お上品学者ラッセル)》一文借外刊意见讽刺了罗素对布尔什维克的批判。堺在文章开头就把罗素比喻为是宣扬"自由之路"的地藏菩萨，这尊悲天悯人、信徒众多的菩萨在领教了苏俄激进派的手段后怫然不悦遂批判之，但是各路宵小则对地藏菩萨也不是那么尊敬，亦发出了各种批判的声音。随后堺又引用了自己翻译的外刊4篇杂志评论，分别是杂志《纽约核心(ニューヨーク・コール)》的"世间一般的布尔乔亚自由主义(世間並みのブルジョア自由主義)"、杂志《苏维埃俄国(ソヴィエット・ロシア)》的"太阳亦有黑点(太陽にすらも黒点がある)"和"什么革命也难让他满意(いかなる革命もお気に召すまい)"以及《自由者(リベレーター)》杂志的"人道主义布尔乔亚学者(人道主義のブルジョア学者)"，看题目也可得知，虽然堺本人并没有亲自批判罗素的政治立场和主张，但其用意不用说也是在鄙夷罗素的浅薄人

道主义和政治正确。

20世纪20年代初日本帝国国内资本主义危机不断加深,尤其是在第一次世界大战后的1920年3月袭来的战后经济危机(戦後恐慌)使得劳农运动风起云涌,社会底层的不满指向官商勾结的政府内阁及大资本家,1921年连续发生的安田善次郎及原敬暗杀事件极具象征意义。日本思想界各派思潮也不断涌现,在强权"国家"和近代"个人"之间发现了调和二者的"社会"道路,形成一股"大正民主"风潮。这股在政治光谱上基本隶属于社会民主主义右派的潮流虽然在30年代被帝国政府一时压抑到水面之下,但第二次世界大战以后这股潜流又重新浮出水面并至今深刻影响着第二次世界大战以后历代日本政府的各项决定,成为政府决策的幕后中坚意识形态之一。其战前的典型代表就是上文中提到过的石桥湛山,同时,倡导"民本主义"的吉野作造和下文中即将出现的《我等》杂志主编长谷川如是闲及其周边知识分子可以说也均在此列。他们当时既可能在体制外活跃,也可能曾在权利中枢内部担任过要职,虽然战后丸山真男、鹤见俊辅等自由左翼知识分子曾将这一批人批判为妥协天皇制的"老派自由主义者(オールドリベラリスト)",但在考虑日本近现代史、尤其是政治思想史系谱时,由于其立场的复杂性和不确定性以及理论体系的不完整性,致使他们成为极为重要但又经常被研究者忽视的一群。

三、"国破生活在"与中国近代化

在对罗素政治理论的观察和化用之中,编辑人、评论家长谷川如是闲在1920年发表的《罗素的社会思想与中国》[14]一文可以说是极具特色的。他罕有的站在民国立场上分析了罗素访华将给中国带来的影响,并给出了富有个人思想特点和时代特征的中国近代化方案。长谷川于1920年发表的此番言论时隔6年之后被翻译成中文发表在商务印书馆的《东方杂志》上,形成了一次跨国的知识传播互动过程。现在看来,其建议和观点虽犀利却局限性甚多,但其言论背后的原动力和问题意识依旧值得深入挖掘。

长谷川如是闲(1875—1969)是日本著名编辑人、评论家、思想家,曾任大阪朝日新闻社社会部部长,后因笔祸"白虹"事件退职并自创杂志《我等》,在大正民主运动中与吉野造作在文坛与政坛交相呼应,引领了当时的思想潮流,可以说是大正知识分子的一大领导者。其文笔犀利孤拔、嬉笑怒骂皆成文章,鲁迅先生亦对其作出"日本的长谷川如是闲是善于做讽刺文字的"(鲁迅 2006:8—10)、"此人(长谷川)观察极深刻而作文晦涩"[15]等高度评价。长谷川自幼接受儒学教育,后进入中村正直的私塾学习英文,大学专攻法学,英国式的自由主义和明治知识青年特有的国民主义作为其思想主线贯穿一生,日本近代思想史家基本上评价长谷川为一国民自由主义者(ナショナルリベラリスト),但深入其思想则会发现长谷川独有的复杂幽深之处,其思想亦波及后辈哲学研究者久野收和政治思想史学者丸山真男等人。长谷川战前坚持反战反暴力,提倡贸易兴国,曾直言不讳地指出日本出兵山东酿成济南惨案是"军国主义国家的错误",批判日本军部的满洲政策,被当时的军部视为危险人物。30年代初创建了独特的法西斯批判理论,著作和发言几次遭禁,于1933年被特高拘留调查,此后长谷川开始转

而从事文化研究。长谷川一生对英国、日本和中国这三个国家倾注了最大的关心,甚至可以说他的理想与现实都是参考这三个国家的实际情况建构而成的。明治初年长谷川出生于东京的伐木工工头家庭,自幼对历史和文学深感兴趣,对社会平民大众阶层感情深厚。在学期间从文学投稿开始进行文笔创作活动,后加入朝日新闻并作为特派记者对1910年伦敦的万国博览会进行了报道。长谷川早期政论思想的一大特色是其鲜明的英式经验主义立场,反对日本化的德式唯心主义哲学。他也是第一个向日本学界介绍霍布豪斯多元国家理论学说的人,1920年代到1930年代前半他以犀利的文风展开了对当时日本的超国家主义风潮的批判。长谷川曾于1920年代应满铁之邀三次访华演讲,期间还曾到上海通过内山完造介绍拜访鲁迅(1928)。他前后发表《某位到过中国的男子之言》等报道、提出的"国破生活在"式的中国观可谓当时日本知识分子的典型,1935年著述的《老子》一书,将自己的政治抱负寄托于古典中国思想中。访华后的长谷川被战前日本学界公认为是几大中国通之一,乃至1920年代活跃在《京津日日新闻》的橘朴都被称为"天津的如是闲"(清水 2010:33)[16]。

1920年的罗素访华对于长谷川来说亦是一大关心事,他应《读卖新闻》之邀发表了《罗素的社会思想与中国》一文,分7次连载于《读卖新闻》上。有趣的是这篇文章另于1926年被译为中文发于商务印书馆的《东方杂志》[17]上,且论及中国前途的第七回基本被全文删除了。文中长谷川首先对罗素访华而北京军政府未就此"危险人物"来华而横加干涉一事深表兴趣,认为当前民国舆论力量强于日本,暗讽日本政府干涉言论自由。其后表示要针对民国现实和罗素的社会思想进行"断片式的"考察。进入正文后,长谷川首先阐明了其自身对民国国情的理解,他认为,中国在文化上一直属于优等国,然而经济却处于产业革命发生之前的幼稚状态,没有俄国十月革命以后真正意义上的无产阶级,中国到现在为止的革命都属于法国大革命前旧体制(アンシャンレジーム)下的军阀混战,中国现阶段并不具备发生社会革命的经济基础。罗素的自由主义恰好能够提供社会革命的思想后援,定能为现在的中国点燃明灯。随后长谷川就罗素对社会主义的看法发表了意见,他指出,罗素并非马克思主义信徒,认为其只是社会管理的手段之一,罗素的政治主张第一强调个人发展,第二原则坚持个人与其所属集团的发展不能损害其他个人及集团的发展,在此意义上,罗素可以说是与马克思主义者牺牲个人成全社会的立场是根本对立的。由此可看出,当时的长谷川对十月革命后马克思主义在中国及日本的快速传播并不看好,站在一个重视社会秩序及个体权利的相对保守立场之上。

长谷川认为,英式自由主义与科学自然主义相结合,导致了英国哲学的相对(客观)主义的发达,尽量减少人为干涉是英国经验哲学的基本法则,因此自由放任主义和贵族·资产阶级文明在英国的发达也是有其历史原因的。贵族及资产阶级文明不断发展,到某个顶点后由其自坏原理自然催生了无政府主义,就如同资本主义的反动会产生社会主义的情况类似。俄国的无政府主义就是典型的贵族·资本主义高度发达的产物。中国的老庄哲学等同于无政府主义也来自于其文化的高度发达,中国政治史上的尧舜神话应是后世发展过程中制造出来的,如同日本上古神话一样,均为后人所撰。

此处长谷川提出了他的著名论断,即孔孟思想是国家主义式的,而老庄思想则是无政府主义的"孔老对立"理论。他把这两种思想二元对立起来,归结为中国北方的实际主义与中国南方的冥想主义,北方的思想传统表现在政治上有如下特点:文化主义、贤人政治、柏拉图主义、温情主义,概括起来是一种独裁的倾向,而南方思想则与此相反,其特点表现为无为政治、个人主义、自由放任主义、带有一种无政府的倾向。罗素的政治思想比较接近后者,但其哲学上的实在论倾向则与南方思想迥异;其社会思想上的无政府倾向也接近南方思想[18],与北方式的圣贤政治相隔甚远。他指出,在内部混战和外部侵略的双重压迫之下,中国资本主义很难萌芽。要发展,中国首先要在思想上确立英式重商主义,渐次贸易立国,涵养资本主义民主,才能逐渐脱离内外交困的局面,这种阶段论式的改良路线就是长谷川给出的解决中国内忧外患的方针。可以看出,长谷川对英国式的近代化历史倍加推崇,希望中国和日本都能走上此种资产阶级革命改良道路,实现稳妥的、无流血冲突的社会改革。但此种过于理想化的方案不但在毫无工业基础、满目疮痍的中国难以推进,就算是在近代工业基础较为成熟的日本也寸步难行,盖因当时日本民众教育程度既低、社会矛盾又激烈,温情脉脉的资产阶级改良方案一无群众基础、二也绝难撼动既得利益阶级,这也是"大正民主运动"风潮止于知识分子阶层、最后被法西斯主义完全压倒的重要原因。

此后,长谷川继续分析到,中国的老庄哲学所表现出的无政府倾向是一种形而上的观念,而罗素的国家批判和无政府主义则注重走实践路线,强调社会互助和连带,其思想倾向于社会连带主义法学派(法理的ソリダリスト)[19],其经济原则近似于行会社会主义、要求限制国家权力。并且,长谷川又举例儒学典籍中赞颂伯夷叔齐此等道德高尚的"非国民"的事实来证明,古典儒学强调道德价值高于国家价值,中国的"天下一统"式的大国主义实为后人构建。中国历史上的主权者常为"僭越者"(タイラント)的史实赋予了中国人对政治和国家批判的自由以及选择服从或不从的自由,国家成立于道德基础上,因此要随时处于道德审视之下[20]。此后,针对外国对中国的军事侵略问题,长谷川认为一战以后诸列强自顾不暇,世界范围内的军国主义将会逐渐退潮,中国也自然能够逐渐脱离被殖民的命运。对于中国的民族主义运动和思潮,长谷川认为这只不过是政治活动家和知识分子对殖民侵略的一种反动,中国传统思想中的"天下"观念极为牢固,有深厚的世界主义传统却没有国家主义的传统,现阶段的民族主义思潮和国家主义宣传都是知识分子建构的,没有群众基础、难成大器。他对中国统一不抱希望,认为不论是从地理上的广袤无垠还是从民众心理上的无政府倾向来说,中国成为一大国家都是不可能的。现阶段是南北对立,按照行会社会主义的原则各地发展以后则是以经济重心城市为主的行会式小国分立局面。在此不难看出,长谷川对罗素思想的认识和对古代中国的理想国言说中包含着他对当时日本政府国家至上主义的批判,但对此时五四运动等反日民族主义运动的风起云涌却进行了错误的推断。早在1920年初,长谷川就在《我等》杂志上发表了两篇介绍L·T·霍布豪斯《形而上学的国家论》(The metaphysical theory of the state: a criticism, 1918)[21]的文章,文中他高度评价了霍布豪斯对黑格尔—鲍桑葵的形而上学国家观的批判,呼吁深受此等绝对国家观念毒害的青年学生及日本国民猛醒。明治以后日本政府推行由上而下的近代化

改革,通过战争和强制手段将日本由幕府时期的松散藩国联合体强行变成政教合一的近代天皇制国民国家,天皇既是政治领导人也是宗教领袖,明治时期的御用文人又用"万世一系"神话和国民道德教育彻底绑架民众,使其对"神国日本"深信不疑,继而产生了狂热的民族认同——日本国民均为"神之子民"。长谷川对此极为了解也极其痛恨,认为此时中国的民族主义和反日爱国行动也是出于同理,被一部分居心叵测的知识分子煽动而生,殊不知此时的民族主义风潮起源于激烈的社会矛盾,巨大的贫富差距和殖民地压迫才是导致其高涨的真正原因,此时运动的矛头正指向第一次世界大战前后日本军国主义对中国的鲸吞蚕食。

长谷川言说中的罗素为科学的无政府主义者,他将中国的老庄哲学总结为一种非科学的无政府主义(无为·虚无主义)传统,希望中国的社会革命吸取罗素的自由主义、克鲁泡特金的互助学说,首先在中国南方大力发展资本主义逐步带动社会改良,反对中国直接进行十月革命式的暴力革命。他预见到这次讲学过程中,罗素的数理哲学会因为过于难解而不会被大规模受容,而且接受了马克思主义思潮洗礼的中国进步知识分子也会对罗素进行大力批判[22],结果确如长谷川所说,对罗素访华期待过高的知识分子和学界确实对其大失所望,胡适等人基于拥护实用主义哲学的立场、对其形而上的数理逻辑哲学进行了攻击,李大钊、毛泽东等人则对罗素的社会理论形容为"主张共产主义,反对劳农专政",批判其"理论上说得通,事实上办不到",并针对研究系一派的资产阶级改良方案展开了论战。但对罗素临别赠言中建议中国学习俄国布尔什维克的建议,远在日本的长谷川却没有再继续关注讨论。

四、结论

对于罗素访华这一轰动近代东亚思想界的"事件",笔者以日本学界和言论界对罗素政治主张的争论为辅线、以其中较有特色的评论家·思想家长谷川如是闲的评论为主线考察了20世纪20年代日本思想界及公共舆论界动向的一个侧面。

就长谷川此番对中国的观察和言论的思想深度而言,其始终未能脱离"进化史观"桎梏的侧面较为引人注目。他在思考日本国内问题时或可及时反思国家权力,而对于还未正式形成国民国家的中华民国,他认为其民众是前近代的、不具有政治意识的,只要社会经济足够发展、民众生活足够丰裕,老百姓不会考虑到底是谁在统治,甚至可以认为其无意识间消解了帝国日本的殖民侵略问题。此时期长谷川的首要关心仍然在于如何解决日本帝国国内的阶级矛盾和贫富差距问题、实现社会公平正义,反抗帝国政府推行的国家强权,他没有也难以充分认识到作为半殖民地的近代中国的内忧外患。对历史和现实的估计不足和认识不清、脱离人民群众的实践、对西方哲学和政治理论的教养性习得和单纯套用,也是日本战前倡导自由主义乃至社民道路的知识分子难以阻止日本走向毁灭道路的重大因素之一。长谷川本人也在战后1946年的回顾中表明了深切的反省之意。他批判了包括自身在内的整个日本知识阶层的妥协性和超越性,指出当时的知识阶层虽有进步思想,但只满足于消极抵抗式的口诛笔伐,缺乏社会关心和行动力,最终导致了昭和时代日本和遭其入侵地域的悲剧(长谷川如是闲 1946:374)。

注

[1] 关于杜威访华的邀请者诸说纷纭,一般认为是其弟子胡适直接写信邀请了在日讲学的杜威,杜威在华第二年的活动资金出自梁等人组织的讲学社

[2] 长谷川如是闲和大山郁夫于1919年创办的综合性评论杂志,1930年吸收杂志《社会思想》易名为《批判》,1934年废刊

[3] 原文为山本实彦.1934."罗素的来朝".《小闲集》.改造社

[4] 原文为山本实彦.1934."十五年".《改造》.1934年4月号

[5] 如冯崇义.1994.《罗素与中国》.生活·读书·新知三联书店.以及丁子江.2015.《罗素与中华文化:东西方思想的一场直接对话》.北京大学出版社等

[6] 罗素自传原文中针对山本实彦的来信评价为"Humbug is international"(Bertrand Russell 1998:373),商务印书馆译本中译为"撒谎骗人是国际性的恶行,此处亦然",译者加注称"此处是罗素对这个日本佬的信的评语"(伯特兰·罗素 2003:206)

[7] 在《自由之路》一书中罗素解释了自身行会社会主义的概念来源:A·R·奥尔雷奇《国家行会》(*National Guilds*,1914)、G·D·H·柯尔《劳工世界》(*World of Labour*,1913)和《产业自治》(*Self-government in Industry*,1917),雷奇 & 贝克霍夫《国家行会释义》(*The Meaning of National Guilds*,1918)以及其他国家行会联盟(National Guild League)出版的手册(Bertrand Russell 1919:81)

[8] 1919年9月刊登于国家行会联盟机关刊物《行会人》(*The Guildsman*)月刊第33号

[9] 现阶段国内并无此书完整译本,此处为笔者翻译

[10] 此文章主要内容来自于1920年2月26日罗素在伦敦Kingsway Hall面向国家行会联盟成员发表的一场名为"自由与行会(Freedom and Guilds)"的演说,后发表于1920年5、6月合卷《英国评论》第30号

[11] 《布尔什维主义的实践与理论》一书分为"实践"和"理论"两部分。前一部分的内容基于1920年7、8月间连载于伦敦《国家》(*The Nation*)杂志和纽约《国家》杂志上的"*Impression of Bolshevik Russia*"一文,这也是后文中日两国各种翻译版本的原型。著述后半的"理论"部分则为罗素归国后写成

[12] 1910年幸德秋水(1871—1911)等20余名社会主义及无政府主义者被处刑的"大逆事件"后,日本社会主义运动进入"严冬时代(冬の時代)"。1908年因"赤旗事件"入狱的社会主义活动家堺利彦因当时已在服刑而免于连坐。1910年刑满出狱的堺为了维持生计和联系同志,设立了一个以代笔翻译、文书编辑出版为主业的结社团体"卖文社"(1910—1919)。堺利彦任社长,其他成员有大杉荣、荒畑寒村、高畠素之、山川均等人,机关刊物为1914年创刊的《丝瓜之花(ヘチマの花)》,后改名为《新社会》(1915)、《新社会评论》(1920)

[13] 1920年结成的日本社会主义同盟(1920—1921)的机关刊物,由《新社会评论》改名而来

[14] 长谷川如是闲."罗素的社会思想与中国(ラッセルの社会思想と支那)(一到七)".《读卖新闻》.1920年11月10日—11月16日号

[15] 1933年10月回复陶亢德回信,原文为"长谷川如是闲正在出全集,此人观察极深刻,而作文晦涩,至最近为止,作品止被禁一次,然其弊是一般不易看懂,亦极难译也"(张杰 2001:75)

[16] 原文语出橘朴传记作者山本秀夫,参见山本秀夫.1977.《橘朴》.中央公论社

[17] 长谷川如是闲著.刘叔琴译."羅素的社會思想與中國".《东方杂志》.1926.23(13).pp61-71

[18] 上述内容均来自长谷川如是闲.1920."罗素的社会思想与中国(一)".《读卖新闻》.1920年11

月 10 日朝刊. p3

[19] 此处应指法国社会连带主义法学派,由法国法学家莱昂·狄骥(Léon Duguit)创立,狄骥吸收孔德(A Comte)的社会学学说和涂尔干(Émile Durkheim)的社会分工论并将其应用于法学领域,创建了社会连带主义法学理论(胡兴建 2004:123)

[20] 上述内容来自长谷川如是闲. 1920. "罗素的社会思想与中国(三)".《读卖新闻》. 1920 年 11 月 12 日朝刊. p3

[21] 分别是长谷川如是闲. 1920. "黑格尔派自由说与国家——论霍布豪斯教授对于哲学国家观批判".《我等》. 2(1). pp27-36. 以及长谷川如是闲. 1920. "霍布豪斯教授对绝对国家理论的社会学批判".《我等》. 2(2). pp39-50. 长谷川也是第一个向日本学界介绍左派自由主义霍布豪斯学说的人。这两篇文章后收录在其著作《现代国家批判》(1921)一书中

[22] 长谷川如是闲. 1920. "罗素的社会思想与中国(七)".《读卖新闻》. 1920 年 11 月 16 日朝刊. p3

参考文献

伯特兰·罗素著. 2003.《罗素自传第二卷 1914—1944》. 陈启伟 译. 商务印书馆
伯特兰·罗素著. 1996.《中国问题》. 秦悦 译. 学林出版社
长谷川如是闲. 1946. "现代知识阶级论".《长谷川如是闲集》. 筑摩书房. 1976. pp365-459
胡军著. 2002.《分析哲学在中国》. 首都师范大学出版社
胡兴建. 2004. "从'社会契约'到'社会连带'——思想史中的卢梭和狄骥".《西南政法大学学报》. 6(2). pp124-126
鲁迅. 2006.《而已集》. 人民出版社
清水亮太郎. 2010. "橘朴的战场——超越民族·国家·资本主义".《早稻田政治公法研究》. 第 95 期. pp33-48
山本实彦. 1968.《出版人的遗文:改造社 山本实彦》. 栗田书店
袁刚/孙家祥/任丙强编. 2004.《中国到自由之路 罗素在华讲演集》. 北京大学出版社
张杰. 2001.《鲁迅:域外的接近与接受》. 福建教育出版社
Bertrand Russell. 1919. *Proposed roads to freedom: Socialism, Anarchism and Syndicalism*. New York: HENRY HOLT AND COMPANY
Bertrand Russell. 1921(Reprinted). *The practice and theory of Bolshevism*. GEORGE ALLEN & UNWIN LTD
Bertrand Russell. 1998. *Autobiography*. Vol. 2. Psychology Press
Richard A. Rempel and Beryl Haslam with the assistance of Albert C. Lewis and Andrew Bone. 2000. *The Collected Papers of Bertrand Russell Vol. 15: Uncertain Paths to Freedom: Russia and China*, 1919—22. Routledge

『続日本紀』の桓武紀構築に関する一考察[1]

北京外国语大学　潘　蕾

摘要：桓武天皇是日本历史上第 50 代天皇，被誉为开创了平安时代的天皇。日本正史中关于桓武天皇的记载主要见于《续日本纪》和《日本后纪》中，其中《续日本纪》记载了日本自第 42 代文武天皇的 697 年 8 月至桓武天皇的 791 年岁末为止的 94 余年的历史，包括 9 代八位天皇的治世。由于八位天皇中除了第 49 代光仁和第 50 代桓武以外均为出自第 40 代天武天皇一系的天皇，可以说，在《续日本纪》中，出自第 38 代天智天皇一系的光仁和桓武天皇是较为特殊的存在。更为特殊的是，《续日本纪》完成于桓武天皇延历 16 年，当时桓武天皇依然健在，因此，在《续日本纪》中，桓武天皇被称为"今皇帝"或"今上"，编纂在世天皇的历史，这在日本正史中是极为罕见的。《续日本纪》卷第三十六至卷第四十为桓武天皇纪，本文通过对其中所记载的光仁天皇的谥号追尊、生母高野新笠的出身、外曾祖父母与外祖父母的追尊、百济王氏的升叙、国忌的整理、废太子的汇报、天神的祭祀的分析，探讨了在《续日本纪》的桓武天皇纪的构筑过程中，作者做了哪些方面的尝试。

キーワード：桓武天皇　皇統　天智系　天武系　天命思想

はじめに

　桓武天皇（737～806）は第 50 代に数えられる天皇であり、その即位（781 年 4 月）によって平安時代の幕が開いたとされる。古代日本の律令国家が編纂した一連の正史である六国史の中に、『日本後紀』、『続日本後紀』、『日本文徳天皇実録』、『日本三代実録』の四つが平安時代前期の歴史を知る上での基幹史料と見なされている。一方、六国史の第二にあたる『続日本紀』は、第 42 代文武天皇の 697 年 8 月から桓武天皇の 791 年歳末までの 94 年余りの歴史を記載したものであり、文武・元明・元正・聖武・孝謙・淳仁・称徳・光仁・桓武という 9 代 8 人の天皇の治世にわたり、ほぼ奈良時代のための史書ということができる。そんな中、平安時代最初の天皇となる桓武天皇の 26 年にわたる治世の中の最初の 10 年余りが『続日本紀』に記載されている。また、続く 15 年の治世が六国史の第三にあたる『日本後紀』に十三巻に分けて記載されたが、完存するのがわずか四巻であるため、『続日本紀』の桓武紀を精読しなければ、その治世の展開を把握することは極めて困難である。

　「軍事と造作」を標榜した桓武天皇は、在位の間における最大の事業は蝦夷の征討と平城京からの遷都である。造都・遷都は首都すなわち国家支配の中枢部の形成であり、征夷は版図すなわち支配の空間的拡大を意味し、この両者は相俟って国家

の統治権の確立・強化を意図するものであったと考えられる。桓武天皇の治世の後半部分を記載した『日本後紀』には、「方今、天下の苦しむ所は軍事と造作となり。此の両事を停めば百姓安んぜむ。」と参議・藤原緒嗣の直言が記されており、莫大な国費を費やす征夷及び造都・遷都に対して国内から批判の声が上がったことがうかがえる。同様に、桓武天皇の曽祖父にあたる第38代天智天皇が都を奈良盆地南部の飛鳥から近江に遷した当時の不評が『日本書紀』や『万葉集』にも記されている。しかしながら、『続日本紀』にはそうした批判が一切書かれておらず、『続日本紀』が桓武天皇の在世中に編纂されたという点を考えれば、いわゆる当然のことである。「今皇帝」と記載される桓武天皇の歴史を含む『続日本紀』四十巻が延暦十六(797)年2月に奏上された。天皇が自らの治世を勅撰国史の中に加えたのは極めて異例なことであり、坂本太郎氏はそれを桓武天皇が己れの治世に対する強い自信を示したものであると見なしている[2]。

『続日本紀』を紐解けば、桓武天皇及びその父・光仁天皇は異色な存在であることがうかがえる。というのは、672年に起きた壬申の乱により、大海人皇子(後の第40代天武天皇)はその兄・天智天皇の後継者である大友皇子を倒して即位した。天武以後、皇位はその皇后であった持統天皇を経て、697年に天武の孫にあたる文武天皇へと引き継がれた。さらに、707年の文武没後は文武の母である元明天皇及び文武の姉である元正天皇という二代の女帝を挟んで、724年に文武の子・聖武天皇が皇位を継承した。聖武の後継者となったのはその娘の孝謙天皇であった。758年、孝謙天皇は独身で後継者がいなかったため、皇位をいったん天武の孫にあたる淳仁天皇に譲ったが、後に皇位に復帰して称徳天皇となった。この孝謙・称徳天皇が770年に死去すると、結局皇位は天智の孫・光仁天皇によって継承されることになった。以後、光仁の後を継いだ桓武天皇の子孫によって皇位は継承されていったのである。このように、文武から称徳までの天武系の天皇とは異なり、光仁・桓武は天智系の天皇である。その上、桓武天皇が延暦九(790)年2月27日の詔では「百済王等は朕が外戚なり。」と述べたように、桓武天皇の母・高野新笠は百済系和氏(百済武寧王の子孫)の出身である。それゆえ、一部の学者は光仁・桓武の即位を新しい王朝の建立と見なし、中国の歴史上殷周革命を経て成立した周王朝を念頭に、父の光仁を周の文王に、子の桓武を周の武王に比定したのである[3]。

本稿では、『続日本紀』の巻第三十五から巻第四十までの記載を主な資料として[4]、そこに記載されている父の国風諡号の追尊、母・高野新笠の出自、外曾祖父母・外祖父母の追尊、百済王氏の昇叙、国忌の整理、廃太子の報告、天神の祭祀を手がかりに、桓武紀の構築においていかなる試みをなされたのかを検討してみたいと思う。なお、テキストとして岩波書店1998年版の新日本文学大系16『続日本紀』(五)を使うことにした。

1. 父の国風諡号の追尊

桓武天皇は天平九(737)年に白壁王(後の光仁天皇)の第一王子として生まれた。

光仁天皇が第38代天智天皇の第七皇子・施基親王の第六子であるため、桓武天皇は天智天皇の曾孫にあたる。『続日本紀』巻三十六によれば、父・光仁天皇の譲位を受けて、桓武天皇は天応元(781)年四月辛卯(3日)に即位した。光仁太上天皇が天応元年十二月丁未(23日)に崩御し、服喪の期間は最初に六か月とされたが、四日後に以下のように桓武天皇の勅によって一年と改められた(天応元年十二月辛亥条)。

「辛亥、勅曰、昨群卿来奏、天下着服、以六月為限。但朕孝誠無効、慈蔭長違。結慕霜葉、無復承顔之日。緬懐風枝、終虧侍謁之期。終身之痛毎深、罔極之懐弥切。宜改前服期、以一年為限。自餘行事、一依前勅。」[5]

さらに、天応元(781)年十二月条に「明年正月己未。正三位藤原朝臣小黒麻呂率誄人奉誄、上尊諡曰天宗高紹天皇。」[6]とあるように、光仁太上天皇が「天宗高紹天皇」という国風諡号を追尊され、翌日広岡山陵に葬られた。巻三十六はこうして光仁太上天皇の葬送をもって終え、次の巻三十七を同年の正月己巳(16日)の記事から始めている。桓武天皇が自らの即位によって巻を改めず、光仁の葬送をもって巻を改めたのは、孝子としての態度を重んじる思想から出たものであると思われる。親に対する「孝」を重んじる儒教社会では、君主が人々に対する模範として、率先して父母やその親族に対して礼を尽くすべきであると考えられてきた。「軍事と造作」を通じて東アジアの小帝国の君主を目指していた桓武天皇は、天皇として『続日本紀』に初登場する時から、その孝子ぶりを発揮したのである。もう一例を挙げると、延暦八(789)年十二月庚寅(23日)条によれば、桓武天皇が生母・高野新笠の病のために全国諸寺に七日間大般若経を読誦させたといい、母に対しても孝行を尽くしたのである。

ここでは父・光仁天皇に奉った国風諡号に注目したいが、「天宗」とは、第42代文武天皇の諡号「天之真宗豊祖父天皇」の「天之真宗」に通じ、「文武天皇に始まる皇統を高らかに受け継いだ偉大なる天皇」という意味になると思われる。『続日本紀』宝亀元(770)年八月癸巳(4日)条及び光仁天皇即位前記によれば、称徳天皇が宝亀元年八月に崩御したため、白壁王は称徳天皇の遺宣に基づいて立太子され、同年十月に即位して光仁天皇となったという。生涯独身の称徳天皇には後継者がいなく、また奈良時代末期になると、度重なる政変によって天武天皇の嫡流(男系)にあたる皇族がほとんど粛清されていた。そんな中、天武系皇統の世に官人として仕えていた白壁王が皇位継承者に選ばれたのは、白壁王の妃である井上内親王が第45代聖武天皇の皇女であり、白壁王との間に他戸王を設けており、他戸王が女系ではあるものの天武天皇嫡流の血を引く最後の男性皇族であったからである。井上内親王及び他戸王の存在が白壁王が即位する前提条件であったため、光仁天皇の国風諡号においてはなお光仁天皇が天武天皇に連なる天皇であることを強調する必要があったのであろう。

2. 母・高野新笠の出自

桓武天皇の生母・高野新笠について、『続日本紀』延暦八(789)年十二月条付載明

年正月壬子(15日)条には以下の記述がある。

> 「明年正月十四日辛亥、中納言正三位藤原朝臣小黒麻呂、率誄人奉誄。上諡、日天高知日之子姫尊。壬子、葬於大枝山陵。皇太后、姓和氏、諱新笠。贈正一位乙継之女也。母贈正一位大枝朝臣真妹。后先出自百済武寧王之子純陀太子。皇后、容徳淑茂、夙著声誉。天宗高紹天皇竜潜之日、娉而納焉。生今上・早良親王・能登内親王。宝亀年中。改姓為高野朝臣。今上即位、尊為皇太夫人。九年、追上尊号、曰皇太后。其百済遠祖都慕王者、河伯之女、感日精而所生。皇太后、即其後也。因以奉諡焉。」[7]

以上の記述によれば、高野新笠は和乙継の娘であり、百済武寧王の子・純陀太子の後裔である。光仁天皇が即位する前にその妃となり、桓武天皇・早良親王・能登内親王を産み、光仁天皇が即位した後の宝亀年間に姓を高野朝臣と改めた。子の桓武天皇の即位とともに皇太夫人と称され、没した後に「天高知日之子姫尊」という国風諡号を奉られ、皇太后と追尊された。「天高知日之子姫尊」の諡号が奉られた故について、『続日本紀』は河伯の娘が日の精光に感応して高野新笠の遠祖・都慕王(朱蒙)を生んだという伝承を挙げている。河伯は中国の神話に登場する黄河の神であり、中国北斉の魏収が編纂した『魏書』巻一百・列伝第八十八・高句麗伝によれば、河伯の娘が扶余王によって室内に閉じ込められ、日光に照らされ身ごもって大卵を生んだ。大卵から生まれた男児が朱蒙であり、扶余の迫害を避けて東南に走り、高句麗を建てたという。また、朝鮮半島に現存する最古の歴史書『三国史記』百済本紀第一によれば、朱蒙の子・温祚王が百済を建てたという。

女性が日光に感じて妊娠し日神の子を生むという日光感精神話は北方系の遊牧騎馬民族の始祖王生誕神話に多く見られ、北魏の太祖・拓跋珪の母、北斉の後主・高緯の母、遼の太祖・耶律阿保機の母、元の太祖・チンギスカンの祖であるアランゴアなどの例を挙げることができる。中国の漢族の始祖王生誕神話には卵生や感精はあっても、日光感精と言えるものはない[8]。日光感精神話は華北に侵入して新しく樹立された王朝の始祖が日神の子孫であることを示唆していると思われる。『続日本紀』天平勝宝六(754)年八月丁卯条に、第42代文武天皇の夫人で第45代聖武天皇の母である藤原宮子が「千寿葛藤高知天宮姫」と諡され、同じく『続日本紀』延暦九(790)年閏三月甲午条に桓武天皇の皇后で第51代平城天皇及び第52代嵯峨天皇の母である藤原乙牟漏が「天之高藤広宗照姫之尊」と諡されたとあることから、天皇の母となる者に奉られた国風諡号には共通的に天神の子孫であることが示唆されていると言えよう。そんな中、高野新笠は日神の子孫であることが強調されているのである。さらに、藤原宮子に比べ、高野新笠が没すると、『続日本紀』は葬司の人々を詳細に列挙し(『続日本紀』延暦八年十二月丙申条)、奉諡記事の後に論賛の文まで付載し、今上天皇に特別な配慮を加えていた。こうした特別な配慮は、父・光仁天皇が即位した当初は聖武天皇の娘である井上内親王との間に設けた他戸王が次期天皇として期待されていたが、宝亀二(771)年に他戸親王が立太子されたものの

翌年に廃太子され、その代わりに桓武天皇が宝亀四年に立太子されて天応元年に即位した。しかし、桓武天皇の母・高野新笠が渡来系氏族の出身で身分が高くなかったことを背景にしていると思われる。

3. 外曾祖父母・外祖父母の追尊

　生母が渡来系氏族の出身で身分が高くなかったため、桓武天皇が即位した後、生母及びその一族の地位向上に努めていた。まず、『続日本紀』天応元(781)年夏四月癸卯条に桓武天皇の即位に伴って生母・高野新笠を皇太夫人とする記事が見え、また、桓武天皇即位五年目の延暦四(785)年五月丁酉(3日)条に以下の桓武天皇の外曾祖父母を追尊し贈位・贈官・賜姓する記事が見える。

　　「丁酉、詔曰、春秋之義、祖以子貴。此則、典経之垂範、古今之不易也。朕君臨四海、于茲五載。追尊之典、或猶未崇。興言念此、深以懼焉。宜追贈朕外曾祖贈従一位紀朝臣正一位太政大臣。又尊曾祖妣道氏、曰太皇大夫人。仍改公姓為朝臣。」[9]

　さらに、桓武即位十年目の延暦九(790)年十二月壬辰(1日)条に以下の外祖父母を追尊し贈位・賜姓する記事が見える。

　　「十二月壬辰朔、詔曰、春秋之義、祖以子貴。此則、礼経之垂典、帝王之恒範。朕、君臨寓内、十年於茲。追尊之道、猶有闕如。興言念之、深以懼焉。宜朕外祖父高野朝臣・外祖母土師宿禰、並追贈正一位、其改土師氏為大枝朝臣。夫、先秩九族、事彰常典。自近及遠、義存曩籍。亦宜菅原真仲・土師菅麻呂等、同為大枝朝臣矣。」[10]

　上掲した桓武天皇の詔にはともに中国の春秋時代に関する歴史書『春秋』の注釈書である『春秋公羊伝』隠公元年正月条に見える「立適以長不以賢，立子以貴不以長。桓何以貴？母貴也。母貴則子何以貴？子以母貴，母以子貴。」の論理を借用している。「嫡子がおらず庶子から後継者を選ぶ際には母の出自の高いほうを選ぶべきだ」というのは『春秋公羊伝』の伝えるところであったが、後に後半の「母以子貴」の部分が強調され、母及びその一族に対する尊重の意味に捉えられるようになった。中国においては、漢代以後、庶出の皇帝の多くは即位後その生母に尊号・高位を贈り生母の親族を重用したのである。桓武天皇の詔には「母以子貴」が「祖以子貴」に改められ、贈位・贈官・賜姓の対象が外曾祖父母・外祖父母に及んでいる。よって、桓武天皇の言う「九族」には母方親族も含まれているとうかがえよう。子孫の高い地位・身分を祖先に遡及させるという「祖以子貴」の考え方は、母系に高位の有力氏族を持たない桓武天皇にとって極めて有効な理論であったと思われる。

4. 百済王氏の昇叙

　桓武天皇は生母・高野新笠の先祖とされる百済武寧王の子孫をも厚遇した。百

済最後の王である第31代義慈王の子・禅広王が663年に百済が完全に滅亡した後も日本に留まり、亡命百済王族とともに第41代持統天皇の時代に百済王の姓を与えられた(『続日本紀』天平神護二(766)年六月壬子条)。『続日本紀』延暦二(783)年十月庚申(16日)条に以下の百済王利善らに叙位する記事が見える。

「庚申。詔、(中略)又百済王等供奉行在所者一両人、進階加爵。施百済寺近江・播磨二国正税各五千束。授正五位上百済王利善従四位下、従五位上百済王武鏡正五位下。従五位下百済王元徳・百済王玄鏡並従五位上。従四位上百済王明信正四位下、正六位上百済王真善従五位下。」[11]

この記事は二日前の延暦二年十月戊午(14日)条に見える桓武天皇の交野行幸・遊猟記事を受けたものであり、行幸・遊猟の地の交野郡が百済王氏の本拠地であった。桓武天皇が母方親族にあたる百済王氏の本拠地に行幸し、百済王氏の奉献の見返りとして百済寺また供奉の百済王への叙位を行ったと思われる。同様な記事は延暦六(787)年十月丙申(17日)条と延暦六年十月己亥(20日)条にも見える。

さらに、『続日本紀』延暦九(790)年二月甲午(27日)条に以下の百済王氏に特別な昇叙を行う記事が見える。

「甲午、詔、以大納言従二位藤原朝臣継縄為右大臣。中納言正三位藤原朝臣小黒麻呂為大納言。(中略)正五位上文室真人高嶋・百済王玄鏡並従四位下、従五位上百済王仁貞正五位上、従五位上羽栗臣翼正五位下、従五位下藤原朝臣末茂従五位上、正六位上百済王鏡仁従五位下。是日、詔曰、百済王等者、朕之外戚也。今、所以擢一両人、加授爵位也。」[12]

この記事は延暦八(789)年十二月乙未(28日)条に見える「乙未、皇太后崩。」[13]という高野新笠の崩御記事を受けたものであると思われ、「百済王等者、朕之外戚也。」という一言は、桓武天皇が母方親族にあたる百済王氏を極めて重要視していることを物語っている。一方、百済王氏は桓武天皇の母方親族に留まらず、妻方親族でもあった。桓武天皇のキサキは26人にのぼり、うちに百済王氏の出身者が3人もおり(百済王教法・百済王貞香・百済王教仁)、藤原氏出身者の10人に続き橘氏出身者と並んで二番目に人数が多い。

百済滅亡後、多くの百済人が日本に渡った。渡日した百済人への優遇は桓武天皇の曽祖父・天智天皇の時代からすでに始まっている。『日本書紀』から天智天皇が百済人を優遇する記事を抽出すると、以下のようになる。

「是月、勘校百済国官位階級、仍以佐平福信之功、授鬼室集斯小錦下。其本位達率。復、以百濟百姓男女四百餘人、居于近江国神前郡。」[14](『日本書紀』天智天皇四(665)年二月条より)

「是月、給神前郡百済人田。」[15](『日本書紀』天智天皇四年三月条より)

「是冬、京都之鼠、向近江移。以百済男女二千餘人居于東国。凡不択緇素、起癸亥年至于三歳、並賜官食。」[16](『日本書紀』天智天皇(666)五年条より)

「是月、以大錦下授佐平余自信・沙宅紹明。法官大輔。（中略）以小山下授餘達率等五十餘人。」[17]（『日本書紀』天智天皇十（671）年正月条より）

このように、天智天皇は元百済の官位の階級を検討した上で亡命百済貴族に官位を授け、亡命百済百姓に住居を提供し田を与え、官の食糧まで支給したのである。桓武天皇の百済王氏への厚遇は上掲した天智天皇の一連の百済人への優遇策の延長線上にあり、曽祖父の渡日百済人政策に対する継承でもあると言えよう。笹山晴生氏は桓武天皇の治世について、「桓武天皇は平城京に代わる新都の造営を通じて貴族勢力を結集させ、その勢力を抑えて天皇が主導権を握る政治体制を確立させたのである。こうした政治体制の下で、天皇は近親や和氏・百済王氏を重用して厚遇を与え、これによって、旧来の律令貴族よりも極めて限られた、姻戚や恩寵の関係で結びつく特権的集団が天皇のもとに形成されるようになったのである。」[18]と論述したことがある。また、日本における百済王氏の存在について、荒木敏夫氏は「天皇が元百済王族の者を臣下においていることを日常的に示すことで、天皇が東アジアの小帝国の君主であることを国内外に向けてアピールするうえで好都合の存在であり、象徴的な機能を果たしているものであり、その歴史的意義は深い。」[19]と指摘されている。桓武朝においては、百済王氏が天皇の「外戚」に加わったことにより、天皇のもとに特権的集団のメンバーとなることや象徴的な役割を果たすことが期待される一方、桓武天皇の母方親族の身分上昇に資することも期待されていたのであろう。

5. 国忌の整理

朱鳥元（686）年9月9日に天武天皇が崩御すると、皇后であった鸕野讚良（後の持統天皇）は翌年の9月9日を「国忌」と定めて都の寺院に斎会を開くように命じた。大宝二（702）年12月、文武天皇は自分を育てた祖母・持統上皇の実父で天武天皇の実兄でもある天智天皇の忌日である12月3日を国忌に追加した。それ以後、国忌の例は時代とともに増加し、歴代天皇やその生母、皇位に就くことなく死没した実父（追尊天皇）の忌日も国忌に追加され、桓武天皇の延暦十年には天智・天武・持統・文武・元明・元正・聖武・称徳（孝謙）・光仁・岡宮天皇（草壁皇子、文武父）・藤原宮子（聖武母）・光明皇后・田原天皇（施基皇子、光仁父）・紀橡姫（光仁母）・高野新笠（桓武母）・藤原乙牟漏（桓武皇后）という16例にも及んだのである。国忌の日が廃朝・廃務となり、政務が停滞してしまうため、延暦十年に桓武天皇が国忌の整理を行ったのである。『続日本紀』延暦十（791）年三月癸未（23日）条に以下のような記述がある。

「癸未、太政官奏言、謹案礼記曰、天子七廟。三昭・三穆与太祖之廟而七。又曰、舍故而諱新、注曰。舍親尽之祖、而諱新死者。今国忌稍多、親世亦尽。一日万機、行事多滞。請親尽之忌、一従省除。奏可之。」[20]

本条の太政官奏によって、桓武天皇は中国の天子七廟の礼制に習い国忌を整理す

ることにした。そこに引用されている「舎故而諱新」は『礼記』檀弓下第四に見える文であり、旧く遠い先祖を除いて、新しく没した近い親族を諱みまつるという意味である。今回の整理により、桓武父母の光仁・高野新笠、皇后の藤原乙牟漏、祖父母の施基皇子・紀橡姫、曽祖父の天智と聖武の7例が国忌として残され、他は廃されたと推測されている[21]。興味深いことに、井上内親王の父・聖武天皇以外の天武系天皇・皇族がすべて排除されていたのである。こうした国忌整理の背景には、皇統が天武系から天智系に移って光仁天皇に始まる新皇統を権威づけようとする桓武天皇の意向があると思われる。利行榧美氏は桓武朝における「国忌」を考察することにより、奈良時代は天智・天武の二帝が先帝として位置づけられており、天武天皇の血筋が重視されていたが、桓武天皇は延暦元年から天武系皇統を否定しており、国忌制度を利用して官人達の意識の変革を行っていた。延暦十年はまさに皇統が「天武系から天智系へ」と移ったことを国忌の面から宣言した年であるという見解を示した[22]。むろん、天武系の聖武天皇のみが国忌から除外されなかったことの意味を再検討する必要があるが、桓武天皇の国忌整理は自分の父系及び母系の出自を強く意識したものであると言わざるをえない。

6. 廃太子の報告

　前述したように、桓武天皇は天応元(781)年四月辛卯(3日)に父から譲位されて天皇として即位したが、翌日には早くも同母弟の早良親王を皇太子と定めたのである。しかし、延暦四(785)年九月に長岡京の造営に当たっていた藤原種継が矢で射られて薨去したという事件が起こり、早良親王の春宮坊官人などの大伴氏・佐伯氏を中心とした勢力が種継暗殺事件に関与した(『日本紀略』延暦四年九月丙辰条)として、早良親王が廃太子の上で淡路へ流された。無実を主張した親王は断食して船の中で薨去したのである。ところが、早良親王を廃太子する記事は現『続日本紀』にはなく、廃太子の旨を諸山陵に報告する記事のみが延暦四年十月庚午(8日)条に残されている。

　　「庚午。遣中納言正三位藤原朝臣小黒麻呂・大膳大夫従五位上笠王於山科山陵、治部卿従四位上壱志濃王・散位従五位下紀朝臣馬守於田原山陵、中務大輔正五位上当麻王・中衛中将従四位下紀朝臣古佐美於後佐保山陵、以告廃皇太子之状。」[23]

　桓武天皇の報告する山陵に注目すると、山科山陵は天智天皇の陵であり、田原山陵は光仁天皇の陵であり、後佐保山陵は聖武天皇の陵である。ここにも桓武天皇の皇統意識が現れており、廃太子の報告を比較的に新しく崩御した称徳天皇にではなく、父系直系先祖である天智天皇に報告したのである。また、先述した国忌と同じように、ここにも井上内親王の父・聖武天皇が除外されなかったが、この時点においては桓武天皇は自分の即位の正統性をアピールする際に未だに光仁天皇即位のきっかけとなる井上内親王との関係を無視できなかったと言えよう。

7. 天神の祭祀

『続日本紀』延暦四(785)年十一月壬寅(10日)条に「壬寅、祀天神於交野柏原。賽宿禱也。」[24]という天神を交野に祭る記事が見える。また、二年後の延暦六(787)年十一月甲寅(5日)条にも桓武天皇が大納言・藤原継縄を長岡京の南の河内国交野郡柏原の地に遣わして天神を祭る記事が見え、しかも、その時の祭文も載せられている。

「十一月甲寅、祀天神於交野。其祭文曰、維延暦六年歳次丁卯十一月庚戌朔甲寅、嗣天子臣、謹遣従二位行大納言兼民部卿造東大寺司長官藤原朝臣継縄、敢昭告于昊天上帝。臣、恭膺睠命、嗣守鴻基。幸頼穹蒼降祚、覆燾騰徴、四海晏然、万姓康楽。方今、大明南至。長晷初昇。敬采燔祀之義、祇脩報徳之典。謹以玉帛・犠斉・粢盛庶品、備茲禋燎。祇薦潔誠。高紹天皇配神作主、尚饗。又曰。維延暦六年歳次丁卯十一月庚戌朔甲寅、孝子皇帝臣諱、謹遣従二位行大納言兼民部卿造東大寺司長官藤原朝臣継縄、敢昭告于高紹天皇。臣以庸虚、忝承天序。上玄錫祉、率土宅心。方今、履長伊始。粛事郊禋、用致燔祀于昊天上帝。高紹天皇、慶流長発、徳冠思文。対越昭升、永言配命。謹以制幣・犠斉粢盛庶品、式陳明薦。侑神作主、尚饗。」[25]

この際に祭った「天神」は日本在来の天坐神ではなく、『大唐六典』巻四・尚書礼部祠部郎中員外郎職の条に見える「凡祭祀之名有四、一曰祭天神、二曰祭地祇、三曰享人鬼、四曰釈奠于先聖先師」という天神のことであり、「祀天神於交野」というのは天子が冬至の日に都南郊の天壇において天帝(昊天上帝)を祭るという中国の儀礼を模倣したものである。六国史には天神を交野に祭る記事が計三条見えるが、そのうち、前二回の天神祭祀はともに桓武紀に確認できる[26]。上掲した祭文は『大唐郊祀録』巻四・祀礼一・冬至祀昊天上帝の天帝祝文とは字句が類似しているが、祭祀の実施面においてはいくつかの相違も指摘されている[27]。以下の二点に注目したい。

まず、中国では郊祀祭天は皇帝の親察が一般的であったのに対し、日本の場合は代拝者を派遣している。また、唐では高祖・李淵(唐の初代皇帝)を、後に代宗の永泰二(766)年からは太祖景帝・李虎(高祖・李淵の祖父)を合わせ祀ったのに対し、桓武天皇は父・光仁天皇を昊天上帝に配して祀っている。天神を祭祀する際に天皇の親察ではなく代拝者を派遣したことから見れば、当時の日本は中国思想に基づく天神祭祀を導入したものの、日本在来の神に配慮しながら日本風にアレンジしたことがうかがえる。また、交野祭天の記事が六国史に三条しか確認できないことは、この祭祀が日本に定着することなく、天皇がその背景にある「天命思想」を利用して皇位継承者となる正統性を説明するために行って史書に記載させたことを物語っているのではないか。儒家の唱える「天命」とは天から与えられた命令のことであり、天命思想の成立は殷から周への王朝交代と結びつけて考えられている。三

田村泰助氏によれば、殷の王の正統性は帝または上帝と呼ばれる最高神の直系子孫であると称していた点にあり、西周時代には政治的な側面が強調されつつ天命という思想が確立したという[28]。すなわち、天帝は周王を自分の元子(＝長男)として認知しその周王に天命を降ろしてこの地上世界の統治をゆだねたということである。よって、桓武天皇は天神祭祀を通じて自分が天命を受けて日本を統治することの正当性を世に知らせたのであり、その際に父・光仁天皇を昊天上帝に配して祀ったのは、光仁天皇を天智系皇統の復活者として重視したためであろうと思われる。

おわりに

「軍事と造作」を標榜した桓武天皇は、在位の間における最大の事業は蝦夷の征討と平城京からの遷都であると思われる。しかし、筆者から見れば、国史の編纂も桓武天皇の最大の事業の一つに数えることができる。というのは、桓武天皇の即位背景及び治世の前半を記載している『続日本紀』巻第三十五から巻第四十までに限って言えば、桓武天皇が奈良時代の天武系天皇のための史書と認識される『続日本紀』の中の桓武紀の編纂を通じて「新たな天智系の天皇家の歴史の構築」につとめた痕跡がところどころに残されているからである。前述したように、桓武天皇の父・光仁天皇は「天宗高紹天皇」という国風諡号を追尊されたが、その諡号がなお光仁天皇が天武天皇に連なる天皇であることを強調する必要があったのである。一方、『日本後紀』によれば、桓武天皇は大同元(806)年三月辛巳(17日)に崩御し、同年四月甲午朔に「日本根子皇統弥照尊」の国風諡号を追尊されたという。「日本根子皇統弥照尊」の中の「日本根子」は天皇の地位を示す尊称であり、「皇統弥照尊」は「光仁天皇に始まる新しい皇統をさらに光り輝かせた偉大なる天皇」という意味に理解できる。この場合、桓武天皇が父・光仁天皇を通じて天武天皇に連なる天皇であることを強調する必要性がなくなり、光仁天皇を新しい皇統の祖と表明したのである。よって、この時点においては、桓武天皇が国史の編纂を通じて新たな天智系の天皇家の歴史を構築する事業をほぼ成し遂げたと言えよう。

以上の事業を成し遂げるためには、『続日本紀』の桓武紀構築には強化される線と弱化される線があると思われる。まず、本稿で具体的に見てきたように、桓武天皇が天智天皇の曽孫として即位したことの正統性は強化される線であり、父の国風諡号の追尊、母・高野新笠の出自、外曾祖父母・外祖父母の追尊、百済王氏の昇叙、国忌の整理、廃太子の報告、天神の祭祀といった記載はいずれもこの線に基づいて展開されている。ほかに、天応元(781)年正月辛酉(1日)条に見える伊勢斎宮に美雲が現れたことにより天応と改元した記載、延暦四(785)年五月癸丑(19日)条に見える皇后宮に赤雀が現れて祥瑞により有位者らに一級を賜爵した記載も強化されるこの線の延長線上にある。一方、早良親王の廃太子・配流・憤死及びそれに伴う怨霊思想の出現は弱化される線である。周知のように、桓武天皇は早良親王の怨霊に終生悩まされることとなったが、『続日本紀』には早良親王の廃太子・配流・憤死に関する詳しい記載がない。今上天皇に対する特別な配慮のもとでこの部分の記載

が弱化されたのであろうと思われる。

注

[1]本稿は"北京高等学校青年英才计划项目（Beijing Higher Education Young Elite Tescher project）"と北京外国語大学基本科学研究業務費の援助を受けて執筆したものである

[2]坂本太郎. 1970.『六国史』. 吉川弘文館. p206

[3]山口博「周武、桓武和『小雅・鹿鳴』」(『日本研究』1986年第1期)、孙英刚""辛酉革命"说与龙朔改革：7－9世纪的纬学思想与东亚政治"(《史学月刊》2013年第7期)などを参照

[4]桓武天皇が天皇として『続日本紀』に登場したのは巻第三十六からであるが、編纂の時期と撰修者及び記載内容を考慮すれば、本稿では巻第三十五をも視野に入れたのである

[5]青木和夫・稲岡耕二・笹山晴生・白藤禮幸/校注『続日本紀』（五）新日本文学大系16、岩波書店、1998年、p220

[6]同上、p220

[7]同上、pp450-452

[8]延恩株「新羅の始祖神話と日神信仰の考察―三氏（朴・昔・金）の始祖説話と娑蘇神母説話を中心に―」(桜美林論考『言語文化研究』第2号、2011年3月)

[9]青木和夫・稲岡耕二・笹山晴生・白藤禮幸. 1998. 校注『続日本紀』（五）新日本文学大系16. 岩波書店. 1998. p324

[10]同上、p482

[11]同上、p280

[12]同上、pp454-456

[13]同上、p448

[14]小島憲之・直木孝次郎・西宮一民・蔵中進・毛利正守. 1999. 校注『日本書紀』③. 小学館. p266

[15]同上、p266

[16]同上、p268

[17]同上、p288

[18]笹山晴生. 1977.『日本古代史講義』. 東京大学出版会. pp187-190

[19]荒木敏夫. 2013.『古代天皇家の婚姻戦略』. 吉川弘文館. p161

[20]青木和夫・稲岡耕二・笹山晴生・白藤禮幸. 1998. 校注『続日本紀』（五）新日本文学大系16. 岩波書店. p494

[21]中村一郎. 1952.「国忌の廃置について」.『書陵部紀要』. No. 2

[22]利行榧美. 2006.「桓武朝における「国忌」についての一考察」.『奈良史学』. . No. 24

[23]青木和夫・稲岡耕二・笹山晴生・白藤禮幸. 1998. 校注『続日本紀』（五）新日本文学大系16. 岩波書店. pp348-350

[24]同上、p352

[25]同上、pp392-394

[26]もう一回の天神祭祀は『文徳天皇実録』斉衡三年十一月壬戌条に確認できる

[27]青木和夫・稲岡耕二・笹山晴生・白藤禮幸. 1998. 校注『続日本紀』（五）新日本文学大系16. 岩波書店. pp605-606を参照

[28]三田村泰助. 1991.『生活の世界歴史（2）黄土を拓いた人びと』. 河出文庫、河出書房新社を参照

参考文献

青木和夫・稲岡耕二・笹山晴生・白藤禮幸. 1998. 校注『続日本紀』(五). 新日本文学大系 16. 岩波書店

小島憲之・直木孝次郎・西宮一民・蔵中進・毛利正守. 1999. 校注『日本書紀』③. 小学館

中村一郎. 1952.「国忌の廃置について」.『書陵部紀要』. No. 2

坂本太郎. 1970.『六国史』. 吉川弘文館

笹山晴生. 1977.『日本古代史講義』. 東京大学出版会

山口博. 1986.「周武、桓武和『小雅・鹿鳴』」.『日本研究』. No. 1

三田村泰助. 1991.『生活の世界歴史(2)黄土を拓いた人びと』. 河出文庫. 河出書房新社

延恩株. 2006.『韓日の建国・王権神話における最高神としての天神・日神の比較考察』. 桜美林大学 2006 年度博士論文

利行榧美. 2006.「桓武朝における「国忌」についての一考察」.『奈良史学』. No. 24

荒木敏夫. 2013.『古代天皇家の婚姻戦略』. 吉川弘文館

刘晓峰. 2007.《日本冬至考——兼论中国古代天命思想对日本的影响》. 清华大学学报(哲学社会科学版). 第 3 期(第 22 卷)

孙英刚. 2013.""辛酉革命"说与龙朔改革:7-9 世纪的纬学思想与东亚政治".《史学月刊》第 7 期

参加者から見る歌垣の多面的な性格
—歌垣の全体像を探究する試み—

(日本)北海道大学　魏宇哲

摘要：在日本，"歌垣"是一项从古代到近代都非常盛行的、与男女恋爱相关的民俗活动。尤其在奈良及奈良以前的时代，歌垣在日本各地都较为流行。但是，传统歌垣在现代日本列岛已经不复存在了。另一方面，中国西南少数民族也有与日本古代歌垣相似的对歌活动，如"歌圩""歌堂""游方"等，这些活动从古至今一直都在进行。歌垣活动的参加者年龄分布广泛，儿童、青中年、老人均可参加；其举办场所多样，既有家庭、村内等小范围活动，也有在近郊、山野等地举办的大范围活动；既有日常生活中经常可见男女歌曲对唱，也有盛大的节日性歌垣，种类繁多。可以说，歌垣的形态性格十分复杂。然而至今为止，对于歌垣活动的主体，即歌垣参加者的研究大多集中在以恋爱、择偶为中心的青年男女关系上，忽略了歌垣的其他参加者。在本稿中，笔者以"歌垣多面的性格——歌垣广泛的参加者"为出发点，利用中日与歌垣相关的文献资料、田野调查成果及民俗学研究见解，探究歌垣复杂的性格。

キーワード：歌垣の性格　参加者　中日対照　恋愛方式

多くの現代人にとって「歌垣」は未知の概念である。『国史大辞典』(第二巻.1980.吉川弘文館)によると、歌垣は日本・中国・東南アジアで行われた初春の山遊び・野遊びの集団的な行事であり、共同飲食・性的解放・妻選びの行事も伴っていた一種のピクニックである。実は、歌垣は古代から近代の日本では盛んだった男女関係に関わる行事であり、今知りうる日本古代の歌垣に関する記述は、「歌垣」、「歌場」、「かがい」と書かれた八世紀の資料(『古事記』、『日本書紀』、『万葉集』、『常陸国風土記』など)、およそ10点の文献が挙げられる。ここでまず歌垣の研究によく引用される『常陸国風土記』(筑波郡)(721年頃)の記述を示す。(なお以下では日本の文献を【資料1、2…】、中国の文献を【資料A、B…】で表示する。)

【資料1】
「飲み食うことが、今に至るまで絶えないのである。(以下省略)
そもそも筑波の岳は、高く雲に抜きんでて聳えている。頂の西の峰はけわしく高く、雄の神と言ってだれも登らせない。ただ、東の峰は四方に岩石があるけれども、登り降る人が限りなく多い。その側の流泉は、冬も夏も絶えずに流れている。足柄の坂から東にある諸国の男も女も、春の花の開く時、秋の葉の色づく頃には、手をとりあい連なって、飲食物を持って、馬に乗ったり歩いたりして登り、楽しみ憩うのである。彼らの歌う歌にこんなのがある。

筑波嶺に……(歌垣の夜に、筑波嶺で逢いましょうと言ったあの子は、だれの言葉を聞いたから、嶺で逢ってくれなかったのだろうか)

　　筑波嶺に……(筑波嶺に廬を結んで、歌垣の夜だというのに、共に寝る恋人もなくひとり寝する夜は、早く明けてしまってくれないかなあ)

　　歌われる歌はとても多くて、全部を載せることができない。土地の言いならわしでは、『筑波山の歌垣に、求婚の贈り物をもらわないと、一人前の男女とみなさない』といっている」[1]。(『常陸国風土記』筑波の郡)

　ここでは古代文献の例示にとどめ、詳しい分析は後節で行う。古代から近世にかけても様々な事例がある。近代になると、明治の終わり頃まで、長崎県対馬市の北端には歌垣がまだ残っていたと民俗学者宮本常一が記録している(宮本 1995:32)。現代では、奈良時代のような原始的な歌垣はすでに日本列島に存在していないが、多くの研究者は多様な手段を用い、歌垣像を再現しようとしている。歌垣についての研究は、従来主に以下の方向で行われてきた。

　第一に、「歌」はメロディーをつけた文学作品であり、歌垣の場では即興的な歌が作られるので、文学の側面に重点を置くという方法がある。歌垣の場ではおそらく膨大な量の歌が生まれたので、韻律・比喩表現などの要素を含み、歌の研究にとって非常に貴重な資料である。それらの歌を文学の側面から研究することが重要である。しかし、歌の技術だけに拘ると歌垣そのものについての研究でなく、文学研究になり、歌垣の全体像が見えなくなる。

　第二に、折口信夫・土橋寛らをはじめとする研究者は、日本国内の豊富な民俗的な資料を活用し、民俗学の視点から歌垣を研究してきた。土橋は歌垣の性格について以下のように述べている。

　　「春山入りの行事として行われる国見[2]が、いわゆる歌垣とともに、一つの行事を形作っていた。(略)この行事全体は、予祝、労働、遊楽の三つの要素の混融したものであった。この行事は元来自然発生的な情緒の解放としての遊楽的行事であったろうが、予祝行事として完成した段階においては、国見は農作や村人の繁栄・健康をもたらす呪術的意識が中心になり、後に続く飲食・歌舞・性的解放[3]を含むいわゆる歌垣は、アソビの性格とともに、婚約行事としての性格が強くなっている。国見の歌の予祝的性格と、歌垣の歌の現実的性格とは、このような国見と歌垣の性格の違いをはっきりと示している。(略)国見は予祝行事、歌垣は娯楽行事として、対立的に捉える方がいいように思う」(土橋 1965:319-320)。

　これらの研究は歌垣に関する僅かな文献資料にとどまらず、様々な民俗的な要素を視点に取り入れ、歌垣の研究を一歩進ませた。土橋が国見と歌垣の性格の違いを明示した点は評価できるが、歌垣は国見とともに「春山入り」の一環であって、国見の続きだと考えるのは一面的である。また、土橋は歌垣がアソビと婚約行事両方の性格を持っていると述べたが、遊楽というアソビの性格と、婚約行事というマジメ

の性格は正反対であるので、これらが同時に一つの行事に存在するとは考えにくい。すでに述べたように現代の日本列島ではすでに歌垣が存在しないので、日本国内に限定して一つだけの民俗行事に基づき歌垣のモデルを作るのは困難である。また、残された歌垣に関する古代文献は僅かであり、記載も不詳である。歌垣についての研究は文学と民俗学の知見により進んではいるが、変質しつつある僅かな民俗行事だけで日本における歌垣の全体像を解明することにはなお障害が多い。

　一方、具体的にいつ生じたかは証明できないものの、中国でも古くから同様な活動は盛んだったのであり、宋代の『宣和書譜』、『岳陽風土記』など、多くの文献資料にもそれらについての記載がある。中国の西南部の少数民族では、1966年から76年の文化大革命の影響で各地の伝統的活動が停止されて衰弱したが、現在でも「歌垣」がまだ生きている。例えば、貴州省の苗族・ヤオ族・トン族・プイ族、広西省のチアン族、雲南省の白族・イ族・モソ人・ナシ族・チベット族・プミ族・リス族・ヌー族・ジンポー族・タイ族など、数多くの民族では今日でも歌垣が行われている（岡部 2011:30）。しかし、「歌垣」という語は中国の文献には見られない。実際に、これら中国西南部の少数民族では、日本の「歌垣」に該当する言葉がそれぞれ違う。例えば、チワン族の「歌墟（圩）」、瑤族の「歌堂」、仫佬族の「坡会」、苗族の「遊方」・「坐寨」など、表現が多様である。ここでは便宜上、中国の現象についても「歌垣」の語を用いる。

　従来、日本の研究者は日本国内の文献資料に記載された内容のみによって歌垣を研究していたため、資料面での限界があった。一方、中国側でも歌垣に関する古代文献の発掘と研究はまだ十分とは言えない。また、観光資源[4]になる前の本来の意味での伝統的な歌垣については調査がほとんど行われていなかった。

　1990年代に入ると、工藤隆[5]・手塚恵子[6]・遠藤耕太郎[7]をはじめ多くの研究者が中国南部の少数民族の歌垣に注目し、現地調査を行い始めた。その理由は工藤が示した歌垣の定義に端的に表われている。「歌垣とは、不特定多数の男女が配偶者や恋人を得るという実用的な目的のもとに集まり、即興的な歌詞を一定のメロディーに乗せて交わし合う、歌の掛け合いのことである」（工藤 2015:3）。これは原始モデルにもっとも近い自然的な歌垣を的確に解釈した定義である。農耕儀礼[8]・性的解放に注目する従来の歌垣論とは違い、それらの要素を一度すべて取り外し、原始モデルの歌垣の重点は「配偶者を得る」という実用性にあることを明示している。これは歌垣の内容を単純化させ、歌垣の本質に注目した定義であり、ここに日本の歌垣と中国の歌垣の共通点ないし接点を見出すことができるのである。中国でも朱剛、田素慶をはじめとする様々な分野の研究者も雲南省石宝山歌会などに関する現地調査と学術的な分析を行なっており、双方の成果を比較検討することにより、さらなる進展が期待される。

　しかし、歌垣がそれほど単純な活動であるなら、何故今までの研究は農耕予祝儀礼・性的解放などの点に注目していたかという疑問も生じる。実際、日本の歌垣の実像はいまだにほとんど解明されてはいない。その根本的な原因の一つは、歌垣の

性格が非常に複雑だからであると私は考えている。はたして、歌垣の多面的な性格についてはすでに土橋寛が次のように述べている。

「歌垣がそれほど多面的な性格を持つ行事であり、また時代的・地方的に、かなり変化していることを物語るもので、従って歌垣の本質とか起源の問題は、それの行われる時期、場所、参加者などの形態的な面、行事の具体的な内容と機能ないし目的などのあらゆる面について、それが時代と共にどのように変化して行ったかを歴史的に明らかにした上で取上げらるべきものであろう。民俗学的方法は古代研究のための重要な方法であるが、長い時代の間に変化して来ている面もあるのであるから、特殊な少数の民族例によって起源を類推することの危険を警戒しなければならぬことは、国見でも歌垣でも同様である」(土橋1965：380)。

これは重要な指摘である。民俗学的方法は歌垣の研究にとって重要な手がかりであるが、その全体像を解明するには、歌垣の歴史的な変化をおろそかにせず、視野を広げ、多様な手段を用いて研究しなければならない。では具体的にはどうすべきだろうか。筆者には、工藤隆が示した次の五つの条件が有効と思われる。

「①証拠となる文献資料を明示していること、
②土偶・埴輪・絵画など考古学資料にも配慮していること、
③モデルとして手がかりにする日本国内の民俗・祭りなどを明示していること、
④視界を日本列島の内側に限定するのではなく、アジア全域にまで拡大していること、
⑤アジア全域の資料の場合、漢字などで書かれた文字資料や考古学的資料だけでなく、少数民族などの民俗・祭りなどの実例を明示していること」(工藤2015：102)。

以上の五つの条件は歌垣を客観的に研究するための不可欠な要素である。①②は歌垣論の証拠となる資料に重点を置き、例としては『古事記』・『常陸国風土記』などの文献資料が挙げられる。また、『万葉集』の中の該当する歌(後出【資料3】)は歌垣の場で作ったか、人が想像して作ったかわからないが、少なくともその時代に歌垣があったことを証明している。絵巻物等の発掘と分析も重要である。③は民俗学的方法を中心とし、上で見たように数多くの成果がある。④⑤は研究の視野を拡大し、アジアの資料と民俗を考察すべきだという提言である。工藤は主に④⑤の考え方により、中国西南少数民族を対象として歌垣に関する現地調査を行ってきた。日本国内の研究であれ、中国西南少数民族の考察であれ、これら五つの条件はいずれも証拠と民俗を重視している。その上で具体的にどのような方法で歌垣を研究すべきだろうか。筆者は上で引用した土橋の指摘から歌垣の実像を解明するための啓発を得られた。それを以下に記す。

①歌垣は複雑な性格を持ち、その多面的な性格をすべて考慮に入れなければならない。

②歌垣は時代とともに変化しており、その様式は固定されていないので、各時期の文献資料等により歴史的に明らかにする必要がある。

③歌垣は民俗的な行事である以上、各地方・各民族の風俗によって相違がある。ごく僅かの少数民族の少数の事例をもって全体を代表させるかのようなことをしてはいけない。視野を拡大し、対象となる各民族の共通点と相違点を探究しなければならない。

④同じ地方・同じ少数民族であっても、歌垣が行われる時期・場所・参加者により、歌垣のもつ意味は異なる。これらをそのつど区別して研究するのが適切である。

歌垣の参加者の年齢は幅広く、場所は家・村内という狭い範囲から近郊・山などの広い範囲まで及び、時期も日常的な歌垣と年に一回の祝日的な歌垣など、様々な種類がある。歌垣は性格も形態も非常に複雑だと言える。歌垣の多面的な性格を解明しなければ、その全体像を描くことは困難である。例えば工藤隆の定義は、歌垣のもっとも根本的な性質を解釈しており、画期的な歌垣論だといえる。しかし恋人を見つけるという青年男女の関係だけに注目すると、その他の参加者を見逃し、歌垣を単純化しすぎる危険性があると思われる。

以上の事情を踏まえ、筆者は「歌垣の多面的な性格」という出発点から考え直し、新たな研究方向を提言したい。今まで日本の歌垣に関する古代の文献についてはすでに数多くの研究者が分析を行ってきたが、筆者は本稿で歌垣の多面的な性格の一つとして、「参加者から見た歌垣」を出発点とし、中国と日本の文献・現地調査の資料・民俗学研究など、多様な知見を用い、歌垣の複雑な性格を探究する。ただ、依拠できる資料が極めて限定されているため、性質の異なるものを用いざるを得ない。これは克服すべき課題であるが、今の時点であらゆる資料を慎重に活用し、できる限りの分析を以下に試みる。

1. 歌垣の参加者

工藤隆の定義を繰り返すと、歌垣が「不特定多数の男女が配偶者や恋人を得るという実用的な目的のもとに集まり、即興的な歌詞を一定のメロディーに乗せて交わし合う、歌の掛け合いのこと」であれば、歌垣の参加者は「不特定多数の男女」であり、目的は「配偶者や恋人を得る」ことである。つまり、歌垣の参加者は配偶者や恋人を見つけることを目的とする二人以上の男女であればよい。では具体的にどのような男性と女性が参加するのだろうか。

本稿の冒頭で引用した【資料1】の「坂より巳東の諸国の男も女も」という記述からわかるように、今日の静岡・神奈川の県境から東にある諸国の男女が筑波山の歌垣の参加者である。この記述は「諸国の男女」の年齢を明示していないが、工藤隆は参加者を「結婚適齢期の」男女であると考えた（工藤 2015：36）。

ここで一つの疑問が生ずる。「結婚適齢期」の年齢はどのくらいだろうか。三角洋一によれば、女性の成長段階は「17,8歳からが成人で24,5歳あたりまでが結婚適齢期」(三角 1983:29)である。これに対して、古橋信孝は「光源氏と結婚した葵の上は14歳だった。お姫さまたちは12,3歳の裳着の後、結婚した。しかし普通の女たちは、12,3歳から16,7歳までは、さまざまの面での大人の見習い期間だった。だから性のことも学んだ」(古橋 2016:37-38)と論じている。

日本の場合、貴族の子女は『源氏物語』で描かれているように、12,3歳くらいですでに結婚できるが、普通の女性たちはその年はまだ大人の見習い期間で、17歳くらいから24,5歳までが結婚適齢期であるということになる。庶民階級では記録が少なくはっきりしないが、24,5歳は遅すぎで、それより早く結婚したのではないかという疑問も生じる。

古橋の見解によると、筑波山の歌垣の参加者は「結婚適齢期の男女」、すなわち12,3歳から24,5歳くらいの青年男女ということになろう。しかし、歌垣に関する古代文献(『古事記』・『風土記』等)の原文を分析すると、歌垣に参加する人の年齢は限定されていない、つまり男女老少だれでも参加できる可能性が十分ある。したがって、歌垣の参加者を「結婚適齢期の男女」と限定すると、その範囲がしぼられすぎてしまう。また、歌垣の目的が「配偶者や恋人を得る」ことだとすれば、24,5歳前後までの「未婚者」は確かにそうであるが、実例から明らかな中国の場合に限ってみても、子供と既婚者はどういう目的で参加しているのだろう。次節では異文化比較の視点から、歌垣の参加者を子供・結婚適齢期の未婚者・既婚者に区別して分析していく。

2. 参加者が子供の場合

すでに述べたように、同じ12,3歳であっても、貴族と庶民では成長段階が違っていた可能性がある。『古事記』清寧天皇条(1997:358-361)と『日本書紀』武烈天皇即位前紀(1996:268-273)に太子袁祁命が海拓榴市で歌垣を行う記述がある。どちらの作品も神話であるが、一定の程度で当時の社会風俗を反映していたならば、皇族や貴族も歌垣に参加していたと想定することは可能である[9]。12,3歳の貴族にとって、歌垣は恋愛相手を見つける場である。ただし、当時の貴族社会では、結婚相手は親や有力者が決めており、自分で選ぶ人は結婚相手ではなく「愛人」になる可能性がある。だが結婚相手にせよ、愛人にせよ、その年まですでに歌を掛ける技術を身につけておかなければならない。その一方、すでに繰り返し述べたように、12,3歳の庶民の子供は体力的にもまだ成人とは言い難く、彼らにとって歌垣の場は歌の技と恋愛の仕方を自分の目で見て学ぶ場でもある。

古橋信孝は「赤松啓介氏によれば、岡山県では成人式の夜、村の寡婦が、足りなければ夫のある女も選ばれるが、成人を迎えた若者の人数だけ集まり、観音堂に一晩籠って、若者たちに性行為を教える風習があったという」(古橋 2016:31)と述べている。これは約50年前のことであり、われわれにとっては驚くべき風習であるが、そ

の時代の状況を考えると理解できる。現代人は書物、新聞やテレビ、そして何よりインターネットなど多様な情報手段で知識を身につけられるので、わざわざ大人から恋愛の技術を習う必要がないが、それらを読み、また映像を見ること自体は、一種の見習いでもある。しかし、古代ではこれらの情報手段がなかったため、ある技術が未熟な者は経験者に直接に教わらなければならない。赤松が記録した岡山県の風習（赤松 2006：84-93）から古代のあり方を想定することは十分可能であろう。

歌垣も類似する場である。歌を覚えるのは家でできることであっても、配偶者や恋人を得るための歌垣では相手と即興的に交渉を行うので、現場で大人の歌掛けを見習わなければならない。重要なのは歌掛けによって恋人や配偶者を見つけるという生活面の技術と様式を身につけることである。したがって、子供にとっても歌垣に参加することは、その場で歌のワザ、生きていくための技術を手に入れる機会なのである。

更に、歌垣の場は子供が大人になる通過儀礼[10]の意味を持っている。【資料1】に「土地の言いならわしでは、『筑波山の歌垣に、求婚の贈り物をもらわないと、一人前の男女とみなさない』といっている」という記述がある。中国では子供の時から大人に連れられ、歌垣の場で見習いしているが、適齢期になると子供を産むことが村落共同体に要求される。大人は子供にうたのワザと恋愛の仕方を教えることが共同体の一員としての義務であり、子供は大人になったら子を産むのも義務である。こうした義務を果たして初めて共同体の大人の一員として一段高い認知を得る。歌垣の場で求婚の贈り物ももらえないことは結婚できないことを意味する、すなわち、まだ一人前になっていないことと同一である。

子供が歌垣の現場で見学することは中国少数民族の歌垣でしばしば確認されている。石宝山歌会では、老若男女が歌会の場に集まり、ある老人が小さな子供を抱いて参加したという記述がある（田 2015：112）。また『作為交流的口頭芸術実践——剣川白族石宝山歌会研究』の中で、著者朱剛は参加者の年齢に触れていないが、33ページに収録された写真では、複数の子供のいることが確認できる（朱 2015：33）。ジンポー族では、男女が13，4歳で結婚することが一般的であり、小さい頃から歌垣の場で牛を飼ったり笛を吹いたりしながら、歌に慣れていく習慣がある（工藤・岡部 2000：10）。結婚適齢期を迎える以前に、小さい頃からすでに歌垣に参加していることは明らかである。ペー族の場合でも、母親に連れられて歌垣の場へ行き自然に歌の技術を身につける。これらは現代中国における習慣であり、古代日本と直接に結びつけることはできないが、少なくとも重要な示唆を与えると考えられる。

子供にとっても歌垣は恋愛関係と深く関わっているが、目的は「配偶者や恋人を見つける」ことではなく、ただの見物だけでもなく、相手を獲得する技術とやりとりを目の前で見ることである。つまり「配偶者を得る」ことの一歩前の段階である。歌垣の場は恋愛方法を習う場であるだけでなく、大人になったかどうかを試練する場、すなわち通過儀礼である。この試練に乗り越えられると、一人前の大人として

村落共同体に認められる。その意味で、歌垣は共同体の伝統を次世代に伝承していく場でもある。

3. 参加者が結婚適齢期の男女(未婚者)の場合

当事者の立場から考えれば、「文学としての歌を積極的に作る」ということでなく、「結婚相手を見つける」ことが目的である。歌はパートナーを得るための一つの手段である。それを示唆する記述が『肥前国風土記逸文』(杵嶋県)にある。

【資料2】
「杵嶋の郡。
　県の役所の南方二里(約一キロメートル)の所に、ある独立した山がある。南西から東北の方角を向いて三つの峰が連なっている。名付けて杵嶋と言っている。南西端の峰を彦神(男の神)と言っている。中に位置する峰を姫神(女の神)と言っている。東北端の峰を御子神(子供の神)と言っている。〔別名を軍神と言っていて、この峰が振動すると戦が起こると言い伝えている〕村里の男女は、酒を手に琴を抱いて、毎年の春と秋とには手を取りあって山に登り、宴をし、歌い舞う。歌を詠じ尽くして家路につくという。その歌の詞には次のようなものがある。
　霰降る……(〈アラレ降る〉杵嶋の岳が険しいので、草を摑んで登ろうとして摑みかね、彼女の手を摑んでしまうことだよ)〔これは杵嶋独特の曲節を伴う歌である〕[11]。」(『肥前国風土記逸文』)

ここでは歌垣の参加者は村里の男女であると記されているが、具体的な説明がない。毎年の春と秋に手を取って山に登り、酒を飲んだり歌舞をしたりする。パートナーを得ることは直接には描写されていないが、男女が互いに手を取って登山することは古代ではおそらく非日常的な行為であり、男女の結びつきが目的であることを暗示している。また、「霰降る　杵嶋の岳を　さがしみと　草取りがねて　妹が手を取る」という歌は、男女の間の戯れの歌のようである。杵嶋県の歌垣も男女の交際の場である。

歌垣の主要な参加者は、もちろん結婚適齢期の男女である。すでに引用した【資料1】『常陸国風土記』の「筑波山の歌垣に、求婚の贈り物をもらわないと、一人前の男女とみなさない」という記述からは、未婚者にとって歌垣は結婚相手を見つける場であり、大切な求婚の場でもあることが読み取れる。「筑波嶺に　廬りて　妻なしに　我が寝む夜ろは　はやも明けぬかも」という歌が表したように、相手が見つからないと、夜は独り寝で寂しくつまらない。つまり、歌垣の場でパートナーがいなければ何もすることがない。結婚適齢期の男女にとって歌垣の場は配偶者やパートナーを見つける場であることが明らかにされている。

ここに注意すべき点がある。植垣節也はこの歌を「筑波嶺に廬を結んで、歌垣の夜だというのに、共に寝る恋人もなくひとり寝する夜は、早く明けてしまってくれ

ないかなあ」と訳した。共に寝るパートナーもいないのでひとりで寝なければならないということはすなわち、歌垣の場で得た相手とは性的関係を結ぶことを意味するだろう。ただし、「妻なしに　我が寝む夜ろは」は字面の意味を言うと、「恋人もなくひとり寝する夜」ということであるので、「共に寝る」恋人は、訳者の想像で補注した内容である。

しかし歌垣の場で相手を得られたら、必ず共寝するだろうか。言い換えれば、恋人を見つける目的は共寝することだろうか。中国の場合そうとは限らない。工藤隆の中国での現地調査によると、歌垣では何時間から一晩中、ないし三日間連続して歌い続けることがある。ペー族の海灯会で、一人の男性は去って行く女性にこのように歌っている。

　　「今晩はどうか、帰らないで下さい／ここで一晩過しましょう／今は喉が痛いですが、あなたが帰って私が一人残されるのはとてもつらいです／とても残酷です」(工藤・岡部 2000：162)。

男性は女性を引き止めようとし、あなたが帰ったら私が一人になって、退屈なので、どうか一晩一緒に過して、喉が痛いがまだ続けて歌いたいと歌っている。【資料1】の歌も、一緒に歌を歌う恋人がおらず、こんな夜は早く明けてくれないかと独りぼっちの退屈さを嘆いているという解釈が考えられる。同時代の文献ではないが、類似する記述は中国の『粤西従載』(1700年代初め頃)、『粤游小記』(1827年頃)にも出ている。

　【資料A】
　　「賓州羅奉岭去城七里,春秋二社日士女畢集,男女未婚嫁者,以歌詩相応和,自選配偶。」(『粤西従載』　巻18)
　　「賓州羅奉岭の町から七里離れた所に、春と秋の社日に未婚の男女が集まり、歌を歌い結婚相手を見つける。」(筆者訳)
　【資料B】
　　「至西省平、梧等郡,离城数里,男女于夜半対歌。故夜半聞歌声,有溱洧風焉。」(「粤游小志」.『小方壺斎輿地叢抄』1. 第七帙)
　　「西省平、梧地方では、町を離れ、深夜に男女が歌を掛け合う。こういう深夜の歌から溱洧の風習が聞こえる。」(筆者訳)

【資料A】の社日というのは、古代中国で農民たちが土の神を祭る祝日である。漢代以前には春の社日しかなかったが、漢代以後は秋も社日を祝うようになった。この『粤西従載』の記述は早くとも漢代以後の歌垣を描いている。春と秋の社日に未婚の男女が町から七里離れたところに集まり、歌と詩によって自由に結婚相手を見つけていた。これは結婚適齢期の男女にとり歌垣が配偶者や恋人を見つける機会であることを明確に示した資料である。これに対して【資料B】ははっきりと説明していないが、「深夜に男女が掛け合う」ことが溱洧の風習に似ていると解釈してい

る。男女が歌によって交際していたことがわかる例である。

以上の記述から、未婚者にとり歌垣は配偶者や恋人を得るという実用的な目的を持っていたことが確認できる。

4. 参加者が既婚者の場合

従来の研究は参加者が未婚者の場合に注目している。しかし、『常陸国風土記』が記す「足柄の坂から東にある諸国の男も女も、春の花の開く時、秋の葉の色づく頃には、手をとりあい連なって、飲食物を持って、馬に乗ったり歩いたりして登り、楽しみ憩うのである」という文は、男女の年齢をまったく示していない。子供が参加した可能性についてはすでに触れたが、実際には、既婚の参加者も数多くいたと思われる。筑波山の歌垣に人妻人夫が参加したことが『万葉集』の歌に見られるからである。

【資料3】
「鷲の住む筑波の山の裳羽服津の、その泉のほとりに、つれだって女や男が集まり、歌をかけ合う燿歌で、他人の妻に私も交わろう。わが妻に他人もことばをかけよ。この山をお治めになる神が、昔から禁じない事だ。今日だけは監視をするな。咎め言もするな。

反歌
男の神山に雲が湧き立ちのぼり、時雨が降り、ずぶ濡れになったとしても、私は帰るなどということがどうしてあろう」[12]。(『万葉集』9-1759・9-1760)

「他人の妻に私も交わろう。わが妻に他人もことばをかけよ」ということは、既婚者も歌垣に参加することを明示しているが、他人と人妻が性的な関係を持つと考えることが適切だろうか。

工藤隆の現地調査によると、現代中国の南部にある少数民族の歌垣でも、既婚者が参加することは一般的である(工藤・岡部 2000)。朱剛は石宝山歌会のインタビューで、「結婚しても歌会に参加する人はいますか」という質問に対して、「結婚してもそういうことをする人は多いです」という回答を得ている(朱 2015：191-192)。また、遠藤耕太郎は1990年代に中国雲南省ペー族の海灯会で聞き取り調査を行った結果、調査対象51人のうち、既婚者は28人もおり、未婚者より多かった(遠藤 2000：210)。文化大革命の時代に少数民族の歌垣は一時的に中断されて若い世代の未婚者は歌垣に感心を持たなくなったため、このような結果になったのかもしれない。しかし、既婚者が歌垣に参加する風習は古くからあった。それが一時には衰退したものの、今日まで伝承されてきたと推測できる。なお歌垣の場では、既婚者は未婚者のふりをするのが通例である。すなわち既婚の男女は、結婚していることを隠して参加するのである。

既婚者の場合、新たな相手が見つかったら、今の夫・妻と離婚して、新しい恋人と結婚するケースがないとは言えないが、そのようなことをしたら通常は「村じゅうの人が刀を持ってやって来て、牛やその家の財産などを全部持って行って、食べたり

してしまう」という罰を受けなければならない(工藤・岡部 2000：63)。故に多くの既婚者にとり、歌垣に参加するのは「配偶者を見つける」ことが目的ではない。ならば、既婚者の目的は何だろう。工藤の聞き取り調査では、対象者の一人は「それは、"家の花より、野の花のほうが香りがよい（家花没有野花香）"からだ」と答えた(工藤・岡部 2000：97)。朱剛のインタビューでは、「自分の妻はいくらよくても、やはり外でできた人は妻よりましだ」、「家にあるのは肉でも嫌だが、外にあるのは骨でも食べたい」のような答えも挙げられている(朱 2015：192)。もし男に腕があれば、ほかの女と野宿もする」と答えた事例もある(工藤・岡部 2000：97)。それに対して、ある既婚者の女性は聞き取り調査で、「今回恋人を探す目的があるかという点に関しては、山東省の主人はとても良くしてくれるので、そういうつもりはない」と答えた(工藤・岡部 2000：207)。

　遠藤の現地調査によると、性を求める既婚者もいるし、恋人を探す目的を持っていないのに、歌垣に参加するためにわざわざ山東省から帰省した既婚者もいる。前者の目的はわかりやすいが、後者は長年にわたって身につけている生活様式を容易に捨てることができないとしか説明できない。無論、結婚はしている、あるいは恋人がいても、「その場かぎり」の快楽を求める人はいるだろうが、十分な確認は困難である。いずれにせよ、歌垣は時代とともに変化しつつあり、その解釈も今では現代人の世界観と価値観が加えられ、古代人の実際の観念から大きく変わってきているに違いない。

　既婚者が歌垣に参加する理由については、すでに結婚していたとしても、このチャンスを利用して「歌恋人」に逢いに来るという可能性がある。古代の歌垣を研究するには、当時の観念と風習に着目しなければならない。年に一度だけの歌垣でしか逢えない恋人は七夕の伝説を思わせる。天上の牽牛と織女が天漢に隔てられ、年に一度しか逢えないという伝説は、古代の通い婚を象徴しているのではないだろうか。『万葉集』にも七夕歌が多数存在している(例 8-1522 など)。『万葉集』の歌は庶民の実生活に深く関わっているので、七夕歌が多く収録されていることは、当時の通い婚という婚姻形態を反映している可能性が高い。

　通い婚とは簡単に言えば、夜に男が女の家を訪ね、共寝する婚姻形態である。しかし実際に通うためにはいろいろな制約があった。例えば月夜でなければ男が女の家に訪ねることができない(古橋 2016：124-131)ことなどである。だが夜、早くとも夕方にならなければ、月が出るかどうかは確認できない。もちろん、通い婚の相手の家は近くにあるほうが通いやすい。遠い所に好きな相手がいる場合はどうすればいいだろうか。まず『万葉集』の歌を見てみよう。

　　【資料4】
　　　「葦屋処女の墓を過ぎし時に作れる歌一首并せて短歌
　　　　古のますら壮士の　相競ひ　妻問しけむ　葦屋の　うなひ処女の……」。
　　(『万葉集』9-1801)

古橋信孝によれば、「『相競ひ　妻問しけむ』とあるから、二人の男が同じ女に通っていたことになる。求婚ではないのである。女はふたりの男を通わせていた。ただひとりの男を待つ女ではない」(古橋 2016：19)。一夫一妻制と違って、この女性を取り巻く環境では同時に複数の相手のもとに通うことが可能だった。そうであれば、近くにいる相手の家にはしばしば通え、遠い所の相手とは容易に逢えない。そのような場合、歌垣こそが逢い引きする重要な機会になったのではないだろうか。【資料1】で「筑波嶺に　逢はむと　言ひし子は　誰が言聞けばか　嶺逢はずけむ」という歌を示した。歌垣の夜に、筑波嶺で逢うと約束をしたのに、他人と付き合ったからだろうか、嶺で逢ってくれなかったと嘆く歌である。事前に逢う約束をするというのは、去年の歌垣で約束を交わしたか、また今年の歌垣の前に使者によって筑波山で逢うと約束したのか、どちらにしても、やはり一種の通い婚を思わせる。古代人にとっては、歌垣は単に「歌恋人」に逢う場であるだけでなく、通い婚の相手との逢い引きの場でもあったのだ。

5. 参加者が老人の場合

　参加者が老人の場合も想定すべきである。まず既婚者に類似する目的を持つ人がいるだろう。老人が歌垣で歌恋人を見つける例は、日本の古代文献では確認されていない。しかし、歌の巧拙を競う男女の間で、負けた女性が勝った男性の意に従わなければならないという風習は、明治時代末期の日本に残っていた。民俗学者宮本常一が1950年代に佐護(長崎県対馬市の北端)で現地調査を行った時に、そこで観音堂があり、男も女も群れになって巡拝に来て民家に泊まると報告している。村の若者たちは巡拝者の宿に行き、物ないし体を賭けて歌の勝負をする風習があった。しかも、若者だけでなく、ある老人は歌合戦をして、負けたことがないので、たくさんの美しい女と契りを結んだと記録されている(宮本 1995：31-32)。
　更に中国の場合、老人は自分で歌恋人を見つけるよりはむしろ、若い男女の歌の技の指導者で、歌垣の成り行きを見守る見物人であり、必要な時に助ける存在でもある。工藤隆は、中国ペー族の石宝山歌会で現地調査を行った時に実見したものとして、歌の熟練者が未熟な娘と歌を交わす例を報告している。熟練者の男は真剣には歌わず、歌が未熟な相手をからかいながら歌っていた。するとそばで見物していた老年の女性がその若い女性と交代し、次のように歌った。

　　「口と心が一致していなければ、もう私たちがこうして歌う意味はありません/兄(あなた)が歌っている歌は、全然本気ではありませんね？/本気でないなら、歌う意味はありません/そんな冗談を言わない方がいいですよ」(工藤・岡部 2000：261)。

　この例では、老女は見物人のひとりであり、歌垣を楽しみながらその成り行きを見守っている。歌垣では真剣に歌うことが大切で、不真面目な歌い手がいる場合、老人は注意したり、または歌の未熟練者が歌いつづけられない場合に、助けたりす

る。これは経験豊かな老人の重要な役割なのであろう。このような老人は、日本の歌垣にも存在した可能性があると提言したい。

6.まとめ

中国少数民族における歌垣の参加者の年齢は、結婚適齢期の青年男女だけでなく、子供からお年寄りまで幅広い。子供にとり、歌垣の場は歌の技術を身につける場であり、やがて通過儀礼の場ともなる。結婚適齢期の青年男女は歌垣を通して配偶者やパートナーを得る。これは歌垣の最も本質的な機能である。既婚者にとっての歌垣は、単に歌恋人に逢う場であるだけでなく、以前から関係を持っている相手との逢い引きの場でもある。若い男女の歌の技を必要に応じて指導し、歌垣の場の秩序を守ることが老人に期待されていると言える。

繰り返して述べたように、現代日本では歌垣が存在していないため、従来の歌垣の研究は文献資料に重点を置く。しかし、僅かな文献のみによって、歌垣の全体像を再構成することはやはり困難である。もちろん、中国の史料と現地の研究成果をそのまま古代日本に応用することはできないが、少なくとも歌垣を研究する際に様々な示唆や思考材料を与えると言えよう。歌垣については日本でも中国でも資料が限られている。本稿は文学作品、地方誌、現地調査と民俗学の研究成果など、性格は異なるものの、できる限り多様な資料を用い歌垣の参加者の年齢層とその役割について考察した。もとよりこれも歌垣の多面的な性格の一面にすぎないが、その全体像を考えるためには不可欠な視点と思われる。今後は朱剛や田素慶らが示した(しかし本稿とは異なる)視点にも学びつつ、また資料の性格の違いを慎重に考慮して、歌垣の時期や場所などの実態をさらに分析・解明することを課題とする。

注

[1]「飲喫、至于今、不絶也。(以下略之)夫筑波岳、高秀于雲。最頂西峰崢嶸、謂之雄神、不令登臨。但、東峰四方磐石、升陟块圠。其側流泉、冬夏不絶。自坂已東諸国男女、春花開時、秋葉黄節、相携駢闐、飲食齎賚、騎歩登臨、遊楽栖遅。其唱曰、都久波尼爾 阿波牟等 伊比志古波多賀己等岐気波加 弥尼阿波須牟也/都久波尼爾 伊保利氐 都麻奈志爾 和我尼牟欲呂波 々夜母阿気奴賀母也。詠歌甚多、不勝載筆。俗諺云、筑波峰之会、不得娉財者、児女不為矣」。植垣節也 校注・訳.1997.『風土記』.新編日本古典文学全集5.小学館.pp362-363.

[2]国見とは、国の形勢を高所から望み見ること。もとは農耕儀礼の一つだった。

[3]男女が日常生活における性的束縛から解放され、歌垣の場で自由に交際できること。

[4]観光客を招くための伝統的な歌垣を模倣した演出。

[5]工藤隆・岡部隆志.2000.『中国少数民族歌垣調査全記録1998』.大修館書店.

[6]手塚恵子.2002.『中国広西壮族歌垣調査記録』.大修館書店.

[7]遠藤耕太郎.2003.『モソ人母系社会の歌世界調査記録』.大修館書店.

[8]農作業の順調と豊作とを祈願・感謝して行われる一連の周期的儀礼。農耕社会における主要な年中行事。

[9]『続日本紀』天平六年(734)条(『続日本紀(上)』.1992.講談社)に貴族の男女が列をなし歌舞す

る記述がある。

[10] 人が一生の間に経験する、誕生・成年・結婚・死亡などの儀礼習俗。

[11]「杵嶋郡。県南二里、有一孤山。従坤指艮、三峰相連。名曰杵嶋。峰坤者曰比古神。中者曰比売神。艮者曰御子神。一名軍神、動則兵興矣。郷閭士女、提酒抱琴、毎歳春秋、携手登望、楽飲歌舞。曲尽而帰。歌詞云、阿邇礼符縷　耆資麼能多塏塢　嵯峨紫弥台　区縒刀理我泥底　伊母我提塢刀縷　是杵嶋曲」。植垣節也　校注・訳.1997.『風土記』.小学館.pp528-529.

[12]「登筑波嶺為嬥歌會日作歌一首并短哥
　　鷲住　筑波乃山之　裳羽服津乃　其津乃上尓　率而　未通女壮士之　行集　加賀布嬥歌尓　他妻尓　吾毛交牟　吾妻尓　他毛言問　此山乎　牛掃神之　従来　不禁行事叙　今日耳者　目串毛勿見　事毛咎莫
　　反歌
　　男神尓　雲立登　斯具礼零　沾通友　吾将反哉」。中西進.1980.『万葉集　全訳注・原文付（二）』.講談社.pp272-273.

参考文献

山口佳紀・神野志隆光　校注・訳.1997.『古事記』.『新編日本古典文学全集』1.小学館
植垣節也　校注・訳.1997.『風土記』.『新編日本古典文学全集』5.小学館
中西進.1980.『万葉集　全訳注・原文付（二）』.講談社
宇治谷孟.1992.『続日本紀（上）』.講談社
『粤西従載』巻18.臺灣商務印書館
江心泰.2004.「粤游小志」.『小方壷斎輿地叢抄』第七帙.（清）王錫祺輯.西泠印社出版社
赤松啓介.2006.『非常民の民俗文化　生活民俗と差別昔話』.筑摩書房.（初出版：1986.明石書房.）
岡部隆志.2011.「アジアの歌掛け文化」.『歌の起源を探る　歌垣』.岡部隆志・手塚恵子・真下厚編.pp25-45.三弥井書店
宮本常一.1995.『忘れられた日本人』.岩波書店.（初出版1960.未来社.）
工藤隆・岡部隆志.2000.『中国少数民族歌垣調査全記録1998』.大修館書店
工藤隆.2015.『歌垣の世界―歌垣文化圏の中の日本―』.勉誠出版.
古橋信孝.2016.『古代の恋愛生活―万葉集の恋歌を読む―』.吉川弘文館
国史大辞典編集委員会編.1980.『国史大辞典』第二巻.吉川弘文館
三角洋一.1983.「歌まなびと歌物語」.『国語と国文学』.1983-05.pp28-40.至文堂
千塚恵子.2002.『中国広西壮族歌垣調査記録』.大修館書店
田素慶.2015.『"原生態"的幻象　作為国家非物質文化遺産的剣川石宝山歌会研究』.中国社会科学出版社
土橋寛.1965.『古代歌謡と儀礼の研究』.岩波書店
小島憲之・直木孝次郎・西宮一民・蔵中進・毛利正守　校注・訳.1996.『日本書紀2』.新編日本古典文学全集3.小学館
遠藤耕太郎.2003.『モソ人母系社会の歌世界調査記録』.大修館書店
遠藤耕太郎.2000.「海灯会『苴碧湖歌会』に関する報告と考察」.『中国少数民族歌垣調査全記録1998』工藤隆・岡部隆志.大修館書店:pp204-216
朱剛.2015.『作為交流的口頭芸術実践――剣川白族石宝山歌会研究』.中国社会科学出版社

潮干祭における山車の機能と象徴的
意味に関する民族誌的研究
―山車と神輿の比較検討から―

北京外国语大学日本学研究中心　庞　娜

摘要：本文以爱知县的潮干祭为例，从山车与神舆之间比较研究的角度出发论述了祭祀中山车的机能作用与象征意义。笔者通过文化人类学的田野调查方法，首先明确了祭祀中山车依附于神舆的从属性地位。其次，被植木行宣分类为"被伴奏的依代"的潮干祭山车，笔者认为虽然其具有"神事"的性格，但将其机能一概而论的解释为"依代"也是欠妥的。潮干祭中的山车与其说被作为召唤神灵或是使神灵附体的装置使用，不如说其本身就是作为神灵的象征体登场。另外，现今在祭祀活动包括山车祭祀活动的娱乐性日渐高涨的趋势下，笔者发现将山车视为"神事"性格的观念在当地人的心中并没有改变。可以说，山车是存在于日本民俗界"圣"与"俗"概念之间的一种祭祀装置，而其"圣"与"俗"之间的平衡性以其地域特有的方式存在且因祭祀场合不同而有所变化。

キーワード：山車　神輿　奉仕物　神座　可視化的記号

1. はじめに

　潮干祭は毎年 5 月 3、4 日で行われる、亀崎町をあげる祭礼である。その執行組織は敬神社[1]―代参会[2]―五組である。五台の山車は組それぞれの所有物であるのに対して、神輿は神前神社の管理下の祭具である。本稿では、祭礼の現場における地域住民のあいだでみられる「心意」を重視し、現場で何が語られ、山車がどのように使用され、それらに対して人々がどのように説明するのかを問う民族誌的手法をもって、山車の機能と象徴的意味を問い直してみたい。

　現地調査において、筆者は潮干祭の準備から終りにいたるまで参与観察をしたとともに、祭礼の当日以外にも、さまざまな立場の人々を対象に聞き取り調査を行った。また、2014 年 10 月～11 月にかけて、調査票を用いた調査を実施した。予め作成した調査票を亀崎潮干祭保存会会長に一括してお渡しし、保存会会長から各組の理事に調査票への回答を依頼していただいた。その結果、37 部の回答が得られた（回収率 74%）。以上のフィールドワークによって得たデータに基づき、筆者は山車を神輿との関連において分析作業を行った。

2. 問題の所在

　山車は「祭禮に曳く山・鉾・人形など飾った屋臺」[民俗学研究所 1951；351]と定義される。1915年、折口信夫は「髯籠の話」という論文で、山車を「依代」として論じる。それ以来、山車が神霊の依代だというのは定説となっている。その後、植木行宣はこの「依代説」に立脚しながらも、いくつかの批判的視点から独自に山車の「機能論」を展開した。彼によると、山車全般は「囃されるもの」と「囃すもの」に分類される。囃されるものに分類する山車は依代系であり、つまり、祭礼では「依代」として機能するのに対して、囃すものの山車は依代系を囃す囃子系であり、芸能にかかわるところが大きい、と彼が主張する。

　上述の総論以外、山車に関する研究は民俗学や歴史学、物質文化の分野で一定の蓄積があるが、山車の機能をめぐっては、一般論として折口や植木に依拠した解説がなされるにとどまる場合が少なくなく、より具体的な事例に即した記述と検討、現地で語られる意味づけのレベルでの情報をおさえたような事例研究が乏しい。山車の機能を、先述のような「依代系」と「囃子系」に分ける発想が定着しているため、その解釈をそのまま事例に当てはめて論じてしまう傾向があるようにみえる。しかしながら、それでは個々の祭礼における機能と象徴的意味が批判的に検討されない。それは、あまりにも一般的で包括的な機能や象徴的意味を、あらゆる事例に適用して解釈しているにすぎないのである。

　また、「依代系」と「囃子系」に分類されている点からも明らかなように、山車は諸神とのつながりを持っているとともに、世俗的・娯楽的な要素も強くもつ。しかも、「囃される山鉾よりも囃す屋台を選択した（中略）そしてそれは疫神鎮送の山・鉾の祭りが、都市の祝祭へと大きく転回したことを意味するのである」[植木 2001；316]と植木氏が主張する。つまり、山車祭りは囃される山・鉾から囃す屋台を主体とする祝祭へ進むという傾向である。こうした山車はいわゆる「聖」と「俗」の狭間に立っており、特定の祭礼において、それらはどのような相互関係にあるのか、そしてこのような「聖」と「俗」の相互関係のあり方やその位置づけについて、どのように地域住民にとらえられるのかという疑問が生じてくるのである。

　しかも、これまでの山車に関する研究は、主として山車を単独で扱う研究であり、祭礼における他の祭具を視野に入れた比較検討はあまりなされていない。民俗学者である柳田國男氏は、「一般的なる祭礼の特色は、神輿の渡御、之に伴ふ色々の美しい行列であった。中古以来、京都などではこの行列を風流と呼んで居た」[柳田 1998；381]と主張した。ここの「美しい行列」または「風流」とは、山車をはじめとする練り物の類だと考える。この考え方から、神輿と山車のような練り物は昔から祭礼において対になって登場するイメージが強いと窺える。神輿は「神の乗る輿」[大塚民俗学会 1972；682]と定義され、山車はまたその「付属物」とされるが、「山鉾や山車は移動式依代から発生したもので、その巡行は神輿の巡幸と同じ意義を持つものである」[田原 1987；9]とあるように、両方に類似点もあると思われる。このよう

233

に、一つの祭りにみる神輿と山車はそれぞれの機能に何か違いがあるのか、あるいは、それぞれに地域住民にどのような位置づけが与えられるのか、という疑問が生じる。

このように、本稿は以上の問題意識にもとづいて、フィールドワークによる詳細な調査によって、機能的・意味的に山車と類似点が多く、しばしば山車と共に使用される神輿との比較検討から、愛知県亀崎の事例における山車の機能と象徴的意味を再考する。

3. 調査地概要

潮干祭の舞台である亀崎は半田市の北部に位置し漁村として発達してきたところである。半田市は愛知県の知多半島東海岸の中部に位置する市である。東は衣浦湾に面し、西は知多丘陵で常滑市と接する。面積は47.24km²である。人口は119100人であり、48260戸の世帯数を持っている。[3]半田市は江戸中期から醸造業の発達とともに、港湾都市として栄えてきたのである。1937年、亀崎町と半田町と成岩町は合併して今の半田市になっている。

神前神社は亀崎町に位置する旧県社である。潮干祭は神前神社の例大祭の一つとしてあげられる。神前神社の祭神は神日本磐余彦尊（＝神武天皇）である。境内には六つの末社を有し、それぞれは神明宮、天満宮、多賀社、山祇社、蛭子社と御鍬社である。

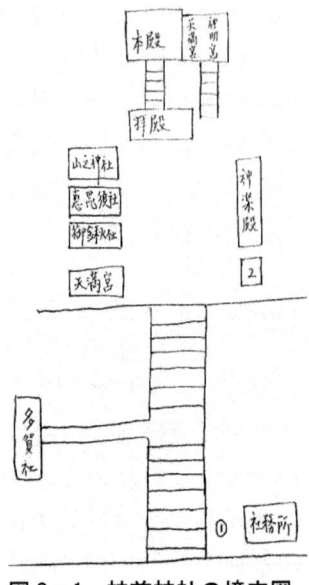

図3-1　神前神社の境内図

4. 2014年の潮干祭の民族誌的記述

4.1　準備

潮干祭の準備は3月下旬から5月初頭にかけて行われる。表4-1はその展開を示す。

表4-1　潮干祭の準備

日時	内容	場所	参加者
3/23 9:00-11:00	道検分	神前神社－尾張三社	五組の若者頭
4/13 9:00-11:00	ゴマ掘り	アイシン精機の前の海辺	五組の若者と若者頭
4/20 8:30-14:00	山車組み上げ	各組のサヤの前	五組の若者
4/27[4] 13:00-15:30	山車飾り付け、試し曳き	各組のサヤの前	五組の若者と若者頭
4/25-5/1	囃子稽古	各組の事務所または車元家	

续表

日時	内容	場所	参加者
5/2[5]	幟立て	神前神社前	五組の年行司と若者頭
	車元家[6]・事務所の飾りつけ	各組の車元家と事務所	五組の組員
	注連縄張り		五組の組員
	役割神事	各組の事務所内	五組の組員

「準備の時(山車には)神さんが入っていない、祭礼の時で入る」と石橋組A氏が語る。ただし、神様が入っていなくても、「穢れがある人」[7]は男女を問わず、山車の綱を跨ぐことさえ禁止される。跨ぐのに対して、綱を上げてその下をくぐるのが許される。(中切組B氏)

一方、言葉の表現にもタブーがある。「山車をサヤに入れる」という表現は禁止され、必ず「山車をサヤに納める」という丁寧な言い方で話さなければならない。それらの山車に対するこだわりは「敬神の念」によるのである。(石橋組A氏)

役割日で行われる注連縄張りによって、「神様の道ができた」「車元の権威を表す」と田中組C氏が話す。その張る範囲は本来、山車と神輿巡行の道路と五組の車元家から尾張三社までの道である。今それは簡略化され、車元家の付近では少しの間だけ張るようになっている。石橋組のみ本来通りに車元家から尾張三社までの道を全部張るのである。また、その実行時間に関して、今五組は自由に決めてばらばらに行動するようになっているが、本来五組はすべて夜中24:00時頃張る仕来りであった。古老の話では、この仕来りは少なくとも二十年前まで守られていたのである。筆者が考察した2014年では、東組と中切組は5月2日の昼で張るのに対して、石橋組・田中組・西組は伝統のまま夜中24:00時過ぎ張るのである。

4.2 祭礼当日

5月3、4日は潮干祭の本番である。

表4-2 山車と神輿の動き対照表(5/3)

時間	山車	神輿(神社)	関係
午前6:00	サヤから曳き出す、吹流し立て	神前神社・拝殿	分離
午前6:30	山車祈祷		
午前9:30	棒締め		
午前10:00	山車巡行(国道前－祭り広場)	式典(神前神社・本殿)	
昼12:30	人形奉納(祭り広場)	神前神社・拝殿	
午後13:00		神幸の儀・前半(神前神社・本殿)	
午後14:00		神輿行列(神前神社前－祭り広場)	合流
午後14:20	山車巡行(祭り広場－秋葉社)	神輿渡御(祭り広場－尾張三社)	
午後15:20	人形奉納(秋葉社)	神幸の儀・後半(尾張三社)	分離
午後16:30	山車巡行(秋葉社－尾張三社)	尾張三社	
午後17:10	整列、人形奉納(尾張三社前)		合流
夜19:00	曳き納め		分離

表4-2に示されるように、3日において山車と神輿は分離－合流－分離－合流－分離という展開が把握できる。

　朝6:30の「山車祈祷」は神前神社の神官より行われる清めの神事である。神事後、神官は御札を組の理事に渡す。それは「神前神社の神様の分身」だと地元の人々に認識される。組の理事は「山車祈祷」の直後、麻の紐で御札を山車の上山の天井に取り付ける。御札は二日間の祭礼にそのまま安置され、祭礼が終わるとそれを外して神社に返す。

　午前9:30、五台の山車の棒締めは始まる。梶棒に網を七回、台輪に五回、真中で三回という縁起のいい奇数（七・五・三）で網を締める。

　棒締め後、山車巡行は始まる。3日において、五台の山車は組のサヤー国道前－海辺－祭り広場－秋葉社－尾張三社というルートで巡行する。巡行の道は全部注連縄張りで、「聖域」以外のところへ山車を曳くのは禁忌される。

写真4-1　棒締め

　また、山車を曳く人は昔、三日の朝大衆浴場で一緒に風呂に入ることで身を清める習わしがあったが、今大衆浴場がなくなり、皆は自分の家で朝風呂をするようになる。それは強制的ではないので、朝風呂をしない人もいる。（石橋組A氏）

　朝風呂をする他に、山車を曳く人はきちんとした姿が要求される。金髪や長い髪、帽子を被ること等は許されない。（西組D氏）また、穢れのある人は山車を引っ張るのが禁止される。

　さらに、古老の話では、昔山車巡行の時、梵天は山車の先頭に行くのであったが、今はそれを止める。山車と梵天は今の潮干祭では常に分離になって登場するようになっている。梵天は地元では「神様の代わりになるようなもの」と解釈される。「梵天に組の神様が移して、宿らせる」（石橋組E氏）。

　午後13:00頃、神幸の儀（前半）は神前神社で始まる。これは神様の渡御に準備する神事である。場所は神前神社の本殿である。神事の時、神輿は拝殿の正面に置かれる。本殿から拝殿までの階段は白い布で敷かれる。それは「神様の通り道」（写真4-2）と地元の人が解釈する。神幸の儀は極めて荘厳のうちに行われ、関係せず人特に女性は本殿に立ち入り禁止である。神事の最後、本殿の中は消灯する。白いマスクと手袋をつけている神官は御神体を本殿から持ち出し、袂で御神体を誰も見られないように隠しながら、白い布の敷かれる階段を下る。拝殿の前に置かれる神輿に着くと、神官は一瞬で御神体を神輿に移動させる。四組の梵天は神輿と一緒に台車の上に置かれる。これで神幸の儀（前半）が終わる。

　神輿行列は神前神社の前から祭り広場（その時山車人形の奉納場所）へ向かう。その編成は以下のようである：

写真 4-2　神様の通り道　　　　写真 4-3　祭り広場で神輿行列の待機場面

　清祓　鉄杖　取締役　名旗(同年[8])　真榊(同年)　太鼓(同年)　伶人　御鉾(同年)　御弓(同年)　御太刀(同年)　日月旗(同年)　取締役　神職　神輿(同年)　宮司　神職　巫女　社長　車元　理事　県市議員と半田議員　総代　参列者　若者頭　年行司　取締役
　午後14:00頃、祭り広場で神輿行列は人形の奉納が終わるまで待機する。そこから神輿と山車は一時合流する。人形奉納が終わると、神輿行列は整列した五台の山車の前を通過し、神輿行列の綱と一番西に位置する西組・花王車の綱とが結び付けられる。[9] ただし、国道を横断する前で綱の結びは解かれ、神輿行列と山車行列は分離になってそれぞれ巡行するようになる。
　午後15:00頃、神輿行列は五台の山車より先に御旅所である尾張三社に着く。神輿は梵天と一緒に尾張三社に安置される。そして、尾張三社で神幸の儀(後半)が始まり、約半時間続いている。参加者は神幸の儀(前半)と同じである。
　これら一連の神社側の神事を行うことで、神前神社の神様は神輿を依る座として、無事に神前神社から尾張三社までお旅をし、しかも尾張三社で一泊をする。地元の人々の話では、それは「神さんが三社へお遊びに行く」ことである。
　一方、山車は途中で秋葉社の前で前棚人形を奉納してから、三社へ向かう。午後17:00過ぎ、五台の山車は尾張三社につくと、整列して尾張三社へ向かって人形技芸を奉納する。
　夜19:00頃、人形奉納がすべて終わると、山車のサヤへの曳き納めは始まる。昔、五台の山車は祭礼第一日の夜、尾張三社で神輿の御供として備え置くのであった。大正七年になると、山車の三社での備え置きはサヤ曳き納めに変化した。

続く4日における神輿と山車のそれぞれの動きは表4-3に示される。

表4-3　山車と神輿の動き対照表(5/4)

時間	山車(五組)	神輿(神社)	関係
午前5:00	サヤ—尾張三社、吹流し立て	尾張三社	分離
午前7:30[10]	警護行列出発		
午前10:00	棒締め		合流
午前10:30	人形奉納(尾張三社)	還幸の儀・前半(尾張三社)	
午前11:30	山車巡行(尾張三社—神前神社)(秋葉社で休憩。そして海へ曳き下し)	神輿還御(尾張三社—神前神社)	
昼12:20	曳き廻し、人形奉納(神前神社の前)	還幸の儀・後半(神前神社)	分離
午後16:00	曳き納め	神前神社の倉庫	合流
夜18:50			分離

　朝5:00頃から、各組の人は私服で静かに山車をサヤから尾張三社まで曳く。それは、「山車があたかも三社で一夜泊まった」と地元の人が解釈する。そこで山車と神輿は合流する。

　午前10:30頃、還幸の儀(前半)は三社で行われる。それは神様の還幸に準備する神事である。神事と同時に行われるのは山車の人形技芸の奉納である。場所は近くて、神事の笛による荘厳たる雰囲気と山車の囃子・太鼓による賑やかな雰囲気は同時に感じ取れる。神事が終わると、神輿と梵天は台車の上に移動される。そこで神輿行列は渡御の時と同じようになされて、三社の鳥居の近くで出発を待機する。

　約午前11:30、山車人形が奉納し終わる。神輿行列は五台の山車に優先して動き出す。神輿行列の綱と東組・宮本車の綱が結ばれる。そこで、三社から神前神社への還御が始まる。そして3日と同じように、行列は少しだけ巡行すると、綱が解かれる。神輿行列は神前神社へ向かって先行する。

　4日の山車巡行のルートは、尾張三社—秋葉社—国道前—海辺—祭り広場—神前神社前—サヤである。

　午後12:20頃、神輿行列は神前神社に着く。神輿は拝殿の正面まで曳かれる。神官は前の日と同じ格好(白いマスクと手袋)で白い布の敷かれる階段を上がり、御神体を神輿から拝殿を経て本殿に戻す。神様の御神体は神輿から取り出されると、神輿は神前神社脇の倉庫に納められる。還幸の儀(後半)は神前神社の本殿で行われる。以上の神事を行うことで、神様は尾張三社で一泊をしてから、無事に神前神社へ戻るという意味が込められる。

　一方、五台の山車は海へ曳き下ろされてから、神前神社の向こうまで曳かれる。そこで山車人形技芸は奉納される。

　夜18:50頃、人形奉納が全部終わると、五台の山車は亀崎町内(注連縄張りの範囲)で自由に引っ張られてからそれぞれのサヤに納められる。

4.3　お仕舞[11]

2日間の本番の祭礼に続き、5日は祭礼の御仕舞の日である。「5日の神事を行わないと、潮干祭は終わらない」と地元の人に説かれる。祭礼費用の清算、山下し[12]、ゴマ埋め、打ち出し神事・打ち込み神事は5日の主な内容である。その中、神様とかかわるのは打ち出し神事と打ち込み神事である。

打ち出し・打ち込み神事は旧車元から新車元への交替を意味する組自体の神事である。地元では、車元は一年間「組神様を預かる人」と認識される。車元の交替神事を行うことで、組神様は旧車元家から新車元家へ移動される。原則的に、女性のこの神事への参加は許されない。

（石橋組を例に）夜18:30頃、組員は石橋組の旧車元家で集合する。旧車元家で行われるのは打ち出し神事である。終わると、旧車元家の外で神納めの神楽が奉納される。そして組員は行列になって新車元家へ向けて出発する。梵天は持たされずに、石橋組神様の御神体の載せる神棚が担がれる。梵天は「あくまで本物の神さんの代理、代わり」と組員が解釈する。

写真4-4　石橋組の神棚

新車元家に着くと、神迎えの神楽が奉納される。そこで打ち込み神事は始まる。流れの中、「新旧受渡神事」は打ち出し・打ち込み神事の中心の一環である。それは新旧の年行司・車元・監督の受け渡しである。打ち込み神事の終わりと同時に、2014年の潮干祭は終了する。

4.4　調査票調査

①祭礼にはどの神様が登場しますか？どういう形で

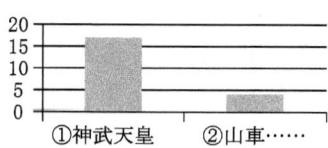

②潮干祭の中核をなすものは何とお考えですか？あるいは、どの行事が祭りの中核でしょうか？

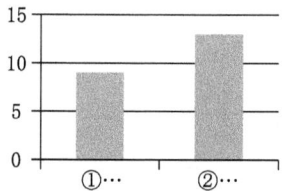

③祭礼時、神輿の上神様が「乗る」のか？どの神様ですか？

「神前神社の祭神の御神体が神輿の中に移される」（30代）「神社の神官が神様を

お乗せします. 神様は神武天皇です」(60代)「神様は、確かに、神輿に乗りますが、神輿の上ではなく、神輿の中に。渡御中は、鎮座すると考えられています。潮干祭では、神輿に神武天皇が鎮座されますが、その式典では決して頭を上げてはならず、だれ一人として見たことはありません」(30代)とあるように、神武天皇をめぐって答える人は過半数で22人である。

④神輿の潮干祭における最も重要な役割は何ですか?

「神武天皇の乗り物」(20代)「神様を無事、御旅所まで届ける」(60代)「祭神である神武天皇を神前神社から尾張三社又、次の日尾張三社から神前神社までお運びする事」(60代)「神様が移動する道具」(20代)のように、神輿を「乗り物」とする人は過半数21人である。

⑤祭礼時、自分の組の山車には神様が「乗る」のか？ どの神様ですか？

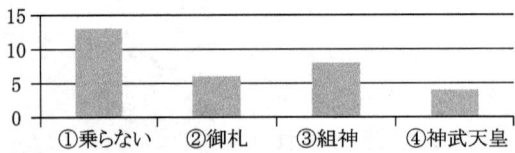

⑥山車の潮干祭における最も重要な役割は何ですか?

「神様(神武天皇)の警護」(20代)「神輿(神様)の供奉」(40代)とあるように、神様の警護を山車の一番重要な役割とする人は16人である。その他、「地域の活性化」(20代)「神様をよろこばせる」(10代)「主役」(4人)「潮干祭の顔」(60代)「先祖や現在の人々が作ってきた美しい山車は参加する人、見物する人、見守る神様をおもてなしする役目であると思います」(60代)のような答えがある。

⑦自分の組の山車は「聖なるもの」とされるのですか? その理由は?

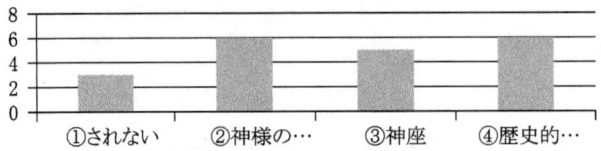

⑧潮干祭の場合、神輿と山車の違いはどこにありますか? もし、どちらも神聖なものであり、神様をお乗せするものである場合、神輿と山車の違いはなぜ、どのようにあるのですか?

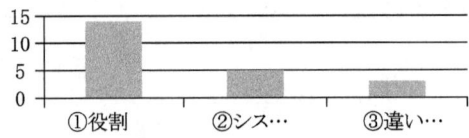

⑨仮に神輿と山車の登場を、どちらか一つしか選べなくなった場合、いずれを優先したいのですか? その理由は?

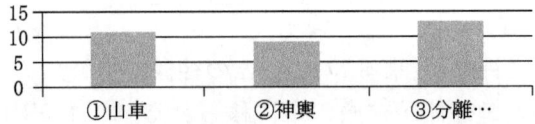

5. 分析

5.1 「奉仕物」としての山車

　潮干祭における山車と神輿の関係性を検討するには、それらの祭礼での表象をみてみたい。神輿渡御の最初、山車行列の綱と神輿行列の綱を結び付けることで、五台の山車は神輿に供奉するという形になっている、と地元の人が解釈する。また、神輿行列の編成から、各組の若者頭と年行司だけではなく、車元と理事も供奉すると窺われる。それらはすべて組の運営にとってトップな重要性を有する役職といえる。少なくとも表向き的には、山車と五組は神輿に供奉する地位にあるといえそうである。

　また、意識調査のデータに、山車の潮干祭における最も重要な役割を、「神様の警護」「神輿の供奉」と主張する人は一番多い。聞き取り調査の結果にも、山車が神輿の「御供」と語られる人は圧倒的に多い。こうして、地域住民の心意を窺った結果、山車は囃すものの要素や芸能性に力点が置かれる今の時代においても、神輿の「警護」「御供」と相変わらずされていると推察できよう。

　ただし、山車の「御供」のあり方に変化がみられることも事実である。一番目立ったのは、既述した、山車の三社での備え置きからサヤ納めに変わるということである。今では、山車があたかも三社で一夜泊まったかのようにみせるために、組の人は早朝、私服で山車をサヤから三社まで静かに引っ張る。この取扱いから、山車は三社で神輿を守って泊まらなくても、地元の人の認識では、山車の「御守り役」の機能の本質に変わりがないと考える。

　そして、渡御と還御の時、神輿は先頭に、山車は順次に神輿について守るが、今では途中で綱の結びは解かれ、神輿行列と山車行列は時間的に分離になってそれぞれ巡行するようになる。ところが、こうした山車と神輿の分離の姿は古文書から窺えない。恐らく山車はもともと神輿渡御と還御の全過程に供奉していたと筆者は推測する。それが、今では実際に曳きにくいというような物理的、実務的理由や、途中の秋葉社の前で山車人形を奉納するようになったことなどが原因で、両行列は少し巡行すると分離するようになっているのである。渡御の際も還御の際も、神輿は山車より先行して先に神社に到着する。ただし、両行列は時間的にずれが生じるが、空間的には、つまり両巡行のルートは基本的同じである。（山車の海への曳き下しを除く）

　一方、興味深いのは、山車を神輿の御供とする考えにもかかわらず、地元の人は神輿より山車を重要視する場合が多いということである。意識調査に、「潮干祭の中核をなすものは何とお考えですか？…」という問いに対して、山車をめぐって答える人は一番多い。中には「本来はみこしの渡御、実際上は山車の巡行」という複雑な気持ちを持っている人はいる。また、「仮に神輿と山車の登場を、どちらか一つしか選べなくなった場合、いずれを優先したいのですか？…」という問いに対して、神輿

と山車とはセットとして登場するので、切り離すことができないと答える人は一番多い。続く二番目多くのは神輿より山車を優先させたいという答えである。「立前は神輿ですが、本音は山車です」「みこし。実際天候不順等の場合、みこしの渡御が済めば祭礼が成立する為。＊祭礼参加者としては全く不本意ですが」という前と同じような複雑な気持ちがみられる。また、「神輿は尊重はするが重視しない」というアンケート調査の答えもある。検討してみると、神輿は建前の場合では、優先すべきもの、または一番重要視すべきものではあるが、実際の状況は、必ずしもそうではないようである。

　このように、山車と神輿は現在の潮干祭においては、常にセットで巡行するわけではなく、ときとして合流したり分離したりするようになっている。それにもかかわらず、山車と五組は神輿(神様)に奉仕する地位、または付属的地位にある。ただし、こうした「奉仕物」としての山車の性格を認めたうえでも、今の潮干祭の実況を見てみると、神輿の神聖的位置づけは昔より後退しているようであり、山車が神輿に供奉するあり方にも変化がみられる。それでも、山車と神輿とを分離させたくないという考え方が人々のあいだで依然としてみられることは、山車と神輿とのかかわり方の本義を重視しようとする姿勢を示しているのではないだろうか。

5.2　「組神の可視化的記号」としての山車──神輿との対比から

　山車と神輿の象徴性をめぐって論じてみよう。まずもって、山車の彫刻や幕のモチーフ─水引幕に七五三の注連縄の刺繍や「五岳真形図」、力神の彫刻等─から見れば、五台の山車は明らかに神様と何らかのつながりを持って聖性を帯びるもの、または聖なるものだと考える。しかも、棒締めの数などのように、山車に対するこだわりは地元では多い。

　ところで、聞き取りのデータから、地元の人はしばしば山車と組神と関連付けて語っているが、調査票調査では「山車に組神が乗っている」と答える人はいるが多数派ではない。地元の人は神輿に乗る神様及び神輿の機能に関してほぼ一致の認識を持っているのに対して、山車に関する認識は決して一様ではない。しかも、前述のとおり、梵天が組神の依代として使われるのは地元ではほぼ一致の認識でもある。このように、山車または「囃されるもの」に分類した山車を一括して依代としてみなす主張は、潮干祭の山車を解釈するには不適切だと実感した。

　ところで、地元の人々の行動や表現から、彼らは山車に対して敬神の念を持っているのが確かなことである。しかも、こうした敬神の念は御札が山車に宿る時点から持っているのではなく、準備の時や山下しの時などを含めて一年中を貫いている。「文政五年(1822)頃より当時亀崎村は魚業で生活をしている者が多く氏神様の祭礼等には、護国豊穣、海上安全祈願のため子供三人にて、かくれ三人使い三番叟を奉納するのがならわしとなっている」とある東組の記録や、「(力神車の大幕に)松竹梅は縁起のいいもので、竹と虎は昔からセットになっている。虎の力で悪いものを抑える。村に悪霊や災いがこないようにするのに虎を選んだ」という中切組Ｂ氏

によっての解釈、「…神社でからくり人形を奉納し、町内の安全を願ったり、五穀豊穣や豊漁も山車に願いを込めるのでしょう」とあるアンケート調査の答えのように、山車は地元において種々の願いの対象となったり、村の御守り役にあたったりする、と窺われる。こうした意味上の山車はおそらく組神を招く依代というより、むしろ組神の可視化的記号とされて村や人を守っていると考える。

　山車と対照に、神輿の場合を検討してみよう。山車は何も乗せずに、あるいは何もつけずに、それ自体がいつも神様のシンボルとして尊敬されて意味が賦与されて願いの対象となるのに対して、神輿は御神体を乗せることによって意味がつけられる。一方で、神輿に対するタブーやこだわりも多い。山車の取り扱いと同じように、赤の穢れと黒の穢れは主としてあげられる。また、アンケート調査にも、山車の物忌みと神輿の物忌みを同じように答える人は圧倒的に多い。つまり、地元の人々の認識では、神輿と山車は聖性の度合がほぼ同じではないかと推察する。神輿は神様の御座る場所の記号として象徴的意味を持っていると考える。

　このように、山車と神輿はどちらも象徴的意味を持っている、聖なる祭具だと考える。ただし、例えば、山車と違って、神輿じたいを信仰や願いの対象とする事例は地元ではあまり聞いたことがない。また、神輿は神事から離れたり参加したりするが、山車は全面的に潮干祭に出てくる。両方とも象徴性を帯びているが、以上論じたように、その中身と質に違いがみられる。しばしば願いの対象となっている山車は神輿より、神様を象徴する度合いが大きいと考える。

5.3　潮干祭にみる山車の娯楽性と神事性

　今日の祭礼においては、山車や屋台の類の作り物は、一般に娯楽性を増やして見世物の性格がより強調されるようにみえる。潮干祭の山車もその例外ではない。

　ここで論じてみたいのは山車の神社前での曳き廻しである。この確かな発生時期は確定できないが、大正頃の文書からこれに関する記述は初めて見られる。筆者が観察した2014年では山車の曳き廻しが盛んに行われる。「代参決議事項」に「神前神社曳き廻しは、原則として二回とする」と定められるが、祭礼現場では五組は勢い高くて、三か四周ぐらい曳き廻し続ける。しかも、アンケート調査から山車の曳き廻しを潮干祭の中核とする人もいる。こうした賑やかしの発生や盛んになるのは、山車の娯楽性と結びついているものだと考える。

　一方、直接観察したところでは、地元の人々は山車にまつわる禁忌事項を遵守する気持ちを持っていることは確かだが、実は規制を破る場合もある。例えば、調査の時、二人の男性の話者は自分が今年身内に不幸があるので、残念ながら山車を曳くことができないと語るが、祭礼の時、彼らは知らず知らずに山車を曳いたり触ったりしていた。「身内に不幸がある」というのはいわゆる「黒の穢れ」である。地元の常識では、このような人々は山車を触るのが禁忌される。古文書にも「忌中穢□者一層注意之事」と書いてある。また、女性は昔原則として一年中サヤに入ることが厳しく禁止されていたが、今は例外な場合も生じる。橋掛祭の時、女性同士は組

のサヤで売り物をする風景がみられる。さらに、前述のとおり、今は早起きが難しい等の原因で、清めの意味を込める朝風呂に入らない組員も少なくない。

　もちろん、どの時代でもおそらく、若者をはじめ規制を破ることはあり得る。しかも、理念と実践はしばしば同一ではない。このような留保は必要であるが、今回、観察・聞き取りの結果を見る限り、今の潮干祭の山車の神事的性格は、地元の人々に意識の上では大事にされながらも、次第に後退している傾向もみられる。

6. おわりに

　山車のような作り物は主役となっている現今の祭礼では、もともと神様渡御・還御の「付け祭」と位置づけられる山車巡行は神輿または神事から分離・独立して賑やかな行事になっている、という考え方はあり得る。しかしながら、参与観察と聞き取り、そして質問票を用いた調査によって得られた資料からは、供奉のあり方は変化しつつも、潮干祭の山車の「奉仕物」としての機能は変わらず積極的に継承されている。ただし、奉仕するという性質をもちつつ、山車と神輿の関係が徐々に変化し、山車が次第に神輿の「奉仕物」を超える存在として重要視されるようになるのも事実である。神輿の付属物とされるはずの山車は見世物としていつしか潮干祭の中心、または主役となっている。神輿(神様)を尊重しようとする気持ちを持っているにもかかわらず、山車は多くの場合においては神輿よりいくつかの点で優越するようになっていくのである。

　一方、山車がますます華美なものとなり、囃すものに楽しみを求める傾向が強くなる流れの中、潮干祭の山車は祝祭的性格を帯びている一方、神事的・聖性的な本質が保たれてきたといえる。この点からみれば、山車にかかわる本質的観念は変化していない。地元の人は山車に対していつも敬神の念を持っている。今も、山車は「神事」を構成する一部であるとの考え方は変わっていない。このように、潮干祭の山車には、「聖」と「俗」が同地域独特のあり方で同居している。

　最後、本稿は山車祭礼文化研究の一例として位置づけられるが、祭礼間の比較検討は今後の課題として取り上げたい。例えば、知多半島ひいては東海地方における山車は祭礼ではどのように取り扱われるのか、どのような具体の意味を有するのかがまだ明確ではない。このような広範囲での山車の事例研究を進めると、山車の実態を少しずつ把握できると考える。また、さらに広く、日本各地、さらには海外の類似する事例も含めて広範囲で比較検討を行うことにより、亀崎潮干祭の地域特性とともに、山車の一般論もより詳細に明らかにすることができると考える。

注

[1]明治23年に設立される亀崎地区の氏子組織であり、亀崎全般の祭礼を統轄するものである。
[2]代参元と五組の若者頭で構成される潮干祭の執行組織である。
[3]2014年4月の人口調査によりhttp://www.city.handa.lg.jp/shimin/shise/toke/jinko/setai.html

[4]平成26年の潮干祭では、4/20は雨天であるので、山車の飾り付けと試し曳きは予備日の4/27にする。

[5]2日において「役割神事」が行われるので、地元ではその日を「役割日」と呼ぶ。

[6]実は、事務所は車元家と兼用する場合がある。例えば、筆者の考察した平成26年の祭礼で、東組の車元は特定の人で担当するのではなく、元締会の人が一緒に車元役を担当するので、便宜上、車元家は東組の事務所にする。

[7]亀崎では、「赤」と「黒」の穢れは主としてあげられる。赤の穢れは血の穢れとも言われ、出産や女性の月経等はそれにつながっている。地元の「女人禁制」は血の穢れによるのである。女性は組の事務所やサヤに入ることが禁止される。一方、死は黒の穢れにつながっている。

[8]厄歳－42歳の人を指している。

[9]東へ向かう場合では東組が先頭に行くのに対して、西へ向かうと西組が先頭に立つ。

[10]警護行列の出発時間と三社に着く時間は組ごとに異なる。筆者は一応東組の警固行列の出発時間(7;30)を目安として記述する。

[11]この日で、祭礼の収支決算を行うため、地元では「勘定日」と呼ぶ。

[12]山車を解体すること。

参考文献

植木行宣.2001.『山・鉾・屋台の祭り―風流の開花』.白水社

大塚民俗学会.1972.『日本民俗事典』.弘文堂

折口信夫.1995.「髯籠の話」.『折口信夫全集2』(古代研究;民俗学篇1).pp176-202.中央公論社

亀崎潮干祭保存会.2005.『亀崎潮干祭総合調査報告書』.亀崎潮干祭国指定推進委員会

民俗学研究所.1951.『民俗学辞典』.東京堂出版

鬼頭秀明.2012.「半田市亀崎のからくり人形」.『民俗芸能』92号.pp6-17.民俗芸能刊行委員会

木村至宏.1976.「近世における曳山祭礼―とくに大津祭の発生と展開を中心に―」.『芸能史研究』53号.pp36-50.芸能史研究会

鈴木総子.2011.「ヤマ(山車)祭り成立の背景―神の移動と「山」―」.『國學院大學伝統文化リサーチセンター研究紀要』3号.pp109-121.國學院大學研究開発推進機構伝統文化サーチセンター

田原久.1987.「山車・屋台――その意義と指定物件」.『月刊文化財』287号.pp9-13.第一法規出版

筒井裕.2010.「「曳きもの祭礼」の地域的特性と装飾の変化―兵庫県を事例として」.『國學院大學伝統文化リリーチセンター研究紀要』2号.pp75-86.國學院大學研究開発推進機構伝統文化リサーチセンター

福原敏男.1999.「祭礼の練物―岡山東照宮祭礼」.『国立歴史民俗博物館研究報告』77号.pp141-194.国立歴史民俗博物館

福原敏男.1992.「神幸(みゆき)の列見―御旅所の一考察」.『日本民俗学』192号.pp1-42.日本民俗学会

松久嘉枝.1973.「大垣八幡祭りの山車」.『日本民俗学』85号.pp21-24.日本民俗学会

宮尾与男.1998.「祭礼と山車人形―大阪天満宮の御迎船人形を中心に―」.『芸能誌研究』141号.pp247-256.芸能史研究会

柳田國男.1998.『柳田國男全集13』.筑摩書房

解开裴世清出使之谜

辽宁大学文学院 苗 状

要旨:裴世清が倭国に使者として派遣されたことは、中日文化交流史における重大な事件であるが、『隋書・倭国伝』の中には、相当奇怪かつ長期にわたり合理的に解釈できないでいる問題が存在している。日本史上では、当時の倭王は推古天皇である。推古天皇は女帝であり、裴世清は倭王と面会しているが、倭王が女性であるなら、非常に重要な外交情報であるにも関わらず、『倭国伝』には、一切言及がない。本論では、裴世清出使の具体的な儀礼の考察から始め、推古朝の礼制改革によって倭王の絶対的権威が強化され、裴世清の出使において、倭王との会見の機会はまったくなかったことを提示する。とするならば、『倭国伝』の裴世清と倭王の面会の場面は、裴世清が捏造した可能性がある。

关键词:裴世清 推古朝 十七条宪法

一、对《隋书·倭国传》的质疑

自贞观十年(636),唐朝官方组织编写了《隋书》的"帝纪"和"列传"共五十卷的部分之后,在显庆元年(656),又加入了"志"的三十卷部分,并最终全部完成了这部史籍的编纂。其中《隋书·倭国传》中对于倭国的记述,增补了许多前代史籍中所未能知晓的知识,扩大了当时的中国知识界对于倭国的认识。而这些新知识的来源,非常有可能来源于大业四年(608),文林郎裴世清[1]出使倭国时所写下的旅行记。也就是说,《隋书·倭国传》是在裴世清出使的旅行记基础上而重新编写成的。[2]

有趣的是,在《隋书·倭国传》中存在一个相当奇特,并长期无法合理解释的问题。《倭国传》中详细记述了裴世清到达倭国之后,受到盛大欢迎并与倭王相见交谈的场景。原文如下:

> 明年,上遣文林郎裴清使于倭国。(中略)。倭王遣小德阿辈台,从数百人,设仪仗,鸣鼓角来迎。后十日,又遣大礼哥多毗,从二百余骑郊劳。既至彼都,<u>其王与清相见</u>,大悦,曰:"我闻海西有大隋,礼义之国,故遣朝贡。我夷人僻在海隅,不闻礼义,是以稽留境内,不即相见。今故清道饰馆,以待大使,冀闻大国惟新之化。"清答曰:"皇帝德并二仪,泽流四海,以王慕化,故遣行人来此宣谕。"既而引清就馆。其后清遣人谓其王曰:"朝命既达,请即戒途。"于是设宴享以遣清,复令使者随清来贡方物。此后遂绝。[3]

从日本历史来看,当时的倭王是推古天皇。推古天皇是女帝,倭王是女性应该是

非常重要的外交信息,并且一眼就可以察觉,不过,在《倭国传》中却一个字都没有提及。同时,在《倭国传》中还记录了王妻、后宫和太子的信息:

> 开皇二十年,倭王姓阿每,字多利思北孤,号阿辈鸡弥,遣使诣阙。(中略)。王妻号鸡弥,后宫有女六七百人。名太子为利歌弥多弗利。[4]

这也是按照倭王应该为男性的身份来描述的。由此可以肯定地说,对于倭王女性身份的失载显然是由于根本不知道这一重要信息而造成的。按照《隋书·倭国传》中的描述,裴世清曾经与倭王当面交谈,然而却没有发现倭王是女性,这不能不让后来的研究家们感到疑惑。

一般认为,或许由于倭王是女性,倭国试图掩盖这一信息,故而由作为摄政的厩户皇子(圣德太子)代为接洽。这也就是说,裴世清见到的并不是倭王本人,他将厩户皇子误认为是倭王,故而才不知道真正的倭王是女性。但是我并不同意这样的看法。就裴世清而言,他作为肩负国家使命的外交官,如果连接洽的对方是不是倭王本人都没有弄清楚的话,似乎也不太可能。为了找出问题的真相,我们有必要重新对这一时期的相关史料予以细密地分析。

除了《隋书·倭国传》外,对于裴世清出使倭国另一份非常有价值的史料,它来自于养老四年(720)在舍人亲王主持下编撰的《日本书纪》中卷二十二《推古纪》的记述。其中,推古十六年(608)记载了裴世清到达倭国之后,倭国迎接使团的经过,对于裴世清觐见倭王的仪式用笔颇详。通过推古十六年的记述与《隋书·倭国传》的比较以及对所发现问题的解析,或许可以解开这个混沌的谜团。

二、《日本书纪·推古纪》的相关记录

开皇九年(589)正月大隋灭陈(557—589),完成了自西晋时代(265—317)短暂统一之后再一次的中国统一。对于东亚世界而言,隋王朝一方面通过朝贡体制重新整合以中原王朝为中心的东亚政治秩序,另一方面则通过外交和军事行动剪除中亚腹地直至东亚地区突厥、吐谷浑、高句丽等少数族裔对中原王朝的威胁。自大业三年(607)隋炀帝巡行长城沿线,启民可汗表示效忠;五年(609)出兵驱逐了吐谷浑对西北边疆的威胁,联通西域;随后,八年(612)、九年(613)、十年(614),大隋三次远征高句丽并以失败告终,裴世清的出使就发生在这样的时代[5]。在大业三年(607),倭国的遣隋使向隋炀帝递交了"日出处天子至书日没处天子无恙"的国书,导致了隋炀帝的不满,他告知鸿胪卿"蛮夷书有无礼者,勿复以闻"[6]。不过在第二年,隋炀帝依旧派遣裴世清同遣隋使小野妹子一同返回倭国,传达旨意。这一外交动作或许出于隋炀帝面对高句丽与大隋关系的急剧恶化,认为有必要了解日本的政治态度而做出的具体考量。

《日本书纪·推古纪》详细记载了从推古十六年夏四月,倭国获悉裴世清出使倭国的消息,直到同年九月,裴世清完成使命离开倭国的全过程。其文如下:

> (a)十六年夏四月,小野臣妹子至自大唐。唐国号妹子臣曰苏因高。即大唐使人裴世清,下客十二人,从妹子臣至于筑紫。遣难波吉士雄成,召大唐客裴世清等。爲唐客更造新馆于难波高丽馆之上。

(b)六月壬寅朔丙辰,客等泊于难波津。是日,以饰船卅艘迎客等于江口,安置新馆。于是,以中臣宫地连乌摩吕、大河内直糠手、船史王平爲掌客。

(中略)。

(c)秋八月辛丑朔癸卯,唐客入京。是日,遣饰骑七十五匹而迎唐客于海石榴市衖,额田部连比罗夫以告礼辞焉。(d)壬子,召唐客于朝庭,令奏使旨。时阿倍鸟臣、物部依网连抱二人为客之导者也。(e)于是,大唐之国信物置于庭中。(f)时,使主裴世清亲持书,两度再拜,言上使旨而立之。其书曰:"皇帝问倭皇。使人长吏大礼苏因高等,至具怀。朕钦承宝命,临仰区宇。思弘德化,覃被含灵。爱育之情,无隔遐迩。知皇介居海表,抚宁民庶。境内安乐,风俗融和。深气至诚,远修朝贡。丹款之美,朕有嘉焉。稍暄,比如常也。故遣鸿胪寺掌客裴世清等,稍宣往意,并送物如别。"(g)时阿倍臣出进,以受其书而进行,(h)大伴啮连迎出承书,(i)置于大门前机上而奏之,(j)事毕而退焉。是时,皇子、诸王、诸臣悉以金髻花着头,亦衣服皆用锦紫绣织及五色绫罗(一云:服色皆用冠色。)。(k)丙辰,飨唐客等于朝。

(l)九月辛末朔乙亥,飨客等于难波大郡。(m)辛巳,唐客裴世清罢归。则复以小野妹子臣爲大使,吉士雄成爲小使,福利爲通事,副于唐客而遣之。[7]

如果从 8 世纪初完成《日本书纪》的时间来看,这些史料属于更为晚近的记录。不过,《推古纪》中对于此处的描述,包括时间、事件、仪式程序及其执行人,甚至具体动作、服饰情况等诸多信息,非常详尽。可以设想,这应该是《日本书纪》在编纂《推古纪》之时,直接使用了一个世纪以前倭国对于裴世清出使情况的文献记录,否则仅凭传闻或杜撰是不可能书写成这种效果。但是,即便这段文献的记述如此详实,对于裴世清与倭王见面交谈的场景却没有记载一个字,不能不令人感到疑惑。

从整个出使流程来看,大致可以按照时间和事件划分为以下几个部分,它们共同构成了裴世清出使倭国的全部礼仪程序:

(a)遣使迎客,造新馆(四月);(b)难波迎船,安置新馆,任命掌客(六月丙辰);(c)郊劳(八月癸卯);(d)~(j)唐客朝见(壬子);(k)飨客于朝(丙辰);(l)飨客于难波大郡(九月乙亥);(m)唐客归国(辛巳)。

《隋书·倭国传》称裴世清的官职为"文林郎",《推古纪》上段引文的大隋国书中称之为"鸿胪寺掌客"。年轻官员裴世清出身于关中贵族家族——中眷裴氏,《隋书·倭国传》称其职官为文林郎,是秘书省以文学见用的从九品散官,或许由于要出使倭国这一外交实务的原因,被授予正九品的鸿胪寺掌客。无论文林郎还是鸿胪寺掌客,职位级别并不高。使团成员除了裴世清之外,尚有 12 名下客作为随员。称为"下客",地位应该也很低。从 7 世纪初大隋外交的整体情况来看,大业初年,隋炀帝向诸如西域诸国(侍御史韦节、司隶从事杜行满)、波斯(云骑尉李昱)、琉球(羽骑尉朱宽)、赤土(屯田主事常骏)等周边地域派出的使节级别都很低,官阶都未超过从七品。但是,在裴世清出使倭国的同一年,大隋也向突厥派遣了使节——朝司谒者崔毅,崔毅的官阶却是较高的从五品。一般认为,这种差异应该是大隋对这些周边小的邦国不甚重视的

原因。[8]

与此不同,倭国将裴世清视为"大国客"[9],并在难波做出精心的准备,"更造新馆于难波高丽馆之上"(a)。当六月壬寅朔丙辰,裴世清抵达难波津之后,使团就被安置于此。可见,倭国对于裴世清的到来非常重视。

三、对裴世清出使仪式的考察

《隋书·倭国传》同《推古纪》相重叠的记录从(b)开始,即"倭王遣小德阿辈台,从数百人,设仪仗,鸣鼓角来迎。"《倭国传》提到的小德阿辈台,即《推古纪》中的"大河内直糠手"[10]。在推古十一年(603)十二月,倭国始制位阶制,并在第二年春正月"始赐冠位于诸臣,各有差",其冠位依次为"大德、小德、大仁、小仁、大礼、小礼、大信、小信、大义、小义、大智、小智,并十二阶。"[11]此外,作为推古朝礼仪制度改革的一部分,同年的十一月"皇太子请于天皇,以作大盾及靫,又绘于旗帜。"[12]因此裴世清在迎船的过程中,看到了设置仪仗、30艘饰船鸣鼓角来迎的热烈场面。可以想象,大隋的使节应该非常震撼地感受到了推古朝改革之后扑面而来的新的国家气息,并且把倭国冠位的情况和迎船的场面都记录下来。这里需要说明的是,此后在舒明四年(贞观五年,632)高表仁使团抵达难波津,也有"遣大伴连马养,迎于江口。船卅二艘及鼓吹旗帜,皆具整饰"等仪式事件的记录,与之几乎完全相同。此外,《延喜式》,卷二十一"玄蕃式"云:

> 凡新罗客入朝者,给神酒[13]。(中略)。蕃客来朝,摄津国遣迎船。<王子来朝,遣一国司。余使郡司。但大唐使者迎船有数。>客舶到难波津之日,国使著朝服,乘一装船,候于海上。客船来至,迎船趋进。客舶迎船比及相近,客主停船。国使立船上。客等朝服出立船上,时国使唤通事,通事称唯。国使宣云。(中略)。客等再拜两段谢言,讫引客还泊。[14]

迎船的仪式也与之相似。可以推想,对于倭国而言,或许这一迎船的外交仪式在7世纪初已经开始制度化,直到《延喜式》编纂的时代,成为律令的具体实施细则[15]。

再随后,裴世清入京,倭王派遣额田部连比罗夫,即《倭国传》所谓大礼哥多毗,举行了郊劳的仪式(c)。在这里,有一点值得注意,在郊劳仪式举行的时间上,《推古纪》与《倭国传》出现了分歧。《倭国传》称这一仪式发生在迎船仪式的"后十日",而《推古纪》提供了非常准确时间。郊劳仪式发生在秋八月癸卯,此时距离迎船、并将裴世清使团安置在新馆的六月丙辰,已经过去了47天,两者叙述的时间不符。不过,如果考虑到高表仁使团的情况,似乎可以做出一些推断。按照《舒明纪》中的记述,高表仁使团自迎船仪式之后(舒明四年十月甲寅)就没有了记载,再随后的记录出现在次年(舒明五年,633):

> 五年春正月己卯朔甲辰,大唐客高表仁等归国。[16]

这一年的正月甲辰,正好是迎船仪式、安置使馆之后的第50天。《旧唐书》中称高表仁"与王子争礼,不宣朝命而还"[17],可以确定,在这将近两个月的时间中,双方应该一直在反复磋商朝觐礼仪、递交国书等问题。在裴世清之前相当长的时间内,并没有

中国的使节来到倭国,双方都没有具体的接洽经验,由此可以推想,这段时间或许都在接洽并商定觐见倭王的相关事宜。那么在接洽的过程中,双方必然会有一些分歧和最终的妥协。《隋书·倭国传》仅称"后十日",简化了这些叙述,这样出使的流程看起来就非常顺利吧。

在郊劳仪式之后的第9天(壬子),裴世清朝觐了倭王,这也是出使活动的高潮部分,《倭国传》中所说的"既至彼都,其王与清相见",就发生在此时。

在展开论述之前,有必要对倭国的礼制改革做出一些简单的考量。众所周知,礼仪是意义的肢体表达方式,以在空间中展现出其制定者所要赋予的意涵。裴世清的出使正是在推古朝政治改革的时代所发生的,那么,就必需首先从推古朝的礼仪制度中澄清其所要展现的意义;其次,才有可能将之推衍到朝觐仪式上,来谈论倭王接见裴世清的问题,进而推定出正确的结论。

推古朝的改革是从十一年开始,其间对仪仗、冠位、服饰以及仪式等多方面都做出了明确的规范,可以说整个改革是围绕着政治礼仪为中心展开的。其中,《宪法十七条》是纲领性的文献,以将改革的成果制度化。其核心价值在于通过"礼"在政治活动中支配作用,强化以倭王为中心的政治权威。

  三曰:承诏必谨,君则天之,臣则地之。天覆地载,四时顺行,万气得通。地欲覆天,则致坏耳。是以君言臣承,上行下靡。故承诏必慎,不谨自败。
  四曰:群卿百寮,以礼为本。其治民之本,要在乎礼。上不礼而下非齐,下无礼以必有罪。是以群臣有礼,位次不乱。百姓有礼,国家自治。[18]

从《宪法十七条》对倭王和臣属在政治权力中的构想来看,其一,倭王的权威必须得到完全的肯定(天—公—君),使之成为政治权力的核心;其二,倭王与臣属的秩序也得到了明确的区分(君—臣),强调了"君言臣承,上行下靡""群臣有礼,位次不乱"的基本原则。这些措施的推行,既是应用"礼"对权力秩序进行重新整合的过程,同时也是国家文明化的过程。那么,根据礼仪制度改革所制定的觐见仪式,也势必贯彻了君臣秩序在礼仪实践中不可僭越的要求。

从礼仪实践的具体空间上来看,整个朝觐仪式(d)~(j)以及随后的(k)飨客于朝,都发生在小垦田宫中。1987年,在奈良县雷丘东方遗迹的考古发掘中,发现了平安时代墨书"小治田宫"字迹的土器,推定该地遗迹为小治田宫之所在,由此得以明确小治田宫内庭的大致形制。推古十一年,推古天皇从飞鸟川西岸的丰浦宫迁往东岸新营建的小垦田宫,随后皇极、齐明、

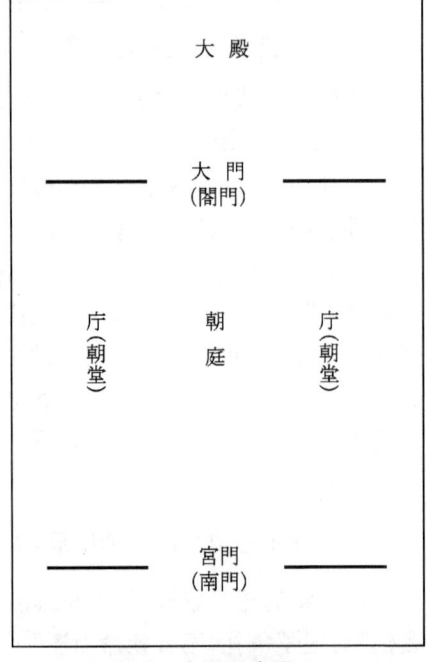

图1 小垦田宫图

天武直到淳仁、称德各朝在其原有的基础上做过进一步的修葺,至淳仁朝(758—764)之时更名为小治田宫,其宫室的基本形制则继承了小垦田宫的面貌[19]。这一发现,也使我们可以较为直观地看到了当时的倭王接见裴世清的场所(图1[20])。

小垦田宫的构造取用了中国宫殿构造中"天子南面"以及中轴线的原则,象征着王权的中心建筑——大殿,被设置在宫廷的北方南向,南门、大门以及大殿都在中轴线上,其余建筑则以中轴线为中心,左右对称设置。小垦田宫的建筑形式,也体现出"君则天之,臣则地之""群臣有礼,位次不乱"的原则。在建筑中,以大门为间隔将宫殿分为公私两个空间。大门以北的区域以大殿为主要建筑,从《日本书纪》卷二十三《舒明纪》中"时中臣连弥气,自禁省出之曰:天皇命以唤之。则参进向于阁门,亦栗隈采女黑女迎于庭中,引入大殿"的记述来看[21],"大殿"是当时倭王的私人空间(私的空间),并不允许群臣随意进出。大门以外则为朝庭(公的空间)。朝政通过群臣在大门以外合议(大夫合议制)之后奏请倭王,倭王在内庭决断的方式来处理,两个空间以大门为阻隔不能僭越,倭王也不与群臣百寮在朝庭上相见[22]。这一新的宫廷构造形式,同推古朝的国家政治改革相一致,也推动了朝礼仪式的改革,可以说,小垦田宫这一礼仪空间的修建是倭王权力绝对化的具体表现,具有划时代的意义[23]。

在壬子当天,首先,由阿倍鸟臣、物部依网连抱二人引领裴世清通过宫门(南门),进入朝庭(d)。现存文献并没有提供裴世清如何进入宫门的场景,按照推古十二年(604)的改革之后的朝礼要求,凡是通过宫门之人必须以匍伏礼进入。

> 秋九月,改朝礼。因以诏之曰:"凡出入宫门,<u>以两手押地,两脚跪之,越梱则立行</u>。"[24]

《三国志·魏志·倭人传》称:"传辞说事,或蹲或跪,两手据地,为之恭敬。"[25]

匍匐礼是日本固有的传统礼仪,以表示恭敬。这一礼仪直到天武十一年(682)才被废止[26],所以裴世清及倭国的阿倍鸟臣、物部依网连抱,可能都是以匍匐礼进入朝庭的。

再随后,信物被放置在庭中(e),"裴世清亲持书,两度再拜,言上使旨而立之"(f)。读到这一段时,让我非常惊讶。两度再拜,亦作两段再拜、四拜。这也就是说,裴世清手持大隋的国书,在朝庭中向倭王行四拜之礼。如果站在中国人的角度来看,这是无法让人理解和接受的事情。由于文献的散佚,我们不很清楚大隋接受蕃国国书的具体仪则。不过唐初"郊庙宴享,悉用隋代旧仪",之后太宗、高宗两朝"修改旧仪"先后修成《贞观礼》和《显庆礼》。至开元之时,又在此二礼基础上"更讨论古今,删改行用",始成《开元礼》,并于开元二十年(732)颁行[27]。今唯有《开元礼》尚存,从其卷七十九"皇帝受蕃使表及币"的仪式记录,或许可以从中窥见一二有价值的信息。其文如下:

> 皇帝出自西房,即御座,南向坐。符宝郎奉宝置于御座,侍卫如常仪。乐止,中书侍郎一人,令史二人持案预俟于西阶下,东面北上。<u>舍人引使者及庭宾入就,悬南位。使者初入门,太和之乐作,立定乐止</u>。中书侍郎帅持案者进诣使者前,东<u>面。侍郎受书置于案,回诣西阶</u>。侍郎取书升奏,持案者退。初,侍郎奏书,有司各帅其属受币马于庭。典仪曰:<u>再拜,赞者承传,使者以下皆再拜</u>。舍人前承制降

> 诣使者前,问蕃国主,使者再拜,对讫,又再拜。舍人回奏,又承敕问其臣下,使者再拜,对。又劳使者以下,拜,对,及舍人回奏,并如常。(中略)。侍中前跪奏,称侍中臣某言,礼毕,俯伏兴,还侍位。[28]

国书是君主的旨意,代表着国家的权威,礼仪则是通过肢体语言表达等级关系的方法。从以上仪式来看,皇帝在接受蕃国国书的过程中,蕃使在朝庭上不需要持国书向皇帝行礼。国书由蕃使转交给中书侍郎,随后由中书侍郎取书升奏给皇帝。随后,当"有司各帅其属受币马于庭"以及中书舍人依次传承皇帝对蕃国国王、臣下等人的劳问之时,蕃使才需要向皇帝行拜礼(再拜或拜)。从中国礼仪的角度看,倭国要求大隋的使节持国书行拜礼非常无理吧。

此外,作为中国的研究学者,看到两度再拜也会感到困惑。两度再拜,或者说四拜礼,并不是中国常见的礼仪。按照顾炎武在《日知录》中的考证"古人未有四拜之礼":

> 若平礼止是一拜、再拜,即人臣于君亦止再拜。《孟子》:"以君命将之,再拜稽首而受"是也。礼至末世而繁,自唐以下即有四拜。(中略)。《战国策》:"苏秦路过洛阳,嫂蛇行匍伏,四拜,自跪而谢。"此四拜之始,盖因谢罪而加拜,非礼之常也。[29]

由于后世礼仪不断繁复,自唐代以下才有四拜之礼。增加拜的次数,意味着对对方的尊敬不断地加深,而自己一方的地位则不断地降低。从7世纪初中国使节的角度来看,两度再拜已经不合规制,何况"持国书,两度再拜"更是根本无法接受的礼仪。难道裴世清真的履行了这一礼仪么?如果以推古十八年(610)十月,新罗使、任那使的觐见仪式做一对比,就可以发现其中存在着一些问题。

> 丁酉,客等拜朝庭。于是,命秦造河胜、土部连菟为新罗导者,以间人连盐盖、阿闭臣大笼为任那导者。共引以自南门入,立于庭中。时大伴咋连、苏我豊浦蝦夷臣、坂本糠手臣、阿倍鸟子臣,共自位起之,进伏于庭。于是,两国客等各再拜以奏使旨,乃四大夫起进启于大臣。时大臣自位起,立厅前而听焉。既而,赐禄诸客,各有差。[30]

这一仪式的记述与裴世清觐见的步骤相同,皆是由两名导者引领使节进入宫门,立于庭中,随后再拜奏旨。"新罗、百济皆以倭为大国"[31],新罗使节尚且仅是"再拜",而被视为"大国客"的裴世清却"持国书,两度再拜",让人无法理解。我怀疑,此处所谓的"两度再拜"是《日本书纪》修纂过程中被修改过的结果。

在《日本书纪》的全文中"两度再拜"的叙述仅此一处。若从《日本书纪》此处的行文来看:"时,使主裴世清亲持书,两度再拜,言上使旨而立之。其书曰:皇帝问倭皇。(从略)"其后,紧接着的内容就是以"皇帝问倭皇"开头的国书。对于这篇国书,学界已经形成了较为一致的看法,即其中的"倭皇"当为"倭王"二字,它是《日本书纪》在编纂过程中有意修改了史料的文辞,以提高当时日本之国家地位的结果[32]。如果从日本礼仪的角度看,四拜之礼并不难理解。四拜是比再拜更为尊敬的肢体语言,四拜之礼是日本的传统礼仪之一,以表达至高的敬意。在平安时期,四拜之礼成为了专门祭拜神祇的礼仪。所以,藤原公任所著《北山抄》云:"本朝之风,四度拜神,谓之两段再拜。"[33]

根据《日本后记》的记述，桓武朝之时曾经废除了朝礼中的四拜之礼，改为再拜。其文曰：

> 十八年春正月丙午朔，皇帝御大极殿受朝。文武官九品以上、蕃客等陪位。减四拜为再拜，不拍手，以有渤海国使也。[34]

可知，在桓武十八年（797）以前，四拜礼尚未形成对于神祇的专门礼仪，也曾经应用于朝礼等国家礼仪之中（另见之前《延喜式》卷二十一"玄蕃式"引文）。或许，《推古纪》中此处的原文应该只是"使主裴世清亲持书再拜，言上使旨而立之"。两度再拜，则是依据当时的表示至高敬意的四拜之礼做出的修改。即便如此，持书再拜也很难让大隋的使节接受吧。我怀疑，贞观五年，高表仁礼仪之争的关键性问题可能就在于此。

再随后：(g)时阿倍臣出进，以受其书而进行，(h)大伴啮连迎出承书，(i)置于大门前机上而奏之，(j)事毕而退焉。

这其中有两个步骤需要特别注意，即"倭国受书"(g)和"承书再奏"(h,i)。从便捷的角度讲，这两个步骤完全可以由阿倍臣一个人来完成，不需要国书在他与大伴啮连两个人的手中再转移一次。但是，为什么还要增加一个繁琐的程序呢？在仪式中使原本可以简易的步骤繁复化必然是为了强化某种意义。这两个步骤的设定，首先，大隋的使节裴世清将所执的国书递交给同样是臣属的阿倍臣，裴世清与阿倍臣分别是大隋和倭国的臣属，拥有对等的地位。阿倍臣在其中起到将国书在两个国家之间过渡性的作用；随后，阿倍臣将国书承递给另一位倭国臣属大伴啮连，再由后者再次上奏给"大殿"上的倭王，完成二次呈奏。这一程序被繁复化的目的则在于，在使节面前显示出倭王的威仪[35]。当这一系列仪式结束之后，裴世清退出(j)。

从朝觐仪式上看，裴世清一直都在"庭中"；放置国书的"机"摆放"大门"（阁门）之前；倭国的皇子、诸王、诸臣身着"冠位十二阶"推行之后等级分明的新礼服在厅（朝堂）的位置上出席。倭王则在大殿里面，观看着"庭中"举行的各种仪式。在这样的仪式中，裴世清的活动始终未能超出群臣们所在的区域——"朝庭"。因此，裴世清根本就没有同倭王直接交谈的机会。

在朝觐之后的第4天，裴世清再一次来到朝庭接受了宴请(k)，其所在的区域仍然是朝庭的空间之中，而不能越过大门、升入大殿。倭国此时应该派出了重要的官员在朝庭上"共食"。之后，裴世清返程回到难波使馆，倭国再次宴请(l)，6天后裴世清回国(m)。

此外，还有一处史料需要澄清。推古十八年十月，新罗使、任那使觐见的仪式场景中，作为"受书"的阿倍臣与"承书再奏"的大伴啮连同样再次出现在朝庭上，其中特别引人注目的是还出现了苏我大臣在厅前听旨的身影。这很容易让人产生联想，裴世清的觐见仪式中，苏我大臣是不是也出现在这样重要的位置上，只是史籍失载。裴世清所谓"其王与清相见"，会不会将参与了仪式的苏我大臣误认为是倭王。如果不是的话，又该如何解释呢？其文为：

> (1)时大伴咋连、苏我豊浦虾夷臣、坂本糠手臣、阿倍鸟子臣，共自位起之，进伏于庭。(2)于是，两国客等各再拜以奏使旨，(3)乃四大夫起进启于大臣。(4)时

大臣自位起,立厅前而听焉。

我认为,苏我大臣听旨的原因,在于新罗使、任那使与裴世清所奏的使旨的形式不同。《日本书纪》推古二十九年(621)有一条非常重要的记录:

是岁,新罗遣奈末伊弥卖朝贡,仍以表书奏使旨。<u>凡新罗上表,盖始起于此时欤</u>。[36]

这也就是说,推古十八年的新罗使还没有表文,此时所谓的"使旨"只能通过口头传达,也就是"捎口信"。那么仪式差别的原因就明白了。由于口头传达没有实物载体,原本负责"受书"和"承书"的两位官员阿倍臣和大伴啮连,也就没有办法完成"受"与"承"的肢体动作,只能用耳朵来听。于是,就有了四位官员"共自位起之,进伏于庭"——用耳朵听使旨的动作,这一过程也就相当于受书(g)和承书(h)的过程。当听到之后,他们又应该如何让远在大殿上的倭王也听到使旨呢?四大夫作为朝庭上的官员,没有进入大门的权力,这就只能通过一名可以进入内庭的官员——朝庭的最高长官苏我大臣,以耳受口传的方式来转达,所以才有了(3)四大夫进启于大臣,(4)大臣起身站在厅前"听"的动作。最后,再由大臣将"口信"进入内庭上奏给倭王,这也就相当于(i)"置于大门前机上而奏之"的步骤。

所以可以肯定,裴世清的朝觐仪式中,应该没有苏我大臣听旨的情景,裴世清也根本没有见到倭王。

结　论

从以上的讨论看来,《隋书·倭国传》没有记载倭王是女帝这件事情就容易解释了。通过仪式的还原,我们可以做出如下的推断:裴世清之所以没有发现天皇是女性,当然不能排除倭国官员们有意的隐瞒;就裴世清个人而言,朝庭与大殿属于两个不同的权力空间。裴世清按照倭国安排的朝觐仪式递交了国书,他所活动的区域仅仅被限制在朝庭之内,并没有靠近倭王的机会,才没有发现倭王是女性。

既然裴世清没有见到倭王,那么《隋书·倭国传》中裴世清与倭王的对话应该怎么解释呢?这段话必然出自裴世清的记述,因为他是倭王谈话的当事人。裴世清所携带的国书中说:

知皇(当作"王")介居海表,抚宁民庶。境内安乐,风俗融和。深气至诚,<u>远修朝贡</u>。(中略)。故遣鸿胪寺掌客裴世清等,稍宣往意,并送物如别。

可知在隋炀帝的构想中,倭国应该被纳入到以大隋为中心的朝贡体制之中,倭国的遣隋使被理解为朝贡使,裴世清则作为大隋的宣谕使到倭国传达旨意[37]。与倔强的老臣高表仁相比,年轻而圆滑的裴世清履行了倭国所安排的朝觐仪式。但是,推古朝所制定的礼仪制度强化了倭王的绝对权威,裴世清根本没有见到倭王的可能,也没有尽到隋炀帝所期待的向倭王宣谕的职责。从这一点上来看,裴世清的出使可以说是失败的。所以,裴世清有可能为了掩盖这种失败,伪造或是移植了一段对话放在此处,以营造出隋炀帝理想的情景。

在《隋书·倭国传》的记述中,倭王热情地欢迎裴世清的到来,在见面时又非常谦

恭地说自己是"夷人僻在海隅,不闻礼义""以待大使,冀闻大国惟新之化",特别是说到"故遣朝贡",无疑承认了隋炀帝倭国应该是东亚世界中大隋的朝贡国的政治构想。同时在交谈中,与倭王的谦逊卑躬相反,裴世清则宣扬国威,又称"皇帝德并二仪,泽流四海"对皇帝也极尽赞美。

可以推想,当隋炀帝看到裴世清的旅行记中,宣谕非常顺利,倭王也心悦诚服地承认倭国的朝贡国地位,并且极力赞美大隋在东亚世界的权威和皇帝本人魅力,隋炀帝应该对裴世清这次出使的成果非常满意吧,裴世清本人也将成为这套谎言最大的受益者。[38]

注

[1] 避唐太宗之讳,《隋书》只作"裴清"。对于裴世清本人具体情况的研究,可见池田温 2003:45-67.

[2] 井上亘 2011:243.

[3] 1973.《隋书·倭国传》卷 81. p1827. 中华书局.

[4]《隋书·倭国传》卷 81. p1826.

[5] 西嶋定生 1983:429-434.

[6]《隋书·倭国传》卷 81. p1827.

[7] 1965.『日本書紀·推古紀』卷 22. pp189-193. 岩波书店.

[8] 池田温 2003:61.

[9] "时天皇敕之曰:妹子虽有失书之罪,辄不可罪。其大国客等闻之,亦不良。乃赦之不坐也。"『日本書紀·推古紀』卷 22. p191.

[10]『日本書紀·推古紀』卷 22. p190. 注释八.

[11]『日本書紀·推古紀』卷 22. p181.

[12]『日本書紀·推古紀』卷 22. p181.

[13] 在高表仁到达难波津迎船仪式的记录中,也有给神酒的场面。"于是,令难波吉士小槻、大河内直矢伏为导者,到于馆前。乃遣伊岐史乙等、难波吉士八牛引客等入于馆。即日,给神酒。"『日本書紀·舒明紀』卷 23. p231.

[14] 1975.『延喜式』卷 21. pp546-547. 吉川弘文馆.

[15] 对这一仪式的具体研究,可以参看森公章:1998.

[16]『日本書紀·舒明紀』卷 23. p231.

[17] 1975.《旧唐书·东夷传·倭国》卷 199 上. p5340. 中华书局.《通典》卷 185、《唐会要》卷 99、《册府元龟》卷 664、《资治通鉴》卷 193、《新唐书》卷 220、《善邻国宝记》舒明三年条所引《唐录》中,皆做"与其王争礼"。见池田温 2003:56.

[18]『日本書紀·推古紀』卷 22. p181、183.

[19] 桥本义则 2011:254. 对于小垦田宫的发掘与具体形制的研究,林部均 2012:190-222.

[20] 〈图 1〉岸俊男. 1966.

[21]『日本書紀·舒明紀』卷 23. p221.

[22] 井上亘. 1995.

[23] 由于地势的原因,在实际修建中小垦田宫的中轴线并非南北的正方向,而是向西北偏离了二十度。见林部均 2012:254.

[24]『日本書紀·推古紀』卷 22. p187.

[25] 1959.《三国志·魏志·倭人传》卷 30. p856. 中华书局.

[26]"九月辛卯朔壬辰,敕自今以后,跪礼匍伏礼并止之,更用难波朝廷之立礼。"『日本書紀・天武紀』卷 29. p455.
[27]1975.《旧唐书・礼志》卷 21. pp816-818. 中华书局.
[28]2000.《大唐开元礼》卷 79. pp388-389. 民族出版社.
[29]2006《日知录集释》卷 28. pp1579-1580. 上海古籍出版社.
[30]『日本書紀・推古紀』卷 22. p195.
[31]《隋书・倭国传》卷 81. p1826.
[32]瑞溪周凤编纂的日本外交史料集《善邻国宝记》中引《经籍后传记》"皇帝问倭皇"一句,为"皇帝问倭王"。瑞溪周凤. 1928.《善邻国宝记》. 东方学会铅活字本.
[33]藤原公任.《北山抄》卷 1. 平田职康旧藏抄本.
[34]1984.『後日本紀』卷 8. p15. 吉川弘文馆.
[35]这一觐见仪式或许受到了大隋宾礼的影响,相当于《开元礼》"皇帝受蕃使表及币"里中书侍郎的工作。见田岛公 1986:207-213.
[36]『日本書紀・推古紀』卷 22. p205.
[37]川本芳昭. 2004.
[38]根据池田温的考证,入唐之后,裴世清以主客郎中身份再次出现在史记之中。按照《唐六典》的描述,从五品上的主客郎中是专门负责"诸蕃朝聘之事"的官员。很有可能,裴世清凭借成功地出使了倭国的外交成就,此后十年内获得了这一职位。
[39]基金项目:辽宁大学亚洲研究中心青年项目(Y201414)。

参考文献
岸俊男. 1966.『日本古代政治史研究』. 塙书房
川本芳昭. 2004.「隋書倭国伝と日本書紀推古紀の記述をめぐって——遣隋使覚書」.『史淵』. 总第 141 期
池田温. 2003.「裴世清と高表仁——隋唐と倭交渉の一面」.『東アジアの文化交流史』. 吉川弘文馆
田岛公. 1986.『日本の古代』. 中央公论社
井上亘. 1995.「推古朝の朝政」.『学習院史学』. 第 33 期
井上亘. 2011.《虚伪的"日本"》. 社会科学文献出版社
林部均. 2012.「遣隋使と飛鳥の諸宮」.『遣隋使がみた風景——東アジアからの新観点』八木书店.
　　西嶋定生. 1983.『古代東アジア世界の形成』. 东京大学出版会
桥本义则. 2011.『古代宮都の内裏構造』. 吉川弘文馆
森公章. 1998.「古代難波における外交とその変遷」.『古代日本の対外認識と通交』. 吉川弘文馆

室町前・中期の茶の湯における「唐物」崇拝

北京外国语大学日本学研究中心　刘　翠

摘要：室町时代的日本茶道中所使用的茶道具主要分为两大类，即"唐物"与"和物"。简单来说，唐物指历史上由中国传入日本的茶道具。当今茶道中所使用的茶道具除一些特殊场合，从产地上来讲几乎都是和物。然而，在室町初期及中期，随着中日贸易交流的开展，大量的唐物进入日本社会，此时茶道中使用的茶道具都是些唐物。茶道史中将这一时期茶道具的使用情况描述为"唐物崇拜"。本文围绕室町时代初期及中期的"唐物崇拜"，从当时的公家对唐物的热爱、婆娑罗大名们在豪华斗茶会上展示出的对唐物的尊崇以及将军家对唐物收藏与展示的热衷等方面进行了说明，并且为与后来成立的"侘茶"做对比，以凸显不同时期茶道的特色，参考先行研究介绍了将军府上书院茶的特征。针对"唐物崇拜"现象产生的背景主要从内外两个方面进行了分析。

キーワード：室町时代　茶道具　唐物崇拜　内外背景

1. はじめに

　　鎌倉時代の後半に禅宗とともに宋から日本にもたらされた抹茶の喫茶風習は、禅宗寺院の間に急速に広まっていった。時代が下がって、南北朝期に入ると、婆娑羅大名[1]などによる闘茶会[2]が流行し、さらに室町[3]中期になると、将軍の会所で書院の茶が催されるようになった。周知のように、闘茶会や書院の茶に使われた茶道具・掛物はみな唐物であった。こうして、将軍家を中心に確立された唐物に対する価値観は、ほぼ百年後、自らの歴史を確立した茶の湯[4]の世界でも基本的には継承された。

　　今日までの茶の湯分野における唐物に関する研究は、茶の湯の価値体系のなかで、唐物がどのように位置づけられてきたか、という点が議論の中心であった。また、個別のモノ（唐物漆器、唐物茶入、唐物茶碗など）についての研究は様々な角度から行われてきた。しかし、唐物を個別にとらえた研究が多い一方で、室町前・中期における各階層の唐物受容の状況、及び唐物崇拝[5]が生まれた内的要素・外的要素を統合的に整理した研究は、いくつかの短い論述[6]、あるいは著作[7]のごく一部に限られ、意外に少ないというのが現状である。

　　本稿は、以上のような問題意識に立ちつつ、室町時代の古典資料に依拠しながら、唐物崇拝という状況は具体的にはどのような状況なのかを例示し、さらにその背景を統合的に追求していくことを意図したものである。

2. 室町前・中期の唐物崇拝

「唐物」と言えば、日本に輸入された唐時代の物品だと思われがちであるが、唐の次の宋時代の輸入品も「唐物」と呼ばれていた。さらに、「唐物」と呼ばれる対象は、時期、認識主体、使用される分野で多少の変遷が見られるので、「唐物」を一律に規定するのは難しい。茶の湯の分野において、特に茶道具に関しては「唐物」の大半は中国の作品であり、その意味で「唐物」即中国のものと言ってまず差し支えないのである。以下で唐物趣味が登場した室町時代の各階層の唐物嗜好について論じてみる。ただし、庶民階層には唐物趣味は無縁の世界であった。

2.1 公家の唐物嗜好

武家政権の確立によって、公家は政治の中心から退けられ、政治的権威を失ったが、彼らが唐物を愛する風流を失うことは決してなかった。室町時代の皇族の貞成親王が記録した『看聞日記』は将軍足利義教時代の幕政や世相、貞成親王の身辺などについて記しており、室町時代の政治・社会・文化を知る史料としてよく参照されるが、中には唐物憧憬の動向を顕著に窺わせる記述が多い。

『看聞日記』の中では、日記が書かれ始めた1416(応永23)年以降、七夕の会が継続的に記録されているので、いくつかの記録について検討してみたい。例えば1432(永享4)年7月6日の条には「晴、七夕飾具足住心院僧正屏風一双(金瑩付 松四季)・絵三幅(本尊 観音)借用、法輪院律師(行資舎弟)屏風一隻(海船 松)借請、座席室礼、」[8]とあり、7月7日の条には「早朝人々花進之、会所飾之、屏風二双立廻、絵七幅懸廻、棚一脚(置物種々置)・卓・香盤等、花」五十瓶立並、」[9]と記されているので、前日の六日に座敷室礼のために寺院から屏風や唐絵を借り、七夕の会が行われた当日は屏風二双に七幅の唐絵を掛け廻していることが分かる。これらの絵は中国から輸入された絵画なのか、中国風に描かれた日本の絵画なのかはさらに検討すべきであるが、いずれにしても唐物による異国情調を演出する上で同じような役割を果たしていたと言えるであろう。七夕の会の演出効果を上げようとして、唐物の蒐集に腐心していたことが容易に窺える。

実は公家の茶において、茶に関する記録はあっても、茶道具の使用についての記載は決して多くない。そうしたなかで『兼見卿記』1587(天正15)年と1590(天正18)年の二条は注目に値する。その一つは中国南宋後期の禅僧・北礀の掛物を施薬院の仲介で千利休に鑑定を受けていたという記録である。今一つは幽斎から要請のあった中国元代の画家・胡直夫の三幅対を貸し出しているという記録である。これらのわずかな事例では兼見所持道具の傾向を知るのは難しいが、北礀や胡直夫の三幅対などから敢えて推測すれば、唐物への志向を根強く持っていたといえよう。

2.2 婆娑羅大名の闘茶会

　公家を退け、政権や貿易権を握った武家はかつてから唐物に憧れていたが、その唐物に対する情熱は、14世紀に入るとますますは激しさを増していき、とりわけ婆娑羅と呼ばれた豪華好みの武将の間で好まれるようになった。婆娑羅大名の間では、中国から渡来した高価な唐物を収集し、競争してこれを飾って茶を飲んでその産地をあてる茶会、即ち闘茶会が流行した。唐物重視を論じるにあたって、この闘茶の世界を無視することが出来ない。

　室町時代の『喫茶往来』[10]は闘茶会の様子をかなり詳しく描いており、中でも茶を喫する部屋の飾り付け及び茶道具についての描写はいかにもいきいきとしたものであり、一例を挙げると以下の通りであり、闘茶会の情景が目の前に浮かぶ。

　「卓には金襴をかけ、胡銅の花瓶をおき、机には錦繡が敷いてある。（中略）客の座席の胡床には豹の皮をしき、主客の一の竹倚は金砂に臨むところにある。その上、ところどころの障子には種々の唐繪を餝り、（中略）これらは皆、日本の絵畫ではなくて、ことごと中國の作品だ。香台は衝朱・衝紅の香箱をならべ、茶壺と茶袋にはおのおの栂尾・高雄産の茶がいれてある。（後略）」[11]

　在京の守護大名たちは、連日のように、唐物や日本の重宝を所狭しと飾り付けた闘茶会を開き、それぞれ豹の革などを敷いた椅子に腰掛け、金襴緞子を身につけ、豪勢な食事をし、闘茶を行ったという。会所を彩っていた唐物や重宝は、室礼としてのみならず賭事の景品としての役割りもあり、闘茶での勝者に渡されたという。後に、室町幕府を開いた初代将軍尊氏が、こうした賭事を伴う会合を禁ずる法令を出すことになるほど、この種の集まりは盛んに開かれたていたようである。しかし、その禁令はあくまでも形式的な行為に過ぎず、尊氏自身も関わっていたという。

2.3 将軍家の唐物蒐集

　南北朝時代の闘茶会に見られる唐物崇拝は義満による日明貿易の開始によりさらに強められることになった。義満は婆娑羅の美学を北山文化に受け継いで、将軍家周辺では、変わりなく部屋を唐物で飾る「唐物荘厳」の世界が一層嗜好された。唐物を飾るために、専らその鑑識と管理を担当する官人として同朋衆がいた。新しい建築様式である書院造りの会所の部屋々々に押板や違い棚などが設けられたのも唐物を飾るためであった。そこに飾る掛物、茶道具は美術工芸品であると同時に、唐物でなければならなかった。将軍家における唐物ブームを推し進め、隆盛させたのは何といっても三代義満、六代義教、八代義政であろう。

　特にその中の八代義政に関しては、「夫茶湯ノ起ハ、普光院殿・鹿苑院ノ御代ヨリ唐物繪讃等歴々集リ畢（中略）其後、東山慈照院殿ノ御代名物悉集リ畢、花ノ御所様ヘ御家督ヲ譲リアソハシシ時、明光院殿其御後見トシテ都ニ残リ給、御名物少々御授與シ玉フ、其外ニ七珍萬寶ハ其数ヲシラス」[12]「東山殿ニハ百カザリ有之、一切ノ唐絵並見事ナル物ハ皆東山殿ノ御物」[13]とあるように、後の侘び茶人である山上宗

二は、茶の湯は足利将軍家の唐物蒐集から始まったと記述し、画家である長谷川等伯は、あらゆる素晴らしいものは皆東山殿の所有であると記した。足利義政は室町前半を通じて請来され、伝蔵されてきた相当数の唐物を愛玩し、書画や茶の湯に親しむ生活を送り、唐物数寄の大成者といっても過言ではない存在である。義満・義持・義教時代を中心に集められた舶来の奢侈品コレクションである「東山御物」の名声は現代においても鳴り響いている。その具体的な様相について、義政に仕えた唐物奉行である能阿弥・相阿弥によって仕上げられた『君台観左右帳記』などから窺い見ることができる。これについては節をあらためて以下に具体的に示すことにしよう。

2.4　書院の茶

　上述のように会所と称される建物の中では和歌・茶の湯など諸文芸・芸能が催されていた。この会所の部屋に隣接する所に茶の湯の間が設けられ、そこで同朋衆によって茶が点てられた。義満の頃、会所では椅子に座って茶会が行われた。義政の時代になると、会所は書院造りとなり、また先にも引き合いに出した『山上宗二記』の冒頭を根拠に、書院の茶の成立を足利義政に求める研究者が多いようであるが、村井康彦氏は、義教が文芸全般に関心をもち、幕府での文芸関係を年中行事化したなどの諸種の徴症からみて書院の茶の成立は義政の頃ではなく、義教の頃だと主張する。なぜかというと、義教の時代には既に茶の湯棚や台子も登場しており、今日に至っても用いられている茶道具のほとんどが義教の頃に揃えられていたからである。また『南方録』「墨引」に永享年間に赤松貞村が足利義教の命令で点前をして茶を立てたことが記されている。義教が病気にかかったとき、禁裏から見舞いの品として御園の御茶が送られただけではなく、鎌倉茄子の茶入、花山の天目、青磁雲龍の水指という唐物も下賜された。全快祝いに赤松貞村が折烏帽子に水干という格好で台子を用いて三種極真の点前を披露したと伝えている。そして、この三種極真の点前が現在奥伝で習う台子点前の基本となったのである。こうして、台子の飾りと点前の基礎が義教の時代に一応成り立っていたと考えてよかろう。つまり書院の茶という名称にとらわれず、形式上からいえば今日書院の茶と呼ばれる茶はすでに義教の時代にその形式や道具など整えられていた。この意味で書院の茶ではなく、殿中の茶と呼ぶのが適切であると筆者は考えている。

　書院の茶に関して、芳賀幸四郎氏によれば、直接の資料が乏しく、その様相は『君台観左右帳記』や『御飾式』[14]及び『蔭涼軒日録』[15]また『南方録』[16]などの記録から推測するほかはないという。書院の茶の基本的な性格は氏によって次の四点にまとめられている。

　（一）南北朝時代から流行していた闘茶中心の茶寄合のもつ遊戯性・賭博性・猥雑性を清算し、閑雅な座敷で芸術を味わうことを主眼とした芸術性豊かな茶会であったこと。

　（二）茶会の催された座敷は九間すなわち十八畳敷、六間すなわち十二畳敷などの

広間で、それに床の間・付書院・違い棚の附属したものであった。そしてその床の間には四幅対・三幅対の絵画を掛け、その前に卓を置いて香・花・燈火をそなえ、付書院や違い棚には書籍・文房具・茶器・小立花・盆らを飾るなど、座敷飾の多様で複雑なものであったこと。

（三）前代に流行した茶寄合は濃厚な唐物趣味で貫かれたものであったが、その点は書院の茶も全く同様であり、『君台観左右帳記』をみれば明らかなように、床の間の掛物がみな中国伝来の絵画であり、使用された茶碗と台、茶入れなどの茶器、花器や文房具などがみな高価な舶載品であったこと。

（四）書院の茶の点茶の方式はもちろん台子の手前で、『南方録』に「稽古タリトモ俗人ハ上下、法体ハ袈裟衣、十徳等ニテ」「貴人高位ハ衣装装飾、素袍ナトニテ遊バサル」とあるように、「格式法儀ノ厳重ヲトトノヘ」きわめて儀式ばった「極真ノ茶」であったこと。またそれだけに貴族的で、のちの珠光流の茶の湯に見られるような庶民性にはほど遠い物であった。書院の茶はこのようにして闘茶本位の猥雑な茶寄合と、珠光に芽生え、紹鷗・利休によって大成された茶の湯との中間段階に位するものであり、今日もなお広間の茶にその名残をとどめている（芳賀幸四郎 1985：436）[17]。

氏は書院の茶の性質、行われる場所、点茶方式という面から書院の茶の性格を整理した。しかし、書院の茶のもう一つの重要な特徴は、この茶の湯の間で立てられた茶が会所に運ばれたところにある。つまり、「点茶する場所」と「喫茶する場所」が分離していたわけで、いわゆる点出しの茶であった。上述したように、足利義教の前で赤松貞村が三種極真の点前を行ったと伝えているが、これは「点前をするのを見物したということであって、まだ主客同座という意識はなかったと思われる。つまり客に茶を差し上げるときは、同朋衆が茶湯所で台天目に各服点てにして茶を点て、主室に運び出して客の一人一人に供していたのであろう」（海士光朗 1999：50）[18]と推察する。また、ここで留意しなければならないのはここの茶の湯の間は茶室を意味せず、いわゆる水屋のことで、そして会所は諸文芸・芸能の共通の場ということで、茶や和歌などの文芸は単独に行われることがほとんどなかったということである。つまり将軍足利義教や義政の殿中会所では、唐物による座敷飾りを披露するのが数寄の目的であって、喫茶はむしろ将軍家がこれ見よがしに振る舞った接待の一要素にすぎなかった。

上で取り上げたように、茶道具の使用において書院の茶には明らかに唐物趣味が依然として濃厚であり、かつ貴族独占のものであった。

3. 室町前・中期の唐物崇拝の背景

3.1 中日貿易

中国と日本の通交はすでに奈良時代以前から平安時代初期にかけて遣隋使や遣唐使によって始められていた。その後、遣唐使が廃止されたが、平安末期の12世紀

になると、武士階級の台頭で平清盛が海禁を廃棄し、積極的に日宋貿易を行った。日本からの貿易船がたびたび中国を訪れていた。そのたびに膨大な数の唐物が日本にもたらされ、唐物を求める風潮が一層盛んになった。さらに、13世紀後半から14世紀前半の日元間を活発に禅僧が往来した約百年間を、村井章介氏が、「渡来僧の世紀」と称しているように、この時期に多くの僧が中国に渡り、日本帰国の際、禅院の唐物荘厳具を多く請来した。室町時代の日明貿易によって唐物が入ってきたというよりは、むしろ禅僧によってもたらされたもののほうが多かったではないかと疑問を感じる研究者がいるほど、禅僧の一種のモノ文化の招来者、伝達者としての役割は大きい。鎌倉時代の唐物ブームに身を投じた人物もいれば、こうした唐物への情熱を否定的に把えた人もいた。鎌倉中期以降における武士階級の唐物受容をうかがわせる史料として、東国きっての風流を愛する文人であった金沢貞顕が1330(元徳2)年に京都より帰省する予定の息子に宛てた手紙がよく引用される。それは「又から物、茶のはやり候事、なをいよいよまさり候。さやうの具足も御用意候べく候」[19]（『金沢文庫古文書』）という内容の文であるが、当時鎌倉において唐物を用いてお茶を楽しむことが流行り、唐物道具を求める風潮が顕著であったことが手に取るようにわかる。一方、唐物受容に対して、消極的な意見の代表として、吉田兼好がしばしば取り上げられる。よく引用されるのは吉田兼好の『徒然草』の以下の段である。「唐物は、薬の外は、皆無くとも事欠くまじ。文どもは、此国に多く弘まりぬれば、書きも写してん。唐舟のたやすからぬ道に、不用の物どものみ取り積みて、所狭く渡し持て来る、いと愚かなり。『遠物を宝とせず』とも、又、『得がたき宝を尊まず』とも、文に侍とかや」[20]。兼好は、薬以外の唐物はなくても何の不自由もない、と唐物崇拝を批判的に反論し、当時の世相を非難しているのである。

　日本が室町時代に入って間もなく、中国では新しい王朝・明が誕生した。明前期では元末からの海禁政策を受け継ぎ、中国人の海外渡航と貿易を禁止制限し、海外諸国に対しては、朝貢貿易のみを許していた。一方、日本側は南朝と北朝が約60年間対立抗争し、日本の対外関係の発展が妨げられたことになるが、1392年に室町幕府を開いた足利氏は次第に両朝対立を統一し、権力を確立し、室町時代の政治、経済、文化の盛期の基礎を築いた。15世紀の初め、明との国交を回復すると、明日間に勘合符制が設けられ、勘合符を用いた貿易が盛んに行われた。「永樂初，詔日本十年一貢，人止二百，船止二艘，不得攜軍器，違者以寇論。乃賜以二舟，為入貢用，悉不如制」[21]と永楽帝(1360－1424)の初期には日本に命じて、朝貢は十年に一度、使節の人数は二百人、船は二艘までと制限し、武器の携行を禁止し、守らなければ、賊扱いするとした。そして船二艘を与え、朝貢用とさせた。宣徳帝(1398－1435)の初期に「申定要約，人毋過三百，舟毋過三艘」[22]と制限がやや緩くなる。これも貿易の実況に応じた対策であろうが、「而倭人貪利，貢物外所攜私物増十倍，例當給直」[23]とあるように、日本側は中国との貿易を通しての利益追求を優先し派遣年次などに関する規則を守らず、貿易を進めていた。四代将軍義持のとき、対明関係を屈辱的であるとして一時日明貿易を断絶したが、その結果、唐物の需要と供給のバランスが

262

崩れ、六代将軍義教が貿易を再開させた。貿易の実権はその後、寺院や守護大名の手に握られ、特に応仁の乱後、博多商人と結んだ大内氏と、堺商人と結んだ細川氏が主導権を争ったが、1523(大永3)年の寧波の乱以後、大内氏が独占して、遣明船貿易の主導権を握るようになり、対明貿易の独占は1551(天文20)年の大内氏滅亡まで続いた。

　このように、150年近く続けられた勘合貿易を通じて、遣明船は19回も送り出され、遣明船の経営者が誰であるかとは関係なく、そのたびに膨大な数の唐物が将来されてきた。

　さらに、この時点で明とだけでなく、日本と朝鮮や琉球との間にも多元的な通交関係が成立していた。遣明史・遣朝鮮史の日本帰国に同行して、明・朝鮮王朝からの使節が来日し、彼らによる献上品と将来品としての唐物が京都にもたらされる場合もあった。琉球の使節も、15世紀前・中期には頻繁に畿内に入り、京都に物資が運ばれた。琉球使節がもたらしたものはおおむね中国や東南アジアの産品であった。また、民間貿易業者は明の制限政策にもかかわらずに、積極的に貿易を展開し、貿易抑圧に対しては、倭寇となって交易を続けた。勘合制度の施行にもかかわらずに、九州・中国辺では、私貿易をなすものが少なくなかったろうと推測できる。

　こうして、各種のルートによって中国から直接輸入された物、朝鮮・琉球経由で輸入された中国品が多かった。室町時代に互いの国政事情により中日両国の存分な交流を妨げる事情がいろいろあったにもかかわらず、300年近くの間、両国間はいろんな形で交流を続けてきたのである。滕軍氏の言を借りれば、「隋唐期、宋元期、明の時代の中日文化交流の特徴をつづめて言えば、それぞれ政治制度の交流、宗教文化の交流、貿易の交流」(滕軍 2004；128)[24]であったと言えるように、室町時代における日明貿易は盛んに行われていたのである。

3.2　三人の阿弥が果たした役割と『君台観左右帳記』

　盛んに行われていた日明貿易の拡大によって、膨大な数の唐物が日本にもたらされ、当時の権力者である将軍のもとに到来した。しかしそれだけではなく、幕府の正式な儀式として行われるようになった将軍の御成、年中行事の八朔や歳暮の際に、大名や公家、寺社からも夥しい唐物が将軍家に献上された。このように、将軍の手元に届けられた唐物は輸入品と贈答品とに大別できる。無論、贈答品といっても結局貿易によって将来されたものである。しかし、これらの唐物は、将軍自身の好みを反映させつつも、さらにそれらをいかに飾って管理すべきか、それを鑑定し、評価し分類することに長じた専門家が必要になる。こうした状況において、同朋衆が活躍する場が準備された。同朋衆というのは将軍の近くに仕えて、雑務や芸能にあたった人たちである。彼らが将軍家に将来された数多くの唐物の飾り方に工夫を凝らして芸術的なレベルにまで高めていき、唐物荘厳の世界を実現させる上で大きな役割を担っていた。同朋衆については先学の研究が多くあり、近年、家塚智子氏[25]の研究によって同朋衆の職掌が一層明らかにされた。氏の説によれば、同朋

衆には三つの種類、即ち「会所の同朋衆」「御末の同朋衆」「御供の同朋衆」があって、その中、唐物の目利きを行い、唐物を用いて会所の座敷飾りにあたったのは「会所の同朋衆」という最高位の集団であった。「会所の同朋衆」の鑑定眼を通じて、将軍家が御所蔵になる物、即ち「御物」として室町殿中に飾られるものと、幕府の財物を管理する公方御倉に収められるものとの取捨選択が行われた。数多い同朋衆の中でも後世に名を残した能阿弥・芸阿弥・相阿弥の三阿弥がつねに取り上げられる。文化面では、義政が立派に名をなし得たのも、彼の唐物奉行であった三阿弥が果たした役割によるところが多いのではないかと考えられる。ここでいう「唐物奉行」とは将軍の側近に仕え、特に唐物の鑑識について豊富な知識を有し、将軍家の蔵品の識別や格付け、表具、装飾、管理等を担当する同朋衆のことである。

この三人の阿弥に関しては、能阿弥(1397－1471)は姓は中尾、名は真能といい、もと朝倉氏の家臣であったが、京都に出て義教、義政に仕え、同朋衆となったと伝えられる。唐物奉行として、能阿弥は次第に重任を与えられ、特に唐物の目利きについて抜群の才を有し、将軍家の蔵品の識別や位付け、表装、管理などを担当するだけではなく、自らも絵や連歌や香などにも長じていた。子の芸阿弥・孫の相阿弥も能阿弥と同様唐絵・唐物の管理や目利き、飾り付けなどを担当し、連歌に長じていた。彼らの功績を述べる際、特に避けて通れないのは能阿弥・相阿弥によって仕上げられた『君台観左右帳記』である。

『君台観左右帳記』は能阿弥本と相阿弥本があり、相阿弥本は相阿弥が祖父の能阿弥が着手した唐絵・唐物に対する研究を集大成し完成させ、流布させたものであるから、内容は能阿弥本より洗練されている。この二本は細部に少しずつ違いはあるが、大勢において一致しており、次の三部分からなる―(一)画人録(二)義教・義政時代の座敷飾り(三)唐物器物の説明。(本稿では、相阿弥本に基いて、説明を進めることにする。)画人録では、床の間の掛物として使われる宋・元を中心とする百七十七名の画家の絵画が上、中、下三段でランク分けされ、画人がそれぞれ得意とする画題もまとめられている。後の茶の湯で大事にされる徐熙、牧谿、無準和尚などの繪が上に位置づけられている。ここからは将軍家の関心のメインは絵画で、墨跡にはあまり興味を示さなかったこともわかる。第二部分では「餝次第」「書院餝次第」「違棚のかさり如此又」という三つのタイトルからなり、将軍家の殿中飾りの規則が定められる。第三部分では、「彫物之事」・「胡銅之物」・「茶埦物之事(青磁・白磁など磁器の茶碗)」・「土之物(曜変・油滴など陶器の天目茶碗)」・「葉茶壺事」・「抹茶壺事(茶入)」という項目で唐物道具の各種の分類や特徴、値打等を記し、所々図入りで説明し、最後に主として書院の上に飾られる文具などを説明する。能阿弥本において、器物の説明のあと、「唐物色々みること、能心に入て見おぼゆる事、肝要にて候。盆香合は上中下によりて代あるものにて候間。見る事やすかるべし。和漢のやう肝要にて候。からかねの色をよく見分け。文のさしやうにて心得有べし。無文の物大事にて候。只物数をよく見候て。目功入候こと肝要にて候」[26]という記述があり、正に目利きという言葉通り、唐物に対する鑑定や評価の基準はひたすら目の

記憶に委ねる点を強調している。というのも彼らは普通の人が見ることもできない唐物を常に目にし、唐物に関する知識が十分に蓄積されているからであろう。第三部分に出てくる唐物器物は絵画とともに座敷飾りの構成要素であると同時に、先に少々触れた「東山御物」の中身を窺わせる内容でもある。唐物のコレクションである「東山御物」に代表される価値観は後の茶の湯に影響を与え、茶の湯の名物茶器には、しばしば「東山御物」との由緒が記されるに至るので、「東山御物」に関して先学の研究に学びつつ、もっと詳しく紹介しておきたい。

　もともと御物というのは歴代の将軍の収蔵品で、「東山」とは義政が営んだ東山山荘を意味していることから「東山御物」は義政の御旧蔵品ほどの意であろうが、多くの研究者が指摘したように、東山御物はひとり義政だけでなく、三代義満・六代義政が蒐集したものを中核とする、足利将軍家歴代による集積とみるべきものである。なぜこの「御物」が後になって義政一人に特化されたのかについて、竹本千鶴氏は恐らく、義政の時代にわび茶の名人珠光が登場し、彼こそが義政に茶の初歩を教えていたこととも関係があるだろうと指摘する一方、その最大な要因は義政期にはじまった御物の流出にあると指摘している。義政の代で、唐物奉行である能阿弥・相阿弥は『君台観左右帳記』を仕上げ、唐物飾りや鑑賞において、規定を設け、それらの決まり、例えば茶道具の飾りに関して、中に入っている挿図が示すように、棚の左に風炉が据えられ、右に水指、中央付近に杓立、杓立の前に蓋置が置かれるという配置や、また中に記された茶入の分類名称などは後の茶の湯においても、多く受け継がれていたことも関係していると筆者は考えている。つまり、後の茶の湯の道具の取り合わせや配置などに関して、特に義政の時のそれに源を発するので、茶人たちは自然と義政と結びつけながら茶の湯の話をするようになったのではないかと考えられる。

　さて、「会所の同朋衆」の目利きによって選別、分類、等級付けがなされ、将軍の御座所を飾る室礼として重要視されていた「御物」は、財政問題を抱える幕府の経済を支えるため、頻繁に物納、または売物という形で譲渡されるようになる。売物は「義勝時代にはすでにおこなわれていた形跡があるが、本格化するのはやはり義政時代であり、とりわけ一四六〇年に入るとほとんど濫用に近い状態に陥る」（桜井英治 2009：246）[27]のである。幕府は財政を立て直すため、御物となっている唐物を売却し、あるいはオークションにかけたりした結果、「『御物』は、『売物』として経済的価値を有しながら裕福な商人の手を経て、戦国大名へ流れ、この流れによって、これまで将軍とその周辺でのみ認められていた『御物』の価値が、広く大名や商人をとりまく社会で茶の湯の名物、すなわち名物茶器として認知されるようになる」（竹本千鶴 2006：114）[28]というように、唐物に対する価値観が広がりを見せたわけである。簡潔に言えば、市場に流出した御物は「豪商の仲介を経て、将軍家旧蔵品という付加価値を伴った茶の湯の名品、すなわち名物茶器として高値で取引されていく」（竹本千鶴 2001：153）[29]現象が起こる。『山上宗二記』「大壺ノ次第」の項に「二ツ（三ヶ月松島ノ事）トモニ東山御殿物也」[30]という注記があるように、この東山殿御物という

表現は桃山時代前期の資料に散見され、いずれも義政所持という由来を強調して道具の価値を高めている。竹本千鶴氏は「東山御物とは、『分類草人木』[31]（1564）が筆記された時期、すなわち戦国期頃から、わび茶人などにより、流出した『御物』の価値を高めようとして『将軍家が旧蔵していた御物』という意味の説明文として流布されたことばではないだろうか」（竹本千鶴 2006：58）[32]と提起したわけである。さらに「東山御物」という言葉は美術品が足利将軍家を離れてから用いられたのではないかという見解もありうる。このようにして、かつて将軍権威を体現していた「御物」が、わび茶が大成された桃山時代前期・天正年間に再び足利将軍家の御物という肩書きが生かされ、名物茶器として生まれかわっていったのである。これは茶の湯の名物茶器がしばしば「東山御物」との由緒が記される所以である。ちなみに、現実に「東山御物」として伝世している美術品は「圧倒的に絵画が多く、会所を飾った調度と茶道具は極めて少ない。さらに東山御物として伝わる美術品のほとんどは茶の湯の世界に伝わったもので、もっとも多いのは唐物茶入である。（中略）しかし将軍家において『萬疋』あるいは『五千疋』とされた曜変や油滴については、現存するいずれが将軍家の蒐集品であったのか詳らかではない。さらに調度にいたっては唐絵の前に飾られた花瓶や香炉など、恐らく最高の美しさをそなえた青磁であった可能性が高いが、その多くは存在がわからず、後の茶の湯にかなった姿や寸法の数点の青磁花入が知られるのみである。即ち室町幕府崩壊の後に将軍家に蒐集された諸道具は『山上宗二記』に記されたように一挙に散在したのであろうが、すでに茶の湯がわび茶へと変化しつつあった時代であり、時風に適った調度や茶道具のみが受け入れられたのであろう」（三井記念美術館 2014：147）[33]という状況である。

　以上で主に二つの面から唐物崇拝がなぜ起こったのかについて論じてみた。簡潔にいえば、唐物はまず中日貿易によって、外国から大量に日本にもたらされ、その後、日本国内に存在する同朋衆という集団が唐物に対して目利きし、鑑賞と管理を行った結果、唐物の価値が広く認められ、そのまま茶の湯の世界においても唐物が高く評価されるようになったのであった。

4. 終わりに

　現代では、日本を代表するカルチャーブランドの一つとなっている「茶の湯」ではあるが、その抹茶の喫茶法は中国からもたらされたものであり、その初期には専ら中国から将来された唐物を偏愛し、唐物に対するその情熱は本家の中国人でも驚くほどであった。現代風に言えば、室町前・中期は日本人が中国の品々を「爆買い」した時代であった。しかし、室町中期を経て、室町後期にわび茶人によって、日本的要素が大いに茶の湯に取り入れられ、茶道具の使用は「唐物崇拝」から「和漢のさかいをまぎらかす」事への変遷の道をたどり始めた。こういった変遷過程の詳細はまた別稿に譲ることにして、本稿を閉じたい。

注

[1]婆娑羅とは、本来梵語では何物をも打ち砕く「金剛」を意味するが、後に派手、贅沢、異様、乱脈

などの意をもって、南北朝内乱期の美意識や価値観を端的に表現した流行語になる。いわゆる婆娑羅大名はそういう華美、贅沢を好み、異様な様相を呈しながら勝手気ままに派手に振る舞った大名のことである。その典型例として佐々木道誉がよく取り上げられる。

[2]闘茶会とは、南北朝時代から室町時代中期にかけて、武家、公家、僧侶間で流行した飲茶競技で、各産地の茶を飲み、その本茶（栂尾のち宇治）か非茶かを判断し、茶の優劣を競う茶寄合である。享楽的な娯楽、賭博の色彩が濃い。

[3]室町時代の始期・終期については、諸説があり、通常鎌倉幕府の滅亡から三代将軍義満による全国統一までの動乱期は南北朝時代と通称され、応仁の乱以後は戦国時代と呼ばれるが、本稿では南北朝時代から安土桃山時代までの期間を室町時代とする。

[4]「茶道」と「茶の湯」の語について、「今日、日本では、『茶道』という言葉は広く一般的に使われているが、一方「茶湯」あるいは「茶の湯」の語も根強く残っている」。張建立氏は著書『茶道と茶の湯：日本茶文化試論』（張建立 2004：48－49）の中では、「限られた時間と空間の中で、その茶と湯との調和を実現するために、点茶者個人の技術的な力量を必要とする一方、点茶者と喫茶者との心の感応のある立居振る舞いすべてが必要不可欠である。『茶の湯』のもつこのような考えは中国の茶道にはなく、まさしく日本の『茶湯』あるいは『茶の湯』独特の内容である。」と指摘し、実は「茶の湯」の語こそ「茶道」の原意（養生あるいは養心を目的とする製茶・喫茶の技法と精神的理念）に一番近い訳語のようなものであり、また日本の茶道の特色を端的に表した言葉でもあるだろうと考えられると表明した。これまで「茶道」と「茶の湯」の違い、両者がそれぞれいつ頃から用いられ始めたのか、それぞれ意味がどのように変遷して来たのか、などについて漠然と把握していた私は氏の著書を読んで、納得が得られたので、論文の中では、統一して、「茶道」ではなく、「茶の湯」の語を使うことにする。

[5]唐物一辺倒、唐物偏重などの用語もあるが、本論では、唐物崇拝という語を使うことにする。

[6]林屋晴三. 1989.「数寄道具の変遷・唐物数寄から侘数寄へ」.『茶道聚錦』十. 村井康彦責任編集. 小学館. など.

[7]筒井紘一. 2003.『茶書の研究：数寄風流の成立と展開』. 淡交社. 谷晃. 2001.『茶会記の研究』. 淡交社. など.

[8]宮内庁書陵部編. 2008.『看聞日記』四. p73. 明治書院.

[9]前注に同じ。

[10]往来は手紙のやりとりを表す語で、「喫茶往来」は喫茶に関する手紙の文例集である。これには漢文の手紙四通が収録され、茶会・闘茶会・飾り付け・喫茶法などについて記録されている。本節で取り上げたのは最初の手紙で闘茶会に参加できなかった相手に対し、茶会の様子を伝えるものである。

[11]千宗室編. 1977.『茶道古典全集』第二巻「喫茶往来」. p177. 淡交社.

[12]千宗室編. 1977.『茶道古典全集』第六巻「山上宗二記」. p51. 淡交社.

[13]赤井達郎校注. 1973.「等伯画説」.『古代中世藝術論』. 林屋辰三郎校注. p707. 岩波書店.

[14]『御飾式』は『小川殿、東山殿御飾式』の略称で、御飾書ともいう。著者は相阿弥で、『君台観左右帳記』と同じく足利将軍家の座敷道具飾りの式法書である。足利義政の東山殿における床飾りや違い棚飾りを図解しており、茶の湯、書画鑑賞などの発展史を考えるうえで貴重な資料である。

[15]『蔭涼軒日録』は京都相国寺鹿苑院内の蔭涼軒主の公用日記で季瓊真蘂・益之宗箴・亀泉集証ら三代に亙って六十一冊からなる。京都五山を中心とする政治・美術などに関する記事が多い。

[16]『南方録』は堺南宗寺の僧南坊宗啓が、師千利休に親しく接し習得見聞した茶の湯の奥義を書きとめたものと伝えるが、江戸時代の立花実山の著述とする説もある。「覚書」「会」「棚」「書院」「台子」「墨引」「滅後」という七つの部分からなる。従来茶の湯に関する古典のなかで第一の聖書とされてきた。

[17]芳賀幸四郎. 1985.「書院の茶」.『国史大辞典』第 6 巻. 坂本太郎ら編集. p436. 吉川弘文館.

[18]海士光朗. 1999.『茶の湯 歴史と精神』. p50. 星雲社.

[19]村井康彦. 1991.『武家文化と同朋衆』. p191. 三一書房.

[20]佐竹昭広・久保田淳校注. 1998.『方丈記 徒然草』新日本古典文学大系 39. p194. 岩波書店.

[21]清張廷玉等撰. 1987.『明史』第二十七冊傳「十六」. p8347. 中華書局.

[22]前注に同じ.

[23]前注に同じ.

[24]滕軍. 2004.『中日茶文化交流史』. p128. 人民出版社.

[25]家塚智子. 1997.「同朋衆の存在形態と変遷」.『芸能史研究』136 号. 芸能史研究会.
家塚智子. 1998.「同朋衆の職掌と結縁」.『芸能史研究』141 号. 芸能史研究会.
家塚智子. 2001.「同朋衆の文化史上における評価をめぐって」.『芸能史研究』155 号. 芸能史研究会.

[26]塙保己一編纂. 1980.『群書類従』第十九輯遊戯部「君台観左右帳記」. p668. 平文社.

[27]桜井英治. 2009.『室町人の精神』. p246. 講談社学術文庫.

[28]竹本千鶴. 2006.『織豊期の茶会と政治』. p114. 思文閣出版.

[29]竹本千鶴. 2001.「戦国織豊期の唐物」.『唐物と東アジア』アジア遊学 147. 河添房江・皆川雅樹編. p153. 勉誠出版.

[30]千宗室編. 1977.『茶道古典全集』第六巻「山上宗二記」. p55. 淡交社.

[31]『分類草人木』は茶道の成立期の茶法を伝える代表的な茶書の一つで、1564 年に武野紹鷗の門人とされる真松斎春渓が筆録した旨の奥書がある。

[32]竹本千鶴. 2006.『織豊期の茶会と政治』. p58. 思文閣出版.

[33]三井記念美術館編. 2014.『東山御物の美―足利将軍家の至宝―』. p147. 三井文庫三井記念美術館.

参考文献

海士光朗. 1999.『茶の湯 歴史と精神』. 星雲社

赤井達郎校注. 1973.「等伯画説」.『古代中世藝術論』. 林屋辰三郎校注. 岩波書店

家塚智子. 1997.「同朋衆の存在形態と変遷」.『芸能史研究』136 号. 芸能史研究会

家塚智子. 1998.「同朋衆の職掌と結縁」.『芸能史研究』141 号. 芸能史研究会

家塚智子. 2001.「同朋衆の文化史上における評価をめぐって」.『芸能史研究』155 号. 能史研究会

古川元也. 2001.「中世唐物再考・記録された唐物」.『唐物と東アジア』アジア遊学 147. 河添房江・皆川雅樹編. p142. 勉誠出版

芳賀幸四郎. 1985.「書院の茶」.『国史大辞典』第 6 巻. 坂本太郎ら編集. p436. 吉川弘文館

林屋晴三. 1989.「数寄道具の変遷・唐物数寄から侘数寄へ」.『茶道聚錦』十. 村井康彦任編集. 小学館

久松真一校訂解題. 1975.『南方録』. 淡交社

塙保己一編纂. 1980.『群書類従』第十九輯遊戯部「君台観左右帳記」. 平文社

宮内庁書陵部編. 2008.『看聞日記』四. 明治書院
村井康彦. 1979.『茶の文化史』. 岩波書店
村井康彦. 1991.『武家文化と同朋衆』. 三一書房
三井記念美術館編. 2014.『東山御物の美―足利将軍家の至宝―』. 三井文庫三井記念美術館
千宗室編. 1977.『茶道古典全集』第二巻「喫茶往来」. 淡交社
千宗室編. 1977.『茶道古典全集』第六巻「山上宗二記」. 淡交社
桜井英治. 2009.『室町人の精神』. 講談社学術文庫
佐竹昭広・久保田淳校注. 1998.『方丈記 徒然草』新日本古典文学大系 39. 岩波書店
谷晃. 2001.『茶会記の研究』. 淡交社
滕軍. 2004.『中日茶文化交流史』. 人民出版社
筒井紘一. 2003.『茶書の研究：数寄風流の成立と展開』. 淡交社
張廷玉等撰. 1987.『明史』第二十七冊傳「十六」. 中華書局
竹本千鶴. 2001.「戦国織豊期の唐物」.『唐物と東アジア』アジア遊学 147. 河添房江・川雅樹編.
　　　p153. 勉誠出版
竹本千鶴. 2006.『織豊期の茶会と政治』. 思文閣出版

武家茶道の美意識に関する考察
―「綺麗さび」を中心に―

北京外国语大学　叶晶晶

摘要：说起日本茶道，一般都会想到其集大成者千利休，以及"wabi-sabi"这一茶道中体现出的审美意识。事实上，茶道在日本大大小小有数百个流派，包括继承千利休茶道的所谓市井平民式茶道的"千家流"之外，还包括武士阶级的武家茶道，贵族阶级的禁中・公家茶道。千利休去世之后，江戸时代的茶道得到了进一步的发展，其审美意识也出现了多种变化。先行研究中对于村田珠光、武野绍鸥、千利休所创立的侘茶中体现的审美意识研究很多，但对于武士阶级的茶道审美意识研究较少。本文将对江戸时代的武家茶道审美意识的变迁加以梳理，重点分析武家茶道的代表人物之小堀远州的审美意识，通过对其审美意识的关键词"kireisabi"进行研究，解析其与千利休所确立的平民式茶道即侘茶的审美意识之间的区别，挖掘其审美意识形成的原因，以此对武家茶道的审美意识进行更深入的理解，从而更加全面认识日本茶道。

キーワード：武家茶道　綺麗さび　小堀遠州

1. はじめに

　茶道といえば、最初に千利休が思い浮かぶことが一般的であろう。実は茶道には数百とも言われる流派が日本中にあると言われる。その流れは大きく、「千利休」の茶道の流れを継ぐ「千家流」（わび茶）と、千利休の茶道をベースにして身分に伴う特性や地域性などに応じた形での独特の発展を遂げた「武家茶道」（大名系茶道）と称される流派とが分けられる。「わび」「さび」を知る人でも、「綺麗さび」という言葉はなじみが薄いと思われる。また、小堀遠州は、世界有名な桂離宮や二条城などの庭園の作庭者としてよく知られ、建築家又は官僚としての一面は先行研究で十分に研究されてきたが、彼が一人の茶人としての魅力、特に茶道に反映された美意識に関する研究はまだ少ないと言える。茶道の集大成者である千利休の研究に一辺倒している傾向の中、本稿では、「武家茶道」の代表である小堀遠州流の「綺麗さび」を中心に検討し、その形成原因を探り、さらに小堀遠州と深い関係性を持つ古田織部や千利休の美意識を比較しながら、千利休没後の徳川時代の茶道における美意識の変遷を再認識したいと考える。

2.「綺麗さび」の定義と遠州流

　小堀遠州（1579〜1647）は、小堀政一とも呼ばれる。安土桃山時代から江戸時代前

期にかけての大名、茶人、建築家、作庭家、書家である。一般的に彼の呼び名として使われている「遠州」は、彼が駿河国に赴任した時に遠江守に叙任されたことから呼ばれたものである。遠州流(小堀遠州流)茶道の祖であると同時に、備中松山藩第2代藩主、のち近江小室藩主で徳川将軍家の茶道指南役でもある。その生涯に400以上の茶会を開き、招かれた人々は大名、公家や町人などあらゆる階層に2000人にも及ぶ。「中興名物」[1]の選定、高取・丹波・信楽・伊賀・志戸呂など国焼の茶陶の指導にも多大なる貢献をした人物である。さらに、彼は駿府城作事奉行や伏見奉行をはじめ、多くの奉行職を歴任した築城・作庭の名人でもある。有名な建築や造園として、桂離宮、仙洞御所、二条城、名古屋城、大徳寺孤篷庵、南禅寺金地院などが挙げられる。近世初頭の日本の美の系譜を再構築した人物だと高く評価されている。

　「綺麗さび」という言葉は、現在もっぱら遠州流に対して用いられる言葉になった[2]。それが遠州流の美意識をさすようになるまでの過程については、先行研究によりすでに解明した。岩井茂樹の学説(岩井2005:41-55)によると、この「きれいさび」という言葉が使われはじめたのは、大正時代になってからのことであり、それ以前は、「遠州好み」という言葉が使用されており、1939年(昭和14年)以降から昭和20年代にかけて、「きれいさび」という用語が遠州の美意識を表現する言葉として定着していたということである。

　では、「綺麗さび」とは、どのような意味を持っているのか。『角川茶道大事典』では、「閑寂・枯淡の中に優しさ・麗しさ・華やかさ・清らかさのある風情」(林屋1990:395)という解釈がある。『原色茶道大辞典』によると、「華やかなうちにも寂びのある風情。また寂びの理念の華麗な局面をいう」(井口1975:289)とある。『建築大辞典』には、「綺麗さび」は「姫さび」ともいい、「茶道において尊重された美しさの一。普通の寂びと異なり、古色を帯びて趣はあるけど、それよりも幾らか綺麗で華やかな美しさ。」(彰国社1993:1401)という解釈がある。

　遠州流十二世家元小堀宗慶(1923～)は、「遠州の茶風は、一言で申しますと、『綺麗さび』とされ、『綺』とは綾絹のように上品で、幽美、品格があることであり、『麗』とは左右対称にはえそろう鹿の角のように、端正で、厳しさも併せ持つものとされています」(小堀1998:57)と語っている。また、遠州流当代家元である小堀宗実(1956～)は、また「『綺』とは、綾、綾絹のことで、上品、品格のあるものを表す。『麗』は、鹿が二頭整然と連れ立って歩いている様、鹿の角が左右均衡に揃っている状態。つまり、綺麗とは綾があって美しい、汚れがない、潔い、公正できっぱりしているような意味合いです。(中略)利休の削りに削ったわび、さびの茶に、『艶』を与えたのが遠州の『綺麗さび』だったと思います。その『艶』とは、客観性、バランス、調和と言い換えることができるでしょう」(小堀2003:210-212)と同じような内容を語っている。

　このように、「綺麗さび」は現在、遠州流茶道の美意識に対して用いる言葉であり、枯淡な部分に華やかさが見え、上品で、バランスの取れた風情があるものと定義できるかと思われる。

3.「遠州好み」と美意識の変遷

　茶道における美意識を検討する際には、茶道具が重要な要素である。しかし、茶道具を一言と言っても、掛物、花入、茶碗、茶杓、蓋置、水指、釜、茶入、炭道具など様々な種類がある。本章では、持ち主のセンスや生き方を一番表し、その美意識を端的に伺われる茶碗を中心に検討してみる。具体的には、千利休と古田織部と小堀遠州がそれぞれ好んだ茶碗を比較しながら、彼らの美意識の相違点や関係性を究明しようと考える。

　まず、三人の関係を整理してみよう。小堀遠州（1579～1647）は、前節で述べたように、江戸時代初期の大名で作庭家や茶人など数多くの肩書きを持つ方である。1588年（天正16年）の大和郡山城内で開かれた関白秀吉の歓迎茶会で、10歳の時、千利休（1522～1591）に出会い、その所作を褒められたことから茶事にかぶれた始めたと言われる。小堀遠州は、利休七哲、つまり千利休の高弟7人の一人として評価される古田織部（1544～1615）の弟子として、1603年から約10年間に彼に師事してお茶を習った。古田織部と直接会った上で、手紙のやりとりで茶の湯の伝授を受けていたようである。千利休とは直接的な接点はなさそうであるが、古田織部が千利休の弟子であることから、小堀遠州は千利休の孫弟子に相当すると言える。このような師匠と弟子と孫弟子という関係を持つ三人であるが、時代とともに、好みの茶碗がどのように変化したのかについて、以下のとおり検討する。

3.1　利休好み

　千利休が好まれた素材は、木地、黒・朱の塗り、無地である。千利休は村田珠光が愛用した香炉や茶碗を秘蔵し、とくに珠光茶碗（人形手の青磁の茶碗）を愛用した。その茶碗について、『津田宗久茶湯日記』の1566年（永禄9年）12月9日の条の説明によって分かる。人形手の青磁というのは、中国産の青磁の茶碗の中でむしろ下手物・下級品に近く、文様も焼きも崩れ、雑器としてもあまり使用されなかったそうである。そうした純朴な、侘しい朽葉色の器であるが、「冷え」・「枯れ」・「痩せ」を条件とした侘び道具にはまさにこの上のない貴重品でもあった。そのゆえ、珠光も利休もその器を茶碗として使い、愛用することに至ったと思われる。

　また、千利休が好んだ茶碗は楽焼であり、その代表的なものは利休七種茶碗[3]といわれ、内七種と外七種、計十四種である。周知のように、黒楽と赤楽の二系統がある。黒楽の肌は茶色味を帯びた羊羹色であり、赤楽のほうは薄柿色である。どちらもあまり艶がなく、地味でくすんだ色合いである。土の香りを感じさせる肌合や柔らかな手触りなど、原始・素朴・自然・枯淡な味わいにあふれているものである。楽焼を考案した千利休は、特に手捏ねによるわずかな歪みと厚みのある形状を特徴とする黒楽茶碗が好んでいた。赤楽茶碗を好んだ豊臣秀吉と異なり、黒色に特別な思いを持っていた。すなわち、黒はすべての色相をそのうちに含んでおり、すべての色の始まりであり、その終わりでもあるという考えである。黒茶碗が抹茶の緑を

一層引き立たせるのもそのためである。

　侘び茶の大成者である千利休の侘び意識について、千利休は好んで「花をのみ待つらむ人に山里の雪間の草の春をみせばや」(桜の花が咲くのを待っている人に、山里の雪の間から出てきた若草の春を見せてあげよう)という古歌を引用したと言われるが、決して花の美を拒絶したわけではない。雪の谷間から命が芽吹いて春を待つ。命の芽生えの美しさが利休のお茶である。このように、頽廃的なイメージで安易に語られることが多い「わび」「わび」であるのに対し、利休が求めた「わび」は、単なる「やつし」や「みすぼらしい」だけではなく、その中により積極的な肯定が含まれているように思う。

3.2　織部好み

　古田織部は、戦国時代から安土桃山時代、江戸時代初期にかけての武将である。茶は中川清秀の釜を盗み出したいたずらがきっかけで興味を持ったといわれるが、1582年(天正10年)頃には相当茶の湯の実力者となり、その後、徳川2代将軍秀忠の茶の湯指南役として江戸に招かれ、「数寄者之随一」、「天下大和尚」など、天下一の茶匠として尊敬されることに至った。千利休の最晩年、つまり最も侘び茶が完成に近づいた時期に茶を学んでいた。千利休が大成させた茶道を継承しつつ、武家好みの動的で大胆かつ自由な気風の流派を確立した。「日頃見慣れたものにも美を見出せ」という師の教えに織部はヒビやキズにさえ美を見出す独自の感性で応え、利休はそんな織部に一目置いていた。しかし、「利休七哲」に加えられたとはいえ、そのランクは最下位であり、彼への評価は必ずしも一定したものではなかったようである[4]。

　ひずみ茶碗は千利休も好んでいたが、織部に至っては、「ひずみ」より一歩進んで、「崩す」という道を走っていたように思われる。古田織部の好んだ茶碗は、不均衡さに美を見いだすことが特徴である。整然とした端正な形を重んじる他の茶器とは違い、故意に形をねじ曲げ、又は一度完成したものをわざと壊して継ぎ合わせ、歪んだ形の沓茶碗、幾何学模様の絵付けや扇子などの形をした食器や香炉など、いわゆる左右非対称性のものが「織部好み」として様々に伝えられている。特に、轆轤成形したのち、全体を大きく楕円形に歪め、口縁部は大きく波がうねるように高低がつき、胴部を漆黒の釉で巻き、口辺に渋い地釉をかけまわし、縦筋と丸や三角形の抽象文様を描いた茶碗、神官が履く靴を連想させることから名付けられたいわゆる織部焼の沓形茶碗が愛用されていた。名物にこだわらず、独自の美意識で新作を好んだ織部であるが、焼き物を破壊して改めて継ぎ合わせるという行為は、「世の宝をそこなう」人だと非難される面があった。

　また、色としては、釉薬の色になどにより、黒織部、青織部、赤織部、志野織部などがある。東京梅沢記念館で所蔵の黒織部茶碗を見ればかなり強烈な印象を受ける。口元に三カ所押し広げられ、背面には土色を大きく見せながら、前面には黒釉を十分にかけ、釉をかき落として模様が白で書かれている。そのような大胆で非相称の

デザインは、慶長年間(1596～1615)に新しい風俗としての「かぶきたる」、つまりまともならざる傾いた美への好みに合致した(熊倉1991:97)と言われる。その名が焼き物の名となっている織部焼の茶碗、黒織部における模様では、具象的な表現より、明快な抽象表現が多く使われている。古田織部の時代では、茶碗に抽象性というものが強く求められていると考えられる。

3.3 遠州好み

　小堀遠州の茶風は、千利休や古田織部に比べて明るく大らかで軽快であった。中興名物の選定をはじめ多くの好み物に現れている遠州の洗練された感覚は、その好みの茶碗から伺うこともできる。

　遠州は、「遠州七窯」と呼ばれるものを好んでいた。これは彼が指導し、好みの茶陶を焼かせた窯であり、志戸呂、膳所、朝日、赤膚、古曽部、上野、高取などが挙げられる。それぞれの特徴を具体的に言うと、以下のとおりである。志戸呂焼(静岡)は、全体が栗色の釉がかかり、金、黒金、黄などの色が混じることや、また土質は赤茶色で、釉薬色は黒褐色または茶褐色であるという赤みがかった器に黄色釉と黒釉を掛けることが特徴として挙げられる。膳所焼(大津)は、黒味を帯びた鉄釉が特色で、素朴でありながら繊細な意匠を持つものである。素地が淡茶色で、釉調も特有の金気釉で格調が高い。朝日焼(宇治)は主に、素地は褐色で、釉肌に黒斑があり、多く刷毛目の櫛描きがある。赤膚焼(奈良)は、赤膚山焼や五条焼ともいう。素焼き後赤褐色の肌色となり、その上に乳白色の萩釉と室町時代に描かれたお伽草子などをモチーフにした奈良絵が特徴である。その灰色の仕上がりは、慶長年間(1596～1615)以来、奈良地方で産出した麻の晒し布である名産「奈良晒」を曝す藁灰汁が陶土に混入したためという説がある。古曽部焼(高槻)は、民窯として碗類・皿物・鉢物・急須・杯どの日用雑器を生産したほか、各地の作風(高取、唐津、高麗、三島)を模倣した抹茶碗を生産した。黄褐色を帯びた粘土質の土で、砂気の多い質のものが多い。上野焼(福岡)は、他の陶器に比べて生地が薄く、軽量である。絵付けせず、青緑釉、鉄釉、白褐釉、黄褐釉など様々な釉薬を用いて窯変を生み出すのが特徴である。高取焼(福岡)は、陶器でありながら磁器のような薄さと軽さが持ち味で、精密な工程、華麗な釉薬、きめ細かく繊細な生地が特徴である。

　利休は素材をそのまま見立てとして生かしたのに対し、遠州はそこに自分の心を込めた。利休好みの茶碗に比べて、遠州好みの茶碗は素朴な渋い地に明るめの釉をかけたがものが多い。このような色合いは、飾る花や他の器などとの取合せを苦にせず、周囲と協調しながらも存在感がある。形から見ても、古田織部の好んだ歪みが強調されたものよりも、整然とした菱形の茶碗が好んでいた。また、上記古田織部の時代で見られる抽象的な模様は、小堀遠州の時代になると、茶碗に具象的な絵を描くことになり、広く受け入れられている。そのため、遠州好みの茶碗は、むしろ利休が故意に隠した積極性や美しさを色で通して表に出すものだと解釈してもよいではなかろうか。

3.4 利休ととや

上述のように、千利休、古田織部、小堀遠州のそれぞれの好み茶碗を分析してきた。彼らが確立した好む趣向に基づき、各々の美意識を確立したが、その中に「利休ととや」という千利休・古田織部・小堀遠州の三人が奇跡的に好んで所持した茶碗がある。

「ととや茶碗」は朝鮮茶碗の1種であり、「魚屋茶碗」、「斗々屋茶碗」とも言う。井戸茶碗[5]に次いで日本に現存する数が多い。朝鮮で本来元々名前などすらない日常生活で雑器や祭器などの目的で使われたものである。ととやという名前は、利休が堺の魚屋の棚に伏せてあったその碗を発見してそれを茶碗として取り立てたことに由来したという説と、堺の商人・斗々屋所持の茶碗から由来したという説がある。また、ととや茶碗は本手ととや及び平ととやがある。具体的に言えば、本手ととやは、椀型で、褐色の胎土に半透明の釉がごく薄くかかり、土が細かく、細かく鮮やかな轆轤目があり、その様子が椎茸の裏側に似ているため「椎茸高台」と呼び、特徴となっている。平斗ととやは、蓋形で、高台は低くて胴は浅く、朝顔形に開き、平茶碗のような形をしている。

利休ととやは、一般のととやとは作法や釉調が異なり、ととや茶碗としては最古作である。全体に薄作りで、腰が少し張り、口縁は端反り、外部に轆轤目が段をなしてめぐっている中に、細かい筋がある。高台の周りは半面に釉がかかる一方、半面は土見せになっている。全体的には、淡紅色で、白釉がなだれているところがある。利休所持の茶道具の中ではさっぱりした見た目をしている稀少な茶碗である。現在は大阪の茶道美術館として逸翁美術館とともに名の知られる藤田美術館の所蔵となっている。

この利休ととやはその後織部に与えた。当時、利休の「反骨精神」をしっかり引き継いだ織部の茶風やその好みの異端さから当時の評価は必ずしも高くなかったが、にもかかわらず利休は織部のことを弟子の中でも一目置いていた。利休に心酔した織部は、利休と豊臣秀吉の仲が壊れ、利休が堺に蟄居させられた時、つまり追放になった時、わざわざ見送りに出向かった。もう一人見送りに行った人は、戦国で有名な武将の細川忠興であった。その証として、細川忠興とともに見送りに来たことを感謝する利休の書状が残っている。また、切腹させられる前に利休があげた茶杓を「涙」という銘を付け、筒に窓を開けて位牌代わりに拝んだほど、織部が利休を非常に慕っている。このように、利休と織部との関係性からすれば、利休ととやは、織部が好んで使っていたより、利休の遺品として大事に扱われ、師匠である利休を尊敬や慕う気持ちのほうが大きいかと思う。

織部は文禄・慶長の朝鮮の役（1592年）に赴く前にこれを売却したが、それを小堀遠州が購求し、織部は朝鮮の役から帰陣した後、遠州の茶会に赴く前に残しておいた袋を出して遠州に与えたと言われた。利休の遺品として利休ととやを大事に扱う織部と異なり、明るく大らかで軽快な茶風を持つ小堀遠州からすれば、この薄

作りで淡紅色で白釉がなだれている利休ととやは彼の好みに相当合う茶碗であるからこそ大事にされると思う。この美意識における共感こそ、遠州が織部に懇願して売ってもらった理由になるのではないかと考えられる。その経緯を経て利休ととやは明治維新まで長く小堀家にあった。

4.「綺麗さび」の形成原因及び評価

　以上、茶碗を中心に千利休、古田織部、小堀遠州のそれぞれの美意識を分析してきたが、この「綺麗さび」がいったいどのように形成され、さらに現在の学者たちがどのように評価したのか。本章では、「綺麗さび」という美意識の形成原因及び評価について、検討してみる。

4.1 「綺麗さび」という美意識の形成原因

　「綺麗さび」形成原因について、その美意識の生じる背景を探ってみると、面白いものが発見できる。小堀遠州は、寛永十三年(1636年)五月、徳川三代将軍徳川家光へ献茶を行ったことから、古田織部の後を継ぎ、「将軍家茶道師範」と考えられていた。しかしながら、彼が茶人である前に、まず江戸幕府の一大名に過ぎなかった。公的な身分としては、幕府の作事奉行であり、茶室や茶庭を含めた庭園だけではなく、幕府や諸藩の建物の普請も受けていた。二十代の後半から六十代の初めまで、コツコツとあちこちの作事にあたっていた。彼が生きていた江戸時代の初期は、徳川幕府が権威を確立するために、朝廷に対しては「禁中並公家諸法度」や大名達に対しては参勤交代など種々の政策を施す時期であった。また、茶の湯の世界では、同じ時期に、利休のわび茶を継いだ千宗旦が活躍し、公家との交友を深めながら「姫宗和」と呼ばれる独自の茶の道を開く金森宗和の活躍も見られる。彼が確立した美意識を検討する前に、このような彼の立場及び時代背景を前提として見る必要があると思う。

　遠州自身の茶の湯の理念について、その茶訓である「書捨文」によく表れている。
　「それ茶の湯の道とて外にはなく、君父に忠孝を尽し、家々の業を懈怠なく、ことさら旧友の交をうしなうことなかれ。

　春は霞、夏は青葉がくれの郭公鳥、秋はいと淋しさまさる夕の空。冬は雪の暁。いづれも茶の湯の風情ぞかし。

　道具とてもさしてめづらしさによるべからず。名物あたらしとてもかはりたる事なし。古きとても其の昔は新しく、唯家に久しく伝へたる道具こそ名物なれ。古きとて形いやしきを用ひず、新しきとて姿よろしきは捨つべからず。数多きを羨まず、少きをいとはず、一色の道具なりとも、幾度ももてはやして末々子孫までも伝ふる道もあるべし。

　一飯をすすむるとても、志厚きをよしとす。多味なりとも主たる者の志薄きときは、早瀬の鮎、水底の鯉とても味あるべからず。

　まがきの露、山路の蔦がづら、明くれこぬ人をまつの葉かぜの釜の音たゆふこと

なかれ。
　壁書条々　　小堀遠州
　一汁一菜、香物、吸物並肴。
　但花の時、月の夜、雪のあしたは制外たるべし。
　茶は一服過ぐべからず。酒は無量、乱におよぼさず。
　一、茶道に心懸有らば、親疎貴賤の差別有るべからざる事。
　一、此道に志有者、自讃嫌他致すべからざる事。
　一、吾師は無論、たとへ他流の人たりとも、茶一服のためなれば、呉々も心得申すべき事。
　一、茶の湯は平生心懸くべきもの肝要なり。」(森 1967：106)
　この一文を分析してみると、書き出しの「君父に忠孝を尽し、家々の業を懈怠なく、ことさら旧友の交をうしなうことなかれ」は、茶の湯を儒教的な道徳、いわゆる封建倫理のうちに位置づけるものと受け止めることができる。一方、その後の四季折々の風情に心酔する古き日本人の心が見られる。谷端昭夫が指摘したように、この時期の茶の湯は「武家相応の茶を模索するなかで、かつての緊張感を喪失し、武家の教養としての茶に変化を遂げようとしていた。遠江守小堀政一(遠州)は、武家における茶の湯が、まさに将軍の権威に取り込まれようとした時期、その期待を担って登場した人物であった」(谷端 1988：46)。
　また、遠州流では「格より入り、格より出る」を大切にし、ことを修養の基本としている。それは「奥の細道」で有名な俳人松尾芭蕉の「格に入りて格より出ざる時は狭く、また格に入らざる時は邪路にはしる。格に入り、格を出てはじめて自在を得べし」という言葉によるものだと言われる。言い換えれば、「何事にも基本が大切である。ただし、基本の段階でとどまっていては窮屈であるが、基本をおろそかにしては上達できない。基本を身につけて、そこから抜け出して始めて自分らしさを発揮でき思いのままにできるようになる」という意味である。
　彼の茶道観が伺える『草名壺炉譚』の中では、次のようなことが記載されている。
　「橘屋宗玄の覚書に、利休風と遠州風と格別違へりと世の人申す由問ひける、遠州の答に、利休は日本茶の湯の元祖にて、後世に至る迄、茶の湯すく人、利休流の外あるべからず、若しあらば必らず悪しかるべし。其故にこそ利休の文様のものまで、大禅師達の書跡にも劣らず、賞翫してかくれなし。ただ諸具の取りさばき少しずつ違ふ事あるべし、譬へば四隅の柱はかはらねども、其間々窓にも戸口にもするたぐひ、此の茶の道に限らず、諸道具皆然り。利休茶に於いて時を得、機を得たる人にて、茶の茶たる清風を境界とし、心のまゝに取行はれしなり、我等如きの及ぶべきにあらず、古織や吾等は武門に身を置き、幕命に応じてただ天下の諸人、上下左右に膝をつらね、親く相交る。導き祖たる人の作意趣向承及候事ども、能見能聞其所作をよく心得候事、乍然まねをなせといふにはあらず、自身の可為心得事
　一、草庵の諸具・露地・懐石にいたる迄分限相応に可仕事
　一、茶湯約束の日無断遅刻不可有事

一、湯相・火相大切なる事

一、茶の服能可心得事

一、草庵其他の諸道具に心を用ひ候も、みなこのみ心にし侍れど、露地・数寄屋の大体を仮り用いるまでの事なり、自己の茶湯には、利休風を仕度は思へども、夫れさへ人に見とがめられ、他の指南と我が茶湯と別の事をするなど言はれて、恥かしく思ふゆえに心に任せず、これを以て利休の風に違へりと人の言ふこと、覚悟の前なり。」(森 1967：120)

このように、小堀遠州の茶道の形式も、「茶の湯すく人利休流の外あるべからず」としていたことに見えるように、あくまで利休や織部を深く尊重していた。その「綺麗さび」という美意識は、まさに公家文化の有職故実に精通し、室町以降の武家精神を踏襲しつつも、古き利休の侘びの精神を巧みに融合させることから来たものであると言える。

4.2 「綺麗さび」への評価

京都学派の最後の世代として、日本の美学研究に一時代を画した唐木順三は、遠州の「綺麗さび」を千利休の「わび」と比較し、明らかな堕落だと決めつけた。具体的には、「利休の『わび』には小をもって大に、簡素をもって過剰に対抗し、また二畳の茶室に天地山水を呼び込んで、金泥画で飾られた九層の天守閣をよそめに見るという自由な批評精神があったのに対して、遠州は将軍家に迎合するばかりだというのである。」(唐木 1981：379)、「遠州は織部から『綺麗』をとり、利休から『さび』をとって、『綺麗さび』を己が茶の特色とした。たとえば遠州好みの炭は、竹の小枝や松笠などを炭に焼き、胡粉に墨を入れたものをそれに塗って鼠色にしたものであったという。胡粉を塗ることにおいて『綺麗』、鼠色にすることにおいて『さび』というわけで、技巧に凝っている。」(唐木 1981：382) という言論が挙げられる。

しかしながら、その一方、「綺麗さび」をポストモダンとして評価する声もある。近代茶の湯の研究者として知られる熊倉功夫は、次のように語る。

「小堀遠州の茶を現代に引きつけて解釈するとしたら何者か。私はポストモダンではないかと考えている。既成の形をぶち壊してきたアバンギャルドが千利休と古田織部であったとするなら、遠州の時代は破壊よりも統合を求める時代であった。統合は否定することから出発するのではなく、肯定し取り込むことから始まる。そして機能的な美を求めるのではなくて象徴性やメッセージ性を求めるのである。」(別冊太陽編集部 2009：117)

以上のように、綺麗さびについて、近代の評価では、明らかな堕落だと決めつけた説もあれば、それを積極的に評価した説もあった。綺麗さびをどのように捉えることにより、両極端な評価が生じると思われる。しかしながら、いずれにせよ、小堀遠州はその独特な美意識を確立し、さらに中興名物の選定者として茶道歴史で名を残してきた。現在に至っても、その美的感覚に魅了される人々が数多くいる。

5. 結論

　本論文では、千利休及び古田織部のそれぞれの美意識を比較しながら、小堀遠州流茶道の「綺麗さび」という美意識を分析し、武家茶道を検討してみた。綺麗さびとは、その名のとおり、わび・さびの世界に、美しさや豊かさを加えて、調和の美を目指した茶道の美意識である。源了圓は『義理と人情』において、日本の文化は情と共感の文化であると指摘した。主体と客体が互いに頼り合い、融合し合う精神が最も具現化できるものは、茶道であると思う。お茶を注いで飲むという行為で芸術を鑑賞し、茶人の心を味うことで自分を忘れ、主人と客人が一体となる感覚に達することができる。茶道の美意識として、「歪み」、「枯淡」、「アンバランス」などを主流とする「わび」「さび」を取り上げることが多いが、「綺麗さび」のように、古色を帯びながれも華やかさがあり、調和で均衡を特徴とされる美意識もある。

　茶道具は、その時代の価値観によって大きく色・形を変えているので、茶道具の見た目を楽しむだけでなく、その茶道具が登場した頃の時代背景にまで思いを馳せることができれば、今まで以上に茶道・茶道具が面白く見える。小堀遠州は、平和建設の精神を重んじた江戸寛永文化の中心人物であり、幕府の作事奉行である公的な身分を持ちながら、「将軍家茶道師範」として茶の湯を追求した。千利休は戦乱の世に身を置きながら、徹底的に侘びたる「黒」の楽茶碗が好み、古田織部は破格の造形を持つ「緑」の織部焼が好んだのに対し、小堀遠州は「洗練」、「気品」、「調和」、「明快」など「白」をイメージするものが好んでいた。千利休の持つ求道性と古田織部の持つ遊戯性を融合させ、村田珠光の「閑寂・簡素・枯淡」を重んじた茶の湯の趣向を継承しながら成立した「侘び茶」と貴族階層で流行した従来の「書院茶」を統一させたのが、武家である小堀遠州の茶の湯であり、その「綺麗さび」もまさにその時代背景で生まれたものであると言える。

注

[1] 秀吉の時代以前に名物とされた茶道具の多くが秘蔵の品として入手困難となっていたため、新たにこれはという茶道具に銘をつけて宣伝し、名物として認知されるようにしていった過程において、小堀が有名にした茶道具群は、後世中興名物と呼ばれる。『角川茶道大事典』によると、「松平不昧編『古今名物類聚』の篇名に、「中興名物之部」と初見する、茶道具の格付け分類名称。不昧は、名物茶入の中興者を小堀遠州と考え、遠州に由来する名物茶入を鑑別して、中興名物茶入を定めた。」（林屋1990；916）。

[2] 1994年5月号『なごみ』の『きれいさび』特集、1996年遠州三五〇回忌を記念するための刊行物「数寄大名小堀遠州の美学『綺麗さび』展」、1996年『芸術新潮』（第47巻第2号）『謎の達人小堀遠州』特集、1999年7月号『淡交』（第53巻第7号）遠州特集などが挙げられる。

[3] 黒楽茶碗：大黒（おおぐろ）、鉢開（はちびらき）、東陽坊（とうようぼう）、赤楽茶碗：木守（きもり）、早船（はやふね）、検校（けんぎょう）、臨済（りんざい）。

[4] 利休の血脈を引く千宗旦の息、江岑宗左の『江岑夏書』の「此内織部一茶乃湯能無候　併後惣和尚ニ成被申候」（織部は最も茶の湯の才能がなかったと言っている）から見られるように、そ

の評価はあまり良くない。

[5] 朝鮮茶碗の一種で、室町時代以後しきりに渡来した朝鮮茶碗の中でも第一等の位に置かれ、唐物茶碗の王者とされている。「一井戸二楽三唐津」と言われるのがそのよい例証である。土は鉄分の強い荒目のものでざんぐりしており、赤褐色を呈するなどの特徴が挙げられる（井口 1975；72）。

参考文献

井口海仙. 1975.『原色茶道大辞典』. 淡交社
岩井茂樹. 2005.『茶の湯文化学会 11』. 茶の湯文化学会
唐木順三. 1981.『日本人の心の歴史 下』. 筑摩書房
熊倉功夫. 1991.『利休・織部・遠州』. 小学館
桑田忠親. 1996.『千利休　その生涯と芸術的業績』. 中公新書
小堀遠州顕彰会. 1978.『生誕四百年記念　小堀遠州展』. 日本経済新聞社
小堀宗慶. 1996.『数寄大名小堀遠州の美学「綺麗さび」展』. 三映印刷株式会社
小堀宗慶. 1998.『まごころ 日本の美と心』. 婦女界出版社
小堀宗実. 2003.『茶の湯の不思議』. 生活人新書
彰国社. 1993.『建築大辞典』. 彰国社
諏訪勝則. 2016.『古田織部　美の革命を起こした武家茶人』. 中公新書
谷端昭夫. 1988.『近世茶道史』. 淡交社
茶の湯文化学会編. 2014.『講座　日本茶の湯　全史』第三巻. 思文閣出版
根津美術館編. 1978.『遠州の数寄』. 大塚巧藝社
林屋辰三郎[ほか]編. 1990.『角川茶道大事典』. 角川書店
村井康彦. 1983.『茶人の系譜―利休から天心まで―』. 大阪書籍
別冊太陽編集部編. 2009.『小堀遠州「綺麗さび」のこころ』. 平凡社
森蘊、恒成一訓. 1967.『小堀遠州』. 創元社
依田徹. 2013.『近代の「美術」と茶の湯　言葉と人とモノ』. 思文閣出版

戦前日本の女性雑誌にみる中国服[1]
―流行の過程及び原因をめぐって―

(日本)大阪大学　劉玲芳

摘要：20世纪初，在日本的各大报刊及杂志里出现了介绍中国服（当时叫"支那服"）的报道，并陆续刊登了身穿中国服的日本女性的照片。她们有的是炙手可热的电影女星，有的是富家千金。高级百货店里的橱窗里展示着身着中国服的模特来吸引顾客，甚至还设立了专门制作中国服的部门。一时间，在当时仍以和服为主导，洋服所占比重大的日本社会，中国服竟然成为了各大都市女性的最前沿的时尚。然而，纵观当时的社会背景，清末民初，中国就开始积极学习和吸收日本的先进文化。在这种中日师生关系发生易位的情况下，日本人却开始穿戴起当时中国人的服饰，这可以称得上是奇妙的现象。本文以第二次世界大战前在日本具有一定的影响力而且颇具代表性的女性杂志为研究对象，通过对相关报道的具体分析，对社会背景进行考察，以此还原中国服在日本成为时尚潮流的整个过程及其原因。

キーワード：支那服　日本女性雑誌　服飾風俗　女優と貴人のお嬢様　支那服の制作

1. はじめに

　明治維新以降、政治制度、金融、思想、風俗文化などの様々な面において、日本は積極的に西洋のものを模倣し、改革を目指していた。服装の洋装化も社会のこうした風俗改良運動の一環であった。まず男性の軍服や制服の洋装化がなされ、「公の場」で洋服を着用することが制定された。一方、女性の間では、洋服は一部の上流階層の貴婦人や令嬢たちのみが着用できるに過ぎなかった。しかし、日露戦争を経、明治末から大正始めにかけて資本主義が発展すると、仕事のために多くの職業婦人が洋服を着用するようになった。これを契機として、洋服が徐々に庶民の間で広まっていった。[2]さらに、1920年代に入ると、関東大震災（1923年）をきっかけに、和服は機能的ではないといった批判が高まり、また同時期、モボ・モガと呼ばれる人々が誕生した。彼らは洋服の最先端のファッションを発信する存在であった。さらに、出版業界において、大量出版、大量販売の実現とともに[3]、日本人にファッションを紹介するような女性雑誌が雨後の筍のように登場した。

　こうした現象は何も日本に限ったことではない。多くの東アジア諸国では、西洋文明を尊び、西洋のファッションを模倣しようとしていた。こうした情勢の中、日本の女性雑誌では、西洋のファッションだけではなく、時に中国のファッションをも

紹介することがあった。こうした現象はどのような社会背景の下で現れてきたものなのか。そして、当時の中国のファッション(つまり「支那服」)は日本でどのように紹介されていたのか。こうした点は未だほとんど明らかになっていないというのが現状である。

ただ、まったく先行研究がないわけではない。たとえば大丸(1998)は、1930年代初期に「支那服」が流行したということを指摘している[4]。また池田(2002)は「昭和に入ると、『支那服』は、帝国の大都市で流行する最先端のファッションとして日本人女性の間で受容された」[5]と述べている。先行研究が少ないこともあり、こうした説が現在定説化している感がある。ところが、稿者が日本の新聞記事を対象として考察した結果、「支那服」は1921年から1926年の流行の準備期間を経て、1926年夏から1928年の期間の最盛期を迎えたということがわかった[6]。つまり、日本における「支那服」の流行は、大丸や池田の説よりも5年から10年ほど早く起こっていたのである。

だが、「支那服」の流行過程をより具体化させたり、流行の原因を明確化させたりするためには、新聞記事だけでは不十分である。少なくとも、女性のファッションと緊密に関連している女性雑誌の記事を考察する作業が不可欠であり、重要となる。

本稿では、日本の女性雑誌に掲載された記事を分析することによって、「支那服」がどのように受け入れられ、紹介されていたのか、つまり「支那服」の流行過程をまずは明らかにする。続いて、時代背景も鑑みながら、「支那服」の流行の原因を解明する。最後に、女性雑誌の読者層の分析によって、「支那服」流行を支えていた社会層、および彼女たちの影響力を可能な限り具体的に把握する。

2. 分析対象とする女性雑誌

本稿の研究対象である雑誌資料について説明を行う前に、まず日本の女性雑誌の歴史について簡単に述べておく。日本で最も早く出現した女性雑誌は、巌本善治が主宰をつとめた『女性雑誌』だった。この雑誌は、巌本が校長を務めた明治女学校のキリスト教主義の教育方針を中心とした、当時の進歩的な雑誌であった。創刊は1885年である[7]。その後、『青鞜』など、文芸あるいは評論の志向性が強い女性向けの雑誌が次々と出版されたが、これらはいずれも大衆文化に属するとは言い難い高踏的な雑誌であった[8]。やがて学校中等教育の普及によって読み・書きのできる女性の数が増加し、いわゆる大衆読者層が成立する。同時に、明治後期から大正期にかけて誕生した都市中間層が増加したことで商業雑誌の購読のための経済的な余裕を持つ家庭の増加した。これによって、女性雑誌を含む商業雑誌の成長を支える基盤が整備された[9]。さらに、いくつかの新聞が「女性」読者を意識しながら女性向けのコラムを創設した。こうした刺激を受け、大衆女性を主な読者層とした女性雑誌が次々と誕生することになる。たとえば、日本で最初の女性グラフ誌と言われる『婦人画報』(1905年創刊、以下『画報』と称す)や、『中央公論』の女性版である『婦

人公論』(1916年創刊、以下『公論』と称す)、創刊当時はハイカラな高級雑誌だったがやがて大衆向け婦人誌と変化し、それによって膨大な数の読者を獲得した『婦人倶楽部』(1920年創刊、以下『倶楽部』と称す)、それに、主婦層を主たる読者対象とした、生活実用系の女性雑誌『主婦の友』(1917年創刊)などが相次いで刊行された。つまり、1910年代から20年代にかけて、いわゆる「四大婦人雑誌」が次々と刊行されたのである[10]。これ以外にも、1920年代はさまざまな読者層を対象にした雑誌が次々と刊行された時期であった。その中でも、上流階級の女性を主な読者対象とし、豪華な高級グラビア写真やイラストをふんだんに用いた女性雑誌『婦人グラフ』(以下『グラフ』と称す)は、この時代をもっとも代表する女性雑誌であったといえよう。

本稿では、『画報』と『公論』の二誌(「四大婦人雑誌」の中の二つ)と、『グラフ』を主な分析対象とする[11]。これらの雑誌を本研究の対象として選んだ理由は以下のようなものである。

第一に、この三誌の共通点は、本稿の研究対象である「支那服」関連の記事が比較的多く掲載されているということである。稿者による資料調査の結果、『画報』には23件、『グラフ』には12件、『公論』には6件、合計で41件の本稿に関連する記事が掲載されていることが確認できた[12]。したがって、この三誌は本稿の研究材料としてもっとも適した雑誌であるといえる。その他にも理由がある。なぜなら三誌はそれぞれ独自の特徴を持っているからだ。『画報』は「四大婦人雑誌」において、最も早く創刊された雑誌(1905年)であるため、「支那服」が女性雑誌に登場する時期を特定するのに最も良い材料であるといえる。『グラフ』は1924年5月から1928年11月までの短い期間しか刊行されていなかったが、この時期はちょうど「支那服」の流行の時期と重なる。しかもこの雑誌には数多くの「支那服」の関連記事と貴重な視覚資料(写真)が掲載されている。したがって、『グラフ』は、当時の「支那服」のデザインなどを詳細に知るための貴重な一次資料を有している雑誌であるといえる。『公論』は、主に中国人女性の風俗を紹介しているため、「支那服」流行の社会背景を考察するためには不可欠な材料であるといえる。つまり、この三誌を分析することで「支那服」流行の時期や変遷過程、デザイン、社会的背景がわかるのである。なお必要に応じ、この三誌のほかにも、補完資料として、他の女性雑誌収載資料を使用したり、言及したりする。

なお、引用文中の漢字は特に断りのない限り、通用漢字に改めたこと、また煩雑さを避けるため判読が困難な漢字以外はルビを省略したこと、読みやすさを考慮し、適宜句読点を補ったこと、をあらかじめ断っておく。

3. 早期に紹介した中国人の身装文化

日本の女性雑誌において中国人の「身装文化」(衣服、髪型及び身体などの文化)が紹介されるようになるのは、1910年前後のことである。1908年4月1日付の『画報』で、清藤秋子という人物が「支那の結婚式」という文章で、中国人が儀式の時に用

いる礼服について簡単に紹介している。また「英国婦人の眼に映つた支那の家庭と婦人」(『画報』42号、1910年5月1日)という記事があるが、これはイギリス人女性が書いたものを日本人が訳したものである。この二つの記事は、いずれも中国人の衣服を紹介したものだが、前者は特別な儀式の場合にしか着られない礼服の簡単な紹介に過ぎず、後者は翻訳された記事であった。つまり、この時点ではまだ日本人女性が、中国人の普段着に注目し、それを紹介するようなことはなかったし、おそらく日本人女性たちの関心事ではなかったものと思われる。

では、もっとも早く中国人の普段着を紹介した記事はどのようなものだったのだろう。『公論』13号(1917年1月1日)には「各国の婦人気質を発揮せる世界の女秘密の裡に隠され支那婦人」と題した文章がある。著者は雑誌『白樺』の創刊期に有力なメンバーで、画家として有名であった有島生馬である。有島には、1915年に上海や香港に寄港したことと、その翌年の1916年の秋に北京と天津を旅行したという経験がある[13]。彼は公園の中で「有名な小さい靴を履き、所謂嫋々した蓮歩を運んで行く」中流よりは裕福であろう家庭の中国人女性を見かけたことをこの記事に記している。彼は西洋人のように「毛皮類を愛好」し、「派手な服装には、大分西洋風が加つて居る」と当時の中国人女性がずいぶんと洋装化されてきていることに気づいている。さらに、中国人女性の洋装化現象について、「色彩の点や着物の組立などから言つても、支那婦人の服装といふものは欧羅巴人のそれに似通つて居るからして、西洋服を取り入れる場合には、日本服などより出来易いであらうと思ふ」と述べている。当時の日本人の中国人女性に対するイメージは、前述したような纏足された弱々しい人ばかりであったようだが、有島は従来とは異なる洋装化された中国人女性の姿を描いている点が注目される。デザインとしては和服より「支那服」の方が洋服に近いので、洋装化しやすいと思われるかもしれないが、歴史的には日本より西洋化が遅れていた当時の中国で女性さえもが、洋装化している実情が、おそらく有島を驚かせたのだろう。

さらに、20年代に入ると、日本の女性雑誌には中国人女性の風俗を紹介する文章が急増する。『画報』第213号(1923年7月1日)には「目覚めてきた支那女性」という記事が掲載されている。この記事の中では「女服の改良」に関して、「欧米女服の長所丈を採つて、支那女服のよい部分を残して、模範的の女服が出来ました。女学生は勿論、其他の婦人迄が悉く之を着用してゐるのです。」というように、中国で活発な服装改良が行っていることが記されている。この記事を書いたのは後に衆議院議員となり、『海外』という雑誌の社長や主筆を務めた神田正雄という人物である。彼は、1901年に四川省学堂の教育顧問兼教習を務め、中国語の『四川地理教科書』などの著書を著した人物である[14]。その後、アメリカ、ヨーロッパなどの留学を経て、1908年帰国。東京大阪朝日新聞社に入社し、10年ほど特派員として北京に滞在していた[15]。こうした経歴から神田は中国のことに精通していた。彼は、「一体支那は一般に旧習慣墨守の国民のやうに思はれてゐるが、女服の改良を見ると意外に感ぜざるを得ない(後略)」と、一般的に中国人は古い習慣を守ると思われがち

だが、そうした性質は服装面においてはそれは当てはまらないようだ、として驚いている。記事の最後には「日本の婦人は、東洋で姉さんを気取つて居ますがかゝる方々に少し目をつけて貰ひたいと思ひました」と日本人女性にできるだけ早く服装の改良が行われるようにとの希望を述べている。また、同記事の挿絵には、当時の江西省の新婦人留日団体に属する中国人女性たちの写真も掲載されている。この写真に写っている女性たちが着

図1　中国女性たちの服装
江西省の新婦人留日団体の新しい女性たちである。着ている服装は上下ツーピースの「学生装」である。
『婦人画報』第213号、1923年7月1日、挿絵、35頁。

ているのは、民国の新しい女性の身分を象徴する「上衣下裙」、つまり上衣とスカートを揃いとして着るツーピースタイプの衣服（図1）である。この写真は新しい「支那服」を目で見える形として、日本人に紹介した最初のものだと思われる。このような写真の出現を契機に、「伝統と切り離された新しい中国人女性」＝「上衣下裙」の女性のイメージが形成され、それが徐々に日本人の中で浸透していく。ちなみに、後に日本で流行した「支那服」はほとんど図1のようなツーピスのものであった。

　続いて、『画報』第91号（1924年9月1日）には「支那服と支那婦人讃美」と題された文章が掲載されている。この記事の著者・水島爾保布は、画家であり小説家、随筆家でもあったが、記事の中で中国人男性を英姿颯爽の貴公子ようだと賞賛した後、中国人女性の外観について、「克明に縮らせた前髪、眼鏡、華奢な腕時計（中略）上着も裾も勿論短い。着物の柄にも髪の束ねやうにも自ら一癖ある扮装だ」と新しく誕生した中国人女性たちの姿を描写し、中国には「日本のやうにヘンな洋服なんか着てゐるのは一人もゐない」という指摘をしている。当時の中国人女性たちは、すでに洋装をただ崇拝していただけの段階から、新しい「支那服」を着用する段階へと移行していたのである。水島爾保布が滞在していた上海には、「上衣下裙」の衣服を着た女性が多くいたことは記事の内容からも明らかであるが、彼の記事には洋服を着た女性は登場しない。これは著者の個人の経験と興味の偏向によるものである、少なくとも水島は日本人女性の洋服を肯定していないことだけは確かである。続いて、彼の次の文章を見てみよう。

> 日本の御婦人方もあのがに股や家鴨股で女将軍出征を向ふ面でやるよりも、一その支那服を着た方がまだいくらかましだろうと、便利な上からいつても、経済の上からいつても、美しさからいつても、軽快さからいつても、それから尚いくらでも贅沢に粧へる上からいつても、洋服なんかより遥かにいい。文明的でもあれば芸術的でもある。のみならず日本人の体にはよりよく適当してゐるに違ひない。

洋服を着ている日本人女性には、がに股や家鴨股のように見にくい人が多いと揶揄し、利便性、経済性、実用性、さらに審美的な観点から、「支那服」をきわめて高く称賛し、「支那服」を着るほうが洋服を着るよりもよっぽどいいと述べている。これは、当時の女性雑誌によく見られた和服と洋服の論争の中では、かなり特異な意見であった。

また、『公論』第110号(1924年11月1日)に掲載された「新しい型と古い型――支那婦人の印象」と題される記事で、小説家・南部修太郎は「大概黒無地の上着に、白か水色の袴、軽さうな支那靴をはき、髪を七三の束髪にして、何の色彩も装飾物も帯びない清楚簡単な姿が如何にも若く、純に軽快に見えて、私にはひどく好ましく思はれた」と、中国人女学生の素朴かつ無邪気な格好を高く評価している。

以上、女性雑誌において「支那服」が流行として紹介される前は、単に外国人の風俗の一部として取り上げられるに過ぎなかったが、1919年の五・四運動以降、中国人女性の「身装文化」が大きく変化したことを契機として、日本の女性雑誌に中国人女性に関する記事が急増した。こうした記事には、洋服をそのまま採用せず、伝統の衣服の改良を進めている中国人女性の実例を紹介することによって、日本人女性に服装の改良を促す意図があったものと推測される。さらに、1923年関東大震災後、和服問題が解決すべき急務となった。それに伴い、洋服以外の選択肢として「支那服」に大きな関心が集まったのである。

また、上述した記事の著者のほとんどが日本人男性であることは看過できない点である。彼らは知識人層であったため、一般男性や女性よりも中国に渡航するチャンスが多かった。女性雑誌の中で観察した中国人女性の身装文化を積極的に紹介することを通して、彼らは新しい「支那服」に関心を示し、最初に好感を持つようになったのであろう。

では、日本人女性は、いつ頃から「支那服」を意識したり、「支那服」を着用したりするようになったのだろう。この点を次の節で見てみよう。

4.「支那服」流行の発端

1925年1月1日付の『画報』第231号＜特別増大号＞(1925年1月1日)には「支那・朝鮮の婦人服・布哇の日本婦人」の三カ国の女性の服装を載せた写真が見られる。写真は本郷の女子美術学校に在学中の中華民国の女学生を映したものである。六人の女性の中で、右から三番目の女性だけは洋服に近いものを着ているものの、他の五人はほぼ同じ形の「上衣下裙」を着ている(図2)。このスタイルの「支那服」は上述した中華民国の「学生装」(図1)とほぼ変わらない形である。それに加えて、写真の隣に添えられた説明文には、「支那の婦人服はこの頃一部の日本婦人がたの注意する所となり、近く支那服の流行を来さんとするけはひがほの見えます」と書かれている。つまり、この説明文から、1925年の時点で、すでに一部の日本人女性たちは「支那服」に関心を寄せていたことがわかる。さらに、この説明文は、今後「支那服」が流行するようになるだろう、という見通しも示している。

図2 女子美術学校の中国人女学生
本郷にあった女子美術学校に在学中の中華民国の女学生の写真である。『婦人画報』(特別増大号)第231号、1925年1月1日。

一方、ここにもう一つ重要なポイントがある。実は、図2の写真より20年ほど前の『画報』は1906年と1908年の二度、中国女子留学生の卒業式記念写真を掲載したことがあった。しかし、当時の写真には、清末に日本に渡った女子留学生らは束髪をし、女袴を着ており、日本人の女学生と区別できない姿をしている。これに対し、図2の中華民国の女子留学生は自信満々に中国服を着ており、明るく元気に溢れている感じがする。約20年の歳月を経、中国人女性の衣服に大きな変化が起き、洋服を着たり、和服を着たりする時代が消滅し、改良した自国の服を堂々と着る時代になったのである。このような中国人女性自身にあった大きな意識の変化が、「支那服」流行の一つの要因であると考えられる。

では、次に日本人女性が中国人女性に関心を持ち始め、「支那服」に心を惹かれるようになった経緯を辿ってみよう。

4.1 女優のファッション

やがて実際に「支那服」を着た日本人が雑誌に登場する。『グラフ』第3巻2号(1926年2月)には「支那服」を着ている女性の写真が掲載されている。そこに写っている女性の名は水谷八重子(初代)。大正から昭和にかけて活躍した日本の大女優である(図3)。写真の下にある説明文には、「美しくて趣味のある婦人の支那服が、昨年は映画の女優さん方の間に、ボツボツ流行し始めまして、可愛らしい支那娘の様な蒲田の東栄子さんや、それから英百合子さん、栗島すみ子さん、新進スターの筑波雪子さん等も支那服の美しいお姿をお芝居の廊下等でよくお見かけましたが、何といってもよく支那服のお似合になるのは芸術座の水谷八重子さんでせう」と書かれている。この説明文から「支那服」が、1925年頃に映画や芝居の女優たちの間で流行り始めたことがわかる。また、続

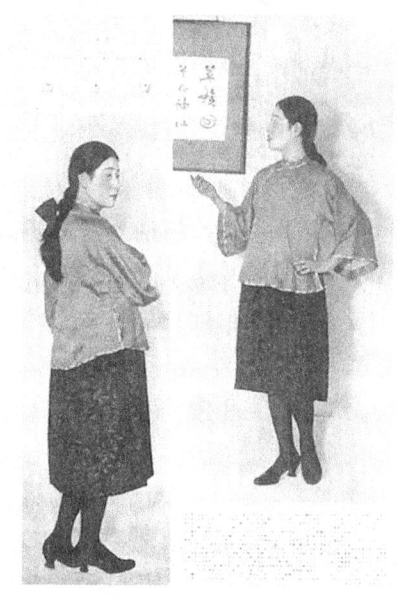

図3 日本人の「支那服」姿①
モデルは女優の水谷八重子。『婦人グラフ』第3巻2号、1926年2月。

いて、「かうした女優さん方の間の流行が魁となつたわけでもないでせうが、最近では貴人のお嬢様の間にも大分支那服をお召しになる方が多くなりました」と述べている。つまり、この写真が掲載された時期には、「支那服」が日本人の女優たちの間で流行りだしていたし、裕福な家庭の令嬢たちの間にも流行していたのである。1926年に水谷八重子の写真を掲載した『グラフ』は、1924年5月に創刊したばかりの高級グラビア雑誌であり、そもそも裕福な家庭の読者をターゲットとしていたので、常に最先端のファッションを経済的に恵まれている女性たちに紹介するのは、むしろ当然のことといえるだろう。したがって、雑誌でモデルが着ているファッションは決して安価なものではなかった。たとえば、図3の写真の中で女優の水谷が着ている「支那服」は銀座松屋呉服店で特別に誂えたものであり、上下揃でなんと七十八円と、当時としてはきわめて高価なものであった[16]。また、同記事には、「支那服」の生地や色、襟、コーディネーションなど細かい情報までが紹介され、読者にアピールしようとしていることがわかる。この記事を皮切りに、日本の女性雑誌は次々と「支那服」の流行情報を発信していくことになる。

図4　日本人の「支那服」姿②
女優の田村嘉久子の「支那服」姿。『婦人画報』第254号、1926年11月1日、53頁。

『画報』第254号(1926年11月1日)には、女優の田村嘉久子の二着の「支那服」が紹介されている(図4)。左側の田村の「支那服」は上述した水谷八重子の形とほとんど変わらないが、より身体のラインが出るようになっているのがわかる。また、右側の写真は、これまで紹介されていたツーピスの「支那服」と異なるタイプであり、一つの新しい形であるといえよう。これはワンピースタイプの長袍で、後に中国の各大都市で一世を風靡するいわゆる「チャイナドレス」の原型に近いものである。したがって、日本の女性雑誌で紹介されていたのは「上衣下裙」形と「チャイナドレス」形の二種類であったことがわかった。

ところで、図4の写真の下には、モデルである田村が書いた「支那の婦人服」という文章が載せられている。それは次のようなものだ。

　　一体日本人の体格には洋服より支那服の方が人種的に調和する素質があると存じます。支那服の特長はその模様、刺繍、それから色とで非常に若々しく見せる嬉しさがあります。そして、あの重苦しい日本帯の窮屈さから解放されることはどのくらゐうれしいことかわかりません。それでゐて襟などは大変きちんとできてゐますので、自然首、肩の線をしっかり正しくさせます。下着も

日本座敷に座った場合などに格好もよく、からだの冷えない点も洋服に勝ってゐるます。靴も至極簡単なスリツパに等しいもので、日本人の小きざみな歩き方には適当してゐます。それから帽子の必要のないのもうれしい一つです。又日本服よりどれ位経済かしれません。

　この一文から、田村が「支那服」をどれほど高く評価したのかがわかるだろう。主な評価ポイントは二つ。一つは、和服と比較した場合、「支那服」は窮屈感がなく、経済的であるという点。もう一つは、洋服と比較した場合、「支那服」は洋服より日本人女性の体格に相応しく、生活習慣によく合い、シンプル感がある点である。こうした利点から、田村嘉久子も「支那服主張の共鳴者」になったようである。ちなみに、図4の掲載の写真に、田村が着用している「上衣下裙」形の「支那服」は梅蘭芳から送られたものだったようだ。

4.2　お嬢様・貴婦人たちの愛用物

　上の節で述べたように、女優だけが「支那服」を好んでいたわけではない。一部ではあるが裕福な家庭の令嬢たちも「支那服」を楽しんでいた。たとえば、『画報』第250号（1926年7月1日）の口絵には、三人の少女の様子を映した写真が見られる（図5）。写真の説明文によれば、二番目に大きな女児、つまり写真の右側の女性は「蓮花色紋羽二重の支那服」を着ている。彼女は先に紹介したツーピースタイプのものと同形である。ただ、下にスカートの代わりにズボンを穿いている点が異なる。とすれば、これは「支那服」ではないのではないかと思われるかもしれないが、実は、当時の中国ではツーピースを着る場合、「上衣下裙」形のもの以外にも、上衣の下にズボンを穿くスタイルのものも非常に流行していたのである。つまり、写真の日本人女性は、当時の中国で最もおしゃれだった服を身に纏っているのである。ちなみに、写真中の他の二人は洋服を着ている。三人とも外国の服を着て、ハイカラな洋風建築の前で写真が撮影されていることから、彼女たちは三人とも相当裕福な令嬢たちであると思われる。

　実は「支那服」は女児のものだけではなく、裕福な家庭では親子が揃って着用できるものでもあった。『画報』第267号（1927年6月1日）には、「支那趣味の門前で大邊房子夫人と

図5　日本人女児の「支那服」姿
　右の女児は「支那服」を着ている。下に穿いているのはズボンである。『婦人画報』第250号、1926年7月1日、口絵。

令嬢」と題された写真が掲載されている（図6）。この「支那趣味の門」とは、大阪市外蛍ケ池にあった大邊房子夫人の自邸・「千里山荘」の門で、彼女の夫によってバンガロウに「支那趣味」が多分に付け加えられたものであった。図6の写真は、大邊房子夫人と令嬢・醇子の親子二人が、いずれも「支那服」を着て、「支那風」の自邸門前で撮影されたものだったのである。もし説明文がなければ、この写真は中国で撮影されたものだと思われても仕方のない写真である。

この3ケ月後の9月の『グラフ』（第4巻第9号）の「若い女性の紹介」というコラムには、実業家の徳岡祐三郎の令嬢であり、京極運輸商事の設立者たる京極杜藻の義妹である徳岡鏡子が写った写真が載せられている[17]。この「若い女性の紹介」というコラムは、実は家庭背景（主に父親の身分、所属など）や令嬢自身の学歴、そして教養や趣味な

図6　日本人親子の「支那服」姿
『婦人画報』267号 1927年6月1日、16頁。

どの情報を公開し、そこに写真を付けたもので、それは結婚相手を探すためのものであったという。興味深いのは、雑誌に載せられた徳岡鏡子の写真は、他の令嬢がいずれも和服または洋服姿なのに対し、彼女だけは「支那傘」をさしながら、「支那服」を着ている半身像だという点である（図7）。当時の最先端の流行の影響を受けたのだろうか。ともかく徳岡は多くの優秀な令嬢の中で「支那服」を選んだ。もしかすると、自分のことを目立せようという意図があったのかもしれない。

以上見てみたように、1920年代中頃、「支那服」が日本人の女優や上流階級の令嬢、貴婦人たちに好まれ、着用されていた。彼女たちは人々の注目を集めるスターやアイドル、または裕福な家柄の令嬢や貴婦人であったため、最先端のファッションを他の女性よりもっとも早く享受できる人たちであったのだ。ここまで紹介した女性雑誌の「支那服」は、どちらかと言うと、きわめて限られた女性にしか着用できなかったものであり、かなり高価なものであった。

では、そうした「支那服」がより広い層にどの

図7　徳岡鏡子令嬢の
「支那服」の半身像

ようにして広まっていったのか。その様相を女性雑誌から見てみよう。

5.「支那服」の家庭化とその終焉

　前節で女優や一部裕福な家庭の令嬢たちがいち早く「支那服」を楽しんでいたと述べた。だが、彼女らが着ていた「支那服」はあくまでも最先端のファッションであり、かつ高価なものばかりであった。それゆえ、「支那服」は庶民（富裕層以外の女性たち）にはなかなか手の届きにくいものであった。実際に「支那服」を購入できる場所も大都市にあるデパートなどきわめて限られたものであった。ところが現実には、「支那服」を購入し、着用したい女性の数は増える一方であった。入手困難な状況下にあったため、女性雑誌は女性たちのニーズに応えるために、読者に対して「支那服」の製作を教えるような文章を掲載し始める。

　たとえば、『画報』第254号（1926年11月1日）では、十三、四歳の少女向きの「支那服」の作り方を紹介している。そこでは、上着からスカートまで、作り方が詳細に説明されている。やはり当時の一般女性にとって、「支那服」はまだかなり珍しいものだったのだろう。その証拠に、「支那服」の裁縫の仕方を説明する際は、洋服の縫い方と比較しながら読者がより理解しやすくなるための工夫が読み取れる。またこの記事では、日本人の女児に洋服以外のもう一つの選択肢として「支那服」がある、ということを家庭の主婦たちに提案している。

　『グラフ』第4巻第5号（1927年5月）には、日本の成人女性に向けて「支那服」を強く勧める「初夏向きの支那服」という標題の記事が掲載されている。記事には、「日本婦人には体格、頬色、髪の色などの関係から洋服よりも支那服の方が遥かにしつくりと合ひ、愛くるしく見える方があります」と述べた後に、「支那服」が「散歩に、訪問に、接客に用ひてよろしいもの」であり、「仕立も、裁縫も、極めて簡単なもの」であるというように、さまざまな利点を挙げながら読者の女性たちに「支那服」を薦める様子が見て取れる。さらに、その後の頁では、大人の「支那服」の製作方法が詳細に紹介されている。実は、この記事で「支那服」は、「婦人グラフ　洋服講座」の一環として紹介されている。つまり、「支那服」が和服とまったく異なり、外来のものであるという認識があり、かつ当時は洋服のジャンルに含まれることもあったということだ。これは「支那服」が、和服、洋服以外の「第三の服」としてはっきりと位置づけられていたわけではなく、時には外来の服装として洋服と同じカテゴリーに属する服装と認識される場合もあったということを意味するものである。この「洋服講座」で「支那服」を紹介したのは、スズコ洋装店の「支那服部」であった。上述した「支那服」を製作し販売していた銀座松屋の百貨店以外に、スズコという洋装店にも「支那服部」を設立していたことが、この記事から確認できる。なお、同記事に載せられている写真のモデルは後に俳人として名声を得た女流俳人・稲垣きくのであったが、当時はまだ若葉信子の芸名で松竹蒲田の女優として活躍している時であった。おそらく女優のおしゃれな「支那服」姿をお手本として見せることで、読者に「支那服」の魅力をアピールしようとしたのであろう。

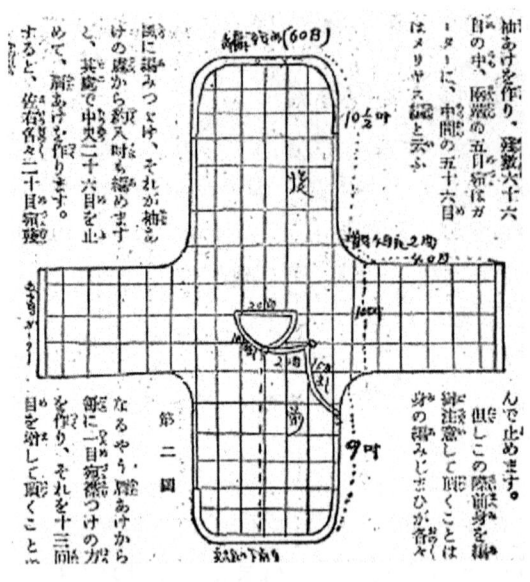

図8 「支那型ポレロ」の編み方
『グラフ』第4巻第9号、1927年9月。『婦人画報』第278号、1928年10月1日130頁。

それから1929年までの間、「支那服」の製作を紹介する記事が次々と掲載されることになる。たとえば、夏には涼しく可愛い少女が着られる「支那服」の作り方が紹介されたり(「夏向きの可愛らしい少女用支那服の仕立て方」『公論』第156号、1928年8月1日)、秋には10歳前後少女用の可愛らしい中国風の上着の裁縫の仕方が説明されたり(「支那型スエーターとボレロの編み方」『画報』第278号、1928年10月1日)(図8)、また、「支那風」を加味した女学生用スエーターの記事(「支那味を交へたる女学生用スエーター」『画報』第283号、1929年2月1日)が掲載されたりした。これらの記事は、いずれも少女が着用する「支那服」を中心に紹介している。またこのような記事がよく登場するのは、1928年の夏から1929年の春までに集中しており、この時期が「支那服」が女性雑誌で取り上げられたピークであったと思われる。

ところが、1929年以降、「支那服」に関する流行の記事は急減する。第二次世界大戦以前で言えば、わずかに1939年の『画報』第425号(1939年7月1日)に「支那女人の風景」という文章が見られる程度である。それに、この記事は1930年代末の都市から農村までの中国人女性たちのファッションを紹介するものであり、日本の「支那服」の流行とはほとんど関係がない。要するに、1920年代末に「支那服」の流行に終止符が打たれたということになる。「支那服」の流行が突然終焉を迎えた理由には、本来ファッションというものが偶然性と持続性をもっていないという性質を持っているという原因の他に、1928年の第二次山東出兵により日中関係が大きく悪化したという政治的な要因が大きいと考えられる。さらには、1929年、ウォール街で起こったいわゆる「金融大恐慌」により、日本の経済不況が深刻な状態になり、それが女性のファッションに影響を及ぼした結果、「支那服」流行の終焉に拍車をかけたのではないかと稿者は考えている。

6. おわりに

本稿は戦前の日本の女性雑誌において、「支那服」関連記事が多く掲載されている『画報』と『公論』、高級グラビア誌『グラフ』を中心に考察し、その結果、以下のようなことが明らかになった。

まず、「支那服」が日本の女性雑誌に出現してから流行するまでの過程である。最

初に紹介された「支那服」はファッションではなく、単に中国人女性の風俗の一部と見られるものであった。ところが、1920年代初頭になって中国が民国時代に入り、政治的にも安定してきた中国では、女性たちは洋服を崇拝するような時代を経て、中国服を改良し、それを着用するようになっていった。洋服を着る女性が減少しただけではなく、日本に留学していた女学生らも和服の代わりに堂々と「支那服」を着るようになっていった。このような情勢の変化によって、日本人の中国人女性に対するイメージも大きく転換することになる。女性雑誌の記事では、中国人女性の服装改良の活動を褒めたり、「支那服」を賞賛したりする言説が次々と登場する。そして、このような考えを持った日本人は、女性よりも知識人男性が多かった。

だが、1925年頃から「支那服」は日本人女性たちの関心を集めるようになる。映画や芝居の女優たちの間で流行していたし、裕福な家庭の令嬢や婦人たちも「支那服」を好むようになり、女優と同じような「支那服」を着た写真が女性雑誌に間々掲載された。

さらに1926年の年末になると、読者向けに「支那服」の裁縫の仕方を紹介する記事が多く登場するようになる。それは女児や少女向けの「支那服」が主流であったが、成人女性にも「支那服」の着用を勧め、その裁縫方法を説明する記事もあった。こうした状況が1929年の春まで続いた。しかしながら、1929年の春以降、「支那服」の流行に関する情報が急速に消失し、「支那服」の流行はここに終止符を打つことになったのである。

次に、「支那服」が日本で流行した理由として、以下に挙げる①～③の三つの要因が考えられる。①清朝が衰亡し、民国時代に入ってから、中国人女性たちは積極的に中国服を改良し、着用するようになったが、こうした動向は日本人に驚かせると同時に好感を持たせた。②和服と洋服の論争が激しくなってきた1920年代、特に関東大震災後、日本人女性の衣服の改良が急務となった。そうした状況下で、「支那服」が和服や洋服よりも優れた点があると考えられた結果、「第三の服」として注目されるようになった。③本稿では詳しく述べなかったが梅蘭芳の訪日に代表されるように、当時は日中演芸界の交流が盛んに行われた時期であった。その影響が「支那趣味」の流行と重なり、女優たちあるいは裕福な家庭の中の女性から「支那服」の流行が始まった。

最後に、「支那服」の流行はどのような女性に影響を与えたのかを少し考えてみよう。そのためには、まず雑誌の読者層について説明する必要がある。『画報』や『公論』、『グラフ』の三誌いずれもが、中流および中流以上の家庭を対象としていた雑誌であり、そもそもお金に困らない読者をターゲットとしていた。とりわけ、『画報』や『グラフ』の場合、読者層には裕福な家庭の女性が多かった。それゆえ、記事に登場した女優や令嬢以外にも、中流家庭以上の女性たちは「支那服」を着用していたし、女性雑誌から大きな影響を受けていたことが推測できる。

今後、男女を問わず、日本における「支那服」の着用の状況を整理し、日本人にとっての「支那服」とは何だったのか、その意味を考察しようと思う。おそらく「支那服」を通して、日中の「身装文化」交流史の一面を明らかにすることができるだろう。

注

[1] 中国服という言葉は当時の日本の女性雑誌において「支那服」と書かれている。「支那服」という言葉に関して、本研究では、衣服の時代の特徴を強調するために当時の新聞記事通り使用する。他の政治的な意味は一切含まれないことをあらかじめ断っておく。

[2] 増田美子. 2010.『日本衣服史』吉川弘文館. pp331-334.

[3] 有山輝雄. 1984.「1920, 30年代のメディア普及状態──給料生活者、労働者を中心に」『出版研究』第15号、日本出版学会. p30.

[4] 大丸弘. 1988.「両大戦間における日本人の中国服観」『風俗』第27巻第3号、日本風俗史学会会誌. p59.

[5] 池田忍. 2002.「『支那服の女』という誘惑―帝国主義とモダニズム」『歴史学研究』第765号、青木書店. p1.

[6] 稿者は以前、「支那服」の関連記事が多出する『読売新聞』と『朝日新聞』を対象とし、1920年代前後を中心に、「支那服」の流行の過程と、その時代背景について考察したことがある。そこでは、第一段階を流行が始まる以前の1887年から1920年までの期間とし、それを「支那服」の認識の期間とした。第二段階は、1921年から1926年までの期間であり、これを「支那服」の流行の準備期とした。第三段階は、1926年夏から1928年の期間で、これを最盛期とした。

[7] 石川弘義・尾崎秀樹. 1989.『出版広告の歴史　1895―1941』出版ニュース社. p16.

[8] 同前。

[9] 木村涼子. 2010.『＜主婦＞の誕生婦人雑誌と女性たちの近代』吉川弘文館. pp30-42.

[10] 浜崎廣. 2004.『女性誌の源流：女の雑誌、かく生まれ、かく競い、かく死せり』出版ニュース社、pp75-101.

[11] 今回の調査に用いたのは、『DVD-ROM版婦人画報』（京都：臨川書店、2004）の創刊号（1905年7月）から第482号（1944年4月）までの全期間において、「支那服」がキーワードとして含まれる記事である。『公論』の場合もこれと同様である。つまり、『DVD-ROM版　婦人画報』（京都：臨川書店、2006）の創刊号（1916年）から第346号（1944年4月）までの期間の記事を中心に、「支那服」のキーワードで検索して見つかった記事を本稿の研究対象とした。『グラフ』の場合は、国会図書館のデータベースを利用し、現時点で所蔵しているすべての巻号、具体的には1926年の第3巻第1号から第6号、1927年の全年、1928年の第1号から第6号を対象として、考察を行った。こうした方法によって調査を行った結果、本研究に関連する記事や口絵などを47件見つけることができた。

[12] 稿者の調査によって、女性雑誌における「支那服」関連の47件の記事の中で、本稿の研究対象の三誌には計41件の記事があった。これは全体の87％に当たる。その他には『婦人倶楽部』（戦前「四大婦人雑誌」の中の一つ）に5件、『婦女界』に1件の記事がある。

[13]「有島生馬──物故者記事」参照、東京文化財研究所、http://www.tobunken.go.jp/materials/bukko/9364.html。閲覧日：2016年9月4日。

[14] 衆議院事務局編. 1928.『衆議院要覧．昭和3年12月（乙）』衆議院事務局、p205.

[15] 下野新聞株式会社編. 1931.『野州名鑑』下野新聞社. p401.

[16] 甲賀忠一・制作部委員会編. 2008.『物価の文化史事典』展望社.

[17] 高月智子・能澤慧子. 2003.「1920年代若い女性の理想像：『婦人グラフ』に見る令嬢たち」『東京家政大学博物館紀要』第8号、東京家政大学博物館. p187.

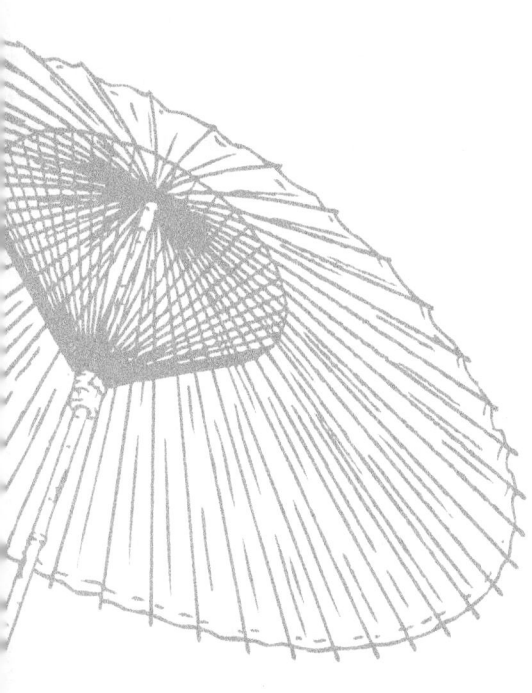

日语社会研究

如何用第二现代理论进行日本当代史研究

北京外国语大学日本学研究中心　周维宏

要旨：中国の日本研究界では近年、平成日本学を唱える声が聞こえてきた。しかし、理論的な支えが欠けていた。筆者は平成時代が歴史的に当代史に属するけれども理論上では歴史学の時代理論よりは社会学の社会変動理論が説明しやすいと思う。この論文は関連するシンポジュウムでの筆者の基調報告に基づいて作成されたもので主に社会学の第二近代理論を用いて平成日本社会の変遷を分析する方法を議論していた。

关键词：第二现代理论　当代史　平成社会

　　清华大学历史系刘晓峰教授去年在《日本学刊》第二期发表论文,提倡"平成日本学",虽然略有争议,但还是在我国日本研究界得到了广泛的响应。日本史学界的学者认为,平成日本年代(1989－)相当于日本历史研究中的当代史部分,提倡平成日本学将有助于推动对日本当代史的研究,而通常当代史被看作现状研究,最容易被历史学界疏忽。日本社会研究者认为,开展平成以来的日本社会研究,将有助于推动系统和全面的当代日本社会研究,改善社会研究中的零散、肤浅现象,加深对日本社会变动的认识和理解。今天,中国社科院日本所社会研究室和清华大学历史系联合在此召开"平成日本学研究暨2015年日本社会热点问题国际学术研讨会",邀请到了国内外日本研究界各个专业的学者,可以说,充分反映了上述学界的热情和志向。本人作为身跨日本史和日本社会研究两界的学者,受邀作基调发言,主要想和大家一起来讨论"平成日本学"的理论和方法问题。众所周知,历史学善于收集和整理历史事实,而社会学在社会研究的理论和方法上往往独树一帜。对于作为当代史的平成日本学,史实的收集和整理恐怕并不特别难(时间近而资料丰富),难的是如何解读和分析。因此,笔者的基本思路是积极运用社会学的最新理论框架,将平成时代作为一个完整的历史时代来做当代史研究,所以本文主要探讨如何用社会学的第二现代理论来分析平成日本社会的时代特征。

1.第二现代理论

　　什么是社会学的第二现代理论？为了在当代史中导入这一理论,本章我们首先从现代化的词源和现代化理论的形成历史开始整理,将第二现代理论的来龙去脉说清楚。

1.1 "现代"的词源

提到第二现代理论,首先要理解现代一词的来龙去脉。毫无疑问,现代一词是外来的词汇,它是西方世界时代划分的一个术语。从维基百科英文版 modern 词条可以查到,英语现代一词来源于拉丁语 modo (just now),现在的意思。西方史学把罗马帝国及以前的时代称为古典或古代(Ancient history),把其后的 1000 年称为中世纪(Middle Ages),将中世纪后称为现代(Modern history),恰恰在现代早期,欧洲发生了启蒙运动,人类开始意识到了社会的变迁和发展是一种进步,因此现代在代表最新的历史时代这一时间意义的同时,也有了进步、开化和文明的含义,开始形成了现代化的观念和理论。

1.2 现代化理论

如前所述,现代化观念起源于欧洲 18 世纪的思想启蒙运动。学术界公认当时的现代化观念主要表现在"现代性"(Modernity)这一词的广泛使用上。它集中表现在欧洲社会通过启蒙运动从中世纪旧传统文化向当代新文化的转变。而这往往又是同各种社会变化密切关联的,比如生产技术从手工向机器时代的跃进,新的资本主义经济和政治制度、新的社会结构出现等。但当时还没有形成一种完整的现代化的系统理论论述。人们经常会提到代表人类思想进步的社会学创始人孔德提出的的人类认识三阶段论(从神学、人学阶段向科学阶段的进步)、亚当·斯密的社会经济分工理论和斯宾塞的社会进步理论。

系统的现代化理论形成于第二次世界大战后的五六十年代。经过第二次世界大战的洗礼,一大批亚非拉新兴国家在战后获得独立,走上了现代化的道路。现代化的经验开始越出了欧洲的范围向全世界扩展。在这种形势的鼓舞下,美国的社会学家们开始重新对现代化进行系统的理论总结,他们提出了四个基本假说,成为当时社会学界的共识:(1)从传统社会走向现代社会是一种世界共同的历史进程;(2)这种历史进程是一种多层面的一体化社会变迁;(3)现代化的社会变迁是一种渐进的线性道路;(4)落后的传统社会可以通过接触现代化社会加快自身的现代化进程。[1]哈佛大学社会关系系主任帕森斯还提出了现代化由文化、政治、经济和社会四个子系统构成的基本结构。[2]60 年代以后,现代化理论从美国传播到德国,得到了进一步的发展,并在全世界的社会科学界占据了主导地位,一时甚至被称为如同社会科学界的"统一场理论"。[3]这一时期,社会学家进一步开发出了数种比较各国现代化进程的测量体系,如 1966 年,普林斯顿大学国际研究中心西里尔·E·布莱克教授用 10 项指标分别从经济发展水平和社会流动水平的角度大体揭示"前现代化社会"向"高度现代化社会"转变过程中所发生的变化,以表征社会发展的差距。与经济增长和经济结构有关的现代化指标如表 1 所示。

表 1　用以反映经济增长和经济结构的指标(布莱克标准)[4]

指标	低	高
1. 人均GNP(以1973年美元计算)	200—300	4000—6000
2. 能源消费(人均煤当量,公斤)	10—100	5000—10000
3. 劳动就业比例(%)		
农业	85—95	5—10
工业	5—10	30—40
服务业	5—10	40—60
4. 各部门占GNP比例(%)		
农业	40—60	5—10
工业	10—20	40—60
服务业	20—40	40—60
5. 终极用途占GNP比例(%)		
消费	80—85	55—60
资本形成	5—10	20—30
政府开支	5—10	25—30
6. 城市化(10万人以上城市中人口的百分比)	0—10	50—70
7. 教育		
中小学(适龄组的入学比例)	20—50	90—100
高等教育(每百万居民中的学生数)	100—1000	10000—30000
8. 健康状况		
新生儿死亡率(每千名出生儿童的死亡)	150—500	13—25
食物供应(人均每日卡)	1500—2000	3000—3500
医生(每百万居民中的医生数)	10—100	1000—2400
9. 交流		
邮件(每人每年投寄国内信件)	1—10	100—350
电话(每千人计)	1—10	100—500
报纸(每千人发行量)	1—15	300—500
收音机(每千人台数)	10—20	300—1200
电视机(每千人台数)	1—50	100—350
10. 收入分配(按收入的百分比)		
收入量低的五分之一居民	8—10	4
收入量高的五分之一居民	40—50	45
收入量高的百分之一居民	20—30	20

布莱克的 10 项标准，反映了学术研究对社会和时代的关心，反映了人们力求寻找一种比较简单明了的方法去测量社会发展水平的心理，但由于这些指标不够精确，可操作性不强，一般只是作为文献被引用，没有成为度量现代化进程的有效工具，为此笔者曾经根据发达国家现代化的最新局面设计了一个现代化的核心指标系统，用于进行东西方国家的现代化发展比较[5]。

1.3 第二现代理论和社会

现代化理论自 60 年代形成之后，在广受关注和影响巨大的同时，也不断地遭受了方方面面的批判。这种批判首先来自于马克思主义学派的学者，他们的主要观点是现代化理论转移了学界对资本主义社会自身性质和问题的批判，而代之以发展这种笼而统之的话题。其次批判来自于传统的文化学者，他们认为现代化理论的传统和现代对立的话题并不真实，传统文化并不是社会发展的阻力和问题。最后，对现代化的批判大量来自于从事对第三世界国家的研究的学者，他们认为现代化理论把本来不可比较的发达国家和后进国家放在一起比较，无视了各自的历史、文化和民族特性。现代化还宣扬了全世界的发展必须走同一种路线的单线发展模式，否定了文化发展的多样性。1979 年，新马克思主义学者伊曼纽尔·沃勒斯坦甚至大胆宣布现代化理论走进了"死胡同"。[6]

有意思的是，真正向现代化理论发起致命挑战的，恰恰是社会现代化自身的发展。当进入 20 世纪 70 年代末和 80 年代初，西方发达国家纷纷完成了传统现代化理论所制定的发展目标，进入到了一个传统理论难以解释的时代。于是在社会学界以及其他学界开始出现了一种后现代主义的思潮，认为西方社会已经或即将进入后现代的社会。后现代社会的主要特征是，经济上工业时代结束、后工业时代到来。政治上中央时代结束、地方时代到来；社会上家庭时代结束、个人主义时代到来；文化上大众时代结束、多元时代到来。而所有这些现象，都是过去的现代化理论所没有预料到的和无法充分说明的。后现代（Postmodernism）一词本身出现在 1949 年左右，[7]主要用于象征艺术领域的一些前卫观念。1979 年法国学者让·弗朗苏瓦·利奥塔尔出版《后现代的条件》一书，标志着后现代思想理论的成型。

后现代主义思潮虽然在 20 世纪 80 年代和 90 年代初横行学术界一时，但很快就引来了严厉的反击。最轰动的事件是美国物理学家索卡尔挑起的"索卡尔事件"。1996 年 5 月索卡尔伪造了一篇后现代主义的学术论文投稿并得以在后现代主义文化研究杂志《社会文本》发表，讽刺了后现代主义学术研究的荒诞无稽，从而挑起了反后现代主义的大论战。在日本，著名的社会学家富永健一（日本社会学会会长）1996 年也出版了《现代化的理论》（讲坛社学术文库）一书，指出：现代化的基本条件如经济产业化、政治民主化等丝毫也未过时，所谓的后现代的社会完全没有到来。

90 年代后，以德国慕尼黑大学社会学教授乌尔里希·贝克（Ulrich Beck）和英国社会学家安东尼·吉登斯等为代表的一批欧洲学者提出了第二现代的社会理论。贝克的主要著作有：《风险社会：走向另一种现代性》（1986）、《风险社会的政治》（1991）、《政治的发明，论反思现代化的方法》（1993）、《自由之子》（1997）、《全球化时代的权力

与反权力》(2002)、《词语的沉默论恐怖与战争》(2002)、《世界主义的欧洲：第二次现代性的社会与政治》(2004)、《世界主义：相互依存的政治》(2005)、《世界风险社会——寻找失去的安全》(2007)等。这些著作已被译成30多种文字在世界各国出版，引起了强烈反响。

和后现代主义学者把80年代以后的社会看成后现代社会不同，第二现代理论认为，现代化社会发展在欧洲以1970年为界，以前是第一现代，其后是第二现代。和第一现代完成传统的现代化目标相比，第二现代社会仍旧处于现代化范畴，但是一个反思、调整和完善的现代化阶段。这种反思、调整和完善主要体现在：

(1)由生态危机导致的可持续发展目标和风险预警机制的提倡。

第一现代化阶段的高速经济增长带来了环境和生态的危机，在第二现代化阶段，经济增长需要在可持续战略之下考虑世代和区域的公平，建立预警机制，实现均衡发展。

(2)由全球化带来的国际秩序的重建和协调。

第一阶段现代化的发展，带来了全球化的高度发达，世界已经成为了人们通常形容的地球村。你中有我，我中有你。战争和掠夺已经难以为继，共同发展是世界共识。国际政治到了相互协调和真正共同繁荣的阶段。

(3)由个人化带来的私人和公共关系的重建。

第一阶段的现代化发展，已经使得家庭主义瓦解，个人主义普遍化。面对家庭和社区的个人化危机，社会需要在新的形势下重建私人和公共关系。

第二现代化理论一经提出，得到了全世界社会学界的重视，纷纷开展了对各国第二现代化阶段的特征和问题研究。虽然研究尚在深入途中，我们就目前的阶段可以大致总结出学者对第二现代社会的主要特征描述：

在文化上，从理性主义特征向多元文化、非物质主义文化发展；在政治上从集中民主向地方主义、协动主义发展；在经济上从工业社会向信息社会、知识经济发展；在社会上从家庭主义向个人主义、世界主义发展。

至于第二现代社会的测量指标，目前尚未发现学者专为第二现代设计测量指标，笔者参照发达国家的现状，也在核心现代化指标中尝试设计了第二阶段的目标值：文化上普及高等教育（大学毛入学率达到60％以上）；政治上普及非政府组织和志愿者活动（达到发达国家平均以上的人数和组织数）；经济上第三产业比重超过60％；社会上妇女总和生育率在2以下。[8]

2．亚洲的第二现代社会

前边我们通过对第二现代理论的梳理，大致可以发现，第二现代理论作为欧洲社会学界在20世纪90年代以来对社会进程进行的最新深入思考，在分析和解释20世纪70年代以后的社会变迁上具有了相当的高度和深度，是目前最为有说服力的理论武器。但是这一理论毕竟是欧洲学者在欧洲语境下发明的学说，它是否可以原封不动地运用到亚洲社会来？本章我们将重点考察第二现代理论在亚洲社会变迁研究中的问题。

2.1 压缩现代化论

比较欧洲和亚洲的现代化发展时,我们首先就会遇到时间进程的不一致问题。亚洲的现代化是输入性的现代化,在时间上要比欧洲晚了近300年。但是,输入性的现代化具有后发优势,其现代化的速度和顺序会和欧洲有很大不同。亚洲社会学家在运用现代化理论时就需要进行相应的修正。

首先,从20世纪80年代末起,日本的社会学家富永先生开始全面思考现代化理论在亚洲国家的运用,90年代先后出版了《马克斯·韦伯和亚洲的现代化》和《日本的现代化与社会变迁》,在书中富永先生首次提出了现代化的子系统顺序问题,指出了日本现代化的顺序颠倒特征。根据富永先生的研究,西方国家的现代化始于文化现代化,然后是政治现代化、经济现代化和社会现代化。而日本的现代化始于经济现代化,然后是政治现代化、社会现代化和文化现代化。富永先生还指出,这是由于日本的现代化是一种输入式的外发现代化,经济现代化成效易于比较,对传统冲击小而容易被统治者接受和推行,所以得以率先发动。政治和社会现代化会受到统治者的阻碍较难引进,而文化现代化对传统的冲击最大因而阻力也最大,最难完成。[9]富永先生认为,即便现代化开始了100多年,日本目前只完成了经济现代化,政治、社会和文化的现代化还没有完成。[10]

1999年韩国学者、韩国首尔大学社会学系教授张庆燮运用两阶段现代化理论研究韩国社会近年的变动,提出了亚洲国家现代化是一种"压缩了的现代化"概念。[11]

张庆燮教授认为,西方国家的现代化经历了前后两个阶段,而亚洲国家的现代化大都是追赶型的现代化,这种追赶型的现代化把两个阶段压缩成了一个阶段。"压缩的现代化指的是一个社会的政治、经济、社会及文化层面都发生了极度浓缩的形式转变,不管是空间或是时间上的。而动态流动的这种不同历史背景不同地域要素又使得重构后的结构是一个极其复杂和动态的社会系统。这个概念最初被用于解释当代韩国社会的独特现代化现象。因为其一方面在极短的时间内实现了全方位的资本主义产业化、经济增长、城市化和无产阶级化(指的是农民成为产业工人)及民主化进程。另一方面,在个人、社会及政治生活层面,各个地区仍清晰地保留着各自不同的传统和当地的特色。这些现象不仅见于韩国,在东亚的其他地区无论是发达还是欠发达社会也都已经或正要发生上述的现象。"[12]

2009年,日本著名的家庭社会学家落合惠美子和她所在的京都大学社会学研究室团队对张庆燮教授的"被压缩了的现代化"概念从家庭社会学角度进行了量化实证,得出了非常精确的日本和亚洲主要国家家庭现代化被压缩的时间数据。落合先生利用人口学的统计数据,以两次人口出生率的下降作为现代化两个阶段的标志,比较欧洲和亚洲各国的妇女总和生育率(TFR),发现欧洲各国大致19世纪20年代和20世纪60年代分别出现了两次人口出生率下降,中间有50年的稳定时间。而亚洲国家则从50年代开始连续出现了人口下降的现象,几乎分不出阶段。而日本正好处于欧亚国家之间,比欧美国家晚25年、比亚洲国家早25年左右。[13]

张庆燮的亚洲"被压缩了的现代化"概念试图说明当代亚洲社会现代化进程不同

于西方的传统和现代并存现象,从时间的侧面解释了富永先生顺序颠倒的特征分析。

2.2 空间压缩论

亚洲压缩现代化论在时间上的压缩,比较容易理解,即亚洲国家的现代化是后进触发式的,当第一现代化任务还没有完成时,第二现代化也被触发了,原本两个阶段的现代化在亚洲地区就被压缩成了一个不分阶段的过程,这就是压缩现代化之谓。但除了时间之外,张庆燮先生还提到了空间压缩的问题,此处我们也略微进行讨论。

其实,"空间压缩"概念最初是由美国社会学家 R. D. 麦肯齐于 1933 年在《都市社区》一书中提出的。他根据公路货运资料数据,制作了一个"美国近代空间缩短形势图",并探讨了交通对个人与社会组织的影响。其后还有美国著名新马克思主义者戴维·哈维(David Harvey)在其《后现代的状况》(The Condition of Post modernity)一书里使用"时空压缩"这个词语,想要表明资本主义的现代性和后现代性(现在通常叫做第二现代性)实际上已经把空间和时间的客观品质"革命化"了:一方面是我们花费在跨越空间上的时间急剧缩短,以至于我们感到现存就是全部的存在;另一方面是空间收缩成了一个"地球村"(Global Village),使我们在经济上和生态上相互依赖。这两方面"压缩"的结果是:我们在感受和表达时空方面面临着各种新的挑战和焦虑,以及由此引起的一系列社会、文化和政治上的回应。

从先行研究的结果来看,现代化的空间压缩实际上首先指的是空间移动的时间压缩,而非真正物理空间本身的压缩。在物理空间上毋宁说是人类活动的空间由于移动时间的压缩反而扩大了。只有在感觉上,我们才会有过去对周围环境的空间尺度被压缩了的感觉,我们儿时以为很大的地盘,忽然间变得小得可怜。这种空间移动时间的压缩,带来的是人类活动范围的扩展,加剧了人类的流动化。与这种变化有关的社会进程有:人口的城市化、大城市居住的市郊化和旅行的国际化(全球化)。由于这种空间移动时间的压缩发生得不均匀(不是每个人同等的压缩),导致了传统社会的瓦解和个人主义的普及。

除了空间移动时间的压缩,真正空间被压缩的是我们安全空间的压缩。在传统社会,由于自然的阻隔,人类获得了较大的安全空间,但移动时间的压缩,使风险传播的空间扩大,相应地压缩了传统的安全空间,这就是全球一体化的负面结果。

2.3 压缩现代化的扭曲和反思

现代化的发展,对传统社会来说,本身就是一个挑战和应对的过程。亚洲国家现代化的时空压缩,归根结底,是压缩了亚洲国家应对挑战的准备和适应的时间。比如,第一现代化在欧洲,大致经过了 400 年的时间,而在亚洲,最早走向现代化的日本也就大致才有 100 年时间。也就是说亚洲最多也只有欧洲四分之一的时间去准备应对第二现代化的挑战。这必然使得亚洲的第二现代社会出现准备不足而导致的扭曲。其最主要的表现就是各个社会空间的不同步。

不同步之一是社会缺乏个人主义意识而使得文化空间和其他社会空间的不同步。现代化社会由于时空的压缩,使得个人主义从传统社会脱颖而出。尤其是到了第二现

代阶段,个人主义成了社会的主流意识。但是在亚洲社会,家族主义和集体主义一直是传统社会的主导意识形态,在现代化的第一阶段,亚洲各国政府虽然在经济现代化上不遗余力,但对文化现代化尤其是个人主义的现代意识培育上历来谨小慎微,几乎都采取了压抑的政策,使得亚洲地区的社会意识中,个人主义始终处于负面地位。而当社会进入第二现代阶段,社会结构已经进入了个体化的状态,亚洲人的意识却没有个人主义意识与之相呼应。于是亚洲社会就出现了第二现代化最突出的社会命题:没有个人意识的个人化社会(individualization without individualism)。使得亚洲人在第二现代阶段对社会的流动化和全球化手足无措。相比之下,欧洲人有悠久的个人主义历史意识,虽然在第二现代阶段也面临了社会全面个体化的冲击,但第一现代阶段培育的一定程度的个人主义意识帮助大部分人渡过了难关。欧洲社会在现代化的第二阶段在个体化的社会条件下努力探索着私人和公共社会关系的重建,比亚洲国家显得从容和自信。

亚洲社会在现代化中未能积极地对待个人主义思想,主要原因在于传统的集体社会的惯性使然,同时,现代化社会急剧扩大的社会差距、民族主义思潮之下对外部压力的恐惧也需要重拾集体主义武器以进行抵抗。但是,疏忽了逐步培育个人主义的意识,最终必然会在社会个体化的进程中造成思想真空和混乱,导致文化空间的贫乏以及和其他社会空间的不相适应。比如:经济空间的公有制和私有制的纠葛;社会空间的现代家庭的出现和瓦解的混乱;政治空间的民主和专权的冲突等。

3. 日本平成年代及其第二现代性

前边两章我们分别介绍了社会学对现代社会进程研究的基本理论框架和方法以及亚洲学界在导入这种最新的理论和方法研究亚洲国家的社会进程时所作的思考,同时也提出了自己的一些见解。下边我们将回到日本平成社会研究中来。我们将重点讨论笔者的这些观点:

1. 日本平成年代就是日本第二现代阶段的第一个时期。
2. 日本第二现代社会(平成年代)有哪些特征?
3. 我们应该如何研究平成日本学?

3.1 平成年代开始日本进入第二现代社会

1989 年,日本昭和天皇去世,平成天皇继位,纪年进入平成时代。从 1989 年至今,平成年代已经过去了 25 年,那么平成年代是一个什么性质的年代?

从政治上看,89 年的苏东剧变,结束了世界的东西冷战格局,影响了日本国内左派的思想,导致社会党阵营的急剧消退,从 55 年以来的自民党一党独大、自民党和社会党保革对立的五五体制即将结束(1993 年)。整个社会进入了多党联合执政、整体社会保守化的时期。另一方面地方势力抬头,草根民主得到了广泛发展。

从经济上看,日本结束了 1955 年以来的近 20 年高速增长和 1970 年代以来的近 20 年稳定增长,进入了经济泡沫形成和瓦解以及长达 20 年以上的零增长时期。即将从"失去了的 20 年"迈向"失去了的 30 年"。

从文化上看,日本文化度过了大众流行文化繁荣的时代,进入了一个多元小众文化繁荣的时代。形形色色的小众文化,充斥了日本社会,社会从来没有这么斑斓和杂驳。文化流行的周期越来越短,受众也越来越杂。

从社会上看,战后家庭经过60年代至80年代的繁荣,开始走向瓦解。随着晚婚和非婚化,老年和少子化,日本社会进入了个体化的时代,草食族、宅族、孤独死、无缘社会。象征社会解体的新词层出不穷。

上面种种社会现象,说明了日本社会1989年以后进入了社会学理论所主张的第二现代阶段。当然,我们不仅可以从社会现象自身来判定社会进程,我们还可以从相对精准的社会测量来把握时代的进程。

笔者在研究日本战后社会现代化进程时,设计了一种简易的现代化进程核心指标。通过这一指标的测量,我们可以进一步确定,平成时代的日本进入了第二现代化阶段。

现代化核心指标采用四指标结构,其中主要指标如下:

现代化核心进程指标[14]

子系统	核心概念	指标	初始值	完成值
文化	理性化	高等教育普及率	现代大学出现	大学普及率50%
政治	民主化	代议制完善度	立宪制度出现	普选制度实现
经济	产业化	产业结构变化	产业革命开始	第三产业过60%
社会	平等化	家庭现代化	第一次人口出生率下降	第二次人口出生率下降

欧美学者普遍认为,欧美社会在20世纪70年代前后进入了第二现代社会,我们下面就来比较一下欧美社会20世纪70年代的指标和日本平成年代的指标。

我们先看欧美社会1970年的现代化指标。

欧美国家1970年现代化核心指标

国家	文化指标	政治指标	经济指标	社会指标
英国	14.1%	50	57%	2.43
美国	49%	50	62.7%	2.5
OECD平均	25%			

我们再来看日本1989年时的相关指标:

日本1989年现代化核心指标

文化指标	政治指标	经济指标	社会指标
36%	50	49.4%	1.5

比较欧美70年代和日本90年代的数据,可以发现:现代化的文化指标(大学毛入学率)日本虽然低于美国却高于英国和经合组织国家平均水平,政治现代化化指标(政治体制得分)完全一致,经济现代化指标(服务产业比重)基本接近了欧美水平,而社会

现代化指标(妇女总和生育率)还略为领先了英美两国。如果欧美社会 70 年前后进入第二现代化阶段被广泛接受的话,平成年代的日本,应该可以说毫无疑问也进入了第二现代化阶段。

3.2 日本第二现代社会(平成年代)的特征

以上我们论证了日本平成年代就是第二现代社会,那么和欧美国家相比,日本的第二现代社会有哪些不同?

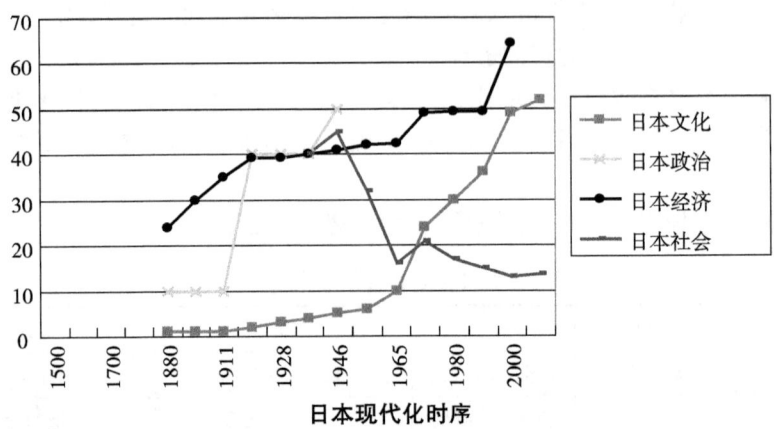

3.2.1 亚洲型的压缩现代化

和欧美国家相比,日本虽然晚了近 20 年才进入第二现代社会,但从整个日本现代化的发展轨迹来看(见上图),日本从战后 50 年代起,除了政治发展,其他现代化指标均呈现了陡坡式的急剧发展,看不出阶段性的停顿。充分体现了亚洲式的压缩发展模式。

3.2.2 压缩带来的扭曲

日本第一和第二现代化的压缩发展带来的扭曲,笔者曾在"日本战后社会现代化进程的测量和分析"(《日本学刊》2015 年第 6 期)曾有论述,主要分为以下几点:

(1) 个人主义观念的缺失

和西方相比,日本社会晚了近 300 年左右才进入现代化第一阶段(1868—1969)。并且在 1945 年之前的战前时期,日本社会的现代化在文化上发展缓慢,个人主义意识并没有发育成熟。日本政府把个人主义观念视为西方的洪水猛兽,极力推行神道和儒教的伦理道德思想,阻止个人主义思想的传播。即便在现代化的第二阶段(1970—现在),日本在很长的一个时期,意识形态上仍旧宣传东方家族主义思想,自诩集团主义为日本的民族特性。这种倾向一直维持到了 80 年代以后。尽管日本社会的其他层面已经发生了有利于个人主义的深刻变化,战前血缘大家庭体系被核心小家庭取代,非婚和不育人群大幅增长,"无缘社会"特征日益显现,但在意识形态上,日本社会始终缺失公开和明确的个人主义观念体系,造成了显著的"没有个人主义的个人主义化社会(individualization without individualism)"特征。

(2) 近代(现代)家庭的出现和瓦解

现代家庭的出现是现代化第一阶段的标志，而现代家庭的瓦解则是现代化第二阶段的标志。落合先生等学者经过研究发现，在时间上，日本现代家庭主要从大正时期出现(1912—1925)，战后开始普及(战后家庭体制)，经过六七十年代的发展，在 80 年代后期也开始面临高龄化和少子化的冲击。因此，可以说近代家庭在日本仅仅普及了不到 20 年的时间，马上就开始走向瓦解。这种普及和瓦解前后脚的现象，正是社会现代化在家庭问题上的严重压缩的标志现象。

(3) 双重产业革命并存

战后日本的经济先是花了大致 10 年时间从战争的毁灭中恢复过来，并且在 60 年代大致完成了传统制造业的革命，向尖端制造产业挺进，大致 80 年代才实现了高技术产业的升级换代。但就在中途的 70 年代的时候，以半导体技术为主的世界信息产业就已经有了长足进步，日本此时也不得不同时投入信息产业的革命。大致在 90 年代才赶上了欧美国家信息产业的步伐，但由于压缩式的发展因素，最终，日本在 90 年代以后的信息产业发展中不敌美国，处在了下风，导致了后劲乏力，陷入了长达 20 年的"失落"，可以说吞下了压缩发展的苦果。

(4) 集中民主政治和分散民主政治发展的并存

在第二阶段(1970—至今)亚洲各国都面临了在这一个阶段中既要巩固刚刚建立的集中民主政治，又马上需要向第二任务即向地方分散的民主体系转型的压缩过程。在亚洲最发达的日本社会，80 年代以后地方分权运动急剧展开，90 年代以后可以说已经进入了一个地方的时代。2000 年后进入 21 世纪以来，更是出现了以大阪维新会为代表的地方包围中央的政治运动趋势。同时地方民主也出现了协动主义的新基本原则。非政府和非盈利组织在地方政治中的地位日益上升。和日本相比虽然还有一定距离，但信息化时代带来的地方主义的冲击已经影响了中韩两国，草根参政的民众运动、以互联网为阵地的非政府政治运动也方兴未艾。

3.3 我们应该如何研究平成日本学？

上边我们基本肯定了日本平成年代就是日本的第二现代社会，并且这种亚洲的第二现代社会具有压缩及其导致的各种特点。这就为我们确定了研究平成日本社会的意义：平成日本的研究，是人类现代化第二阶段研究的一部分，同时也是亚洲国家第二现代社会特征的研究部分。对包括我国在内的所有亚洲国家具有示范的效益。研究了日本的平成年代就为即将到来的亚洲国家的第二现代化社会提供了借鉴。

那么我们怎样来从事如此重要的日本平成年代研究呢？

3.4.1 以社会学的第二现代理论为指导

前面我们指出，平成日本研究的主要领域是历史学的当代史和社会学的日本当代社会。在这两个领域里，就历史学来说，当代史研究是其最薄弱的部门，理论和方法均贫瘠。比如，在断代史和通史研究上，过去流行的是马克思主义唯物史观的五种社会形态论，但马克思本人并没有看到最新时代的情形，社会主义时代在苏东巨变后不了了之，其后的当代性质划分，由于历史领域理论的空白，美国日裔学者福山甚至提出了"历史终结"论。所谓"历史终结"其实也可以解读为历史理论的终结。而与之相反的

是,恰恰是社会学领域,在 90 年代以后,修改和重置了后现代的理论,提出了第二现代社会的全新理论。虽然第二现代社会理论继承了传统现代化理论的基本框架,但在社会的风险化、个人化和全球化的新视角上,准确地把握了社会变迁的时代脉搏,并且对未来社会走向也可以做一定程度的精确预测,充满了学术活力和社会实践活力。所以,毫无疑问,我们做平成日本研究,首先要掌握和运用社会学第二现代社会的理论框架。

当然,除了上述两大学科之外,其他学科在当代研究上也不是完全没有一些理论创新的尝试,但是都没有社会学理论这样成功。

3.4.2　重点课题和方法

"日本学"本身是一个传统学科体系的叫法,通常把对某国语言及文学文化的外国人研究叫做"某某学",比如外国人对中国语言和文化的研究我们叫做汉学研究或中国学研究,英文叫做 sinology,而对中国当代的研究通常则即便是外国人研究也叫做"中国研究"或"中国问题研究"。日本的情形也是如此,"日本学研究"通常是指外国人对日本语言和文化的研究,英语是 japanology。"平成日本学"严格来说是指当代外国人的日本语言和文化研究。但我们暂且用之,以示我们对当代日本的重视和当代日本社会研究自身的意义不凡。那么我们应该着重研究平成年代的日本哪些方面呢?

根据现代化的基本理论,广义的社会现代化可以分成四个层面:文化、政治、经济和社会(狭义)。我认为,可以从这四个层面各寻找一个重大课题作为研究的主要任务。

在文化层面,第二现代社会的日本文化无疑受到了全球化和国际化的冲击,那么日本传统文化在第二现代化阶段的变迁应该是我们关注的一个重要视角。比如传统文化在第二现代社会是比例在扩大还是在缩小?日本现在的流行文化中是国际文化起作用还是传统文化起作用?传统文化的第二次现代化确实是一个重要的课题。

在政治层面,第二现代社会的日本政治,是一个传统结构还是开始了一个新的体系?地方主义、协动主义和草根民主在政治中占多大比重、前景如何?平成年代的日本政治变化方向何在?值得我们关注。

在经济层面,我们通常关注的是日本老年社会如何影响了日本经济增长以及少子化带来的劳动力短缺问题。同时,日本社会的经济收入和阶层的分化也是一个大的课题。

在社会层面,我们最关心的莫过于第二现代社会的个人化在日本社会如何发展?没有个人主义的个体化社会在日本如何应对?亚洲国家第二现代的社会重建从家庭到地域,都值得我们密切关注。

以上是处于对中国国情考虑的对日研究课题。至于方法,我认为当前主要是先加强对社会学理论的引进和整理,同时收集和分析日本学者在本国研究上的最新成果。其次我们要尽量收集关于日本社会的统计资料并尽可能地前往日本社会进行实地的调查和考察,收集第一手资料。在此基础上尝试根据第二现代社会理论进行社会实证分析和理论分析。由于对日本第二现代社会的研究刚刚开展,尚无积累,本文只能说到此一程度。

注

[1]参见西奥多·波特和多萝西·罗斯主编.2008.《剑桥科学史7 现代社会科学》(中文版).大象出版社.第635页。

[2]参见富永健一.2004.《日本的现代化与社会变迁》(中文版).商务印书馆.第26页。

[3]见西奥多·波特和多萝西·罗斯主编.2008.《剑桥科学史7 现代社会科学》(中文版).大象出版社.第638页。

[4]布莱克编.1996.《比较现代化》(中文版).上海译文出版社.第235-236页。

[5]参见周维宏.2005."日本战后社会现代化进程的测量和分析".《日本学刊》第6期。

[6]参见伊曼纽尔·沃勒斯坦.1979.《资本主义世界的经济》.剑桥大学出版社.第132-137页。

[7]参见英文维基百科"后现代词条"。

[8]参见周维宏.2015."日本战后社会现代化进程的测量和分析".《日本学刊》第6期。

[9]参阅富永健一.2004.《日本的现代化与社会变迁》(中文版).商务印书馆。

[10]富永健一.1998.《马克斯·韦伯和亚洲的现代化》.讲谈社.第73页。

[11]Chang Kyung-Sup. 1999. Compressed Modernity and Its Discontents: South Korean Society in Transition. *Economy and Society*, volume 28, number 1, pp30-55.

[12]CHANG Kyung-Sup (Seoul National University): Individualization without Individualism: Compressed Modernity and Obfuscated Family Crisis in East Asia, *Journal of Intimate and Public Spheres*, Pilot Issue, 2010, 3.

[13]OCHIAI Emiko (GCOE Program Leader, Kyoto University): Reconstruction of Intimate and Public Spheres in Asian Modernity: Familialism and Beyond, *Journal of Intimate and Public Spheres*, Pilot Issue, 2010, 3.

[14]参见周维宏.2015."日本战后社会现代化进程的测量和分析".《日本学刊》第6期。

多元文化视阈下中国的日语需求预测研究理论及方法探析

北京外国语大学　李飞菲

要旨:「日本語の需要」に関する研究は汗牛充棟もただならざる程ある。但し、今までの研究は日本語の教授法の視点から論じていたため、結論としては日本語の教授法の改善になるものが多い。本論においては、グローバリゼーションの進行に伴い、民族文化と外来の異文化間の摩擦と融合が繰り返される中、19世紀から現在までの中国の三回の「日本語熱」を整理することを通じ、中国における日本語の需要も変容し続けていることを強調した。また、外国語需要分析理論に基づいて中国目下の「日本語需要」を政府需要、教育需要、企業需要、観光需要、文化需要、翻訳市場需要等六大需要に分けて日本語の需要の定量的な分析が喫緊な課題だと主張した。それらの課題を解決するためには、計量経済学と管理学で汎用される「需要予測」という研究方法を紹介した。

关键词:全球化　多元文化　日语需求　需求预测

"地球村"是一个广为人知的词语,它是在1967年由加拿大的传播学家麦克卢汉在《理解媒介:人的延伸》一书中提出的。麦克卢汉当年对未来世界的设想是"任何公路边的小饭店加上它的电视、报纸和杂志,都可以和纽约巴黎一样,具有天下在此的国际性",而我们所处的这个时代,凭借交通的不断升级、互联网的快速发展,消除的不仅仅是空间的距离,更增加了多元文化碰撞和融合的机会,正可谓是全球化时代的到来。学界对于全球化的讨论始于经济全球化,但是在柏林墙倒塌、苏东剧变冷战结束之后,人们对全球化概念的关注不再拘泥于经济全球化,围绕文化全球化将会带来何种后果的讨论日趋激烈。其中"文化多元论"派认同文明多样化和文化多元论走向理性共识,最终将会实现全球文明和文化的共同发展与繁荣。尽管站在文化多元论派对立面的冲突论派认为不同文明之间将会以冲突收场,但是在全球化浪潮席卷世界每一个角落的大背景下,很难再有一个文明能够完全与其他文明隔离开来而存在。作为这场文化全球化浪潮中不可或缺的一个媒介,语言承担了不仅是作为一种符号工具的交际作用,更重要的是通过语言实现了民族国家间商品、资本和服务的自由流动,知识和信息的交换以及人员流动。与此同时,从国家政策到学术界,讨论国家语言能力建设的声音愈来愈强,其中外语作为评价一个国家综合实力的重要一环更是不容忽视。日本作为亚洲地区最早实现现代化、经济实力世界排名第三、与我国一衣带水的邻邦,无论从历史渊源、地理位置,还是两国交流合作来看,与我国存在不可割舍的联系。日语作为日本这个民族国家的核心语言,同时也作为我国除英语之外,学习人数最多的外语,在

如上千丝万缕的联系产生过程中发挥了莫大的作用。因此，对我国的日语需求进行全面梳理，并对我国未来的日语需求进行预测，可以说不仅是出于语言政策的需要，更能够帮助我们重新审视处于不同现代化阶段的中日两国关系的发展过程。本文正是在基于文化全球化大背景下，对文化多元论认同的基础之上，围绕中国的日语需求研究理论和预测方法展开的讨论。

1. 问题的提出

1.1 日语之于我国的重要性

冷战结束后，文明冲突论的代表——美国学者塞缪尔·亨廷顿在研究"全球化"问题的学界掀起一阵波澜。他将当代文明划分为中华文明、日本文明、印度文明、伊斯兰文明、西方文明、拉丁美洲文明和可能存在的非洲文明等七大文明（事实上先于亨廷顿，已经有众多学者对于世界文明的数量有过探讨）。虽然大多数学者都认为中国文明和日本文明同属东亚文明，但是他们仍然视日本文明为一个独特的文明而存在，它是中国文明的后代，出现于公元100－400年间。"[1]由此可见，中国和日本无论是从民族国家的视角还是各自所代表的文明、文化的立场都分属不同的族群。亨廷顿还指出"任何文化或文明的主要因素都是语言和宗教"[2]，"语言是仅次于宗教的、使一种文化的人民区别于另一种文化的人民的要素。日语、印地语、汉语普通话、俄语，甚至阿拉伯语都被认为是它们文明的核心语言"[3]。不难看出，在语言学家眼中一直探讨的语言的符号性和交际、认知功能，在政治学家和哲学家眼中已然变成了文明的一个维度，它是"思想的直接现实"[4]，是一种"生活形式"[5]，而在经济学家眼中学习语言的人更是通过掌握这种技能直接将其转变为了资本，这种学习语言和应用语言的过程本身就是一种人力资本和文化资本的投资，极具经济价值。那么，作为日本文明的核心语言——日语在我国的外语能力中居于何种地位呢？

从学习者规模来看，根据日本国际交流基金最新公布的数据显示，截至2015年中国的日语学习者人数达953283人，而在此前2012年的调查中这个数字曾一度超过了百万大关。从学科建设情况来看，通过曹大峰（2015）[6]的调查可知，截至2014年中国的四年制大学本科教育中开设日语专业的学校达506所，在全国1236所普通高等学校（本科）中占40.9%，在外国语言文学分类下仅次于英语专业的开设数量。从两国合作交流的成果来看，2007年开始中国连续10年成为日本第一大贸易对手国，截至2015年中日贸易进出口总额已达2785亿。根据日本帝国数据库发布的报告显示，截至2016年8月底，进军中国市场的日本企业多达13934家。此外，旅游观光方面根据日本观光厅发布的官方数据显示，2015年中国的赴日旅行人数从2013年开始爆发式增长，截至2015年中国的赴日人数增至500万人。由此可知，尽管近年来中日关系波折不断，但不可否认取得了丰硕的交流成果，"你中有我，我中有你"恰如其分地形容了中日两国的交流关系。那么我国的日语需求是如何发展到今天的规模呢？这要从我国的三次日语学习热潮谈起。

1.2 我国的三次日语学习热潮

进入 19 世纪中叶之后,伴随着西方的日渐强大和中国的国事日蹙,国内已有有识之士认识到应积极学习西洋文化以达到"师夷长技以制夷"的目的。然而清政府仍以大国自居,整个社会亦沉浸在我泱泱大国拥有无以伦比的优越文化、足以夸耀世界的圣人之道的风气之中。由此,日本先一步搭上了第一次现代化的末班车,并于 1895 的甲午中日战争中一举击败了中国。日本学者实藤惠秀认为,正是甲午一役成为中国学生留学日本的转折。中国人认为日本的胜利"乃因普及教育和实行法治有成所致"[7],因此从 1896 年开始至 1937 年抗日战争全面爆发全面停止派遣,42 年间共计留学日本人数 5 万余人。根据实藤的统计,赴日留学的第一次高潮发生在 1905—1906 年间,留日学生的数量每年均达到 8000 人次。同时,当时的中国利用新学的方法除了派遣留学之外,"翻译比留学更是当前急务"。甚至可以说留学的目的就是为了培养翻译人才。张之洞就曾在《劝学篇》中写道:"各种西学书之要者,日本皆以译之,我取径于东洋,力省效速,则东文之用多。……是故从洋师不如通洋文,译西书不如译东书。"于是 1898 年以后,留日学生翻译的书籍开始出现,根据谭汝谦(1980)的统计,1896—1937 年间出版的中译日本书达到了 1906 册。可以说,始于清末民国初年的第一次日语学习热,表面上是源于赴日留学和翻译日语文本的需求,根本上看来是当时的有识之士出于效仿日本如何通过西学实现现代化的振兴国家的政治诉求。

新中国成立之后至改革开放以前的这段时间,虽然先后有 20 余所高校开展了日语专业教育,但受当时国内外政治、经济环境的影响,彼时的日语需求多为满足政治需要的人才培养。经过中日邦交正常化后整个 80 年代的友好交流,于 1990 年迎来了第二次日语学习热潮。这次日语学习热的出现也并非偶然,从日本方面来看,在经历了经济高速增长期平稳过渡到稳定增长期后,急需通过文化外交改善日本形象,日本学者平野健一郎指出,战败后的日本从"军事国家的反省"开始,以能够成为"贯彻民主主义并由此为世界作出贡献"的"文化国家"为目标开始转型,文化交流被正式作为日本外交政策三大支柱——政治、经济、文化交流——中的重要支柱之一。而彼时的中国业已走上改革开放的道路,1979 年邓小平与时任日本首相的大平正芳会谈时提出了四个现代化的量化目标。于是,在日本的文化外交需求以及中国迫切想要通过向日本学习经验进而实现现代化的大背景下,1979 年中日两国正式签订了文化交流协定,此后两国间开展了频繁的交流活动,实现官员、学者互访,组建共同机构,开展共同研究和技术合作。

进入新世纪以后,我国的日语学习迎来了第三次"日语热",从 2003 年开始日语学习人数屡创新高,并于 2012 年达到了历史峰值百万余人,居海外学习日语人数国家首位。曹大峰(2015)[8]在新世纪以后高校日语教育发展的调查研究中提到,开设日语专业的 506 所高校中 70% 以上于 2000 年之后开设。第三次日语热是多方面作用的结果,从经济方面来讲,2003 年开始日语学习人数的持续增长和 2012 年峰值人数的出现,与日本对华直接投资的第三次(2003—2005 年)和第四次(2010—2012 年)热潮相吻合。从教育政策方面来讲,我国的高等教育毛入学率从 2002 年开始上升至 15%,

这标志着我国的高等教育正式从精英教育阶段进入了大众化阶段。从文化传播方面来讲，日本的动漫、电视剧等文化产品在我国拥有大量的粉丝群体，我国的互联网普及率也正是从 2006 年开始突破 10％，经过 10 年左右的发展达到今天的 50％普及率。多方面因素的综合作用下，日语发展成为了我国除英语之外学习人数最多的外语。

1.3 亟待解决的问题

通过前文的总结可知，前两次的日语学习热实际上是中国向日本学习现代化过程中产生的必然需求。而这种追赶现代化的过程中，文化全球化的影响也悄然而至。在第三次日语学习热的阶段，互联网的普及使文化产品的传播更加便捷，随着国家间交流的不断深入，日本的文学、动漫、影视作品、时尚信息甚至饮食文化逐渐深入到普通国民的生活。可以说，我国的日语需求呈现出了多元化的特征。但其中也发生了一些值得我们关注的现象。

根据数据可知，2015 年我国的日语学习人数比 2012 年减少了近 9 万人，其中高等教育的日语专业教育已初显退潮。根据笔者的初步统计[9]，按照 2016 年各高校公布的招生计划统计结果显示，2014－2016 年间至少有 17 所高校的日语专业停止招生。高校停止日语招生或者缩小招生规模的背后，与当初盲目设立日语专业教学点激增后带来的就业困难存在很大关系。同时，多年来日语教育界围绕日语专业学生所面临的专业技能不成熟，学科内容单一等问题探讨改革的脚步亦从未停歇。与高等教育机构面临的课题相比，日语学习者的结构事实上也在发生变化。日本国际交流基金理事长小仓和夫指出："日语教育出现了新的需求增长点，第一是日语作为包含大量文学、美术的传统等文化价值的语言，同时作为承担创造文化价值的手段，用以维持世界人类文化多样性；第二是近年来，国际上对于日本流行文化感兴趣的年轻人越来越多。"[10]可以说，在第三次日语学习热潮之后，我国的日语需求呈现出多元化的特征，随着高等教育中日语专业规模的缩小，以及处于对日本流行文化的热情学习日语的人群正在不断扩大。

针对这种呈现多元化形态的日语需求，笔者认为以下几个问题亟待得到解答。首先，影响我国日语需求的因素为何？在政治、经济和文化等大框架之下找到正确的影响变量，并通过回归分析的方法来分析对语言需求的影响因素。其次，我国当前的日语需求究竟由哪几部分构成？这一问题的提出将推翻此前将"日语需求"等同于"日语人才需求"的做法，站在更为宏观的角度厘清中国市场上的日语需求。再次，在我国的日语专业建设和基于市场需求开展起来的日语培训已形成一定规模的今天，从社会需求的角度出发，我国究竟存在多大规模的日语需求。这三个问题的解答不仅能够为我国日语语言政策提供有力的数据支持，也为分析其它外语语种的需求因素提供借鉴意义。同时，经分析可知我国日语需求变化一定程度上反映了中日两国位处不同现代化阶段如何交往的历史变化过程，因此从这个角度来说也颇具参考价值。下面笔者通过对前人所做的研究进行梳理和总结，肯定了前人对于日语需求研究所做的贡献之后指出了不足，同时对管理学和计量经济学中广泛使用、建立在多元回归分析法基础之上的"需求预测"理论和方法进行了介绍，以期能够将这种定量分析的方法应用在我国的

日语需求预测研究问题上并有所收获。

2. 先行研究

2.1 以"日语需求"为关键词的先行研究

以本文的考察对象——"日语需求"为关键词在中国国家图书馆和中国知网、日本论文检索网站进行检索，将国内和国外的研究成果进行如下整理：

首先，从国内的论文和期刊文章谈起。相关主题的博士论文的数量较少，伏泉(2013)的学位论文[11]中就日语专业的社会服务进行了梳理。以文中划分的"大众化教育背景下的跨越式发展阶段(1999至今)"的"日语专业的社会服务"为例，作者主要列举了该阶段的日语学习者人数规模以及教学机构的规模。同时介绍到"2007年统计显示：在沪的日资企业近6000家，常驻上海的日本人超过10万，成人日语教育需求大，规模也相应比较庞大。上述大城市里的高校日语专业所承担的社会服务工作也就相应较多。"[12]硕士论文中主要有郭晓明(2013)的学位论文中以"社会对日语专业人才的需求——以日系企业为中心"[13]为题专设一章进行论述。通过对上海两家日系企业的人事负责人为对象进行采访调查，得出了日语专业学生缺乏社会经验和工作能力、以及商务日语能力不足等问题。孔征(2013)在学位论文中通过对日语学习者发放调查问卷的形式就"日语学习者的需求"[14]进行了讨论。他认为在日语培训学校中的大部分日语学习者是受到了日本漫画等流行文化的影响开始对日语感兴趣，进而开始学习日语。同时中日两国的经济交往不断增加，企业日益倾向复合型人才的需求应该引起注意。

期刊文章中利用量化分析的手段考察我国日语需求现状的文章较多，以"日语需求"为题命名的相关文章有85篇，最早的文章发表于2006年，且这一主题的关心度逐年攀升。这85篇文章中，有6篇是基于"个人需求"；剩余的79篇文章都属于"社会需求"的范畴。进一步细分的结果如下：明确定义为"企业需求"或"行业需求"的文章共计29篇[15]；使用"市场需求"和"社会需求"为标题的共计27篇[16]；提到"日语人才需求"的共计22篇文章[17]。这些文章的作者均为一线的日语教师，研究方法主要采用面向用人单位或毕业生发放问卷调查或统计招聘网站的招聘信息等方法，总结出用人单位的需求以对教学工作进行改善。

日本的先行研究中，高桥敦(2014)的文章[18]主要以随着互联网的普及而产生的一批不依赖于教育机构、独自学习日语的"新型日语学习者"为对象，进而对全球化网络时代新型日语学习者和在线学习社区的需求进行考察。林乐青、西尾林太郎、孙连花(2012)[19]则是对"日语人才"的需求的调查。他们采用的方法是将大连20家代表性企业为对象发放调查问卷并进行了采访。通过对调查结果的分析，得出如下结论：首先，随着高等教育大众化的普及，日语专业学生数量有所增加，但是学生质量有所下降。其次，从企业对毕业生语言能力的要求来看，不同行业的企业要求各不相同。制造业等行业中对除日语以外的人事、会计等知识的需求颇多。

2.2 以"外语需求"为关键词的先行研究

由于以"日语需求"为关键词的检索得到的结果较为单一,因此笔者以"外语需求"为关键词进行检索,实证研究方面主要有北方课题组(1998)[20]在 1997 年以对外经济贸易大学、外交学院、南京大学、北京师范大学、北京外国语大学等五所院校 3—5 年的毕业生以及用人单位为对象进行的调查问卷研究,共回收 1070 份问卷,其结果用于对外语专业教学改革提出建议。从其结论可以看到,早在近 20 年前,通过调查我国的外语工作者就提出了"学生知识结构需要调整"的建议。李静(2010)通过对典型企业发放调查问卷的形式,从行业、性质、规模、外语专业人才现状及未来的人才需求情况等出发,对外语人才的需求等 10 个方面进行了调查和访谈。最后得出了高端外语人才严重匮乏、大语种渐冷、小语种升温、存在"外语+专业"人才缺口的结论。戴曼纯(2016)[21]基于我国外语语言能力不足、教学质量总体不高、语言政策研究得不到重视的现状,涉及了调查问卷向包括政府部门、外企和民营企业以及科研机构在内的用人单位发放调查问卷,并对结果进行分析,得出了需要外语能力与其他专业知识相结合的人才、外语人才数量不够、年龄结构不合理、工作满意度不高等结论。高永红和边志强的文章采用了计量经济学的研究方法,运用"灰色系统理论"以 2004—2008 年山东半岛蓝色经济区科技型外语人才数量为样本,从数量和质量两个方面对其外语人才需求进行了预测分析,并从政府、高校和企业三方出发提出了对策和建议[22]。

2.3 以"需求预测"为关键词的先行研究

由于本文关注的重点是引用需求预测的科学方法对日语需求进行量化分析,因此对此主题相关的先行研究也进行简单介绍。预测是随着社会化大生产和科学技术的进步而发展起来的一门研究事物客观发展过程及其变动规律的科学[23]。市场需求预测作为一门科学已经被广泛应用于能源(煤炭、石油、天然气、电力等)、交通(航空、陆运、铁路、物流)、房地产等消费市场等多个行业的需求预测之中,同时,随着这种科学手段在某一行业中的普遍应用,衍生出了更加细分化的需求预测科类。其中和本论文联系较为紧密的有人力资源需求预测和市场需求预测。以"人力资源需求预测"为例,在 2000 年—2016 年间的 73 篇硕博士学位论文中,采用了模型计量方法进行预测研究的文章共有 50 篇,其中 6 篇文章使用了人工神经网络法,21 篇使用了灰色模型预测法,27 篇使用了多元回归分析预测法,5 篇使用了趋势外推法,同时有 20 篇文章使用了上述预测手法中两种以上的预测方法以改善预测的精度。不难看出,多元回归分析预测法和灰色模型预测法是最为广泛使用的预测手法。文章的研究对象从企业的人力资源需求到地区、国家的人才需求,涵盖了电力、交通、教育、旅游、医疗等社会的各行各业。

2.4 先行研究中存在的问题

通过前文总结,我们不难发现,虽然前人的研究为我国的"日语需求"问题作出了巨大贡献,但尚存在一些不足。

①对于"日语需求"的预测研究手段单一,缺乏使用计量手法的定量预测分析。在以往以实证手段为主的考察研究中,采取的方法多为通过向毕业生和用人单位发放调查问卷,回收问卷后对反馈结果进行分析。这种方法受人力、物力所限,大多数的调查问卷研究方法选定的样本人数或样本单位数量较少,并且仅限定在一个城市或者一个省份,缺乏普遍性。同时,不能从规模上对需求总量进行把握。此外,从计量经济学和管理学角度来看,需求预测科学早已经是一门成熟的学科,无论是政府、机构还是个人,对于建立在数据分析基础上的预测结果都十分期待。

②对"需求"一词的定义理解含糊。前文所列举的"日语需求"的实证研究中,除"企业需求"之外,在以"市场需求"和"社会需求"为标题的文章中,无一例外将这些需求与"企业需求"等同起来,虽然很多文章最终都得出了日语人才就业多元化的结论,但是在分析各种需求时却只以企业为导向进行分析,而忽略了其它的社会需求。

③缺乏历史学视域下的"日语需求"研究,这一漏洞直接导致了研究视角无法跳出"日语人才需求"的思维定式。正是因为如此,先行研究中的文章结构在分析了"需求"之后,最终都回归到了对"教学"问题的反思。然而正如前文所述,在我国日语需求呈现多元化的现实面前,将"日语人才需求"与市场需求或社会需求画上等号的做法已站不住脚,重新审视我国的日语需求的内涵,并利用科学的分析方法对未来的需求量进行预测迫在眉睫。下面将围绕笔者在分析我国的日语需求问题时采用的理论依据展开论述。

3. 理论视角

本文中考察的日语需求问题,是在肯定了"日语"作为一门外语本身的交际功能之上,同时将其所具备的传播文化、增加人力资本附加值等功能一并作为考察对象。通过对我国三次日语学习热潮的梳理,笔者强调了多元文化冲击下为何日语在我国得到了一定规模的建设和发展。因此考察日语需求问题离不开多元文化论这个最高理论的指导。同时在落实到究竟如何对我国的日语需求进行分析时,则要用到外语的需求分析理论,这一理论为理清我国日语需求的内涵,对其进行科学地分类提供了有力的依据。最后,市场需求预测理论则是笔者反复提到的被广泛应用于计量经济学和管理学领域的"需求预测"方法的指导理论。

3.1 文化全球化理论

美国的罗兰·罗伯逊是最早一批提出文化在全球化进程中作用、重视文化全球化研究的学者。从 20 世纪 60 年代初期开始进行全球化问题的探讨,此后不断完善自己的观点最终确立了自己对于全球化研究的理论框架即文化系统论。他在著作《全球化:社会理论和全球文化》中强调了"文化"在"全球化"中的重要作用,"文化因素进入现实政治领域的程度,要比专供国际关系和相关问题研究的许多人——当然不是所有的人——所承认的要大得多"。明确表明了自己对待文化全球化的态度,"我指出最近对全球所作的一般理论概括的意义是,多元主义必须成为全球体系的一个基本特征,而且这本身必须合法化"。罗兰·罗伯逊可以说是最早重视"文化"在全球化中作用的

学者，他成功地将后来学者们关注的焦点引到了这个全新的领域当中。

同时，在我国的全球化理论学者中，"和而不同"的理论观点占据主流。这种观点体现了如何对待外来文化和民族文化的态度，强调了多元文化的和谐共处，这一点与文化全球化中的文化多元论是统一的。虽然也有人主张面对外来文化冲击时应注意保持民族文化的高度自觉、加强民族认同，但是闭关锁国的年代已经一去不复返，在面对文化全球化带来的文化多样化现实面前，学界的主流人群仍是选择了反对"西方文化中心论"，这种以文化统一性为名把自己的生活方式和行为方式强加于人压制文化多元主义发展的理论，并有学者通过实证研究反驳了对"文化霸权主义"导致"文化同质化"的担忧。根据陈新仁(2008)关于中国大学生外语文化认同的调查显示，"西方文化的输入并没有或至少还没有真正威胁中国文化在学生心中的地位。每当涉及到中西文化的直接对比或者从西方文化的角度来批判中国文化时，大部分学生还是有强烈的维护母语文化的意识"。因此，在多元文化论这个最高理论的指导下，我们才能正确认识日语这门外语及其所传播的文化，并对日语需求问题进行深入的探讨。

3.2 外语需求分析理论

外语需求分析理论在我国的研究起步较晚，大约从 20 世纪 90 年代开始，最先是由顾定兰从需求分析出发论及大学英语教学的转轨问题。迄今为止，中外学者尚未对如何界定"外语需求"给出统一的分类，相对较为主流的观点主要有 Hutchinson & Water(1987)提出的目标需求和学习需求。目标需求主要指语言学习者为了今后工作必须掌握的知识与技能，学习需求则是包含学习者为了掌握目标工作必须的语言知识与技能需做的一切，如学习者语言水平、学习动机等。Brindley(1989) & Robinson(1991)提出的客观需求(objective needs)和主观需求(subjective needs)。客观需求指语言学习者的个人信息、目前外语水平、外语学习中的困难等，主观指的是语言学习者在学习中的认知需求和情感需求，例如自信、期望。束定芳(2004)提出的社会需求和个人需求。社会需求主要指社会和用人单位对有关人员的外语能力的需求，而个人需求主要指学生目前的实际水平与他希望达到的水平之间的差距。社会需求也可以分为两大类，一是政府的外交或其他政治目的的需求，二是社会机构，如公司、学校和其他用人单位的需求。笔者对日语需求的内涵则是根据束定芳的社会需求理论进行整理的。

3.3 市场需求预测理论

市场需求预测理论是指在市场调查基础上，运用预测理论与方法，对决策者关心的变量的变化趋势和未来可能水平做出估计与测算，为决策提供依据的过程。市场预测是为决策提供信息服务的重要手段，是正确决策的基础。而市场预测方按照性质来划分通常可以分为定性和定量的预测方法。其中定量预测方法是从历史数据资料入手，使用一定的统计方法和数学方法建立数学模型来进行推算和估测预测值得方法，对预测对象目标运动的规律进行描述。较为广泛使用的主要有多元回归分析法和灰色模型预测法。多元回归分析法是通过确定几个特定变量之间是否存在相关关系，确

立数学表达式。根据一个或几个变量的值,预测另一个变量的取值,同时可以进行因素分析。灰色模型预测法则是指如果某一系统的全部信息已知为白色系统,全部信息未知为黑箱系统,部分信息已知,部分信息未知,那么这一系统就是灰色系统。灰色预测法就是一种对含有不确定因素的系统进行预测的方法,其前提是在一定范围内变化、与时间有关的。这一理论主要是如何对日渐多元化的日语需求进行预测提供理论和方法的指导。

4. 研究方法

笔者预计未来的研究资料主要来源于三个方面：一是中国知网（CNKI）、万方数据库、日本国立情报学研究所（CiNii Articles）等数据库,以及国家图书馆、日本学研究中心图书馆等各大图书馆可获得的电子版和纸质版文献资料；二是通过浏览中国和日本政府各部门的官方网站收集相关的数据资料；三是充分利用中国和日本官方出版的统计年鉴中披露的统计数据。本论文采取的研究方法是基于社会学、教育学、计量经济学等相关学科理论,主要采取的方法有文献研究法、数据分析法和多学科理论分析法等。下面将围绕笔者前文中提出的三大问题的解决方法,主要就计量分析的部分展开探讨。

4.1 日语需求影响因素问题

外语需求的影响因素问题主要采用线性回归分析方法进行分析。所谓回归分析是指确定两种或两种以上变量间相互依赖的定量关系的统计分析方法。笔者预计从政治、经济、文化三大框架下选择指标进行分析。政治方面,通过利用事件数据定量分析国家双边关系的方法,以外交部和《人民日报》对中日两国相关事件的报道数据为基准,通过对数据来源中的事件进行整理并将其转化为分值。经济方面,主要参考国家统计局网站的日本对华直接投资实际发生额数据。文化方面,主要参考日本出口到我国的文化产品消费额。通过对 Eviews 软件的应用得到计量分析的结果。此处对于变量的选取只是笔者参考先行研究时得到的被广泛使用的变量,在具体对待日语需求影响因素的分析时还有待更全面地考察。

4.2 日语需求内涵问题

本文提到的"日语需求"主要是对应我国的市场需求或者说是社会需求,拟将现阶段的日语需求分为政府需求、教育需求、企业需求、旅游需求、文化需求、翻译市场需求等 6 个方面来考察。这一划分的依据主要是根据教育学中的外语需求分析理论、日语专业学生的就业方向,以及当前自学日语的语言爱好者的学习动机来总结的。通过这 6 大需求的划分,以期能够对我国市场当前的日语需求进行较为全面的概括和总结。

4.3 日语需求预测问题

基于前文在理论部分介绍的市场需求预测理论中提到的多元回归分析方法,笔者未来拟参考以下相关数据建立模型对未来 5－10 年的日语需求量进行预测。首先教

育需求的分析拟参考日本国际交流基金每三年发布一次的海外日语教育机构调查的相关数据，该数据对我国的日语学习人数规模进行了较为准确的统计，且能够做到对日语专业学生和培训教育机构的日语学习人数进行区分。同时，中国科学评价研究中心主编的《中国大学及学科专业评价报告》中对全国高等教育院校的数量和开设专业情况进行了详细介绍且对相关数据逐年更新。因此，对于专科、本科、研究生等不同教育层次的日语学习人数能够做到较为全面的整理和把握。政府需求方面，拟参考历年公务员招考计划中对"日语专业"学生的录取人数。翻译市场需求方面，主要分为口译市场和笔译市场来考量。口译市场主要以年度为单位，通过对大型会议的召开次数进行统计，对所需译员的数量进行统计。笔译市场则是通过统计每年的日译中书籍出版数量，对笔译市场所需人员数量进行预估。企业需求方面主要是根据日本贸易振兴协会发布的在华日本企业的数量以及员工数量为基础进行未来人员需求量的预测。旅游市场需求则是基于历年赴日旅游人数，尤其是对自由行和半自由行的人数进行预估。文化市场需求则是以日本出口的文化产品为统计对象，以消费量推断需求曲线。其中，教育、政府、翻译市场、旅游市场和企业的需求都有先行研究建立了成熟的需求预测模型可供参考。对于文化市场需求的测量方面，由于涉及的内容繁杂，对于数据的选取还需要进一步斟酌。此外，由于这6大需求量存在互相重叠的情况，因此在分别对每种需求做出预测后，如何进行总量的预估是难点所在，对其方法还需要进一步细化研究。

5. 结论

如果说我国的日语需求始于甲午中日战争一役带来的对"现代化"这一重大意义的觉悟，那么第二次日语热的兴起则更多的是出于对日本这个所谓后进发达国家的学习和追赶。同时从第三次日语热开始至今，我们渐渐发现人们对日本的了解途径不再止于隔着电视屏幕的被动接收信息，日语语言爱好者、渴望留学东瀛的学生、在日本"爆买"引起热议的人群、憧憬赏樱之旅的驴友、热爱动漫的二次元群体以及日本历史、军事爱好者，甚至是热衷于日本料理的美食达人就在你我身边随处可见。他们并未接受过专业的日语语言教育，对日本文化的痴迷也许仅仅是来源于少男少女时代的一本漫画书、一次食材新鲜的日式美食盛宴。日语学习者的结构变化恰恰说明日语作为一门外语它所反映的不仅仅是我国的国家语言能力，其自身承载的文化内涵已经构成了我国民族文化与外来文化"和而不同"和谐共处的重要一元。在这样的大背景下，利用计量经济学的分析方法找出影响我国日语需求的因素，并对我国的日语需求量进行预测分析迫在眉睫。通过对我国日语需求现状的全面梳理，不仅能够为我国的日语语言政策修订提供有力的数据支持，同时也能够为探讨中日两国关系带来一定启发。模型的建立和数据的收集过程中必然会存在很多的困难和修正过程，笔者仅以此文提出相关理论和方法，以盼获得专家的批评和建议。

注

[1]塞缪尔·亨廷顿.2002.《文明的冲突与世界秩序的重建》.新华出版社.p29

[2]同上:p47

[3]同上:p60

[4]马克思、恩格斯.1972.《德意志意识形态》第1卷.《马克思恩格斯全集》第3卷.人民出版社.p525

[5]路德维希·维特根斯坦.1992.《哲学研究》.生活·读书·新知三联书店.p15

[6]曹大峰.2015."新世纪高校日语教育发展与现状研究".《日语教学与日本研究》.p2

[7]実藤恵秀.2012.《中国人留学日本史》.北京大学出版社.p12

[8]曹大峰.2015."新世纪高校日语教育发展与现状研究".《日语教学与日本研究》.pp2-12

[9]以各高校发布的招生计划为准进行计算

[10]小倉和夫.「海外における日本語教育推進のための基本政策はいかにあるべきか」.国際交流基金ホームページ

[11]伏泉.2013.《新中国日语高等教育历史研究》.上海外国语大学.

[12]同上:p152

[13]郭晓明.《关于大学日语教育质量问题的实证研究》.上海外国语大学

[14]孔征.《关于社会上的日语培训班的考察》.湖南大学.

[15]周军.2011."关于我国高校日语教育的思考——基于长三角地区日资企业日语人才需求现状的调查".教育部全国大学外语教学指导委员会.《日语教育与日本学研究——大学日语教育研究国际研讨会论文集》(2011)(中文部分).教育部全国大学外语教学指导委员会

[16]陈要勤,陈华胜.2011."珠三角日语人才市场需求调研与专业人才培养策略".《广东外语外贸大学学报》.05:104-107

[17]陈丽瑾,蒋冲雨.2016."四川地区日语人才需求现状及培养建议".《乐山师范学院学报》.11:137-140

[18]高橋敦.2014.「グローバルネットワーク時代における「新しい日本語学習者」とオンラインコミュニティへの需要」.『桜美林言語教育論叢』.10:139-156

[19]林楽青、西尾林太郎、孫連花.2012.「大連における『日本語人材』の需要について—日系企業を中心に—」.『愛知淑徳大学現代社会研究科研究報告』(8):37-45

[20]北方课题组.1998."关于外语专业毕业生的调查报告".《外语教学与研究》.3:3-7

[21]戴曼纯.2016."我国外语人才需求抽样调查".《外语教学与研究》4:614-624

[22]高永红、边志强.2011."山东半岛蓝色经济区科技型外语人才的"双量"需求研究".《山东社会科学》.12:105-108

[23]郭秀英.2010.《预测决策的理论与方法》.化学工业出版社

参考文献

陈新仁.2008.《全球化语境下的外语教育与民族认同》.高等教育出版社

戴维·思罗斯比.2015.《经济学与文化》.中国人民大学出版社

郭秀英.2010.《预测决策的理论与方法》

黄皖毅.2005."国外文化全球化研究述介".《华东理工大学学报社会科学版》

罗兰·罗伯森.2000.《全球化:社会理论和全球文化》.上海人民出版社

吕乐、闫栗丽.2014.《翻译项目管理》.国防工业出版社

日本国际交流基金.2017.海外日本语教育机构调查

沈骑.2012.《当代东亚外语教育政策发展研究》.北京大学出版社

塞缪尔·亨廷顿.2002.《文明的冲突与世界秩序的重建》.新华出版社

実藤惠秀.2012.《中国人留学日本史》.北京大学出版社
束定芳.2004.《外语教学与改革》.上海外语教育出版社
束定芳.2012.《中国外语战略研究》.上海外语教育出版社
谭汝谦.1980.《中国译日本书综合目录》.香港中文大学出版社
西奥多·W·舒尔茨.1990.《论人力资本投资》.北京经济学院出版社
张卫国.2016.《语言的经济学分析:一个基本框架》.中国社会科学出版社

日本の大学設置基準大網化による学士課程カリキュラム改革についての一考察

北京外国语大学日本学研究中心　孙兴锋

摘要：论文首先整理了此次课程改革的背景，即改革之前日本大学教育面临的问题。然后运用大学改革实施状况调查研究委员会对全国所有的大学和学院（553所大学、443所学院）进行的名为"大学改革的实施状况"的调查结果，总结、分析了此次改革的概况及具体内容。第三，从是否解决了之前问题的角度，结合日本学者、日本民众对此次改革的评价，探讨了此次改革的成败得失及今后的课题。最后，总结了此次改革对我国的启示。

キーワード：日本大学　大学設置基準大網化　学士課程カリキュラム改革

　今、中国の学士課程カリキュラムは様々な問題を抱えている。たとえば、一般教育（教養教育）と専門教育が断裂していることや、一般教育の内容と授業のやり方が学生たちの興味を引けないことや、すべての大学のカリキュラムがほぼ同じであることなど。今の中国と同じく、日本も20世紀90年代の初めころ、同じような問題を抱えていた。それらの問題を解決するために、日本は1991年において、戦後最大の教育改革、いわゆる大学設置基準の大網化を行った。それによって、ほとんどすべての大学がカリキュラム改革を行った。日本の今回の改革の目的は一般教育の充実と大学の個性化、多様化である。カリキュラムの理念において、中日両国はともに一般教育を重視し、学生たちの専門的知識や能力を育てていく方針である。では、日本の今回の改革の原因は何か、具体的な方法は何か、その効果はどうか、中国には何か啓示がないかといった問題を出発点として、日本の大学設置基準大網化による学士課程カリキュラム改革について考察する。

1. 先行研究

　改革の内容について、先行研究は大まか二種類に分けられる。一つは今度の改革に関するデータを発表したようなものである。体表的な例として、大学基準協会が出版した『大学改革を探る』という本が挙げられる。もう一つは、改革の総体的な内容をデータなしに簡単にまとめたものである。たとえば本稿で取り上げる「21世紀の自然科学系大学教育にむけて」編集委員会が編集した『大学改革－110の事例と提言』と有本章の著書『大網化以降の学士課程カリキュラム改革』がある。

　改革の結果について、大学教育を研究する学者たちも、教育課程を研究する学者たちも、いろいろと書いていた。その中には、今度の改革の全体についての本や論

文もあれば、たとえば、有本章先生が書いた『大学のカリキュラム改革』(2003、玉川大学出版部)、改革の一つの側面、特に一般教育に目を向けて書いたものもある。例えば、黒田光太郎先生の論文「一般教育が消えようとしている中で」、林正人先生の「大学設置基準大綱化後の共通(教養)教育のかかえる問題」など。しかし、残念なことに、今度の改革に対して、賞賛の声は殆ど聞こえない。その多くは批判の声である。

　改革の内容についての先行研究はデータと事例が多いが、分析やまとめが少ない。そのため、改革の全貌や重点を把握するのは難しい。そして、改革の効果について、先行研究は様々な角度から考察し、今度の改革は失敗したという結論を出した。改革が成功したか或いは失敗したか、私たちは今度の改革を肯定的に認めるべきかあるいは否定的な目で見るべきかは、改革前の問題を解決したかどうかという角度から検討する必要があろう。しかし、先行研究にはこの角度がなかった。

　それで、本稿はまず今回の改革の原因をまとめたい。そして、改革前のカリキュラム設置に照らし、大学基準協会が平成六年の秋に、全国の大学及び学部(五百五十三大学、一、四百四十三学部)を対象に大学改革の実施状況についてのアンケート調査の関連データを用いて、今度の改革の全体像と主な変化を見出す。改革の効果については、大綱化以前のカリキュラムの問題を解決したかどうかという角度から考察する。最後に、改革の効果を考察した上で、改革はどんな問題を残したかと今後の改革の課題をまとめ、改革の経験から中国への啓示を導き出す。

2. 学士課程カリキュラム改革の背景

2.1　改革前、学士課程カリキュラムの問題

　大綱化以前の大学の学士課程カリキュラムの編成方針と編成方法は大学設置基準(昭和三十一年)の第18条と第19条である。その内容は、第18条「大学は、この章で定める基準に従って授業科目を開設する」、第19条「大学で開設すべき授業科目は、その内容により、一般教育科目、外国語科目、保健体育科目、及び専門科目に分ける」である。そして、一般教育科目の構造は人文、社会、自然の3系列から構成し、それぞれ12単位以上、合計で36単位以上を修得することを義務づけられた。以上の規定にしたがって、大学のカリキュラムの編成は理系、文系を問わず、一般教育科目、外国語科目、保健体育科目、及び専門科目という科目区分を取った。そして、殆どの大学は「横割型」のカリキュラム構造の類型をとっていた。「横割型」とは、第一段階では学生が入学後全学或いは所属学院で開設された共通科目・基礎科目を履修し、その後、第二段階では専門科目を学ぶという構造である。

　このようなカリキュラム設置では、ひどく批判されたのは「大学の均質化」と「カリキュラムの分断化」の問題である。

　「大学の均質化」については、以上の大学設置基準を見てわかるように、大学及び

大学教育に定量的な規制がなされている。授業科目についても、卒業単位数についても、詳細な定めがなされていた。また、専門教育科目については、学部.学科ごとに作られた設置基準に基づく内規や申合わせにより授業科目について例示がなされていた。したがって、その結果、どこの大学をとってみても、まさにそれは「金太郎飴」のように、どこを切って見ても同じ、ただその教育の中身の良し悪しのみで差がついて、日本の大学全体の均質化、定型化が進んでいる[1]。

「カリキュラムの分断化」とは一般教育が専門教育と統合されるべきものであるにもかかわらず、教養部と専門学部の配置によって分断されたことである。戦前の大学の学部構造では、専門教育が大学教育の中味であったが、戦後は専門学部と教養部が大学教育の中に導入され、前半と後半に折半された。教員も教養部所属と専門学部所属に分離されたため、両者の間に優越感と劣等感が支配するひび割れ状態が持続することになった。

そして、改革前、もう一つ多く批判を浴びていた問題は「一般教育の形骸化」である。新制大学の一般教育は、3分野のそれぞれの枠から学生の選択により所定の単位数の科目を履修する「カフェテリア方式の均等履修モデル」と呼ばれる方式を採用した。この方式は教育体系から論理的に導かれたではなく、一般教育運動のメインストリームからはずれた、妥協の産物にすぎなかったことが明らかにされている[2]。3分野のそれぞれの科目は、所期の目的に従って本当の意味で「総合化」されることによって、はじめて一般教育の一部となることができる。この「総合化」の理念も長い間実現しなかった。総合化を目指さない3分野の均等履修方式は、容易にそれぞれの専門科目の入門編で置き換えられ、「水で薄めた」専門科目が一般教育とみなされる傾向を生み出した。これが「一般教育の形骸化」として批判を浴びていた。

2.2 改革の社会背景

カリキュラム自身の問題はもちろん、社会からの新しい要請も今回のカリキュラム改革の原因になった。当時、日本の大学を取り巻く社会環境の新しい変化は以下四つある。

①国際化・情報化。国際化が急速に進行していて、国際社会は相互依存関係をますます深めている。日本の国際的地位の向上とともに、日本に対する国際的期待は各分野において高まり、日本の果たすべき役割も一層重要性を増している。21世紀に生きる日本人は、あらゆる分野において国際社会を舞台に活動することとなろう。この意味から、単に専門分野における高度の知識・技術の習得だけではなく、深い教養、主体的に変化に対応し得る幅広い視野や総合的な判断力、豊かな創造性を持つ多数の人材の養成がますます重要になっている。

さらに、現代は、コンピュータを始めとする情報手段の急速な発達により、社会の隅々まで情報化が急速に進展している時代である。日本は本格的な高度情報化社会の到来に積極的に対応する必要がある。これらに対応していくための高度の知

識・技術を身に付けることが、一部の専門家だけでなく、すべての学生に求められるようになっている。

　②平成4年度をピークとする18歳人口の急減。高等教育の進学対象年齢人口の中心となっている18歳人口は、平成4年度の205万人をピークとして、平成12年度（2000年）には、151万人に減少し、さらに、その後も減少を続けることが予想されている[3]。このような18歳人口の動向に照らし、今後は、高等教育機関全体としてみれば、規模の縮小、学校経営上の困難といった厳しい事態が生じてくることも考えられる。生き残るために、各大学からは自分の個性を出さなければならなかろう。今まで大学設置基準が加わった規制を緩和することが求められ、すなわち大学設置基準の大綱化、簡素化が求められるようになる。

　③社会全体の生涯学習ニーズの高まり。近年、高等教育への進学意欲は急速に高まってきている。この状況では、高等教育機関での学習を希望する者の層は今後とも拡大し、学生の能力、適性は一層多様化するものと考えられる。高等教育機関は、特にその中心である大学は、このような学生の多様化を踏まえて、それぞれにその目的・性格や、教育内容・方法の在り方を、更に見直していくことが必要となっている。

　④知識社会化。知識社会は大きな社会変化の一つである。知識自体が従来型から未来型へと変容しつつある時、従来型の知識のみに呪縛された知識編成やカリキュラムでは限界があるのであり、その知識の伝達は社会での威信や尊敬を得ることはできない。社会へ通用する知識を開発すると同時にその営為をカリキュラムへ反映する必要性は日増しに高まっている。

　現在は人間、社会、自然、文化、環境、平和などを究明し理解するには、一つの専門分野を深める必要性が高まるとともに、様々な学問を動員して学際的、学融的なアプローチをもってしなければ限界があることも明白となった。しかし、2.1で見たように、学士課程カリキュラムは定型化、分断化そして一般教育の形骸化が進行している。こういう状況の中で、大学や大学教育の改革について臨時教育審議会が提言を行った。その後、大学審議会はその提言を一層具体化させ、発展させた。すなわち、これらの背景についての認識を念頭に置きながら、大学ないしは大学教育の多様化、個性化の方針を打ち出した。大学教育の個性化、多様化を促進するには、高等教育の枠組みを規定している大学設置基準の見直しが求められ、それを可能な限り緩めた方が望ましいと考えられる。

3. 学士課程カリキュラム改革のきっかけ──大学設置基準の大綱化

　以上の問題を背景に、1991年6月、文部省は大学設置基準の学士課程カリキュラム編成方針の内容を改正した。具体的な内容は下の表1のとおりである。

表1 大学設置基準の学士課程カリキュラム編成方針の変化

旧大学設置基準では	新大学設置基準では
第18条「大学は、この章で定める基準に従って授業科目を開設する」、第19条「大学で開設すべき授業科目は、その内容により、一般教育科目、外国語科目、保健体育科目、及び専門科目に分ける」	第19条「大学は、当該大学、学部及び学科又は課程等の教育上の目的を達成するために必要な授業科目を開設し、体系的に教育課程を編成するものとする」、「教育課程の編成に当たっては、大学は、学部等の専攻に係る専門の学芸を教授するとともに、幅広く深い教養及び総合的な判断力を培い、豊かな人間性を涵養するように、適切に配慮されなければならない」

出所　文部省の大学設置基準改正の省令により作成

　新基準では、以下の変化が見られると思う。まず、「大学は、当該大学、学部及び学科又は課程等の教育上の目的を達成するために必要な授業科目を開設し」という言葉から、「大学の個性化、多様化」という方針が窺えよう。昔の大学の均質化問題を解決し、各大学は自分の個性を出すことが、理論上可能になったわけであろう。そして、「体系的に教育課程を編成する」という言葉から、一般教育と専攻教育の分断化を解決することも、今度の改革の目的の一つであろう。最後に、「幅広く深い教養及び総合的な判断力を培い、豊かな人間性を涵養するように」という言葉から、一般教育重視の傾向も見えよう。

　以上の比較、分析を見てわかるように、今度の設置基準改正が目指したのは、昔のカリキュラムの三つの問題を解決し、四年間の学士課程のカリキュラム編成を各大学の裁量に任せ、大学や学部の個性を出せるようにということであろう。これにより昔の大学設置基準による科目区分や履修用件の縛りが解かれた。これはいわゆる大網化である[4]。

4.学士課程カリキュラム改革の内容

　大学設置基準の大綱化を背景に、全国の大学でカリキュラムの見直しが急ピッチで進められ、様々な教育改善の努力が行われていた。平成6年まで、全国ほとんどすべての大学(92%)が教育課程の改革に取り込んだ。

　改革の内容はいろいろな面に及び、そして、大学によってその内容も違う。それで、大学基準協会が、大学改革の実施状況を把握するために、全国の大学及び学部(五百五十三大学、四百四十三学部)を対象にし、「大学改革の実施状況」というアンケート調査をやった。今回の調査の調査項目は多数でしかも詳細(90項目)で、そして回収率は95%にも達していた。そのため、その調査データを使って、改革の全体的な動向を把握することができるのであろう。本章ではまず、調査データを用いて、カリキュラム編成の全体的な動向を把握する。そして、カリキュラム編成の昔の科目区分ごとの具体的な内容をまとめる。

　改革の内容をどういうふうにまとめるかというと、文部省が教育課程(カリキュラム)の基本的な要素を「学校の教育目標の設定、指導内容の組織及び授業時数の配

当」とまとめた。本稿も改革の内容を以上の三つの要素に分けて、分析する。ただし、大学全体の教育目標は学校教育法に規定されていて、変動がないので、本稿は指導内容の組織及び授業時数の配当の二つの面からまとめる。「大学改革の実施状況」の調査項目を見ると、殆どすべてが指導内容の組織及び授業時数の配当の二つの項目に分けることができる。

では、その具体的な内容を見てみよう。

4.1　今回のカリキュラム改革の全体的な動向

「大学改革の実施状況」の調査では、教育課程の編成についての調査は全部で五項目で、内容は1改革の対象、2授業科目区分の変化、3新しい科目区分の当てはめ、4卒業用件数の増減と5その狙いである。そのうち、前の三項目は「指導内容の組織」に関する内容で、4と5は「授業時数の配当」に該当する内容である。関連データ（詳細なデータは付録一をご参考）を分析し、まとめると、以下のことがわかった。

①教育課程改革の対象は大学の教育課程のすべての科目区分に及び、その中心が一般教育科目である。

改革の対象分野について見ると、84％以上の大学が一般教育、外国語教育、保健体育教育、専門教育の分野にわたって、改革を行っている。中には、特に一般教育については、平均して94.5％の大学がこれを改革の対象として、なんらかの改革を実施した。だから、今度の改革は大学教育課程の全般に及び、そして、その中心が一般教養教育であることがわかった。

②昔の科目区分が撤廃された。新しい科目区分は学校によって違い、多様化してきた。

昔、大学はきちんと一般教育、専門教育、外国語教育、保健体育教育という科目区分をとったが、今は中西又三氏がまとめたように、学校によって、科目区分が多様化してきた。新しい科目の当てはめとしては、「基礎」、「共通」、「教養」、「専攻」などいろいろな新しい名称の区分が出た。特に一般教養教育。昔は、「一般教育」というただ一つの科目区分なのに、今は「一般教育」という科目区分名称を維持している大学はきわめて少なくなっている（ただ6.3％）。「教養」、「基礎」、「共通」、「総合」などの名称がそれに変わって用いられるようになった。

③卒業用件数については、「減少」と「変わらない」がその傾向となっている。その理由として、「主体的学習時間の確保」、「学生の負担軽減」などが上げられるが、「一般教養科目の単位減少」が寄与している

卒業用件数については、回答の数字を見れば明らかであるが、「減少」した学校が一番多く（総体35.7％、特に国立大学42.5％）、「増加した」学校は極めて少ない（総体5.6％、特に国立1.4％）。その原因になると、「主体的学習時間の確保」（62％）、「一般教育などの単位減少」（50％）、「学生の負担軽減」（46％）が高い数値を示している。では卒業用件数の全体的な減少の中で、どの分野の卒業用件数が減少されたかというと、「専門教育の単位減少」の比率が25％と低いのに対して、「一般教育の単位

減少」の比率は50％と高くなっている。この明確な対比から見れば、「主体的学習時間の確保」や「学生の負担軽減」は、現実には、主として「一般教育などの単位減少」によって行われていることになるだろう。いわば、卒業用件数の減少には「一般教養科目の単位減少」が寄与している。

4.2　各科目区分の具体的な改革
では、この一節で各科目区分の具体的な改革内容を見てみよう。
4.2.1　一般教育科目の改革の内容
「大学改革の実施状況」の調査では、一般教育科目についての調査は全部で四項目で、それは1 授業科目区分の変化、2 授業科目数の変化、3 卒業用件数の変化と4 工夫である。項目名を見てわかるように、1は「指導内容の組織」に関する内容で、2と3は「授業時数の配当」に該当する内容である。調査結果(詳細なデータは付録二をご参考)を分析すると、表2を得た。

表2　一般教育科目の改革の内容

		昔のカリキュラムでは	今のカリキュラムでは
一般教育科目	指導内容の組織	一：名称 一般教育科目 二：内部区分 人文、社会、科学。 三：履修方式 「横割型」の履修方式が主流。	一：名称 統一の規範がない。「教養」、「基礎」、「共通」、「総合」などの名称が使われるようになった。 二：内部区分 統一のモデルがない。新しい内部区分としては、従来の人文、自然、社会の三区分に情報科目を加える例、人文系と社会系を合わせて一区分とし、これと並べて自然系をおく例、抽象的な名称によらず、「文化と歴史」など具体的に科目内容を示す主題別とする例などがある。副専攻とする事例もある。 二：履修方式 「楔型」が主流。
	授業時数の配当	四：授業科目数 五：卒業用件単位 人文、社会、自然は各区分12単位で、合わせて36単位	四：授業科目数 増加した。 五：卒業用件単位 減少した。 (6～10単位が主流、1～5、10～15まで減少する例は大体4割)
	工夫	工夫として、全学年履修製の採用、少人数クラスの拡充、視聴覚機器の活用などが行われていることが明らかになった。	

出所：青木宗也、示村悦二郎(1996)『大学改革を探る』より作成

表2から見られるように、一般教育科目の改革の内容は主に4点にまとめられる。それは①一般教育科目の名前も内部区分も従来と比べて、大きく変貌した、新しい名前と内部区分は統一の規範がなく、多様化していること、②履修方式は「全学年の前の二年で履修する横割型」から「全学年履修製の楔形」へと変わったこと、③授業科目数が増加したが、卒業用件単位は減少したこと、④工夫として、全学年履修製の採用、少人数クラスの拡充、視聴覚機器の活用などが行われていることが明らかになった。

4.2.2 専門科目の改革の内容

「大学改革の実施状況」の調査では、専門教育科目についての調査は全部で五項目で、それは1カリキュラム編成についての改革、2授業科目数の変化、3、卒業用件数の変化、4卒業論文.卒業研究.卒業製作などの取り扱い、5学年次の移行に際しての移行(進級)条件である。この中で、1は「指導内容の組織」に関する内容で、2と3は「授業時数の配当」に該当する内容である。4と5はデータから見れば、昔と同じで変革が殆どないので、その分析を省略する。その具体的な内容(詳細なデータは付録三をご参考)をまとめると、表3になった。

表3　専門科目の改革の内容

		昔のカリキュラムでは	今のカリキュラムでは
専門教育科目	指導内容の組織	一：履修方式 「横割型」の履修方式が主流	一：履修方式 「楔型」が主流となった。
	授業時数の配当	二：授業科目数 三：卒業用件数	二：授業科目数：増加。 三：卒業用件数：増加。
	工夫	選択性の拡大、科目内容の充実の工夫は半数以上の大学で見られ、専門科目の整理、体系化、進路に対応したコース制の導入などの工夫もなされている。	

出所：青木宗也、示村悦二郎(1996)『大学改革を探る』より作成

表3を見てわかるように、専門科目の改革の内容は主に3点にまとめられる。それは①専門教育のカリキュラム構造は昔の「横割型」から「楔型」へと変更すること、②選択性の拡大、科目内容の充実の工夫は半数以上の大学で見られ、専門科目の整理、体系化、進路に対応したコース制の導入などの工夫もなされていること、③総体的に、授業科目数も卒業用件数も増加することである。

4.2.3 外国語科目の改革の内容

「大学改革の実施状況」の調査では、外国語科目についての調査は全部で六項目で、それは1外国語科目の種類の増減、2授業科目数の変化、3、卒業用件数の変化、4履修方式の変化、5各大学の工夫と6当該大学外での外国語の学習についての単位認定制度の有無である。そのうち、1と4は「指導内容の組織」に関する内容で、2と3は「授業時数の配当」に該当する内容である。6は認定制度の有無についての調査で、改革の内容ではないので、その分析は省略する。その具体的な内容(詳細なデータは付録四をご参考)をまとめると、表4になった。

表4　外国語科目の改革の内容

		昔のカリキュラムでは	今のカリキュラムでは
外国語科目	指導内容の組織	外国語教育改革の各項目については、「変わらない」が高い比率を占めている。 ただし、昔と比べ、授業の選択性がやや拡大した。	
	授業時数の配当		
	工夫	外国語教育において、いろいろと工夫がなされている。そのうち、少人数クラスの拡充、学習機器設備の整備、外国人教員の増員に重点が置かれている。	

出所：青木宗也、示村悦二郎(1996)『大学改革を探る』より作成

表4が示したように、外国語科目の改革の内容は主に2点である。それは①外国語教育改革の各項目については、「変わらない」が高い比率を占めている。ただし、昔と比べ、選択性がやや拡大したこと、②外国語教育において、いろいろと工夫がなされている。そのうち、少人数クラスの拡充、学習機器設備の整備、外国人教員の増員に重点が置かれていることである。

4.2.4 保健体育科目の改革の内容

「大学改革の実施状況」では、保健体育科目についての調査は全部で三項目で、それは1 授業科目数の変化、2 履修方式の変化と3 各大学の工夫である。このうち、2は「指導内容の組織」に関する内容で、1は「授業時数の配当」に該当する内容である。関連データ（詳細なデータは付録五をご参考）を分析すると、表5を得た。

表5　外国語科目の改革の内容

		昔のカリキュラムでは	今のカリキュラムでは
保健体育科目	「指導内容の組織」	一．履修方式 「横割型」が主流を占めていた。実技と講義をともに必修。	一．履修方式 今は「楔型」が主流となった。選択化が進む。実技・講義とも選択性にしたり、実技或いは必修だが、講義を選択にしたりするタイプが約七割になった。
	「授業時数の配当」	二．授業科目数	二．授業科目数 「増加した」大学と「減少した」大学と「変更ない」大学の比率は、ほぼ同じで、30％近くである。
	「工夫」	多岐にわたって、行われている。保健授業を充実したことや、スポーツ科目の種類を増やしたことなど。	

出所：青木宗也、示村悦二郎(1996)『大学改革を探る』より作成

表5の示したように、保健体育科目の改革の内容は主に4点である。それは①履修方式は必修化から選択化へと変化すること、②課程構造も「横割型」から「楔型」への傾向を示していること、③昔と比べて、「増加した」大学と「減少した」大学と「変更ない」大学の比率は、ほぼ同じで、30％近くであること、④工夫が多岐にわたって、行われている。生涯を通じて心身の健康保持増進のために必要な知的理解を増進させる保健授業を充実したことや、スポーツ科目の種類を増やしたことがある。

5. 事例研究

以上で、今回の改革の総体的な動向と各科目の具体的な変化をまとめた。今度の大学設置基準の大綱化の重要な方針は大学の個性化と多様化であり、カリキュラム編成は各大学の理念に基づき、各大学の裁量に任せた。そのため、各大学における改革も様々で、多様なわけである。この一章では、国立、公立と私立大学の中から一校を選び（国立の名古屋大学、公立の電気通信大学、私立の岡山理科大学）、その改革の現場に立って、各大学における改革の具体的な様子を見る。ただし、紙幅の関係で、その詳細は省略し、研究の結論を述べる。

名古屋大学、岡山理科大学、電気通信大学は各々の理念に基づき、大綱化に答えて

カリキュラム改革を行った。この三校の改革の具体的な内容を見れば、共通する内容もあれば、自分の特色を出そうとする独自の措置もある。共通点は主に三つある。それは、①「4年一貫教育」の導入、すなわちカリキュラム構造が「横割り型」から「楔型」への変更。大綱化を受けて、三校ともに「4年一貫教育」を導入し、専門教育と一般教育を両方とも全学年履修の方式をとった。②昔の科目区分を撤廃すること。三校ともに昔の大学設置基準が規定していた科目区分を撤廃し、自分の理念に基づき、オリジナルな学部教育課程を編成した。③卒業用件数の見直し。大学設置基準の最低限である124単位に近づけようとする傾向が見られる。この三点もちょうど第4章で見出した今度の改革の総体的な動向の三点と同じである。各大学のオリジナルな改革点を例でいうと、名古屋大学の主題科目の編成、岡山理工大学における時事英語、技術英語の重視などが挙げられる。各大学は自分の理念に基づき、特色あるカリキュラムを編成してきたこと及び主な改革措置がすでに明らかになった。では、これらの改革措置の効果を次章で考察する。

6. 改革の効果及び今後の課題について

先行研究でまとめたように、今度の改革の効果に対して、賞賛の声は殆ど聞こえなかった。その多くは批判の声である。甚だしいことに、今度の改革は失敗したという声もある。今回の改革は成功したか、或いは失敗したかということは、改革前の問題を解決したかどうかによるべきものであろう。では、この一章で大綱化以前のカリキュラムの三つの問題（大学の均質化、カリキュラムの分断化、一般教育の形骸化）を解決したかどうかという角度から、たくさんの研究を踏まえたうえで、改革の効果とその後の課題を考察する。

6.1 大学の均質化問題について

「大学の均質化」とは、すでに2.1で論じたように、大学設置基準に大学及び大学教育に定量的な規制がなされていることである。改革を通して、「均質化問題」は解決したかどうかという問題は、改革の内容を見れば、わかると思う。

改革の全体的動向として、科目区分の再編と卒業用件数の見直しが挙げられる。科目区分の再編で、昔の専門教育科目、一般教育科目、外国語科目、保健体育科目という科目区分が撤廃され、しかも一般教育科目の自然と社会と人文という区分も廃され、様々な新しい科目区分が生まれてきた。そして、単位数においても、昔の詳細な定めを取りやめ、各大学が自由に規定できるようになった。具体的な例として、事例研究の三校のどれをとってみてもわかると思う。さらに、各大学は自分の学校の特色を出すように、様々な工夫を行っている。各大学の個性化と多様化は大綱化以降着実に進んでいるといえよう。ここから見れば、「大学の均質化」問題は今度の改革を通して、解決できたといってよかろう。

しかし、「均質化問題」は全然何の「後遺症」もなく、解決したわけでもない。その問題点として、以下の二つがよく指摘されている。一つは林正人氏(2003)が『大学

設置基準大綱化後の共通(教養)教育のかかえる問題』という論文の中で指摘した「アノミー状態」である。多くの大学は、自由なカリキュラム編成が可能になったことを利用して、新しい名称の学部が次々に誕生していった。それまでの伝統的な学部名称は、「工」「理」「法」「文」「医」等の歴史の古い1文字のもの、これらに比べれば新しい「教育」「経済」「経営」等の2文字のものが主流であったが、大綱化以降、「情報」「国際」「環境」「文化」「政策」「総合」等の新しい2文字のもの、これらを組み合わせた4文字・6文字のものが続々と作られた。今では、カタカナ学部名称もそれほど珍しくなくなってきている。これらの新名称学部をどのように評価するかは今後の課題である。もう一つの問題はこの多様化と個性化の品質の問題である。事例研究で見たように、名古屋大学は自分の理念に基づき、特色あるカリキュラムを編成した。新しいカリキュラムの特徴としては、主題科目の編成と基礎セミナーがあるが、自己評価の中で、基礎セミナーは高く評価されているのに対して、主題科目はいろいろな問題を抱えて、批判を浴びている。ここから見れば、本格的な各大学の「個性化・多様化」をどうやって実現できるかが新しい課題として現れてきた。

　総体的にいうと、昔の「均質化問題」は大学の「個性化・多様化」によって解決したが、本格的な「大学の個性化・多様化」が実現するまでまだ頑張る必要がある。これも今後の改革の一つの課題となるのであろう。

6.2　カリキュラムの分断化

　2.1で述べたように、カリキュラムの分断化は主に二つの分断である。それは①専門教育と教養教育が前半と後半に折半された分断と教養部と②専門学部の配置による一般教育と専門教育の分断である。では、今度の改革でこの二つの問題は解決できたかという問題を見てみよう。

　「処方箋」は言うまでもなく、①に対しては「4年一貫教育」の導入、すなわちカリキュラム構造を「横割型」から「楔型」への変更で、②に対しては教養部の撤廃である。では、各大学の取組状況はどうだったかというと、①番の「4年一貫教育」の導入については、全国の改革の動向の一節ですでに述べたが、殆どすべての大学がカリキュラム構造を「横割型」から「楔型」へと変更し、専門教育と一般教育の履修方式を全学年履修方式に変革した。②番の教養部の撤廃と教員の分属の状況については、大学基準教会の「大学改革の実施状況」の調査結果から、平成6年までまだ教養部を存続させた大学がわずか24.1%しかなかったことがわかった[5]。各大学は教養部を撤廃し、新学部を創設したり、教養部教員を既存学部に分属させたりする改革措置をとっていた。各大学のこの取組状況から見れば、昔の分断していたカリキュラムが以上の改革を通して、「分断」から「関連」に変わって、「カリキュラムの分断化」問題は解決したわけであろう、或いは少なくとも、形式上は「関連」した形となったとは言えよう。

　しかし、有本章氏(2003)がカリキュラム改革が「分断」から「融合」への追及という課題を設定し、全国大学教育研究センター等協議会メンバー学校の教員及および学生

を対象にアンケート調査を実施し、現状は課題の達成にほぼ失敗していると診断せざるを得ないという結論を出した。それはなぜかというと、有本章氏は五つの論拠を出した。それは①:理念.目的の崩壊、②:実施体制の求心力低下、③:不十分なカリキュラムの体系的編成、④:授業の効果が問題、⑤:学生の学力不振である（具体的な内容は先行研究をご参照）。この五つの論拠は調査研究に基づいたもので、その真実さを疑う余地がない。

しかし、それだけでこの課題は失敗したと診断して本当によいのかというと、私はそう思わない。なぜならば、それはこの五つの論拠が一つ肝心なところに触れていないからだ。それは分断化と照らしていないことである。有本章氏の結論は改革の前の状況と比べて言うのではなく、ただ改革後の問題を指摘しただけである。具体的に言うと、確かに、今の実施体制の求心力が低下している。しかし、改革前の実施体制の求心力はどうだったか。今よりもっと低下していたのではないか。仮に今よりも低下していれば、今度の改革は失敗したとはいえないであろう。同様に、カリキュラムの体系的な編成がまだ不十分であるという問題も否定できない事実である。事例研究でも見たように、確かに名古屋大学などにこの問題がある。しかし、改革前のカリキュラムの編成の問題はもっと大きいではあるまい。

上述の内容をまとめると、カリキュラムはすでに「分断」から「関連」の方向に着実に一歩を踏み出したが、今の程度の「関連」はまだ「有機的な関連」に至っていないと結論付けたい。有本章氏が指摘した問題は今後の課題になる。

6.3 一般教育の形骸化

改革の中では、多くの大学がこの問題に取り組んだ。甚だしいことに、愛媛大学の第一リンクの改革の中で、この問題の解決措置が中心的な地位を占めていた[6]。しかし、改革後、今度の改革によって一般教育が軽蔑され、解体したという声が多かった。その理由は教養部の廃止によって、一般教育の拠り所がなくなったことと授業単位数と卒業用件数の減少は、昔制度に守り続けられてきた一般教育を解体させたことである。

実は改革の前にも、大網化が一般教育の解体かそれとも充実かということは議論されていた。例として朝日新聞に登載された二つの記事を見てみよう。一つのテーマは大学審議会答申は理念を忘れた一般教育解体[7]、もう一つ正反対のテーマは大学審議会の答申の意図は一般教育充実[8]。改革の理念に対する理解は以上のように異なっていたが、一番肝心なことは、恐らく改革の結果が結局どちらになったかということであろう。中央審議会の答申(2002)は、明らかに教養教育が後退した事実を指摘し、その再建を提唱したのである[9]。ここから見れば、改革の結果は一般教育の後退を招いたことも疑う余地なく明らかだったのである。

総体的にいうと、昔の「一般教育の形骸化」と批判されていた問題点は改革によって、なくなった。しかし、それに伴って、昔よりも厳重な「一般教育の後退」が問題として現れてきた。そのため、一般教育の再建は今後のカリキュラム改革の重要な課

題の一つになるのであろう。
　以上の三つの問題点の解決状況についての考察を総括すると、今度の改革は昔の三つの問題点を大体解決した。ただし、新しい問題点がまた現れてきたといってよかろう。そして、今後の課題は大学教育の個性化.多様化、カリキュラムの有機的な統合、一般教育の再建であろう。

7. 結論

7.1　本稿のまとめ

　本稿は大学設置基準の大綱化による学士課程カリキュラム改革について考察するもので、研究内容と照らして、本稿の結論を以下のようにまとめる。
　大綱化前、日本の学士課程カリキュラムは、大学の均質化、カリキュラムの分断化と一般教育の形骸化の三つの問題を抱えていた。そして、国際化、情報化、生涯学習ニーズの高まり、知識社会などの社会変化にも、改革が要請されていた。
　改革の内容は、以下のようである。全体的な動向として、三つある。それは、①科目区分:昔の科目区分が撤廃された。新しい科目区分は学校によって違い、多様化してきたこと、②履修方式:昔の「横割型」から「楔型」へと変更したこと、③卒業用件数:昔とくれべ、「減少」した。減少の中で、「一般教養科目の単位減少」が寄与していることである。
　各科目区分の変動については以下のようである。一般教育科目では、①内部区分が撤廃されたこと、②授業時間数が増加し、卒業用件数は減少したこと。③履修方式が「横割型」から「楔型」へと変更したことがある。専門教育科目では、①授業時間数が増加し、卒業用件数は減少したこと、②履修方式が「横割型」から「楔型」へと変更したことがある。外国語科目には、昔と変更ないことが明らかになった。保健体育科目では、履修方式が「横割型」から「楔型」へと変更したことと選択化が進む傾向が見られる。
　改革の効果について、今度の改革は昔の三つの問題点を大体解決した。ただし、新しい問題点がまた現れてきたと総括できる。今後の課題として大学教育の個性化.多様化、カリキュラムの有機的な統合、一般教育の再建の三つであろう。

7.2　中国への啓示

　今度のカリキュラム改革の内容と効果の考察に基づいて、カリキュラム改革の面で、わが中国にはどんな啓示が引き出せるかというと、以下三つあると思う。①:改革には必ずマクロ的な指導が必要である。今度の改革は各大学の自分の理解で改革を進めたため、いろいろと問題が出てきた。この点から見れば、全国的な規模の改革なら、やはり大学審議会などの組織の指導が必要なのではないかと思う。②改革する前に、改革の理念をはっきりさせ、すべての改革の主体に共有するようにしなければならない。日本の改革では、一般教育の理念はっきりしてないため、「一

般教育の軽蔑化」問題を招いたのであろう。③:改革は一挙にして完成するものではなく、一歩ずつ行ったほうがより効果が出るのではないかと思う。今回、日本は一気にすべての制限を取り除いたため、一般教育の後退などの深刻な問題を招いたのであろう。カリキュラム改革には長期の努力が必要であると思う。

注

[1]青木宗也、示村悦二郎.1996『大学改革を探る』大学基準協会. pp12-13
[2]有本章.2004『大網化以降の学士課程カリキュラム改革』広島大学高等教育研究開発センター:23
[3]文部省.1990.教育白書『わが国の文教施策』第三章第三節
[4]有本章.2003『大学のカリキュラム改革』玉川大学出版部.p44
[5]青木宗也・示村悦二郎 1996.『大学改革を探る』大学基準協会　資料編 p53
[6]有本章.2004.『大網化以降の学士課程カリキュラム改革』広島大学高等教育研究開発センター:151
[7]朝日新聞.1991年2月23日.朝刊.面数:声.ページ:017.字数:450文字
[8]朝日新聞.1991年3月5日.朝刊.面数:声.ページ:015.字数:426文字
[9]有本章.2004.『大網化以降の学士課程カリキュラム改革』広島大学高等教育研究開発センター:3

参考文献

有本章.2003.『大学のカリキュラム改革』.玉川大学出版部
青木宗也・示村悦二郎.1996.『大学改革を探る』.大学基準協会
井戸富二夫.1988.『大学のカリキュラム』.玉川大学出版部
関正夫.1988.『日本の大学教育改革―歴史.現状.展望』
有本章.2004.『大網化以降の学士課程カリキュラム改革』.広島大学高等教育研究開発センター
近藤哲生.1999.『大学改革の到達点にたって―国立七大学教養(学)部の総括』.大学教育改革研究会.九州大学大学教育研究センター
京都大学高等教育研究開発推進センター編.2003.『大学教育学』.培風館
「21世紀の自然科学系大学教育に向けて」編集委員会.1994.『大学改革―110の事例と提言』.朝風書店
有本章.1997.『学生像と授業改革』.広島大学大学教育研究センター
有本章.2000.『学部教育改革の展開』.広島大学大学教育研究センター
広島大学大学教育研究センター.1991.『高等教育改革の新段階』.広島大学大学教育研究センター
有本章.1998.『教養的教育から見た学部教育改革』.広島大学大学教育研究センター
有本章.1996.『学部教育の改革と学生生活』.広島大学大学教育研究センター
文部省.1990.教育白書『わが国の文教施策』
文部省.1991.教育白書『わが国の文教施策』
文部省.1988.教育白書『わが国の文教施策』
関正夫.2006.「大学カリキュラム改革に関する研究の回顧と展望―学士課程教育を中心をして」.『大学論集26』

関正夫.1992.「大学教育に関する研究―回顧とてんぼう―」.『大学論集22』
黄福濤.2001.「1990年代後半の中国における学士課程カリキュラム改革」.『大学論集』
冠野文.1994.「教員の意識とカリキュラム改革―教養部解体がもたらしたもの」『大学改革―110の事例と提言』.朝風書店
黒田光太郎.1994.「一般教育が消えようとしている中で」『大学改革―110の事例と提言』.朝風書店
林正人先生.「大学設置基準大綱化後の共通(教養)教育のかかえる問題」
草刈英栄.1994.「教養的教育と専門基礎教育の重視」『大学改革―110の事例と提言』.朝風書店
麻生誠.1996.「大学のパラダイム」『大学改革を探る』.大学基準協会
関正夫.1994.「大学カリキュラム改革に関する研究の回顧と展望―学士課程教育を中心をして」『大学改革―110の事例と提言』.朝風書店
小出昭一郎.1994.「もっとゆとりのある大学を」『大学改革―110の事例と提言』.朝風書店
国府田隆夫.1994.「人間形成の大学を」『大学改革―110の事例と提言』.朝風書店
後藤賢一.1994.「真の大学改革」『大学改革―110の事例と提言』.朝風書店
品田正樹.1994.「理系大学における設置基準の大網化について考えること」『大学改革―110の事例と提言』.朝風書店
麻生誠.1996.「大学のパラダイム」『大学改革を探る』
朱桂栄.1998.「外国語教育から見た日本の大学教育改革―国立大学を中心に」『日本学研究』

附録：

附録一　教育課程の編成(五項目)

1．改革の対象分野(教育課程の改革はどのような分野を対象として行われましたか)

回答：

選択肢	大学としての回答(400大学(80.5％))				
	単位(％)計	国立	公立	私立	特殊法人立
1．いわゆる「一般教育」	94.5	98.8	96.6	93.4	―
2．外国語教育	87.0	91.5	89.7	85.5	―
3．保健体育教育	84.0	91.5	89.7	81.6	―
4．専門教育	84.5	95.1	79.3	82.3	―
5．その他	10.5	14.6	6.9	9.4	100

2．授業科目区分の変化(上記の改革の結果、授業科目の区分はどのようになりましたか)

回答：

　設問2の科目区分の変更の内容については、各大学.学部が設定した科目区分がそのまま記述されているため、どのように解析するか困難であるが、中西又三氏は

以下のようにまとめた。ここでは中西氏のまとめを引用することにする。その主要な形態としては概ね次のものがある。

①従来通り、「一般教育」相当科目、外国語科目、保健体育科目を区分し、それぞれの履修必要単位を設定する。

②「一般教育」相当科目、外国語科目を含めて一つの科目単位とし、これについて最低必要履修単位を設定し、その内容的細分として、「一般教育」、外国語に相当する科目を置き、それぞれについて最低必要履修単位を設定し、保健体育科目については、別途設置し、最低必要履修単位を設定する。

③「一般教育」相当科目、保健体育科目を含めて一つの科目単位とし、これについて最低必要履修単位を設定し、その内容的細分として、「一般教育」、保健体育に相当する科目を置き、それぞれについて最低必要履修単位を設定し、外国語科目については、別途設置し、最低必要履修単位を設定する。

④「一般教育」相当科目と専門教育科目を区分世々、「一般教育」相当科目について最低必要履修単位を設定する。

3：新しい科目区分の当てはめ（設問2に記された授業科目の区分はどのような分野に該当するものか）回答：

昔の科目区分	授業科目区分の変更と当てはめ(%)				
一般教養的教育	一般教育；6.3	基礎；24.1	共通；20.2	教養；31.4	総合；17.5
外国語教育	外国語；46.7	基礎；14.9	共通；14.6	教養；10.7	
保健体育教育	保健体育；26.5	基礎；16.8	共通；18.1	教養；13.4	
情報処理教育	情報；15.3	基礎；28.5	共通；17.0	教養；15.3	専門；18.8
専門教育	専門；66.0	基礎；10.8	専攻；8.9		

出所：青木宗也、示村悦二郎(1996)『大学改革を探る』pp.157-159より作成

4：卒業用件数の増減（卒業の要件となる総単位数はどのようになりましたか。　）
回答：

選択肢	大学としての回答(378大学(76.1%))				
	単位(%)計	国立	公立	私立	特殊法人立
1：増加した	5.60	1.40	10.7	6.20	—
2：減少した	35.7	42.5	39.3	33.7	—
3：学科によって異なる	24.1	45.2	14.3	19.6	—
4：変らない	29.4	8.2	28.6	34.8	100
5：その他	15.3	17.8	21.4	14.1	—

5：卒業要件単位数の見直しの主なねらい（その狙いは何ですか）
回答：

選択肢	大学としての回答(288 大学(57.8%))				
	単位(%)計	国立	公立	私立	特殊法人立
1:従来の卒業要件単位数が過大で、学生に対する負担がおおすぎたため	46.5	56.5	18.2	45.8	—
2:卒業時要求される教育成果に対して、従来の卒業要件単位数が過小だったため	5.2	2.6	9.1	5.8	—
3:学生が授業を基にして、主体的に勉強する時間を拡大するため	61.8	73.7	18.2	62.1	—
4:一般教育、外国語教育、保健体育教育の卒業要件単位数が減少したため	50.3	68.4	59.1	42.1	—
5:専門科目の整理により卒業要件単位数の減少が可能になった	25.0	39.5	13.6	20.5	—
6:その他	18.1	17.1	22.7	17.9	—

附録二　一般教育科目(四項目)

1:内部区分の変化(一般教育に該当する授業科目の内部区分はどのようになりましたか)回答：

選択肢	大学としての回答(379 大学(76.3%))				
	単位(%)計	国立	公立	私立	特殊法人立
1:従来からの人文、社会、自然の分野区分のまま	14.0	11.1	13.3	15.0	—
2:新しい授業科目の区分を設定した	63.3	77.8	50.0	60.3	100
3:区分しない	15.6	4.9	30.0	17.2	—
4:その他	10.0	11.1	6.7	10.1	—

(新しい区分は調査用紙に書いてある、それについてのまとめは分析の部分で書く)

2:授業科目数の変化(一般教養的な教育に関する授業科目数はどのようになりましたか)回答：

選択肢	大学としての回答(374 大学(75.3%))				
	単位(%)計	国立	公立	私立	特殊法人立
1:増加した	47.3	60.3	66.7	41.5	—
2:減少した	26.5	25.6	20.0	27.5	—
3:変らない	18.7	10.3	3.3	22.6	100
4:その他	9.6	6.0	13.3	10.2	—

3：卒業用件数の変化（卒業の要件となる一般教育科目の単位数はどのようになりましたか）

回答：

選択肢	大学としての回答（369大学（74.2%））				
	単位(%)計	国立	公立	私立	特殊法人立
1：増加した	3.5	—	7.1	4.1	—
2：減少した	49.6	60.3	50.0	46.4	100
3：学科によって異なる	23.6	31.5	17.9	22.1	—
4：変らない	13.6	2.7	10.7	16.9	—
5：その他	14.	8.2	17.9	15.7	—

4：工夫（一般教育科目について、どのような工夫をしましたか）回答：

選択肢	大学としての回答（365大学（73.4%））				
	単位(%)計	国立	公立	私立	特殊法人立
1：どの学年次でも履修できるようにした	47.7	51.3	36.7	48.0	—
2：少人数クラスを拡充した	40.5	57.5	23.3	37.4	—
3：実験.実習を充実した	11.0	16.3	3.3	10.2	—
4：視聴覚機器の利用を高めた	33.7	41.3	13.3	33.9	—
5：新しい教材を開発した	4.1	5.0	3.3	3.9	—
6：その他	41.4	36.3	50.0	41.7	100

附録三　専門教育科目（五項目）

1：カリキュラム編成についての改革（専門教育についてどのように改革を実施しましたか）回答：

選択肢	大学としての回答（372大学（74.8%））				
	単位(%)計	国立	公立	私立	特殊法人立
1：一年次から履修できるようにした。	62.4	71.4	61.5	60.4	—
2：学部.学科を改組.再編した。	13.7	21.4	11.5	12.0	—
3：学問の進展に配慮し、科目の内容を充実した。	54.3	64.3	42.3	53.1	—
4：多様になりすぎた専門科目を整理し、体系化を図った	34.1	37.1	38.5	33.1	—
5：専門科目中での選択の可能性を拡大した。	57.3	60.0	50.0	57.5	—

续表

選択肢	大学としての回答(372大学(74.8%))				
	単位(%)計	国立	公立	私立	特殊法人立
6:従来の「一般教育科目」の一部を専門基礎科目として位置づけた	34.4	47.1	30.8	31.6	—
7:他学部.学科の専門科目を当該学部.学科の専門科目として位置づけた。	19.4	22.9	3.8	20.0	—
8:学生の進路に対応したコース制を導入した。	29.6	21.4	11.5	33.5	—
9:学生の多様な進路を考慮してカリキュラムを編成した。	40.6	32.9	23.1	44.4	—
10:その他	13.4	21.4	7.7	11.6	100

2:授業科目数の変化（専門教育に関する授業科目数はどのようになりましたか）

回答：

選択肢	大学としての回答(351大学(70.6%))				
	単位(%)計	国立	公立	私立	特殊法人立
1:増加した	54.4	49.2	60.0	55.4	—
2:減少した	7.7	10.8	4.0	7.3	—
3:変らない	29.1	32.3	20.0	28.8	100
4:その他	12.8	12.3	24.0	11.9	—

3:卒業用件数の変化（卒業の要件となる専門教育科目の単位数はどのようになりましたか）

回答：

選択肢	大学としての回答(355大学(71.4%))				
	単位(%)計	国立	公立	私立	特殊法人立
1:増加した	16.9	9.4	19.2	18.6	—
2:減少した	17.7	26.6	19.2	15.2	100
3:学科によって異なる	32.7	46.9	23.1	30.3	—
4:変らない	20.6	10.9	23.1	22.7	—
5:その他	20.3	21.9	23.1	19.7	—

附録四　外国語科目（六項目）

1:外国語科目の種類の増減（改革の結果、外国語科目の種類はどのようになりましたか）

回答：

選択肢	大学としての回答（384 大学(77.3%)）				
	単位(%)計	国立	公立	私立	特殊法人立
1：増やした	30.2	38.8	40.0	26.7	—
2：減らした	4.2	3.8	10.0	3.7	—
3：変らない	58.1	56.3	46.7	59.7	100
4：その他	12.0	7.5	13.3	13.2	—

2：授業科目数の変化（外国語教育に関する授業科目数はどのようになりましたか）
回答：

選択肢	大学としての回答（374 大学(75.3%)）				
	単位(%)計	国立	公立	私立	特殊法人立
1：増加した	51.6	60.8	59.3	48.3	—
2：減少した	8.0	7.6	7.4	8.2	—
3：変らない	31.8	26.6	18.5	34.5	100
4：その他	11.5	6.3	22.2	12.0	—

3：卒業用件数の変化（卒業の要件となる外国語科目の単位数はどのようになりましたか）
回答：

選択肢	大学としての回答（368 大学(74.0%)）				
	単位(%)計	国立	公立	私立	特殊法人立
1：増加した	6.5	4.2	7.4	7.1	—
2：減少した	28.5	36.1	18.5	27.2	100
3：学科によって異なる	27.7	26.4	29.6	28.0	—
4：変らない	28.5	22.2	33.2	29.2	—
5：その他	14.7	15.3	22.2	13.8	—

4：履修方式の変化（外国語科目の履修のさせ方はどのようになりましたか）
回答：

選択肢	大学としての回答（363 大学(73.0%)）				
	単位(%)計	国立	公立	私立	特殊法人立
1：英語を必修にした	12.1	1.4	8.0	15.5	—
2：外国語一ヶ国語を選択必修にした	14.3	15.1	4.0	15.2	—
3：英語を必修にし、他の外国語一ヶ国語を選択必修にし	32.0	37.0	36.0	30.3	—

续表

選択肢	大学としての回答(363大学(73.0%))				
	単位(%)計	国立	公立	私立	特殊法人立
4:外国語を二ヶ国語選択必修にした	8.8	15.1	8.0	7.2	—
5:外国語を必修から外した	3.9	2.7	4.0	4.2	—
6:その他	40.8	38.4	52.0	40.2	100

5:工夫(外国語教育について、どのような工夫をしましたか)

回答：

選択肢	大学としての回答(362大学(72.8%))				
	単位(%)計	国立	公立	私立	特殊法人立
1:クラス編成を多人数から少人数に改めた	51.6	65.8	42.3	49.0	—
2:授業の一回の授業時間を短くして、週当たりの授業の回数を増やした	6.1	5.3	7.7	6.2	—
3:短期集中型の授業コースを設けた	10.8	10.5	3.8	11.6	—
4:習熟度別クラスを編成した	30.7	42.1	7.7	29.3	100
5:当該外国語の背景となる文化などについてのガイダンスを充実した	14.6	15.8	3.8	15.4	—
6:外国語能力の向上をねらいとする専門科目を拡充した	29.3	30.3	19.2	30.1	—
7:外国人教員を増やした	43.4	30.3	34.6	48.3	—
8:教科書など新しい教材を開発した	8.3	13.2	—	7.7	—
9:語学学習用の機器、設備を整備した	44.5	53.9	26.9	43.6	—
10:その他	27.9	32.9	46.2	24.7	—

附録五　保健体育教育(三項目)

1:授業科目数の変化(保健体育に関する授業科目数はどのようになりましたか)

回答：

選択肢	大学としての回答(388大学(78.1%))				
	単位(%)計	国立	公立	私立	特殊法人立
1:増加した	25.3	35.0	25.8	22.5	—
2:減少した	30.2	32.5	22.6	30.4	—
3:変らない	37.4	28.8	38.7	39.5	100
4:その他	11.1	6.3	19.4	11.6	—

2：履修方式の変化（保健体育教育の履修のさせ方はどのようになりましたか）
回答：

選択肢	大学としての回答(384大学(77.3%))				
	単位(%)計	国立	公立	私立	特殊法人立
1：実技科目を必修にし、講義科目を選択にした	15.6	26.0	3.6	14.0	―
2：講義科目を必修にし、実技科目を選択にした	4.2	6.5	10.7	2.9	―
3：実技科目．講義科目ともに選択にした	18.8	11.7	14.3	21.2	―
4：実技科目の開設をやめた	1.6	1.3	7.1	1.1	―
5：講義科目の開設をやめた	4.7	6.5	3.6	4.3	―
6：従来通り実技科目．講義科目ともに必修にしている	33.	37.7	46.4	30.9	―
7：その他	31.0	28.6	28.6	31.7	100

3：工夫（保健体育教育について、どのような工夫をしましたか）回答：

選択肢	大学としての回答(366大学(73.6%))				
	単位(%)計	国立	公立	私立	特殊法人立
1：どの学年時でも履修できるようにした	32.0	37.5	23.1	31.2	―
2：施設．設備を充実した	22.1	30.0	19.2	20.0	―
3：実技科目について少人数クラスにした	25.7	36.3	15.4	23.5	―
4：体力に応じた教育方法を導入した	17.2	28.8	15.4	13.8	―
5：健康保持のためのカウンセリング的授業方法を導入した	16.7	26.3	3.8	15.0	―
6：スポーツ科目の種類を増やした	39.6	51.3	30.8	36.9	―
7：短期集中的に行うシーズン科目を多く設定した	20.5	26.3	3.8	20.4	―
8：トレーニングセンター等を開設し、活用している	20.2	17.5	26.9	20.4	―
9：生涯を通じて心身の健康保持増進のために必要な知的理解を増進させる保健授業を充実した	55.2	67.5	53.8	51.5	―
10：その他	17.2	20.0	11.5	16.9	―

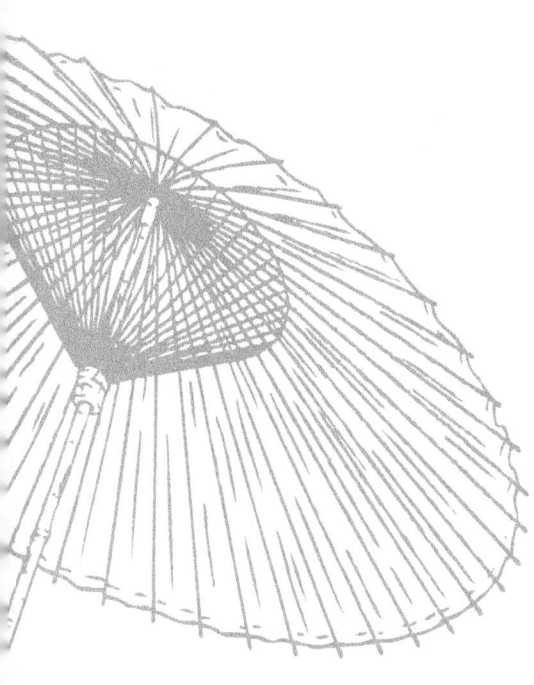

2017年度优秀硕士论文

「見える」「聞こえる」に関する一考察
―無標識可能の観点から―

北京外国語大学　五藤絵里加

摘要：本研究尝试从成对不及物动词以无标记的形式来表达可能的语义中的无标记可能态这一机制出发，对「見える」和「聞こえる」构成的可能表达进行说明。此外，本文也将通过对比「見られる」「聞ける」，对「見える」「聞こえる」的用法进行整理。简单阐述一下本次研究的结论，即「見える」「聞こえる」的用法大致可以分为"能力可能""状况可能""结果可能""实现状态"等4种语义的表达方式。其中，只有在表示"状况可能"这一用法时，「見られる」「聞ける」是可以互换使用的。其次，"能力可能""实现状态"用法在所谓的能够表达无标记可能的成对不及物动词句中是没有的，而这些用法是「見える」「聞こえる」特有的。但是，"状况可能""结果可能"是无标记可能表达中共同的用法。此外，"能力可能"也是「切れる」「折れる」等和可能动词同形的成对不及物动词所共有的特征，从这一点也能看出其与无标记可能表达的连续性。

キーワード：「見える」　「聞こえる」　無標識可能　可能　自発

1. はじめに

　現代日本語においては、動詞「書く」に対する「書ける」のように、1つの動詞に〈可能〉を表す形態1つが対応している場合がほとんどである一方で、他動詞「見る」「聞く」については、「見る」に対して「見える」「見られる」、「聞く」に対して「聞こえる」「聞ける」という2つの形態が対応している。これらの形態について、それぞれの表す〈可能〉の意味にはどのような違いがあるのだろうか。これは日本語教育という観点からみても、自身の内省で2つの形式を使い分けることのできない日本語学習者にとって重大な問題であると思われるが、それぞれの異同について詳細に検討した研究は（特に「聞こえる」「聞ける」に関しては）意外に少ない。本研究は、「見える」「聞こえる」による〈可能〉について、「有対自動詞が無標識で〈可能〉の意味を表す」という「無標識可能」のメカニズムから説明することを試みる。その上で、「見られる」「聞ける」と比較しつつ、「見える」「聞こえる」の用法を整理しようとするものである。

2. 先行研究とその問題点

2.1　先行研究

「見える」「聞こえる」と「見られる」「聞ける」の違いについてくわしく分析した研究は意外に少なく、特に「聞こえる」と「聞ける」に関するものは、ほとんどないと言える。

そんな中で、寺村(1982)は唯一、この両者をとりあげて考察している。寺村は「見える」「聞こえる」を自発態、「見られる」「聞ける」を可能態とし、その意味の違いについては、自発態による可能が、「その発話の場、時点で、具体的にあるものが視覚・聴覚によってとらえることが可能か否かということ」を表すのに対し、可能態による可能は、「一般にかくかくの可能な状態が—発話の場を離れて—存在するということ」を表すとしている。この指摘は両者のおおよその違いを把握するためには有効であるし、後の研究でもこの指摘をなんらかの形で受け継いでいるものが多い。しかし、寺村(1982)は各例文についての詳細な検討までは行っていないし、〈可能〉として挙げられる(1)(2)のような例文の中には〈受身〉や〈自発〉としか思われないようなものも含まれており、〈可能〉の意味に注意してより詳細に検討する必要がある。

(1) a. 近ごろ、都会では、牛や馬の姿はめったに{＊見えない/見られない}。
　　b. さっきまでいた牛や馬が{見えない/＊見られない}。
　　c. 最近の雨で、奈良県郡山市内の養魚池から金魚やコイ約四百万匹が流れ出た。盆地内の小川は、どこも金魚がいっぱい。ちびっ子たちの楽しい金魚取りの姿が見られる。遊びを味わったこともない都会の子には、何ともうらやましい話だ。
　　d. 当時の向田さんは乳ガンの手術のあとだった。「死」という字が、その字だけ特別な字に見える、という毎日だったらしい。（自発）
　　e. この絵、お父さんに見える？（視覚的印象による同定）
　　f. お父さんにこの字見える？（視覚で認知すること可能）

　　　　　　　　　　　　　　　　　　　　　　　　　　　（寺村 1982：277）

(2) a. このラジオで20か国からの短波放送が聞けます。
　　b. これほどの名放送は、めったに聞けるものではない。（＊聞こえる）
　　c. 先生は「おい静」といつでも襖の方を振り向いた。その呼び方が私には優しく聞こえた。
　　d. このようにいっても私のいうところははなはだ観念的に聞こえ、一向具体性をもたないもののように思われるであろう。

　　　　　　　　　　　　　　　　　　　　　　　　　　　（寺村 1982：278）

飯田(1997)は、「見える」「見られる」の前提となる「見る」行為(対象に視線を送る行為)が意志的な場合と無意志的な場合とに分け、「見える」「見られる」の意味を分

析している。意志的な場合「見える」「見られる」はともに目的とする対象が目に入り得るかどうかということが問題になるため、(3)のように可能の意味が生じる。しかしながら、「見られる」の対象には価値意識が働くため、(4b)は言えなくなる。また、「見える」には〈現場性〉があり、ある時、ある時点での実際の発話を表すことがあるが、「見られる」にはその用法がないため、(5a)が言えるのに対して(5b)は言えない。逆に、設定された条件が(6a)のように視界状況を表していない場合では、「見える」は言えなくなる。

(3) a. 東京タワーに上れば、富士山が見える。
　　 b. 東京タワーに上れば、富士山が見られる。
(4) a. 東京タワーに上れば、学校が見える。
　　 b. ＊東京タワーに上れば、学校が見られる。
(5) a. あ、あそこに富士山が見える。
　　 b. ＊あ、あそこに富士山が見られる。
(6) a. ＊新宿へ行けば、いろいろな映画が見えます。
　　 b. 新宿へ行けば、いろいろな映画が見られます。　　　　（飯田 1997:56-57）

無意志的な場合については、「見える」は特に目立つようなものが偶然視界に入ってきた場合や、風景描写する場合に用いられ、一回性の出来事を表す場合が多い。一方で「見られる」は、対象への関心があり、対象を目にすることからそれを問題意識でとらえて提示する場合に使われるため、一回性の出来事よりも、一般的な出来事、抽象的な内容を対象とすることが多いということである。そのため、(7)の場合にはどちらも言えるが、(8)のように一回的な場合には「見える」、(9)のように一般的な場合には「見られる」が選択される。

(7) a. 大通りをまっすぐ行くと、右側に工場地帯が見える。
　　 b. 大通りをまっすぐ行くと、右側に工場地帯が見られる。
(8) a. 大通りをまっすぐ行くと、右側に工場地帯が見えた。
　　 b. ？大通りをまっすぐ行くと、右側に工場地帯が見られた。
(9) a. ？新宿では、エスニック料理の店がよく見える。
　　 b. 新宿では、エスニック料理の店がよく見られる。　　　　（飯田 1997:57-58）

また、可能の意味が表されるのは「見える」「見られる」どちらも意志的な場合のみであると指摘している。「見る」という行為の意志性から「見える」「見られる」について分析し、寺村(1982)に主張される〈現場性〉についてよりくわしく説明したという点で評価すべきであるが、「目が見える」「物が見える」などの〈能力〉を表すものについては触れられておらず、その関連はいまだ明らかになっていない。

山内・清水(2001)では、「見える」は「自発」、「見られる」は「可能」であって、基本的にまったく異なる意味であるが、実際には両者の意味は非常に似通っており、どちらの表現でもかまわないのではないかと思われる場合があることを指摘している。そこで、「日本語では、可能表現よりも自発表現の方が好まれる。（山内・清水2001:109）」という仮説を立てた上で、「『見える』が『見られる』の領域をどこまで浸

食できるか。(山内・清水 2001：109)」という方針で分析を進めていく。山内・清水(2001)による個々の用例の分析には納得できる部分も多く、また分類もわかりやすいため、日本語教育の現場における応用という点では貢献も大きいのではないかと考えられる。「見える」の基本義を「自発」、「見られる」の基本義を「可能」とする点でも本稿と立場を同じくするものであるが、この研究の大きな軸となっている「日本語では、可能表現よりも自発表現の方が好まれる。」という仮説には、まだまだ研究の余地があるだろう。自発と可能というのは、山内・清水(2001)も自身で指摘しているように、そもそも意味としてまったく異なるものである。そのようにまったく異なる両者を比べて、一方が他方よりも好まれ、選択されやすいということは適当ではない。その前提として、まず、いったいどのような場合に自発と可能の意味が近くなるのか、もともと自発表現である「見える」がどのような場合に可能の意味を表すのかということを考える必要があるだろう。

　下岡(2005)では、「…ガ見える」文型の一部のみ、「見られる」に置き換えられるとしている。「見える」と「見られる」の最大の相違点として、「見える」は「眼前性があるために、自発としての側面を持っている」のに対して、「見られる」は「事態の成立する可能性があることを示しているという解釈のみが可能であるため、眼前性も現在性もなく、自発の意味もない」ということを指摘している。ここでいう「眼前性」とは「『見る』という行為の対象であるモノやコトが認知主体の目の前に存在することを示した性質」のことである。しかし、下岡(2005)では「見える」をそもそも可能態であるとしており、〈可能〉の意味の判定についてはかなり問題がある。

　森(2014)は日本語教育の観点からコーパスを調査し、日本語母語者と非母語話者との「見える」「見られる」の使用傾向の異なりを明らかにするものであるが、その調査に際して、山内・清水(2001)による自発・能力可能・状況可能・心情可能という分類をベースに、「見える」「見られる」を9用法に分類している。森(2014)では、「見える」「見られる」について山内・清水(2001)の分類を受け継ぎながら、さらにくわしく分類しており、これまでの研究ではもっとも詳細かつわかりやすい分類であると考えられる。また、この用法分類をもとに、「目では見ることのできない、抽象的なモノである」「『見るモノ』が目の前にある」「『目で見て、モノが確認できるかどうか』についてだけを言う」などの項目からなる「見える」「見られる」産出用フローチャートを提案し、その使い分け規則は「聞こえる」「聞ける」にも応用できるとしている。ただし、自身も述べているように、「聞こえる」「聞ける」についてはごく簡単な検証のみで、詳細な調査・分析は行っていない。

2.2　先行研究の問題点

　これらの先行研究の問題点は以下のようにまとめられる。

　①いろいろなタイプの〈可能〉用法を持つ「見える」「聞こえる」について、それぞれの用法を統一的に理解できるような説明はなされていない。

　②〈可能〉と〈受身〉、〈自発〉といった用法の区別が正確でなく、「見える」「聞こえ

る」がどのような場合に〈可能〉を表し得るのかということが明らかでない。
　③「目が見える」「耳が聞こえる」といった〈主体の知覚能力〉を表す用法について、なぜ「見える」「聞こえる」が専用的に表しているのかということは明らかになっていない。
　本研究では、この3点に注意しながら、「見られる」「聞ける」と比較しつつ、「見える」「聞こえる」の用法を整理し、その意味関係のメカニズムを明らかにしていきたい。

3. 本研究の立場

3.1 〈可能〉の定義

　〈可能〉の定義については、「なになにしようと思えば、その実現についてさまたげるものはない」(寺村 1982)、「動作主がその行為をしようという意図を持った場合にその行為が実現するだけの許容性、萌芽がその状況の中に存在する」(尾上 1998)など、「動作主の意図的な行為が実現するかどうか」ということが可能の意味の中心として考えられてきたのである。本稿ではこれらの先行研究にしたがって、〈可能〉の定義を以下のように設定する。

(10)〈可能〉：主体が事態の実現を望ましいと考え、意図した場合に、その事態が実現するかどうかということを表す

　しかしながら、たとえば実現可能文では、事象が主体にとって〈好ましく、かつ得難い〉という意味特徴を持っている場合には、全く予想しないというような、主体の意図の外での偶発的な行為の実現を表すことが可能であり、必ずしも主体の意図的行為の実現を表すとは限らない(林 2007)。「見える」「聞こえる」や、その他無標識可能を表し得る有対自動詞は基本的に無意志自動詞であり、その動詞の表す文自体に「主体の意図的行為である」ということは読み込めないが、それでもやはり「事態の実現が望ましい」と考えられる場合には、〈可能〉と言いたくなるような例が存在するのである。ゆえに、本研究では、このような周辺的なものも含めて広く〈可能〉を検討するため、上記のような可能の定義すべてを満たすもの、すなわち、「主体が事態の実現を望ましいと考える」「主体が事態の実現を意図する」といった条件を満たすものを「典型的な可能」としながらも、「事態実現が望ましい」と考えられるだけでも、「非典型的な可能」として認めるものとする。

3.2 無標識可能

　本稿では「見える」「聞こえる」による可能表現を「無標識可能表現」の観点から考察する。無標識可能表現とは(11)(12)のように、無意志自動詞(主には有対自動詞)が無標識で〈可能〉の意味を表す可能表現のことである。(張威 1998，大崎 2005，楠本 2014，呂 2010など)
　(11)いくら押してもドアが開かない。[1]

（＝いくら押してもドアが開けられない。）
（12）このカバンにはA4サイズのファイルが入る。
　　　（＝このカバンにはA4サイズのファイルが入れられる。）
　無標識可能表現の研究において最も代表的なものとしては、張威（1998）が挙げられる。張威（1998）は、「動詞が無標識で〈可能〉の意味を表す」といういわゆる無標識可能表現について「結果可能表現」と名付け、「動作主がある出来事またはある種の状態変化を実現しようとして動作を行う場合、動作が行われた後、主体的または客体的条件によって、動作主の意図が思い通りに実現することができるかできないかを表す表現」としている。無標識可能表現についての張威（1998）の指摘はおおよそ妥当なものであり、本稿の立場とも大きな相違はない。ただし、張威（2010）において「見える」「聞こえる」は結果可能表現、すなわち無標識可能表現ではなく「レキシカルな可能」であると主張しており、この点においては本稿とまったく異なる立場である。
　筆者は五藤（2017）において、無標識可能表現について、無意志自動詞文が〈可能〉の意味を表すそのメカニズムや、対応する他動詞の有標識可能表現との使い分けについて考察した。無標識可能表現の特徴については以下のようにまとめられる。
（13）無標識可能：
　　　無意志自動詞文そのものは、無意志的な事態の実現・不実現を表すだけであり、そこに事態実現へ向けた動作主の意図や働きかけが文脈として読み取れる場合、あるいは事態実現が望ましいということが理解される場合、〈可能〉の意味を含意するようになる。
　五藤（2017）の無標識可能表現に関する考察は、いままで無標識可能として考えられていなかったものも含めて、無標識可能を広くとらえたところに特徴がある。無標識可能を表し得る有対自動詞を「切れる」「折れる」といった可能動詞と同形のA類、「開く」「上がる」「入る」といった、いままで無標識可能として扱われてきたB類、そして本稿で対象とする「見える」「聞こえる」のC類という3つに分類したのである。今まで無標識可能表現として考察の対象とされてきた「開く」「上がる」「入る」のようなものは〈対象の無意志的な状態変化〉を表すものであり、「見える」「聞こえる」が表す〈主体における対象の知覚〉という意味は、それとはまったく異なるものである。しかしながら、視覚、聴覚というものは、①「主体の意志に拘らず主体において成立する感覚」であり、②「対象の方が主体の感覚器官に飛び込んできて成立するもの」である（尾上1998b）。したがって、〈主体における対象の知覚〉というのは、主体のコントロールの及ばない事態であり、対象の方が主体の感覚器官に飛び込んできて成立する事態であるという意味では、〈対象の無意志的な状態変化〉であるとも考えられる。ゆえに、無標識可能と同様のメカニズムで〈可能〉を表すと理解することができるのである。
　本稿では、この無標識可能のメカニズムを基本的な軸としながら「見える」「聞こえる」についてより詳細に分析することを試みる。しかしながら、「見える」「聞こえ

る」は、「目が見える」「耳が聞こえる」など主体の知覚能力を表す用法があること、スル形で現在を表し得るなど、他の用法とは異なる部分が少なくない。以下ではそのような点に注意しながら「見える」「聞こえる」の用法を分類し、〈可能〉の意味を表し得るか、「見られる」「聞ける」といった有標の可能形式に置き換え可能かという点を中心に考察を進めていく。

4.「見える」の用法

まずは、先行研究でも多く取り上げられてきた「見える」の用法について考察し、その分類を示したい。本研究では、「見える」を以下のような4類6用法に分類する。

(14)「見える」の用法
  A 能力可能を表す「見える」
   A-1 基本的な視覚能力を表す「見える」
   A-2 より具体的な視覚能力を表す「見える」
  B 状況可能を表す「見える」
   B-1 潜在系状況可能を表す「見える」
   B-2 実現系状況可能を表す「見える」
  C 結果可能[2]を表す「見える」
  D 実現状態を表す「見える」

以下では、それぞれの用法について、実際の用例を取り上げながらくわしく見ていく。

4.1 能力可能を表す「見える」

能力可能とは、「動作実現のための条件が、主体のもつ(体力的・技術的な)能力にある場合」(渋谷1993:27)の可能である。能力可能を表す「見える」は特別な文脈なしで〈主体の視覚能力〉という〈可能〉の意味を表す。この用法はさらに「目が見える」「ものが見える」のような、ある種慣用的・固定的な表現を用いて主体の視覚能力を表す場合と、それ以外の、より具体的な対象の視覚能力を表すものとに区別される。

4.1.1 基本的な視覚能力を表す「見える」

先述の通り、「目が見える」「ものが見える」という形で主体の基本的な視覚能力を表す場合である。

(15) a. そこにはカッコつきで小さく「代筆」とある。テルコさんは目が見えない。
                (『世間をわたる姿勢』)
  b. そこにはカッコつきで小さく「代筆」とある。テルコさんは目が見られない。
(16) a. 彼はとても目がよく、遠くの物も見える。
  b. ?? 彼はとても目がよく、遠くの物も見られる。

〈主体の視覚能力〉を表すという点において、「見える」のこの用法は〈可能〉の意味を表すと言える。しかしこの場合、「目が見られる」とは言えないし、「物が見られる」もかなり不自然である。「目が見える」「物が見える」の形である種の慣用表現として定着してしまっていることがその一因だと考えられるが、それではなぜ、「見られる」ではなく「見える」が視覚能力を表す表現として定着してしまったのだろうか。

　先にも述べたが、〈主体における対象の知覚〉というのは、〈対象の無意志的な状態変化〉であるとも考えられるため、事態実現に向けた意図や働きかけというものは通常考えにくい。もちろん、「見ようと思えば見える」という場合もあるが、主体の〈能力〉を表す場合に限って言えば、そのような意志性はほとんど意識されず、単に「この範囲まで知覚が及ぶ、あるいは及ばない」といったことを示す。そのため、この場合、他動詞「見る」のラレル形ではなく、無意志自動詞「見える」が用いられるのではないだろうか。さらに、視覚能力を表す場合、「視覚能力がよく働く」というのはそれだけで通常望ましいことであると考えられるから、この場合特別な文脈がなくとも〈能力〉として〈可能〉の意味を表し得るのである。

4.1.2　より具体的な視覚能力を表す「見える」

　「見える」による能力可能には、「目が見える」「ものが見える」の他、より具体的な対象をガ格で表示して、「ある対象を見ることができる」といった意味を表すものがある。

　　(17)a. 素人だからこそ専門家に見えない死角が見えるかもしれない。

　　　　　　　　　　　　　　　　　　　　　　　　　　　　　　(『異型の街角』)

　　　　b.？素人だからこそ専門家に見られない死角が見られるかもしれない。

　　(18)a. 相手の動きが見える。だから負けることはない。　　(『富札を斬る』)

　　　　b.？相手の動きが見られる。だから負けることはない。

　この「見える」の用法は、本研究の定義にあてはまっており、〈可能〉の意味を表していると考えられる。この場合、「目が見える」「ものが見える」の場合に比べるとやや容認度は上がるものの、それでも「見られる」に置き換えるとやはりやや不自然である。この原因については、「目が見える」「ものが見える」の場合と同じく主体の能力を表す「見える」であるから、そこに有情物の意志はあまり意識されにくいということが考えられる。この場合も特別な文脈なしで〈可能〉の意味を表し得る。

4.2　状況可能を表す「見える」

　状況可能(外的条件可能)とは、「動作主体の能力いかんにかかわらず、動作実現のための条件が、主体を取り巻く外的世界にある場合」(渋谷1993：27)の可能である。渋谷(1993)によれば、〈可能〉の意味は、ある動作が実現することを含意するか否かによって、大きく「実現系の(actual)の可能」と「潜在系(potential)の可能」とに分けられるという。実現系の可能とは、「様々な条件によって、ある動作を実現することが可能・不可能である・あった(＝実現する・した：実現しない・しなかった)」ことを表すものであり、一方、潜在系の可能とは、「様々な条件によって、ある動作を実

現することが、やる(やった)かどうかは別にして、潜在的に可能・不可能である(あった)ことを表すものである。

4.2.1 潜在系状況可能を表す「見える」

ある一定の条件が満たされれば「見る」ことが可能になるという潜在的な可能である。多くの場合、(19)(20)のように、「あそこなら」「最高点に達すると」などの条件節を伴ったり、あるいは(21)(22)のように「江戸時代は」「ここから」など、時間的・空間的な限定を加えたりすることで、特定の状況が設定されている。

(19) a. あそこなら家の中から湖水が見えるかもしれないな。(『Mの悲劇』)
　　b. あそこなら家の中から湖水が見られるかもしれないな。

(20) a. 35メートルの高さまで回転しながら上昇するイーグルは、最高点に達するとサンシャイン60や新宿副都心などの景色が見える、気持ちのいいアトラクションだ。　　　　　　　　　　　　　　(『るるぶデート東京』)
　　b. 35メートルの高さまで回転しながら上昇するイーグルは、最高点に達するとサンシャイン60や新宿副都心などの景色が見られる、気持ちのいいアトラクションだ。

(21) a. 江戸時代は海そのものが見えたはずだが、今は陸地と埋め立て地とのあいだにある船溜まりを見ることができるのみだ。(『江戸を歩く』)
　　b. 江戸時代は海そのものが見られたはずだが、今は陸地と埋め立て地とのあいだにある船溜まりを見ることができるのみだ。

(22) a. 川には船がいっぱい集まってて、富士山も載ってる。ここから富士山が見えたっていうんですよ。　　　　　　　　(『のほほん市中探検記』)
　　b. 川には船がいっぱい集まってて、富士山も載ってる。ここから富士山が見られたっていうんですよ。

以上の例はすべて「見られる」に置き換え可能であるが、同様の構文であればすべて〈可能〉の「見られる」に置き換えられるというわけではない。知覚対象が美しい景色など、「見る」ことが望ましいと考えられるもの、「見る」ことによって楽しむようなものの場合には〈可能〉の意味が読み取れ、「見られる」に置き換えることができるが、そうでない場合には置き換えるとやや不自然である。たとえば、(44)の対象を「学校」に変えると、「見られる」に置き換えにくくなる。この場合の「見える」は〈可能〉を表しているとは言えず、〈自発〉である。

(23) a. あそこなら家の中から学校が見えるかもしれないな。
　　b.？ あそこなら家の中から学校が見られるかもしれないな。

4.2.2 実現系状況可能を表す「見える」

実現系状況可能は、先の潜在系と同じく状況可能であるが、「すでに実現してしまった」という点で大きく異なる。テンス形式としては、基本的に過去形によってのみ表される用法である。(24)の「菜の花台の手前からは」、(25)の「持参した双眼鏡で、京都方面(北)を見ていたら」のような状況設定や条件節、副詞がある場合、「見る」という事態実現に向けた動作主体の意図が読み取りやすくなり、このような場

合には実現可能を表すと言ってよいだろう。この場合、「見られる」に置き換えても同様の〈可能〉の意味を表すことができる。

(24)a. 菜の花台の手前からは綺麗な富士山が見えた。　　　　　（Yahoo!ブログ）
　　 b. 菜の花台の手前からは綺麗な富士山が見られた。
(25)a. 持参した双眼鏡で、京都方面（北）を見ていたら、はるか彼方に京都タワーが見えた時は、とっても嬉しかったです。　　　　　（Yahoo!知恵袋）
　　 b. 持参した双眼鏡で、京都方面（北）を見ていたら、はるか彼方に京都タワーが見られた時は、とっても嬉しかったです。

　実現系状況可能を表し得るこの用法では、既に「見る」という行為は成立してしまっているわけだから、そこに「事態が実現するかどうか」という〈可能〉の意味が読み取れるというのは普通ではない。しかしながら、そこに、事態実現に向けた主体の意図が読み取れる場合、あるいは事態実現が主体にとって望ましいということが読み取れる場合、〈可能〉の意味を表すようになるのである。

4.3　結果可能を表す「見える」

　渋谷（1993:29-30）では、実現系可能には、条件を無視して単に実現の有無（結果）だけを問題にする用法があると指摘し、それを「結果可能」としている。結果可能の典型としては、(26)(27)のように、条件と実現の対応関係が新たに発生した場合などを挙げている。

(26)（鉄棒で、今までできなかったわざをはじめて成功させて）できた！
(27)（今まで泳げなかったのが泳げるようになって）泳げた！

「見える」においても、この結果可能の用法が存在すると考えられる。(28)は条件を無視して「見えなかったものが見えるようになった」という実現の結果に注目した表現であるが、その表現中には明示されていないものの、「日本」を見ることが望ましいということ、また、その事態実現に向けた働きかけを読み取ることができ、これは〈可能〉の意味を表していると考えられる。

(28)a.「あっ、島だ！日本が見えたぞ！」という歓声の中、お咲ちゃんは、笑みをたたえて死んでいったそうです。　　　　（『半分のさつまいも』）
　　 b. ＊「あっ、島だ！日本が見られたぞ！」という歓声の中、お咲ちゃんは、笑みをたたえて死んでいったそうです。

　同じく実現系の可能であっても、渋谷（1993）の指摘するように、先に述べた状況可能の場合とは、条件や状況設定がないという点で異なるし、また、次に述べる実現状態とは、「現にいま目の前に見えている」という点では共通するが、実現状態の場合には「見えている」という状態に注目した表現であるのに対し、結果可能の場合には「見えるようになった」という実現の結果、完了に注目した表現であるという点で異なる。

　また、「対象物が視野に飛び込んでくる」という〈無意志的な状態変化〉を表した表現であるから、「見られる」ではかなり不自然で、「見える」が使用されると考えら

れる。

4.4 実現状態を表す「見える」

現に「見る」という行為が実現している状態、すなわち、「現に眼前に対象が存在している」ということを表す用法である。この場合、「見られる」に置き換えることはできない。

(29) a. ほら、あそこ、ぼくらの学校が見える。　　　　　　　　（『空でブランコ』）
　　 b. ＊ほら、あそこ、ぼくらの学校が見られる。
(30) a. ほら、トラックがまだ見える。　　　　　　　　　　　　（王 2008:50）
　　 b. ＊ほら、トラックがまだ見られる。

これは、「見る」ことが望ましいものを対象とする場合も同様であって、たとえ「富士山」のようなものが対象となっても、「見られる」に置き換えることはできない。

(31) a. ほら、あそこ、富士山が見える。
　　 b. ＊ほら、あそこ、富士山が見られる。

本研究の定義では、「主体が事態の実現を望ましいと考え、意図した場合に、その事態が実現するかどうかということを表す」というのが可能の意味であった。したがって、「現に眼前に対象が存在している」すなわち、「現に『見る』という行為が実現している」ということを表す「見える」の実現状態用法の場合、現にいま目の前で事態が実現しているのだから、「事態が実現するかどうか」ということはまったくもって問題にならず、また、実現系状況可能や結果可能のように、そこに「意図した事態が実現した」という意味を読み込むこともできない。したがって、「見える」の実現状態用法は〈可能〉の意味を表し得ず、「見られる」にも置き換えられないと考えられる。

4.5 「見える」のまとめ

以上、「見える」の用法について、4類6用法に分類し、〈可能〉を表すか、「見られる」に置き換えられるかという点に注目して考察してきた。表1はそのまとめである。

表1　「見える」の用法

A 能力可能	A-1 基本的な視覚能力	未実現	特別な文脈なしで〈可能〉の意味を表す。「見られる」にはほとんど置き換えられない。
	A-2 より具体的な視覚能力		
B 状況可能	B-1 潜在系状況可能		「見る」という事態が望ましいと考えられる場合、あるいは事態実現に向けた働きかけが読み取れる場合、〈可能〉の意味を表す。〈可能〉を表す場合、多くは「見られる」に置き換えられる。
	B-2 実現系状況可能		
C　結果可能		既実現	「見る」という事態実現に向けた働きかけが読み取れる場合、〈可能〉の意味を表す。「見られる」には置き換えられない。
D　実現状態			〈可能〉の意味を表し得ず、〈自発〉となる。「見られる」には置き換えられない。

「見える」の基本的な意味は、「対象が主体の視覚領域に入る」という〈無意志的な状態変化〉である。状態変化の結果、「いま現に対象が眼前にある」という状態を表す実現状態用法では〈可能〉の意味を表し得ないが、それ以外の多くの場合で、〈可能〉の意味を表し得るということがわかった。しかしながら、その内実はやや異なっている。

潜在系状況可能を表す場合には、文自体は〈対象の無意志的な変化〉を表すのみであり、そこに事態実現の望ましさや事態実現に向けた働きかけが読み取れれば〈可能〉の意味を表すという点で、この状況可能は無標識可能表現の一種であると考えることができる。

また、結果可能に関しても、実現系状況可能と同様に、すでに実現してしまった変化の結果について、そこに事態実現の望ましさや事態実現に向けた働きかけが読み取れれば〈可能〉の意味を表すということになるが、実はこれも(32)(33)のように他の有対自動詞でも表すことができ、無標識可能表現と共通する用法である。

(32)(固くしまったビンのふたを開けようとして)開いた！
(33)(トランクに荷物を押し込んで)入った！

「見られる」との使い分けについて言えば、「見られる」は他動詞「見る」のラレル形であるから、文そのものに主体の意志が相当意識されているのに対し、「見える」は単に「対象が主体の視覚領域に入る」という〈対象の無意志的な状態変化〉を表すのみであり、文としては無意志的な表現である。(34)(35)は「見える」に置き換えられない「見られる」の例であるが、これは対象の内容を理解したり、鑑賞したりするという意味のものである。「見せ物」「ショー」はその内容を鑑賞することが望ましいと考えられるものであって、ただ単に視界に入ればよいというものではない。この場合には決して「見える」には置き換えられないのである。

(34)a.「都がキナ臭くなってきた。ことによったら、面白い見せ物が見られるかもしれぬぞ」と、いかにも楽しそうな表情をした。　　　　　　　（『役小角』）
　　b.＊「都がキナ臭くなってきた。ことによったら、面白い見せ物が見えるかもしれぬぞ」と、いかにも楽しそうな表情をした。
(35)a.鹿児島県の霧島温泉郷には大規模なホテルが多く、自慢の大浴場や、ホテルならではのショーが見られるところもある。　　　　　　　（『ふるさとの花』）
　　b.＊鹿児島県の霧島温泉郷には大規模なホテルが多く、自慢の大浴場や、ホテルならではのショーが見えるところもある。

〈可能〉のタイプの違いに関わらず、「見える」は〈無意志的な状態変化〉を表すという点で、意志的な「見られる」と対立する。この点に関しては、無標識可能と有標識可能の対立とまったく共通するものである。

5.「聞こえる」の用法

「聞こえる」についても「見える」と同様の分類をあてはめ、〈可能〉の意味を表し得るか、「聞ける」と置換可能かということを考察していく。分類は以下のように

なる。
(36)「聞こえる」の用法
　　A　能力可能を表す「聞こえる」
　　　A-1　基本的な聴覚能力を表す「聞こえる」
　　　A-2　より具体的な聴覚能力を表す「聞こえる」
　　B　状況可能を表す「聞こえる」
　　　B-1　潜在系状況可能を表す「聞こえる」
　　　B-2　実現系状況可能を表す「聞こえる」
　　C　結果可能を表す「聞こえる」
　　　D　実現状態を表す「聞こえる」

5.1　能力可能を表す「聞こえる」
5.1.1　基本的な聴覚能力を表す「聞こえる」

「耳が聞こえる」「音が聞こえる」という形で主体の基本的な聴覚能力を表す用法である。

(37) a.「親父は耳が<u>聞こえない</u>。けれど男手ひとつでぼくを育ててくれた。ぼくはいま<u>聾</u>学校の教師をしてる」　　　　　　（『ビヨンド・サイレンス』）
　　 b. *「親父は耳が<u>聞けない</u>。けれど男手ひとつでぼくを育ててくれた。ぼくはいま<u>聾</u>学校の教師をしてる」
(38) a. 音が<u>聞こえる</u>のに言葉が分かりにくい方は、内耳から脳に入る第八神経や脳の障害が疑われます。　　　　　　　（『めまいを治す』）
　　 b. ?? 音が<u>聞ける</u>のに言葉が分かりにくい方は、内耳から脳に入る第八神経や脳の障害が疑われます。

この場合、「目が見える」「物が見える」の場合と同様、すでに慣用表現として定着してしまっているため、「聞こえる」を「聞ける」に置き換えることはできない。

5.1.2　より具体的な聴覚能力を表す「聞こえる」

より具体的な対象をガ格標示して「ある対象を聞くことができる」ということを表す用法である。

(39) a. 耳のある者には、術師が室内を動き回る物音が<u>聞こえる</u>。
　　　　　　　　　　　　　　　　　　　　　　　　　　　　　（『魔の罠の都』）
　　 b. ? 耳のある者には、術師が室内を動き回る物音が<u>聞ける</u>。
(40) a.「由君、由輝君、稲川由輝君、それをつけているとママの声が<u>聞こえる</u>でしょう、ね。<u>聞こえる</u>よねェ」　　　　　（『ママと呼んで！由くん』）
　　 b. ?「由君、由輝君、稲川由輝君、それをつけているとママの声が<u>聞ける</u>でしょう、ね。<u>聞ける</u>よねェ」

この場合も、「見える」と同様、「聞こえる」を「聞ける」に置き換えると、まったく成立しないというわけではないがやや不自然である。仮に「聞ける」とした場合はや

はり「意識的に聞く」という意味がかなり強く出てしまう。

5.2 状況可能を表す「聞こえる」
5.2.1 潜在系状況可能を表す「聞こえる」

潜在系状況可能を表す場合、「見える」では、知覚対象が美しい景色など、「見る」ことが望ましいと考えられるものの場合には〈可能〉の意味が読み取れ、「見られる」に置き換えることができたが、「聞こえる」の場合そうはいかないようである。(41)(42)は、「王朝人の祈り」「穏やかな波の音」を対象としてとり、これらを聞くことは望ましいということが読み取れ、この場合の「聞こえる」は〈可能〉を表していると考えられる。

(41)a. 諸堂を結ぶ紅葉の回廊を歩けば王朝人の祈りが<u>聞こえる</u>　　　（『旅の手帖』）
　　 b.? 諸堂を結ぶ紅葉の回廊を歩けば王朝人の祈りが<u>聞ける</u>
(42)a. 穏やかな波の音が<u>聞こえる</u>海辺の観光ホテル。　　　（『河北新報』）
　　 b.? 穏やかな波の音が<u>聞ける</u>海辺の観光ホテル。

しかしながら、やはりこの場合も「聞ける」に置き換えると、「意図的に耳を傾けて聞く」というニュアンスが強く出すぎてしまい、やや不自然なのである。

ただし、(43)の「日本の中波放送」など、単に音が耳に入るだけでなく、その内容を聴いて理解する、鑑賞するというような場合には「聞ける」に置き換えられる。これは「見える」「見られる」の場合と同様と考えてよいだろう。

(43)a. 北京では、深夜になると、日本の中波放送が<u>聞こえる</u>ようになります。私は、それを聞いたのです。　　　（『紺碧要塞の国際論』）
　　 b. 北京では、深夜になると、日本の中波放送が<u>聞ける</u>ようになります。私は、それを聞いたのです。

5.2.2 実現系状況可能を表す「聞こえる」

「見える」の場合、「見る」ことが望ましいと考えられる事態であれば、多くの場合「見られる」と置き換え可能であったのに対し、「聞こえる」の場合、「聞く」という事態実現に向けた働きかけが読み取れる文であっても、「聞ける」に置き換えることはできない。

(44)a. あたしは目をつぶって五感を研ぎ澄ましてみる。—やっぱり<u>聞こえた</u>。子供の話し声のようなものが聞こえる。　　　（『ホーリィの手記』）
　　 b. *あたしは目をつぶって五感を研ぎ澄ましてみる。—やっぱり<u>聞けた</u>。子供の話し声のようなものが聞こえる。
(45)a. 昭次は襖を開け、廊下に出て応接間に忍び寄った。そこでようやく男の声が<u>聞こえた</u>。　　　（『はだかの少女』）
　　 b. *昭次は襖を開け、廊下に出て応接間に忍び寄った。そこでようやく男の声が<u>聞けた</u>。

ただし、「放送」などではやはり「聞ける」と置き換えることが可能である。

(46)a. 汽車から降りると深夜なのに放送が<u>聞こえた</u>。　　　（『わが戦後私記』）

b. 汽車から降りると深夜なのに放送が聞けた。
　実現系状況可能を表す「聞こえる」の場合もやはり潜在系状況可能の場合と同様、単に「対象を聴覚的に認識する」という場合は「聞ける」に置き換えることができないと考えられる。

5.3　結果可能を表す「聞こえる」
　「聞こえる」にも結果可能用法があると考えられる。この場合「見える」が「見られる」に置き換えられないのと同様、「聞ける」に置き換えることはできない。変化の結果に注目した結果可能の場合、〈対象が聴覚領域に入る〉という無意志的な状態変化として、無意志自動詞である「聞こえる」で表されるのである。
　(47) a.（一生懸命耳を澄まして）あっ、聞こえた！
　　　 b.＊（一生懸命耳を澄まして）あっ、聞けた！

5.4　実現状態を表す「聞こえる」
　現に「いま音が聞こえている」という状態を表すものである。この場合、(48)のように「鳥の鳴き声を聞く」ことが望ましいとわかる文であっても、やはり「聞ける」と置き換えることができず、これは「見える」の場合と同様である。
　(48) a. あちこちから鳥の鳴き声が聞こえる。爽やかである。
　　　　　　　　　　　　　　　　　　　（『人生ふさぎこんじゃおしまいよ』）
　　　 b.＊あちこちから鳥の鳴き声が聞ける。爽やかである。

5.5　「聞こえる」のまとめ
　以上、「見える」の分類と同様に「聞こえる」を分類し、〈可能〉の意味を表し得るか、「聞ける」と置き換え可能かということを見てきた。「聞こえる」の用法は表2のようにまとめられる。

表2　「聞こえる」の用法

A 能力可能	A-1 基本的な聴覚能力	未実現	特別な文脈なしで〈可能〉の意味を表す。「聞ける」にはほとんど置き換えられない。
	A-2 より具体的な聴覚能力		
B 状況可能	B-1 潜在系状況可能		「聞く」という事態が望ましいと考えられる場合、あるいは事態実現に向けた働きかけが読み取れる場合、〈可能〉の意味を表す。〈可能〉を表す場合、ほとんどは単に「音が耳に入る」という意味であり、「聞ける」には置き換えられない。
	B-2 実現系状況可能		
C　結果可能		既実現	「聞く」という事態実現に向けた働きかけが読み取れる場合、〈可能〉の意味を表す。「聞ける」には置き換えられない。
D　実現状態			〈可能〉の意味を表し得ず、〈自発〉となる。「聞ける」には置き換えられない。

〈可能〉を表すメカニズムとしては、「聞こえる」の場合も「見える」とほとんど同様であると言える。しかしながら、全体的な印象として、「見える」の場合、状況可能では比較的「見られる」に置き換えやすかったが、「聞こえる」の場合は〈可能〉の意味を表していても「聞ける」に置き換えられない例がほとんどである。この理由としては、ひとつには、「見る」と「聞く」という2つの知覚行為の性質の違いということが考えられる。「見る」の場合、飯田(1997)に指摘されるように、そこには前提となる「見る」(対象に視線を送る)という行為があるため、(49)のような文が成立する。「見える」の場合には、その実現に向けた主体の意志的な行為がある程度意識されやすいのであるが、「聞く」の場合そうではなく、(50)は文として成立しない。

(49) a. 見れども見えず。
　　 b. 回りを見たが、くらくて何も見えなかった。　　　　　　(飯田 1997：46)
(50) a. ＊聞けども聞こえず。
　　 b. ＊聞いたが、うるさくて何も聞こえなかった。

「聞こえる」の場合、その実現に向けて「意志的に聞く」ということはあまり意識されなず、そのため、「意志的に対象に耳を傾けてその内容を理解する」という「聞ける」とは大きく意味がかい離してしまい、重なる部分が少ないために置き換えられないことが多いと考えられる。

また形式の面から見ても、可能動詞「聞ける」の場合には、ほとんど〈可能〉だけを専門として表す形式であり、そこに多義は認められないが、「見られる」の用例を見ると、〈可能〉の他に〈受身〉〈自発〉〈尊敬〉にも広がり、またその意味は連続的であって区別が難しい。「聞ける」の場合には〈可能〉として他の用法とははっきり区別されるため、その意味は「聞こえる」とはまったく区別されることが多いのであろう。

分類の大枠や〈可能〉を表すメカニズムから考えれば、「見える」「聞こえる」には共通点が多く、同様のものとして考える有効性があると考えられるが、「見られる」「聞ける」との対応関係を考えれば、そこにはやはり違いがあり、それぞれについて慎重に検討しなければならない。

6. まとめと今後の課題

6.1　本稿のまとめ

以上、無標識可能という観点から、「見える」「聞こえる」による〈可能〉について考察してきた。その特徴は以下のようにまとめられる。

(51)「見える」「聞こえる」：
　　　そのままで〈主体における対象の知覚〉すなわち、「対象が主体の知覚領域に入る」という〈対象の無意志的な状態変化〉を表すが、当該事態の実現に向けたなんらかの働きかけが認められる場合、あるいは当該事態の実現が望ましいと考えられるような場合には〈可能〉の意を表す。

結論として、本研究では「見える」「聞こえる」の基本義は〈無意志的な状態変化〉すなわち、いわゆる〈自発〉であり、〈可能〉という意味は、文脈などによりそこから副次的に派生したものであると考える。この点において、やはり「見える」「聞こえる」による〈可能〉は無標識可能として考えられる。ただし、本稿で見てきたように、「見える」「聞こえる」は他の有対自動詞とはかなり異なっている。具体的に言えば、実現状態用法と能力可能用法を持つという点、さらに言えば、①「いま現に実現している」という状態を表すことができる、②動詞そのものの意味において、知覚主体としての有情物の存在が含意されるという2点において、「見える」「聞こえる」は極めて異質であると言える。この特殊性については慎重に検討する必要があるだろうが、能力可能用法を持つという点においては、可能動詞と有対自動詞としてそれぞれ能力可能用法、無標識可能としての状況可能にまたがる「切れる」「折れる」などの動詞と関連する部分もある。やはりこれらのような特殊な有対自動詞も含めて、可能動詞や動詞ラレル形との連続的なスケールの中で考えることで、「見える」「聞こえる」による〈可能〉だけでなく、無標識可能表現全体、さらに言えば可能表現全体についてよりはっきりとした全体像が見えてくるのではないだろうか。

6.2　今後の課題

　本稿では、「見える」「聞こえる」の用法を分類し、〈可能〉の意味を表すか、「見られる」「聞ける」と置き換え可能かどうかということを確認した。しかし分類の方法としてはまだ検討の余地があるだろう。肯定文と否定文、アスペクト的な観点から見た分類の可能性もある。

　また、「見る」に関する〈可能〉について正確に捉えるためには、〈受身〉〈自発〉といった他の意味や、「見ることができる」「見れる」といった形式についてもその分布を確認する必要があるだろう。同じようなことは「聞こえる」「聞ける」についても言え、「聞かれる」「聞くことができる」の分布を確認することで「聞く」に関する〈可能〉をより正確に捉えることができるかもしれない。

注

[1] 以降、出典の明記のない場合はは筆者による作例である。
[2] ここでの「結果可能」とは渋谷(1993)における用語であり、いわゆる「無標識可能」を意味する張威(1998・2010他)の「結果可能」とはまったく異なるものである。以下、本稿において説明なく「結果可能」という用語を用いる際には、渋谷(1993)の定義に従うものとする。

参考文献

五藤絵里加. 2017.「無標識可能表現に関する一考察―有対自動詞文を中心に―」『国文学研究ノート』. No. 56. pp56-45
飯田透. 1997.「『見える』『見られる』再考」.『東京大学留学生センター紀要』. No. 7. pp43-65
ヤコブセン, ウェスリー・M. 1989.「他動性とプロトタイプ論」. 久野暲・柴谷方良(編).『日本語学の新発展』. pp213-248. くろしお出版

川村大. 2012.『ラル形述語文の研究』. くろしお出版
国際交流基金. 1993.『教師用日本語教育ハンドブック④文法Ⅱ（改訂版）』. 凡人社
工藤真由美. 1995.『アスペクト・テンス体系とテクスト―現代日本語の時間の表現―』. ひつじ書房
楠本徹也. 2014.「有対自動詞可能構文における意味的組成関係―他動詞有標可能構文との比較において―」.『東京外国語大学日本語教育センター論集』. No. 40. pp103-111
李金蓮. 1994.「『見える』『見られる』『見ることができる』について」.『世界の日本語教育』. No. 4. pp185-191
林青樺. 2007.「現代日本語における実現可能文の意味機能―無標の動詞文との対比を通して―」.『日本語の研究』. No. 3(2). pp31-46
呂雷寧. 2010.「日本語の無意志自動詞表現の性質について―中国語の可能表現との対応関係に関連付けて―」.『日中言語対照研究論集』. No. 12. pp75-90
呂雷寧. 2014.『現代日本語における可能表現に関する研究―無意志自動詞を中心に―（日文版）』. 上海交通大学出版社
森敦子. 2014.「可能を表す『見える』『見られる』の研究―コーパスに見る母語話者と非母語話者の使用の異なり―」. 奈良教育大学大学院修士学位論文
森田良行. 1989.『基礎日本語辞典』. 角川書店
日本語記述文法研究会. 2007.『現代日本語文法3』. くろしお出版
岡村裕美. 2001.「自動性規定の試み：『見える』を手がかりに」.『さわらび』. No. 10. pp23-30
奥田靖雄. 1996.「現実・可能・必然(中)―『していい』と『してもいい』―」. 言語学研究会（編）.『ことばの科学』. No. 7. pp137-173. むぎ書房
尾上圭介. 1998a.「文法を考える5　出来文(1)」.『日本語学』. No. 17(9). pp76-83
尾上圭介. 1998b.「文法を考える6　出来文(2)」.『日本語学』. No. 17(10). pp90-97
尾上圭介. 1999.「文法を考える7　出来文(3)」.『日本語学』. No. 18(1). pp86-93
尾上圭介. 2003.「ラレル文の多義性と主語」.『月刊言語』. No. 32(4). pp34-41
大場美穂子. 2012.「実現可能文の用法について」.『日本語と日本語教育』. No. 40. pp1-17
大崎志保. 2005.「日本語の自動詞による可能表現―動詞制約を中心に―」.『日本語文法』. No. 5(1). pp196-211
渋谷勝己. 1993.「日本語可能表現の諸相と発展」.『大阪大学文学部紀要』. No. 33(1). pp1-262
下岡邦子. 2005.「可能形態『見られる』と『見える』に関する一考察」.『国文学論叢』. No. 50. pp138-158
寺村秀夫. 1982.『日本語のシンタクスと意味Ⅰ』. くろしお出版
王学群. 2008.「『見える』と"看得見"について」.『日本語と中国語の可能表現』. 日本対照言語学会（著）. 白帝社. pp27-52
山内博之・清水孝司. 2001.「『～が見える』『～が見られる』」.『日本文化學報』. No. 10. pp107-119
張威. 1998.『結果可能表現の研究　日本語・中国語対照研究の立場から』. くろしお出版
張威. 2010.「有対自動詞表現のpotential用法について―結果可能のメカニズムを求めて―」. 田島毓堂（編）.『日本語学最前線』. 和泉書院. pp403-420
張岩紅. 2008.「日中対照研究から見る可能表現―『見える』『見られる』『見ることができる』」. 日本対照言語学会（著）.『日本語と中国語の可能表現』. 白帝社. pp53-87

用例出典
国立国語研究所「現代日本語日本語書き言葉均衡コーパス」(BCCWJ)

日本語教科書における女性文末詞の取り扱いに関する研究

北京外国语大学　肖锦莲

摘要：20世纪90年代以来,「わ」「かしら」之类的句尾女性语（女性句尾语气助词）已经逐渐从自然会话中消失,但在电视剧和小说作品里,这些女性句尾语气助词作为"角色语"频繁出现,并发挥着各种各样的作用。本研究首先聚焦于以往研究尚不充分的现代日语小说,利用"现代日语书面语均衡语料库"(BCCWJ)的文学作品数据,调查分析了「かしら・わ・わね・わよ・のよ・Nね・Nよ」7种女性句尾语气助词的使用情况。然后从外语教育学的视角出发,调查了中国2003年之前和2009年之后出版或改订的"综合日语"教科书中女性句尾语气助词的出现情况和处理方式,并将调查结果与以往研究中会话、小说的数据做对比,指出了教科书中呈现的语言使用与现实社会日语的使用存在脱节问题。并尝试对今后教材的编撰以及有关日语女性句尾语气助词的教学方法提出参考意见。

キーワード：女性文末詞　総合日本語教科書　使用場面　役割語　外国語教育角度

1. はじめに

　実社会で使われることばは、徐々に時代に伴い、絶えずに変化するものである。
　ことばは言語形式そのものには変化がないが、使用する人々の感じ方や規範が変化したことが稀ではない。言語に対する意識の変化の一例として、女ことばに対する意識の変化があげられる。学習者に女性特有とされてきた文末表現を指導すべきなのか、もし指導する場合、どのような情報を提示すべきなのか、これは日本語教育の課題であり、日本語教材の課題でもある。

2. 先行研究

2.1　女性文末詞の使用実態状況

　本節ではまず、実社会の中で自然会話、ドラマ、小説それぞれにおける使用実態に関する先行研究を概観する。

2.1.1　自然会話における女性文末詞の使用実態

　90年代以来、実社会の自然会話における女性文末形式の使用状況に関する調査研究が進められ、その代表的なものとしては、尾崎(1997)、中島(1997)、小川(1997、2004)、水本(2005、2006)、水本他(2006、2007b)があるが、いずれの研究でも、女性文

末詞が以前ほど使用されなくなってきていることが報告されている。

水本他(2007)は2005年6月から2006年2月にかけ、関東圏に10年以上居住し、かつ標準語を話す20代～40代の女性36人の親しい人同士の会話データを利用し、女性文末詞の代表とされる「かしら」「わ」「わよ(ね)」「わね」「Nね」「Nよ(ね)」「のよ(ね)」の7種(いずれも上昇イントネーションによる)の使用状況を調査した。その結果、各年代の女性文末詞使用率は40代(13.22％)、30代(8.17％)、20代(2.36％)と年代が下がるにつれ低下していることが報告されている。また、水本(2005)はアンケート調査により、現在の20代の女性たちのくだけた会話からは、特殊な使用(冗談・気取りなど)を除いては、女性文末詞がほぼ消滅しつつあるということが立証された。

2.1.2　ドラマにおける女性文末詞の使用実態

女性文末詞は日本語の男女差を示す代表形式として長年認識され、ドラマや小説や漫画などにも積極的に使用されてきた。金水(2003)により、ドラマや文学作品において女性文末詞は役割語として「使い手の人物像を瞬間的に受け手に伝える」機能を持つとされている。

自然会話との比較対象としてテレビドラマの登場人物たちによる会話調査研究には、水本他(2006)、水本・福盛(2007)、水本他(2008)、水本(2010)があげられる。それらの調査の結果、ドラマに登場する女性の女性文末詞の平均使用率は、実社会における自然会話の使用率を大きく上回り、ドラマでは自然会話とは異なり、年齢が若くとも女性文末詞を高頻度に使用していることがわかった。

また、水本他(2006)はドラマに現れる女性文末詞の機能を分析し、女性文末詞が、(1)上品さや女っぽさを含意「ソフト機能」と(2)抗議や反論など強い自己主張を含意する「タフネス機能」を併せ持つと指摘している。一方、使用場面に関しては、女性ことばの優しい・上品といった従来のイメージとは一線を画し、抗議や反論など感情を表出する主張度の強い場面で、強いイメージとしての女性文末詞の使用が際立っている。この用法は、現実社会の若い世代の女性達には見られず、ドラマの中の女性文末詞を特徴づける特殊機能と水本他(2006)が結論づけている。

2.1.3　小説や漫画における女性文末詞の使用実態

テレビドラマのほか、小説や漫画を対象に女性文末詞の使用実態を調査する研究も少なくない。小説における女性文末詞は自然会話と同じように使用衰退現象が見られるかどうかについて、山路(2010)は現在において20代、30代である女性作家の作品で女性登場人物が必ずしも女性語を使用していない傾向が強いと指摘している。

一方、因(2007)は翻訳漫画6作品に登場する女性人物のことば遣いを質的に分析した結果、女性ジェンダー標示表現の使用に選択性が見られる場合、選択を動機付ける要因には、①個人の属性(年齢、社会経済的条件、個人的人格的素養)、②言語行為の攻撃性の有無、③発話者の表現意図といったものがあり、ジェンダー指標形式の使用の全てが伝統的な女性役割を強化するとは限らないことが示唆された。

上述のように、現実社会で若い世代を中心に消滅傾向にある女性文末詞が、テレビドラマや小説などの中では未だに使用されていることは先行研究から明らかに

された。かつて日常的に使用されていた女性文末詞は、時代の流れとともに、ドラマや文学作品の中で多彩や働きをしており、場面の中で発話者の様々な意図を示す手段として機能しうるようになっているのである。

2.2 日本語教材に見る女性文末詞の指導の現状

本節では、日本語教育の現場における女性文末詞の指導の現状を具体的に明らかにするために、日本語教材における女性文末詞の扱いを調査した先行研究を「日本国内の研究」と「中国国内の研究」に分けて概観する。

2.2.1 日本国内の研究

2.2で示したこれらの実証研究成果が日本語教育に反映されていない点は、Kawasaki & McDougall(2003)、Siegal and Okamoto(2003)、トムソン・飯田(2007)、水本(2009)、水本(2011)らにより指摘されている。

Siegal and Okamoto(2003)はアメリカ国内で広く使われている7冊の日本語教科書を調査した結果、教科書は日本の男女の典型を描いており、モデル会話は多くの場合、伝統的ジェンダーの規範に順応していることをいくつかの例文とともに報告した。この研究では、例文を提示するのみにとどまり、統計的な立証には至っていない。

Kawasaki & McDougall(2003)は日本国内で92年から96年に出版された中級の教科書3冊のカジュアル会話から各キャラクターの最初の400発話をスクリプト化し、文末詞別に、Masculine(男ことば)、Neutral(中立ことば)、Feminine(女ことば)、Otherの4種類に分類し、Okamoto and Sato(1992)の自然会話データと比較した。その結果、教材の中のキャラクターの話し方は男性も女性もステレオタイプ化されていると報告している。

水本他(2009)は日本語教科書の数を増やし、2.2の自然会話(水本他 2006)と同じ分析法を用い、日本国内の日本語教育現場で広く使用されている日本語教材から、1994年以降に発行されたもの全39冊を選出し、20代から30の若い世代の女性キャラクターが登場するダイアログを調査分析した。各教材の女性文末詞使用率は以下の図1に示されたとおり、日本語教材中に現れる若い女性の女性文末詞使用

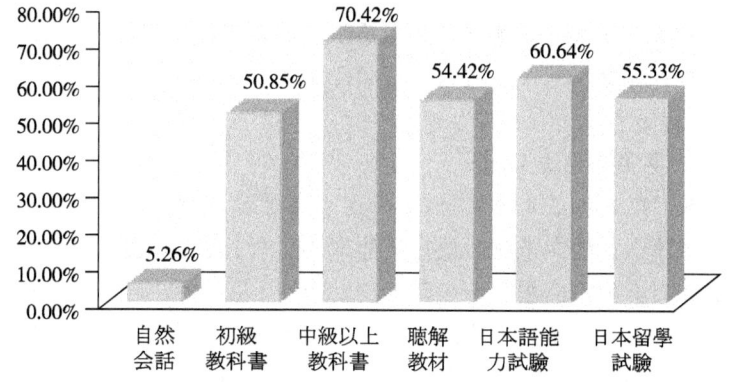

図1 日本語教材における女性文末詞平均使用率比較(水本 2009より)

率は、実社会における自然会話の10倍から15倍と非常に高いことが報告された。また、多くの日本語教科書のカジュアル会話において、女性の文末詞は男性の文末詞と対比的に導入され、年代、国籍に関わらず性別による話し方の違いが存在することが明らかになった。

2.2.2 中国国内の研究

一方、日本国内の研究の数に比べ、中国国内において、日本語教育の視点から日本語の女性文末形式を論じる論文はまだ少ない。中国の「知網」で「女性終助詞＋教材」をキーワードとし検索したら、日本語教材における女性文末詞の出現状況に関する調査研究は2本しか見当たらなかった。具体的な調査対象や調査の結果は以下表1の通りである。

表1　中国国内の女性文末詞出現状況に関する先行研究

論文	調査対象	調査結果
范惟(2012)	調査対象教材 a)初級の『標準日本語』(上下)(古い版) b)初級の『標準日本語』(上下)(新版)、 c)『新編日本語』(1、2、3、4) d)日本語能力試験：1994年、から2005年までの1級能力試験	1)『標準日本語』と『新編日本語』は丁寧体での会話例が多いため、教科書に現れる女性終助詞の使用率は非常に低い。女性終助詞の導入は遅く、一般的に中級教材に導入した。 2)日本語能力試験の聴解問題においては、女性終助詞の高頻度の使用が現在も続いている。
曹春玲(2015)	調査対象教材 a)『日本語初歩』 b)わかるビジネス日本語 c)『コミュニケーションに強くなる日本語会話』 d)『なめらか日本語会話』 e)『日本語会話中級』 調査対象とする文末詞 「よ、ね、の、わ、ゼロ」	1)以上の終助詞を出現頻度の多い順から見ると「ゼロ形式＞よ＞ね＞の＞わ」となる。 2)「の」「わ」は主に中年女性に使用され、「のよ」「わよ」「わね」などの複合形式はすべて女性の会話に出現する。

范(2012)が調査対象とする『標準日本語』は中日両国の専門家チームが協力し編纂したものであるのに対し、曹(2015)の調査対象教材はすべて日本国内出版された中高級学習者向けの会話教材である。また、范(2012)では独自のデータを示すことなく、例文を提示するのみにとどまっている。曹(2015)はそれぞれの教科書の陳述文総発話数における各終助詞の占める割合を示すだけで、自然会話における男女の文末表現の使用実態との比較はしていない。

2.3 先行研究から残された課題

先行研究から示唆されるように、以下のような課題が残されていると思われる。

1)実社会における女性文末詞の使用実態について、先行研究には自然会話やドラマにおける女性文末詞の使用状況のデータが充実しているのに対し、小説に関する調査研究はいずれもある特定の作品分析のみで議論を行うことで、分析で得られる傾向は日本語全体の特徴なのか、その特定の作品の特徴なのかが不明のままである。現代小説において、女性文末詞の使用例が見られるとしても、その頻度は近年

どのように変化しているかについてはまだ疑問を残っている。

2)中国国内に出版された日本語教科書における女性文末詞の出現状況に関する調査研究は極めて不足しているため、中国国内で制作・出版された代表的な日本語教科書を調査し、確実な統計を取った上で分析する必要性がある。

3)先行研究は日本語教材を調査する際に主に教材の言語素材だけを調査対象としており、女性文末詞の用法の説明をほとんど調査していない。

3. 本研究の課題と方法

3.1　本研究の課題

本研究は、2.4で述べたことを踏まえ、外国語教育学の立場から、中国の大学専攻用日本語教材における女性文末詞の取り扱い状況を明らかにすることと、今後中国での現場の日本語教育においてどんな対処をすべきかについて提案することを目的とし、具体的に下記の研究課題を設定する。

1. 日本語小説における女性文末詞の使用状況はどのような特徴があるか。

2. 自然会話、ドラマや小説における女性文末詞使用実態に比較して、中国の日本語教材における女性文末詞の出現状況はどのような特徴があるのか。

a. 過去に出版された中国の日本語教材と比較し、近年中国で出版された日本語教材における出現状況はどう変化しているのか；

b. 日本の教科書に比べてどんな特徴があるのか；

c. 中国の日本語教材における女性文末詞の出現場面と接触場面はどのような特徴があるのか。

3. 過去に出版された中国の日本語教材と比較し、近年中国で出版された日本語教材における女性文末詞の取り扱い(解説方法、場面人物、練習方法など)はどう変化しているのか。

4. 上の調査で解明した教科書の実態は外国語教育学の視点から見れば、どのような問題があるのか。今後の教材使用と教材開発でどう対処していくべきなのか。

3.2　本研究のデータと分析の手法

以上の課題を踏まえ、本研究は文献調査、コーパス調査、教材分析の研究方法を用いて進める。以下具体的に本研究のデータと分析の手法を説明する。

3.2.1　調査対象とする教材

本研究は中国の教材における女性文末詞の取り扱いを調査するため、内容的・時間的に学習の比重が大きい「総合日本語」(あるいは基礎日本語)という主幹科目に主眼を置く。以下の教材を調査対象とする[1](表2)。

表2　調査対象教材

教科書	出版社	出版・修訂年	語数
『新編日語』(SW)4冊	上海外語教育出版社	1993-1995年	88000
『新編基礎日語』(BD)4冊	上海訳文出版社	1994-1995年	37000
『基礎日語教程』(BW)4冊	外語教学与研究出版社	1998-2001年	37000
『新大学日本語』(DW)4冊	大連理工大学出版社	2001-2003年	58000
『基礎日語総合教程』(GJ)4冊	高等教育出版社	2010-2011年	98000
『総合日語』(修訂版)(ZH)4冊	北京大学出版社	2009-2011年	54000
『新経典日本語』(XJD)4冊	外語教学与研究出版社	2013-2016年	65000

3.2.2　調査対象とする文末詞

　水本の女性文末詞に関する一連の研究を踏まえ、本研究でターゲットとする女性文末詞は「かしら・わ・わね・わよ・のよ・ね・よ」の7種類に絞る(表3)。

表3　二項対立表(使用形と不使用形)

女性文末詞使用形	不使用形(neutral)
かしら(ね) 例：誰かしら(ね)	かな・だろう(ね)・だろうか(ね)・っけ(ね) 例：誰かな　　　誰だろう(ね) 　　誰だろう(ね)　誰だっけ(ね)
N＋ね、ナA＋ね、等 例：失礼ね　　嘘ばかりね	N＋だね、ナA＋だね、等 例：失礼だね　　嘘ばかりだね
N＋よ(よね)、疑問詞＋よ等、ナA＋よ(よね) 例：だめよ何よ	N＋だよ(だよね)/疑問詞＋だよ等、ナA＋だよ(だよね) 例：だめだよ　　何だよ
{V/イA/ナA/N}＋のよ 例：行くのよ　　おかしいのよ 　　いやなのよ　あいつなのよ	{V／イA／ナA／N}＋んだよ 例：行くんだよ　　おかしいんだよ 　　いやなんだよ　あいつなんだよ
～/～わね/～わよ(わよね) 例：行くわ　　いやだわ 　　行くわね　無理だわね 　　行くわよ　素敵だわよ	「わ」のない文末/～ね/～よ(よね) 例：行く　　いやだ 　　行くね　無理だね 　　行くよ　素敵だよ

(N：名詞、イA：形容詞、ナA：ナ形容詞、V：動詞)(出自：水本2007)

3.2.3　小説データ

　小説における女性文末詞の使用実態を調査するのに使用するデータは現代日本語書き言葉均衡コーパスBCCWJの書籍(文学)ジャンルのデータ[2]で、各年代の総語数は表4のとおりである。

表 4　BCCWJ(文学)年代別の総語数

	1970 年代	1980 年代	1990 年代	2000 年代
語数(BCCWJ)	38 万	225 万	668 万	1078 万

3.2.4　分析の手法

　小説における女性文末詞の使用実態を調べるために、現代日本語書き言葉均衡コーパスBCCWJの書籍(文学)ジャンルのデータを使用する。「かしら」の用例には、男性使用例、女性使用例、性別不明使用例が混在しており、過去の計量研究には、これらをきちんと区別していないものが多かった。女性文末詞の計量妥当性を確保するため、本研究はこれらをきちんと区別して扱う。女性文末詞使用量をFA 数、FF 数、FF 率(FF/FA)[3]の3 観点で捉える。

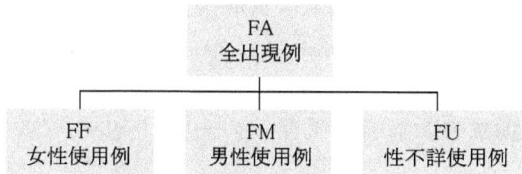

分析の手法は以下のようである：
1)BCCWJの年代別書籍(文学)データに対して、「かしら」「わ」「わね」「わよ」「のよ」「ね」[4]「よ」を検索語として指定し、得られたデータをFA 数とし、Excelに複写する；
2)文末詞ごとに100 例に満たない場合は全例を手作業で検証し、100 例を超えるものは、等間隔(3 行ごと～5 行ごと)で用例をサンプリングし、130-150 例[5]を取り出し、女性文末詞ではない用例や発話者が男性である用例を除くデータをFF 数とする；
3)2)で得られたFA 数、FF 数を調整頻度(10 万語あたり)に変換し、小説に多用された女性文末詞はどれかを調査する；
過去30 年間の日本語小説における女性文末詞使用量はどのように変化したかを調査するため、エクセルで横軸に年代、縦軸にFA 数、FF 数、FF 率の折れ線グラフを作成する。作成したグラフにデータの傾向を表示できるよう、線形近似曲線を追加する。得られた数式($y=ax+b$)と「R^2」(近似曲線の推定値が実際のデータにどの程度近いかを表す0 から1 までの値)について、$R^2=49\%$以上の場合には、データに対するこの近似曲線の信頼性が高いと判断する；
4)得られた使用例の使用場面を先行研究に従い、「ソフト」場面、「高主張」場面、「皮肉・嫌味」場面に分類し、中国の教材データと比較する。

　過去に出版された教材における女性文末詞の出現状況を「日本語教科書コーパスJTC」を利用して調査する。分析の手法は以下のようである：
1)「日本語教科書コーパス」のKW(本文)を指定し、二項対立表に基づき、女性文末詞の使用例と不使用例を抽出し、Excelに複写する；

2) それぞれの使用例について、教科書に提示された文字情報やイラスト、音声から、話者の性別や年齢を判断し、また女性文末詞の使用場面、出現する文体(会話か文章か)、接触場面などを明らかにする；
3) 先行研究の日本の教科書の状況と比較するために、中国の教科書に出現する20代〜30代の女性による「女性文末詞使用例」と「不使用例」の合計を「有効発話数」とし、有効発話総数中における女性文末詞使用数の割合(「女性文末詞出現率」)を算出する[6]；
4) 2)と3)で得られた会話のデータを先行研究の実社会における自然会話データや日本の日本語教材データと比較し、その差異を究明する；
5) 文章に出現する女性文末詞の出現状況をBCCWJの調査結果と比較し、その特徴を究明する；
6)「日本語教科書コーパス」のZS(文法解説文)LX(練習問題)、7種類の女性文末詞の出現例を抽出し、女性文末詞がどのように指導されるかの特徴を究明する。

近年出版された3種類の教科書は現存のデータベースがないため、筆者が手作業で調査を進める。

まずは二項対立表(表5)に基づき、教科書の本文や文法項目の解説文、練習問題から女性文末詞の使用形と不使用形を抽出し、得られたデータをExcelに文字化する。データの処理は前の2)〜6)と同じである。

4. 調査結果と分析

本章では調査結果と分析を述べる。課題Ⅰの調査結果は4.1で、課題Ⅱの調査結果は4.2と4.3で「教材における女性文末詞の出現状況」と「女性文末詞の出現場面と接触場面」二つの視点から述べる。課題Ⅲの調査結果は4.4で紹介し、課題Ⅳについては第五章と第六章で論じる。

4.1 日本語小説における過去30年間の女性文末詞使用量

図8-10はエクセルで横軸に年代、縦軸にFA数、FF数、FF率、作成した折れ線グラフである。R^2に注目すると、三つの数式のR^2はいずれも$R^2>0.49$ため、この近似曲線はFA数、FF数、FF率の変化傾向を予測できる信頼性が高いと判断できる。つまり、1970年代から2000年代まで、現代日本語小説において、FA、FFの使用数は増えており、FF率は緩やかに減少してきた。小説において、女性文末詞その形式の使用数は増えるとともに、女性が使用する女性文末詞の用例も増加する傾向にあることが見て取れる。一方、女性文末詞の形式(FA)の使用者が女性だけに限らなくなっており、男性による「わ」「かしら」など女性専用とされてきた文末詞の使用も見られた。

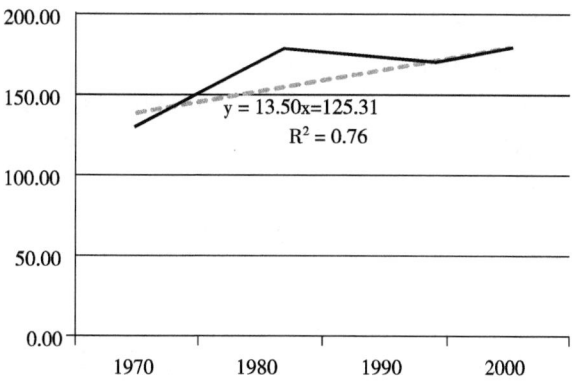

図2　BCCWJにおけるFA数（10万語あたり）

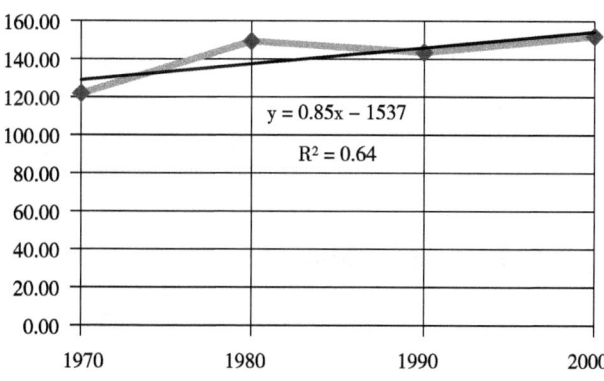

図3　BCCWJにおけるFF数（10万語あたり）

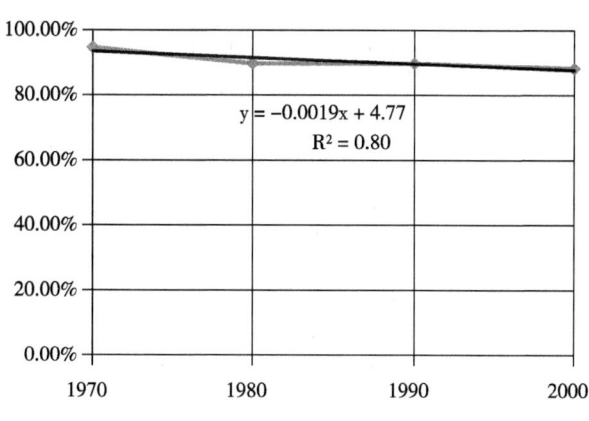

図4　BCCWJにおけるFF率

　BCCWJにおいて7種類の女性文末詞のうち、特に多用されるのはどれかについて、FA数、FF数、FF率ごとに、ランキングを出した。表5〜7で示されたように、それぞれの観点からみると、FA数、FF数の多い順は「わ」＞「のよ」＞「Nよ」＞「かしら」＞「Nね」＞「わよ」＞「わね」である。最上位の「わ」の使用量は最下位の「わね」の6倍にも及ぶところである。先行研究のドラマデータと同じく、「わ系」（「わ」「わよ」

「わね」)が小説においても多用されている。FF率の高い順は「わよ」>「わね」>「のよ」>「Nね」>「わ」>「かしら」>「よ」である。最上位の「わよ」のFF率は最下位の「Nよ」より10％ぐらい高い。「わよ」、「わね」の使用はほとんど女性に限られるのに対し、比較的にFF率が低い「わ」「かしら」「Nよ」の使用は女性に固定されなくなっている。

表5 BCCWJにおけるFA数（10万語あたり）

1	わ	55.94
2	のよ	34.89
3	Nよ	27.06
4	かしら	12.09
5	Nね	11.67
6	わよ	9.16
7	わね	8.25

表6 BCCWJにおけるFF数（10万語あたり）

1	わ	49.1
2	のよ	33.33
3	Nよ	22.89
4	かしら	10.38
5	Nね	10.32
6	わよ	7.89
7	わね	7.81

表7 BCCWJにおけるFF率

1	わよ	97.11%
2	わね	94.90%
3	のよ	92.05%
4	Nね	89.03%
5	わ	88.56%
6	かしら	87.74%
7	Nよ	84.71%

4.2 教材における女性文末詞の出現状況

7種類の教材における女性文末詞の出現頻度は以下の表8で示されるとおりである。

表8 教材における女性文末詞の出現粗頻度

		会話文			文章
		20代～30代	40代以上		
近年	GJ	0	0	GJ	4
	ZH	30	19	ZH	1
	XJD	45	4	XJD	7
	総計	75	21	総計	12
過去	SW	61(1)	5	SW	2
	BW	112	0	BW	2(3)
	BD	2(14)	0	BD	32
	DW	33	2	DW	15
	総計	208	7	総計	54

（　）の中の数字は「丁寧体（です・ます）＋女性文末詞」の出現頻度を表す

先行研究で判明されたように、自然会話において20代、30代の若い女性達が女性文末詞をごく稀にしか使用しないのに対し、40代以上の女性ならそれを使用している人がいるため、会話文における出現頻度を「20代～30代」「40代以上」と分けて示した。日本語小説の中には話者の年齢を問わず女性文末詞が女性のことば遣い

に登場することがあるという事実を踏まえ、教材の文章に出ている女性文末詞の年代情報を示していない。

　過去に出版された教科書の総語数が近年の総語数とは近いため、粗頻度から両者を直接に比較できる。まず、粗頻度から見れば、過去の教科書と比較して、近年に出版された教科書は会話文と文章両方に出現する女性文末詞が明らかに減少している。特に、「丁寧体（です・ます）＋女性文末詞」の使用例が近年の教科書に一例も見当たらなかった。また、教科書における会話文に出現する女性文末詞の出現頻度に注目すると、過去の教科書における話者が「20代〜30代」の用例は近年の2〜倍以上なのに対して、近年の教科書において40代による女性文末詞の出現例は過去の3倍である。40代以上である使用者の比率は過去の3.3％から21.9％に上がり、近年の教材において女性文末詞の発話者の年齢構成に変化が見て取れる。

4.2.1　会話文における女性文末詞の出現状況

　先行研究水本（2009）の調査結果と比較するため、本節で扱うデータは過去に出版された教科書で普通体の会話が導入されていないものを除く初級教科書5冊（BW1、BW2、BD1、BD2、DW2）、文章しか載せていないものを除く中級教科書3冊（SW3、SW4、BW3）である。

　水本（2006）は女性文末詞別の出現状況を調査したところ、ドラマにおいては、出現回数が最も高いのが「わ」系であるのに対し、自然会話においては「わ」系が案外に少なく、出現回数の高いものからが「のよ」「N＋よ」「N＋ね」「かしら」「わ系」という順位を示した。一方、本研究の調査結果からみれば、教材においてはいずれも「わ」系の出現回数が最も多く、次に「Nよ」「Nね」であり、自然会話に出現数が最も多い「のよ」は4位を占めた。多用される女性文末詞の種類からみれば、教科書と自然会話の間にズレがあることがわかった（表9）。

表9　女性文末詞別出現粗頻度

	かしら	Nね	Nよ	のよ	わ系	合計
会話	5	16	18	49	5	93
ドラマ	26	41	121	139	558	558
教材（過去）	16	34	24	20	114	208
教材（現在）	4	20	16	11	24	75

（総有効発話数：自然会話2017、ドラマ：1226　教材・過去232　教材・近年170）

　表10と表11は過去に出版された中国の日本語教科書における女性文末詞の出現粗頻度と女性文末詞出現率の概要である。初級教科書では、初級BDのように、中年の女性以外による女性文末詞の使用が少ないものもある一方で、初級BW1、BW2、DW2のように女性文末詞の出現数は比較的に多いものもあり、教科書により差がある。中級教科書では、初級と中級を合わせてみると、BDの出現数が一番低く、2例しかなかったのに対し、BWの女性文末詞総出現例数は112と一番多く、SWの2

倍、DWの3倍以上にも及んだ。

　女性文末詞の出現率「使用数/(使用数＋不使用数)」に注目すると、初級では普通体の発話が少ないBD1とBD2を除き、初級教科書の出現率は全体的に中級教科書より低い。カジュアル会話の増加に伴い有効発話数が増える中級教科書においては、女性文末詞出現率が全般的に高くなり、SW3、SW4、BW4がすべて95％を超えている。

　日本の日本語教科書の出現状況と比較すると、表12と図5で示されたように、自然会話における女性文末詞の平均使用率がわずか5.26％であるのに対し、中国の初級教科書は86.38％、中級の教科書97.38％と、いずれも日本の教科書の使用率よりはるかに高く、自然会話の15倍以上である。中でも中国過去の中級教科書の平均使用率が最も高く、97.38％にものぼる。

表10　女性文末詞総出現頻度(中国過去教材　使用数/不使用数)

	初級		中級		計
	1	2	3	4	
SW	NA	NA	28/0	33/1	61/1
BW	11/8	43/4	58/3	NA	112/15
BD	1/0	1/0	NA	NA	2/0
DW	NA	33/7	NA	NA	33/7

表11　女性文末詞総出現率(中国過去教材)

	1	2	3	4
SW	NA	NA	100.00％	97.06％
BW	57.89％	91.49％	95.08％	NA
BD	100.00％	100.00％	NA	NA
DW	NA	82.50％	NA	NA
均率	86.38％		97.38％	

表12　中日日本語教科書女性文末詞使用率の比較

	初級教科書	中級教科書	自然会話
中国(過去)	86.38％	97.38％	
日本	56.85％	79.42％	5.26％

日本語教科書における女性文末詞の取り扱いに関する研究

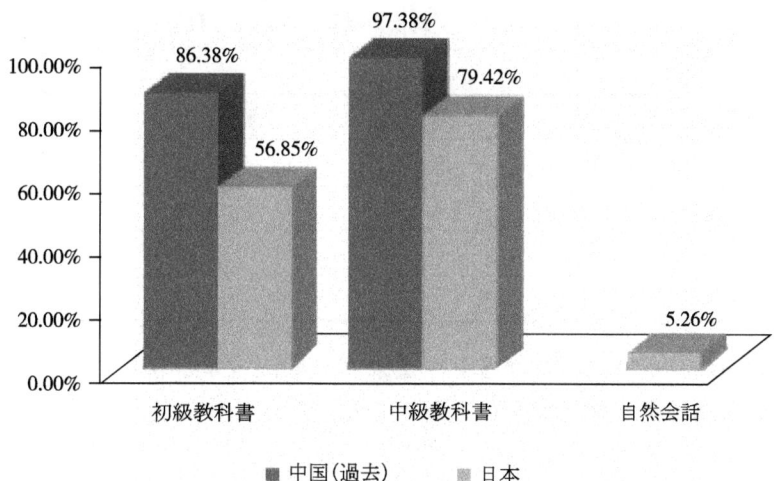

図5　女性文末詞出現率の比較（教材 VS 自然会話）

　次に、内容の更新と質の向上が期待される近年に出版された教材において、女性文末詞の出現状況はどう変化しているのかを見てみよう。

　ここで、調査対象とする近年に出版された教科書は、普通体での会話が導入されていない初級前期を除く初級教科書2冊（GJ2、ZH2）、中級教科書4冊（ZH3、ZH4、XJD3、XJD4）である。近年に出版された3種類の教科書における女性文末詞の総出現数を調査した結果は以下の表13と表14である。総出現数からみれば、会話文に女性文末詞の使用が全く見られないGJがある一方で、ZHとXJDのように女性文末詞の使用が散見されるものもあり、二極化の様相を呈していることが見て取れる。

　初級教科書では、初級GJのように、会話文に女性文末詞の使用が全く見られないものもある一方で、初級ZH2のように女性文末詞の使用が残存するものもあり、教科書によりずれがある。カジュアル会話の増加に伴い有効発話数が増える中級教科書においては、女性文末詞使用数が多くなることも無視できない現状である。

　一方、女性文末詞の出現率に注目すると、ジュアル会話の増加に伴い、有効発話数が増える中級教科書においては、女性文末詞出現率が高くなる傾向が見られた。また、自然会話における女性文末詞の平均使用率（5.26％）と比較して、近年の教科書の出現率は5倍から12倍ほど高いことがわかった。

表13　女性文末詞総出現例（中国過去教材　使用数/不使用数）

	初級		中級		総計
	1	2	3	4	
GJ	0	0/12	0	0	0/12
ZH	0	4/7	11/17	15/10	30/34
XJD	0	0	10/28	35/33	45/61

表14　女性文末詞総出現比率（中国現在教材）

	初級		中級	
	1	2	3	4
GJ	0.00%	0.00%	0.00%	0.00%
ZH	0.00%	36.36%	39.29%	60.00%
XJD	0.00%	0.00%	26.32%	51.47%
均率	18.18%		44.27%	

　表15と図6は中日教材における女性文末詞平均出現率と自然会話の20代、30代の女性の平均使用率とを比較したものである。中国国内で近年に出版された教科書における女性文末詞の出現率は日本の教科書より低く、特に初級教科書の出現率は日本の三分の一以下であることが明らかになった。女性文末詞の平均出現率を見ると、過去の教科書と比べ、近年の初級教科書の出現率は4分の1までに下がり、中級教科書の出現率は2分の1に下がったことがわかった。

表15　中日日本語教科書女性文末詞出現率の比較

	初級教科書	中級教科書	自然会話
中国（近年）	18.18%	44.27%	
中国（過去）	86.38%	97.38%	
日本	56.85%	79.42%	5.26%

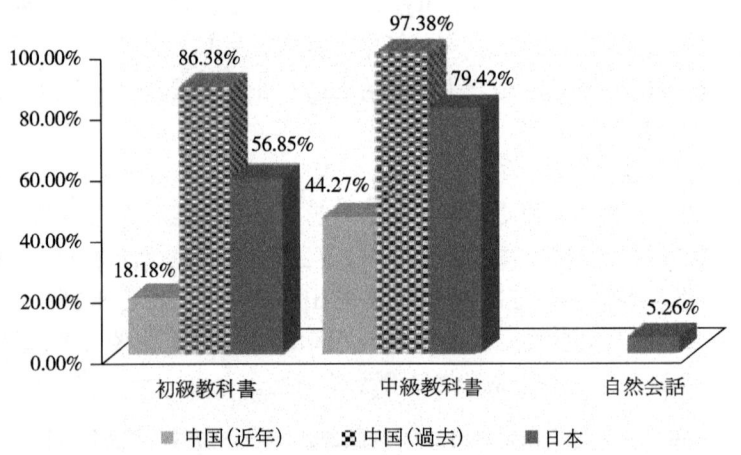

図6　女性文末詞出現率の比較（教材 VS 自然会話）

4.2.2　教科書の文章における女性文末詞の出現状況

　まず、7種類の日本語教科書の本文における文章を調査し、そこに出現する女性文末詞の出現頻度・種類を調べた。過去と近年の教科書の文章における各女性文末詞の出現頻度を次の表16にまとめた。女性文末詞の種類に関しては、過去の教

科書に7種類の女性文末詞がすべて出現したのに対し、近年の教材に「わよ」「わね」の用例がなく5種類である。出現回数からみれば、過去の教科書と比べ、近年に出版された教材の文章に出現する女性文末詞の回数は4分の1以下に減少していることがわかった。近年の教科書において、GJ、ZH、XJDそれぞれにおける出現数は4、1、7であった。

表16　教材の文章における女性文末詞の出現頻度(過去・現在)

	かしら	のよ	わ	わね	わよ	Nね	Nよ	総計
過去・教材総語数：13.6W	6	13	18	5	2	1	9	54
近年・教材総語数：15W	2	1	6	0	0	1	2	12

表17　過去の教材の文章における女性文末詞の出現回数

	かしら	Nね	Nよ	のよ	わ	わね	わよ	計
SW	1	0	0	0	0	1	0	2
BW	0	0	0	2	2	1	0	5
BD	2	1	8	3	14	2	2	32
DW	3	0	1	8	2	1	0	15
計	6	1	9	13	18	5	2	54

表18　近年の教材の文章における女性文末詞の出現回数

	かしら	Nね	Nよ	のよ	わ	わね	わよ	計
GJ	2	1	1	0	0	0	0	4
ZH	0	0	0	1	0	0	0	1
XJD	0	0	1	0	6	0	0	7

　次に7種類の女性文末詞のうち、特に多用されるのはどれかについて、女性文末詞使用量に基づいてランキングを出したところ、表27から表29で示されるように、BCCWJ、過去の教材、近年の教材それぞれの観点から見ると、最も多用される女性文末詞は一致して「わ」であることがわかった。過去に出版された教科書で出現量が上位3位の女性文末詞「わ」「のよ」「Nよ」はBCCWJと一致している。それに対して、近年の教科書では7種類の女性文末詞の出現頻度が出現数が最も多いのが「わ」で、次に「Nよ」、「かしら」であった。

表19　BCCWJにおける女性文末詞の出現量
（10万語あたり）

1	わ	49.1
2	のよ	33.33
3	Nよ	22.89
4	かしら	10.83
5	Nね	10.32
6	わよ	7.89
7	わね	7.81

表20　文章における女性文末詞の出現量
中国・過去教材（10万語あたり）

1	わ	13.26
2	のよ	9.58
3	Nよ	6.63
4	かしら	4.42
5	Nね	3.68
6	わよ	1.47
7	わね	0.74

表21　文章における女性文末詞の出現量
中国・近年教材（10万語あたり）

1	わ	4.00
2	かしら	1.33
2	Nよ	1.33
3	Nね	0.67
3	のよ	0.67

4.3　教材の会話における女性文末詞の出現場面と接触場面

　過去の教材において、表22で示されたように、各文末詞はいずれも「ソフト」場面での用法が大半を占めることがわかった。高主張場面の用例は「わ」が最も多く、8例が見あたり、「わよ」「Nよ」「のよ」はそれぞれ4例、3例と2例であった。

　一方、表23で示されたように、近年出版された教材の会話文において、高主張場面の用例はXJD4の「わよ」の1例を除いて、他の女性文末詞の用例がすべて「ソフト」機能が果たしている。

　また、中国の教科書における各文末詞の出現場面を教材別にみると、表24で示されたように、過去教材でのソフト用法が90％（188/208）以上と目立ち、とりわけBDとDWでは女性文末詞のすべての用例がソフトの用法であることがわかった。

表22　女性文末詞別各場面の出現数（中国・過去教材・会話）

	かしら	Nね	Nよ	のよ	わ	わね	わよ	計
ソフト	16	33	21	18	68	21	11	188
主張	0	1	3	2	8	2	4	20
皮肉嫌味	0	0	0	0	0	0	0	0

表23　女性文末詞別各場面の出現数（中国・近年教材・会話）

	かしら	Nね	Nよ	のよ	わ	わね	わよ	計
ソフト	4	20	16	11	11	4	8	74
高主張	0	0	0	0	0	0	1	1
皮肉嫌味	0	0	0	0	0	0	0	0

表24　女性文末詞場面別出現数（中国・過去教材・会話）

	ソフト	高主張	皮肉嫌味	計
SW	46	15	0	61
BW	107	5	0	112
BD	2	0	0	2
DW	33	0	0	33

　さらに、接触場面の視点から、教科書の中の女性文末詞の出現環境を調べた。本研究では、ファン（1998、2006）の接触場面の分類方法をとり、日本語学習者の接触場面を母語話者場面と区別し、相手言語接触場面と第三者言語接触場面と分けて考える。母語話者同士の場面を「NN」とし、相手言語接触場面を「FN、NF」（女性文末詞の発話者が母語話者か外国人かにより、NとFのどちらを先に置くかを決める）とし、第三者言語接触場面を「FF」とする。各接触場面における女性文末詞使用数は表25～表27である。

　表25で示されたように、過去の教科書において、全体からみれば、16.9％（35/208）の女性文末詞用例が相手言語接触場面（FN＋NF）に出現しているのに対し、35.6％（74/208）の女性文末詞用例が母語話者場面（NN）に出現している。ただ、教材別からみれば、事情が異なってくる。SWとBDではFF場面における女性文末詞の使用例が皆無であるのに対し、教材BWでは女性文末詞の出現回数が最も多く、しかも教科書における接触場面は非母語話者同士（FF）の会話場面に集中しており、86.6％（97/112）にも及ぶ。一方、SWは、87％（53/61）の女性文末詞用例が母語話者同士（NN）の会話に出現しており、次にDW（12/33）は36.4％である。教材の間に差異が大きいことがわかった。

　一方、表26と図7で示されるように、近年出版された教科書では、ZHとXJDは教材の81.33（61/75）の女性文末詞用例が相手言語接触場面（FN＋NF）に出現しており、過去の教科書の5倍以上である。母語話者場面に女性文末詞が出現する割合がわずか過去の教科書の5分の1以下と6.67％である。

表25　各接触場面における女性文末詞総出現数（中国過去教科書・教材別）

	FF	FN	NF	NN	計
SW	0	0	8	53	61
BW	97	7	1	7	112
BD	0	0	0	2	2
DW	2	9	10	12	33
計	115			93	208

表26　各接触場面における女性文末詞総出現数（中国近年教科書・教材別）

	FF	FN	NF	NN	計
GJ	0	0	0	0	0
ZH	1	3	21	5	30
XJD	8	10	27	0	45
	22		53		75

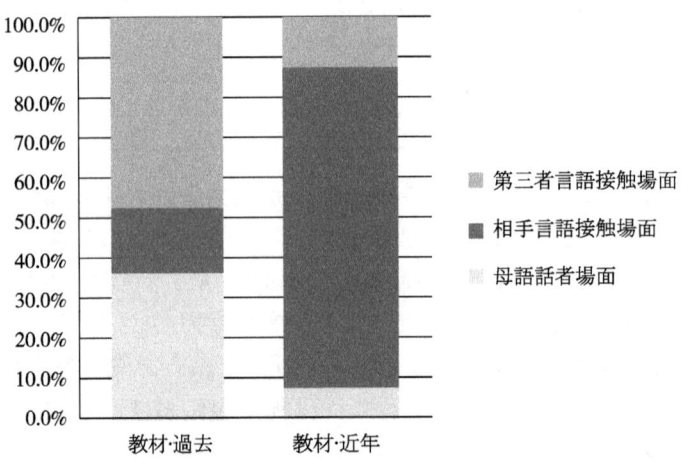

図7　各接触場面における女性文末詞の出現率

表27　各接触場面における女性文末詞の出現率

	母語話者場面（NN）	相手言語接触場面（NF＋FN）	第三者言語接触場面（FF）
教材・過去	35.6％	16.9％	47.6％
教材・近年	6.67％	81.33％	12.0％

4.4　教材に見る女性文末詞の指導状況

　まず、各女性文末詞の用法は紹介されているかどうかを調査した結果、表28で示されたように、出現回数が最も多いBWは7種類の女性文末詞の中、4種類について用法解釈を施している。これはBWの前書きで紹介されている「文法項目の解釈が詳しい」特徴と一致する。BWの他に、SWとBDには「かしら」と「わ」の用法解釈が載ってあるが、BDには「かしら」の解釈だけが出ている。

　表29で示されたように、近年に出版された教科書のうち、膨大かつ詳細な文法体系を謳うZHは7種類の女性文末詞の用法を漏れなく紹介している。一方、XJDの文法解説文には7種類の女性文末詞のうち「かしら」しか取り上げてない。しかもその解釈に「かしら」は相手の質問に対し反問を表すくだけた表現であると大まかな用法しか述べていなく、女性文末詞に関する情報は見られなかった。

表28　教材における各女性文末詞の用法解釈(過去)

	かしら	Nね	Nよ	のよ	わ	わね	わよ
SW	○	×	×	×	○	×	×
BW	○	×	×	×	○	○	○
BD	○	×	×	×	○	×	×
DW	○	×	×	×	×	×	×

(○良　△弱　×無)

表29　教材における各女性文末詞の用法解釈(近年)

	かしら	Nね	Nよ	のよ	わ	わね	わよ
GJ	○	×	×	×	○	×	○
ZH	○	○	○	○	○	○	○
XJD	△	×	×	×	×	×	×

(○良　△弱　×無)

　次に、女性文末詞の用法解説の特徴を「わ」の用法解釈の一例を通して教材の異同を見る。表30で示されたように、過去に出版された4種類の教科書において、「わ」に関する説明がないDWを除き、ほかの教科書は「わ」に関する用法解釈に「女性が多用する」と女性文末詞の性別提示の機能だけが載せられ、女性文末詞の使用衰退化という使用現状の説明が不足している。

表30　女性文末詞「わ」用法解説(中国・過去教材別)

	ソフト	主張	例文の場面提示	現状説明
SW	○	×	×	×
BW	○	×	×	×
BD	△	×	×	×
DW	×	×	×	×

(○良　△弱　×無)

　また、「わ」を取り上げる段階もそれぞれ異なっている。BDとBWは初級段階(BW1、BD2)で「わ」の解説を施しているのに対し、SWは第三冊で「わ」の解説を出している。

　SWでは「わ」について、次のような中国語訳を付した例をあげ、「文末に使われ、ことばを柔らかくする女性ことばである」と解説している(SW3・L7)。

○やるべきことがいっぱいあって、どこへも出かけられないわ。(要做的事很多，哪儿也不能去。)
○きょう、おかげで、ほんとうにたのしかったわ。(今天谢谢你，我过得很愉快。)
○一週間ぐらいでこの本を読み切るわ。(用一周这本书就可以读完。)

　また、以上の例からわかるように、提示された文例が単独の文だけで、使用される

場面の説明や話者の年齢情報などが言及されていない。

近年出版された日本語教科書の場合と比べれば、表31のように、全ての教材において、女性文末詞のソフト機能が紹介されている一方、ドラマや小説における役割語として女性文末詞の機能やタフ機能が言及されていない。女性文末詞の使用衰退について、ZH教科書では「Nね」、「Nよ」や「かしら」などに関する文法解説には「最近は若い人たちが女ことばを話さなくなってきている」、「これらの終助詞は主に中年以上の女性が使う」などと明記しているものもあるが、それにもかかわらず、ZHの会話文には若い年代による女性文末詞の使用例が30回も出現するという矛盾も見受けられる。

表31　教科書における女性文末詞の用法解説

	教材	ソフト機能	タフ機能	役割語機能	使用衰退
過去	SW	○	×	×	×
	BW	○	×	×	×
	BD	○	×	×	×
	DW	○	×	×	×
近年	GJ	○	×	×	×
	ZH	○	×	×	△
	XJD	○	×	×	×

（○良　△弱　×無）

教科書の練習問題に注目すると、表32で示されたように、過去の教材の練習問題において、女性文末詞の習得に焦点を当て練習する形がないが、翻訳問題や会話朗読練習の会話文に女性文末詞が出てくる場合が多い。特に、BD教材に女性文末詞が会話文の読み練習に集中して出現している。こういった会話の読み練習で練習の目的が明確的に提示されていなく、会話の使用場面もはっきり示されていない。

表32　教科書の練習問題における女性文末詞（過去）

教材	練習問題	例
SW	主に翻訳問題に出現、置き換え練習も。	【SW3・L7　辞書を引いて、次の会話を中国語に訳しなさい。】 アリ夫人：え、でも、この間、お見合（みあ）いしたんでしょ。 和子：いやだわ。お見合いしても、結婚するとは限らないのよ。
BW	穴埋め練習	【BW3・L1　適当な助辞を選んで、（　）に入れなさい。】 かしら　けれど… 3.遊びもする（　），勉強もする。 4.この辞書，あなたのじゃない（　）。
BD	BD3、BD4の会話文の読み練習に集中して出現	【BD3・L8　次の会話文を読みなさい。】 A：男子学生　B：女子学生 A：9月も半ばを過ぎると涼しくなるね。 B：ええ、ほんとうにさわやかで気持ちがいいわ。
DW	なし	なし

近年に出版された教材においては、表33で示されたように女性文末詞は主にある文法表現の会話練習のモデル会話文に散見される。

表33　教科書の練習問題における女性文末詞(近年)

教材	練習問題	例
GJ	文体(小説)の特徴を発見する練習に1例だけ	GJ4・L4【文体の役割を知り、実際に使う】 次のA～Dの文章はどのジャンルに属するか、表に書きなさい。それから、文体から受けたイメージを述べなさい。 A.…「いい<u>わ</u>、ここの方が涼しいから」。真理は窓際を離れようとしなかった。そればかりか、探るような目で窓から何かを見つめている。何を見ているのだろう。
ZH	ZH3、ZH4の会話練習のモデル会話に集中して出現	ZH4・L9【会話練習】 1.ポイント:交渉場面で多用される条件文 モデル会話:家具店の店員、お客の夫婦 店員:それでしたら、こちらはいかがでしょうか。 妻:あら、とっても、すてき。気に入ったわ。
XJD	主に、会話文を完成させる練習問題に出現	XJD3・L13【会話文を完成させなさい。】 ＜納得する表現＞ 4.A:ねえ、林さんは昨日雨に降られて、熱が出た<u>そうよ</u>。 B:そうか、それで(　　　　)んだね。

5. 考察

前章では、中国で出版された教科書における女性文末詞のとり扱われ方を調査し分析してきた。本章では、これまでの調査と分析の結果を踏まえ、教科書における女性文末詞の扱いに存在している問題点を取り上げ、それぞれ考察を行いたい。

5.1　教科書における女性文末詞の出現状況についての考察

会話文において、若い世代による女性文末詞は出現率が極めて高く、過剰使用されている。自然会話における女性文末詞の平均使用率(5.26%)と比較して、過去に出版された中国の教科書に現れる女性文末詞平均出現率は自然会話の15倍以上であり、実社会で若い世代がほとんど使用しない女性文末詞を教科書の女性大学生が普通に使用していることがうかがえる。この数値から見れば、過去に出版された中国の4種類の日本語教材において女性文末詞の過剰使用が認められ、女性文末詞は使用される可能性のある文法的環境の中でほとんど揺れが見られず、必ず女性の発話に出現することがわかった。

また、2000年代半ば以後に出版された教材においては、近年の初級教科書にGJが会話文に若い世代による女性文末詞の使用が全く見られないものもある一方で、ZHとXJDに若い世代による女性文末詞の使用が散見されるものがあるように、二極化の様相を呈しているようである。過去の教科書に比べ、近年の初級教科書の出現率は4分の1までに下がり、中級教科書の出現率は2分の1に下がったことがわかった。以下の例で示されるように、近年教科書を作成した時は過去の女性文末詞の

過剰使用を考慮した可能性があると思われる。

にもかかわらず、自然会話の平均使用率と比べ、近年の中国の日本語初級と中級教科書（ZHとXJD）の平均出現率は自然会話の3倍と8倍以上に達しており、現実社会と乖離したことば遣いを提示していることが無視できない状況である。一方、会話文に全然出現しないGJ教科書も注目すべきところである。教科書の編集側にインタビューしたところ、「女性文末詞の使用実態を意識したからでもなく、内容の真正性と会話文の自然さを大事にしたので、自然にそうなったのだろう」と、示唆のあることを言われた。

それに関連してみれば、90年代から2000年代半ばまで中国で出版された初級教科書は86.38％、中級の教科書は97.38％と、いずれも日本の教科書の使用率よりはるかに高かったのであるが、2000年代半ば以後中国国内で出版された教科書における女性文末詞の出現率は日本の教科書より低くなり、特に初級教科書の出現率は日本の三分の一以下になった。そこには、教科書の編集側の意識の変化があったろうと考えられる。

5.2　教科書における女性文末詞の出現場面と接触場面についての考察

1）女性文末詞の出現場面は「主張の度合いを和らげる」といった場面に偏っていること

今回の調査では、2000年代半ば以前あるいは以後に出版された教科書において、いずれの文末詞も「ソフト」場面での用法が大半を占めることがわかった。以上のデータからみれば、教科書の会話文における女性文末詞の使用例は「主張の度合いを和らげる」という使い方にとらわれ、「ソフト」場面での女性文末詞の過剰使用が認められる。実社会において若い世代が使うと非日常的なイメージを意味する女性文末詞はGJ以外の教科書に多用されており、大学生活を中心にごく日常的な場面にも使われているという問題が浮き彫りになった。この点から見れば、言語実際の使用状況を反映する教科書を作成するためには、女性文末詞の出現場面が単一であること、実際の日本語の使用場面からかけ離れていることを考慮に入れながら、女性文末詞の使用場面設定を検討し直す必要性が迫ってくると考えられる。

2）接触場面からみると、各教科書における女性文末詞の出現環境にはばらつきが大きく、一致した見解が見られない

水本（2015）によると、日本語研究社が出版した教科書『ニューアプローチ　中上級日本語』には女性文末詞の解説に「外国人が必ずしもこういった表現を使う必要はない」という解釈が出ていることからみて、現実では「FFとFN」の場面でも、外国人発話者による女性文末詞の使用が少ないかと思われる。今回の調査からは中国国内に出版された教科書に外国人女子学生が使う会話や例文が少なからず存在していることが明らかになった。これについてさらなる調査をした上に、それらの用例を精査し、避けるべきであろう。

過去と比べ、近年の教科書における非母語話者同士（FF）の会話場面に出現する

女性文末詞の出現数が減少してきている。これは教科書を作成する際に登場人物の設定に関わると思われる。ZHとXJDの会話は主人公（中国人日本語専攻の大学生）と日本人留学生との日常生活をめぐって行われるものがほとんどであるため、女性文末詞が集中して相手言語接触場面（FN＋NF）に出現することも当然であろう。ただ、実際の母語話者同士による女性文末詞の使用事情を踏まえ、日本人の若い年代の女性は普段の会話にほとんど女性文末詞を使わないことからみれば、外国人を相手とする場合はあえてそれを使用するとは考えにくいと思われる。相手言語接触場面に女性文末詞が多用されるのが妥当であるかも考え直さなければならないと思われる。

5.3 教科書にみる女性文末詞の指導状況についての考察

1）女性文末詞の使用現状に関する説明が不足しており、女性文末詞の学習目標が漠然としていること

澤田（2015）の調査では、過去のドラマと比べ、「現代のドラマ」の女性文末詞の平均使用率と平均使用種類が減少しているという報告があったが、ドラマの使用状況変化と違って、本研究は書きことばコーパスを計量的に調査した結果、1970年代から2000年代の小説において、女性文末詞はその形式の使用数が増え、女性が使用する女性文末詞の用例も増加する傾向にあり、片方の性の使用に固定的ではなくなることが明らかになった。中級以降になれば、学習者は小説やテレビのドラマを通して日本語と接触することが多くなり、文化的背景として小説の中の男性女性がどのような話し方をするかという言語事実とその用法を学習者に教える必要があると考えられる。

今回調査した教科書は川口（2002）が提出した「文脈化」の三要素、つまり「その項目が『誰が・誰にむかって・何のために』使われるものであるか」について、十分に考慮していないと思われる。さらに、使用現状が明らかに説明されていないまま、女性文末詞の学習目標も「使用」と「理解」を分けず漠然なものに止まっている。文末詞によって生み出される意味は直接な翻訳や説明が難しく、学習者と教育者にとって主な拠り所となっている教科書の提示情報が明確的なものでなければ、文体に関係なく「女性＝女性文末詞使用」という観念が化石化する可能性が高い。「理解」と「産出」の異なる学習目標を明確に立てて、女性文末詞の用法説明と学習指導をする必要があると思われる。

2）教科書の練習問題は実際の日本語場面とかけ離れており、話者の性別や年齢などの情報が加えていないこと

また、教科書の練習問題に注目すると、過去の教科書において、翻訳問題や会話朗読練習の会話文に女性文末詞が出てくる場合が多い。特に会話の読み練習では目的が明確的に提示されていず、会話の使用場面もはっきり示されていない。明確な指示を受けないまま学習者が会話文を朗読し暗記したら実際の日本語場面とかけ離れた日本語表現を鵜呑みにする恐れがあろう。近年に出版された教材において、

女性文末詞は主にある文法表現の会話練習のモデル会話文に散見される。モデル会話文は普通汎用性に富む用例が望ましい。しかしながら、教材の会話文モデルには話者の性別や年齢などの情報が加えていないことがほとんどであり、学習者が確認せずにそれを典型的な用例として暗記することになりかねない。モデル会話文に実社会では使用されなくなりつつある女性文末詞を盛り込む妥当性が問われると思われる。教師がそれらのモデル文や練習問題の指導にあたる時、こういう細かいところを見逃さずに学習者に意識させることが必要であろう。

一方、GJ4の練習問題に「文体から受けたイメージをまとめる」という斬新的な調べ作業のタスクが一例見当たった。学習者に自主的に小説の文体の特徴を考えさせ、女性主人公の発話の文末形式に気付きさせるきっかけを作っていると思われる。

6. 結び

6.1　日本語教育現場と教材制作への示唆

本論文では、女性文末詞の使用実態や教科書における出現状況を踏まえ、大学専攻日本語教育の教育目標と学習者のニーズに基づき、今後の女性文末詞に関する指導や教材作成の留意点について、次のように提言した。

(1)女性文末詞の使用実態に対して再認識する。既存の教科書を改定する際や新しい教科書を制作する際には、内容の他に、文末形式にも注意を払い、若い世代による使用文末形式の使用が変化している現実を認識した上で、教科書の会話文を自然なものに書き換えるべきである。

(2)女性文末詞の学習目標を明確にする。従来のジェンダー認識にとらわれず、実社会における女性文末詞の使用実態を踏まえ、学習者の視点から女性文末詞の指導を考えるべきである。若い世代の学習者にとって女性文末詞を産出する必要がないが、日本語受容面(中高年の女性との接触場面、小説を読む，ドラマを見聞きするなど)では、女性文末詞の知識は依然として重要であり、とくに、「女性表示」だけでなく、「役割語」としての談話的機能を正しく教える必要がある。

(3)女性文末詞についてより充実した説明を提供する。ドラマや文学作品などにおいては、女性文末詞は場面に応じて多様な意図を示す手段として機能しうる。よって、学習者がそれを効率よく理解できるように、女性文末詞が特定の文脈においてどのような表現効果を生み出しうるかを具体的な例に基づいて指導する必要はある。

6.2　本研究の意義および今後の課題

日本語教育における女性文末詞の指導をより効果的なものにするためには、女性文末詞の使用実態を客観的に把握することが必要であり、本研究はそのデータを提示するものである。本研究はコーパスを利用し、「日本語現代小説における女性文

末詞の使用実態」と「中国の日本語教材における女性文末詞の取り扱い」を明らかにした。調査結果を踏まえ指摘した現存の教科書の問題点や女性文末詞の指導に関する提言が教科書の改善、教師たちの授業の改善に少しでも役に立てば幸いである。

　時間の制限のため、本研究の調査範囲は第1　第4冊に限ったが、今後中級以上の学習者の使用した教科書における女性文末詞の取り扱いを調査することが必要である。さらに、教材の調査分析にと止まらず、学習者が女性文末詞と接触する可能性のある場面においてどのように女性文末詞を認識し、使用しているのか、学習者の習得における問題点は何なのかを明確にする必要がある。いずれも今後の課題とするものである。

注

[1] 以下はJTCが収録した4種類の教科書を「過去に出版された教科書」と呼び、「GJ、ZH、XJD」を「近年に出版された教科書」と呼ぶ。

[2] オンラインの登録制サイト「中納言」を利用する。

[3] 「FA、FF、FM、FU」は前の「F」が「女性文末詞」を表す。FFは「女性(Female)による女性文末詞の使用例」、FMは「男性(Male)による女性文末詞の使用例」、FAは「全部(All)の使用例」、FNは「性別不詳(Unknown)の女性文末詞の使用例」を表す。

[4] 「Nね」と「Nよ」の用例を検索するとき、まずキーワードの書字形出現形を「よ」と指定してから、前方共起キーから1語を「名詞」「形状詞」「代名詞」それぞれと指定して得た結果を全出現例とする。

[5] 分析目標件数は100例であったが、FNの混在を予測して、130－150例を抽出する。

[6] 水本他(2006)は、女性文末詞の先行研究における調査方法や分析方法について、データの数値化の問題点を指摘した。数値化において、「はい」「おはよう」など、女性文末詞の出現する可能性のないものまで含む総発話数を基準とした場合、そこで得た女性文末詞の使用頻度は、たとえ同じ人物でも時々によって分母が少なからず変動し、安定した数値を得るのは難しいという。そこで、「使用される可能性のある文法的環境の中でどの程度使用されたか」という観点から、女性文末詞の使用頻度を算出する分母の発話数を、総発話数ではなく女性文末詞＜使用＞と＜不使用＞という対立する2つの文末形式の出現数の和とする方法を提案した。

参考文献

石田敏子. 1995.『(改訂新版)日本語教授法』. 大修館書店. pp60-74

岩崎秀樹. 2008.「教えるから学ばない、という皮肉：授業分析の視点と方法の課題」.『学校教育』. No. 1096. pp12-17

小川早百合. 1997.「現代の若者会話における文末表現の男女差」.『日本語教育論集―小出詞子先生退職記念―』. 凡人社. pp205-220

小川早百合. 2004.「話しことばの男女差―定義・意識・実際―」.『日本語とジェンダー』. No. 4. 日本語ジェンダー学会. pp26-39

尾崎喜光. 1997.「女性専用の文末形式のいま」.『女性のことば・職場編』. 現代日本語研究会編.

ひつじ書房. pp33-58

鈴木睦. 1993.「女性語の本質―丁寧さ、発話行為の視点から―」.『世界の女性語日本の女性語』. 日本語学臨時増刊号. 明治書院

鈴木睦. 2007.「ことばの男女差と日本語教育」.『日本語教育』. No. 134

鈴木睦. 2010.「変わりゆく日本語と日本語教育の今」.『ジャーナルCAJLE』11. カナダ日本語教育振興会

曹大峰. 2005.「日本語教科書データベースの構築とその応用研究」.《日語与教材創新研究》. 高等教育出版社. pp16-25

曹大峰. 2006.「中国における日本語教科書作成・歩み・現状・課題」.『言語文化と日本語教育』. No. 35

曹大峰. 2015.「中国の日本語教科書に見られるジェンダー関連語とその教育―女性文末詞の実態調査と考察」文化の越境とジェンダ国際シンポジウム. 上海. 2015年10月

田中望. 1988.『日本語教育の方法』. 大修館書店. pp172-209

谷部弘子. 2004.『日本語学習者におけることばの男女差の受容とジェンダー意識』(研究成果報告書). 東京学芸大学

谷部弘子. 2006.「女性のことば・職場編にみる終助詞『わ』の行方」.『日本語教育』. No. 130. pp60-69

玉木佳代子. 2009.「外国語学習におけるプロジェクト授業―その理論と実践」『立命館言語文化研究』. No. 21(2). pp231-246

因京子. 2007.「翻訳マンガにおける女性登場人物のことば遣い―女性ジェンダー標示形式を中心に―」.『日本語とジェンダー』. No. 7. 日本語ジェンダー学会

因京子. 2003.「マンガに見るジェンダー表現の機能」.『日本語とジェンダー』. No. 3. 日本語ジェンダー学会

因京子. 2006.「談話ストラテジーとしてのジェンダー標示形式」.『日本語とジェンダー』. ひつじ書房. pp53-72

トムソン木下千尋・飯田純子. 2007.「女性発話『まだメシくってない』をめぐるジェンダーと日本語教育の考察」.『日本語教育』. No. 135. pp120-129

トムソン木下千尋・飯田純子. 2002.「日本語教育における性差の学習：オーストラリアの学習者の意識調査より」.『日本語教育論集　世界の日本語教育』. No. 12. 国際交流基金日本語国際センター. pp1-20

トムソン木下千尋. 2009.「ビジネス日本語教科書とジェンダーの多面的考察」.『世界の日本語教育：日本語教育論集』. No. 19. pp49-66

范晓维. 2012.「女性終助詞についての研究」.《青年文学家》

中島悦子. 1997.「疑問表現の様相」. 現代日本語研究会編『女性のことば・職場編』. ひつじ書房. pp58-82

中村桃子. 2007.『「女ことば」はつくられる』. ひつじ書房

ネウストプニー. J. V. 1981.「外国人場面の研究と日本語教育」.『日本語教育』. No. 45. pp30-40. 日本語教育学会

ネウストプニー. J. V. 1995.『新しい日本語教育のために』. 大修館書店

野田尚史. 2005.「コミュニケーションのための日本語教育文法の設計図」.『こミュニケーションのための日本語教育文法』. くろしお出版. pp1-20

マグロイン花岡直美. 1997.「終助詞」.『女性語の世界』(井出祥子編). 明治書院. pp33-41

ファン. S. K. 2006.「接触場面のタイポロジーと接触場面研究の課題」.『日本語教育の新たな文脈―学習環境,接触場面,コミュニケーションの多様性―』(国立国語研究所編). No. 120-141. アルク

松永彩. 2010.「教授・学習における教科書の役割と伝達性」.『国際教育協力論集』第 13 巻. 第 1 号. 広島大学教育開発国際協力研究センター. pp15-26

水本光美. 2005.「テレビドラマにおける女性ことばとジェンダーフィルター―文末詞(終助詞)使用実態調査の中間報告より―」.『日本語とジェンダー』. No. 5. 日本語ジェンダー学会. pp23-46

水本光美. 2006.「テレビドラマと実社会における女性文末使用のずれにみるジェンダーフィルター」.『日本語とジェンダー』. ひつじ書房. pp73-94

水本光美・福盛寿賀子・福田あゆみ・高田恭子. 2006b.「ドラマに見る女ことば『女性文末詞』―実際の会話と比較して―」.『北九州市立大学国際論集第 4 号』. pp51-70

水本光美・福盛壽賀子. 2007.「主張度の強い場面における女性文末詞使用―実際の会話とドラマとの比較―」.『国際論集』. No. 5. 北九州市立大学. pp13-22

水本光美・福盛寿賀子・高田恭子. 2008.「ドラマに使われる女性文末詞―脚本家の意識調査より―」.『日本語とジェンダー』. No. 8. 日本語ジェンダー学会. pp11-26

水本光美・福盛寿賀子・高田恭子. 2009.「日本語教材に見る女性文末詞―実社会における使用実態調査との比較分析―」.『日本語とジェンダー』9、日本語ジェンダー学会. pp12-24

水本光美. 2010.「主張度の高い女性文末詞の使用の変遷― 4 世代にわたる調査分析―」.『国際論集』. No. 6. 北九州市立大学. pp129-149

水本光美. 2011.「日本語教師の意識調査分析―日本語教科書における女性文末詞使用に関して」.『基盤教育センター紀要』. No. 03(9). 北九州市立大学. pp55-80

水本光美. 2012.『ジェンダーから見た日本語教科書』. 大学教育出版

山路奈保子. 2006.「小説における女性形終助詞『わ』の使用」.『日本語とジェンダー』. No. 6. 日本語ジェンダー学会

Okamoto, Shigeko. 1995. "Tasteless" Japanese: Less "Feminine" Speech among Young Japanese Women. *Gender Articulated: Language and the Socially Constructed Self*. New York, Routledge. pp297-325

Kawasaki, Kyoko & Mcdougall, Kirsty. 2003. Implications Representations of Casual Conversation: A Case Study in Gender-Associated Sentence Final Particles.『日本語教育論集　世界の日本語教育』13. 国際交流基金日本語国際センター. pp41-45

曹春玲. 2015."日语终助词在男女用语中的差异".《海南大学学报 人文社会科学版》03. pp95-100

束定芳, 庄智象. 2008.《现代外语教学——理论、实践与方法》(修订版). 上海外语教育出版

中世女性日記文学における「家」意識について

北京外国语大学日本学研究中心　马如慧

摘要：日本中世女性的独特之处在于其坚韧不拔的精神。后深草院二条在其作品《不问自语》的卷四中提到她浪迹于日本的东国，先是沿着东海道到达镰仓，又从镰仓出发路过武藏国的川口，最终到达善光寺。又在卷五中提及她巡游于西国，途中在严岛参拜后，路经足摺岬，最后更是到达了赞岐的白峰和松山。日野名子在其作品《竹向之记》中提到她作为一名孀妇代替亡夫经营西园寺家，不仅主管着西园寺家北山宅院的隆重庆典，还把独生子实俊培养成了一名优秀的继承人。阿佛尼在其作品《十六夜日记》中也提到，她为了起诉亡夫的嫡长子为氏侵吞本应属于其子之遗产一事，踏上了去往镰仓的旅程。中世的女性总是十分具有行动力，而正是她们为"家"着想的心情支撑着她们这样的行动。本论文以上文提及的《不问自语》《竹向之记》《十六夜日记》为研究对象，分别从"女儿""孀妇""母亲"三个视角探究这三个作品中的"家"意识。

キーワード：「家」意識　血筋意識　寡婦　貞節　母親

はじめに

　　中世の女性といえば、その逞しさが注目される。中世を逞しく生きる女性たちがある意味で男性以上に「家」を支えている存在であるが、それは中世の女性日記文学——ことに『とはずがたり』『十六夜日記』『竹むきが記』においてよく表されている。平安時代末期になると、摂関政治にかわって白河上皇による院政が行われ、藤原摂関家は天皇の外戚としての地位を失いつつあることとともに、ほかの家系が娘を入内させ、次代の天皇をもうけることによって家門を復興する機会に恵まれるようになった。『とはずがたり』はまさにそのような藤原摂関家が勢力を失いつつある時代に、清華家たる名門を誇る久我家嫡流の娘後深草院二条が「朝恩をもかぶりて、あまたの年月を経しかば、一門の光ともなりもやする」と、後深草院後宮において家門再興を図って女一人で孤軍奮闘する記である。後深草院後宮においてあくまでも上﨟女房として扱われ、父にも死なれ夫もいない二条はある意味では「家」から外れた女性である。それに対して、『十六夜日記』の作者阿仏尼と『竹むきが記』の作者日野名子は夫の死後、後家として家を支え、後継たる男子に恵まれてそれを育てた。野村育世氏が「中世は、女性にとって、母の時代であり、後家の時代であったといえよう」[1]と指摘しているように、彼女たちこそが「家」を背負う中世女性の典型であろう。二条・阿仏尼・名子たちが後世に残したいのは、彼女たち自分の半生というよりも、彼女たちが心を尽くして守った＜家＞であるとも言えようが、本稿におい

ては中世という時代背景をたどりつつ、三作における「家」意識を深く探究し、それを踏まえて中世女性独自の生き方を探りたいのである。

1.『とはずがたり』における＜娘＞としての家門意識

1.1 『とはずがたり』における父の遺言

二条の父雅忠が仕える主君後嵯峨法皇が崩御して間もなく、父雅忠も発病したが、主君の死を悲しむ彼は加持祈祷を拒んだ。しかし、二条が懐妊したことを聞き、雅忠はそれを家門復興の希望と見なしたためか、延命の祈祷をさせた。だが、その甲斐もなく病が重くなる一方であった。そして、文永八年の九月に、父雅忠は儚く世を去り、今際の時に二条に以下のような遺言を残した。

> 君に仕へ、世に恨みなくは、慎みて怠ることなかるべし。思ふによらぬ世のならひ、もし君にも世にも恨みもあり、世に住む力なくは、急ぎて真の道に入りて、わが後生をも助かり、二つの親の恩をも送り、一蓮の縁と祈るべし。世に捨てられ、便りなしとて、また異君にも仕へ、もしはいかなる人の家にも立ち寄りて、世に住むわざをせば、亡き跡なりとも、不孝の身と思ふべし。夫妻の事におきては、この世のみならぬ事なれば、力なし。それも、髪をつけて好色の家に名を残しなどせむことは、かへすがへす憂かるべし。ただ世を捨てて後は、いかなるわざも苦しからぬことなり。 （『とはずがたり』巻一・父の遺言）[2]

遺言の内容を簡単に整理すると、以下のようになる：
①もし後深草院に捨てられて、世に住む力を失ったら、出家しなさい；
②違う主君に仕えたり、格式の低い家に立ち寄ってはいけない；
③もしうまく結婚できなかったとしても、「好色の家」に名を残してはいけない；
④しかし出家したら何をしても構わない。

父が残す遺言が一体どういう意味をなしているのだろうか。本節では、『源氏物語』における父親の遺言、「好色の家」、出家と「落ちぶれ」などの視点から、『とはずがたり』における父の遺言と家門意識の関係を解明したいと思う。

1.2 父の遺言と『源氏物語』

『とはずがたり』が成立する鎌倉末期において、公家貴族たちはすでに武家の勢力に圧倒され、政治的には弱い立場に立っている。そのため、没落しつつある貴族たちは貴族政権の真っ盛りである平安時代を深く偲び、それが文学の面においてもよく現れている。その現れのひとつとして、平安時代に成立した物語作品『源氏物語』がことに尊崇され、貴族たちは『源氏物語』におけるエピソードを現実において模倣し、また『源氏物語』の影響を深く受けている「擬古物語」が多く創作されるようになった。それだけではなく、女性の日記文学作品においても『源氏物語』の影が所々に浸透され、『とはずがたり』はことにそうである。そのため、『とはずがたり』に関す

る研究は主に『源氏物語』をはじめとする王朝物語の摂取のあり方についての論述に集中している。その中、父雅忠が二条に残す遺言は『源氏物語』の表現や思想を踏まえているとする説が提示され、ここでは簡単に整理しておきたいと思う。

まず、清水好子氏は論文「古典としての源氏物語——とはずがたりの執筆の意味——」[3]において、「父雅忠の遺言は内容や言葉遣いこそさすがに中世を感じさせるものがあるとはいえ、源氏椎本の巻の八宮の遺言が下に踏まえられていよう」と提示した。また、西沢正史氏は論文「『とはずがたり』における『源氏物語』の受容——『父の遺言』をめぐって」[4]において上述した清水氏の論調を認めつつ、父の遺言は八宮の遺言を踏まえているというより、表現・構想などの点において、むしろ女三宮を源氏に託す際に朱雀院が女三宮に対する哀しい愛情の吐露に類似していると提唱した。

父雅忠はかつて「久我は村上の前帝の御子、冷泉・円融院の御弟、第七皇子具平親王よりこのかた、家久しからず。されば、今までもかの家、女子は、宮仕へなどは望まぬ事にてさうらふ」と後深草院に対して主張したことがあり、二条も『とはずがたり』において何度も自分の皇室に繋がる血筋を強調していることから、父雅忠と二条の皇室につながる血筋を誇らしく思っている気持ちが『とはずがたり』においてよく窺われる。そのため、上述した清水氏の八宮の遺言を踏まえているとの説と西沢氏の朱雀院が女三宮に対する言葉を踏まえた説両方とも肯定できると思われ、とくに清水氏の父雅忠の遺言は表現上『源氏物語』における八宮の遺言を踏まえている説が示唆的であるが、筆者としては、表現だけではなく、思想面においても八宮の家門意識を踏まえているのではないかと考えている。

古代日本皇室と古代中国皇室との間の最も大きな異同の一つはその血統意識の違いであると思われよう。古代中国では、為政者たる皇帝が自分の政権の安定あるいは国の平和のために、自分の娘あるいは宗族の中から選ばれた娘を蛮夷の地の王と結婚させ、それを「和親」という。早くも漢の時代から、数え切れないほどの公主たちが「和親」のために蛮族と結婚し、その統計は中国の学者崔明徳氏の著書『中国古代和親通史』[5]においてよくまとめられている。しかし、古代日本では、皇室が非常に自分の血筋を重んじており、皇女降嫁の例が少なく、皇女は皇室内部で結婚するか、斎宮や斎院になるか、あるいは独身のまま終生を終えるかが普通である。古代中国では易姓革命がよく行われるのに対して、日本では万世一系であるがゆえに、血筋をより重要視していたと思われる。そのため、『源氏物語』において、八宮が大君・中君に自分の亡き後は結婚して皇室の血を汚すよりは終生山にこもりなさいと命じたのも、自分の血筋への誇りからの発言ではないかと考えられよう。

そして、皇室だけではなく、公家貴族たちもなお自分の血筋を大事に思っていたと考えられる。その一例として、『源氏物語』における明石入道のことを挙げたい。明石の入道の父は大臣で、妻は中務宮の孫であり、自身も三位中将という高官であったが、京官に見切りを付けて播磨守となり、そのまま出家して明石の浦に住み、娘をよく傅いていたという。彼は家門を復興するため娘を名門の男性と結婚させよ

うとし、それが果たせぬならば「命長くて、思ふ人々におくれなば、尼にもなりなむ、海の底にも入りなむなどぞ思ひける」[6]と娘に命じ、「名門の血の回復のため、栄光の座の鬼となってゐる人物」[7]と評されている。明石入道は明石の上を海に沈ませても地方の者と結婚させないと言ったことも、自分の血筋に誇りをもっていたからこその発想であろう。そして、『とはずがたり』において、二条の父雅忠が最も嫌がることも、二条が格式の低い人の家に立ち寄り、または遊女となって貴族の血を汚すことであるがゆえに、二条に出家するようにと遺言を残したと推測されよう。

1.3 出家と「おちぶれ」

　二条の父雅忠は遺言の最後に、出家したら「いかなるわざも苦しからぬ」と言ったが、それは本当になにをしてもいいという意味であろうか。勝浦令子氏は尼の身分と自由については「僧尼として出家することは、理念的原則では、蓬髪や剃髪によって異形の姿になることであり、世俗の縁から離脱し、世俗の身分を捨て、世俗と別の階層原理にもとづく僧尼の世界に属することであった」[8]とされ、出家はつまり社会人としての死を意味する。では出家して僧尼の世界に属することによって身と心の自由を得た二条はなにをしてもかまわないのだろうか。否、そうではない。平雅行氏は論文「中世仏教と女性」において、「こうした尼寺は、寡婦となった貴族女性や宮中に宮仕えした女性、両親を失い家父長の庇護を離れた未婚の貴族女性など、『産む性』であることを断念した女性単身者の収容施設として創始・再興された。（中略）こうした類の寺庵は平安時代にも皆無ではなかったが、中世に入って禅律寺院を中心に建設が活発化したのは、家父長制の成立とそれにともなう女性への貞操要求の強化が、再婚することなく夫の菩提を弔って静かに生涯を終える寡婦の収容施設を必要としたからである」[9]と提示した。寡婦にとっては夫の家への「貞」を守るために出家するが、未婚の貴族女性にとって出家は世を住む手段を失ったときに家の格式を下がらせないようにする「滑り止め」ではないかと考えられよう。

　ほぼ同時代に生きる有名な女房歌人阿仏尼は、後深草院との間に姫宮を一人もうけた娘紀内侍のために、『庭の訓』という女訓書を残しており、中において雅忠の遺言と酷似した思想が窺えるが、「おちぶれ」について興味深い言論をあげているので少し長くなるが引用したい。

　　　身の程も世の有様も、思ふ様にならぬ事にて候とも、五年六年の程は忍びて、色變らぬ様に侍はせ給ひ候はむ時は、一筋に思ひ定めて、さるべき序して、様打變へて、静かに思し召し候へ…（中略）「品後れたる窓の内にも、賑はゝしくてだに傅き据ゑられ候へば、心に憂ふる事無くてありなむかし。」など申しなす事候べく候。ゆめゆめ其の御心使ひ候まじく候。さやうに物を思ひ始め候ひぬれば、おちぶれ、身をもてはふらかし候ぞ。ただ親の面影残らむ家の内に、眞に壹傾き、簾絶えても、葎に門を閉ぢられ、軒の蓬に埋れて、誰に見分くる跡もなき庭の浅茅をながめても、昔に變らぬ月ばかりこそ言問ひ来る方にて、誰育み、あ

はれを交す人候はずとも、佛の御教へのまゝにて、明らかなる道の光をも見、親の在處をも知らばやと思し候へ。　　　　　　　　　　（『庭の訓』廣本）[10]

『乳母の文』における主君の寵愛を失ったら出家せよを主旨とした段落の描写「葎に門を閉ぢられ、軒の蓬に埋れて、誰に見分くる跡もなき庭の浅茅をながめても」は『源氏物語』・「蓬生」巻の末摘花の屋敷の描写を踏まえていることはすでに田渕句美子氏によって指摘されている。[11]しかし、描写においてだけでなく、この段落に示される生き方が『源氏物語』における末摘花の生き方に酷似していると本稿において指摘したい。末摘花は父常陸親王の死後、太宰大弐の妻である叔母の誘いを断り、叔母の娘の女房になって裕福な生活を送るより常陸親王の屋敷を守って貧しい生活を選んだ。彼女の生き方はまさに二条の父雅忠の遺言における「もしはいかなる人の家」・『乳母の文』における「品後れたる窓の内」に立ち寄らないことに通じており、末摘花の生き方は中世の斜陽公家にとってとくに尊敬に値する生き方とされているのではないかと考えられよう。

さて、阿仏尼は『庭の訓』において、世に住む手段をなくしたら、出家して荒廃した家において貧しい生活を送っても零落するとは言わなく、むしろ提唱すべき生き方であり、良からぬ教養のない家筋に縋って裕福な生活を送っても「おちぶれ」であるという。末摘花はいかに貧しい生活を送っても、『源氏物語』においては「あはれのことや」と彼女を評していても、決して彼女を「おちぶれ」・「放る」・「落つ」などのような「零落する」を表す言葉で言い表したりはしない。しかし末摘花の叔母を描くときに「やむごとなき筋ながらも、かうまで落つべき宿世ありければにや、心すこしなほなほしき御叔母にぞありける」という。末摘花は叔母の娘の女房になったら本当の意味で「零落する」のであろう。

末摘花は最終的に光源氏によって二条東院に引き取られて安定した生活を送るが、中世の後見者を失った独身の女性には光源氏のような救ってくれる男性がいない。「おちぶれ」して家門に疵を及ぼすことを防ぐために、「出家」をやむを得なくさせられたのではないか。出家した二条は生活のために父母の形見を手放さなければならないし、五部大乗経の書写のために院からの形見である三つの御衣をも布施したが、二条は誰にも縋らない自分の生き方を誇らしく思っていたはずである。

2.『竹むきが記』における＜後家＞としての家意識

2.1　＜後家＞としての名子

「家」制度のもとで家長の没後も「婚家」にとどまり、中継的な家長ないしは若年の家長の後見の地位にある「妻」の身分をさすのが「後家」という言葉の原義とされている。筆者の調べたところ、平安時代に成書した法令集『類聚符宣抄』における「後家」は日本の史料においての「後家」という言葉の初出であり、ここで引用したいと思う。

太政官符下総国司内、
　　應令入京故守藤原朝臣有行後家事
右右大臣宣、奉勅、件後家宜給食十具、馬十疋、令入京者、國宜承知、依宜行之、路次之國、亦宜准此、符到奉行、
　右少辨　　　　　　　　　　　　　　　　　　　　　　　　　　　　　　左少史
　　　　　　　　　　　　　　　　　　　　　　　　　（『類聚符宣抄』天歷七年六月十日条）[12]

　おそらくなくなった夫故下総守藤原有行の代わりに上京するよう命じられたと推測されるが、亡き夫のために朝廷の勅を受けることから、後家の凛々しい姿が窺われる。中世になると、後家が握っている権力がますます大きくなり、それを史料を引用しながら論じたいと思う。

　　後藤六郎兵衞尉基重、宇治河合戦之時、六月十四日ノ條参看、為御方致忠了、
　　然者後家住播磨國安田庄云々、早令安堵状、下知如件、
　　　　承久三年七月廿四日
　　　　　　　　　　　　　　（押紙）「北條武蔵守平泰時」　武蔵守平（花押）
　　　　　　　　　　　　　　　　　　　　　　（『後藤文書』承久三年七月廿四日条）

　鎌倉時代にはいると、後家は「後家分」として亡夫の所領の一部を譲渡されることが通例であり、亡夫の後を受けて「家」の中心的存在となる。『後藤文書』の記述によれば、後藤六郎基重は宇治河合戦で戦死したため、彼の所領する播磨國安田庄が彼の後家によって継承されていることがわかる。
　さて、西園寺公宗は清華家西園寺家の当主で、西園寺家の発展のために同列の清華家もしくは上列の摂関家の娘と結婚するべきものであり、清華家より家格が二段低い名家たる日野家の娘との結婚はもともと望ましくないのである。しかし、公宗が主君として奉じる持明院統の光厳帝が大覚寺統との間の戦争において敗戦し、公宗は家人たちの計らいで、自分の意思に反して天皇に扈従せずに北山邸に連れ戻された。そのことで失意する公宗を慰めるためか、名子との結婚が認められ、名子は正室として北山邸に迎えられたのである。だが、建武二年六月二十二日に、公宗・氏光等が北条高時男時行と通じ、謀反を図るが捕まり、同八月二日に、斬罪と処せられ、公宗の弟公重は一時に西園寺家の家督となった。『竹むきが記』によると、暦応三年六月頃に、名子とその子西園寺実俊が北山邸に移居した。その記事の後に、『竹むきが記』において、名子は「若君」の代わりに「主」と実俊を称しはじめたため、この記事によって西園寺実俊が西園寺家の若当主として認められ、名子も後家として権力を振るうようになったと推測される。では、本文を踏まえながら、名子がいかに後家として西園寺家のために尽力したのかを解明したいと思う。

　　今年御幸始、この山へ成らせ給ふ。「いつしかゝる御光を待受け奉らせ給ふも、猶ことなりける御家の名残にこそ」など、世人も申し侍るとかや。元服の後、禁色宣下ありしかば、織物の直衣指貫也。大御酒、内々の儀也。御馬御牛、

例にまかせて参る。御覧あり。然るべき殿上人、口を取る、常の如し。其の儀、夜にぞ入りぬる。久しく絶えぬ御幸にて、珍しき御事なるを、外様ばかりはあかぬ心地して侍れば、宝蔵をたづぬるに、三尺余ばかりなる花立を一対求め出でぬるをぞ奉る。「色も姿もなべてならず、いと由々しう」など、様々の御沙汰どもにぞ及び侍りける。　　　　　（『竹むきが記』下巻　北山第御幸始）[13]

歴応五年のはじめての光厳院御幸は、北山邸で行われた。名子の克明な記述からみてもわかるように、彼女はいかにも少しの乱れもなく西園寺家にとっては名誉きわまりないこの晴れ晴れしい行事を営んでいた。北山邸にて光厳院の御幸を迎えるのが久しぶりのことなので、名子は特別に立派な花立を求めて光厳院に献上し、院に「色も形もなみなみならず珍しく、まことに素晴らしい贈り物だ」と褒められていた。後家としての役目をしっかりと果たした誇らしげな名子の様子に、『竹むきが記』上巻冒頭のところに記される量仁親王元服の時にテキパキと仕事を完成したため後伏見院に褒められたベテラン宮廷典侍名子の姿が連想される。岩佐美代子氏が『竹むきが記全注釈』において、「型通りの進献物にはあきたらず、私的に報謝の志を表明すべく、宝蔵から探し出して献上した大花立は、公経の対宋貿易で得た逸品でもあろうか」[14]と推測しているように、名子が後家として西園寺家の資産を管理している姿が窺われる。このように、名子は堂々たる西園寺家の後家として成長し、西園寺家のために尽力したことにまた自己満足していたのである。

2.2　「忍びて」の寺社めぐり

名子は『竹むきが記』下巻において、何度も自分がお寺や神社へ参詣した記事を記していた。彼女は繊細な筆致で途中の景色を描き、またお寺の起源説話をも記し、その上食べ物に関して詳しく綴ったのがいかにも後家らしいのである。平安時代において、貴族の女性たちがよく寺社めぐりの旅に出かけることは日記文学作品『蜻蛉日記』・『更級日記』に窺われる。

かくてながら二十よ日になりぬるここち、せむかた知らず、あやしくおきどころなきを、いかで涼しきかたもやあると、心ものべがてら浜づらのかたに祓へもせむと思ひて、唐崎へとてものす。　　　（『蜻蛉日記』中巻　唐崎祓）[15]

引用したのは道綱母が唐崎へ祓をしにいく章段である。唐崎は祓所として有名で、実際に寺社には数えられないが、この旅の性質が寺社めぐりにも近接しているためここで引用した。前の章段はちょうど「兼家の夜離れが三十余日となった」という主旨のもので、道綱母がその憂鬱な気分から脱出しようと、気分転換に唐崎へ参詣したのである。後ろに書かれる「石山詣で」・「鳴滝参籠」の記事も同じく、道綱母は兼家の夜離れに不満を覚えて、寺社に籠っていたのである。

名子は筆を費やして途中の風景を描き、その寺社めぐりの短い旅がただ遊覧見物のためのもののように見えるが、実際に、名子は平安時代の女性貴族のように遊覧、あるいは気分転換のために寺社参詣をしたのだろうか。ここでは、名子が寺社参詣

した章段を少し引用したいと思う。

> いかに思ひ初めけるにか、初瀬の観音を頼み奉りて、朝毎に香花を供養しなど侍りしを、なべて神仏をも恨めしく思ひし世に、捨て果て聞えしかど、さてもあらず、願など立てをく事あれど、遥けき道にすがくしくも思ひ立たれず、年月を送る程に、貞和三年正月に夢想の事あるに驚きて、忍びつゝぞ思ひ立ち侍る。
> （『竹むきが記』下巻　初瀬詣）

引用したのは、名子が長谷寺へ参詣した時の章段である。名子は特に真言宗豊山派本山長谷寺の本尊十一面観音への信仰が篤く、夫公宗が亡くなったという一番絶望的な頃でも、「なべて神仏をも恨めしく思ひし世に、捨て果て聞えしかど、さてもあらず」とあって、この十一面観音だけに対して信仰を続けていた。此度は「貞和三年正月に夢のお告げ」があったため、「忍びつゝ」長谷寺へ参詣した。そのほか、石山寺参詣の記事も「忍びて」と名子が特筆した。阿仏尼は『十六夜日記』において、鎌倉へ下向する寄り道で熱田神宮へ参詣した時に「祈るぞよ我が思ふことなるみがたかたひく潮も神のまにまに」「雨風も神の心にまかすらむ我が行く先おさはりありすな」など五首の歌を奉納したことを記している。もし名子は家門の繁昌・子供の昇進を祈るために参詣したら、堂々と阿仏尼のように『竹むきが記』で書いてもいいはずなのに、彼女は「忍びて」参詣したという。なぜ名子は「忍びて」参詣しなければならないのか。『竹むきが記』において、名子は自分が篤く信仰している十一面観音の像を造った記事を記していたが、その章段を引用したいと思う。

> 宿願侍りて十一面観音の像を造り奉る。御丈、長谷の一丈六尺になぞらへて、一尺六寸とす。仏舎利三粒東寺、御家門相伝也、水晶の塔納寿・十一面卅三体木像・観音経一巻自筆書写、金字礼拝、故大納言殿御手、裏を返す。これらを御身中に奉籠。貞和三年十二月十八日、三身堂にして供養し奉る。法印静宴なり。いさゝか心の中に祈念の旨侍りし。　（『竹むきが記』下巻　観音像供養）

名子は長谷寺の観音像に擬えて観音像を造ったが、その体内に亡き夫公宗手跡の裏に自筆書写した金字観音経を納めた。これはおそらく名子の最も盛大な公宗供養であると推測されるが、名子はただ「宿願があって十一面観音像を造る」という。上述したように、名子の夫西園寺公宗は、北条高時男時行と通じ、謀反を図るが捕まり、同八月二日に、斬罪と処せられた。朝敵にあたって斬罪と処された人のために堂々と追善供養してはいけなく、忍びやかにしなければならない。そのため、名子がことありげに「忍びて」参詣したのも、亡き夫公宗の冥福を祈るためではないかと考えられよう。

2.3　参禅修行について

さて、名子は『竹むきが記』下巻において、自分の信仰について告白し、また奥深い仏理への理解を描いていた。それらの章段から名子が参禅修行に励んでいる様子

がよく窺われる。名子はまた北山西園寺第讃美文を書いていたが、その中に興味深い言葉があるため、少し引用したいと思う。

　　内には道行を励み外には家門安全を念ずれば、内外ひまなくして、花を玩び月を賞づる情もしらず。さすが世に経る慣ひにて、さりがたき友に誘はるゝといへど、心にとまらざれば興遊にもあらず。憂世の色は自ら捨て果つる心地すれど、なほ晴れ難き心の闇は、澄まさんとする山水も且つ濁るらんかし。
　　　　　　　　　　　　　　（『竹むきが記』下巻　北山西園寺第讃美）

　名子はこの章段を通じて、自分の心はただ参禅修行と西園寺家の繁昌だけにあることを強く主張した。上述した通り、中世において、夫が死去する場合、妻には出家して貞節を守ることが要求される。しかし、次の当主はまだ幼い場合は、妻が婚家で後家として子供を補佐しなければならない。その場合、妻がどうやって自分の貞節を主張するのだろうか。名子の信仰心については、それが此岸的であると彼岸的であるとの両説に分けられ定説がないが、それは本稿の扱う範囲ではないため差しおくとして、本稿において、名子が意図的に自分の信仰心と修行状況を『竹むきが記』において綴ったのは、自分が後家として夫と西園寺家に対する「貞」を証明し、それによって自分の後家たる地位を強調するのではないかと主張したい。

　『鎌倉遺文』において、「後家」について次のような記述があるが、ここで引用したいと思う。

　　離別妻妾知行前夫所領事　文永四　十二　廿六
　　右、有功無過之妻妾、雖被離別、前夫不能悔返所譲與所領之由、被載式目畢、而離別之後、嫁于他夫、猶知行彼所領之條、為不義歟、自今以後、於嫁他夫者、早可被召上所譲得所領也、次非御家人之輩女子并傀儡子・白拍子及凡卑女等、誘取夫所領、令知行者、同可被召之、但為後家其貞節者、非制之限矣、
　　　　　　　　　　　（『鎌倉遺文』九八三七　関東評定事書　新編追加）

　『鎌倉遺文』によれば、もし後家に貞節があれば、制限されることなく夫の所領を収めることができる。つまり、後家は婚家で大きな権力を握ることができるが、その権力には相応な義務（貞節を保つこと）が付いている。名子と若当主実俊は、西園寺家において決してしっかりと権力を握っているわけではない。上述した通り、公宗が斬罪と処されたため、その弟公重は一時的に家督となった。実俊が北山へ移住したときに、公重は家督の位を実俊に返したが、公重を支持している勢力がまた残っており、公重本人もまだ家督の位を欲していることは引用する次の章段をみればわかる。

　　その頃、按察の二位殿より、「ある人の御夢に、昔人かくなん仰せらると見給へるは、いかなる御恨のあるにかと、いと悲しうなんとあるを見れば、思ひ置くそれをば置きて言の葉の露の情のなどなかるらん人の御心ども、恨み給ふ事もあるにやと、思ひ合する事もあるに、更に悲しう思ひ続けらる。
　　　　　　　　　　　　　　　（『竹むきが記』下巻　公宗夢想歌）

引用した章段では、名子が二位殿から、ある人が亡き夫公宗についての夢を見たが、公宗は夢において恨みが残っている様子を見せていたという。名子がこの章段を書いて、公宗の弟公重が家督の位を奪いようとする冷酷さを仄めかしていたのであろう。『竹むきが記』において、亡き夫公宗について直接に言及したのはこの段落のみである。亡き夫の弟公重との家督をめぐる争いはひどくなる一方で、名子はしかたなく夫の名前を出すしかないのである。女性の手による日記文学は多方面において男性の手による漢文日記と異なっており、そのことについてはまた次節において論じたいと思うが、ここにおいて女性日記文学には「読者意識」を持っていると思われていることを指摘したい。その「読者意識」についてここでは広げて論じる余裕がないが、例えば『蜻蛉日記』冒頭において、「世の中に多かる古物語のはしなどを見れば、世に多かるそらごとだにあり、人にもあらぬ身の上まで書き日記して、めづらしきさまにもありなむ、天下の人の品高きやと問はむためしにもせよかし」という文字は明らかに読者を想定しながら書いている。だとすれば、名子は『竹むきが記』において、自分がいかに尽力して西園寺家の行事を営み、忍びやかに愛する亡き夫の菩提を弔い、また一心に仏門に入りたく在家の参禅修行をしているところをつぶさに記すのも、自分が「貞女」であることを主張し、西園寺家における自分の「後家」たる力を確保するためではないかと考えられよう。

3.『十六夜日記』における＜母＞としての家意識

3.1 冒頭と「孝」について

　　昔、壁の中より求め出でたりけむ書の名をば、今の世の人の子は、夢ばかりも、身の上の事とは知らざりけりな。水茎の岡の葛原かへすがへすも書きおく跡たしかなれども、かひなきものは親の諫めなりけり、又賢王の人を捨て給はぬ政にももれ、忠臣の世を思ふ情にも捨てられるるものは数ならぬ身一つなりけりと、思ひ知りなば又さてしもあらで、なほこの憂へこそやる方なく悲しけれ。
　　　　　　　　　　　　　　　　　　　　　　　　　（『十六夜日記』冒頭）[16]

引用したのは『十六夜日記』の冒頭部である。『十六夜日記』は全体として洗練された筆致で流麗な和文に仕上げられているが、この冒頭の部分だけが漢文学の知識を下敷きに綴られた格調の高い一段である。冒頭文の「昔、壁の中より求め出でたりけむ書」とは何であろうか。この一句について、小学館の新編日本古典文学全集の『十六夜日記』における注では、「古文孝経。魯の恭王が孔子の旧宅を壊させた時、壁の中から発見されたという（漢書芸文志）」とあり、また、『たまきはる　うたたね　十六夜日記　信生法師集』（中世日記紀行文学全評釈集成　第二巻）[17]における注では、「孝経のこと。孔子の旧宅の壁の中から発見された文書。ここでは孝行の意」とあり、全部『孝経』を指しているという。本節では、筆者なりに「昔、壁の中より求め出でたりけむ書」について考察したいと思う。

中国の古典『家語』によれば、孔騰が秦始皇の定めた法典の厳しさを恐れて『尚書』・『孝経』・『論語』という三つの経典を孔子の旧居の壁の中に隠したという。また『漢記』の記述によれば、孔騰ではなく孔鮒が隠したとされている。『家語』と『漢記』は散逸したが、宋の時代に編纂された『朱熹文集』と『太平御覧』にはそれに関する記述があるため、ここにおいて引用しておきたい。

　　　　颜师古曰"《家语》云：孔腾字子襄，畏秦法峻急，藏《尚书》《孝经》《论语》于夫子旧堂壁中"而《汉记・尹敏传》云孔鮒所藏。二说不同，未知孰是。
　　　　　　　　　　　　　　　　　　　　　　　　　　（《朱熹文集》卷六十五）[18]
　　　　又曰：《古文尚书》藏於壁中。师古注曰"《家语》云：孔腾字子襄，畏秦法峻急，藏《尚书》、《论语》、《孝经》於夫子堂壁中，而《汉记》曰孔鮒所藏。二说不同，未知孰是也。又后汉王莽征陈咸，咸遂称疾笃，於是乃敛其家律令文书，藏於壁中也。
　　　　　　　　　　　　　　　　　　　　　　　　　　（《太平御览》卷六百一十八）

『朱熹文集』と『太平御覧』によれば、誰が隠したかが確定できないが、壁の中に隠された古書というのは、『尚書』『孝経』『論語』を指している。阿仏尼が冒頭において、「昔、壁の中から探しだしたと言われる古書の名を、今日の子供は、夢にも自分の身に関わっていることとは思わないのだな」と感嘆している。そのことを阿仏尼が為家の嫡男である為氏が父為家の遺命に背いて阿仏尼親子に残した細川荘を横領したことを『十六夜日記』において主張したことと合わせて考えると、冒頭文は為氏の不孝を批判するためのものであると考えられよう。「昔、壁の中より求め出でたりけむ書の名」は「孝」を引き出すために綴られたと考えられ、「書の名」を「古書の標題」として解読すれば、『孝経』を指していると理解して間違いのであろう。本章においては、『孝経』における「孝」の思想から阿仏尼の『十六夜日記』におけての為氏批判を改めて論じたいと思う。

3.2 「立身行道」と「孝」について

　上述したように、阿仏尼は『十六夜日記』の冒頭文において「今の子供は『孝』のことを自分の身にかかわることとは夢にも思わずにいるものだな」といかにも風刺的な口調で為氏の細川荘を横領したことを父が残した遺言をも聞かない「不孝」な行為であると責め立てた。阿仏尼は「昔、壁の中より求め出でたりけむ書」という言葉を用いて「孝」を引き出すのが自分の漢文学についての知識を見せつけるためではないだろう。ここではまず、『孝経』における「孝」の思想を解明したい。

　　　　仲尼闲居，曾子侍坐。子曰："参，先王有至德要道，以顺天下，民用和睦，上下无怨，女知之乎？"
　　　　夫子将语曾子以孝，故先提至德要道。称赞而问之。德者，得其本心之谓，道者，无所不通之名。非德之外又有道也。得此为德，行此为道，非二物也。
　　　　（中略）
　　　　复坐，吾语汝："身体发肤，受之父母，不敢毁伤，孝之始也；<u>立身行道</u>，扬名于

后世，以显父母，孝之终也。" 　　　　　　　　（《古文孝经》开宗明义章第一）[19]

　　引用したのは『孝経』の第一章「開宗明義章」である。『孝経』は「孝」の思想を中心に儒家の思想を集中的に述べた儒家の経典であり、その作者は孔子本人であるとされている。『孝経』には「古文孝経」と「今文孝経」の二つのバージョンがあり、秦の始皇帝の焚書ののち、前漢の初めに顔芝・顔貞父子によって世に出た『孝経』は、漢代通用の隷書で書かれていたために『今文孝経』とされ、これに対して、漢の武帝の末に魯共王が孔氏の書院の壁から得たものは、漆書蝌蚪の古文字によるため『古文孝経』とされている。本論文において、「壁の中より求め出でたりけむ書」なので、『古文孝経』を採用したいと思う。その第一章「開宗明義章」は特に『孝経』における「孝」の思想を総括しており、「体は父母から賜ったものであるため、それを傷つけないようにすることが『孝』の始まりであり、立身出世して道を守り、自分の名を後世に残すことによって父母の名をもあげることが『孝』の締めくくりである」と唱えている。『十六夜日記』においても度々「道」について言及しているため、ここでは「道」について触れつつ考察していきたいと思う。

　　では、『孝経』における「立身行道」とはどういう意味でしょうか。中国において『古文孝経』に関する注釈書がないため、「立身行道」の一句が古文と今文と変わらないので、ここでは『今文孝経』についての注釈を少し引用したいと思う。上海古籍出版社が発行する『十三経訳注　孝経訳注』の注釈によれば、「立身行道」は「崇高な道徳観を持ち、出世して、天下の大道を実行すること」を指している。[20]また、北京大学出版社が発行する『孝経注疏』における『孝経正義』の『孝経』に対する解釈では、「行道」を「孝の道を実行すること」としている。[21]「行道」は一体どういう意味をなしているのだろうか。本章において筆者は自分なりに論じたいと思う。

　　「行道」は中国語において元々「道を進む」という意味をなしており、たとえば『詩経・大雅』における「柞棫拔矣，行道兑矣」はその一例である。そのほかに、特に儒家の経典において、「行道」は「自分の学派の学問や政道を行う」という意味をなすことが多いのである。

　　　　公孙丑问曰："夫子加齐之卿相，得行道焉，虽由此霸王，不异矣。如此则动心否乎。" 　　　　　　　　　　　　　　　　　　　　　　　　　（《孟子》卷三）
　　　　昭侯元年，秦败我西山。二年，宋取我黄池。魏取朱。六年，伐东周，取陵观、邢丘。八年，申不害相韩，脩术行道，国内以治，诸侯不来侵伐。
　　　　　　　　　　　　　　　　　　　　　　　　　　　　　　　（《史记》卷四十五）

　　『孟子』巻三において、公孫醜は「孔子が斉国の宰相となり、それによって自分の学派の政を行うことができた」と孟子に言った。また、『史記』・「韓世家第十五」において、申不害という人は韓国の宰相となり、自分の学問を以って政を行い、韓国がそのおかげで穏やかになって、ほかの国に侵されなくて済んだ」とされている。古代中国の士大夫階層は、己の学派の学問を以って君主を補佐して天下を治めたいという大きな志を持っており、彼らにとっての「行道」がその志に関連しているのであ

ろう。

　上述した通り、『孝経』は孔子の作だと伝われている。では、孔子のほかの作品において、「立身行道」はどう解釈されているか、そしてそれが「孝」の思想とどう関わるのかを本節において論じてみたい。孔子及びその弟子の手による作品のなかで一番有名なのは『論語』であるが、『論語』において「立身行道」や「行道」という言葉が一度も出ていない。しかし、「道」という言葉だけならそれなりに多用されており、章段ごとに意味も違っている。たとえば『論語』・「里仁第四」において、孔子が「朝聞道, 夕死可矣」と主張しているが、ここでの「道」は「真理」を意味している。また、同じく『論語』・「里仁第四」において、「曾子曰"夫子之道, 忠恕而已矣"」とあって、ここにおける「夫子之道」は「孔子の思想」を意味しており、その思想が孔子の「修身、斉家、治国、平天下」を含む主張を内包しているのであろう。また、『論語』において、「道」を「孝」と関連しているところが二箇所あるが、ここにおいてそれを引用しながら解明したい。

　　　　有子曰："其为人也孝弟,而好犯上者,鲜矣。不好犯上,而好作乱者,未之有也。君子务本,本立而道生。孝弟也者,其为仁之本与。"子曰："巧言令色,鲜矣仁。"
　　　　　　　　　　　　　　　　　　　　　　　　　　　　（《论语》学而第一）
　　　　子曰："父在,观其志。父没,观其行。三年无改於父之道,可谓孝矣。"
　　　　　　　　　　　　　　　　　　　　　　　　　　　　（《论语》学而第一）

　『論語』・「学爾第一」において、有子は「孝」が人をなすことの根本であり、「孝」という意識を持つ人だけに正しい人生観が生まれると唱えた。また、同じく「学爾第一」において、孔子は例を挙げていかなる行為が「孝」に数えられるかについて説明し、父が生きている間にその志を見、父が亡くなった後はその行為を見よと主張した。父が亡くなった後三年間に父の「道」に従って行動することができれば、「孝」と称するべしと孔子が唱えた。ここでの「父之道」は、父の政に対する主張・父の学問的思想などを含め、上述した「夫子之道」に近い意味を持っていると思われよう。そして、『孝経』・「開宗明義章第一」における「立身行道, 扬名于后世, 以显父母, 孝之终也」は、上述した「父の道」と関連して考えれば、「出世して父の道を従い、後世に名を残し、それによって父母の道をも後世に残ることこそが孝の締めくくりである」と理解していいのではないかと思われよう。

　孔子を代表とする中国の士大夫階層が主張する「道」は、おおよそ君主を補佐して政をなすことにつながるものが多い。そして、そのような「道」が「孝」の思想とも関わっており、父の「道」に従うことが「孝」とする説が挙げられている。

3.3 『十六夜日記』における和歌の道について

　「昔、壁の中より求め出でたりけむ書の名」を以って「今の世の人の子」―つまり為氏の不孝を指摘した後、阿仏尼は出発の決意を主張するために和歌の道、御子左家の名誉から説き始めた。

更に思ひ続くれば、倭歌の道は、ただまこと少なく、あだなるすさみばかりと思ふ人もやあらむ。日の本の国に、天の岩戸開けし時より、四方の神たちの神楽の言葉をはじめて、世を治め物を和らぐるなかだちとなりにけりとぞ、この道の聖たちは記し置かれたりける。　　　　　　　　　　　　　『十六夜日記』冒頭）

この段落において、阿仏尼は『古今和歌集』の「仮名序」に見える和歌の歴史及び効用を簡単に述べている。「仮名序」においての「力をも入れずして天地を動かし、目に見えぬ鬼神をもあはれと思はせ、男女の中を和らげ、猛き武士の心をも慰むるは歌なり」という言葉に比べれば、『十六夜日記』における「世を治め物を和らぐるなかだちとなりにけり」という一句は、和歌の漢詩に対等するいわば「文章経国」の政治的効用を強調していた。

　さても又、集を撰ぶ人は例多かれども、二度勅を受けて、代々に聞え上げたる家は、類なほありがたくやありけむ。その跡にしもたづさはりて、三人の男子ども、百千の歌の古反古どもを、いかなる縁にかありけむ、あづかり持たる事あれど、「道を助けよ、子を育め、後の世をとへ」とて、深き契を結びおかれし細河の流れも、ゆゑなくせきとどめられしかば、跡とふ法の灯も、道を守り家をたすけむ親子の命も、もろともに消えをあらそふ年月を経て、あやふく心細きながら、何としてつれなく今日までながらふらむ。　　　　　（『十六夜日記』冒頭）

歌集でもないのに、日記文学において勅撰集の序にもあたる部分を綴るのが不思議であるが、阿仏尼は続いて代々勅撰集の編纂を司る御子左家の栄光を紹介し、御子左家こそこの「倭歌の道」を歩く人々を率いる家族だと誇らしげに言うようである。そして、自分は幸いにもその家族の当主と結婚し、三人の男子を生んでおり、その人から「和歌の道を盛り立てよ、子を育てよ、自分の菩提を弔へ」と遺言を授かっている。為家は自分の家が司る「和歌の道」を阿仏尼に任せ、その上に、「百千の歌の古反古」を為相に残していた。この「歌の古反古」については、阿仏尼と為相と別れの贈答歌を交わす際にもう一度言及している。

　代々に書きおかれける歌の草子どもの、奥書などしてあだならぬ限りを、選りしたためて、侍従の方へ送るとて、書きそへたる歌、
　　和歌の浦にかきとどめたる藻塩草これを昔のかたみとは見よ
　　あなかしこ横波かくな浜千鳥ひとかたならぬ跡を思はば
　これを見て、侍従の返事いととくあり。
　　つひによもあだにはならじ藻塩草かたみを三代の跡の残さば
　　迷はまし教へざりせば浜千鳥ひとかたならぬ跡をそれとも（『十六夜日記』）

阿仏尼は鎌倉下向を決意すると、まず長男為相と贈答歌を交わし、その前に「百千の歌の古反古」についてさらに説明していた。それは御子左家が代々伝わる歌の書物の中でも、俊成・定家・為家たちがきちんと奥書を書き添えていたもので、御子左家の家宝と言ってもかごんではなく、まさに嫡子に伝わるべきものである。そし

て阿仏尼は為相に「亡き父の形見と思って大切にしてください」「ご先祖の足跡を尊重して、和歌の道に進んでください」と言い付け、いかにも為相を歌道名門たる家の継承人として扱っている。阿仏尼は為氏が細川荘を横領することを「道を守り家をたすけむ親子の命」に害をなす行為だと批判し、自分の息子こそが「和歌の道を司る家の正当たる継承人である」ことを強く主張しているのではないかと思われよう。

　阿仏尼は『十六夜日記』において何度も「和歌の道」について言及している。まず、和歌は漢詩と等しく世を治めることができ、「和歌の道」が「文章経国」の政をなす道であるともいえよう。次に、御子左家はそのような「和歌の道」を司る名門たることを指摘し、阿仏尼とその子為相が御子左家の前当主為家に「和歌の道」を守ることを託されたのであった。『孝経』・「開宗明義章第一」において、孔子は「立身行道，揚名于后世，以显父母，孝之终也」と主張し、また、孔子が『論語』・「学爾第一」において、「三年无改於父之道，可谓孝矣」と唱えた。『尊卑分脈』において、藤原為家の嫡男為氏について「建治二年七月廿二日依亀山院院宣撰進続拾遺集」とあり、為家が亡くなった一年後に、勅撰集の編纂を任命された。為氏は勅撰集の編者に任命されたことで「立身行道，揚名于后世」ということができた。しかし、彼の細川荘を横領する行為は父為家が認めた後継である弟為相の「立身行道」を妨害している。息子として、父の道に従うことこそが「孝」であり、為氏の細川荘を横領して「道を守り家をたすけむ親子の命」に害をなす行為は明らかに父為家の「道」に反している。そのため、阿仏尼は「昔、壁の中より求め出でたりけむ書の名」を以って為氏を批判し、我が子為相の嫡流たる地位をも主張したのである。

おわりに

　鎌倉時代後期に成立した女性日記文学の掉尾である三作──『とはずがたり』『十六夜日記』『竹むきが記』は内容と表現こそ異なるが、根本的には家のために身を尽くした女性が記した奮闘記であったことに相違がない。『とはずがたり』は執筆の時に『源氏物語』を意識し、その虚構性が高いため物語文学であるか日記文学であるか定かでない危うい作品とされており、中において斜陽公家の意気地ともいうべき血筋を誇る家門意識が流されている。『十六夜日記』において阿仏尼は歌枕を踏まえて鎌倉下向の旅の途中に多くの歌を詠み、『十六夜日記』は歌集であると言っても過言ではない作品となっているが、中において文化の中心である京都の歌道名門御子左流藤原家の妻である誇り高さと息子の家を確立するための苦心が窺える。『竹むきが記』の記録的筆致は男性による漢文の家の日記によく似ており、名子が後家として西園寺家を経営し、後継者である実俊を育てることを平淡に記し、後家の記であるとも言えよう。本稿においては三作における「家」意識を各々分析したが、実際に三作に見られる「家」意識において共通したものも窺われ、例えば二条・名子・阿仏三人は出家を果たしており、そしてその出家はある程度「貞」と家門意識に通じていることを本稿において指摘したい。また二条・名子・阿仏尼に代表される中世の女性はあるいは諸国を巡り、あるいは鎌倉へ下向した訴訟を起こしたりするな

どの並々ならぬ行動力を見せている。そのような彼女たちの行動力を支えているのは、「家」の存在であると提示したい。

注

[1] 野村育世. 1992.「王権の中の女性」.『中世を考える　家族と女性』. 峰岸純夫編. p24. 吉川弘文館.

[2] 1999.『建礼門院右京大夫集　とはずがたり』(新編日本古典文学全集 47). 小学館. 以下『とはずがたり』本文の引用は全部これを底本とする.

[3] 清水好子. 1978.「古典としての源氏物語――とはずがたりの執筆の意味――」.『源氏物語及び以後の物語　研究と資料』. 紫式部学会編. pp143-175. 武蔵野書院.

[4] 西沢正史. 1987.「『とはずがたり』における『源氏物語』の受容――『父の遺言』をめぐって」.「学苑」(573). pp28-40.

[5] 崔明徳. 2007.《中国古代和亲通史》. 人民出版社.

[6] 1994.『源氏物語❷』(新編日本古典文学全集 21). p212. 小学館.

[7] 阿部秋生. 1959.『源氏物語研究序説』. 東京大学出版会.

[8] 勝浦令子. 1992.「女性の発心・出家と家族―中世後期の事例を中心に―」.『中世を考える　家族と　女性』峰岸純夫編. p269. 吉川弘文館.

[9] 平雅行. 1995.「中世仏教と女性」.『日本女性生活史 2　中世』. 女性史総合研究会編. p105. 吉川弘文館.

[10] 1983.『校注阿佛尼全集増補版』. pp130-131. 風間書房.

[11] 田渕句美子. 2003.「阿仏尼の『源氏物語』享受――『乳母のふみ』を中心に」. 国文学「解釈と鑑賞」別冊. p261.

[12] 以下の漢文史料は全部「東京大学史料編纂所」の影印資料による.

[13] 岩佐美代子. 2011.『竹むきが記全注釈』. 笠間書院. 以下の『竹むきが記』の引用は全部これを底本とする.

[14] 同注[13].

[15] 1995.『土佐日記　蜻蛉日記』(新編古典日本文学全集 13). 小学館. 以下の『蜻蛉日記』の引用は全部これを底本とする.

[16] 1994.『中世日記紀行集』(新編日本古典文学全集 48). 小学館. 以下の『十六夜日記』の引用は全部これを底本とする.

[17] 2004.『たまきはる・うたたね・十六夜日記・信生法師集』(中世日記紀行文学全評釈集成). 勉誠出版.

[18] 以下の中国の古典文献は全部「国学宝典」による.

[19] 明治五年.『古文孝経』(春壹先生訓点). 鹿児島県刊行.

[20] 汪受寛.《十三经译注 孝经译注》. p6. 上海古籍出版社. 立身, 树立自身于天地之间, 指有崇高的道德修养, 成就功名与事业. 行道, 实行天下的大道, 包括独善己身和在任官时将其实施于天下.

[21]《十三经注疏》整理委员会. 2000.《孝经注疏》. p4. 北京大学出版社. 言能立身行此孝道, 自然名扬后世.

参考文献

石田吉貞. 1958.「中世の日記・紀行文学」.『岩波講座日本文学史　中世Ⅰ』. 岩波書店

石原昭平. 1990.『とはずがたり　中世女流日記文学の世界』(女流日記文学講座　第五巻). 勉誠社
石原昭平. 1990.『建礼門院右京大夫集・うたたね・竹むきが記』(女流日記文学講座　第六巻). 勉誠社
今関敏子. 2013.「『とはずがたり』の達成——家と女をめぐって」.『仮名日記文学論』・第4章「制度と表現」. 笠間書院
清水好子. 1978.「古典としての源氏物語—とはずがたりの執筆の意味—」.『源氏物語及び以後の物語　研究と資料』. 紫式部学会. 武蔵野書院
五條小枝子. 2004.『竹むきが記研究』. 笠間書院
女性史総合研究会. 1995.『日本女性生活史2　中世』. 東京大学出版社
関口裕子. 2010.『日本古代婚姻史の研究　下』. 塙書房
谷山茂. 1954.「十六夜日記—芸道と『家』—」.『国文学解釈と鑑賞』. No. 19(1)
谷山茂. 1965.「十六夜日記と家」.『国文学解釈と鑑賞』. No. 10(14)
田端泰子. 1997.『日本中世の女性』. 吉川弘文館
田渕句美子. 2003.「阿仏尼の『源氏物語』享受—『乳母のふみ』を中心に」.『国文学「解釈と鑑賞」別冊』
田渕句美子. 2003.「女房歌人の＜家＞意識—阿仏尼まで—」.『日本文学』. No. 52(7)
田渕句美子. 2005.『物語の舞台を歩く　十六夜日記』. 山川出版社
次田香澄. 1966.「『とはずたがり』紀行篇の考察(上)」.『国語国文』. No. 35(2)
西沢正史氏. 1987.「『とはずがたり』における『源氏物語』の受容—『父の遺言』をめぐって」.『学苑』. No. 573
北條暁子. 2010.「『とはずがたり』における父雅忠像—御産記事と二条の家意識」.『中世文学』. No. 55. 中世文学会
松本寧至. 1982.『中世女流日記文学の研究』. 明治書院
峰岸純夫. 1992.『中世を考える　家族と女性』. 吉川弘文館
脇田晴子. 1985.『日本女性史』第2巻中世. 女性史総合研究会. 東京大学出版社
邱春泉. 2015.「『とはずがたり』創作意図についての一試論——家門意識を中心に」.「日本学研究」(二十四). 北京日本学研究センター. 学苑出版社

日本における『太上感応篇』の伝播と受容

北京外国语大学日本学研究中心　徐仕佳

摘要：本文从贸易史、出版史、思想史等多个维度出发，考察《太上感应篇》在日本的翻译、注释、传播、出版的情况，并在此基础上分析日本近世民众思想体系及其与近代国家的关系。书籍的商品化促进了《太上感应篇》的传播，而该书传入日本后被纳入本国价值体系内，成为民众德育的素材来源，其思想内涵还影响了近代国家的转型。本文有利于拓展东亚视域内善书研究的维度。

キーワード：日本近世　善書　文化交渉

はじめに

　善書とは、明清中国に流行した通俗的な教訓書のことである。先学では、善書を宗教儀式や道徳実践倫理、習俗法律などに関する内容の交わった一般知識の集合と扱っている（朱 2013：67）。実生活において人々はこのような一般知識を使用し世界を「理解判断」（葛 2016a：11）するため、善書は人間一般の考え方を知る好材料であるといえる。

　代表的善書として『太上感応篇』（以下『感応篇』）があげられる。明清時代、『感応篇』は周辺国・地域に伝わり、現地語本も現れた。日本において『感応篇』は大量に刊行され、しかも在来の思想と融合して変化を見せてきた。そのため、中日で上梓された善書の比較より、両国の文化的異同が掴まれると考えられる。一国の枠組みにとらわれず、両国間ひいては東アジアにおける思想空間の叙述につながる。

　日本における善書研究は主として近世期の思想家を中心に行われてきた。小瀬甫庵や貝原益軒における「天」や「神」、「善」に関する観念は善書と関連性が高いということは既に究明されてきた[1]。一方、善書と庶民の道徳思想・宗教観念の関係も論議の俎上に載せられた[2]。このような研究は優れた成果を挙げているが、個別的事例研究にとどまり、日本における善書の受容・変容を包括的に把握する必要があろう。したがって、撰注者や販売者、読者の相互作用を踏まえ、『感応篇』その他の善書と社会諸現象・諸思想・諸風潮の関連性を複眼的に再検討すべきである。

　実物の和本とともに、関連する国際貿易記録や蔵書帳、日記、文集などは現在も数多くに残されている。そのため、『感応篇』がいかに日本へ輸入し、いかに日本で広まったかについては包括的に把握できる。日本における『感応篇』の流布に関する実証的考察は、必要かつ可能である。

　では、『感応篇』はいかに日本に伝播したのか。その形態・内容はどのような変貌

を遂げたのか。日本で『感応篇』はどのように扱われ、どのように利用されていたのか。本稿では中日比較の視点から、これらの問いを考える。

1.『太上感応篇』の成立と伝播

1.1 『感応篇』の成立

『感応篇』は、太上老君の教えに託し、善行を勧めて悪行を戒める善書である。その内容は次のように四段落に分ける。

(1)導入:「禍福は門無し、唯人の招く所なり」という教訓を唱える。
(2)善人と善行:二十八種類の善行[3]を挙げ、積めば必ず報われると主張する。
(3)悪人と悪行:百六十八種類の悪行を描き、そうしないように勧める。
(4)結び:「善悪の報いは影の形に随うが如し」と強調し、すべての人は『感応篇』の教訓に従うべきであると結論を出す。

『感応篇』における勧善懲悪の原理は因果応報と陰隲である。即ち、超越的な存在である神々はひそかに人間の行為を見て禍福を下ろし、善人に奨励を、悪人に懲罰を与える。善事を力行して多くの陰徳を積めば、運命を好転させてることが可能である。このように『感応篇』では、人が幸福と長寿を得るためには多くの善行を積まなければならないと唱えている。そこで説かれた徳目は、修身から斉家、ひいては治国の道まで網羅している。さて、『感応篇』がどのように成立し、広まったのであろうか。

『感応篇』の成立時期について、宋時代説が最有力である[4]。12世紀以来、官撰・私選書籍目録の道家部門に『感応篇』がたびたび現れる[5]ため、遅くとも南宋初期に『感応篇』が完成し、道教の経典として扱われたと考えられる。

史料上の制約があり、『感応篇』の撰者はいまなお懸案である。学界においてその書は両宋交替期の道教関係者にまとめられたという見解が主流である[6]。なぜなら、『感応篇』に見られた思想及びの一部の内容は既に前朝の道教経典に現れたのである。

先学では、内容面における『感応篇』と『抱朴子』の継承関係は既に明らかになった(吉岡1952)。また、三台神君や北斗神君に関する言説は魏晋六朝道書に散見する[7]。しかも、『感応篇』における勧懲思想は『太平経』にまで遡る(陳1999)。『感応篇』が前朝道書の流れを汲んだことに疑いはない。

だが、前朝の道書は脱俗的な生活を追求するのに対し、『感応篇』は日常生活に注目する。『感応篇』において、一方では日常道徳を説く善目と悪目の部分を相当拡充し、他方では前朝道書の呪術的部分をだいぶ省略する(緒方2004)。つまり、『感応篇』は、現世における「善人」になることに重点を置くのである。では、『感応篇』はどのように広まっていったのだろうか。次節では、『感応篇』の流布状況を検討する。

1.2 『感応篇』の流布

　『感応篇』が成立した直後の流布状況は不明であるが、おそらく民間で流通しただろう。現存最古の『感応篇』注は、南宋の李昌齢によるものとされている。したがって、南宋時代には注釈入り本『感応篇』が流通したと判断できる。李昌齢注本では、まず経文を太字で提示し、続いて経文の解説を加え、最後に霊験譚をつける。この＜経文—解説—霊験譚＞という構造は、後の注本に受け継がれたのである。

　李昌齢注の内容は道教の立場を取ったが、三教合流の傾向を見せている。「本朝」即ち宋の官僚に関する事例を中心に、仏教の話や志怪小説、民間伝承を取りいれて『感応篇』の経文を説明したのである。善功の報いとして、出世や子宝、長寿、成仙などがあげられている。一方、悪業をすれば、個人ひいては一族は災難にあわれるとされている。注意すべきなのは、その頃『感応篇』は主として信者に読まれていたという点である（Brokaw 1993:32）。

　元時代に成立した日用類書『居家必用事類全集』の癸集に『感応篇』の経文が収録されている。『居家必用事類全集』は教養として知識人の最低限押さえておくべき知識をまとめた実用書である（葛 2016b:261）ため、『感応篇』の内容はこの時点で既に士人の身につくべき知識と見なされたといえる。

　明以降、庶民向けの『感応篇』注釈書は次々と出されてきた。「本朝」即ち明時代の霊験譚を中心に勧善懲悪を唱えているが、李昌齢注本に語られた霊験譚を再話・改作するケースも少なくはない。明本『感応篇』の刊記から、官僚や読書人、僧侶はこの書の刊行に取り込んでいたことがわかる。官僚や知識人は『感応篇』の普及に拍車をかけていた結果、その読者層は前朝より拡大したのである。

　明清交替後も『感応篇』は広まりつつある。当時の書坊刻書記録をみると、『感応篇』の書名はたびたび出る（張 2010）。書肆で購入したり、善堂や寺院でももらったりして、一般庶民は日常生活で『感応篇』に接する機会は多かった。善書を他人に渡すことも一善行とみなされたため、庶民は善書の伝播に助力していた（張 2010）。

　このように、明清中国における『感応篇』の機能は二つあったと思われる。一方では、教訓書として用いられており、教化的機能を果たしていた。他方では、その梓行・配布は善行ひいては陰徳と結ばれていたため、呪術的機能の有する書物と見なされていた。

　酒井（1999）は明中期以降、善書の作製と流布は最盛期に入ったと指摘しており、この時期における善書流通の実態を「善書運動」[8]という用語で表現している。「善書運動」が展開した社会的背景には、経済成長と庶民教育施設の普及、印刷の量産化があったと思われている（Rawski 1985）。そしてこの「善書運動」は、周辺地域に波を寄せた。次節では、『感応篇』がどのように日本に入ったかを考察する。

1.3 『感応篇』の日本舶載

『感応篇』は室町期に日本に初伝したとされている。1494年正月の晦日に、京都の公家三条西実隆は『太上感応篇』を読み、日記『実隆公記』に次のように記した(【】内は割注)。

> 晦日【庚申】……天慶記【不知記者】、寛治三年記【為房公卿記歟】各一巻、太上感応霊篇【上】新渡書、道家書歟、有興物成、此等持来、今夜庚申電覧之、半更之後就寝。

上にあげた史料は日本における『感応篇』の初見とされている。「新渡書」と明言したため、『感応篇』は15世紀末に日本に入ったと考えてよかろう。しかし、初伝時期は確認できるものの、16世紀における伝来実態は史料上の制約で不明である。17世紀初頭以降、『感応篇』の伝来に関する史料は数多く残されている。

日本では寛永～正保年間(1624-1648)に古活字版『太上感応篇経伝』が刊行された。その『感応篇』の祖本である明刻本は江戸幕府の海禁政策が完成する前に既に輸入されただろう。善書運動もこの頃起こったため、明本『感応篇』が日本に伝わったことはありうる。

明清交替後も中国本『感応篇』が引き続き日本に伝わってきた。日本人の海外渡航は全面禁止されるが、唐船(中国船)と紅毛船(オランダ船)は長崎に入港し、日本人と取引を行うことは許される。強調すべきなのは、商船の出発地では出版事業が盛んになっていった点である。したがって、そこで手頃な価額で書物を仕入れ、日本に運ぶことが可能である。

『感応篇』の主な買い手は現地の商人であった。たとえば、1844年におけるオランダ商船との取引について、落札帳では入札額の高い順で三番目まで記録されていた。

> 一　　太上感応図説　　　一部一套
> 　　　十七匁　　　　　　長ヲカ
> 　　　八匁一分　　　　　村ト
> 　　　八匁　　　　　　　安田や
> 　　　　　(九州大蔵『書籍落札帳』・「天保十五年辰四番割紅毛船込」)

二番目の入札者「村ト」は、長崎商人の村上家を指すだろう。村上家はそもそも播州出身の呉服屋であり、「村上藤兵衛」を屋号にしていた。同落札帳の記録から、村上家は日用書類や文集など大量に購入していたことが確認できる。「長ヲカ」と「安田や」について詳細は不明であるが、同じく長崎会所で入札を許可された商人であると推測できる。近世の商人は、長崎で舶来書を入荷した後、直ちに店頭で売り、或いは翻刻本を作成して販売していた。

以上、室町後期から『感応篇』の日本に輸入した実態から次のことが察知できる。

第一に、『感応篇』が日本に持たされた背景には善書運動がある。『感応篇』の初伝は15世紀末であり、この頃の中国において『感応篇』は既に広く流通していたのである。『感応篇』の注釈書は大量に梓行されたため、長崎貿易に携わった人々はその書を簡単に入手できたと思われる。海外に伝播する背景には、『感応篇』の量産化と商品化が要因であろう。

　第二に、『感応篇』は勧善書としてではなく、主に商品として日本に持たされた。海商や長崎会所の役人、長崎の商人はその書を商品として扱っていた。『感応篇』の渡日は利潤追求の営みに過ぎなかったため、もともと『感応篇』に織り込まれた「勧善」や「陰隲」という文化的意味は、隠蔽されてしまったといえる。

　第三に、『感応篇』は漢籍として日本に輸入されるため、その文章を媒介に明清時代の勧善文化や実践倫理が日本へ伝われることは可能である。確かに国際貿易で一旦遮断されたが、『感応篇』のもった文化的意味は、近世の知識人によって再発見されることはあり得る。ただ、人的交流がなかったため、『感応篇』の内容をどのように切り取って説明するかは必ずしも明清中国の注釈本と一致するとは限らない。

2. 近世初頭における『感応篇』の受容

2.1　文庫に納めた『感応篇』

　近世初頭では『感応篇』は広く受け入れられなかったのである（成1995）。では、その頃『感応篇』はどのような形で日本の社会に保存されたのか。そして、それが広く流布できなかった理由はどこにあったのか。

　日本国立公文書館内閣文庫には林羅山旧蔵『感応篇経伝』一冊がある。羅山は江戸初期の朱子学派儒学者であり、家康から4代将軍に仕え、封建教学・制度の樹立に尽した。朱子学をはじめ、本草学や史学、神道など、多分野に関心を寄せていた。『感応篇』を蔵書に入れたのも不思議なことではないように思われる。

　だが羅山において、善行は善果、悪行は悪果を生むという因果応報の思想を徹底的に否定している（龔1998）。これは朱子学の観点と一致しており、『感応篇』に説いた天神地祇が人間を監視し賞罰を与えるという勧懲の前提とは異なる。彼は『感応篇』を読んだことは可能であるが、自分の主張とずれたため、自編著に取りいれることを意識的に避けたかもしれない。

　では、使っていなかったのに、羅山はなぜこの書を書庫に入れたのだろうか。江戸初期の蔵書帳を見てみると、羅山蔵本と同じ運命にあった『感応篇』が数部もある。たとえば、尾張徳川家の蓬左文庫には中国本『感応篇』一部八冊がある。

　このように、『感応篇』は近世初期の上級武士・知識人の文庫に納めていたことは疑いがない。しかし、近世初期の読書実態をみれば、その頃支配層における『感応篇』の受容は低かったと推測できる。羅山の事例に示すように、『感応篇』の発想と朱子学の原理即ち幕藩制度の秩序理論が衝突することは受容度の低かった一要因であろう。明清中国のように支配層がその流布を押し進めたことは、当然起こって

413

いなかった。

　だが、武士や知識人にとって、漢籍としての『感応篇』はやはり意味を持っている。武断主義から文治主義へ切り替えた幕府は、儒者の主張する礼楽思想に基づいて政治を動かしていた。この場合、知識の有無多寡は支配権力の有無強弱に関連する。

　羅山は膨大な読書によって学問を深めていったが、晩年に数万巻の和漢籍を保有していた（土屋2015：220）。彼はそれらの書物に基づき、多数の編著書を出して幕藩体制の秩序形成に理論づけたのである。社会秩序を規定する学問に詳しい人は、必然的にそれを解釈する権力を握っている。徳川日本では、知的蓄積即ち膨大な蔵書を有することは支配権力を意味している。

　つまり、近世支配者にとっては、漢籍の内容を問わず、蒐集という行動自体に意義があると判断できる。利用するかどうかは別として、近世初頭の支配層は中国伝来の『感応篇』を文庫に入れた理由はそこにあると思われる。

2.2　孝観念と結びついた『感応篇』

　ところが、『感応篇』を肯定して頻繁に使った人々も現れた。それは中江藤樹及びその門弟である。藤樹の著作には、『感応篇』冒頭一文「善悪之報、如影随形」が頻繁に引用されていた（八木2007：11）。

　藤樹の『感応篇』読みは単なる素読ではなかった。弟子によると、彼は毎日怠らず、香を焚いて天を拝し、大声で読んでいたという。つまり、藤樹は一種の信仰心を持って『感応篇』を読んでいたと思われる。

　　　　我ロ藤樹先師昧爽ニ盥櫛シテ天拝シ孝感ノ二篇を拝誦シ玉フ深意、慎で思フ
　　ベシ。　　　　　　　　　　　　　　　（『岡山先生示教録』巻之四・三三条）

「焚香」や「天拝」などの作法から、藤樹の読書は儀礼的機能を有することがわかる。注意すべきなのは、藤樹は『孝経』と『感応篇』を一緒に読んでいた点である。

　藤樹は孝道を重じ、「孝」を天・地・人の存在根拠としていた（陳2011）。たとえば彼は教訓書『翁問答』では、「孝」について下のように述べた。

　　　此たからは。天にありては。天の道となり。地にありては。地の道となり。
　　　元来名はなきものなれども。衆生におしえへしめさんために。むかしの聖人。
　　　其光景をかたどりて。孝と名づけたまふ。　　　　　（『翁問答・巻之一』）

さらに、「皇上帝」という超越的存在の概念を導入しており、すべての人はその「皇上帝」の子孫であるとして、この始祖を敬うべきであると論じている（陳2011）。このことも、「孝」と見なされている。

　　　世界のうちに。あると。あらゆるほどの。人の形。有ものは。皆。皇上帝。
　　　天地神祇の。子孫なり。……我人。人間の。大始祖の。皇上帝。大父母の。
　　　天神地祇の命を。おそれ。うやまひ。其神道を。欽崇して。受用するを。孝
　　　行と名付け。　　　　　　　　　　　　　　　　　（『翁問答・巻之四』）

このように藤樹は、皇上帝を畏敬することこそ、「孝」であるとしている。換言すれば、彼における「孝」は最終的に信仰への収れんとなってしまうのである。しかも、「誠敬を尽く」して祭れば、「天定之禍災亦可変消」[9]とあるように、皇上帝と人間との間に感応が起きると唱えている。したがって、同じく善悪報応思想を唱えた『感応篇』は、藤樹において「孝」の観念と結びついたわけである。

このような考え方は後に藤樹の門人に受け継がれた。たとえば、孫弟子である山崎半弥が1679年に亡父の冥福を祈るための祭文で『感応篇』の書名を提示した。

> 謹自書孝経與感応篇而献備于霊前。……故今頓写於聖経二巻。是且応命且感慕於霊徳。而夙夜聿修焉。庶幾不辱神魂。謹告。　　　（「祭先考文」）

祭文によると、半弥は『孝経』と『感応篇』を自ら抄写して亡父の霊前に捧げた。「是且応命且感慕於霊徳、而夙夜聿修焉。庶幾不辱神魂」という文に示するように、半弥は藤樹の見解に従い、孝徳の感通を確信していた。そして両書を書写する行為には、やはり儀礼的意味が含まれていると思われる。

ただし、『感応篇』はこの時期において藤樹及びその門人たちの活動で広く知られるようになったとは言いがたい。実際、幕府の推奨する朱子学から外れたため、藤樹の学説は異端視されていたのである。したがって、藤樹一門の経由で『感応篇』に接する機会はやはり少なかったと思われる。このように、『感応篇』は近世初期において師弟相伝の形で少人数集団の中で流通していたと言わざるを得ない。

2.3 『明心宝鑑』から孫引き

ここまでは近世初期における『感応篇』の流通実態を考察してきた。確かに『感応篇』は近世初期の日本社会に既に浸透していたとは言いがたい。だが、当時の人々はその思想に共鳴を覚えていた。直接『感応篇』を読んだのではなく、訓言集『明心宝鑑』を通じてその思想に接したのである。

1631年に京都で訓点本『新鍥京板正譌音釋提頭大字明心宝鑑正文』が梓行されており、これを契機に『明心宝鑑』は広く知られるようになった。その「継善篇」の第四十一条即ち『感応篇』の引用は次のようになっている（句読点は筆者）。

> 太上感応ノ篇ニ曰ク、禍福ニ門無。惟人自ラ召ク。善悪之報、影ノ形ニ随フカ如シ。所以ニ人心於善起レハ、善未為雖ヘトモ而吉神已ニ之ニ随フ。或ハ心於悪起レハ、悪未為雖而凶神已ニ之ニ随。其レ、曽テ悪事ヲ行フコト有ラハ、後自改タメ悔フヘシ。久々ニシテ必吉慶獲ン。禍ヲ転シテ福ト為ス所以也。

上述の『明心宝鑑』引『感応篇』を自著に取りいれた人は江戸初期に既に現れた。たとえば、狂言師大蔵虎明は、万治三年1660年に定稿した狂言伝書『わらんべ草』の第三十五段で『感応篇』を引用した。その引用に続き、次のように人間の主体性を強調している。

> はじめより、天命ぞといふて、万事をなり次第と心得なば、大きなるちがひ

成、さあらば、病人、やうじやうもすまじきや、覚文教習も、いるまじきや。

ここで、虎明は『感応篇』における禍福相転という発想を借用し、日々稽古をする必要性を論じたのである。このように、虎明における『感応篇』の受容は確認できる。

また、仮名草子作家として広く知られた浅井了意は、1665年に初刊された仮名草子『浮世物語』で、虎明と同じ内容を引用した。虎明の狂言論は大蔵流の家元にしか読められ、秘書として家に納められていたのに対し、了意の『浮世物語』は何回も再版され、大衆に親しまれていた。『感応篇』の思想は江戸初期の日本社会に浸透しはじめたと判断できる。

『明心宝鑑』から『感応篇』の内容を孫引きして自著に取りいれたケースは既に江戸初期に現れたため、『感応篇』の思想は少なくとも一部の江戸初期の知識人に受け入れられたと思われる。しかも、その教化的性格は一部分の知識人によって再発見されたといえる。つまり、『感応篇』は日本に入って人々の共鳴を引き起こし、近世日本人がその思想を受け入れるという可能性がそこに潜んでいる。

3.『太上感応篇』の流通

3.1 書物の変貌

現存する古活字版『感応篇』は、寛永正保の頃(1624-1647)のものとされている。漢文で綴られたため、(図1)読者には漢文の読解力が求められるといえる。

整版の時代になると、訓点とルビを付けるようになった。1695年に刊行された訓点本『太上感応篇箋註引経図説』(図2、以下『箋註引経図説』)では、訓点とルビが漢字の両側に現れた。漢文訓読の訓練を受ければ、それをうまく読めると推測できる。

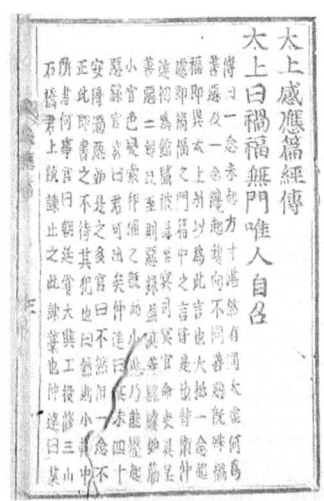

図1 古活字無訓本(日本国立国会図書館蔵)

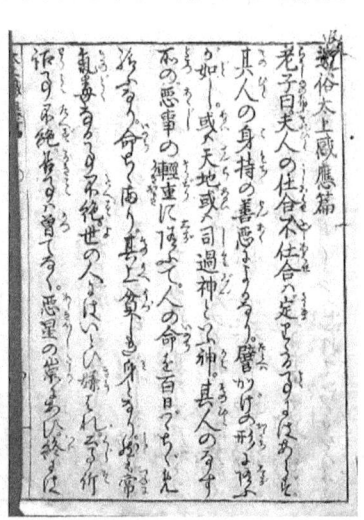

図2 訓点本(京都大学蔵)

訓点本は基本的に中国本を祖本に作られたが、後の和解本はこれと異なる。たとえば1708年の和解本『通俗太上感応篇』（図3、以下『通俗感応篇』）では、和漢混淆文で『感応篇』の経文を綴られている。罫線が敷かれず、代わりに行と行の間に漢字の読みがつけられる。和語の語順で書かれるため、訓点は不要となる。漢文訓読の訓練を受けなくても、崩し字さえ分かれば、文章の意味を把握できる。

古活字本の場合、絵を入れることは不可能であった。整版の時代になると、絵入り『感応篇』は数多く出されていた。ここで、強富という人の霊験譚についた挿絵を分析する（図4、左は中国国家図書館蔵清初刊本、右は京都大学蔵日本1695年刊本）。

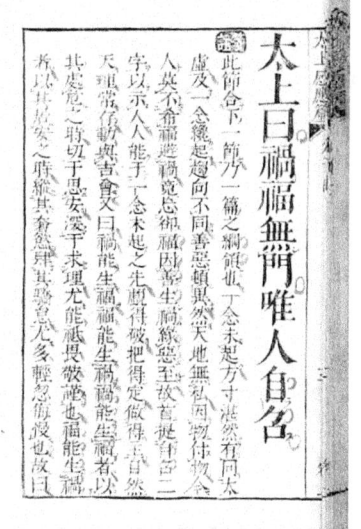

図3　和解本（京都大学蔵）

清初刊本　　　　　　　　　日本1695年本

図4　強富と酔っ払い

元日の暁に、ある人が酔っ払いになって強富の邸宅に向いて口汚く罵倒したが、強富は門を閉めたまま、何が起きても応じなかった。神は強富のやり方に感心し、福徳長寿を彼に授けた。図4の絵は強富が門を閉めて酔漢に応じない様子を表現している。清初刊本において、邸宅の内には二重の楼閣と木、外には大石があるのに対し、日本1695年本では楼閣と木、石が削除され、代わりに雲が描かれている（画面の上側）。つまり、日本の彫師は中国刊本の挿絵を模倣したが、その絵をより簡単な形式で書いたのである。

図5 『通俗太上感応経』(小泉吉永架蔵)

ところが、図4に示す人物は、大陸様式の服を着用しているが、後の和解本ではこのような服に着物がとって代わった。たとえば、1823年に開版された『通俗太上感応経』で袴や小袖を着用した人の姿が確認できる（図5、以下『通俗感応経』）。つまり、そこに描かれた人間は近世の日本人にとって、外国人ではなく、身近にいる人々であると思われる。挿絵も近世日本の実態に沿って変わってきたのである。

このような表記や文体、挿絵の変遷から、書物としての『感応篇』が次第に近世の日本人に親しまれた形式になってきたことが分かる。では、だれが『感応篇』の変化を推し進めたのだろうか。次節では、『感応篇』の出版と流通をめぐる人々の動きを中心に見てみる。

3.2 『感応篇』の刊行と流通

現存する最古の和解本は、1680年刊南部草寿注本『感応篇俗解』(以下、『俗解』)であるとされている。『俗解』の奥書に示すように、草寿は「儒書においてはまだ聞いていないところ」即ち道教的要素を受け入れながらも、儒者の立場から『感応篇』を解釈している。つまり、この書に従い君子になることを第一の目的としている。それを実現するために、「善ヲ勧メ悪ヲ懲ス」ということを実践するべきであると草寿は論じている。

> 右此一書に述る処、三尸司命ノ神、三台北斗ノ神君、又紀算ヲ奪フキなどいへる事、儒書に於てハ聞未処なり。然れども前に云へることく、善悪の二つを挙て、善ヲ勧メ悪ヲ懲ス。教尤厳密なり。されバ人たる者、此如に悪を恐れて行ハず、善を好で勤むるときハ、何ぞ道の害有らん。若一念を此書に発して、至極を聖経に極めば、自然と君子の堺にも至らんか。

強調すべきなのは、草寿は因果報応と勧善懲悪の教訓を肯定したところである。しかも彼はその教訓を『感応篇』の和解を通じて諸身分の人に伝えようとしている。

> まことに士農工商共に、毎日此書を読て、悪念をやめ、善にこころをすすめば、尤天乃恵を得ベキ事、眼前の理なり。……是俗解つくる志なり。

（『感応篇俗解』・「序」）

このように、大衆向けの『感応篇』和解を書く人は、この時期に現れたのである。

したがって、この時点で近世の日本人は『感応篇』の徳育的機能を再発見したといえる。

　草寿以降も和解者が輩出した。『感応篇』の勧懲思想に賛成し、それを世間一般に和語で分かりやすく説明するという点で彼らは共通している。では、和解はいかに活字になったのだろうか。ここで、草寿注本を例に出版の実態を考察する。

　草寿注本は1680年に京都で長尾平兵衛という版元によって開版された。さらに18世紀の末頃、その版木は大阪に移された。1790年に改正した大阪書籍問屋の『版木総目録株帳』によると、河内屋八兵衛という版元は「感応篇俗解」を題した版木を持っていた。

　近世において、版元は版木の製作から印刷、販売までの諸作業を一括して取り掛かっていた。版元が『感応篇』の刊行に取り尽すのは、その書の販売で儲けを得るためである。版木は商品として版元の間で売買できる。たとえ一軒の版元が倒産に追い込まれても、他の版元は版木を購入して引き続き同じ書物を出すことは可能である。これは江戸時代に通じて草寿注本は頻繁に出された一因である。

　このように、和刻本『感応篇』は最初は京都を中心に製作・発売されたが、時代とともに大阪・江戸の版元も『感応篇』の出版に取り掛かるようになった。18世紀以来、『感応篇』は大量に三都の書物市場に現れたが、商業出版はその流布を後押ししたと断言できる。このような商品化した和刻本『感応篇』の出現は、前章でみた藤樹一門のような師弟相伝の閉鎖性を打破したと考えられる。

3.3 『感応篇』の浸透

　前節では、『感応篇』の出版と流通を中心に考察してきた。では、『感応篇』はいかに三都から地方へ広まったのか。また、誰が『感応篇』を保有し、どのようにそれを使ったのか。本節では、『感応篇』の読者たちの動きを中心に考察する。

　まず、武士の事例を見る。老中松平定信の個人蔵書には、『太上感応篇和解』という書物が入った。三都の本屋によって商品として出された『感応篇』和解本は武士の蔵書になったことは確認できる。

　『感応篇』は儒者の文庫にも納められた。たとえば、京都の伊藤家には、1808年に紀州藩若山で刊行された『太上感応篇』一部がある。地方民衆の日記や著作にも『感応篇』が見られる。摂津国の酒造家である八尾八左衛門の日記によると、1732年閏5月16日に彼はお金を孫兵衛という人に渡し、『太上感応経』の揃いを求めたという。

　近世期の蔵書帳や日記は、『感応篇』の読者層が諸階級に及んだことを示唆する。その配置場所をみると、だいたい「物の書」即ち学問書として扱われていたのである。しかも徳育の機能のみならず、18世紀以来、『感応篇』には病気平癒や先祖冥福の利益があると見なされるようになってきた。

　たとえば、1823年に岡田という京都人は『感応篇』を印施したが[10]、刊記によるとそれは両親の冥福を祈るためであるという。また、名古屋市蓬左文庫には1817年

刊『感応篇』があるが、それは『長寿多福を得る法』という文章と合本したのである。つまり、近世日本では『感応篇』が次第に長寿多福の願望と結ばれ、呪術力を具えるテキストと見なされていた。

注意すべきなのは、18世紀の中頃から「印施」という形で『感応篇』が大量に出されたところである。それは商業出版と異なり、無料に大衆に書物を配るため、善報をもたらす行動の一つとされていた。つまり、『感応篇』の読者は現世利益を追求するために、印施者(即ち出版者)に転じる可能性がある。

このように、個人が発願して『感応篇』を印刷し、無料で人々に配ったのである。一般的には、印施本『感応篇』は市場に回すことなく、印施者の周辺で流布していた。たとえば、1838年に上州沼田貝野瀬村の根岸藤八によって印施された『感応篇』の所蔵地を見てみると、群馬県以外は報告がないようである。

ただし、『感応篇』の流通地域が狭かったというわけではない。逆に三都でしか購入できないという従来の流通上の課題を解決したのである。「印施本」という形態を通じて『感応篇』は地方の町村に浸透しつつあるといえる。

『感応篇』が地方に浸透するルートは「印施」だけではない。飛騨高山の二木長嘯を例にもう一つのルートを見る。長嘯は、布教講演で『感応篇』の霊験譚を挙げ、善行と悪行及びそれぞれの報いを村人に分かりやすく説明している。したがって、従来文字で書かれた『感応篇』の経文及び霊験譚は口承伝統に入り、口から耳へと伝えられるようになった。その本文を読まなくても、善目と悪目を知ることが可能である。

要するに、『感応篇』は近世日本において通俗的啓蒙書として庶民の徳育のために使われたと思われる。これは、『感応篇』に説いた善悪の内容や、人間のあり方などに関する見解が近世の価値体系に吸収されたことを意味している。前述した『感応篇』の形態変遷と表裏一体であると考えられる。

4.『太上感応篇』の和解

4.1 天観念と神観念の展開

『感応篇』の和解は立場によって儒学系と仏学系、神道系に大別できる。和解者は基本、自分の立場に応じて用語を選択し、『感応篇』の経文を説明したのである。そのため、一つの事柄に対して、諸和解で使われた用語が異なる可能性がある。だが、思想面からみれば和解諸本『感応篇』には通有点がある。確かに言葉使いに多少違いがあるが、それを媒介に伝えられた内容は類似していると思われる。

さて、『感応篇』の主旨は勧善懲悪であり、その原理は因果応報、陰隲である。因果応報と陰隲の中身を説明するために、「天」と「神」の観念を導入した。中国注本と同様、和解『感応篇』において、天は万物の根拠であり、人間を超越した人格的存在であると見なしている。これは諸論点の出発点となっている。

夫一切ノ品物、天ヨリ出ル者ナレハ、品物ト天ト本是一体也。人猶品物ノ長
　　也。此故ニ人心天心ヨク相通コト。　　　　　　　　　（『俗解』・「序」）

　しかし、和解『感応篇』で挙げられた神名を見てみると、従来の道教の神祇体系に見られないものもある。

　　　太上ト云こと、天ヨリ教エ玉フト思フベシ。……其意ヲ神道ニテ云バ、六根
　　ノ祓イニ天照皇太神宣クトアリ。　　　　　　　　　（『倭註』・「太上曰」条）

　下線部の天照皇太神(アマテラスオオンカミ)は記紀神話に登場する神であり、高天原の主神とされている。道教の神祇体系とは無縁なはずであるが、ここでは、「太上」即ち太上老君に比定されている。このような説明を通じて、『感応篇』における中国由来の神々は近世の日本人にとっても親近感を持つものに転じたのである。

　注意すべきなのは、和解『感応篇』において、一つの神はいくつの異名を持つという事情が生じたことである。そこで、異名問題の解決を図るために二重の世界を構築している。第一は唐土(中国)と日本が並存している世界である。中国と日本は「三教」の種類によって分けられるが、それぞれの国において「三教」は対立せず、共存・融合していると主張している。第二は天竺(インド)・唐土・日本という三つの国が平等的に存在する世界である。三国の在来の信仰は独自の形態を持っているが、本質的に一致しているとされている。つまり、和解『感応篇』では、三国を対等的に扱った世界を構築していると考えてよかろう。

　これは中国注本『感応篇』にみられなかった発想である。確かに中国注本では三教一致を唱えていたが、それは儒教と仏教、道教からなっており、和解本の三教と異なっている。しかも、中国注本における三教は、国同士の関係と結ばれていなかったのである。

4.2　知足安分と身分願望

　和解『感応篇』では身分の差を認めており、百姓町人を「下」に据えてその上に支配者である武士を置き、下の階層は上に従うべきと論じている。一方では、上の階層には特権があると認められつつも、限界を超えるべきではないとされている。

　　　下とハ、尤百姓町人皆此中にこもる。　　　　（『俗解』・「諸悪殃及章第六」）
　　　一切の目上の人をかろしめ。其目の前にては恐れ敬ふ体にして。かげにて
　　ハ謗笑ひ。　　　　　　　　　　　　　　　　　　　　　　（『通俗感応篇』）
　　　百姓町人等ノ財物ヲ剥取、百姓町人等ノ命ヲ殺シ、百姓町人等ノカヲ疲シ、責
　　使等ヲ虐下ト云。　　　　　　　　　　　　　　　（『諺註』・「虐下取功」条）

　強調すべきなのは、和解『感応篇』では、身分の高低を判断する基準は二つある点である。一つは生まれつきの「所業」であり、前述した「武士」や「百姓」、「町人」はこの類に属している。もうひとつは「所得」であり、換言すれば財産の多寡である。

> 百金の分限にて、千金の富をまねるによつて、次第々々に手前難儀し。
> （『俗解』・「諸悪殃及章第六」）

　ここで、財産の多寡と身分の高低は前述した天観念と結びついたため、個人の意志で決められないものとされている。

> 上にある人ハすでに時に逢ひ仕合を得て身に勢力ありて諸人是にしたがふ。然るを其勢力の上に尚も威勢をほどこし設くるハ。却て凶のミち也。
> （『俗解』・「諸悪殃及章第六」）

　ただし、『感応篇』で繰り返して強調された勧善懲悪と陰隲の観点からみれば、善功を積み重ねることで、天から多くの財宝を授けられることは可能である。

> 武士たるもの奉公の功積て、大禄を受て手前富、百姓ハ耕に情を出して富、商買ハ売買にさとくて手前富の類ハ、義に当たりてのことなれば、ねがはくハしかるべし。
> （『俗解』・「諸悪殃及章第六」）

　これらの論説は、「所得」の増加によって、個人が身上がりを実現できると示唆している。「所得」という概念を展開することで、人々の上昇願望を正当化するのである。

　和解『感応篇』では、所業は個人の意志で変えられない先天的なものとされている。その上、すべての人は自分の職に力を尽くすという論点を主張している。たとえば、『通俗感応篇』では、自分の所業を捨てた人を下のように批判している。

> 侍の上るり。商人の兵法釼術。出家の軍書。百姓町人の鞠楊弓十種香。総じて我身に応せぬ芸を役にたたぬことをして日をくらし。

　この一文は、近世期に広まった職分論を反映している。職分論とは、「社会的分業すなわち身分制的に規整された生業を、衣食住の物質的生活を支える有用なものとして捉えるとともに、人間がなすべき道徳的責務として倫理的に肯定した」（佐久間2001：269）という見解である。ここで、百姓町人を主とする庶民層は自分の存在価値を強調した職業論理を作り上げたのである。これは、先天的に「所業」で固定された従来の支配秩序から外れ、新しい秩序の編成を試みたことを意味している。

4.3　家族規範の延長

　『感応篇』は中国伝来の善書であるため、その経文に出た「家」は男系の血縁集団を指しているだろう。だが、日本における「家」はこの概念とはやや異なり、一般的に家業や家名の維持を最優先目的にする経営体とされている。ただ、家の継続に血縁の要素も取りいれたため、和解では経文における家族規範を詳しく説明しているのである。その規範は親子関係と兄弟関係、夫婦関係の三種類に分けられる。

　まず、親子関係を見てみる。草寿注本をはじめ、和解では親子関係をめぐって「孝」の観念を強調している。

孝ハ、尤父母に事るに旦夕力を尽くして、一言の語も父母の悦び給ふやうに、
　　一たひ父母に対面すれとも顔色をやハらかにして、父母のいかりのいでざるよ
　　うにと、平生つかへ奉るべし。　　　　　　　　　（『俗解』・「諸善福随章第四」）

　ここで、親を奉仕する事例を挙げ、服従という点を強調している。つまり、和解において、親が上位、子が下位に置かれているといえる。
　親子関係を踏まえ、和解は兄弟関係を論じている。この関係にも尊卑が見られ、兄が家産を管理して弟が兄に随うという秩序構造になってしまう。

　　　兄弟尤和順なるを友悌とハ云り。凡弟たる者、財宝をバ兄にまかせ、威勢ハ
　　尤下人とおもひて兄につかへバ、などか兄たる者弟を愛せざらんや。大体兄弟
　　の不和ハ、多くハ弟の上にある事なれば、能々勘へ知るへし。
　　　　　　　　　　　　　　　　　　　　　　　　（『俗解』・「諸善福随章第四」）

　夫婦関係にも上下秩序が見出される。女性は夫に従うべきと論じられている。

　　　只親ト夫ニ順ヒ、柔和ナルコトヲ好ム也。女ノ男勝ルハ、己ニ夫ニ恥ヲ与ル
　　也。　　　　　　　　　　　　　　　　　　　　　（『倭註』・「女不柔順」条）

　この教訓を前述の親子・兄弟関係と関連すると、男性当主が家を管理した家父長制的イデオロギーが浮き彫りになった。さらに、和解では親と主人を並挙し、親族関係がなくても奉公人にとって主人は絶対的存在であると論じて言える。

　　　タトエ主親フケイノコトアリトモ、少シモ其沙汰致スベカラズ。
　　　　　　　　　　　　　　　　　　　　　　　　（『倭註』・「暗侮君親」条）

　上の文からうかがわれるように、当主による家父長的支配を確立したのは、やはり一家の存続を図ったためである。このような規範を通じて、「家」という共同経営体を統合することが可能である。要するに、和解『感応篇』では近世日本の事情に合わせて中国由来の家族規範を用い、「家」という経営共同体における人々の位置を規定している。

4.4　和解『感応篇』と明治国家

　ここまでは和解『感応篇』における天観念と神観念、身分観、家族観をみてきたが、それらの内容は互いに織り込まれていることは看過できない。ここで、巨視的な視点において、和解に反映された近世日本人のものの考え方を改めて把握する。
　まず、和解の世界観は二義性を見せている。この世界は「天」という超越的存在を根拠としている同じ天の教えであるが、中国では儒教、インドでは仏教、日本では神道の形となっている。これは、日本と中国、インドは対等的であるという考えにつながる。ここから、文化的違いを通じ自分の所属する共同体を規定し、周辺の共同体と区別するという意識がうかがわれる。その共同体は、国郡村を越えた広域的ものと想定されているため、それに関する自意識の共有は社会統合に理論づけること

が可能である。

次に、和解では感応と陰隲の思想を受けつつも、記紀神話由来の神と超越的存在である「天」とを結んだ。その神は最上の権威を持ち、その下に万民を据えたという構造が想定されている。そこでは天皇の絶対性に言及していなかったが、その絶対性に導く可能性がある論拠は既に盛り込まれたといえる。

さらに、和解では身分制について、一方では身分の差を認めて「知足安分」を強調しており、他方では平等主義を唱えている。このような観点上の矛盾は実生活における身分制のあり方をめぐる混乱を示唆している。つまり、近世における身分に対する見解は矛盾を内包しており、その二面性は最終的に身分制の動揺につながると考えられる。

最後に、和解では家族規範を強調することで、一家を統合することの実現を図ったのである。それは男性当主の権力を中核とした家父長制的イデオロギーであると思われる。

以上、思想面において中国から日本に伝わった『感応篇』がいかに変貌を遂げたかを見てきた。和解者によって再解釈された『感応篇』こそ、近世日本の価値体系に取り込まれた実践道徳である。

ところが、明治後期以降、『感応篇』のテキストは次第に大衆の視野から消えてしまった。「文明開化」や国家神道の政策が打ちだされ、思想面における『感応篇』の生存空間が圧縮されたためである。ただ、徳育に関する内容は明治時代の修身書、教訓書に継承されたことも見逃してはいけない。『感応篇』は近世日本で独自の展開を遂げており、その和解は近世社会に近代国家を接ぎ木するための一台木と見なされてよかろう。

おわりに

以上、和刻本『感応篇』及び近世の貿易貿易記録や蔵書目録、日記、講演メモなどを用い、日本における『太上感応篇』の伝播と受容の情勢を実証的に把握してきた。流通面と思想面から日本における『感応篇』を考察を通じて、次の結論に至った。

『感応篇』が中国から日本へ伝播し、日本で広まった背景には、書物の商品化が一因である。長崎貿易に携わった人々と近世の版元・貸本屋は皆、利潤追求するために『感応篇』を扱った。『感応篇』の挿絵や表記は次第に現地化したのも、商業出版が後を押したためである。民間で活発になった商業活動は、地域間ひいていは国家間の書籍交流を支えたのである。『感応篇』の商品化は、地縁や階層のもたらした閉鎖性を突破し、広い範囲における知識・観念の共有につながる。

日本では、『感応篇』は福徳をもたらす呪術的テキストとみなされている。それと同時に、庶民道徳教育にも使われており、近世の価値体系に取りいれられた。和解本『感応篇』の中核思想は中国注本と一致しており、その使い方も中国人の使い方に類似している。したがってこのような共通点は、中日両国が並立した思想空間の共同基盤に当たるといえる。この意味では、『感応篇』を含む諸善書の海外伝播は、中

日間ひいては東アジアにおける共通認識の醸成と共有に役立ったのである。

明治期の「文明開化」政策などと矛盾したため、二十世紀以降は『感応篇』の刊行が下火になった。だが、和解本『感応篇』で説かれた通俗道徳は近代日本の徳育政策に変身したため、近代化が進む中で中日両国の共有した思想的基盤はある程度保存されてきた。

一方、和解『感応篇』は、従来の中国本に見られていない要素を含む。『感応篇』は近世日本に徳育のための素材を提供したが、日本人はその内容を取捨選択したのである。しかも、改造後の観念は明治国家に継承されていた。ここから、善書内容・思想の開放性がうかがわれる。

このように、本稿では善書『感応篇』が日本に伝わった経緯を実証的に検討し、日本における『感応篇』の受容を通時的に把握してその浸透過程を再認識した。善書研究における一国史観から脱却し、その史的展開に関する新たな理解の可能性を示した。そのうえ、民衆レベルにおける中日貿易史と出版史、思想史の諸分野をつなげる試みとして、東アジアにおける文化交渉研究に対して有益なことであろう。ただし、本稿では主として刊本形態の『感応篇』を検討対象としたが、写本形態の『感応篇』については触れていない。それについては稿を改めて論じることとしたい。

注

[1] たとえば、成(1999)や八木(2007)などの研究があげられる。
[2] 成(1995)や肖(2011)の研究に参照。
[3] 善目と悪目の数は(清)孫治のカウントに従う。
[4] 宋時代成立説の妥当性について、朱(2014)に参照。
[5] 南宋紹興年間(1131-1162)に改正した官撰蔵書目録『秘書省続編到四庫闕書目』の子部道家類には「太上感応篇一巻」とあるが、これは書籍目録における『感応篇』書名の初見とされている。
[6] Suzuki, Teitaro & Carus, Paul(1906)や李(1988)などに参照。
[7] たとえば、『赤松子中戒経』には「天上三台北辰、司命司録差太一直符、常在人頭上、察其有罪、奪其算寿」とあるが、『感応篇』の「又有三台北斗神君。在人頭上。録人罪悪。奪其紀算」に類似している。
[8] 「勧善運動」や「修身運動」などの用語も使用されているが、本稿では「善書運動」にする。呉(2008)に参照。
[9] 中江藤樹「霊符疑解」。
[10] 印施とは、多くの人々の利益となる書物を印刷して配ることをいう。

参考文献

朝倉直彦監修. 2005. 『松平定信蔵書目録』. ゆまに書房
大蔵虎明著. 1962. 『わらんべ草』笹野堅校訂. 岩波書店
大阪府立中之島図書館編. 1987. 『大阪本屋仲間記録』. 大阪府立中之島図書館
大庭侑編. 1967. 『江戸時代における唐船持渡書の研究』. 関西大学東西学術研究所
緒方賢一. 2004. 「『太上感応篇』の思想的諸特徴」. 『文芸論叢』. Vol. 62. pp165-177

岡田某刊行. 1823.『通俗太上感応篇』. 金光図書館蔵
木村光徳編著. 1986.『日本陽明学派の研究：藤樹学派の思想とその資料』. 明徳出版社
龔穎. 1998.「林羅山排仏論の一考察―朱子・韓愈との比較を通して」.『日本思想史学』. Vol. 30. pp85-102
小泉吉永編. 2015.『江戸時代庶民文庫33　教訓』. 大空社
酒井忠夫. 1999.『増補中国善書の研究　上』. 国書刊行会
酒井忠夫. 2000.『増補中国善書の研究　下』. 国書刊行会
佐久間正. 2001.「職分論」.『日本思想史辞典』子安宣邦監修. ぺりかん社
三条西実隆. 1932.『実隆公記』. 太洋社
下出積與校注. 1987.『神道大系論説編16　陰陽道』. 神道大系編纂会
肖琨. 2011.「江戸期善書に関する研究」. 博士論文：立命館大学
成海俊. 1995.「『明心宝鑑』が日本文学に与えた影響」.『日本思想史研究』. Vol. 27. pp20-34。
成海俊. 1996.「『明心寶鑑』が日本文学に与えた影響：ことに浅井了意の『浮世物語』を中心として」.『日本文学』. Vol. 45. No. 6. pp23-33
成海俊. 1999.「日本における「明心宝鑑」受容の思想史的研究」. 博士論文. 東北大学
陳暁傑. 2011.「中江藤樹の思想と信仰―「我」と「上帝」をめぐって」.『東アジア文化交渉研究』. Vol. 4. pp129-144
土屋祐史. 2015.「当館所蔵林羅山旧蔵書（漢籍）解題（1）」.『北の丸―国立公文書館報―』. Vol. 47. pp220-238
天理大学附属天理図書館編. 2005.『古義堂文庫目録』. 八木書店
藤樹書院編. 1976.『藤樹先生全集』. 弘文館書店
中野市右衛門刊行. 1631.『新鍥京板正譌音釋提頭大字明心宝鑑正文』. 国文学研究資料館蔵
中野宗左衛門ら刊行. 1695.『太上感応篇箋註引経図説』. 京都大学蔵
中野宗左衛門ら刊行. 1723.『太上感応篇諺註』. 京都大学蔵
名古屋市蓬左文庫編. 1975.『名古屋市蓬左文庫漢籍分類目録』. 名古屋市教育委員会
二木長嘯. 1970.『講席日誌』. 大野政雄校、『飛騨春秋』. Vol. 150
八尾八左衛門. 1978.「八尾八左衛門日記」. 小林茂校注.『日本都市生活史料集成10 在郷町篇』. 原田伴彦ら編. 学習研究社
八木意知男. 2007.『京都女子大学研究叢刊46　和解本善書の資料と研究』. 同朋舎
安井含章軒刊行. 1883.『通俗太上感応篇』. 関西大学蔵
吉岡義豊. 1952.『道教の研究』. 法蔵館
Brokaw, Cynthia J. 1993.「明末清初的善書与社会意識形態変遷的関係」.『近代中国史研究通訊』. Vol. 16. pp30-40
Rawski, Evelyn S.. 1985. *Economic and Social Foundations of Late Imperial Culture*. In, *Popular Culture in Late Imperial China*. Johnson, David. edt,. University of California Press
Suzuki, Teitaro & Carus, Paul. 1906. *T'-shang kan-ying p'ien : Teatise of the Exalted One on Response and Retribution*. K. Paul, Trench, Trübner & co. ltd
陳霞. 1999.『道教勧善書研究』. 巴蜀書社
葛兆光. 2016a.『中国思想史（第2版）導論』. 復旦大学出版社
葛兆光. 2016b.『中国思想史（第2版）第二巻』. 復旦大学出版社
李剛. 1988.「『太上感応篇』初探」.『宗教学研究』. No. 1. pp5-10
孫治. 2002.『孫宇台集』.『四庫禁燬書叢刊』第148冊. 王鍾翰主編. 北京出版社

呉震.2008.「明末清初道徳勧善思想遡源」.『復旦学報(社会科学版)』. No.6. pp66-75
張禕琛.2010.「清代善書的刊刻与伝播」.博士論文.復旦大学
朱新屋.2013.「善書及其周辺―従文類看中国善書史研究」.『電子科技大学学報(社科版)』. Vol. 15, No.4. pp63-69
朱越利.2014.『道教考信集』.斉魯書社

第二の近代における日本家族の世代関係変化に関する社会学的研究

北京外国语大学　宋雨蔓

摘要: 在日本,铃木宗德、伊藤美登里等学者以贝克的理论为基础,论述了日本社会个体化的实态。但是,先行研究中从核心家庭之间的代际关系变化这一侧面考察日本社会个体化特征的研究仍较为稀少。本研究在先行研究的基础上,基于第二次现代化理论、个体化理论以及核心家庭间代际关系理论,分析日本《全国家庭动向调查》的部分统计数据,同时,对前往京都府男女共同参与支援中心等机构进行咨询的母亲们进行访问调查,考察第二次现代化中日本家庭代际关系变化的特征,比较其与个体化特征的共同点及差异之处,并尝试探讨引起第二次现代化中日本家庭代际关系变化的要因。本研究主要得出了以下结论。第一,在第二次现代化中的日本社会,从代际关系这一角度来看,核心家庭之间的代际关系仍然很紧密。第二,在第二次现代化中的日本社会中,在核心家庭之间的代际关系上,人们可以自主进行选择的范围被劳动力市场及福利政策等所限制。第三,在第二次现代化中的日本社会中,以交际网络为基础的灵活的关系性的发展可能性逐步扩大,有着共同的与生活紧密相关的"风险"和"不安"的人们也会建立新的连带组织。

キーワード: 第二の近代　個人化　核家族　世代関係　変動

1. はじめに

1.1　問題意識

　ドイツの社会学者ベックは、近代の位相を第一の近代と第二の近代という二つの段階に区別している。第二の近代の特徴として、ベックは、リスクやグローバル化とならび、個人化を挙げる。1990年代末から、日本において、人々は頻繁に「晩婚化」「非婚化」「少子化」「高齢化」などの言葉を口にするようになった。自分の人生を個人の責任で舵取りしなければならない層が新たに生まれているのである。個人が孤立するとともに、「個性」「自立」「自己責任」など個人の役割を強調する言説が広がっているのが現状である。日本社会の個人化の現状を確認し、個人化に即している社会のあり方を模索するために、第二の近代における日本家族の世代間関係の変化の特徴を分析し、その特徴とベックが提出した個人化の特徴との共通点と相違点を比較し、第二の近代においての日本家族の世代間関係の変化に影響を与える要因を明らかにする必要があると思う。

1.2 研究の目的

本研究は、第二の近代理論、個人化理論、核家族間の世代関係論を理論的基礎として、統計的データと筆者が調査した事例資料に基づいて、第二の近代における日本家族の世代間関係の変化の特徴を接触・交換（①訪問・通信関係、②居住関係（同居・別居）、③財貨・サービスの授受・交換）という側面から分析し、その特徴とベックが提出した個人化の特徴（①脱伝統化、②個人の制度化された解き放ちと再埋め込み、③「自分の人生」を追求せよとの強制と純粋な個人性の欠如、④システムによるリスクの内面化）との共通点と相違点を比較し、第二の近代においての日本家族の世代間関係の変化に影響を与える要因を家族内の要因と社会的要因という二つの側面から明らかにする。

1.3 研究の意義

第二の近代理論、個人化理論、核家族間の世代関係論に基づいて、第二の近代における日本家族の世代間関係の変化の特徴を分析し、その特徴とベックが提出した個人化の特徴との共通点と相違点を比較することは、ベックの第二の近代理論、個人化理論を豊かにすることができるという学術的意義があるものと考える。また、個人化に即している社会のあり方を模索することに役立つという現実的意義も有していると考える。さらに、中国の近代化の開始は日本より遅れて、近い将来に、家族変動において、日本と類似する状況に直面する可能性がある。第二の近代における日本家族の世代間関係の変化の特徴を究明することは、中国がはやめに個人化の社会に対応する準備をすることに役立つことができると思う。

2. 先行研究

2.1 家族

日本の社会学者森岡・望月の定義によると、家族とは、夫婦・親子・兄弟など少数の近親者を主要な成員とし、成員相互の深い感情的かかわりあいで結ばれた、幸福追求の集団である。[1]森岡は現代日本の家族は、「家」とよばれた戦前の家族から、制度・意識・形態・機能・役割・関係の諸側面で多かれ少なかれ離脱し、新しいあり方を求めて変化しつつあると主張している。[2]また、石川は家族を親族のうち、生計を共にしている近親者の集団と定義している。[3]

2.2 近代家族

日本の社会学者落合によると、近代家族は①家内領域と公共領域との分離、②家族構成員相互の強い精神的絆、③子ども中心主義、④男は公共領域・女は家内領域という性別分業、⑤家族の集団性の強化、⑥社交の衰退とプライバシーの成立、⑦非親族の排除、⑧核家族という八つの特徴をもつ。[4]西川は落合の八項目に、⑨この家

族を統括するのは夫である、⑩この家族は近代国家の単位とされるという二項目を付け加えることを提案した。[5]山田は近代家族の基本的性格として、①家族は、お互いの一定の生活水準の確保、および労働力の再生産に責任を負う、③家族は、お互いの感情マネージの責任を負うという二点をあげた。[6]

2.3 第二の近代の家族

日本の社会学者落合は、アメリカや西ヨーロッパでは、20世紀の後半に、第二次人口転換が生じ、近代家族の時代は終焉を迎えると唱える。[7]日本の社会学者伊藤は、日本の現状をデータや事例を用いながら、第二の近代における日本の家族の変化の特徴として、①未婚化が進展している、②第一の近代に比べると、離婚率は上昇している、③専業主婦の存在を前提にした性別役割分業は困難になりつつある、④近代家族以外のさまざまな形の結びつきが登場してきた、⑤家族の開放性が増大しているという五点を挙げる。[8]

2.4 世代間関係

世代間関係は血縁関係によって結ばれたものであり、ある男女が子どもをもつことによって、その間に結ばれ、通常、どちらか一方ないし双方の死亡によって終了する。[9]森岡、望月によると、夫婦から子が生まれることによって、生殖家族のなかに新しい世代が出現し、ついで子が結婚すれば若い世代に生殖家族が生じ、生殖家族内部に世代関係は生殖家族間の世代関係に拡大される。正岡寛司は、世代間関係を長期間にわたる社会関係として、生涯発達的な、あるいはライフコース論的な視点でとらえる重要性を強調し、ライフコースを通じての親子のすべての関係をとらえるときに、愛情という次元が義務感や責任感の次元と同様に考慮されなければならないのだと議論した。[10]山田昌弘らによると、親の長寿化にともなって、子どもが成人に達して以後、かなり長期にわたって対等な力を持つ親と子の関係がみられるようになったのは、現代の特徴である。[11]

3. 研究の枠組み

3.1 理論的基礎
3.1.1 家族変動

日本の社会学者岡本によると、あらゆる社会現象と同様に、家族にも「集団や関係、相互行為」（家族集団・家族関係）、「時間的変化」（家族変動・家族発達）、「規範や価値意識」（家族思想・家族制度）という三つの側面がある。[12]森岡と望月の定義によると、家族とは、夫婦・親子・兄弟など少数の近親者を主要な成員とし、成員相互の深い感情的かかわりあいで結ばれた、幸福追求の集団である。[13]森岡は現代日本の家族は、「家」とよばれた戦前の家族から、制度・意識・形態・機能・役割・関係の諸側面で多かれ少なかれ離脱し、新しいあり方を求めて変動しつつあると主張し

ている。[14]
3.1.2 核家族間の世代関係
　核家族に相当するものは、欧米では小家族、直接家族、生物学的家族、基本家族などとよばれていた。日本の社会学者森岡、望月は核家族を夫婦とその子からなる家族と定義した。[15]また、森岡・望月は核家族が生殖家族と定位家族という二面性をもつと主張した。[16]生殖家族を支える関係は夫婦関係である。定位家族を支える関係は親子関係である。
　夫婦から子が生まれることによって、生殖家族のなかに新しい世代が出現し、ついで子が結婚すれば若い世代に生殖家族が生じ、生殖家族内部の世代関係は生殖家族間の世代関係に拡大される。[17]接続する世代の核家族(生殖家族)の間の関係の諸側面はつぎのようにまとめることができる。[18]

＜接触・交換＞
①訪問・通信関係
②居住関係(同居・別居)
③財貨・サービスの授受・交換
＜優勢＞
④(同じT核に含まれる)夫方定位家族と妻方定位家族のどちらが優先されるか、それとも同等か
⑤接続する2世代の生殖家族のうち、どちらが優勢か、それとも両者対等か
＜継承＞
⑥社会的・職業的地位の継承
⑦親族組織への所属資格の継承
⑧財産(遺産)の継承
⑨先祖祭祀の継承
⑩家族文化の継承

3.1.3 第二の近代
　ドイツの社会学者ベックは、近代の位相を第　の近代(あるいは単純な近代)と第二の近代(あるいは再帰的近代)という二つの段階に区別している。ベックによると、再帰的近代の帰結は、個人化であり、その動力源は、新たな近代化ではなく、欧米的(資本主義的・民主的)工業社会のモデルのなかで理解されている近代化、また、再帰的になりはじめている近代化である。日本の社会学者落合によると、第一次人口転換と主婦化が近代家族を単位とする「第一の近代」を作り、第二次人口転換と脱主婦化が個人化と家族の多様化を特徴とする「第二の近代」を開始させた。[19]また、日本の社会学者伊藤によれば、女性という個人のレベルに焦点をあてるなら、家族に関して、日本社会が第二の近代に突入するのは90年代半ば以降であり、70年代以降90年代半ばまでは、第一の近代に留まろうとする諸力と第二の近代に移行しようとする諸力とが拮抗する移行期であると唱える。[20]さらに、日本の社会学者鈴木

によれば、日本社会において、客観的な個人化の進行、すなわちライフコースをやむをえず脱標準化せざるをえなくなる人びとが大規模に発生するのが、90年代末であるといえる。[21]中国の社会学者周維宏は、イギリスと日本の近代化の比較において、落合の研究を参考し、1970年からの日本社会の第二の近代はイギリスとほぼ同時にはじめたと唱えている。[22]

3.1.4 個人化

（一）第一の近代における個人化

ベックによると、伝統的な共同体の関係性から解き放たれたとはいえ、第一の近代において、人は何もない空間にばらばらに漂っているわけではなくて、全体社会と個人の間、つまり社会のメゾ・レベルにおいて、新たに、家族、職域（階級を含む）、コミュニティといった相対的に安定的な中間集団が登場し、存続していった。[23]

（二）第二の近代における個人化

第二の近代の特徴として、ベックは、リスクやグローバル化とならび、個人化を挙げる。ベックは、個人化を、社会制度及び個人と社会の関係に関する構造変化を記述する社会学概念で、個々人が歴史的にあらかじめ与えられた社会形態や社会的結合から解き放たれ、社会の中にまったく新しいやり方で再統合されることと定義する。[24]

ベックによれば、第一の近代において、全体社会と個人の間、つまり社会のメゾ・レベルにおいて、新たに、家族、職域（階級を含む）、コミュニティといった相対的に安定的な中間集団が登場し、存続し、人は伝統的な共同体の関係性から解き放たれたとはいえ、何もない空間にばらばらに漂っているわけではなくて、中間集団から相互扶助と生活リスクの緩衝剤としての機能を期待することが可能である。

それに対して、第二の近代においては、グローバル化の進展により国家が国民経済に関与可能な余地が狭まり、他方で福祉国家は財政的に困難な状況に直面してくるにつれて、個人と社会の間にあった中間集団の存在意義が弱まり、個人と社会が直接かかわることになる。[25]中間集団や福祉国家は、個々人にとってリスクの防波堤となっていたが、今やリスクが個人に直接降りかかることになる。[26]また、第二の近代において、個人化は、必ずしも脱連帯と結びつくわけではなく、むしろ連帯を別の基盤のうえに立たせる。連帯はますます個人の自発的な行為となり、組織はそのような自発的参加者獲得に努めなくてはならない。ベックは、個人化過程の(1)脱伝統化、(2)個人の制度化された解き放ちと再埋め込み、(3)「自分の人生」を追求せよとの強制と純粋な個人性の欠如、(4)システムによるリスクの内面化という四つの主要な特徴を強調している。[27]

東アジアの個人化については、韓国の学者チャン・キョンスプは「個人主義なき個人化」という枠組みで説明しようとしている。日本の社会学者目黒依子によると、親族組織の中の一員としての個人、家族集団の中の一員としての個人から、個人が一生のうちに多数の多様な家族または家族的連帯を経験するような方向に変わ

りつつあり、これは家族が個人化する過程といえる。[28]また、鈴木は、事柄を単純化したり、独自の用語を補って、ベックが主張する個人化の要点を説明する。鈴木によると、個人化とは、①生活の安定を保障し、諸個人のアイデンティティの基盤となる中間集団や制度が弱体化することを意味する、②ライフコースが脱標準化・多様化することによって、自分のバイオグラフィーをそのつど自分自身で再帰的に設計しつづけなければならなくなる、③ライフコースの脱標準化・多様化は、個人による選択の余地を拡大し自己決定の重要性を高めるが、選択が可能な範囲は、依然として労働市場、福祉政策、教育政策などによって規定されている、④リスクと個人化は、関係性のあらたな形態、そして政治のあらたな可能性を切り拓いてゆく。[29]さらに、落合は、東アジアの家族の個人化を「個人主義なき個人化」より直接的に、「家族主義的個人化」として捉えている。

3.2 概念の規定

本稿においては、家族に関して、日本社会が第二の近代に突入するのは90年代半ば以降であり、70年代以降90年代半ばまでは、第一の近代に留まろうとする諸力と第二の近代に移行しようとする諸力とが拮抗する移行期であると定義する。

また、本稿においては、家族に関して、個人化という概念を①脱伝統化、②個人の制度化された解き放ちと再埋め込み、③「自分の人生」を追求せよとの強制と純粋な個人性の欠如、④システムによるリスクの内面化と定義する。また、その具体的な内容は、鈴木の説明に基づいて、①生活の安定を保障し、諸個人のアイデンティティの基盤となる中間集団や制度が弱体化することを意味する、②ライフコースが脱標準化・多様化することによって、自分のバイオグラフィーをそのつど自分自身で再帰的に設計しつづけなければならなくなる、③ライフコースの脱標準化・多様化は、個人による選択の余地を拡大し自己決定の重要性を高めるが、選択が可能な範囲は、依然として労働市場、福祉政策、教育政策などによって規定されている、④リスクと個人化は、関係性のあらたな形態、そして政治のあらたな可能性を切り拓いてゆくと定義する。

さらに、接続する世代の核家族（生殖家族）の間の関係の諸側面はつぎのようにまとめることができる。[30]

＜接触・交換＞
①訪問・通信関係
②居住関係（同居・別居）
③財貨・サービスの授受・交換
＜優勢＞
④（同じT核に含まれる）夫方定位家族と妻方定位家族のどちらが優先されるか、それとも同等か
⑤接続する2世代の生殖家族のうち、どちらが優勢か、それとも両者対等か
＜継承＞

⑥社会的・職業的地位の継承
⑦親族組織への所属資格の継承
⑧財産(遺産)の継承
⑨先祖祭祀の継承
⑩家族文化の継承

　本稿のインタビュー対象は主に子育てをしている母親たちであり、限界があるので、以上の理論と結合して、本稿は、核家族間の世代関係、特に、「接触・交換」という側面に焦点を当てて、第二の近代における日本の家族変動を捉える。

3.3　研究方法と研究の枠組み

　本稿は、まず、家族、第二の近代、個人化に関する先行研究を整理し、核家族間の世代関係論、第二の近代論、個人化論という本稿の理論的基礎を分析した。それから、本稿で用いられた第二の近代(90年代以降)という概念と時間点を規定し、本稿においての個人化という概念の内容(①家族の紐帯を拒絶するかあるいは相対化すること、②必ずしも脱連帯と結びつくわけではなく、むしろ連帯を別の基盤のうえに立たせること、③脱伝統化、④個人の制度化された解き放ちと再埋め込み、⑤「自分の人生」を追求せよとの強制と純粋な個人性の欠如、⑥システムによるリスクの内面化)を明確し、核家族間の世代関係論を参考して、＜接触・交換＞(①訪問・通信関係②居住関係(同居・別居)③財貨・サービスの授受・交換)という本稿の検討の側面を選び取った。

　また、本稿は国立社会保障・人口問題研究所「第5回全国家庭動向調査」の統計的データを分析し、第二の近代における日本核家族間の世代関係の変動の傾向を概観して考察した。さらに、本稿は筆者が京都府男女共同参画支援センター、京都市男女共同参画支援センター、京都市ファミリーサポートセンターなどの機関へ訪問し、インタビューした事例を検討し、共働き家族・専業主婦家族・ひとり親家族に分けて、日本社会の核家族間の世代関係の現状を述べ、家族内の要因と社会的要因という二つの側面から、核家族間の世代関係の影響要因を分析した。

4.統計的データの考察

4.1　核家族間の世代関係の変動
4.1.1　親子居住関係の変化

　「全国家庭動向調査」は、「出産・子育て」、「高齢者の扶養・介護」をはじめとする日本国民の皆様の家庭の諸機能について調べるために、社会保障・人口問題基本調査の一環として、5年ごとに実施している調査である。第5回は2013年、第4回は2008年、第3回は2003年、第2回は1998年、第1回は1993年である。調査の対象について、国民生活基礎調査で実施された調査地区内より無作為に抽出した300調査区内のすべての世帯(約15000世帯)を対象とした。第4回調査では、当該世帯のう

ち、結婚経験のある女性（複数いる場合はもっとも若い結婚経験のある女性、1人もいない場合は世帯主）に回答を依頼し、分析には有配偶の妻の回答を利用した。本稿は個人化理論に基づいて、「全国家庭動向調査」の調査結果を結び付けて、第二の近代における日本家族の世代間関係の変化を検討する。

「全国家庭動向調査」によると、親と同居する割合において、夫婦双方の親のうちの誰かと同居している割合および夫方または妻方のいずれかの母親と同居している割合をみたのが表4.1.1.1と図4.1.1.1である。過去の調査と比較すると、第5回調査の値は最も高い。第2回調査と第4回調査において低い値となるが、時系列でみると、同居割合は上昇傾向にあるように見受けられる。

表4.1.1.1 調査回別にみた4人の親のうち誰かとの同居割合とどちらかの母親との同居割合

調査回	ケース数	4人の親のうちだれかと同居	ケース数	どちらかの母親と同居
第1回	4545	26.3	4435	24.6
第2回	4754	19.6	4665	18.1
第3回	4715	28.2	4627	26.2
第4回	3815	26.1	3837	23.2
第5回	3377	31.3	3413	28.3

注：妻の年齢が60歳未満について集計。
出所：国立社会保障・人口問題研究所「第5回全国家庭動向調査」

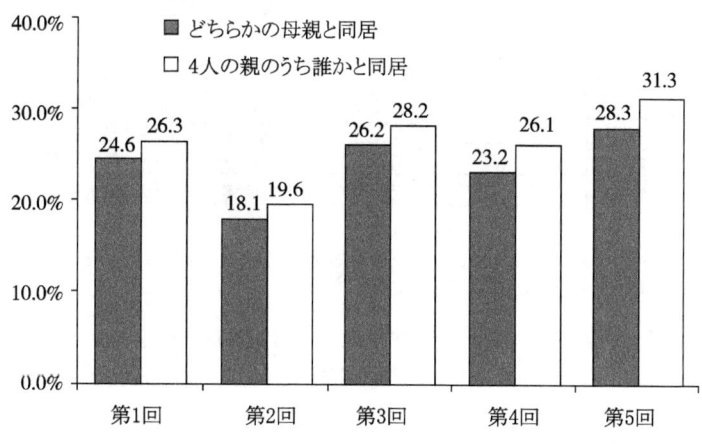

注）妻の年齢が60歳未満について集計。

図4.1.1.1 調査回別にみた4人の親のうち誰かとの同居割合とどちらかの母親との同居割合
出所：国立社会保障・人口問題研究所「第5回全国家庭動向調査」

図4.1.1.2はいずれの親とも同居していない妻と夫婦双方の親との居住距離である。夫婦双方の親それぞれについて、同居していない親との居住距離は、第1回調査の「60分未満」の割合と第5回調査の「60分未満」の割合と比べると、「夫の父親」で9.1ポイント、「夫の母親」で8.7ポイント、「妻の父親」で7.4ポイント、「妻の母

親」で8.1ポイント上昇した。

		60分未満	60分以上
近い方の母親	第1回	59.8	40.2
	第2回	65.4	34.6
	第3回	67.8	32.2
	第4回	71.8	28.2
	第5回	72.2	27.8
妻の父親	第1回	50.4	49.6
	第2回	55.1	44.9
	第3回	56.3	43.7
	第4回	57.1	42.9
	第5回	57.8	42.2
妻の母親	第1回	51.4	48.6
	第2回	54.3	45.7
	第3回	56.3	43.7
	第4回	58.5	41.5
	第5回	59.5	40.5
夫の父親	第1回	50.2	49.8
	第2回	55.9	44.1
	第3回	56.0	44.0
	第4回	60.8	39.2
	第5回	39.3	40.7
夫の母親	第1回	49.1	50.9
	第2回	55.0	45.0
	第3回	55.7	44.3
	第4回	61.0	39.0
	第5回	57.8	42.2

注）いずれの親とも同居していない60歳未満の妻について集計。四捨五入の関係で割合の合計が100にならない場合がある。

.1.2　調査回別にみた別居する親との居住距離（60分未満と60分以上）
出所：国立社会保障・人口問題研究所「第5回全国家庭動向調査」

4.1.2　親子間の会話頻度の変化

　表4.1.2は、2003年の第3回から2013年の第5回までの調査においての妻と夫婦双方の親との会話頻度である。妻の親との会話頻度については、大きな変化は見られないが、全般的にみれば、親と別居する場合、第4回調査での親と「毎日」会話する妻の割合は、第3回と第5回よりも若干高い傾向が見られる。また、妻の別居している夫の両親との会話頻度は大きく変化している。夫の父と「月に1～2回」程度の会話をする妻の割合は第3回の37.3％、第4回の35.9％、第5回の30.5％と減少し、「年に数回」が第4回の23.6％から第5回の28.2％へ増加、そして「ほとんどしない」が第4回の6.6％から第5回の11.7％へ増加している。夫の母では、「週に1～2

回」が第3回の20.0％、第4回の18.1％、第5回の15.1％と減少し、「年に数回」が第4回の22.9％から第5回の25.8％へ微増、「ほとんどしない」が第4回の6.0％から第5回の10.3％へ増加している。すなわち、妻の別居する夫の両親との会話頻度は低下傾向にある。

表4.1.2　親との同別居別、親との会話頻度の推移(％)

同別居	親	調査回	ケース数	毎日	週に3～4回	週に1～2回	月に1～2回	年に数回	ほとんどしない
同居	妻の父	第3回	189	86.8	5.3	4.2	0.0	0.5	3.2
		第4回	143	85.9	5.6	2.1	0.7	1.4	0.7
		第5回	173	86.7	6.9	1.2	1.7	1.2	2.3
	妻の母	第3回	326	94.5	4.3	0.3	0.0	0.3	0.6
		第4回	265	91.3	4.2	2.6	0.8	0.0	1.1
		第5回	271	91.5	5.2	0.7	0.7	0.4	1.5
	夫の父	第3回	514	76.3	10.1	6.8	2.0	0.6	4.3
		第4回	312	78.5	9.0	7.1	2.2	0.3	2.9
		第5回	432	80.6	7.6	5.6	1.6	1.2	3.5
	夫の母	第3回	914	84.6	6.9	3.7	1.5	0.3	3.0
		第4回	599	86.8	6.8	2.0	0.8	0.5	3.0
		第5回	731	86.5	6.3	3.3	1.2	0.3	2.5
別居	妻の父	第3回	2814	3.7	5.6	11.3	27.2	36.3	16.1
		第4回	2437	4.0	9.8	12.8	25.8	33.5	14.0
		第5回	2234	5.2	8.2	11.6	24.8	34.8	15.4
	妻の母	第3回	4007	9.6	17.1	30.6	30.1	10.7	2.0
		第4回	3293	13.5	17.8	28.5	28.1	9.6	2.6
		第5回	3169	11.0	18.3	20.7	30.4	10.3	3.0
	夫の父	第3回	2011	4.6	5.2	18.2	37.3	27.6	7.2
		第4回	1741	10.2	7.8	15.9	35.9	23.6	6.6
		第5回	1555	8.1	7.5	14.0	30.5	28.2	11.7
	夫の母	第3回	2894	5.3	6.3	20.0	38.6	24.0	5.9
		第4回	2440	9.3	8.7	18.1	34.9	22.9	6.0
		第5回	2230	7.6	7.9	15.1	33.3	25.8	10.3

注）妻の年齢が70歳未満について集計。第3回調査と第4回調査の『年に数回』と『年に1～2回』はまとみて『年に数回』とした。四捨五入の関で割合の合計が100にならない場合がある。
出所：国立社会保障・人口問題研究所「第5回全国家庭動向調査」

4.1.3　世代間援助の変動

（一）親から子どもへの援助

（1）親からの精神的サポート

図4.1.3.1は妻にとっての精神的サポートの最も重要な支援提供者に関する割合である。「出産や育児で困ったときの相談」について、第5回調査で挙げられた最も重要な支援提供者において、「親」は46.9％であり、「夫」は37.8％を占めていて、「親」が「夫」を約10ポイント上回る。「親」を最も重要な支援提供者とする妻の割合は第1回調査の33.9％から第2回調査の41.3％へと大きく伸び、その後も上昇傾向にある。

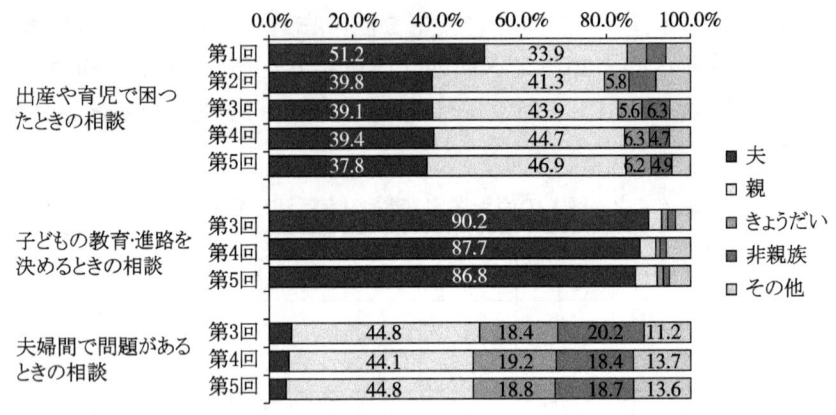

図4.1.3.1　調査回別にみた精神的サポートの最も重要な支援提供者
出所：国立社会保障・人口問題研究所「第5回全国家庭動向調査」

（2）親からの世話的サポート

　図4.1.3.2は短期的・突発的な世話について最も重要な支援提供者に関する割合である。「第2子出産時の第1子の世話」については、第5回調査では「親」の割合が64.4％であり、最も高い。「妻が病気のときの子どもの世話」については、第5回調査では「夫」の割合が最も高く、51.6％であり、次いで「親」が37.6％となっている。「第1子出産時の妻の身の回りの世話」については、各回の調査では「親」の割合が最も高いのが共通である。

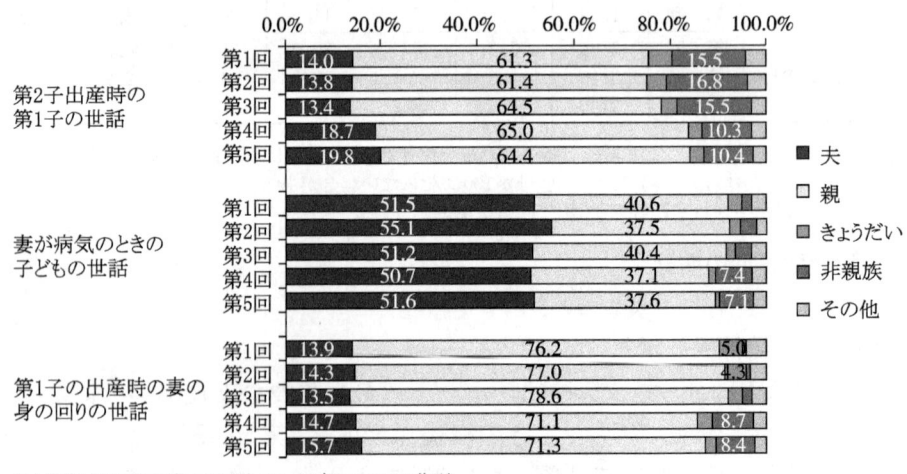

図4.1.3.2　調査回別にみた世話的サポート（短期的・突発的な世話）の最も重要な支援提供者
出所：国立社会保障・人口問題研究所「第5回全国家庭動向調査」

第二の近代における日本家族の世代関係変化に関する社会学的研究

(3) 親からの経済的サポート

図4.1.3.3は経済的サポートの最も重要な支援提供者である。この項目は最初に調査されたのは第3回調査である。「経済的に困ったときに頼る人」については、第5回調査では「親」が最も高く、64.9%となっている。経済的な支援について「夫」より「親」の割合が高い傾向は、第3回調査以降、ほとんど変化していない。

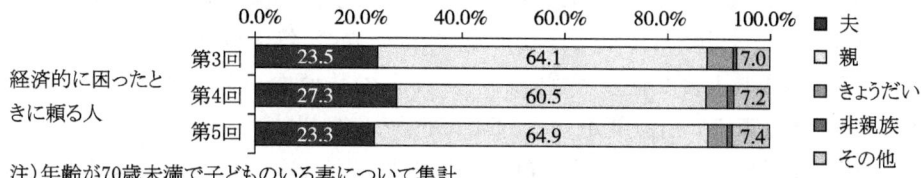

図4.1.3.3　調査回別にみた経済的サポートの最も重要な支援提供者
出所:国立社会保障・人口問題研究所「第5回全国家庭動向調査」

(4) 親からの住宅に関する援助

表4.1.3.4は調査対象の住宅の種類に関する結果である。「親の援助のある住宅」の割合は第1回調査の36.9%から第5回調査の49.2%へと増加し、上昇傾向にある。「親の援助のある住宅」において、「夫の親の家」、「夫親の土地に建てた自分たちの家」、「親の援助で取得した自分たちの家」の割合は大きい。それに対して「親の援助の無い住宅」の割合は、第1回調査の55.4%から第5回調査の44.1%へと減少し、低下傾向にある。

表4.1.3.4　調査回別にみた住宅の種類(%)

調査回	ケース数	親の援助のする住宅							親の援助の無い住宅			その他
			妻の親の家	夫の親の家	妻親の土地に建てた自分たちの家	夫親の土地に建てた自分たちの家	親の援助で取得した自分たちの家	親の援助が賃貸住宅		親の援助なしで取得した自分たちの家	親の援助がない賃貸住宅	
第1回	5902	36.9	4.9	12.9	3.2	7.3	8.1	0.5	55.4	34.0	21.5	7.7
第2回	6569	37.1	3.6	9.6	4.1	7.7	11.3	0.7	55.3	36.2	19.1	7.7
第3回	6793	42.9	4.9	13.8	3.3	10.7	9.6	0.6	49.9	32.4	17.5	7.2
第4回	6480	43.1	6.2	11.4	5.3	9.7	9.6	0.6	49.1	31.5	17.6	7.8
第5回	6032	49.2	7.1	15.5	5.1	10.2	10.2	0.5	44.1	31.0	13.1	6.7

注)四捨五入の関で割合の合計が100にならない場合がある。
出所:国立社会保障・人口問題研究所「第5回全国家庭動向調査」

(二)子どもから親への援助

表4.1.3.5は第1回調査から第5回調査までの妻の親に対する主な家事支援である。「日常の買い物」支援についてみれば、同居する妻の父については、第1回調査の56.3%から第3回調査の65.5%へと増加し、その後、ほぼ70%前後で落ち着いている。同居する妻の母については、第1回調査の64.6%から第5回調査の79.1%まで

増加していて、上昇傾向にある。夫の両親と同居している場合において、夫の父は48％から50％、夫の母は54％から60％へ微増している。別居の場合は全般的にみると、夫婦双方の親について、第1回調査において、高めの数字が出ているが、第3回調査から第5回調査までの数値の変化には少しずつ上昇する傾向がみられるのは共通である。

「食事・洗濯」に関しては、同居の妻の父の場合、第1回調査の71.5％から第5回調査の83.7％へと上昇している。同居の妻の母の場合、第1回調査の70.3％から第5回は85.8％に上昇している。すなわち、これらの数値からみると、同居の妻の父も母も、第1回調査の7割程度から、第5回調査の8割以上へと急上昇していて、その増加の程度が著しい。また、妻の親と別居の場合においても、妻の父も母も第3回調査から緩やかな増加傾向が見られる。さらに、夫の親に関しても、同居する夫の父の場合に第3回調査の64.3％から第5回調査の71.6％に増加していて、同居する夫の母の場合に第3回調査の69.5％から第5回調査の74.4％へと上昇していて、つまり、全般的にみると、同居する夫の親については、増加傾向がみられる。一方、別居する夫の父と母については、第3回調査からほぼ横ばいで推移しているのは共通である。

「悩み事の相談」をみると、同居の場合に上昇傾向がみられる。同居している妻の父については、1993年の第1回調査の12.6％から第3回調査の17.2％へと増加し、第4回調査で14.9％と一度低下するが、第5回調査でまた22.5％へと増加し、緩やかな上昇傾向にある。同居する夫の父についても、第1回調査の5.3％から第5回調査の9.6％となっていて、上昇傾向がみられる。しかし、夫婦双方の母については、目立った変化は見られない。また、別居の場合において、特に夫の母については、第1回調査の14.9％から第5回の10.8％へと減少し、低下傾向がみられる。

「病気の時の世話」についてみると、夫の母と同居している場合、第1回調査の46.6％から第5回調査の32.9％に低下している。別居する妻の母についても、第1回調査の27.6％と比べて、第5回調査の17.7％は10ポイント程度減少した。全般的にみれば、同居の妻の母を除き概ね減少傾向にある。

表4.1.3.5　親との同別居別、子から親への支援状況の推移（％）

親	調査回	ケース数		日常の買い物		食事・洗濯		悩み事の相談		病気の時の世話	
		同居	別居	同居	別居	同居	別居	同居	別居	同居	別居
妻の父	第1回	151	2516	56.3	19.5	71.5	26.1	12.6	11.0	42.4	20.2
	第2回										
	第3回	174	2707	65.5	11.4	70.1	13.0	17.2	15.3	40.8	15.4
	第4回	141	2436	70.2	15.8	70.9	16.7	14.9	11.1	41.8	12.6
	第5回	178	2221	68.0	15.9	83.7	17.2	22.5	12.4	36.5	13.5

续表

親	調査回	ケース数		日常の買い物		食事・洗濯		悩み事の相談		病気の時の世話	
		同居	別居	同居	別居	同居	別居	同居	別居	同居	別居
妻の母	第1回	263	3553	64.6	27.0	70.3	25.4	32.7	31.1	51.7	27.6
	第2回										
	第3回	315	3956	72.7	19.7	75.6	14.6	33.3	34.4	52.1	20.8
	第4回	271	3397	73.8	25.6	75.7	17.8	28.8	28.1	47.6	18.0
	第5回	282	3179	79.1	26.6	85.8	19.9	35.8	30.0	51.4	17.7
夫の父	第1回	457	1810	47.9	11.2	71.1	15.3	5.3	6.6	30.2	12.2
	第2回										
	第3回	490	1870	50.0	6.3	64.3	8.9	8.6	7.2	31.0	10.0
	第4回	328	1754	49.4	7.9	65.9	10.8	7.9	5.7	28.1	7.0
	第5回	437	1573	49.2	7.8	71.6	10.0	9.6	4.5	24.9	7.1
夫の母	第1回	783	2653	53.9	15.2	67.7	15.6	17.0	14.9	46.6	18.6
	第2回										
	第3回	872	2698	58.7	11.6	69.5	11.3	18.2	15.5	43.7	13.6
	第4回	625	2509	60.3	12.5	71.8	11.3	16.8	12.9	37.9	8.9
	第5回	754	2265	60.2	13.3	74.4	12.2	16.6	10.8	32.9	9.8

注)妻の年齢が70歳未満について集計。『食事』と『洗濯』は、第3回から第5回ではそれぞれ別々の設問で聞いているが、第1回は『食事・洗濯』とまとめてきいているため、第3回から第5回も『食事・洗濯』と両方を合わせて集計した。第2回調査では、家事の支援項目に関する設問無し。
出所:国立社会保障・人口問題研究所「第5回全国家庭動向調査」

4.2 考察

以上の統計的なデータを分析すると、第二の近代における日本の核家族間の世代関係の変化は以下の特徴があることがわかる。

親との居住関係に関しては、時系列でみると、親との同居割合は上昇傾向にあるように見受けられる。親からの精神的なサポートにおいて、「親」を最も重要な支援提供者とする妻の割合は上昇傾向にある。世話的サポートには、「第2子出産時の第1子の世話」については、全般的にみれば、「親」は第1回調査の61.3％から増加傾向にある。「第1子出産時の妻の身の回りの世話」については、各回の調査では「親」の割合が最も高いのが共通である。経済的サポートには、「経済的に困ったときに頼る人」について、「夫」より「親」の割合が高い傾向は、この項目が最初に調査された第3回調査以降、ほとんど変化していない。親からの住宅に関するサポートについて、「親の援助のある住宅」の割合は上昇傾向にある。

妻の親に対する主な家事支援については、「日常の買い物」支援をみれば、同居する妻の父については、第3回調査の後、ほぼ70％前後で落ち着いている。同居する

妻の母については上昇傾向にある。夫の両親と同居している場合において、夫の父については微増している。別居の場合は全般的にみると、夫婦双方の親について、第3回調査から第5回調査までの数値の変化には少しずつ上昇する傾向がみられるのは共通である。

「食事・洗濯」に関しては、同居の妻の父も母も、増加の程度が著しい。また、妻の親と別居の場合においても、妻の父も母も第3回調査から緩やかな増加傾向が見られる。さらに、同居する夫の親については、全般的にみると、増加傾向がみられる。一方、別居する夫の父と母については、第3回調査からほぼ横ばいで推移しているのは共通である。

「悩み事の相談」をみると、同居の場合に上昇傾向がみられる。別居の場合において、特に夫の母については、第1回調査の14.9%から第5回の10.8%へと減少し、低下傾向がみられる。

「病気の時の世話」についてみると、全般的にみれば、同居の妻の母を除き概ね減少傾向にある。

5. 核家族間の世代関係のケース・スタディー

表5　インタビュー対象の情況

事例	インタビュー対象	家族仕事状況	子ども数
事例1	Aさん	フルタイム勤務	3人
事例4	Dさん	フルタイム勤務	2人
事例5	Eさん	フルタイム勤務	2人
事例3	Cさん	パートタイム勤務	2人
事例10	Jさん	パートタイム勤務	2人
事例12	Lさん（父親）	妻がパートタイム勤務	2人
事例2	Bさん	専業主婦	1人
事例6	Fさん	専業主婦	1人
事例7	Gさん	専業主婦	1人
事例8	Hさん	専業主婦	1人
事例11	Kさん	専業主婦	1人
事例16	Pさん	専業主婦	1人
事例9	Iさん	ひとり親	1人
事例13	Mさん	ひとり親	1人
事例14	Nさん	ひとり親	4人
事例15	Oさん	ひとり親	2人

5.1 共働き家族
5.1.1 妻がフルタイム勤務の家族

親との居住関係について、妻がフルタイム勤務の家族のケースとして、事例1と事例5は、親と別居している。事例4の場合は、親との居住関係は同居である。また、訪問・通信関係について、別居の場合は、頻繁に会うことができないが、電話とメール、LINEなどで連絡できる。数ヶ月おきに訪問することもできる。

財貨・サービスの授受・交換関係において、三つの事例の情況を見ると、精神的なサポートの提供者は夫・親・姉・ママ友・先生などを含んで、多様性を示している。また、事例1、事例4と事例5は、共通の世話的な悩みを抱いている。フルタイム勤務なので、子育ての時間的な悩みは深刻である。自分の時間がとれないとか、また、複数の子どもを持っている場合、保育園と小学校のオープニング時間の違いも解決しにくい問題である。世話的なサポートの提供者について、三つの事例は全部保育園を利用することがある。また、親と同居している場合、やはり、親からのサポートはいろいろある。親と別居している場合、母親たちは、保育園のほかに、学童保育・ファミリーサポートセンター・子どもの一時預かり保育サービスなどを利用している。近隣のサポートもあるが、ただ特例である。三つの事例は全部経済的な悩みがあるが、子どもの違う成長段階に関する悩みである。保育料の高さに関する悩みもあるし、養育費と習い事の費用の高さに関する悩みもある。また、将来の大学の教育費に関する心配もある。経済的なサポートはないが、祖父母は孫の入学のお祝いを贈ったケースがある。また、親が経済力がある場合、経済的な問題があると、親にサポートを求めようとするケースがある。子育てサポートの提供者は多様性があり、子育てサポートのネットワークが作られた。そのネットワークは夫・親・兄弟姉妹・ママ友・近隣・社会施設などを含んでいる。同居のケースを見ると、一緒に住んでいるので、親子間はお互いに助けあうことが多くあり、親からの子育てサポートはいろいろある。すなわち、そういうケースの子育てサポートのネットワークにおいて、社会施設が一定の割合を占めているが、親の比重はかなり大きい。これに対して、親と遠く別居していると、フルタイム勤務なので、子育ての時間的な悩みが深刻であるが、親にサポートを求めることは無理であるので、やはり多くの場合に、社会施設を頼りにしなければならない。

親からの住宅援助について、事例1の情況は不明である。事例4の場合は、親と同居しているが、親からの住宅援助はない。事例5の場合、親は経済力があり、一部の住宅資金をサポートした。

親へのサポートに関しては、事例1の情況は不明である。事例4の場合は、親と同居しているので、母親の面倒を見るなどの日常生活の世話的なサポートが多い。また、親への精神的なサポートに関しては、事例4は親子間の相談が多くて、Dさんは親の精神的な悩みを解決するために、サポートを提供している。事例5の場合、親はまだ元気であるから、介護的なサポートは必要ではない。また、子どもの他に、親

自身の友達も精神的なサポートの提供者である。経済的なサポートについて、Eさんは、親孝行と恩返しなどとして、やっていこうとする。

5.1.2 妻がパートタイム勤務の家族

妻がパートタイム勤務の家族のケースにおいて、居住関係と訪問・通信関係に関しては、事例3の場合、Cさんは自分の親と近居していて、大体毎日電話で連絡する。夫の親と遠く別居していて、半年一回ぐらい電話で連絡する。事例10のJさんは、夫婦両方の親と遠く別居していて、自分の親と電話で月に一・二回連絡し、夫の親とLINEで週に二・三回連絡する。事例12のLさんは、妻の親と近居していて、三日に一度ぐらい連絡する。また、自分の親と遠く別居していて、二週間に一回ぐらい連絡する。すなわち、近居の場合、親との連絡はわりと頻繁であろう。

財貨・サービスの授受・交換関係に関しては、三つの事例を見ると、精神的な悩みがあるときに、夫婦で解決し、親・兄弟姉妹・ママ友・社会施設にサポートを求めることもする。世話的な方面について、やはり、子どもの学校とか習い事の送迎が大きな問題であり、近居の場合、親たちはいろいろなサポートを提供している。親と遠く別居している場合に、しかたがないので、食洗機を使って時間を節約するというような自助もする。三つのケースは全部経済的な悩みがある。悩みの内容は、高い保育料と習い事の費用と高い塾代などである。事例3と事例10は、親に経済的なサポートを求めることがないが、事例12の場合、親はサポートを提供した。この部分のケースの子育てサポートのネットワークを見ると、事例3の場合、家族からのサポートが十分なので、ファミリーサポートセンターを使っていない。また、子育てサークルに参加したことがないが、保育園を毎日利用している。近所の人との子育ての互助は少ない。ママ友との互助は子育て情報の交換だけである。事例10のJさんは、親と遠く別居しているので、親からの子育てサポートはほとんどない。ファミリーサポートセンターを使っていないが、保育園を毎日利用している。また、子育てサークルに参加したことがあり、活動が終わっても活動の参加者の母親たちとつながっているが、ママ友との互助はただ子育ての情報交換である。近隣と子育ての互助はわりと少ない。事例12の場合は、親と近く住んでいるので、親からの子育てサポートが多い。ファミリーサポートセンターを使ったことがなくて、幼稚園を利用したことがある。子育てサークルによく参加して、活動が終わってもパパさんたちと母親たちとつながっている。近隣との子育ての互助は全然ない。ママ友との互助は子どもの送迎と子育て情報の交換である。また、子育ての心理学の勉強会からも子育て情報を入手した。つまり、別居と比べて、近居の場合、親からの子育てのサポートはわりと多い。また、社会施設の利用と子育てサークルの参加は子育てにおいて大きな役に立った。しかし、近隣とママ友との実際の互助はわりと少ない。

親からの住宅援助に関しては、この部分の三つの事例は全部親からの住宅援助があったが、その形式は違っている。事例3のCさんはおじいさんとおばあさんの持ち家に住んでいて、事例10の場合、親は家を建てるお祝いをした。また、事例12の

Lさんの親は直接サポートを提供した。

親へのサポートについて、親たちはまだ元気であるので、介護的なサポートは三つの事例において全部ないが、送迎などの日常生活のサポートがある。しかし遠く別居している場合は、日常生活のサポートもできない。病気の相談などの精神的なサポートはある。また、親は年金とか貯金などがあって自足できるので、親への経済的なサポートはない。

5.2 専業主婦家族

親との居住関係については、専業主婦家族の事例において全部別居と近居である。通信は、電話とかLINEでするのは便利であるが、別居と比べて、近居の場合に、訪問の頻度がわりと高い。また、連絡の内容は、実家に帰る時間と子どもの写真の送りなどである。

財貨・サービスの授受・交換関係に関しては、この部分の六つのケースを概観してみると、精神的なサポートの提供者は夫・親・ママ友などを含んで、ママ友は一番大きな比重を占めている。また、専業主婦であるから、世話的な悩み、特に時間的な悩みを抱いている人はわりと少ないが、あってもただ夜の睡眠と家事の問題である。夫は一定の子育てのサポートを提供しているが、近居の場合は、親からの子育てのサポートがかなり多い。サポートの内容は主に子どもの預かり、ご飯、お風呂などである。経済的な悩みは主に保育園と幼稚園の費用である。経済的サポートの求めについて、多くの母親は親に求めようとしないが、どうにもならない時は、頼る可能性があると言った母親もいる。この部分の六つのケースを見ると、専業主婦の子育てサポートのネットワークはわりと弱い。自分のほかに、親は一番大きなサポートの出どころである。しかし、将来働こうとする母親は、保育園などの社会施設を利用するつもりがある。また、子育てサークルのような活動に参加している母親もいるが活動が終わったあと、ほかの母親と連絡を保持していない。ママ友と近隣との子育ての互助も少ない。

六つの事例のなかで、親からの住宅に関する援助がないのが五つである。事例11だけがちょっとだけあるが、ただ家具の買いである。専業主婦家族はやはり、夫は一定の経済力を持っているのであろう。

親へのサポートに関しては、この部分の事例において、大部分の親はまだ元気であるので、介護的なサポートは今のところ必要ではない。親の精神的な悩みとサポートについては、以下の特徴がある。事例2の場合、Bさんの子どもの生まれは、Bさんの父親の精神的なサポートとなった。事例6のFさんの親は、精神的な悩みがある時に、自分で解決しようとしている。Fさんはサポートしようとするが、親は、Fさんの子育ても大変であるので、Fさんに迷惑をかけようとしない。事例7の場合においても、Gさんの親は、あまりGさんに心配かけようとしないので、精神的な悩みがある時に友達と相談する。事例8のHさんの親の精神的なサポートの提供者もHさんではなく、親自身の友達である。事例11を見ると、Kさんの親は、精神的な

悩みを最初は自分たちで解決する。事例16のPさんの親は、Pさんとの精神的な悩みの相談はない。また、親は年金があるなどの原因で、六つの事例において、親への経済的なサポートはほとんどない。

5.3 ひとり親家族

　ひとり親家族の四つの事例において、事例9のIさんだけが、親と遠く別居している。事例13、事例14と事例15は全部近居である。事例9のIさんは親と別居しているが、親と毎日電話で連絡する。事例14と事例15は、親とは近居であるので、連絡の頻度はわりと高い。事例13のMさんだけが親とたまにメールで連絡する。

　財貨・サービスの授受・交換関係において、事例9のIさんは子育ての不安と離婚に悩んでいたが、親と姉にサポートを求めた。事例13のMさんは子どもの耳が悪いことに悩んでいるが、親からのサポートはしばしばである。事例14のNさんは、精神的な悩みは特にない。また、事例15のOさんはお寺の奥さんなので、子育ての悩みよりは、出かけられないなどの自生活の悩みが深刻であり、お寺の奥さん同士で悩みの相談をした。世話的な悩みとサポートの提供者に関しては、事例9の親はときどきサポートする。事例13の親もしばしばサポートする。事例14の親も預かりなど多いサポートをした。事例15は唯一の特例であり、ベビーシッターさんにサポートを求めた。四つの事例のなかで、ただ事例14は子どもの将来の大学の費用に悩んでいて、親にサポートを求めようとする。事例9、事例13と事例15は、全部収入があるので、経済的な悩みは特にない。四つの事例を見ると、ひとり親家族の子育てサポートのネットワークは非常に強い。事例9のIさんは最近ファミリーサポートセンターを利用している。また、保育園を毎日利用している。近隣との子育ての互助はときどきあり、ママ友との互助も頻繁である。事例13のMさんはこれから忙しくなるので、ファミリーサポートセンターを利用する可能性がある。保育園は週に二、三回利用している。また、Mさんは、ママ友との互助は非常に多くて、子育てサークルにもよく参加している。事例14のNさんは、ファミリーサポートセンターを利用していないが、近隣との子育ての互助はあり、ママ友との互助は多くある。子育てサークルにはよく参加した。事例15のOさんはファミリーサポートセンターを利用していないが、自分がファミリーサポートセンター的なシステムをつくろうとしている。保育園を利用していなくて、幼稚園を利用している。ママ友との互助は多くて、子育てサークルにも参加している。保育ママ、ベビーシッターをかなり使った。

　事例14だけが親からの住宅に関する援助がある。親へのサポートに関しては、事例9は、月に二回ぐらい親の介護をする。事例13は、Mさん自身の情況はちょっと厳しいので、親へサポートを提供することができない。事例14の親はまだ元気であるので、介護的なサポートは必要ではない。事例15は、仕事の手伝いと親も送迎をする。精神的には、四つの事例の親は全部精神的な悩みを子どもと相談する。経済的には、四つの事例は全部親にサポートを提供することがない。

6. 核家族間の世代関係の影響要因に関する考察

6.1 家族内の要因
6.1.1 個人意識
　家族成員の個人意識は核家族間の世代関係に影響を及ぼしている。以上インタビューの資料を分析すると、インタビュー対象たちの理想的な家族との居住関係は圧倒的に近居である。その理由は、同居と別居と比べて、近居の場合は、自分のプライベートな空間を守ることもできるし、何があったときにお互いに助けあうこともできる。また、多くのインタビュー対象は家族からの子育てサポートを期待しているが、任せすぎるかもしれないというような心配もある。さらに、子どもたちは親孝行と恩返しとして、親へサポートを提供しようとするが、親たちは、子どもたちの大変さを心配し、子どもに迷惑をかけようとしない。

6.1.2 孫の生まれ
　以上のインタビュー資料を分析すると、孫の生まれも核家族間の世代関係に影響している。孫の生まれは家族成員の間の紐帯をより緊密にしている。まず、祖父母たちの精神状態は孫の生まれで変わっている。祖父母たちは孫の世話をすることをとても楽しんでいる。孫の生まれで、祖父母たちは元気になって、嬉しくんって、生活は幸せになる。それから、祖父母は孫を預かり、孫の送り迎えをして、母親たちにいろいろな子育てのサポートを提供しているので、祖父母たちと母親たちの関係はより親しくなっている。また、祖父母たちと母親たちの連絡も孫の生まれで頻繁になっている。連絡の内容は主に孫のことである。さらに、祖父母たちは長時間に孫と一緒に暮らしていることは、祖父母と孫の間の関係をより親密にしている。

6.1.3 親の身体状況
　各家族間の世代関係は、親の身体状況の影響も受けている。まず、インタビュー対象の答えによって、親に実際の介護的なサポートを提供するかどうかは、親の身体状況によって決められている。親の身体状況は、より専門的な介護が必要であり、家族は十分な介護的なサポートが提供できない場合、施設に入所しなければならない。また、インタビュー対象の親は、孫の世話をすることが好きであるが、高齢、体力などの原因で、世話的なサポートが提供できないこともある。母親たちは、親の身体状況を気にかけて、願わなくなったこともある。すなわち、親の身体状況は、核家族間のサービスの授受・交換関係に影響を及ぼしている。

6.2 社会的要因
6.2.1 労働市場
　以上の資料を分析すると、労働市場は核家族間の世代関係に影響を及ぼしていることが分かった。近居の場合は、親子間の助け合いはかなり便利であり、頻繁であるが、遠く別居している場合は、サポートを提供しようとしてもしかたがない。し

かし、第二の近代の日本において、実家に近いところで仕事をすることはかなり難しい。人びとは、仕事のために、実家から離れて他府県に定住しなければならない。インタビュー対象としての母親たちは、夫の仕事の場所、夫の転勤、自分の仕事の場所などの原因で、実家あるいは夫の実家から遠いところに住んでいなければならない。親たちとお互いに各方面のサポートを提供しようとしてもしかたがない。つまり、労働市場は核家族間のサービスの授受・交換関係に大きな影響を与えている。

6.2.2　社会施設・団体

保育園は、親（保護者）からの申し込みにより、親が働いている、病気の状態にある等の理由により家庭において十分に子どもを保育できない場合に、家庭に替わって子ども（0〜5歳の乳児および幼児）を保育（養護と教育が一体となった保育）するため、児童福祉法に位置付けられた「児童福祉施設」である。ファミリーサポートセンターファミリー・サポート・センター事業は、乳幼児や小学生等の児童を有する子育て中の労働者や主婦等を会員として、児童の預かりの援助を受けることを希望する者と当該援助を行うことを希望する者との相互援助活動に関する連絡、調整を行うものである。子育てサークルは、子育て中の親たちが子どもを連れて集まり、子ども同士を遊ばせながら、学習や情報交換をしたり、運動会やクリスマスなどの行事を共同で実施したりするグループである。

インタビュー対象たちの答えによると、社会施設・社会団体の活動などは、子育てにおいて、かなり役に立っている。特に、働くママとシングル・マザーなどにとって、大きな子育てサポートを提供している。子育てサポートのネットワークの重要な一部分として、社会施設・社会団体の活動などは家族からの子育てサポートの不足を補っていると同時に、家族間のサービスの授受・交換関係を弱くしている。子育ての悩みがあった時に、母親たちは、親や兄弟姉妹のほかに、新しい選択肢を持っている。また、子育てサークルの参加者の母親たちは、活動が終わってもつながっていて、家族集団の以外に、別の新しい集団とかネットワークを作っている。

6.2.3　社会政策

年金は終身または一定期間にわたり、毎年定期的に一定の金額を給付する制度のもとで、支給される金銭である。また、老齢・障害・死亡などを保険事故とし、被保険者や遺族の生活保障を目的とする年金保険制度のことである。国民年金・厚生年金・共済年金などの公的年金と、企業年金・団体年金、個人年金などの私的年金とがある。

インタビュー対象の答えを見ると、親に経済的なサポートを提供しないのは、親は年金があるので、経済的に自足できて、経済的な悩みがないというのは一つの大切な原因である。すなわち、第二の近代の日本において、年金制度など、先進的な社会政策も核家族間の世代関係に影響を与えている。子どもたちは、親孝行や恩返しとして、親にサポートしようとするが、親は年金や貯金などがあるので、サポートを受ける必要がない。逆に、親から子どもへの経済的なサポート、たとえば、子育ての

経済的なサポート、進学のお祝い、大学の費用、住宅の援助など、いろいろある。すなわち、核家族間の財物の授受・交換関係は親から子どもへという一方向の方向性を持っている。

7. 結論

　ベックは、個人化過程の(1)脱伝統化、(2)個人の制度化された解き放ちと再埋め込み、(3)「自分の人生」を追求せよとの強制と純粋な個人性の欠如、(4)システムによるリスクの内面化という四つの主要な特徴を強調している。

　また、鈴木は、事柄を単純化したり、独自の用語を補って、ベックが主張する個人化の要点を説明する。鈴木によると、個人化とは、①生活の安定を保障し、諸個人のアイデンティティの基盤となる中間集団や制度が弱体化することを意味する、②ライフコースが脱標準化・多様化することによって、自分のバイオグラフィーをそのつど自分自身で再帰的に設計しつづけなければならなくなる、③ライフコースの脱標準化・多様化は、個人による選択の余地を拡大し自己決定の重要性を高めるが、選択が可能な範囲は、依然として労働市場、福祉政策、教育政策などによって規定されている、④リスクと個人化は、関係性のあらたな形態、そして政治のあらたな可能性を切り拓いてゆく。

　本稿は統計的データと事例研究に基づいて、主に以下の結論が得られた。

　第一に、第二の近代の日本社会において、世代間関係的にみれば、核家族の間の世代関係は依然として緊密である。本稿の統計的データに対しての分析をみると、第二の近代の日本社会において、親との居住関係に関しては、時系列でみると、親との同居割合は上昇傾向にあるように見受けられる。夫婦双方の親と別居する場合において、時系列でみれば、近居化の傾向はいずれの親についても共通である。また、財貨・サービスの授受・交換において、親からの精神的・世話的・経済的なサポートについては、全般的にみれば、「親」を最も重要な支援提供者とする妻の割合は上昇傾向にある。親からの住宅に関するサポート世話的サポートについても、「親の援助のある住宅」の割合は上昇傾向にある。それに対して「親の援助の無い住宅」の割合は低下傾向にある。さらに、妻の親に対する主な家事支援については、増加傾向にある項目が多い。すなわち、第二の近代の日本社会において、関係的にみると、核家族の間の世代関係は依然として緊密である。同居と近居の上昇傾向は進んでいて、世代間の援助も全般的に増加傾向がみられる。

　第二に、第二の近代の日本社会において、核家族間の世代関係については、人びとの選択が可能な範囲は、労働市場、福祉政策などによって規定されている。事例資料についてみれば、プライベートの空間の守りと親子間の便利な助け合いのために、インタビュー対象たちの理想的な家族との居住関係は圧倒的に近居である。しかし、第二の近代の日本において、実家に近いところで仕事をすることはかなり難しい。人びとは、仕事のために、実家から離れて他府県に定住しなければならない。親たちとお互いに各方面のサポートを提供しようとしてもしかたがない。つまり、

労働市場は核家族の間の世代間のサービスの授受・交換関係に大きな影響を与えている。また、インタビュー対象の答えを見ると、子どもたちは、親孝行や恩返しとして、親にサポートしようとするが、、親は年金があるので、経済的に自足できて、経済的な悩みがないので、サポートを受ける必要がない。逆に、親から子どもへの経済的なサポートはいろいろあり、核家族間の財物の授受・交換関係は親から子どもへという一方向の方向性を持っている。すなわち、第二の近代の日本において、年金制度などの社会政策も核家族の間の世代間の財貨の授受・交換関係に影響を与えている。

　第三に、第二の近代の日本社会において、ネットワークを基盤とした柔軟な関係性が発展する可能性が拡がってゆき、生活に密着した「リスク」や「不安」を共有する者同士が新たな連帯を生み出すこともある。一部分の働くママやシングル・マザーにとって、生活のさまざまなリスクを個人が処理することを余儀なくされる。インタビュー対象たちの答えによると、社会施設・社会団体の活動などは、子育てにおいて、かなり役に立っている。特に、働くママとシングル・マザーなどにとって、大きな子育てサポートを提供している。子育てサポートのネットワークの重要な一部分として、社会施設・社会団体の活動などは家族からの子育てサポートの不足を補っていると同時に、家族間のサービスの授受・交換関係を弱くしている。子育ての悩みがあった時に、母親たちは、親や兄弟姉妹のほかに、新しい選択肢を持っている。また、子育てサークルの参加者の母親たちは、活動が終わってもつながっていて、家族集団の以外に、別の新しい集団とかネットワークを作っている。

注
[1]森岡清美・望月嵩. 2003.『新しい家族社会学』. 培風館. p4
[2]森岡清美. 1993.『現代家族変動論』. ミネルヴァ書房. p163
[3]石川実. 2010.『現代家族の社会学』. 有斐閣ブックス. p7
[4]落合恵美子. 2000.『近代家族の曲がり角』. 角川叢書. p11
[5]西川祐子. 1990.「住まいの変遷と『家庭』の成立」. 女性史総合研究会編『日本女性生活史 4 近代』. 東京大学出版会. p47
[6]山田昌弘. 1994.『近代家族のゆくえ』. 新曜社. p77
[7]落合恵美子. 2004.『21世紀家族へ（第3版）』. 有斐閣選書. p230
[8]伊藤美登里. 2015.「社会の構造変化と家族—『家族の機能』再考」. 鈴木宗徳編『個人化するリスクと社会—ベック理論と現代日本』. 勁草書房. pp77-79
[9]正岡寛司. 1995.「ライフコースにおける親子関係の発達的変化」. 森岡清美監修，石原邦雄、佐竹洋人、堤マサエ、望月嵩共編『家族社会学の展開』. 培風館. pp66-67
[10]正岡寛司. 1995.「ライフコースにおける親子関係の発達的変化」. 森岡清美監修，石原邦雄、佐竹洋人、堤マサエ、望月嵩共編『家族社会学の展開』培風館. pp67-75
[11]宮本みち子、岩上真珠、山田昌弘. 1998.『未婚化社会の親子関係』. 有斐閣. pp7-8
[12]野々山久也編. 2011.『論点ハンドブック家族社会学』. 世界思想社. p33
[13]森岡清美・望月嵩. 2003.『新しい家族社会学』. 培風館. p4

[14]森岡清美. 1993.『現代家族変動論』. ミネルヴァ書房. p163
[15]森岡清美・望月嵩. 2003.『新しい家族社会学』. 培風館. p9
[16]森岡清美・望月嵩. 2003.『新しい家族社会学』. 培風館. p10
[17]森岡清美・望月嵩. 2003.『新しい家族社会学』. 培風館. p12
[18]森岡清美・望月嵩. 2003.『新しい家族社会学』. 培風館. p12
[19]落合恵美子. 2013.「近代世界の転換と家族変動の論理―アジアとヨーロッパ」.『社会学評論』. Vol. 64. No. 4. p533
[20]伊藤美登里. 2015.「社会の構造変化と家族―「家族の機能」再考」. 鈴木宗徳編『個人化するリスクと社会―ベックの理論と現代日本』. 勁草書房. p62
[21]鈴木宗徳. 2015.「ベック理論とゼロ年代の社会変動」. 鈴木宗徳編『個人化するリスクと社会―ベックの理論と現代日本』. 勁草書房. p11
[22]周維宏. 2012.《颠倒和压缩：日本现代化时序考察》.《学术前沿》2012年11月下. pp46-47
[23]Beck, Ulrich. 1986. Risikogesellschaft. Frankfurt am Main; Suhrkamp Verlag(=1998. 東廉・伊藤美登里訳『危険社会』法政大学出版局)
[24]Beck, Ulrich. 1986. Risikogesellschaft. Frankfurt am Main; Suhrkamp Verlag(=1998. 東廉・伊藤美登里訳『危険社会』法政大学出版局)
[25]伊藤美登里. 2015.「社会学史における個人と社会―社会学の課題の変容とそれへの理論的格闘」. 鈴木宗徳編『個人化するリスクと社会―ベックの理論と現代日本』. 勁草書房. p41
[26]Beck, Ulrich. 1986. Risikogesellschaft. Frankfurt am Main; Suhrkamp Verlag(=1998. 東廉・伊藤美登里訳『危険社会』法政大学出版局)
[27]ウルリッヒ・ベック. 2011.「個人化の多様性―ヨーロッパの視座と東アジアの視座」. 伊藤美登里訳, ウルリッヒ・ベック、鈴木宗徳、伊藤美登里編『リスク化する日本社会―ウルリッヒ・ベックとの対話』. 岩波書店. pp28-29
[28]目黒依子. 2004.『個人化する家族』. 勁草書房
[29]鈴木宗徳. 2015.「ベック理論とゼロ年代の社会変動」. 鈴木宗徳編『個人化するリスクと社会―ベックの理論と現代日本』. 勁草書房. pp6-7
[30]森岡清美・望月嵩. 2003.『新しい家族社会学』. 培風館. p10

参考文献

石川実. 2010.『現代家族の社会学』. 有斐閣ブックス
今田高俊. 2002.「リスク社会と再帰的近代―ウルリッヒ・ベックの問題提起」.『海外社会保障研究』. No. 138
上子武次・増田光吉編著. 1976.『三世代家族―世代間関係の実証的研究』. 垣内出版株式会社
ウルリヒ・ベック. 1994.『危険社会』東廉/伊藤美登里訳. 法政大学出版局
ウルリッヒ・ベック・鈴木宗徳・伊藤美登里編. 2011.『リスク化する日本社会―ウルリッヒ・ベックとの対話』. 岩波書店
落合恵美子. 2000.『近代家族の曲がり角』. 角川叢書
落合恵美子. 2004.『21世紀家族へ(第3版)』. 有斐閣選書
落合恵美子. 2013.「近代世界の転換と家族変動の論理―アジアとヨーロッパ」.『社会学評論』Vol. 64. No. 4
国立社会保障・人口問題研究所.「第5回全国家庭動向調査」

鈴木宗徳編. 2015.『個人化するリスクと社会―ベック理論と現代日本』. 勁草書房
戸田貞三. 1948.「家族の構成と機能」. 田辺寿利編『社会学大系1家族』. 国立書院
西川祐子. 1990.「住まいの変遷と『家庭』の成立」. 女性史総合研究会編『日本女性生活史4 近代』. 東京大学出版会
西川祐子. 1994.「日本型近代家族と住まいの変遷」.『立命館言語文化研究』. No. 6(1). p27
野々山久也編. 2011.『論点ハンドブック家族社会学』. 世界思想社
宮本みち子・岩上真珠・山田昌弘. 1998.『未婚化社会の親子関係』. 有斐閣
目黒依子. 2004.『個人化する家族』. 勁草書房
森岡清美. 1993.『現代家族変動論』. ミネルヴァ書房
森岡清美監修・石原邦雄・佐竹洋人・堤マサエ・望月嵩共編. 1995.『家族社会学の展開』. 培風館
森岡清美・望月嵩. 2003.『新しい家族社会学』. 培風館
山田昌弘. 1994.『近代家族のゆくえ』. 新曜社
Ogburn, W. F. 1933. *The family and its functions*. In President's Research Committee on Social Trends (eds.). *Recent Social Trends in the United States*. McGraw-Hill. pp661-708
Burgess, E. W. 1948. The Family in a changing society. *American Journal of Sociology* 53(6): pp417-422
MacIver, R. M. & C. H. Page. 1950. *Society : An Introductory Analysis*. Macmillan
Parsons, T. & R. F. Bales. 1956. *Family Socialization and Interaction Process*. Routledge and Kegan Paul
Blood, R. O. Jr. 1964. Impact of urbanization on American family structure and functioning *Sociology and Social Research*. 49(1). p16
Nye, F. I. 1974. Emerging and declining family roles. *Journal of Marriage and the Family*. 36(2). pp238-245
Cott, Nancy. 1977. *The Bonds of Womanhood*. New Haven: Yale University Press
Degler, Carl N. 1980. *At Odds*. New York: Oxford University Press
Welter, Barbara. 1966. The Cult of Womanhood, 1820-1860. *American Quarterly*. 18
Shorter, Edward. 1975. The *Making of the Modern Family*. New York: Basic Books.(田中俊宏他訳. 1987.『近代家族の形成』. 昭和堂)
Hareven. Tamara. 1987. Family History at the Crossroads. *Journal of Family History*. 12-1-3
Blenkner, M. 1965. Social Work and Family Relationship in Later Life with Some Thoughts on Filial Maturity. in Shanas, E. & Streib, G. (eds.). *Social Structure and the Family: Generational Relations*. Prentice-Hall. pp46-59
Mederer, H. J. 1980. *A Theory of Ease of Role Transition in the Acquisition of the Parent Caring Role*. Paper Prepared for the Theory Construction Workshop of the National Council on Family Relations at Portland.
Rossi, A. S. & Rossi. P. H. 1991. Normative Obligations and Parent-Child Help Exchange across the Life Course. in Pillemer, K. & McCartney, K. (eds.). *Parent-Child Relations Throughout Life*. Lawrence Erlbaum Associates. pp180-200
Murdock, G. P. 1949. *Social Structure*. Macmillan.(内藤莞爾監訳. 1986.『社会構造―核家族の社会人類学』. 新泉社)
Harris, C. C. 1969. *The Family*. New York: Praeger.(正岡寛司・藤見純子訳. 1977.『家族動態の理

論』. 未来社）

Beck Ulrich, Anthony Giddens & Scott Lash. 1994. Reflexive *Modernization: Politics Tradition and Aesthetics in the Modern Social Order*. Cambridge: Polity Press（松尾精文・小幡正敏・叶堂隆三訳. 1997.『再帰的近代化——近現代における政治、伝統、美的原理』. 而立書房）

Durkheim, Emile. 1893(1960). De la division du travail social. Paris: Presse Universitaires de France（＝1989b. 井伊玄太郎訳『社会分業論（下）』. 講談社）

Simmel, Georg. 1890 (2012). Uber social defferenzierung. Hamburg: tredition GmbH（＝1968. 尾高邦雄訳「社会分化論」.『世界の名著47　デュルケーム　ジンメル』. 中央公論社）

Beck, Ulrich. 1986. Risikogesellschaft. Frankfurt am Main: Suhrkamp Verlag（＝1998. 東廉・伊藤美登里訳『危険社会』. 法政大学出版局）

Chang Kyung-Sup. 2010. Individualization without Individualism. *Journal of Intimate and Public Spheres*. 0. pp23-39

周维宏. 2012.《颠倒和压缩：日本现代化时序考察》.《学术前沿》2012年11月下

デザイン・ドリブン・イノベーションの
プロセスに関する考察

北京外国语大学日本学研究中心　王　聡

摘要：本文以设计驱动式创新为理论背景，旨在探讨企业如何通过持续的意义创新推动产品进化、业务创新；并探讨这一过程中的意义生成路径以及意义与技术的相互作用。文中案例陶瓷卫浴厂商 TOTO 进行了 4 次意义创新。如厕方式上，以水洗颠覆纸擦；空间含义上，以"清洁舒适"颠覆"污秽"；环保理念上，以"环保与舒适兼得"颠覆"环保即忍耐"；始于马桶功能开发的超亲水光触媒技术，最终被赋予"构建环境友好型社会"的意义。本文主要结论有 1. 技术驱动式创新中的诠释活动可通过如下的设计路径实现：发现现有意义中的不足→通过将其否定创造新意义→将新意义设定为产品开发的目标→构思具体解决方案。2. 意义发展也存在成熟化的过程，企业需要通过创造新意义实现意义的进化，这一过程需要经营层的支持。3. 在技术顿悟中，除设计以外，技术也可以成为新意义产生的源泉。采用此种方式时，企业需对技术的本质意义进行长期探索，注重人才培养。

キーワード：DDI　技術の悟り　意味の革新

はじめに

　本研究の目的は企業がいかに持続的な意味の革新を通して製品の進化と新事業の開発を促進するかを研究し、またその過程における意味革新のプロセス及び意味と技術の相互作用を探索することにある。

　経営環境の変化が製品開発におけるデザインの重視を求めている。従来の製品開発は製品の使用価値に重点を置き、高機能、低価格など、客観的な評価基準を持つ具体的な価値の実現を目標に行われてきた。この結果、多くの製品分野において製品の性能が顧客のニーズを上回るという顧客ニーズの頭打ちが起きている。顧客側は企業のさらなる機能向上に対し対価を支払わなくなり、同質的な競争に陥った企業にとって結局価格だけが差別化の唯一の手段となる（森永 2014）。しかし、顧客は製品に求める価値は使用価値だけではない。操作の面白さや製品に対する愛着などの「意味的価値」（延岡 2008）も顧客価値の一部であり、機能的価値への追求が限界に達している現在、重視しなければならない価値である。客観的な機能的価値を生み出しているのは強い技術というならば、意味的価値を高めるにはデザインの役割を最大限に発揮することが求められる。いかにデザインを通してイノベーションを興せるかを解明することが、製造業が現在の機能競争から脱出するための

一つの手がかりになることが期待できる(鷲田 2014)。

このような背景でイタリアの学者 Verganti(2009)はデザイン・ドリブン・イノベーション(Design Driven Innovation、以下DDIと記す)理論を提起した。これはデザイン活動で創出された新しい意味によって生じるイノベーションを指す。従来のイノベーション研究は技術と市場をイノベーションの源泉として捉えているのに対し、DDIは意味というイノベーションの新しい源泉を発見した点に新規性がある。また、DDIの発生のプロセスについて、Vergantiは「耳を傾ける」(意味の探索)、「解釈する」(意味の創出)、「話しかける」(意味の提示)の三段階を提起した。しかし、このプロセスは大枠に過ぎず、さらなる研究が必要な課題はなお数多く残されている。

まず、意味の解釈段階において、DDIの源泉である新しい意味がいかに創出されるかについてのプロセスを明らかにする必要がある。

また、一旦作り出された新しい意味はその後どのように発展していき、成熟していくのかについての研究が少なかった。

更に、技術と意味の両方において急進的なイノベーションが生起したゆえに最も影響力が強いと思われる「技術の悟り」については、どのような活動がその生起に作用するのか、イノベーション研究を交えて検討する必要がある。

DDIのプロセスを明確にすることは理論の精緻化を図ることであり、これにより新しいイノベーション論であるDDI論はより充実したものになれる。また、イノベーションの源泉でる意味はデザインによって生まれるとされているので、本論文は「意味の創出」に対しまずデザイン学からアプローチし、後にイノベーションとしてそれを捉えた。この意味では本論文はイノベーション学とデザイン学の融合を試みた研究であり、今後の研究に対しても一つの方向性を示した。さらに、既存研究はケースとして選択した企業は欧米企業が中心であるのに対し、本文は日本企業を事例に選択した。これにより、DDIが地域・文化を超えて存在するものであることが確認でき、これらの企業の共通点を抽出することでDDIを生み出せる組織の一般的な特徴をまとめることが可能となった。

DDI理論を発展させ、新しい意味を創出するプロセスを明確にすることが実務においても重要な意義を持つ。本論文はイノベーションの実現において「意味」に焦点を当てている点は、中国企業に対し示唆を与えることが期待できる。近年、製造業の供給側構造改革が提唱され、時代の潮流に合わない生産力を淘汰し、産業の高度化と新産業育成によって新たな成長力を獲得しようとする考え方が社会の共通認識となりつつある。しかし、いかに産業を高度化させ、新産業を育成するかという問題については、大半の企業は依然として技術を中心に考え、いかにして技術面で先進国に追いつき、先進国を追い越すかに神経を費やしている。技術面での努力が欠かせないことはいうまでもないが、しかしそれだけでは不十分である。既存技術の模倣・追随の状態から抜け出すには、技術問題そのものに対する思考よりも、なぜその技術が欲しいと考えついたのか、その技術によってどのような社会を実現

したいかという意味面の思考の方が重要であり、中国企業が欠けている思考だと思う。実際に、本論文で事例として取り上げた日本の便器製品についても多くの中国企業が販売しているにもかかわらず中国人観光客の爆買いの対象となっていた。機能の充実で人気を呼んだのは確かだが、その根底に機能によって達成したい意味への徹底した追求があることを見落としてはならない。TOTOによるイノベーションの分析を通して中国企業のイノベーションに対する考え方に対し多少の示唆を与えられることを願う。

1. 先行研究

1.1 デザイン・ドリブン・イノベーション

DDIはVergantiが2003年に提起した理論であり、機能・技術の新規性に比べて、意味・言語の新規性の方が重要な意味を持つイノベーションである。Vergantiによれば、製品は「機能」と「意味」の2つの属性を持つ。機能属性は顧客の使用価値につながり、技術の進化によって向上される。それに対し、意味は人々が物事を使用する理由であり、製品の原材料や外観、名前などの製品言語に表現される。意味はデザインによって作り出すことができるとされる。このような解釈により、DDIを「デザインで創られた新しい意味によって生起されるイノベーション」と定義することができる。

DDIは他のイノベーションとはどう異なるのか。VergantiはDDIと区別するTechnology Push Innovation(以下TPI)とMarket Pull Innovation(以下MPI)をあげており、三者の関係を以下のマトリックスで説明している。

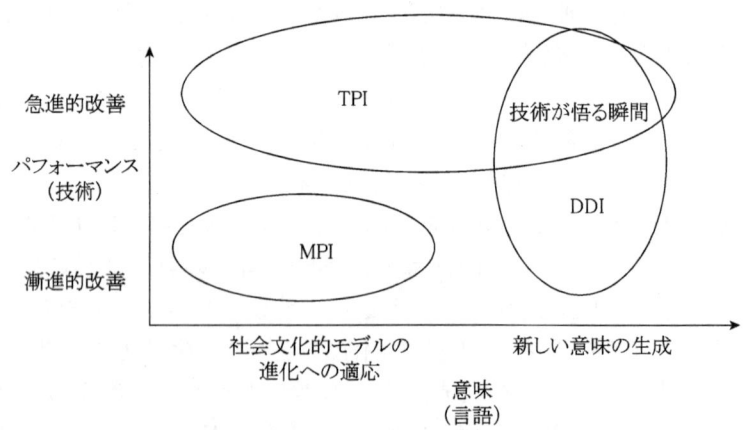

3つのイノベーションの関係　　出典：Verganti2009

TPIは技術の急進的な改善により製品の性能を向上させイノベーションを達成する。これらに対し、DDIは技術面での変化を伴いながら、なぜこれが生活の中に欲しいのかという製品の意味を新しく生成することによってイノベーションを達成する。MPIには漸進的なイノベーションが多いのに対し、TPIとDDIには革新的

なイノベーションが多いとされる。さらに、製品は技術と意味の両方において急進的なイノベーションが起き、DDIとTPIが相互作用する場合は、「技術が悟る瞬間（technology epiphany）」と呼び、図の中ではDDIとTPIが重なっている領域がそれである。

　DDIの実現についてVerganti(2009)は以下の3段階を主張した。①耳を傾ける（Listening）：企業が製品言語や製品意味に関する情報・知識を収集する。②解釈する（Interpreting）：企業は製品意味に関する知識を理解し、統合した上で新しい意味を提案する。③話しかける（Addressing）：企業は新しい意味を社会に提示する。

　しかしVergantiは意味の解釈においては様々なアプローチが可能であることを示唆したが、具体的なプロセスについては示していない。

1.2　意味の革新

　DDIの本質は意味の革新である。製品の機能を実現しているのは技術開発活動であるのに対し、製品の意味を創出しているのはデザイン活動である。

　意味創出活動であるデザイン活動においては以下の3点が重要である：①変化と多様性に柔軟に対応する。②製品の物理的性質ではなく、人間と技術の関係を重視する。③人間中心的な立場に立ち、使い手が作り手と異なった視点で技術を理解していることを理解する（Klaus Krippendorff, 1989）。

　Dell 'Era and Verganti(2007)は革新者と模倣者を比較し、両者の意味創出活動の違いを明らかにした。彼らはDDIを実現するに企業は意味創出活動において意味の多様性よりも新規性を重視し、独自のアイデンティティーを創出し一貫してそれを追求していくべきだとしている。さらに、2011年に意味の拡散プロセスに影響を及ぼす要因をも研究し、影響力の強いDDIを求めるには企業間連携協力を重視することが必要であることを示唆した。

　革新的な意味を求めるには、組織的な配慮が必要である。Dell'Era C., Verganti R.(2009)は新しい意味の創出を担う企業部門をデザイン駆動型実験室（Design-driven laboratories）と呼んだ。DDIを実現している企業の共通的な特徴は：①外部資源の重視、②研究・コンセプト開発と技術開発の分離、③高い自主性を持つDDLの存在の3つを挙げている。

　以上意味の革新に関する研究を振り返ってきた。そこには2つの課題がある。1つ目は、動態的研究の不足である。革新的な意味を創出する活動を促すためにどのようなことが有効なのかという問題意識のもと、既存研究の大半はDDIを起こすための静的要因に関する研究であり、意味の革新がどのようなプロセスを経て実現されるかという動態的な研究が欠けている。2つ目は意味の活性化に関する研究の不足である。技術に成熟化の過程が存在するのと同様に、新たに提出された意味もいずれ成熟していく。成熟期を迎えた意味をいかに再活性化させ、DDIを持続的に生み出していくのかが問われる。

1.3 意味と技術の相互作用

「技術の悟り」は意味と技術の両方において同時にラジカル・イノベーションが起こる場合を指す。それが重要なのは2つの理由からである。まず、この場合2つの軸において同時に急進的な変化が生じたためもっとも強い影響力が期待できる。そして、企業のイノベーションの過程が外部に向けて徐々にオープンになってきている現在、企業が新しい技術にアクセスする機会が増えた。従って、イノベーションを起こすため鍵となのは、新しい技術を率先して採用できるかどうかということから、新しい技術の正しい使い方を提案できるかどうかということにに切り替わりつつあるのである。

技術の悟りを求める場合、新しい技術で既存のニーズをよりよく満たすのではなく、それを応用した製品やサービスが人々にどのような新しい価値を提供できるかに注目しなければならない。

技術の悟りの例としてVergantiは任天堂のWiiを例に挙げ、「体を使って家族や友人と一緒に楽しむゲーム」という新しい意味と「MEMS加速度・振動測定計」という新しい技術が結合しイノベーションを実現したとしている。しかし、この例ではMEMS加速度・振動測定計が当時すでに存在していた技術であり、新しい意味の提出によってその潜在力が大きく引き出されたとはいえ、新しい意味の追求のもとで開発された技術ではない。つまりこの場合、革新的な技術と革新的な意味が別々に存在し、任天堂がその2つを結合したことによって、技術の悟りが生じDDIが実現したのである。これは技術と意味が相互作用した一例に過ぎず、技術の悟りが起きた場合、技術と意味の相互作用について別のパターンも存在すると考えられる。

北嶋（2013）は日本の伝統的産業集積地に技術蓄積と意味生成の相互作用を誘発させるメカニズムが存在することを主張した。しかし伝統産業集積地においてDDIが起きた場合、具体的に技術と意味がどのように相互作用をしているかの分析が欠けている。

延岡（2017）は変化した経営環境でイノベーションを起こすためには、機能的価値の提供においてエンジニアリングよりサイエンスを追求し、意味的価値の提供においてデザインよりアートを追求することが求められる。デザイン知識とエンジニアリング知識の融合させ、技術者とデザイナーが理解しあい、価値を共創すべきことを訴えた。

石塚・歌代（1992）は商品開発について、機能的革新と構造的変化という2つの軸でとらえることができると述べている。構造的変化とは、商品を評価する軸のウェイトを変えたり、新たな属性追加による商品定義空間の変更である。そして、意味創造はこの双方の軸を介して実現されるとし、つまり機能的革新による意味創造と構造的変化による意味創造の2つのパターンが存在するとしている。機能的革新は革新的な技術によってもたらされることを考慮すると、この研究は技術による意味の革新の可能性を示唆したと考えることができる。しかし石塚・歌代は意味創造に重きを

置いているため、技術と意味の相互作用について踏み込んだ研究はしなかった。

既存研究は技術の悟りを促すべきであると主張し、具体策としてマクロ的には伝統産業集積地を活用すること、ミクロ的には企業内の技術者とデザイナーの連携を強化し、互いに対する理解を促進することを提起した。しかし、技術の悟りを促進するためには、まず意味と技術の相互作用はどのようなパターンがあるのか、両者が相互作用していくプロセスはどのようなものかを明らかにする必要がある。これが技術の悟りに関して既存研究の問題点であり、本論文の研究目的の一つでもある。

2. 事例研究

2.1 TOTOの概要

TOTOは1917年に設立され、福岡県北九州市に本社を置く衛生陶器・住宅設備機器を製造するメーカーである。現在のTOTOはトイレ、洗面器などの衛生陶器が日本国内市場の約6割のシェア（付録図3を参照）を占めるトップメーカーであり、温水洗浄便座の代名詞ともなった「ウォシュレット」などの商品を世に送り出し、日本人の生活意識の変革を促したメーカーとしても名高い。

しかしTOTOの位置する衛生陶器市場は成熟市場である。内閣府の調査[1]によると、統計が始まった1992年にわずか14.2%だった温水洗浄便座の普及率が2016年にはすでに81.2%にまで達していた（付録図2を参照）。また技術面では300年の歴史ある業界だけに、大半の技術は研究され尽くし、技術革新が10年スパンで考えるのが常識となっている。

このような厳しい状況の中でも、最近10年の財務指標（付録図1を参照）からみるとTOTOは健闘しているといえる。2015年度の売上は5845億円、営業利益は428億円で、利益率は7.3%と業界上位企業として高い利益率を達成している。

TOTOはいかにそのデザイン活動の中で次々と新しい意味を作り出してイノベーションを起こし、成熟業界での厳しい競争に勝ち抜けてきたのか。以下はTOTOの事例を新しい意味の創出に関連するウォシュレットの開発・進化、そして意味と技術の相互関係に関連する超親水性光触媒技術の開発という順に見ていく。

2.2 ウォシュレットの誕生

ウォシュレットの前身は障害者のために開発した医療用便座に遡る。TOTOは元々この製品の輸入販売をしていた。日本では1975年から洋式便器の台数が和式を上回り、今後の清潔志向の拡大を敏感に感じ取ったTOTOはウォシュレットの自社開発を決定した。

ウォシュレットの日本国内開発は、障害者向け製品を一般消費者のニーズにも応えられるように製品そのものを改良することと、「お尻を洗う」という習慣のない日本において

新しい文化を創出することの2点において極めて難しいことであった。

TOTOはまずお湯を当てる正確な位置、お湯を出す装置、お湯の適切な温度の設定と維持などの技術的課題から取り組み始めた。

　お湯を当てる正確な位置を決めるために、肛門の位置に関するデータが必要となるが、当時そのようなデータが存在するはずもなく、開発スタッフは自ら社内でデータ収集を進めるしかなかったのである。具体的には便器に糸を取り付け、社員たちに便座に座ってもらい、自分の肛門の位置の糸に付箋を貼り付けてもらう方法を取った。最初は特に女性社員から「恥ずかしい」と嫌がられていたが、開発スタッフの熱心の説明と真剣な態度によって社内での理解と協力を得て、最終的に、男女300人分[2]のデータが集まった。

　次の課題は便器から出たお湯をどのようにして正確にお尻に当てるかである。これについて、開発スタッフの一人が道端に止まった車の車窓から伸びてくるラジオのアンテナからヒントを得て、便座から一直線に伸びるノズルに思いついたのである。つまり、ノズルの先端に噴射口を取り付け、お尻に近づいてから発射することで、当たりやすくするができる。そして、お湯を出す角度を決めるため、60度、50度と少しずつ角度を変えて実験を繰り返し、最終的に43度という最適な吐水噴射角度にたどり着いた。試行錯誤の結果得られたこの角度は「伝統の角度」と言われ、それ以降の代々のウォシュレットに引き継がれていった。さらに、使用後の温水がそのまま便座に落ち、ノズルが汚れないように設計の工夫がなされたのである。

　人間にとって快適な水温を測定するためにも、開発スタッフが自ら実験に参加した。お湯の温度を0.1度ずつ上げて試してみるほか、上限温度を設定するため、我慢できるギリギリのところまで水温を上げる実験が繰り返された。苦労を重ねた結果、湯温は38度、便座の温度は36度、乾燥用の温風は50度（戦後日本のイノベーション100選）が最適だと判明されたのである。

　このように技術問題を解決したウォシュレットは1980年6月から発売された。しかしいかにお尻を洗う習慣のない消費者に受け止めてもらうかが技術以上に大きな課題となった。宣伝のため新しくデザインしたウォシュレットの広告を新聞や雑誌に掲載するように依頼したが、「汚いイメージを持つ便器の広告を載せたら雑誌の品位が落ちる」と掲載を拒否されたのである。このようなトイレ＝不潔の固定観念を覆すため、TOTOは雑誌や新聞での広告宣伝と合わせて、テレビCMをも積極的に使用するなど強力な宣伝戦略を打ち出した。

　テレビCMは当時の人気タレント・戸川純を起用し、天才コピーライターと称されている中畑貴志に依頼した。最初のうちに商品価値に対し懐疑的だった中畑氏に対し、スタッフは手に絵の具をつけて、紙で拭くだけでは綺麗に落とせないことを必死に説明し、ウォシュレットを「常識への戦い」とアピールした。技術者の情熱と製品に対する自信に感動された中畑氏は依頼を受け取り、「お尻だって、洗ってほしい」のキャッチコピーを作り出した。直接に便座を表す表現を極力回避した当時の競争品の広告とは引き換えに、あえて「お尻」という言葉をそのまま取り入れたところが挑戦的であり、それだけ観客の感性に直接的に訴えかける力強さもあった。

CMの放送時間もあえて夜の7時台という一家団欒で食事をとる時間を選んだ。衝撃的なCMを流れた直後に社内に苦情の電話が殺到したが、社員はウォシュレットが暮らしを快適にする商品であることを丁寧に説明し対応した。その後新聞や雑誌での広告出稿も開始され、クレーム電話が徐々になくなり、ウォシュレットが販売台数が10万台を超える大ヒット商品となった。すなわち、大胆のCMは批判を含めて大きな話題を呼び、最終的にウォシュレットとは何かを広く国民に知らせることに成功したのである。（広告は付録を参照）1987年にTOTOのウォシュレットは累計販売台数100台の実績を勝ち取った。

2.3 トイレは清潔なもの

日本のトイレ文化に「温水洗浄」という新しい概念を持ち込んだ後、TOTOは「トイレは清潔なもの」という意味の実現と普及に乗り出した。この意味を具現化したのはきれい除菌水、においきれいなど一連の機能である。

「きれい除菌水」は除菌効果のあるミストを便器ボウル面に吹きかけることによって、トイレが自動できれいになる機能である。その開発は当時社内で容易に賛成してもらえなかったのである。なぜなら、すでにかなりの清潔さを達成できたウォシュレットにさらなる清潔を求めるために資金を投入する意味があるかどうかが疑問視されたからである。そこで開発提案に必要性の裏付けを提供したのは女性社員の意見の取り入れとアンケート調査であった。女性はトイレ毎日の利用回数と1回ごとの利用時間が男性に比べて多く、また多くの家庭ではトイレ掃除を女性が担当しているため、トイレの清潔さに一層敏感であり、トイレの自動浄化機能により得られるメリットも相対的に多い。更に1万人以上[3]を対象に実施したアンケート調査の結果、洗浄ノズルの汚れ・清潔性を不安視する消費者が多いことが判明した。このような事実からは、新しい目標への追求は批判される可能性が高いこと、また、高い目標を設定し達成に向けて妥協なく追求することが重要であることが確認できる。

除菌水について、水道水に電気を通し、中に含まれる塩化物イオンを電気分解することで分解・除菌・漂白効果のある次亜塩素酸を生成する方法が考案された。この方法は原理が簡単であるとともに人体への影響も極めて低く、さらに電解除菌水は時間が経つと水に戻る性質を持つため環境負荷ゼロを実現できる。きれい除菌水は水道水で作るため、全国のどの地域の水道水を使っても同じ効果が出るようにしなければならない。そのため日本全国の水質調査が必要になってくるが、ここでもTOTOは社員を動員し、年末の帰省ラッシュに合わせて社員に実家の水道水を持ち帰るように協力を要請した。

提案した当初が疑問視されたきれい除菌水だが、しっかりした機能が消費者に認められ、次世代機能の「においきれい」の開発[4]にもつながった。

「においきれい」はきれい除菌水を利用した消臭機能である。具体的には、利用時に空気中のニオイ物質をファンで捕集し、「きれい除菌水」をしみ込ませたフィルターで脱臭する。開発のきっかけは「きれい除菌水」機能付きの製品を使用した顧客

からの感想であった。その顧客から「きれい除菌水機能付きの便器に変えた後、トイレのしつこいにおいが取れた感じがした」という感想を聞いた社員は、きれい除菌水を消臭機能に活用する可能性を感じたのである。

　その後臭気の発生メカニズムについて研究がなされた。その結果、トイレの臭気には瞬間的な排便臭と継続臭の2種類があり、毎日掃除するにもかかわらず臭気が取れないのは掃除しにくい場所に付着した尿を菌が分解したためであるということが判明した。また、におい物質として従来のアンモニア以外に、トリメチルアミンが新しく発見でき、これらの成分をきれい除菌水で脱臭するのをにおいきれい機能の原理として利用した。この段階でにおいの成分を特定するため、開発メンバーは再び社員に協力を要請した。10ヶ月間に渡り社員10名の家でトイレのにおいのサンプルを収集し、効果的なサンプルを得るために家族に掃除しないように依頼したという。さらに、においに対する理解を深めるため、臭気判定師の資格を取り、鼻を敏感にするためタバコやにおいのきつい食べ物をやめた開発メンバーもいた。

2.4　エコは快適と両立できるもの

　「ウォシュレット」によって新しい生活文化を創出すると同時に、TOTOは「エコ」という新しい意味を追求し始めた。

　付録図4は1965年から2012年までTOTOトイレの大洗浄時の洗浄水量の推移を示したものである。50年の進化を経て、TOTOはトイレの洗浄水量を20Lから1/5以下の3.8Lにまで引き下げ、業界最小洗浄水量を実現した。その過程において、特筆すべきは8Lを達成した「ネオレストEX」、6Lを達成した「ネオレストA」、4.8Lを達成した「ネオレストAH」の3製品である。

　ネオレストEXはTOTO初のタンクレス製品でもある。タンクには大量の水を溜めてあり、これを勢い良く放出することで汚物を流すと便器を洗うという2つの機能を果たしている。ネオレストEXではこの2つの機能に応じてそれぞれ専用の水流を作り、水量をバルブで増減させた。これによりタンクのないスタイリッシュな形を実現したと同時に、洗浄水量も13Lから8Lにまで削減した。

　「ネオレストA」はTOTOが2006年に米国市場に投入した商品であり、大洗浄用水量はわずか6Lであった[5]。その開発は米国の水事情に深く関係していた。米国は水不足を抱えている地域が多く、そのため製品の用水量に対する政府の規制も厳しかった。1992年に政府は「Energy Act」を発布し、二年後に新規発売のトイレを対象に、一回あたりの洗浄用水量は大便器は最大で1.6ガロン(約6L)、小便器は最大で1ガロン(約3.8L)の規制を設定した。節水便器の開発を促すのが目的だったが、各社は単に1回洗浄水量を6L以下に調節しただけだった。結局2回流すことになったり、洗浄力の低下でトイレが詰まりやすくなった。この課題を根本から解決したのは「トルネード洗浄」である。

　従来型のトイレはフチの下にある排水口から水を流し、滝のように便器を縦に洗い流す洗浄方式を採用していた。それに対しトルネード洗浄は、排水口から噴出し

た水流を竜巻のように便器の中を流れるようにした。これにより、水流が便器の中を流れる時間が長くなり、水の利用効率が飛躍的に向上し、少量の水で高い洗浄力を実現したのである。

　他社製品に比べ圧倒的に詰まりが少ないネオレストAは、ホテルや水道業者などを中心に口コミが広がり、TOTO USがこれを機に中高級市場を中心にシェアを伸ばした。更にその後南米や欧州諸国においても6Lの水量規制が設定されたことを考慮すると、率先して規制をクリアしたことがTOTOの海外展開に大きな役割を果たしたことがわかる。

　TOTOが6L型の開発を達成した後、各社から追随の動きが生じた。しかし、2009年にTOTOは洗浄用水量を4.8Lまで削減したネオレストAHを発売し、再び業界をリードすることとなった[6]。この製品は節水を求めると同時に、エコの意味をも変えた。つまり、節約は苦痛を伴うことではなく、快適さと同時に実現できると訴えた。この意味を具現化したのはハイブリッド洗浄、eco小洗浄とワンダーウェーブ洗浄である。

　ハイブリッド洗浄 2つの洗浄方式を融合させるである機能であり、これにより力強い洗浄が可能になった。「eco小洗浄」洗浄水量わずか3.8Lの小用時のニーズに対応した機能であ。ワンダーウェーブ洗浄は量感を感じさせる「大きい水玉」と力強さを感じさせる「小さい水玉」の二種類の水玉を作り出して、トイレの快適性に狙いを定めた機能である。

2.5　光触媒技術の発見と応用

　TOTOは独自の超親水性光触媒技術「ハイドロテクト」を持っている。この技術は当初便器の清潔さを高めるために開発され最終的に却下された技術だが、後にTOTOの新規事業を支える中核技術となったのである。

　光触媒は光を照射することにより触媒作用を示す物質の総称であり、代表的なのは酸化チタンである[7]。紫外線を照射されると、酸化チタンが空気中の水と酸素を分解し活性酸素を生成する。活性酸素はその強い酸化力から接触してくる有機化合物や細菌などの有害物質を除去できる（下吹 1999）。

　TOTOは1989年から光触媒に関する研究をスタートさせ、TOTO基礎研究所研究員の渡辺俊也氏がこれを担当し、光触媒の温水洗浄便器の脱臭装置での利用を目指していた。当時脱臭装置での利用を検討された技術は光触媒とオゾンの二種類があったが、最終的にオゾン式が採用された（藤嶋等 2000）。

　脱臭装置での応用を断念したが、渡辺は光触媒の強い酸化力から大きなポテンシャルを感じ、防汚抗菌を目的とした応用を模索した。東京大学との共同研究を経て、1995年に光触媒抗菌タイルが開発された。当初は風呂用タイルとして販売されたが、翌年以降は病院の手術室などの壁タイルとして利用されるケースも増え、徐々に売上げを伸ばしていった。

　光触媒技術のもう一つの機能はその極めて高い親水性にある。この現象は光触

媒に光を照射すると水接触角が低くなり水濡れ性が著しく高まる現象である。

超親水性は実用的価値が極めて高い特性である。最も一般的な用途は防曇と防汚である。鏡が曇るのは表面に細かい水滴が大量に生成したためであり、その表面に光触媒をコーティングしておけば、水が水滴の代わりに薄い膜になって広がり、曇らずにすむのである。超親水性を利用した防汚は酸化分解とは異なるメカニズムでその機能を果たし、光が当たっていない環境下でも作用できる。光触媒は高い親水性を示す一方、多少の撥油性を持っており、汚れがついたら水膜がその下に潜り込み汚れを浮かせ、水で簡単に洗い流すことができるのである。

酸化分解力による防汚効果は一定の使用期間を経て初めて検証できるが、それに比べ超親水性による防汚効果はその場で水をかければ検証できるので、大変売れやすい技術である。また、光触媒の超親水性を機能させるために水と光の両方が必要なので、屋外での応用に非常に向いている技術だと言える。

2.6 事業展開

現在光触媒事業は3つの方向に沿って展開されている。一つ目は既存製品における応用である。前述したキッチンでの内装タイルなどはこの分野に属する。二つ目は光触媒技術を利用した新規事業創出である。三つ目は技術移転によるライセンス事業である。

新規事業を担当する部署としてTOTOは1996年にフロンティア事業部を設立した。この事業部はTOTOが今まで手がけていなかった自動車のドアミラー・フィルムや家庭における消臭・結露用品などの消費者製品を扱う。

光触媒の超親水現象が発見された1995年からTOTOは特許戦略を打ち出した。つまり技術が開発されたら製品化よりも出願を優先し、出願も従来の実用新案中心から特許中心に移行した。具体策として①発明の本質を見極める。②パテントマップを活用し、特許情報システムを構築する。③特許教育を充実させ、各研究開発チームで特許人材を養成する。④発明に関する評価・奨励制度を充実させる、ということが行われた。現在TOTOは国内外併せて1200件以上の出願をし、約350件の特許権を保有してる。対象商品分野も従来の建築分野に加え、道路資材、自動車、照明などと多岐にわたっている。

出願した特許を幅広くライセンスしていくため、TOTOは技術的マーケティングを展開した。新聞各紙に「技術パートナー募集」の広告を出して光触媒技術の紹介と技術供与を行いたい旨を伝え、自社HPでも同様な内容を開示した。このように技術広報を積極的に行った結果、様々な業界から問い合わせが殺到した。新技術がどの分野で応用できるか、どの分野における応用が有望なのかについての理解が深まった。

1997年TOTOはライセンス専門の子会社としてフロンティア・リサーチ株式会社を設立した。同社は光触媒技術の他社での実用化を促進することを目的とし、技術ライセンスの提供で得られた収入で自社運営を行う。この種のライセンス専門会社の設立は当時の産業界において画期的なことであった。

3. 事例のディスカッション

3.1 意味革新

　TOTOは①温水洗浄、②トイレは清潔でくつろぎの場、③エコは快適さと両立できるものという3つの意味を新しく創出した。これらの新しい意味をそれまでの製品の意味と比較すれば、新しい意味が既存意味のアンチテーゼとして作り出されたことがわかる。

　つまり、温水洗浄は従来の「紙で拭く」習慣を否定したものであり、「トイレは清潔でくつろぎの場」という意味は「トイレは不浄なところ」という意味への否定であり、「エコと快適は両立できるもの」という意味は「エコは我慢しなければならない」という意味への否定である。

　このように、TOTOは以下のようなプロセスを経て新しい意味の創出を完成したと考える。

　①従来製品の意味における不快さ・不便さに着眼する。

　②その不快・不便さを否定することで新しい意味を作り出し、製品の目的として設定する。

　③その目的を確実に満たす技術を開発する、あるいは既存技術の精度を上げる。

　「既存意味の不快さへの着眼」から始まり、「不快の否定による新しい意味の創出」を経て「関連技術の開発及び精緻化」で終わるプロセスは実践において以下のようなステップによって実行できる。

　ア）テーマ領域を決める。その範囲に限定した課題を出す。

　イ）思いつく課題を列挙する。このステップで大事なのは、ブレインストーミング的に判断を下さずに徹底的に課題を列挙することである。

　ウ）出された課題を分類・評価する。課題を分類し、重複や漏れがないかをチェックするとともに課題の妥当性、重要性を評価する。

　エ）各課題点について、それを解消できる具体的なアイディアを発想する。

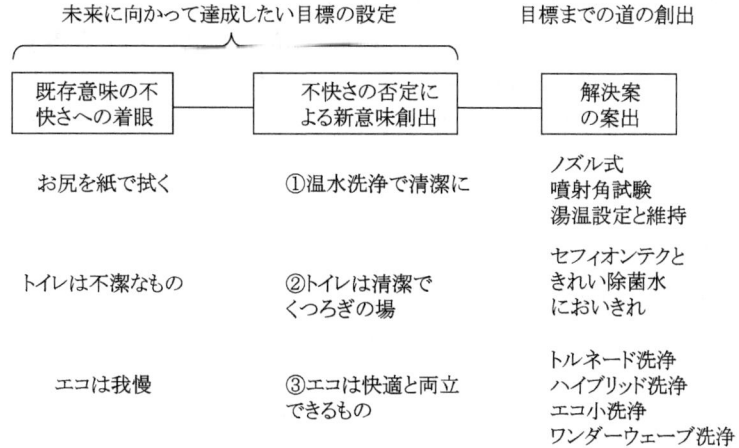

TOTOにおける意味革新のプロセス　筆者作成

事例から見る意味の解釈段階の特徴

　TOTOの意味の解釈過程の特徴に以下の3つがある。

　①製品開発活動への全社的な取り組み。

　従来の製品開発活動においては、企画、設計、開発、試作試験という一連のプロセスが出来上がっており、各活動がそれぞれの部門内で行われ、成果物だけが次の部署へと流れていき、部門をまたがる連携、協力は必ずしも多いとは言えなかった。それに対し、TOTOのイノベーションの過程では全社的な取り組みが確認できる。

　製品開発への全社的な取り組みは2つの方法で意味の革新に貢献している。まず、製品を開発する上で実際に必要となるデータを提供することで製品開発に直接的に貢献している。

　一方、製品開発への全社的な取り組みは部門間の連携を活発化させ、情報共有を促進し、社員の製品開発に対する理解を高めるなど開放的な組織風土の育成を通じて製品開発に間接的に貢献している。意味が斬新であればあるほど、社外だけでなく社内での受け入れも難しいと考えられる。以上のような協力活動は社内における新しい意味に対する理解促進の役割を果たしている。

　②製品開発における女性、障害者、高齢者など多様な視点の導入。

　TOTOは製品開発において、従来の男性技術者中心の技術追求型ものづくりから脱却し、女性技術者を積極的に採用することで、より顧客視点の製品づくりを志向している。同じようなタイプの人材ばかりが集まりやすい製品開発グループの中だけで製品のあるべき形を議論すれば、どうしても視点の偏りが生じやすい。しかし本文が取り上げた便器製品はすべての人が毎日必ず利用する製品であり、それゆえ性別、年齢、身体状況などユーザーの様々な状況に対応できる製品が求められる。TOTOは製品開発に多様な視点を取り込むことによって新しい意味を作り出そうとしている。

　③意味の革新性が伝わるよう、しっかりした品質保証を行う。

　新しい意味が一旦作り出された後、それを目に見える製品に落とし込む過程が始まる。そこで問われるのは技術の精度と製品の品質である。なぜなら、新しい意味は消費者にとって目に見えるものではなく、消費者は製品を利用する過程でしか製品に込められている意味と接触できないからである。したがって、新しい意味を表現する道具である技術の精度を上げ、品質保証をしっかり行って初めて新しい意味の解釈過程が完遂する。

3.2　意味の進化

　TOTOの事例はいかに成熟した意味を再活性化させ、DDIを持続的に起こしていくかという問題について示唆を与えている。

　DDIに関する先行研究は技術革新に関する研究の発展の系譜に照らし合わせて展開されてきた。意味の再活性化とDDIの持続的な生起という課題に関しても、技術革新研究においては技術の不連続性や技術の脱成熟化という類似の研究課題が

存在する。

　Abernathy(1978)は技術の発展によって産業の成熟化の過程を説明した。彼によれば、ある産業において支配的な技術が流動化段階と特定化段階を経て最終的に陳腐化する。そして、脱成熟化とは、産業の成熟化過程において、特定化段階に入った後、新しい技術を選択することによって再び流動化段階に進み、成熟化が克服される現象を指すとしている。

　更に、Foster(1986)は既存技術と新しい技術との間の変化を「技術の不連続性」と呼んでいる。また、彼は資金と時間を含む技術開発努力と技術開発の成果である製品の機能との関係をS字型曲線で表している。

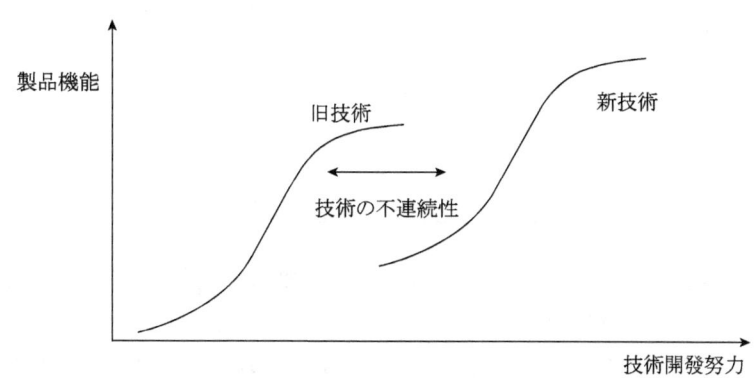

S字型曲線と技術の不連続性の関係　　出典：Foster(1986)

　意味の発展においても成熟化と脱成熟化の現象が存在すると考えられる。

　つまり、意味の流動的段階では、社会文化の発展に支配的な影響力を発揮できる意味がまだ存在せず、意味の探索活動が活発に行われ、様々な意味が提出され、差異のある製品が市場に多く出現する。企業が試行錯誤しながら独自の意味を込めた製品を市場に投入し、消費者はそれを利用しながら製品の意味についての理解を深めていく。しかし、この段階における企業の意味探索・提出に向けた努力は試行錯誤的な性質を帯び、新しい意味が込められた製品は消費者にとって必ずしも高い意味的価値をもたらすものとは限らない。

　このような企業と消費者間の相互学習の過程を経て、様々ある意味が徐々に収斂していき、支配的な意味が確定してくる。これが前の段階における試行錯誤によって検証され、企業と消費者から支持を得た意味である。つまり、意味の流動化段階から意味の特定化段階に移行する。この段階では、企業の関心は意味の探索から意味の具現化に移行し、新しい意味を具現化できる技術の開発に力を注ぐことになる。その結果、既存技術の精度が向上するとともに新しい技術が開発され、製品の消費者に対する意味的価値も急速に向上することになる。

　最終的に新しい意味が陳腐化し、その意味を追求した製品が消費者にもたらした意味的価値も限界に到達する。

　このような意味の成熟化から脱出するのは新しい意味の提出である。Verganti

(2009)は革新的な意味を社会文化的モデルへの適応ではなく、従来の社会文化環境から飛び出した急進的な変化であると示し、既存意味と新しい意味の間の不連続性を示唆した。

上述した意味の進化過程を図にすると以下のようなものが得られる。

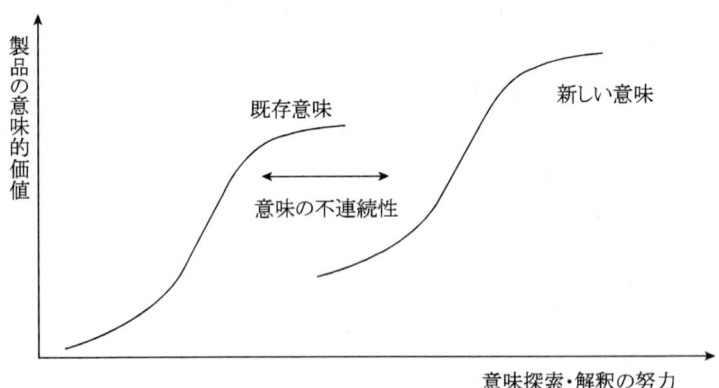

意味の進化過程　出典：筆者作成

TOTOは4回の意味の進化を遂げており、その都度消費者に新たな価値を提案した。それによってTOTOのウォシュレットはただ温水洗浄できる便器に終わることなく、新しい生活文化を創造する製品にまで成長できたのである。更に、前3回の意味の進化はウォシュレットにまつわるものだが、光触媒技術に代表される「環境に優しい社会の構築」という意味は既存事業から大きく飛び出した新規事業の創出にもつながった。

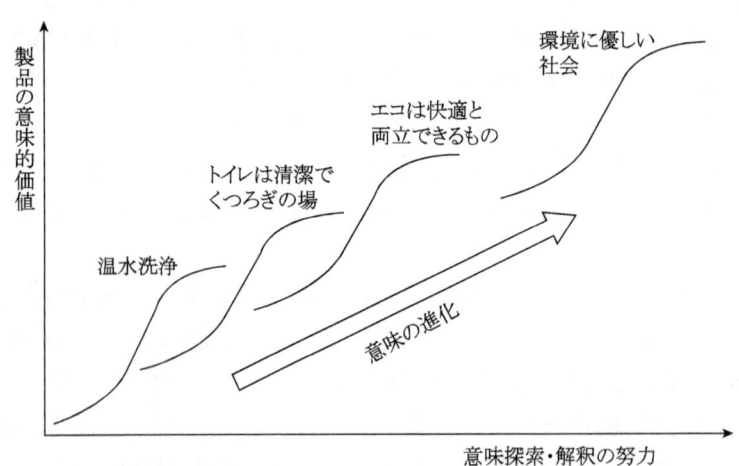

TOTOの事例における意味の進化　出典：筆者作成

意味の進化におけるポイント

意味の進化によって企業はDDIを持続的に引き起こすことができ、成長を続けることができるが、意味を進化させることはそう簡単なことではない。むしろ、多くの企業が現在の主流の意味に固執しすぎて、新しい意味を提出するタイミングを逃

してしまった。なぜなら、企業にとって現在の意味が成熟化した、あるいは成熟しそうだという事実を認識することが難しいからである。成熟期に入った意味が社会文化モデルにおいて支配的な意味であり、消費者の支持を確実に獲得した意味であり、それを主張するだけで企業が収益をあげられる意味である。それに対して、上の図が示している通り、新しい意味がその初期段階において探索と解釈活動に向けた多くの努力を要するわりに努力の成果である製品の意味的価値が相対的に低い。多くの企業は現在の意味はまだ成熟化していないと思いがちである。

TOTOのケースは、意味進化を実現するため、新しい意味を追求する必要性を訴え続ける力強いリーダーの存在が極めて重要であることを示唆している。TOTOの創業者たちが「快適で衛生的な生活文化」を企業のビジョンとして据え、清潔やエコという意味の追求の過程では開発者たちのぶれない姿勢が意味を実現に導いていた。

3.3 技術の悟り

DDIの先行研究から想定できる「技術の悟り」のプロセスは以下の通りである：

革新的な意味の創出→実現策としての革新技術の開発→技術の悟りの実現

TOTOの初代ウォシュレット開発はこのようなプロセスを経て実現された技術の悟りであると考えるとこができる。この場合、技術開発・探索活動は特定の意味の実現を巡って展開されたのである。

それに対し、超親水性光触媒技術の発見と応用は異なるプロセスを経た技術の悟りである。プロセスと各活動段階のポイントは以下の図に示す。

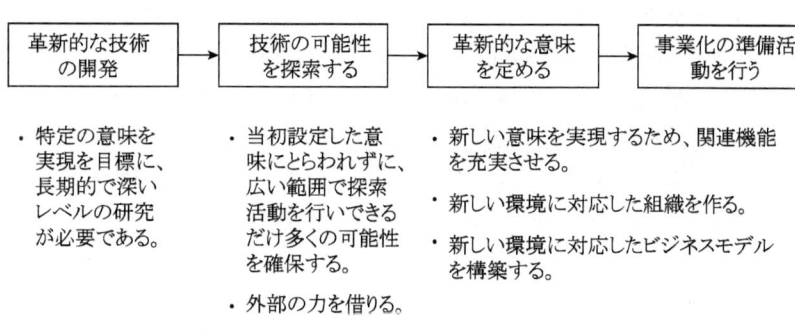

超親水性光触媒の事例における技術の悟りのプロセス　筆者作成

この技術の悟りのプロセスにおける最も大きな特徴は革新的な技術が先に開発され、革新的な意味を起こす手段となっている点にある。

革新的な技術の開発段階において重要なのは深いレベルでの長期的な研究活動である。この段階の目的は技術の本質的な性質を探求し、技術の精度を高めることである。そのために特定の意味の実現を目標に設定することが考えられるが、この時設定した目標は研究を深くするためのものであり、製品化するためのものではないことを注意しなければならない。

続く技術の可能性を探索する段階では、開発された技術に対して意味探索活動を

行う。ポイントは当初設定された意味にとらわれず、広い範囲で意味探索活動を行い、技術が孕む可能性をできるだか多く確保することである。そのために外部の力を借りることが必要である。TOTOが技術マーケティングを行ったのも、外部に向け自社が開発した新技術をアピールし、共にその可能性を探ってくれるパートナーを募集するためである。

次の段階で、意味探索活動において収集した意味の候補から優れたものを選択し革新的な技術と結びつける。

最後に、事業化のための準備を行う。この際の準備活動は中核技術以外の革新的な意味を支える関連機能の充実、専門部署の設置などを含む組織的な対応、新しい事業にふさわしいビジネスモデルの構築などを含む。

技術が悟る時、意味と技術の両方において急進的なイノベーションが生起したため、新技術が応用できる製品分野が企業の既存の製品分野とかけ離れている可能性が高い。ポテンシャルの大きい技術を既存事業分野に限定してしまうと、経済的成果が限定されるだけでなく、開発に携わる研究者・技術者のモチベーションも下がりかねない。しかし新規事業に乗り出すには、企業は新規分野での経験・補完技術の不足と利益の不確実性という2つの壁を乗り越えなければならない。したがって、収益を確実に確保するビジネスモデルを作り出せるかどうかが、技術の悟りがもたらした新規事業の存廃の鍵を握っている。上記したプロセスにおいて一貫して重要なのは研究開発に携わる人材の育成である。

研究者は3つのことを通して技術の悟りに貢献することができる。まず、彼らは産業進歩の動向を把握し、筋のいい技術を見極めることができる。筋のいい技術は科学原理的な深さを持ち、一時的なブームに終わらない長続きする技術である。新技術の意味探索活動は企業の既存事業分野に限定しないことが肝要である。そのためには、産業の技術進歩の大きな地図を把握することが必要である。また、彼らは社会文化発展の方向を察知し、それを技術に結びつけることができる。最後に、彼らは研究者ネットワークを持ち、最先端技術にアクセスできる。

おわりに

本研究の結論は以下の通りである。

一、意味の創出は以下のプロセスによって達成できる：

「既存意味の不快さへの着眼」→「不快さの否定による意味の創出」→「意味の目的化」→「意味の達成に向けた解決案の案出」

二、意味にも成熟化の可能性があり、企業は意味を進化させ、デザイン・ドリブン・イノベーションを継続的に引き起こす必要がある。

三、新しい意味は、デザインだけではなく、新しい技術によっても作り出すことができる。

技術と意味の両方において革新的なイノベーションが起きる場合、技術の悟りは実現する。このような技術の悟りは新規事業創出の手段となる可能性があり、その

場合新しいビジネスモデルの構築を検討する必要がで出てくる。

　四、技術の悟りを求めるためには、意味の探索活動は継続的に行うことが必要であり、研究者の育成が重要な役割を担っている。

　研究者は以下の3つのことを通して技術の悟りによるイノベーションに貢献することができる：①産業進歩の動向を把握し、筋のいい技術を見極める。②社会文化発展の方向を察知し、それを技術に結びつける。③企業に研究者ネットワークへの入り口を提供し、企業を最先端技術と接触させ、産学連携のきっかけをつくる。

　以上の成果により、学術的にはデザイン・ドリブン・イノベーションのモデルがより精密的なものとなった。実務的には、本文が提起した意味の創出プロセスに沿って新しい意味を作ることが可能となり、デザイン・ドリブン・イノベーション理論の実用性が高くなった。

　以下本稿の課題と展望について述べる。課題は主に2つある。

　第一の課題は、ケースを特定業界の一社のみに絞り、しかも二次データを利用したため、理論の一般化に検討の余地がある点である。今後の研究では異なる業界における複数の企業からデータを収集し、インタビューや見学などによる一時データの収集・整理も行うことを通して、理論を一般化させる。

　第二の課題は、意味の解釈段階において、新しい意味の創出プロセスは複数考えられる点である。イノベーションにつながる新しい意味の生起プロセスは複数存在する可能性が高い。新しい意味を解釈する他のプロセスを発見していくことは今後の研究課題である。

注

[1] 内閣府ホームページ 「主要耐久消費財等の普及率」http://www.esri.cao.go.jp/jp/stat/shouhi/shouhi.html 2016年6月18日アクセス
[2] TOTOホームページ http://www.toto.co.jp
[3] TOTO ホームページ "きれい除菌水"実用化への道」http://www.toto.co.jp/products/toilet/seiketsu_ecology/kaihatsu_02.htm
[4] TOTOホームページ「においきれい開発秘話」http://www.toto.co.jp/products/toilet/seiketsu_ecology/kaihatsu_03.htm 2016年10月1日
[5] リフォーム産業新聞 2015/03/17発行 10面『TOTO、日本の"超節水"が世界をリードする』http://www.reform-online.jp/interview/6422.php 2016年10月1日アクセス
[6] 東洋経済 2010年06月01日 『百年の紆余曲折が生んだ4.8リットル「超節水」トイレ』http://toyokeizai.net/articles/-/4312 2016年10月1日
[7] TOTOホームページ ハイドロテクト http://www.toto.co.jp/hydrotect/jpn/top01.html 2016年10月1日アクセス
[8] TOTO特許取得状況 http://www.toto.co.jp/hydrotect/jpn/patent01.html 2016年12月21日アクセス

参考文献

石塚真理・歌代豊.1992.「意味創造による市場創造型商品開発」.『三菱総合研究所所報』.No.22.

pp144-165

北嶋守.2013.「日本製造業におけるデザイン・ドリブン・イノベーションの可能性―日本から世界に発信するものづくりの方法―」.『機械経済研究』.No.44.pp1-19

下吹越光秀.1999.「光触媒の超親水性―理論と応用」.『表面技術』.No.50(3).pp247-250

延岡健太郎.2008.「ものづくりにおける深層の付加価値創造:組織能力の積み重ねと意味的価値のマネジメント」.『RIETI Discussion Paper Series』.No.08-J-006

延岡健太郎.2011.『価値づくり経営の論理―日本製造業の生きる道』.日本経済新聞出版社

延岡健太郎.2016.「ビジネスケース マツダ:マツダデザイン"CAR as ART"」.『一橋ビジネスレビュー』.No.63(4).pp130-148

延岡健太郎.2017.「顧客価値重視のイノベーション」.日本経済新聞 朝刊2017年3月8日―2017年3月21日

馬場杉夫.2012.「戦略経営に関する事例研究(4)TOTO株式会社」.『専修経営学論集』.No.95(11).pp1-8

藤嶋昭・橋本和仁・渡邉俊也.2000.『光触媒のしくみ』.日本実業出版社

森永泰史.2011.『デザイン重視の商品開発マネジメント』.白桃書房

森永泰史.2014.「"Designer-As-Integrator"と"The Dark Matter of innovation":デザイナーはイノベーションとどのように関わっているのか」.『北海学園大学経営論集』.No.12(1).pp37-50

鷲田祐一.2014.『デザインがイノベーションを伝える:デザインの力を活かす新しい経営』.有斐閣

TOTOホームページ http://www.toto.co.jp 最終アクセス日:2017年3月12日

日本経済新聞.2016.「TOTO取締役 林良祐氏インタビュー連載」http://www.nikkei.com/article/DGXKZO09392570Q6A111C1XX0000/,最終アクセス日:2016年12月18日

週刊東洋経済.2010.「百年の紆余曲折が生んだ4.8リットル「超節水」トイレ《戦うNo.1技術》」http://toyokeizai.net/articles/―/4312 最終アクセス日:2016年7月10日

Altuna N, Dell'Era C, Landoni P, Verganti, R. 2017. Developing radically-new meanings through the collaboration with radical circles: slow food as a platform for envisioning innovative meanings. *European Journal of Innovation Management*. 20(2)

Dell'Era C., Verganti R. 2007. Strategies of innovation and imitation of product languages. *Journal of Product Innovation Management*, 24(6). pp580-599

Dell'Era C., Verganti R. 2009. Design-driven laboratories: organization and strategy of laboratories specialized in the development of radical design-driven innovations, *R&d Management*. 39(1). pp1-20

Dell'Era C., Verganti R. 2011. Diffusion processes of product meanings in design-intensive industries: Determinants and dynamics. *Journal of Product Innovation Management*. 28(6). pp881-895

Foster, R. N. 1986. Innovation: The attacker's advantage. *Summit Books*.

Klaus Krippendorff. 1989. On the Essential Contexts of Artifacts or on the Proposition That "Design Is Making Sense(Of Things)". *Design Issues*. 5(2). pp9-39

Klaus Krippendorff. 2006. the Semantic Turn a new foundation for design. CRC/Taylor & Francis.(小林昭世訳『意味論的転回 デザインの新しい基礎理論』.エスアイビーアクセス.2009)

Verganti, R. 2003. Design as brokering of languages: innovation strategies in Italianfirms. *Design Management Journal*. 14(3). pp34-42

Verganti, R. 2008. Design, meanings, and radical innovation: a metamodel and a research agenda. *Journal of Product Innovation Management*. 25(5). pp436-456

Verganti, R. 2009. *Design-Driven Innovation*. Harvard Business Review Press(戴莎译《第三种创新:设计驱动式创新如何缔造新的竞争法则》中国人民大学出版社. 2014)

Verganti, R. 2011. Radical design and technology epiphanies: a new focus for research on design management. *Journal of Product Innovation Management*. 28(3). pp384-388

Verganti, R. Öberg Å. 2013. Interpreting and envisioning — A hermeneutic framework to look at radical innovation of meanings. *Industrial Marketing Management*. 42(1). pp86-95

Verganti, R. Shani ABR. 2016. Vision transformation through radical circles. *Organizational Dynamics*. 2(45). pp104-113

付録

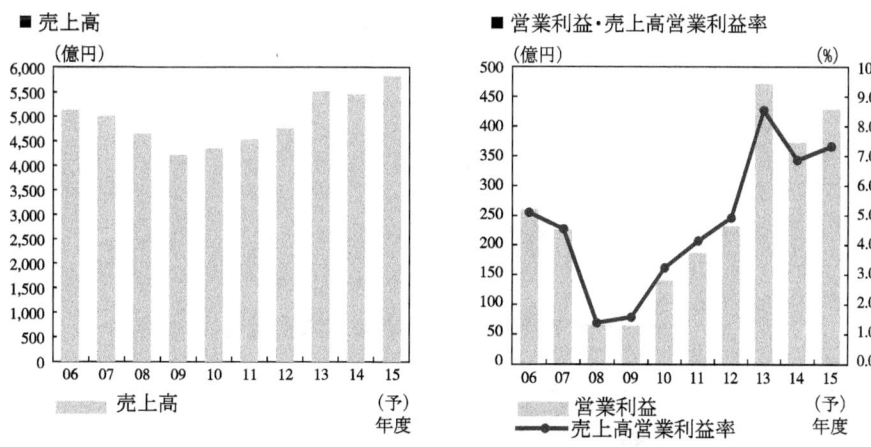

図1 TOTO 2006〜2015年の売上高・営業利益
出典:TOTOホームページ

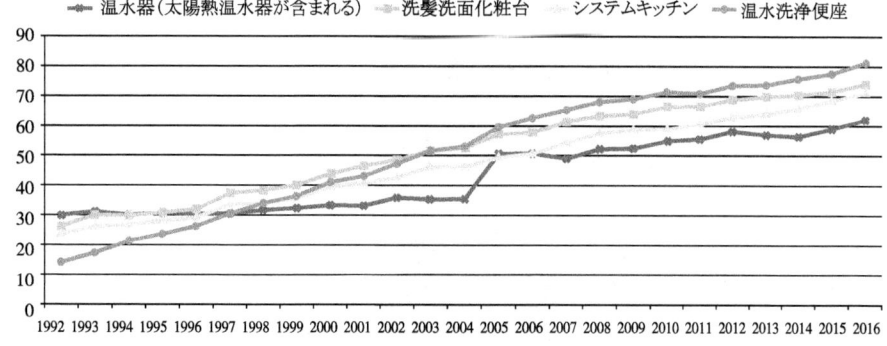

図2 TOTO主要製品の普及率
出所:内閣府「消費動向調査」(2016年)より筆者作成

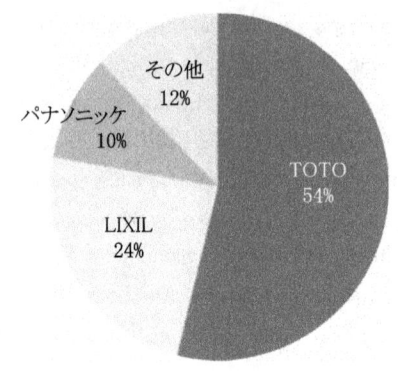

図3　2013年の温水洗浄便座市場シェア
出典：リフォーム産業新聞 2013.12.03

朝日新聞 1983 年に搭載されるTOTOの広告

朝日新聞 1985 年に搭載されるTOTOの広告

朝日新聞 1992 年に搭載されるTOTOの広告

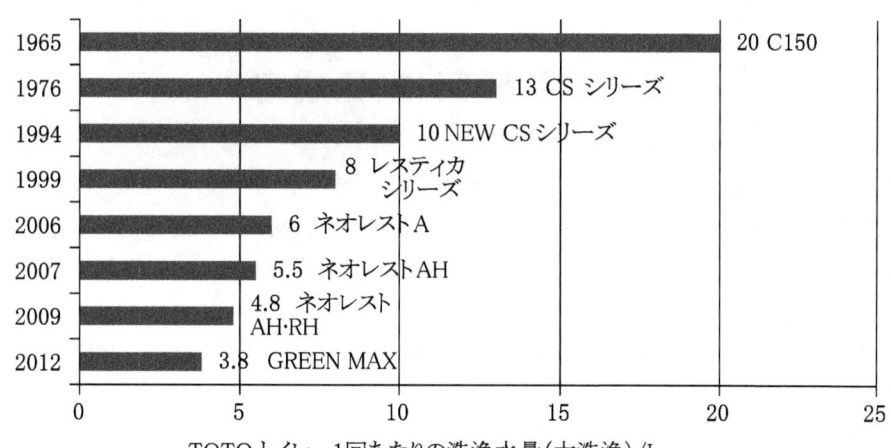

図4 TOTOトイレ一回あたりの洗浄水量(大洗浄)/L
出典：TOTOホームページのデータより筆者作成

『日本学研究』投稿規定

1. 『日本学研究』は、中国における日本学研究の発展に寄与することを目的として、北京日本学研究センターが編集し発行する定期刊行物である。
2. 『日本学研究』に寄稿することができるのは、中国内外において日本学研究に従事する者である。
3. 『日本学研究』には、日本学研究に関わる各分野(言語、文学、社会、文化、経済、教育等)の研究論文を掲載する。
4. 原稿執筆における使用言語は、日本語または中国語とする。
5. 投稿論文は、未発表の学術論文に限る。原稿の字数(注釈、参考文献一覧等を含む)は次のとおりとする。
   日本語　16000字　以内
   中国語　12000字　以内
   注：文字数はワードの文字カウント統計中のスペースを含めないものとする。
6. 投稿論文には、400字以内の要旨を添付すること(中国語の原稿は日本語の要旨、日本語の原稿は中国語の要旨を用いること)。
7. 投稿論文には英文タイトルを添付すること。
8. 投稿の際には、印刷した原稿を送付すると同時に、電子ファイルをrbxyjtg@163.com宛に添付して送付すること。
9. 具体的な要領は、『日本学研究』執筆要領を参照のこと。
10. 投稿された原稿は、本センターのレフェリー制度を通じて編集委員会において審査の上採否を決定する。なお、原稿は採否にかかわらず返却しない。
11. 投稿の締め切りは毎年3月末日とし、締め切り後3ヶ月以内に、採否を投稿者に通知する。
12. 投稿の際には、確実に本人と連絡が取れる連絡先(郵便番号、住所、携帯電話の番号、Email)を明記すること。
13. 原稿の投稿先及び連絡先は、次のとおりである。
    中華人民共和国北京市西三環北路2号
    北京外国語大学内北京日本学研究中心
    『日本学研究』編集委員会
    (郵便番号100089　電話＋86-10-88816584)
14. 『日本学研究』は毎年10月ごろ出版する。出版後、採用された論文の執筆者に対し当該号の『日本学研究』を2部送付する。投稿論文には原稿料を支払わない。
15. 本規定は、『日本学研究』第20号から適用する。

(この投稿規定は2015年3月改定)

『日本学研究』執筆要領

1. 投稿論文は、パソコンでプリントアウトしたものと、電子ファイルを同時に提出する。印刷はA4サイズの用紙を用い、一行40字、一ページ30行とする。また、添付ファイルはMicrosoft Word文書もしくはテキストファイルとする。
2. 原稿の構成は表紙、要旨、キーワード、本文、注、参考文献、図・表とする。表紙には題名、英文タイトル、著者名、所属機関名(ない場合は省略)などを記載する。具体的には以下の通りである。
    (1) 論文タイトル(中央揃え)
    (2) 英文タイトル、著者名のローマ字表記(中央揃え)
    (3) 所属機関、著者名(中央揃え)
    (4) 要旨(MS明朝10.5、400字以内。中国語の原稿は日本語の要旨を、日本語の原稿は中国語または英語の要旨を提出する)
    (5) キーワード(MS明朝10.5、3-5語、原稿の使用言語と一致させる。)
    (6) 本文(MS明朝10.5)
    (7) 注釈(後注とし、注見出しは本文の該当箇所の右肩に[1]、[2]、[3]の要領で通し番号を付す。一括して本文の後ろに記載する)
3. 日本語を使用して執筆する場合は、原則として常用漢字、現代かなづかいを用いる。中国語の場合は、国務院の公布する『簡化字総表』に従う。
4. 年、月、日およびその他の数字は、原則としてアラビア数字を用いる。また年代は西暦で表すこととし、必要な場合は1993(平成5)年のように、元号を括弧がきにする。
5. 文献引用については、本文中および注の文中に(著者名 刊行年;頁数)のような割注を入れる。
    例:(柳田 1942;45)、(王 1992;123-124)、(Campbell 1988;56-57)
    ただし同年次刊行物の場合は、アルファベット順により、下記の例のように表記する。
    例(柳田 1942a;21-22) (柳田 1942b;33-34)
6. 本文および注において参照した文献は、別紙に一括にして記載する。
    (1) 文献の配列は、著者名のアルファベット順とする。
    (2) 記載は以下のとおりとする。なお、欧文の雑誌および単行本はイタリックとするため原稿には斜字体で印字するか、あるいは下線を引いてください。
        (a) 雑誌論文の場合、著者名. 年号.「論文名」.『誌名』. 巻(号). 頁数. の順と

する。
石田英一郎．1984．「文化史的民族学成立の基本問題」．『民族学研究』．13(4)．300 - 311.
Howell, Signe. 1985. Formal Speech Act as One Discourse. Man(N. S.)21(1)．79 - 101.
　　　(b)論文集に記載されている論文の場合、著者名．年号．「論題」．『論文集名』．編者名．頁数．出版社．の順とする。
杉浦健一．1942．「民間信仰の話」．『日本民俗学研究』．柳田国男(編)．117 - 143、岩波書店。
WARD, Barbara E. 1965. Varieties of the Conscious Model: The Fishermen of South China. In The Relevance of Models for Anthropology. Michael BANTON(ed.), 113 - 137. Tavistock Publications.
　　　(c)単行本の場合、著者名．年号．『書名』．出版社．の順とする。
泉靖一．1966．『文明をもった生物』．日本放送出版協会．
Douglas, Mary. 1966. Purity and Danger: An Analysis of Concepts of Pollution and Taboo. Praeger.
　　　(d)翻訳書の場合は以下のようにする。
ダグラス、メアリー著．1972．『汚穢と禁忌』．塚本利明訳．思索社．
7. 図・表ごとに通し番号(「図1」、「表1」の要領により記入)、図・表名および説明、出典等を記す。
8. 特殊文字、外字を使用する場合は、原稿の中で大きめのサイズで示すと同時に、見本を添付すること。
9. 著者校正は初校のみとする。初校の段階での誤植以外の大幅な修正は原則として認めない。

《日本学研究》征稿启事

1. 《日本学研究》是为促进中国日本学研究发展，由北京日本学研究中心定期编辑出版的学术刊物。
2. 国内外从事日本学研究的人员均可向《日本学研究》投稿。
3. 《日本学研究》主要刊载与日本学研究各领域密切相关的研究论文（包括语言、文学、社会、文化、经济、教育等）。
4. 可以使用日文或中文撰稿。
5. 来稿须是尚未发表的学术论文。字数（包括注释、参考文献等）规定如下：
   日文　16000 字　以内
   中文　12000 字　以内
   注：字数以 Word 文档字数统计中不记空格的字符数为准。
6. 来稿须附 400 字以内的摘要（中文稿件附日文摘要；日文稿件附中文摘要）。
7. 所有来稿须有英文题目。
8. 投稿时，须提交印刷的纸制稿件，同时应把电子版发送到以下电子信箱：rbxyjtg@163.com
9. 其他具体要求请参照《日本学研究》撰稿规范。
10. 本中心编辑委员会将通过严格公正的审稿制度对来稿进行审阅，最终决定是否采用。所有来稿均不退还。
11. 征稿的截止日期为每年三月末，征稿截止后三个月内向作者通知审稿结果。
12. 投稿时，须写清确实可以取得联系的联络方式（邮编、地址、手机号码、电子信箱）。
13. 投稿地址及联系方式如下：
    100089 中国北京市西三环北路 2 号 北京外国语大学 216 信箱
    　　　北京日本学研究中心《日本学研究》编辑委员会 收
    电话：010 - 88816584
14. 《日本学研究》将于每年 10 月出版。出版后，将向作者寄送两本《日本学研究》。不支付稿费。
15. 本规定从《日本学研究》第二十期开始执行。

（本规定修改于 2015 年 3 月）

《日本学研究》撰稿规范

1. 投稿须为电脑打印的稿件,同时附电子版。打印稿请使用 A4 纸,格式为一行 40 字,每页 30 行。电子版使用 Microsoft Word 文档或纯文本格式。
2. 原稿的结构为封面、摘要、关键词、正文、注释、参考文献和图/表。封面上需注明论文题目、英文标题、作者名、作者的所属工作单位(没有的话可省略)。具体要求如下:
   (1)论文标题(居中)
   (2)英文题目、作者姓名的拼音(居中)
   (3)所属单位、作者名(居中)
   (4)摘要(字号为宋体五号字、400 字以内、中文稿件附日文摘要、日文稿件附中文摘要)
   (5)关键词:(字号为宋体五号字、3-5 词,与正文语言一致)
   (6)正文(字号为宋体五号字)
   (7)注释一律采用尾注。请在正文需要注释部分的右上角标上小的[1]、[2]、[3]等的符号,然后统一在正文的后面附上注释。
3. 若用中文执笔,请按照国务院公布的《简化字总表》书写。若用日文执笔,请使用常用汉字和现代假名。
4. 年、月、日以及其他数字,原则上使用阿拉伯数字。年份使用公历,必要的话可以把年号写在括号里,如 1993 年(平成 5 年)。
5. 正文和注释文中引用参考文献的话,请按照以(作者名　出版或刊登年月:引用页码)顺序注明。
   例:(柳田 1942:45)、(王 1992:123-124)、(Campbell 1988:56-57)等等。
   若参考文献为同一人同一年出版的不同文献,请按英文字母的顺序标注如下:(柳田 1942a:21-22)、(柳田 1942b:33-34)。
6. 正文和注释所参考的文献资料需单列一个参考文献部分,附加在原稿的末尾,格式如下:
   (1)文献的排列顺序要按照作者姓名的字母顺序排列。
   (2)参考文献的记载方式如下。欧文杂志名和单行本书名一般使用斜体字,所以请在原稿中用斜体字注明参考文献,或在杂志名和书名下划上横线注明。
   　(a)若参考文献为学术刊物的论文,请按照作者名．出版年份．"论文名".《刊物名》．卷(期)．页数．的顺序书写。
王伟．2002."日本医疗制度的课题与改革".《日本学刊》.2002 年第 3 期(总第 69

期).99-109.中华日本学会/中国社会科学院日本研究所主办.

Howell, Signe. 1985. Formal Speech Act as One Discourse. Man (N.S.) 21(1). 79-101.

(b)若参考文献为书刊中汇编论文集论文,请按照作者名.出版年份."论文题目".《论文集名》.编者名.页数.出版社.的顺序书写。

王一川.2002."当代大众文化与中国大众文化学".《全球化与中国影视的命运》.张风铸/黄式宪/胡智锋主编.230-254.北京广播学院出版社.

WARD, Barbara E. 1965. Varieties of the Conscious Model: The Fishermen of South China. In The Relevance of Models for Anthropology. Michael BANTON (ed.). pp113-137. Tavistock Publications.

(c)若参考文献为单行本,请按照作者名.出版年份.《书名》.出版社.的顺序书写。

杨伯溆.2002.《全球化:起源、发展和影响》.人民出版社.

Douglas, Mary. 1966. Purity and Danger: An Analysis of Concepts of Pollution and Taboo. Praeger.

(d)若参考文献为译著,则书写如下。

克利福德·格尔茨著.1999.《文化的解释》.韩莉 译.译林出版社.

7. 每个图/表须按照顺序标号(如〈图1〉、〈表1〉),并注明图/表的名称、说明和出处等。

8. 如果使用特殊文字和造字,请在打印稿件中使用比原稿稍大的字体,并另附样字。

9. 初校由作者进行校对。在初校过程中,原则上不接受除笔误以外的大幅修改。

Contents

Research on the New Words Borrowing from Japanese ·················· Qiao Yan(3)

A Case Study of Prohibition Expression "site ha ikenai" ················ Li Nan(11)

A Study of the Japanese "Vteno" Attribute Structure Modification
·· Jiang Liu(25)

A Comparative Research on the Chinese-Japanese Homographs
——With the Focus on the Tari-adjectives in Japanese ········· Xu Xuehua(34)

A Reexamination of the Concept of "discourse" in Critical Discourse Analysis
——Based on Fairclough, van Dijk, Wodak theory ············ Qin Shimei(44)

On the Development of Affective Adjectives Suffixes in Japanese
··· Yu Yanli, Quan Changhuan(54)

A Comparative Study of Resultative Compound Verbs in Chinese and Japanese
·· Chen huiping(63)

The Similarity Analysis about the Character Style of Japanese and Chinese Homographs
——Focusing on Using the Chinese Characters Segmentation Method in
Natural Language Processing ·· Ye Xuyi(74)

A Study of Mono-Character Sino-Japanese SA-hen Verbs' Properties
·· Yuan Jianhua(90)

A Study of the Influence of Phonological Short-term Memory Capacity on
Phonological and Semantic Processing in Shadowing of Japanese
——Using Relational-sentences Shadowing
························· Han Xiao, Chen Huilin, Fei Xiaodong(105)

Critical Reflection in Japanese Teachers' Faulty Development in China
·· Zhu Guirong(119)

A Study of the Refusal Expressions on the Basis of E-mail Writings
——A Comparison Between the Chinese-Japanese Language Learners and
the Native Speakers of Japanese ···················· Qin Xiaoli(131)

Contents

A Study of Kiryo
  ——Focusing on Zoka in Third Volume of Manyoshu
  ·· Liu Jingjing(149)

The Salvation of Japanese Tengu and the Meaning
  ——Focusing on the Shititengue ·················· Huo Jun(161)

On Takeo Arishima's "Declaration"
  ——To the Woman Who Writes from the Women that are Being Written
  ·· Zhang Hui(171)

The Difference between Chinese "Ruo-shui-san-qian" and the Japanese one
  ——the Study about the Originarity Which Was Made from Incomprehensible
  Things ·· Eshino Yuuko(183)

"The Third way" and "The Taishō Democracy"
  ——Focused on the Review of B.Russell's Visit to China by Hasegawa
  Nyozekan ·· Zhang lin(195)

A Study on the Construction of Kanmu Period in Shoku Nihongi ··· Pan Lei(206)

Study on the Multidimensional Characteristics of Utagaki from the Perspective
  of Participants
  ——an Exploration on the Full Picture of Utagaki ············ Wei Yuzhe(218)

Ethnographic Research about Shiohi Festival's Floats' Function and Symbolism
  ——Comparing with the Portable Shrine ·················· Pang Na(232)

Solving the Puzzle of Pei Shiqing's Diplomatic Mission ·········· Miao Zhuang(246)

The Special Respect for the Chinese Objects in the Japanese Tea-ceremony in the
  Early-middle Period of Muromachi ·················· Liu Cui(257)

The Research about Sadou Aesthetic Consciousness of Samurai Class
  ——Focus on Kireisabi ·················· Ye Jingjing(270)

"The Chinese costume" in Japanese Women's Magazine before World War II
  ——Focusing on the Journey of Fashion ·················· Liu Lingfang(281)

How to Apply the Second Modern Theory to the Studies of Contemporary
  Japanese history ·················· Zhou Weihong(297)

The Theory and Method of Predicting the Japanese Language Demand in China
  from Multicultural Perspective ·················· Li Feifei(310)

A Study on the Undergraduate Curriculum Reform Caused by the Deregulation
  of University Act ·················· Sun Xingfeng(322)

A Study on "Mieru" "Kikoeru"
——From the Perspective of Unmarked Potentials .... Gotou Erika(347)
A Study of Feminine Sentence
——Final Particle in Japanese text book .... Xiao Jinlian(365)
Family Conepts of Japanese Female Literature in the Middle Ages
.... Ma Ruhui(392)
The Propagation and Acceptance of Tai Shang Gan Ying Pian in Japan
.... Xu Shijia(409)
Soiology Studies of Japanese Family Generational Changes in the Second Modern
Times .... Song Yuman(428)
Research on the Process of Design Driven Innovation .... Wang Cong(454)

图书在版编目（CIP）数据

日本学研究.二十七/北京日本学研究中心编.--北京：学苑出版社，2017.10
　ISBN 978-7-5077-5363-9

Ⅰ.①日… Ⅱ.①北… Ⅲ.①日本—研究—丛刊 Ⅳ.①K313.07-55

中国版本图书馆CIP数据核字（2017）第260722号

出 版 人：孟　白
责任编辑：杨　雷
编　　辑：张敏娜
出版发行：学苑出版社
社　　址：北京市丰台区南方庄2号院1号楼
邮政编码：100079
网　　址：www.book001.com
电子信箱：xueyuanpress@163.com
联系电话：010-67601101（销售部）、67603091（总编室）
印 刷 厂：北京京华虎彩印刷有限公司
开本尺寸：787×1092　1/16
印　　张：31
字　　数：500千字
版　　次：2017年10月第1版
印　　次：2017年10月第1次印刷
定　　价：100.00元